KB100192

심체와 성체 2

心體與性體

주돈이와 장재 및 불교 체용론

Xin-Ti and Xing-Ti

필자는 대학 3학년 때, 그것도 참으로 우연한 발심(發心)으로 유학이라는 학술에 관심을 갖게 되었고, 벌써 30년의 시간이 되어간다. 박사학위 취득 후 수십 편의 학술 논문과 몇 권의 저서 및 번역서를 출간하였지만, 머릿속에서 마치 항해하는 선박의 방향타처럼 나의 필(筆)을 지배하는 학자가 있었다. 그가 바로 모종삼(牟宗三)이다. 처음에는 배웠고, 다음에는 이해하려고 노력하였고, 그 다음에는 유학이라는 학술에 대한 모종삼의 견해가 정론(正論)이라고 판단되어 그의 학술을 홍양(弘揚)하려고 노력하였다. 지금은 어떤가? 오르려고 하니 가끔 돌부리가 발에 걸리고, 부정하고 무너뜨리기에는 너무 큰 산이고, 등을 돌려 외면하지니 거부할 수 없는 매력이 넘친다. 그래서 지금은 모종삼이라는 산 속에서 모종삼을 보지 않고, 저 멀리 떨어진 평원에서 그 산을 관망해본다. 『심체와 성체[心體與性體]』의 번역은 바로 그 산의 바라봄이다. 웅장하고 아름다운 산이지만, 움푹 패인 곳도 있고, 어딘지 약간 기울어 보이기도 한다. 이것이 『심체와 성체』 번역 후 필자의 솔직한 감상이다. 필자는 이 책의 내용과 번역의 여정을 서술하기에 앞서 모종삼의 학문 여정과 단계 그리고 그의 학술에서 『심체와 성체』가 차지하고 있는 비중을 먼저 소개하고자 한다.

『심체와 성체』의 저자 모종삼의 자(字)는 이중(離中)이고, 1909년 중국 산동성에서 출생하여 1995년 대만 타이베이에서 작고하였다. 그는 당대 (當代) 중국철학, 그 중에서도 유가 내성(內聖)과 외왕(外王)의 가치를 지키면서 시대의 요청에 부응하는 신외왕학(新外王學)을 펼치려 노력한 현대 신유가의 대표적 학자이다. 최근 대만에서 편찬한 세계철학총서(世界哲學叢書)에서 『모종삼』[1]이라는 저작을 집필한 정가동(鄭家棟)은 모종삼 사상 발전에 관하여 몇 가지 주장을 소개하면서, 아울러 『심체와 성체』와 기타 저작의 관계를 상세하게 소개하고 있다.

정가동의 해설에 의하면, 모종삼 자신의 주장에 따라 사상 발전은 세 단계로 나눌 수 있는데, 세 단계에 대한 모종삼의 서술이 다르다. 첫 번째 주장은 모종삼이 『오십자술(五十自述)』에서 밝힌 바와 같이 '직각적인 이해'[直覺的解悟]와 '체계적 사변'[架構的思辨] 및 '객관적 아픔'[客觀的悲情]이라는 세 단계이다. 이 세 단계의 발전 과정은 아마 30대에서 50대 후반까지의 학문에 대한 자술(自述)인 것 같다. 그러나 이 주장은 50대 후반 이후의 학문 세계를 설명해주지 못한다는 문제가 있다. 또 모종삼은 1962년 초 『역사철학』 재판(再版) 서문에서 자신의 사유 발전을 세 단계로 나누었는데, 이것이 두 번째 주장이다. 1단계는 40세 이전으로서, 이 시기에는 주로 서양철학에 전념하였다. 대표작으로는 『논리전범(論理典範)』과 『리칙학(理則學)』 및 『인식심 비판(認識心之批判)』이 있다. 2단계는 40세에서 50세 이전으로서, 『도덕적 이상주의(道德的理想主義)』와 『정도와 치도[政道與治道]』·『역사철학』을 저술하였는데, 이 세 책에서는 중국의

---

1   鄭家棟, 『牟宗三』, 臺灣 東大圖書公司, 2000.

내성 학문으로써 외왕 문제를 해결하려고 진력하였다. 3단계는 50세 이후로서, 주요 저술로는 『원시전형(原始典型)』・『재성과 현리[才性與玄理]』・『불성과 반야[佛性與般若]』・『심체와 성체』가 있는데, 각각 다른 시기의 사상에 관한 전문 서적이다. 『원시전형』은 선진시대 유가와 도가에 관한 것이고, 『재성과 현리』는 위진 시기의 도가철학에 관한 것이며, 『불성과 반야』는 남북조와 수당 시기의 불교를 해설한 것이고, 『심체와 성체』는 송명유학에 관한 것이다. 모종삼 사유 발전의 단계에 관한 또 다른 주장이 있다. 이는 모종삼 만년의 주장으로서, 1단계는 대학시절이고, 2단계는 대학 졸업 이후 대만으로 이주하기 이전이며, 3단계는 그 후의 발전이다. 1단계와 2단계가 주로 서양철학에 관한 학술이라면, 3단계는 중국의 철학 지혜로써 서양철학, 특히 칸트철학을 소화하고, 더 나아가 중국의 문화생명을 창현한 시기이다.

그러나 정가동은 모종삼의 자술을 근거로 그의 사상 발전을 5단계로 나누어 소개한다. 1단계는 대학 재학시기이고, 2단계는 대학 졸업 후 중국 대륙을 떠나기 전이며, 3단계는 50세 시기이고, 4단계는 60세 시기이고, 5단계는 70세 이후 시기이다. 5단계는 완숙기의 사상으로서 대표적인 저술로 『지적지각과 중국철학[智的直覺與中國哲學]』・『원선론(圓善論)』・『현상과 물자체[現象與物自身]』・『동서철학 회통 14강[中西哲學之會通十四講]』이 있다. 이 시기 모종삼의 대표적 이론은 '양층존유론'(兩層存有論)인데, 이는 중국의 지혜를 통하여 칸트철학을 소화한 것을 기초로 하여 동서양의 철학을 회통하고, 자신의 철학체계를 온전하게 건립하려는 것이었다.

'양층존유론'의 원형은 칸트의 물자체와 현상의 구별에서 온 것이지만, 이는 긍정적 수용이 아니라 비판적 수용이다. 모종삼은 양명의 양지를 근거로 인식론적 의미가 아닌 실천적 이성으로써 지적직각의 보편성과 선험성을 긍정하고, 더 나아가 존재론과 가치론을 관통하려고 한다. 양지는 조화의 정령이다. 따라서 양지는 존재의 근거이다. 또한 양지의 명각(明覺)은 실천이성으로서 존재의 가치를 온전하게 회복시켜 하나의 부족함도 없게 한다. 이는 실천론적인 측면에서 존재를 설명한 것이다. 양지의 조화에 의하여 드러난 존재가 바로 물자체이고, 이것이 그 존재의 본래면목이다. 따라서 물자체는 가치임과 동시에 존재이다. 양지는 존재계와 도덕계를 동시에 창조하는 도덕형이상의 실체인 것이다. 이러한 '양층존유론'의 기본 체계는 사실『심체와 성체』를 관통하고 있는 도덕형이상학에 이미 내재되어 있다. 모종삼은 1974년『중국철학의 특질[中國哲學的特質]² 재판 서문에서『중국철학의 특질』내용의 엄격성 결여와 부당성을 지적하면서『논어』·『맹자』·『중용』·『역전』의 관계에 관한 것은 마땅히『심체와 성체』총론[綜論]을 표준으로 삼을 것을 당부하였는데, 이러한 그의 자술이 바로 이를 증명한다.『논어』·『맹자』·『중용』·『역전』의 전승적 발전 관계에 대한 그의 관점은 후에 도덕형이상학 체계 수립에 결정성적 작용을 하는데, 이는 곧『심체와 성체』의 총론에 그것에 대한 자신 관점의 정화[精華]가 서술되어 있음을 말한 것이다.

정가동 역시 "『심체와 성체』곳곳에서 칸트와 비교하고 있지만, 그 이론의 중심은 칸트철학을 소화하려는 것에 있지 않고 자기의 새로운 주자학 체계를 건립하려는 것에 있다. 그가 칸트에서 차용한 것은 단지 자율도덕 관념에 불과하다. 또 70세 이후 모종삼의 사상체계에는 큰 변화가 있는데,(특히 '양층존유론') 그가 해설한 유가철학 심성의 기본 관념은『심체와 성체』에서 확립된 것이고, 이러한 관념들은 이후 모종삼 철학체계 건립의 기초가 되었다. 따라서 만일 반드시 모종삼 학술사상을 대표하는 하나의 저작을 들라고 한다면 아마『현상과 불자체』도 아니고,『원선론』도 아닌『심체와 성체』일 것이다"³라고 하였다.

필자 역시『심체와 성체』를 번역하면서 정가동과 동일한 느낌을 가졌다. 모종삼의 철학에서『심체와 성체』의 역할을 간략하게 종합하면, '『심체와 성체』이전의 학술은『심체와 성체』로 종합되었고,『심체와 성

---

2   牟宗三,『中國哲學的特質』, 臺灣 學生書局, 1974.
3   『牟宗三』, 39쪽.

체』 이후의 학술은 『심체와 성체』의 발전이다'고 할 수 있다. 후에 출간된 『육상산에서 유즙산까지[從陸象山到劉蕺山]』는 주희철학 이후부터 명대 심학의 발전에 관한 종합적 해설서로서, 사실 『심체와 성체』 제4책에 해당된다.

『심체와 성체』는 홍콩대학 동방문화연구소(東方文化研究所)의 추천으로 미국 하버드대학 연경학사(燕京學社)의 지원을 받아 저술한 책이다. 전체 3冊으로 구성되어 있는 『심체와 성체』는 『육상산에서 유즙산까지』와 함께 송명이학의 심성론과 우주론을 전문적이고 체계적으로 연구한 역작이다.

제1冊에는 서론에 해당하는 총론과 주돈이·장재철학이 소개되었고, 부록에는 불가의 체용론(體用論)에 관한 해설이 있다. 총론에는 신유학이라는 용어의 '신(新)'의 의미와 송명이학의 분계 그리고 유가의 형이상학과 도덕론에 관한 모종삼의 기본 입장이 소개되어 있다. 제2冊에서는 정호와 정이 그리고 호굉철학사상을 해설하였고, 제3冊에서는 주희철학의 변화와 발전 과정에 의거하여 주희철학의 전모를 소개하였다.

『심체와 성체』는 단순한 사실만을 기록한 신송유학안(新宋儒學案)이 아니다. 송 대 유학의 계통과 도통의 전승관계를 새롭게 정립한 신송대철학(新宋代哲學)이다. 그러나 더욱 직접적으로 말하면, 정가동의 표현처럼 모종삼의 신주희철학(新朱熹哲學)이라고도 할 수 있다. 사실 이 책은 주희철학에 대한 개괄적 이해가 전제되지 않으면 처음부터 읽어 나갈 수가 없을 정도로 처음부터 끝까지 주희철학에 대하여 해설 혹은 비평 혹은 옹호하고 있다. 따라서 필자는 제1책 제1부 총론을 읽고서, 다음 단계로 제3책 주희철학을 읽을 것을 권고하고 싶다.

송명이학의 계통을 새롭게 분류한 그의 시각은 기존의 입장과 여러 측면에서 차별성을 보여주고 있는데, 대표적인 특성은 다음 세 가지로 요약할 수 있다.

첫째, 이정자(二程子)로 함께 불렸던 정호와 정이의 사유체계가 이질적임을 명확히 밝혔다.

둘째, 호굉과 유종주 철학을 송명이학의 정통에 편입시켰다.

셋째, 정이와 주희철학을 공맹철학의 방계, 즉 별자지종(別子之宗)으로 분류하고, 육왕철학을 공맹철학의 정종(正宗)으로 삼았다.

이와 같은 모종삼의 송명이학에 대한 계통분류는 『심체와 성체』 전편(全篇)에 흐르고 있는 '도덕형이상학에 토대를 두고 있다. 그러나 모종삼이 육왕철학을 공맹철학의 정종으로 삼았다고 하더라도 다음 두 가지 사항에 유의해야 한다. 먼저 모종삼은 주희철학을 공맹철학의 별자지종으로 분류하였지만 여전히 정주학을 송명이학의 중심(大宗)으로 보았다. 또한 모종삼은 비록 주자의 성즉리 철학이 도덕규범에 대한 의지의 입법성을 긍정하지 않고, 또 격물궁리라는 지식의 방법으로써 도덕을 설명한다는 점에 대해서는 부정적인 입장을 취하였지만 도덕규범의 객관성 제고에 대해서는 긍정적인 입장을 견지한다는 사실이다.

필자가 『심체와 성체』 번역에 종사하게 된 것에는 주관적인 요인도 있지만, 객관적인 측면에서의 필요성을 절감하였기 때문이다.

첫째, 모종삼은 『심체와 성체』에서 송명이학의 전개과정에 대한 거시적 흐름과 미시적 특징을 그 어떤 학자의 저술보다 분명하게 분석하고 있다. 모종삼은 기존의 정주학 중심으로 편성된 송명이학의 전체 체제를 북송(北宋) 전기 삼가(三家-주돈이·장재·정호)와 '호굉·유종주' 그리고 '정이·주희' 및 '육구연과 왕수인' 계통으로 재편성하였다. 그러면서 '북송 전기의 주돈이·장재·정호'와 '호굉·유종주' 및 '육구연·왕수인' 계통을 '하나의 원 안에서의 두 개의 왕래'[一圓圈之兩來往]라고 규정한다. 두 개의 왕래에서 하나의 길은 '심이라는 주체성의 보편성과 지선성 그리고 입법의 자율성을 긍정하고서, 그것을 근거로 인간의 존재 근거인 본성을 규정하고 심성이 하나임을 정립하는 것이다.' 다른 하나의 길은 '먼저 객관적으로 하나의 성체를 제시하고서 다시 주관성의 심체로서 성체의 형저(形著) 작용을 긍정하는 것이다.' 이 두 개의 방향은 동일한 원 안에서 하나는 왼쪽으로 회전하고, 다른 하나는 오른쪽으로 회전하지만, 결국에는 서로 만나는 것과 마찬가지로 합일하게 된다는 의미이다. 그렇다면 송명유학에서 정이·주회철학 계통만 홀로 독립하게 된다. 이러한 모종삼의 관점은 선진유가로부터 송명이학을 거쳐 현대 유학에 이르는 도통의 전승 계보를 바꾼 유학 사상사의 일대 전환이라고 할 수 있다.

둘째, 개별적인 송명이학자들에 대한 새로운 이해를 위해서『심체와 성체』의 번역 필요성이 요청되었다. 모종삼은 정호와 정이, 주돈이의 『태극도설』에 대한 주회와 육구연의 논쟁, 그리고 주회가 긍정한 성리에 대한 새로운 규정(只存有而不活動) 등 이전의 학자들과 상이한 견해를 제시하였지만, 그 중 장재철학에 대한 이해에 있어서 기존의 시각(氣哲學)과 차별적인 새로운 관점을 제시하였다.

셋째, 모종삼 철학을 전체적으로 이해하기 위해서『심체와 성체』의 완역이 요청되었다. 모종삼은 지금까지 대략 16여종 20여권의 저서를 출판하였지만, 국내에는 2권의 완역본(송항룡 역,『중국철학의 특질』, 동화출판사, 1979; 정병석 역,『동양철학과 아리스토텔레스』, 소강, 2001)과, 부분번역으로 『心體與性體』1권 총론(양승무·천병돈 역, 예문출판사, 1999)이 있을 뿐이다.

넷째, 모종삼의 주회철학에 대한 이해를 비판적인 입장에서 수용하기 위해서도『심체와 성체』번역의 필요성이 요청되었다. 최근 국내에서도 모종삼 철학에 대한 연구는 비교적 적극적으로 진행되고 있는 추세이다. 그러나 긍정보다는 비판이 우세하다. 그 주요한 이유로 모종삼이 제시한 주회철학의 별자지종론과 타율형태의 도덕론에 대한 불만을 들 수 있을 것이다. 하지만 이러한 비판이『심체와 성체』에 대한 정확한 이해에서 제기된 것이라고 보기는 어렵다. 따라서『심체와 성체』에 대한 번역을 통해 한편으로는 모종삼이 제시한 자율도덕론의 정확한 의미를 소개하고, 다른 한편으로는 모종삼과는 다른 주회식의 자율도덕론 형태를 모색하는 것이 필요하다고 생각된다.

『심체와 성체』번역은 한국연구재단(구 학술진흥재단)의 동서양명저번역 사업 지원으로 이루어졌다. 2년의 계약 기간이었지만 총 4년에 걸쳐 5인의 공동번역으로 이루어졌다. 총론은 순천대학교 김기주 박사가 번역하였고, 장재철학은 안동 국학진흥원의 이기훈 박사가 번역하였으며, 정호철학과 정이철학은 건국대학교 전병술 박사가 번역하였고, 불교의 체용론은 동국대학교 역경원의 김제란 박사가 번역하였다. 필자는 번역연구 책임자로서 주돈이철학과 호굉철학 그리고 주희철학을 번역하였고, 부록 1과 2를 편집하였다. 모든 곳이 어려웠지만, 그중에서도 이기훈 박사가 담당한 장재철학이 가장 난해했다.

이 책을 번역하면서 내용의 어려움은 물론이고, 표현의 적절성 등 고민해야 할 문제가 너무 많았지만, 그중에서도 공동번역이었기 때문에 모든 용어의 번역을 획일적으로 통일하기가 가장 어려웠다. 대표성을 갖는 용어는 통일하였고, 또 필자가 여러 차례 완독하면서 통일성을 기하려고 노력하였지만, 동일한 용어일지라도 출현한 곳마다 동일한 의미로 표현하기에는 무리가 있었기 때문에 사소한 곳은 번역자에 일임하였다. 또 상당히 방대한 분량의 저작이기 때문에 표기의 원칙을 모두 소개할 수는 없지만, 몇 가지 대표적인 원칙을 소개하면 다음과 같다.

첫째, 호 혹은 자를 제1표기로 하지 않고 인명을 제1표기로 하는 것을 원칙으로 하였다.

둘째, 『심체와 성체』에는 주해가 없다. 따라서 특별한 경우가 아니면 본문에 모두 수록하였다.

셋째, 모종삼의 주해는 특별한 표기를 하지 않았고, 번역자의 주해는 '역주'를 첨가하였다.

넷째, 『심체와 성체』에는 상당히 많은 인물이 출현한다. 모두가 인지하고 있는 공자와 맹자 등을 제외하고도 280명 정도가 출현한다. 중복적으로 출현하고 있기 때문에 각권에 모두 주해를 첨가하는 것이 번거롭게 여겨져 부록 1에 모두 수록하였다.

다섯째, 『심체와 성체』에는 모종삼 자신의 조어(造語)를 포함하여 해설하기 어려운 용어들이 상당히 많이 출현한다. 이것 역시 인물과 마찬가지로 각권에 주해를 첨부하는 것이 번거로웠고, 한글로 상세하게 해설하는 것이 오히려 문장의 자연스러움을 해칠 것 같아 부록 2에 수록하여 그곳에서 상세하게 의미를 해설하였다.(총 145개 정도의 용어)

여섯째, 『심체와 성체』에는 중국어 발음은 다르지만 우리말의 발음이 같은 용어가 다수 출현한다.(예: 性과 誠·仁과 人·命과 明·氣와 器·機와 幾 등) 두 용어가 동일한 곳에 출현하면 한글과 한자를 병기하였고, 쉽게 판별할 수 있는 곳은 한글로 표기하였다. 그러나 번역자가 혼동에 대한 우려를 느낄 때는 한글과 한자를 병기하기도 하였다.

『심체와 성체』의 번역은 실로 어려운 작업이었다. 비록 초보적 단계의 번역이라고 평가할 수밖에 없지만, 책임연구자인 필자의 독촉과 성가신 요구에 묵묵히 따라준 공동번역자들의 인내와 성실함에 대해서는 무한의 감사와 미안함을 갖지 않을 수 없을 것 같다. 그러나 이 정도의 번역 결과가 나올 수 있게 된 것은 대만 중앙대학 양조한(楊祖漢) 교수의 도움 때문이었다. 양 교수는 자신의 은사인 모종삼의 대표 저작이 최초로 외국어로 번역된다는 사실에 책임감을 갖고서 총 4차례에 걸쳐 한국을 방문하여 번역자들과 밤을 새우면서 어려운 문구를 해설해주었다. 참으로 종생난망(終生難忘)이다. 또한 매번 방대한 양의 번역문을 완독하고서 번역의 방향과 오자 등 다양한 참고의 제언을 해주신 심사위원의 지도 역시 잊지 못할 것 같다. 비록 심사위원의 지적을 모두 수용하지 못하였지만, 좋은 말이 귀에 거슬린다는 속어를 진정으로 체험하였다.

이제는 정말로 마음을 내려놓고서 우리가 번역한 『심체와 성체』를 읽어보고자 한다. 분명 많은 곳에서 오역과 불완전한 번역이 출현할 것이다. 모든 지적과 비평을 가르침으로 생각하고서 수정재판을 준비할 것이다.

복사꽃이 화사하게 핀 5월의 어느 날
황갑연 씀

심 체 와 성 체 전 체 차 례

제2부 주돈이와 장재철학

제1장 도체(道體)에 대한 주돈이의 깨달음

번역 : 황갑연

들어가는 말

이 책의 내용은 송명(宋明) 대에 부흥한 유가의 심성학, 즉 송명이학(宋明理學)에 관한 것이다. 송명이학은 북송에서부터 시작되었는데, 나는 주돈이(周敦頤)를 출발점으로 삼고자 한다. 물론 주돈이 이전에 송명이학을 탄생시킨 문화 생명의 선구자들이 있었다. 호원(胡瑗-安定)과 손복(孫復-泰山) 그리고 석개(石介-徂來) 등이 송명이학 부흥의 첫 번째 단계의 인물들이다.[1] 그러나 이 책은 철학사가 아니기 때문에 이들의 사상과 역할에

---

1   역주 : 이 말은 『宋元學案』 卷11 「濂溪學案上. 百家案」에 수록되어 있다. 全祖望 역시 『송원학안』 卷1 「安定學案序錄」에서 송학의 선구로서 胡瑗과 孫復을 들고 있다. 주희 역시 胡瑗과 孫復 및 石介 세 사람을 '북송 초의 세 선생[三先生]'이라고 칭하였고, 송명이학 부흥에 일정한 작용을 하였음을 긍정하였다.

대해서는 언급하지 않으려고 한다.

본론에 들어가기에 앞서 나는 한 가지 점을 분명히 밝혀두고자 한다. 중국문화 생명은 면면히 발전되어 북송시대에 이르러 유가의 내성(內聖) 학문을 크게 밝혀 드러내려는(弘揚) 기풍이 일어났는데, 이러한 움직임은 역사 발전의 자연스러운 추세였다. 역사 발전의 자연스러운 추세였기 때문에 주돈이가 비록 누구에게 배우지도 않았고, 어떤 학자의 학문을 계승하지 않았음에도 불구하고 자연스럽게 그 마음가짐이 전대의 성인과 상응하였을 뿐만 아니라, 그의 학설도 유학의 도와 합치한 것이다. 만일 시기가 무르익지 않았다면 유가의 경전(典籍)을 보고서도 그 뜻을 이해할 수 없었을 뿐만 아니라, 설령 강론을 한다고 할지라도 올바른 뜻을 전달할 수 없었을 것이다. 양한(兩漢) 시대의 수많은 사대부(經生)는 물론이고, 왕필(王弼) 역시 어찌 심오한 사유를 하지 않았겠는가?[2] 하지만 그들의 의식구조가 유학과 합치하지 않았기 때문에 비록 『주역(周易)』을 열성적으로 연구하였음에도 불구하고, 결국 『주역』의 "신묘함을 궁구하여 변화를 아는 것이 덕의 성대함이다"[3]는 정신과 서로 상응하지 못한 것이다. 당대(唐代)에 이고(李翶)가 비록 발분 노력하여 『중용』과 『역전』의 사상을 널리 밝혀 드러내고자 하였으나, 시기가 무르익지 않았기 때문에 그의 노력에 호응해주는 학자가 없었다. 그것은 본인의 학문이 성숙하지

---

2   역주 : 옮긴이는 '玄思'를 '심오한 사유'라고 번역하였다. '玄思'라는 표현에 도가적인 색채가 담겨져 있지만, 뒤 구절을 보면 '玄思'가 『주역』의 '窮神知化'를 의미하고 있기 때문에 중성적인 의미인 '심오한 사유'로 번역하였다.

3   역주 : 이에 해당하는 『주역』의 원문은 "이를 넘어서 있는 것은 혹 알지 못할 수 있으나, 신묘함을 궁구하여 변화를 아는 것은 덕의 성대함이다"[過此以往未之或知也, 窮神知化, 德之盛也]이다. 이것은 聖人이라는 이상인격이 되기 위하여 『주역』에서 제시한 최고의 수양 목표이다. '뜻을 정미하게 하여 신에 들어가는 것'[精義入神]이나 '쓰임새를 이롭게 하여 몸을 편안히 하는 것'[利用安身]도 쉽게 이룰 수 있는 것은 아니지만, 이 '窮神知化'는 '入神'과 '安身'의 차원보다 높은 경지이다. 『주역』에 근거하면 '神'이란 짐작할 수 없는 음양 조화의 자취를 뜻하고, '化'는 음양의 두 氣가 운행하면서 점차로 서로 스며들어 전개하는 변화를 뜻한다. 그러므로 '窮神知化'는 神과 化의 道를 확연히 깨닫는다는 의미이다.

못하였을 뿐만 아니라 유가의 정신과 의식이 상응하지 못했기 때문이다. 설령 유가의 생명과 그의 의식이 상응하였다고 할지라도 학력(學力)이 충분치 못하였기 때문에 유가의 생명 정신을 널리 드러낼 수도 없었을 것이다. 그의 학설이 오래 지속되지 못하고 영향력을 상실할 수밖에 없었던 가장 주요한 원인으로 시기의 미성숙을 들 수 있다. 그러나 북송에 이르러 유가학문의 부활 시기가 무르익었고, 학자들의 의식 역시 유가학문과 상응하기 시작하여 한번 손을 맞대자마자 바로 합치하였다. 주돈이가 전적을 접하고서 '말없는 가운데 마음속으로 도의 오묘한 작용을 깨달았다'[默契道妙]는 사실이 전혀 힘들게 얻은 결과처럼 느껴지지 않는 이유가 바로 여기에 있다.

황종희가 말하였다. "주자(周子-주돈이)의 학문은 誠[4]을 근본으로 삼는다. 고요하여 움직이지 않는 곳[5]에서 성(誠)의 근본을 파악하기 때문에 정(靜)을 주된 공부로 삼아 인도의 지극함을 세운다고 말했던 것이다. 근본이 정립되면 도리가 작용하여 온갖 변화가 모두 이곳으로부터 파생된다. 길흉과 회린(悔吝)[6]의 갈래를 화해하여 불선(不善)한 움직임을 억제하는 것이 바로 주정(主靜)의 진정한 작용이다. '정'이 '동'에서 오묘하게 작용하니 '동'이 곧 '정'이다. '동'함도 없고 '정'함도 없는 경지가 신이니,[7] 하나로 어우러짐의 지극한 상태요, 하늘의 도이

4 　역주 : 일반적으로 '誠'은 허위와 가식이 없는 진실한 마음, 즉 '성실함'의 의미로 사용된다. 그러나 모종삼은 『중용』의 誠을 근거로 『통서』에 출현하는 誠을 '덕목' 혹은 '상태'보다는 실체 의미로 사용하기 때문에 옮긴이는 '誠' 자를 그대로 썼다. 이후 주돈이 철학에서 誠은 '진실하고 헛된 마음이 없는 상태'로도 쓰이지만 대부분 '실체'와 '실체의 작용' 의미로 사용된다.

5 　역주 : 본체의 활동을 動과 靜으로 나누어 설명하는데, 寂然不動은 본체의 靜, 즉 본체가 감응하기 이전[無事時]의 본체 모습을 형용한 것이다. 본체의 動은 본체의 감응, 즉 본체가 감응할 때[有事時]의 활동으로서 형용사는 感而遂通이다. 그러나 비록 본체의 활동을 動과 靜으로 나누어 설명하지만, 이는 방편적인 설명, 즉 時의 다름에 따라 나타난 본체의 서로 다른 형상에 불과하다. 때문에 "靜이 動에서 오묘하게 작용하니 動이 곧 靜이다"[靜妙於動, 動卽是靜]라고 한 것이다.

6 　역주 : 『주역』 「계사상」, "회린이란 근심하고 염려하는 상이다."[悔吝者, 憂虞之象也.]

다. 천년 세월 동안 전해지지 않은 비밀이 바로 여기에 있다."

黃宗羲云:"周子之學以誠爲本. 從寂然不動處, 握誠之本, 故曰. 主靜立人極.
本立而道生, 千變萬化, 皆從此出. 化吉凶悔吝之途, 而反覆其不善之動, 是主靜
眞得力處. 靜妙於動, 動卽是靜. 無動無靜神也, 一之至也, 天之道也. 千載不傳
之秘固在是矣."

『宋元學案』「濂溪學案下. 宗義案語」

주돈이 철학에 대한 황종희의 해설은 매우 적절하다고 할 수 있다. 이른바 "천년 동안 전해지지 않은 비밀이 바로 이곳에 있다"[千載不傳之秘固在是矣]는 말은 정말로 어떤 전해지지 않은 신비한 비밀이 오늘에 이르러서야 비로소 전해지기 시작하였다는 의미가 아니라, 지금에 이르러서야 비로소 유학의 부흥 시기가 무르익어 학자들의 의식이 유학의 생명 정신과 상응하기 시작하였으며, 오랜 기간 동안 단절되어 불통되었던 것이 비로소 소통되기 시작하였고, 어디에서부터 시작해야 할지 전혀 실마리를 잡지 못했던 것이 지금에 이르러서야 비로소 풀리기 시작하였음을 뜻한다. 또 정말로 '난해한 도리가 있다'는 의미도 아니다. 본래 유학의 도리는 매우 평범한 것이어서 참된 체험을 통하여 도리의 진정한 가치

---

7 역주 : 혹자는 動을 '움직임' 혹은 '활동' 등으로 번역하고, 靜을 '멈춤' 혹은 '고요함' 등으로 번역하기도 하지만, 『통서』에서의 動靜은 단순한 움직임[활동]과 멈춤[고요함]만의 의미가 아닌 生生의 활동, 즉 변화의 전 과정을 표현한 것이다. 옮긴이는 動과 靜에 관하여 여러 가지 해석을 적용해 보았으나, 動靜의 의미를 오히려 감소시키는 부작용이 수반될 가능성이 크다고 판단되어 대부분 動과 靜으로 표기하였다. 그러나 어떤 곳에서는 動과 靜으로 표기하면 어색한 곳이 있어 '고요함'과 '움직임'으로 표기한 곳도 있다. 옮긴이는 動과 靜에 대하여 한 가지 원칙을 적용하고자 한다. 즉 특별한 곳이 아니면 모두 動과 靜으로 표기하되, 動과 靜의 표기가 아닌 경우는 반드시 靜은 '고요함'으로 動은 '움직임'으로 제한시켜 표기하겠다. 이곳에서 황종희가 표현한 動靜도 주돈이의 『통서』의 내용을 근본으로 한 것이기 때문에 동일한 원칙을 적용하여 動과 靜으로 표기하였다. 『통서』에 출현한 動과 靜의 의미에 관해서는 모종삼이 뒷부분에서 상세하게 설명하고 있기 때문에 어렵지 않게 이해할 수 있을 것이다.

를 느낄 수 있으면, 생명은 도리와 서로 상응하여 함께 흐르게 된다. 황종희의 다른 해설은 주돈이의 학문에 관한 것이다. 나는 먼저 밖으로부터 주돈이 철학의 강령(綱領)을 논한 후에, '왜 주돈이 철학에 그런 내용이 담겨져 있는가'의 문제로 점차 접근해 가겠다. 이른바 '의식이 상응하고, 생명이 상응하였'다는 것은 도덕의식의 각성을 의미한다. 도덕의식에는 다음과 같은 세 가지 의미가 함축되어 있다. 하나는 도덕주체의 정립이고, 다음은 덕성실천의 원동력 개발이며, 마지막으로 덕성인격의 지극한 경지이다.[8] 주돈이가 마음속으로 깨달은 것(默契)이 바로 이것인데, 그는 『중용』[9]과 『역전』[10]을 통해 진입하였다. 『중용』과 『역전』은 선진유가철학, 즉 『논어』와 『맹자』를 계승하여 나온 선진 후기 철학의 극치(充其極)이다. 이른바 '극치'라는 말에는 여러 의미가 포함되어 있다. 먼저 '인(仁)의 실천을 통하여 천도를 깨닫는' 공자의 천인지천(踐仁知天)과 '본심을 온전히 실천하면 본성을 알 수 있고, 천도를 알 수 있다'는 맹자의 진심지성지천(盡心知性知天)을 통과하여 오목불이(於穆不已)한 천명을 깨닫는 것이다. 즉 인(仁)과 성(性)의 실천을 통하여 천도의 내용을 파악한다. 이렇게 함으로써 천도와 천명 그리고 인(仁)과 성(性)은 내용적으로 일자(一者)로 정립된다. 나는 이러한 도덕주체와 천도의 관계를 '천도와 성명은 서로를 관통한다(天道性命相貫通)는 것으로 규정하였다. 때문에 도덕주체와 천도가 일체를 이루었을 때 도덕주체는 곧바로 절대적인 대주(大主)로 정립된다. 다시 말하면 도덕주체는 단지 '나'라는 하나의 개인적인 생명만을 주재하는 것이 아니라 우주의 모든 생명을 주재한다. 그러므로

---

8   역주 : 주돈이는 『통서』에서 誠과 性으로써 도덕주체와 덕성실천의 원동력을 설명하였고, 성인으로써 덕성인격의 극치를 표현하였다.

9   『中庸』「20장」이후에 출현하는 誠을 의미한다.

10   역주 : 『역전』은 『주역』의 일부분이지만, 모종삼이 『심체와 성체』에서 『역전』의 형이상학과 우주론을 중시하여 단독적으로 『역전』으로 표기한 곳이 많다. 따라서 번역가는 원문과 각주에서 출전을 표기할 때는 『주역』으로 기록하고, 원문에서 모종삼이 『역전』으로 표기한 곳은 『역전』으로 기록할 것이다.

도덕주체를 언급할 때는 반드시 우주의 위대한 두 작용인 건(乾)과 곤(坤) 뿐만 아니라 만물을 주재하는 오묘한 작용(妙用)까지도 포함하여야 하며, 더 나아가 천도와 천명에 대해서도 철저한 깨달음이 있어야 한다. 이러한 관계를 현대적인 표현으로 설명하면, '도덕주체의 실천을 통하여 형이상학과 우주론의 의미를 드러내는 것'[11]이라고 할 수 있다. 겉으로만 보면, 이는 마치 실질 내용이 없는 우주론에 대한 흥미처럼 보인다. 때문에 지극히 현실적인 사람들은 도덕형이상학을 싫어하기도 한다. 또 도덕 영역과 인문영역에 얽매여 심오한 지경에 이르지 못한 사람들은 도덕형이상학에 대하여 매우 강한 거부의 태도를 보이기도 한다. 이러한 편파적인 태도 때문에 그들은 선진유가에서부터 전해져 온 '환하게 트여 있으면서 어디에도 막혀 있지 않은'(開朗無礙) 지혜의 전모를 보지 못하였고, 또 북송유자들이 깨달은 천도와 천명의 의미를 이해하지 못하였다. 유가의 도덕형이상학을 칸트 이전 서양철학의 비판적 형이상학으로 보는 것도 잘못이고, 우주론 중심의 형이상학으로 이해하는 것도 잘못이다. 그렇다고 인문에 얽매이거나 현실 문제에 급급하여 이 영역에 접근하는 것을 금하는 것도 유가 도덕의식 속의 도덕주체에 함축되어 있는 본래 의미가 아니다. 이는 그 사람들의 도덕의식 한계이지, 유가 도덕지혜의 문제가 아니다. 유가의 도덕지혜는 반드시 도덕형이상학의 경지에 이르러야만 비로소 그 극치를 발현할 수 있고, 그런 후에 비로소 원만무애한 경지에 이를 수 있다. 원만(圓滿)은 성인이 인(仁)의 실천을 통하여 천도를 깨달은 원교(圓教)[12]의 경지이다. 이러한 원교의 경지는 『중용』과 『역전』에서 크게 발휘되었는데, 북송의 유학자들은 바로 이 경지를 마음속으로 깨달아 자신의 철학 이론을 수립한 것이다. 따라서 천도와 천명에

---

11 역주 : 부록 2 '도덕형이상학' 참고.
12 역주 : 모종삼은 『中國哲學十九講』 「제18강」에서 圓教와 圓善을 함께 제기하였다. 圓善은 최고선을 의미하고, 圓教는 불교의 教判에서 나온 '최고의 경지'를 가리키는 말인데, 이것을 차용하였다.

대한 깨달음을 기초로 드러낸 북송유학자들의 형이상학과 우주론은 원교이지, 결코 아무런 실천적 내용이 없는 사변적 형이상학도 아니며, 또 범우주론 중심의 철학도 아니다. 북송의 유학자들이 긍정한 도덕주체는 천도성명(天道性命)과 동질적인 실체이기 때문에 덕성실천의 절대적인 주재자이고, 모든 도덕가치를 창조하는 근원이라고 할 수 있다. '내성(內聖)의 학문' 혹은 '심성의 학문'만이 도덕주체가 바로 나 자신의 주재자이면서 우주의 주재자임을 밝혀 드러낼 수 있다. 원래 이치는 텅 빈 것이 아니고, 도리 역시 허공에 매달아 놓고 말하는 것이 아니다. 반드시 실제적인 덕성인격으로써 이를 실증해 내야 한다. 덕성인격이란 바로 나와 우주의 주재자인 도덕주체를 몸소 실천을 통하여 드러내는[體現] 것이다. 그리고 실천을 통하여 드러내는 경지의 극치가 바로 성현의 인격이다. 원교를 말하려면 성현의 인격 경지와 상응해야 한다. 때문에 '유가 도덕철학에 형이상학적 의미와 우주론적 의미가 있다'는 말은 반드시 인(仁)의 실천을 통하여 천도를 깨달은 원교를 통해 이해해야만 오해가 발생하지 않는다. 만일 원교의 형태를 이탈하여 유학을 이해하려고 하면 유학의 본질에 대한 올바른 이해를 할 수 없게 되어 혼란에 빠질 것이다.

이상의 내용을 정확하게 파악하고 있으면, 황종희가 간추려 말한 주돈이 철학의 내용을 어렵지 않게 이해할 수 있을 것이다. 황종희가 말한 내용은 모두 주돈이의 『통서(通書)』[13]에 실려 있다. 때문에 나는 먼저 『통서』의 의리를 해설한 후에, 『태극도설(太極圖說)』의 의리를 해설할 것이다. 송명이학 600-700년의 발전, 그리고 학파의 분류는 바로 이 부분에서 밝혀질 것이다.

13 　역주 : 『통서』는 한 때 『易通』이라는 명칭으로 불려졌다. 즉 『周易』에 대한 일반적인 이론을 기술해 놓은 책으로 알려졌었다. 주돈이의 대표적인 저작은 『태극도설』과 『통서』인데, 그 중 『태극도설』이 원론적인 이론을 설명한 것이라면, 『통서』는 모든 사람이 배움을 통하여 성인이 될 수 있다는 점을 全篇에 강조함으로서 원론을 세분화시켜 적절하게 응용하고 있다.

1. 주돈이의 『통서』에 대한 선별적 해설[14]

1) 성체(誠體)로써 건도를 통합하여 해설하다

성(誠)[15]은 성인의 근본이다.[16] '크도다! 건원이여, 만물이 다 거기에서 비롯되었다'고 하였으니, 성(誠)의 근원이다. '건도의 변화는 모든 사물의 성명을 바르게 한다'고 하였으니, 이는 성(誠)의 자기실현이다.[17] 순수하고 지극히 선한 것이다. 때문에 '한번 음이 되고 한번 양이 되는 것을 도라 하며, 도를 계승하는 것을 선이라고 하고, 도를 완성한 것을 성(性)이라고 한다'고 말한 것이다. '원형'은 성(誠)의 형통이다. '이정'은 성(誠)의 회복이다. 크도다! 역이여, 성(性)과 명(命)의 근원이다.

誠者聖人之本. '大哉! 乾元, 萬物資始[18]', 誠之源也. '乾道變化, 各正性命[19]', 誠斯立焉. 純粹至善者也. 故曰: '一陰一陽之謂道, 繼之者善也, 成之者性也.[20]

---

14   역주 : 모종삼은 『통서』 전체 장을 해설하지 않고 주요 장을 선별하여 해설하였다.

15   역주 : 이곳에서 誠은 '정성'·'진실'·'성실' 등 덕목의 의미를 포함한 본체 개념으로서 천도를 가리킨다. 이러한 주돈이의 입장은 『중용』의 "誠은 하늘의 도이다'(誠者天之道也)(「20장」)를 계승한 것이다. 주돈이는 초월자인 천도의 본질을 誠으로 규정하여 실천적 혹은 규범적 의미였던 誠을 본체로 끌어올려 이해하였다. 때문에 모종삼은 이 책 곳곳에서 '誠'을 誠體로 표현하였다.

16   역주 : 誠과 성인을 관련시켜 설명하고 있는 것도 『중용』의 "자연스럽게 도리에 합치한 사람이 성인이다'(從容中道聖人也)(「20장」)라는 말을 계승한 것이다. 『중용』과 주돈이는 천도의 내용을 誠으로 규정하고, 이를 구체적으로 실현하는 사람을 성인이라고 하였다.

17   역주 : 옮긴이는 立을 '실현'으로 해석하였다. 천도의 운행으로 만물이 형성되고, 이것이 바로 誠을 내용으로 하는 천도의 자기실현으로서 誠의 구현이다.

18   역주 : 『周易』「乾卦. 彖辭」.

19   역주 : 『周易』「乾卦. 彖辭」.

20   역주 : 『周易』「繫辭上」. 혹자는 '一陰一陽' 그 자체를 道로 이해하기도 하지만, 정이와 주희는 '一陰一陽'의 원리를 형이상자인 道로 이해하였다. 즉 음양은 형이하자인 氣이고, '한 번 음이 되고, 한 번 양이 되게 하는 원리'가 바로 형이상자인 道이다. 모종삼 역시 정이와 주희의 해석에 따라 이 구절을 설명하고 있다.

'元亨', 誠之通. '利貞', 誠之復. 大哉! 易也, 性命之源乎?

『通書』「誠上」

해설 이 장은 『통서』 제1장이다. 이곳에서 주돈이는 『중용』에서 제시한 성(誠)으로써 『주역』의 「건괘(乾卦)·단전(彖傳)」을 통합하여 해석하고 있다. 『중용』에서는 "천지의 도는 한마디 말로써 다할 수 있다. 천지의 도는 만물을 이루면서 순일[21]하니, 만물을 생성하지만 그 원리를 짐작하기 어렵다"[22]고 하였다. '불이'(不貳)는 '순일하다'[專精純一][23]의 의미이다. 이것이 바로 성(誠)이다. 성(誠)은 본래 진실하여 헛된 마음이 없는 상태를 의미한 것으로 형용사이지만, 이곳에서 성(誠)이라는 문자는 실체를 가리키고, 그 실체는 다름 아닌 천도이다. 천도는 '만물을 생성하지만 그 원리를 짐작하기 어렵다[生物不測][24]는 말은 창생활동을 표현한 것이다. 창생을 내용으로 하는 천도를 성(誠)으로 대체하여 표현하더라도 안 될 것은 없다. 성(誠)은 실체로 전환될 수 있기 때문에 나는 그것을 성체(誠體)라고 표현하였다. 성체(誠體)는 '성(誠)을 체로 삼는다'는 의미이다. '성(誠)이 곧 체이다'는 말은 '성(誠)이 본연이고, 자연스러움이며 당연의 천도[道理]이다'라는 의미이다. 때문에 『중용』에서는 또 다시 "성(誠)이라는 것은 하늘의 도이고, 이러한 성(誠)을 실현하는 것은 사람의 도이다"[25]라

---

21 역주 : 不二를 '순일'로 해석한 것은 모종삼이 專精純一로써 不二를 해석하였기 때문이다.

22 『중용』「26장」, "天地之道, 可一言而盡也. 其爲物不貳, 則其生物不測."

23 不貳 혹은 純一은 '둘이 아닌 하나이다'로 직역할 수 있지만, 가장 현대적인 의미로 표현하면 '무조건'이라고 할 수 있다. 칸트의 표현을 빌려서 말하자면, 정언명령이라고 할 수 있다. 따라서 "천지의 도는 만물을 이루면서 순일하다"는 말은 "천지의 도는 우주만물을 창생하고 화육하면서 어떠한 조건을 갖지 않는다"의 의미이다. 誠이 실체의 의미를 가지를 수 있는 것은 바로 이 '무조건성' 때문이다.

24 역주 : 이곳에서 '生物不測'은 천도의 만물 창생 작용을 형용한 말이다. 만물을 창생하지만 그 작용이 신묘하여 그 원리를 짐작하기 어렵다. 때문에 이러한 천도의 운행을 '신묘하여 짐작하기 어렵다[神而不可測]는 의미의 '신'으로 묘사하기도 한다.

25 『중용』「20장」, "誠者天之道也, 誠之者人之道也."

고 한 것이다. '하늘의 도[天之道]는 본래 그렇게 그리고 저절로 그렇게 되는 원리이다. 성체(誠體)는 창조의 기틀이고, 우리의 진실한 생명이며, 모든 사람에게 갖추어져 있다. 천지의 도리 역시 성체(誠體)와 동일한 내용의 실체이다. 다만 일반 사람들은 성체(誠體)를 직접 체현할 수 없기 때문에 수양공부를 통하여 터득해야 한다. 이는 인간의 의무, 즉 인간의 도리[人之道]이다. 수양공부를 통하여 성(誠)을 회복하고 실현하는 것이 바로 '성지'(誠之)이다. 천의 도는 성(誠)을 본체로 삼고, 사람의 도는 성(誠)[26]함을 공부로 삼는다. 때문에 『중용』에서는 또 "성(誠)으로부터 밝아지는 것을 성(性)이라고 하고, 명(明)으로 말미암아 진실무망하게 되는 것을 교(敎)라고 한다. 진실무망하면 밝아지고, 밝아지면 진실무망해진다"[27]고 하였고, "오로지 천하의 지극히 진실무망한 사람만이 자신의 본성을 다 실현할 수 있다"[28]고 하였으며, "진실무망하면 어떤 표현이 있고, 어떤 표현이 있으면 드러나고, 드러나면 빛을 발현하고, 빛을 발현하면 (타인을) 감동시킬 수가 있고, 감동시킬 수가 있으면 변화시킬 수가 있으며, 변화시키는 것이 바로 교화이다. 오로지 천하의 지극히 진실무망한 사람만이 교화할 수 있다"[29]고 하였다. 이는 성(誠)이 곧 도덕적 가치를 창조하는 근원임을 설명한 것이다. 다시 말하면 '어떤 표현과 드러남'[30]·'빛을 발함과 감동'[31]·'변화와 교화'[32]는 마음속의 성(誠)이 밖으로 드러나

26 　역주 : 이곳에서 '誠함'에는 '정성'·'진실'·'성실' '純一'·'무조건' 등 다양한 의미가 있을 것이다.

27 　『중용』「21장」, "自誠明謂之性. 自明誠謂之敎. 誠則明矣, 明則誠矣." "誠으로부터 밝아지는 것을 性이라고 한다"는 본체의 자연스러운 유출을 근거로 말한 것이고, "明으로 말미암아 진실무망하게 되는 것을 敎라고 한다"는 후천적인 공부가 개입되어 발현된 것이다.

28 　『중용』「22장」, "唯天下至誠爲能盡其性."

29 　『중용』「23장」, "誠則形, 形則著, 著則明, 明則動, 動則變, 變則化. 惟天下至誠爲能化."

30 　形과 著.

31 　明과 動.

32 　變과 化.

도덕가치를 창조하고 타인을 감동시켜 변화시키는 작용을 설명한 것이다. "오로지 천하의 진실무망한 사람만이 자신의 본성을 다 실현할 수 있다"는 말은 성체(誠體)의 내용을 본성 속에 삼투시켜 성(誠) 외에 또 다른 본성이 없음을 강조한 것이다. 성(性)과 천도는 사실 하나의 성체(誠體)이다. 성(性)과 천도는 본체를 형식적이고 객관적으로 표현한 것이고, 성(誠)은 본체를 구체적인 내용과 주관적인 측면에서 표현한 것이다. 천도와 성(性) 그리고 성(誠)의 일체적 관계는 일찍이 『중용』에서 표현되었다. 주돈이는 『중용』의 성(誠)으로써 『주역』의 「건괘·단전」을 통합하여 설명하였으니 더 이상 보완해야 할 것이 없다. 이것은 유가철학의 형이상학적인 지혜가 지향하는 동일한 사유체계이다. 주돈이는 황종희가 말한 '천년 동안 전해지지 않은 비밀'을 확실하게 파악하고 있었던 것이다. 또 주돈이는 『주역』 「건괘·단전」과 「계사전」에 나오는 여러 말들을 성(誠)을 통하여 그 실제적 의미를 드러냈기 때문에 이점에 관해서 번잡하게 다시 설명하지 않았다. 건도의 변화는 성체(誠體)의 유행이다. 이는 유학자들이 드러내야 할 가장 근본적인 지혜이다. 이러한 의미를 파악하였다면 유학의 강령은 올바르게 정립될 것이다. 그런데도 주돈이의 사상이 도가와 불가에서 유래한 것이라고 주장할 수 있겠는가? 이미 강령이 정립되었다면 도가와 불가의 사상을 접촉할 수도 있고, 그들의 말을 빌려 쓸 수도 있다. 사람들은 서로 교류하면서 감통한다. 본래 근원이 동일한데, 어찌 모든 것과 단절할 수가 있겠는가? 만일 강령이 확실하게 정립되지 않았으면 아무리 아름답게 표현한다고 할지라도 유가의 지혜가 될 수 없다. 왜냐하면 마음이 서로 상응하지 않기 때문이다. 이 점에 관해서는 왕필의 『주역』 「건괘·단전」에 대한 해설을 보면 쉽게 알 수 있을 것이다.[33]

이른바 '건도의 변화는 하나의 성체(誠體) 유행에 불과하다'는 것은

---

[33]   모종삼 『才性與玄理』 제4장 참고.

'성(誠)의 표현과 드러남·빛을 발함과 감동·변화와 교화가 바로 성체(誠體)의 유행이다'는 의미이고, '만물을 이루면서 순일하니, 만물을 생성하는 것이 신묘하여 짐작하기 어렵다'라는 말도 성체(誠體)의 유행을 표현한 것이다. 이점에 관하여 『중용』에서는 "성(誠)은 만물의 시작과 마침이니, 성(誠)하지 않으면 만물이 존재할 수 없다"[34]는 표현으로써 종합하였다. 모든 사물은 성(誠)으로부터 시작하고, 성(誠)에 의하여 마친다. '성(誠)으로부터 시작하고 마친다는 것'은 모든 사물이 성체(誠體)가 관철하는 과정 중에서 완성된다는 의미이다. 이처럼 성(誠)의 시작과 마침의 과정을 통하여 만물은 진정한 가치를 얻을 수 있고, 진실한 사물로서 존재할 수 있게 된다. 만일 성체(誠體)가 없다면 사물은 진정한 사물이 될 수 없고, 허무의 세계로 빠지고 만다. 이것이 바로 『중용』에서 말한 "성(誠)하지 않으면 만물은 존재할 수 없다"[不誠無物]의 의미이다. '만물이 존재할 수 없다'는 말은 시작과 마침의 활동, 즉 창조의 활동이 없다는 뜻이다. 실체의 측면에서 말하면, '성체(誠體)가 유행한다'고 하고, 그 흔적의 측면에서 말하면, '시작과 마침의 과정'이라고 한다. 또 성체(誠體) 유행의 결과에서 말하면 '사사물물'(事事物物)이라고 한다. 사물은 하나의 특수한 시작과 마침의 과정으로 규정할 수도 있고, 특수한 흔적 중에 표현된 성체(誠體) 유행의 특수한 만족, 즉 완성으로도 규정할 수 있다. 이러한 각종 규정은 직관(直貫) 형태의 우주론적 규정이다. 왜냐하면 사물의 시작과 마침이라는 표현이 우주론적인 진술이기 때문이다. 이러한 규정은 방법론에 있어서의 논리적인 규정도 아니고, 인식론에 있어서의 인지적 규정도 아닌 실체의 자기 성취를 근본으로 한 실천론적 규정이다.

이러한 성체(誠體)의 시작과 마침의 과정을 『주역』「건괘·단전」에 적용시켜 이해하면, "건도의 변화는 모든 사물의 성명(性命)을 바르게 한다"는 말은 다름 아닌 성체(誠體) 유행의 시작과 마침 과정을 설명한 것

---

34   『중용』「25장」, "誠者物之終始, 不誠無物."

이다. 건괘의 괘사(卦辭)를 총괄적으로 말하면, '원형이정'(元亨利貞) 네 글자도 모두 성체(誠體) 유행의 시작과 마침 과정을 설명한 것이다.[이곳에서 원형이정은 『주역』의 의리를 근거로 이해한 것이지 결코 원시적인 복사(卜辭)로 이해한 것이 아니다.] 성체(誠體)는 만물의 근원인 건원(乾元)이다. 창조의 근원이 바로 원(元)이다. 이 원(元) 자는 가치 개념이지 시간 개념이 아니다. 창조의 근원이 바로 원(元)이고, 진정한 생명이 바로 원(元)이다. 창조의 근원은 실체임과 동시에 주체이다. 모든 것을 창조하면서 다른 것에 의지하지 않기 때문에 원(元)이라고 한 것이다. 진실한 생명은 자기가 자기 스스로 주재하는 생명이지 결코 무엇에 의지한 생명도 아니고, 기계적이거나 생물학적인 생명도 아니고, 자연생명도 아니다. 독립적인 존재이기 때문에 원(元)인 것이다. 『주역』에서는 이러한 창조의 근원과 진실 생명을 건(乾)이라고 칭하였다. 건(乾)은 원(元)이기 때문에 건원(乾元)이라고 한 것이다. 건(乾)은 하늘의 덕이고, 그 의미는 멈추지 않는 강건함[健]이다. 건원은 창조성 그 자체이다. 그렇기 때문에 '창조원리'라고 부를 수 있다. 도는 바로 이러한 의미로부터 성립된 것이다. 도에 이러한 의미가 갖추어져 있지 않다면 도라고 부를 이유도 없다. 건도는 바로 천도이다. 천도는 도덕가치 창조 근원으로서의 도이다. 창조하는 것은 바로 하늘이며, 그것을 모아 간직하는 것이 땅[地]이다. 이것이 바로 『주역』에서 건원(乾元)과 곤원(坤元)을 함께 강건함으로 설명하는 까닭이다. 건원이 강령이라면, 곤원은 건원의 예속이다. 건도의 변화는 성체(誠體)의 유행이다. 건원은 만물이 시작하는 시점이기 때문에 주돈이는 이를 '성의 근원'[誠之源]라고 하였다. 이는 성체(誠體)의 작용이 건원을 근원으로 삼고 있음을 밝히기 위함이다. 또 건원의 시작과 마침의 과정을 통하여 만물이 창생되는데, 이 건원의 자기실현에 관하여 주돈이는 '성의 자기실현'[誠斯立]이라고 하였다. 성체(誠體)가 만물의 근원이 될 수 있는 까닭은 성체(誠體) 스스로 자기를 건립할 수 있기 때문이다. 그 과정은 만물의 시작과 마침에서 볼 수 있다. 만일 시작만 있고 마침이 없다면 이는 용두사미와 같은 잠시 동안의 현현에 불과한 것이다. 시작만 있고 마침이 없다는 것은 성체(誠體)가 자신을 수립하지 못하였음을 뜻한다. 성체(誠體)가 스스로 자신을 수립하지 못하면 성체(誠體)는 단지 우연적인 존재로서 그 필연성을 확보할 수 없다. '성(誠)의 자기실현'이라는 주돈이의 말은 참으로 적절한 표현이다. 주돈이는 성(誠)을 '원형이정'에 적용시켜, 원형을 '성(誠)의 형통'이라고 하였고, 이정을 '성(誠)의 회복'이라고 하였다. 이곳에서 복(復) 자의 쓰임도 참으로 정밀하고 요묘하다. 주돈이는 립(立)으로써 복(復)을 말하였다. 이곳에서의 복(復) 자와 『논어』에서 나오는 "사욕을 극복하고 예를 실천하는 것이 인(仁)이다"[克己復禮]³⁵에서의 복(復) 자는 그 쓰임이 다르다. 자기를 건립하고 수립함으로써 자기가 자신의 작용과 존재 가치를 스스로 증명한다. 이는 자기가 자신을 증명하는 것이며, 동시에 자기를 회복하는 것이다. 좋은 시작(元)³⁶이 있으면 형통하기 마련이다. 형(亨)은 안으로 통하는 것으로, 어디에도 그 생기(生氣)의 흐름에 막힘이 없다는 것이다. 때문에 원형(元亨)을 '성(誠)의 형통'이라고 한 것이다. 통하여 일정한 방향이 정해짐을 일러 이(利)라고 한다. 이(利)하여 원만한 마침이 있게 됨을 정(貞)이라고 한다. 정(貞)은 결정[定]이고, 완성[成]을 의미하기 때문에 이정(利貞)을 '성(誠)의 회복'이라고 한 것이다. '이정'은 '모든 사물의 성명(性命) 바르게 한다'[各正性命]는 의미이다. '형(亨)은 있지만 정(貞)이 없다는 것은 시작만 있고 마침이 없다는 것과 같다. 마침이 없다면 이는 완성하지 못하였다는 것이다. 완성하지 못하였다면 비록 시작[元亨]이 있었다고 할지라도 공허한 것이기 때문에, 성체(誠體)의 유행 역시 아무런 내용도 없는 유행에 불과하게 되어 성체(誠體)라고 부를 수도 없게 된다. 이는 성체(誠體)를 잃어버린 것이다. '성체(誠體)가 자신을 잃어버렸다'는 말은 성체(誠體)가 자신을 회복하지 못하였다는 것이고, 또 자신을 올바르게 수립하지 못하였다는 것이다.

---

35   『論語』「顔淵」.
36   역주 : 이곳에서의 元은 일반적 의미인 좋은 시작을 말한다.

건도의 원형이정과 '성의 근원'[誠之源] 그리고 '성의 자기실현'[誠斯立]은 성체(誠體) 유행의 시작과 마침의 일관성, 그리고 중단 없는 자기실현을 표현한 것이다. 주돈이는 이것을 '순수하고 지선하다'[純粹至善]는 말로 표현하였다. '순수하고 지선하다'는 찬미의 의미는 두 측면으로 나누어 이해할 수 있다. 하나는 체성학(體性學)[37]적인 측면에서 성체(誠體) 자신을 찬미한 것이다. 다른 하나는 우주론적인 측면에서 시작과 마침의 과정을 찬미한 것이다. 이 중에서 두 번째의 우주론적인 시작과 마침이라는 시종 과정에 대한 찬미가 더욱 중요하다. 이 두 가지 의미를 종합하면, 주돈이가 말한 '순수하고 지선하다'에서 선(善)은 체성학적으로 규정한 선이면서, 동시에 우주론적으로 규정한 선, 즉 성체(誠體)의 유행으로부터 규정한 선이다. 때문에 주돈이는 『주역』 「계사전」의 "한번 음이 되고 한번 양이 되는 것을 도라 하며, 도를 계승하는 것을 선이라 하고, 도를 완성한 것을 성(性)이라 한다"라는 세 구절의 말을 인용하여 그 의미를 설명한 것이다. 그렇지만 주돈이는 이 세 구절의 의미에 대해서는 상세하게 설명하지 않았다. 이 구절은 정이와 주희에 이르러 비로소 상세하게 해설되었다. 그러나 정이와 주희의 해설은 또 다른 문제점을 유발하기도 하였다. 비록 주돈이가 이 세 구절에 대하여 명확한 설명은 하지 않았지만 그 의미는 어렵지 않게 살펴볼 수 있을 것 같다. 나는 그 의미의 대강을 다음과 같이 정리해 보았다. '한 번 음이 되고 한 번 양이 되는 것을 도라고 한다'는 말을 '음양이 곧 도이다'라고 해석할 필요는 없다. 그러나 건도 혹은 성체(誠體)가 구체적인 유행을 함에 있어 음양과 떨어져 유

---

37 역주 : 모종삼은 '體性學'이라는 용어를 자주 사용하는데, 이때 體性은 실체 자신의 본성을 의미한다. 따라서 '체성학적 규정' 혹은 '체성학적 측면'이라는 표현은 타자와의 관련성 혹은 본체의 작용(창생)이 아닌 실체 자신의 본래 모습에 대한 '규정' 혹은 '측면'(입장)을 의미한다. 예를 들어 맹자가 性을 善으로 규정한 것은 행위의 선악과 관계없이 본래 선하다. 이것이 바로 性에 대한 체성학적 규정이다. 이곳에서 주돈이는 '순수하고 지선하다'[純粹至善]는 말로 誠을 표현하였는데, 이것 역시 誠에 대한 체성학적 규정이다.

행할 수 없다. 즉 음과 양을 통하여 자신의 모습을 표현할 수밖에 없다. '한 번 음이 되고 한 번 양이 된다'[一陰一陽]는 것은 음양의 교착(交錯)이 중단 없이 진행되어 도 역시 자신의 모습을 중단 없이 드러냄을 의미한다. 따라서 '일음일양지위도'(一陰一陽之謂道)는 음양에 의지해서 그 자신을 드러내는 것이 바로 도라는 의미이지 결코 '음양이 곧 도이다'[38]라는 의미도 아니고, 또 '한 번 음이 되고 한 번 양이 되는 것이 바로 도이다'[39]라는 의미도 아니다. 따라서 '일음일양지위도'(一陰一陽之謂道)는 도에 대한 규정이 아니라 도가 다른 것(음양)에 의지해서 그 자신을 드러낸다는 것을 설명하는 말이다. 건도 혹은 성체(誠體)는 음과 양이 서로 떨어지지 않고 시원스럽게 연결되어 유행되는 것을 빌려 구체적인 시작과 마침을 얻게 된다. 그러므로 나는 앞에서 '그 실체의 측면에서 말하자면 성체(誠體)의 유행이고, 그 흔적 측면에서 말하자면 시작과 마침의 과정이다'라고 하였던 것이다. 건도 혹은 성체(誠體)가 음양의 기(氣)에 구체적으로 안착해야만[落著] 비로소 시작과 마침의 과정이 있게 되며, 또 구체적인 흔적이 나타나게 된다. 건도의 변화 중에 이른바 '성(誠)의 근원'인 원(元)과 형(亨)에서 양(陽)의 펼침[申]을 볼 수 있고, 이른바 '성(誠)의 자기실현'인 이(利)와 정(貞)에서 음(陰)의 모여짐[屈]을 볼 수 있다. 사실 '건도변화'(乾道變化)라는 말은 분석적이고 추상적으로 건도 자체를 논한 것이 아니라, 건도의 표현, 즉 작용을 논한 것이다. 그러나 건도와 성체(誠體)의 구체적 표현을 매우 세부적으로 분석하면 이질적인 성분이 그 안에 없을 수 없다. 다시 말하면 구체적인 실제 상황에서는 기(氣) 관념을 수반하지 않을 수 없다. 그렇다고 '기가 곧 도이다'는 뜻은 아니다. 만일 원융적 측면에서 보자면 도기(道器)·리기(理氣)·체용(體用)을 하나로 통합하여 말할 수 있기 때문에 '도는 기를 떠나지 않는다[道不離器]고 할 수 있고, '기가 바로 도이다[器卽是道]라고 해도 안 될 것도 없다. 이때의 '즉

---

38 "陰陽卽是道."
39 "一陰一陽卽是道."

시'(卽是)라는 문자적 표현은 규정적인 분석관계가 아니라 원융적인 합일 관계[40]를 나타낸다. 원융적인 합일이라는 의미의 즉시(卽是)와 분석관계의 '시'(是)는 동일한 의미가 아니다. 원융적인 합일에 서로 이질적인 성분이 포함되어 있지 않다면 원융이라는 말은 의미를 갖지 못한다. 만일 순수하게 동질적인 것들만 내포한다면 '원융'이라는 용어를 사용할 필요가 없다. "건도가 변화하여 모든 사물의 성명(性命)을 바르게 한다"는 말은 비록 건원을 설명한 것이지만, 그 곳에는 이미 곤원(坤元)의 작용이 포함되어 있다. 때문에 곤괘(坤卦)에서는 곤(坤)의 의미만을 꺼내어 곤원(坤元)을 말한 것이다. 주돈이 이후의 유학자 중에 원융적인 표현을 가장 즐겨 사용한 사람은 바로 정호이다. 반면 정이와 주희는 분석적인 표현을 좋아하였다. 비록 분석적으로 표현할 때는 리와 기를 분류하여 논의하지만, 그렇다고 리와 기가 서로 원융적으로 합일 할 수 있음을 부정한 것은 아니다. 명대의 유학자인 나흠순(羅欽順-整庵) · 유종주(劉宗周-蕺山) · 황종희(黃宗羲) 등은 리와 기에 대한 분석적인 태도를 좋아하지 않았다. 그들은 자신들의 태도를 근거로 주희의 태도를 힐난하였지만 그것 역시 문제의 핵심을 올바르게 파악하지 못한 것이다. 주희철학 계통의 문제점과 그리고 학파의 성립은 리기이분법(理氣二分法) 때문에 발생한 것이 아니다. 주희철학의 문제점과 학파 성립의 핵심 원인은 리[道體]와 성체[誠體]의 내용에 대한 주희의 이해에 있고, 더 나아가 이를 근거로 심과 리[誠]를 분리시켰기 때문이다.[41] '심과 리가 서로 둘인 것'[心理爲二]과 '리와 기가 서로 둘인 것'[理氣爲二]은 동일한 의미가 아니다. 왜냐하면 심과 기는 동일자가 아니기 때문이다. 이 문제에 관해서는 뒤에 다시 논의하고, 계속해

---

40 역주 : 이러한 원융적인 측면에서 道와 器 혹은 理와 氣의 관계를 표현한 대표적인 학자는 정호이다. 『二程遺書』 卷1에 "기도 도이고, 도 역시 기이다"[器亦道, 道亦器]라는 구절이 있다. 이곳에서는 道와 器의 관계를 원융합일적 입장에서 논하고 있다. 모종삼에 의하면, 이 구절에 대하여 비록 명도(정호) 혹은 이천(정이)의 말이라고 표시되지는 않았으나 어맥과 어기를 살펴보면 정호의 말이 분명하다.

41 역주 : 心卽理에 대한 부정.

서 다음 장절에 관하여 설명하겠다. 나는 먼저 '일음일양지위도'(一陰一陽之謂道)라는 표현이 도에 대한 규정이 아니라 도가 음양에 의지해서 그자신을 드러내는 표현임을 지적하고자 한다. 이것은 도가 성체(誠體)의 유행이고, 시작과 마침의 전개 과정이라는 의미이다. 도는 도덕가치를 창조하는 근원이기 때문에 구체적인 유행이 없을 수 없고, 또 시작과 마침의 과정이 없을 수 없다. 이러한 시작과 마침이라는 창조의 생화 과정을 통하여 도의 실현이 멈춤이 없고, 헛된 것이 아니라는 점을 깨달으면서 도를 진정으로 이해한다. 이것이 바로 '일음일양지위도'(一陰一陽之謂道)에 대한 올바른 이해이다. 다음 구절인 '도를 계승하는 것이 선이다'[42]는 말은 생화의 과정을 중단 없이 계속 진행할 수 있어서 그것이 중단되어 없어지거나 스스로 멈추지 않도록 하는 것이 바로 선이라는 뜻이다. 이것 역시 선에 대한 우주론적인 규정이고, 동태적인 규정이며, 입체적인 직관(直貫)형태의 규정이다. 다음 '도를 완성하는 것이 성(性)이다'는 말은 개체의 입장에서 한 말이다. 즉 개체에서 도의 가치와 작용을 완성할 수 있는 것이 바로 개체의 본성이라는 뜻이다. 성(性)은 모든 사람이 선천적으로 갖추고 있는 성체(誠體)를 본성으로 이해한 것이지, 성체(誠體)외에 또 다른 본성이 있음을 말하는 것이 아니다. 개체는 이러한 창조의 기능을 갖춘 본성을 구비하고 있기 때문에 자신의 생명에서 도의 가치를 완성할 수 있다. 이것이 바로 『중용』에서 말한 "본성에 따라 행위하는 것을 도라고 한다"[43]와 같은 의미이다.[『주역』 「계사전」에 나오는 이 세 구절에 대한 주희의 해설은 옳지 않다. 그 내용은 정호의 「천도(天道)」편과 「생지위성(生之謂性)」편에 관한 해설에서 자세히 논하였다.]

주돈이는 성체(誠體)의 유행으로써 건괘 괘사(卦辭)의 '원형이정'·단전(彖傳)의 "크도다! 건원이여, 만물이 다 거기에서 비롯된다"와 "건도가 변화하여 모든 사물의 성명(性命)을 바르게 한다"·「계사전」의 "한 번 음이

---

42 "繼之者善也."
43 『중용』 「1장」, "率性之謂道."

되고 한 번 양이 되는 것을 도라고 하며, 도를 계승하는 것이 선이라고 하고, 도를 완성하는 것이 성(性)이라고 한다'라는 말을 통합하여 해설한 후에 "크도다! 역이여, 성(性)과 명(命)의 근원이다"라고 찬미하였다. 이는 『주역』이라는 서책이 성명(性命)의 근원을 꿰뚫고 있음을 말한 것이다. 주돈이는 '성명'(性命)에 대해서는 상세하게 해설하지 않았다. 그러나 옛 사람들은 자신의 학설을 세울 때 대부분 경전의 내용에 대하여 공통적인 견해를 갖고서 서로 말없이 마음속으로 깨닫는 것을 좋아하였다. 때문에 비록 자세하게 설명하지 않았어도 충분히 미루어 짐작할 수 있었다. 주돈이의 성(性)에 대한 이해는 『중용』·『맹자』와 다르지 않을 것이다. 주돈이가 말한 성(性)은 개체의 생명 측면에서는 내적인 도덕성 즉 성체(誠體)를 지칭하고, 보편적인 우주만물 측면에서는 성체(誠體)의 유행인 천도를 의미한다. 만일 객관적인 성체(誠體) 유행인 천도를 기준으로 삼으면, 천도가 개체[사람과 사물]에 내재된 것이 바로 성(性)인 것이다. 사람과 사물에 갖추어진 것은 천(天)이 부여한 것이고, 천(天)이 명령한 것이다. 천명의 명(命)은 제한 의미인 운명의 명(命)이 아니라 명령의 명(命)이다. 우리에게 부여한 천도의 입장에서는 명(命)이라고 하고, 그것을 부여받은 측면에서는 성(性)이라고 한다. 이러한 측면에서 명(命) 자를 이해하면, 명(命)은 작용의 의미인 동사인 것 같다. 그러나 동사적 어휘 속에 내용을 포함하는 명사적 의미가 내포되어 있다. 명(命)의 작용 속에는 도의 실체 의미가 포함되어 있다. 즉 스스로 사람에게 자신을 부여하여 그 사람의 성체(性體)로 존재하게 한다. 성(性)과 명(命)을 합하여 말한 것은 성(性)의 초월적이고 근원적인 의미를 강조하기 위하여 명(命) 자를 사용하여 천도와 사실상 하나임을 밝히는 것일 뿐이다. 사실 천도와 성(性) 그리고 명(命)은 같은 실체이다. 순수한 우주론적인 입장에서 말하면 천도는 천명과 동일하다. 천명의 명(命)이 갖고 있는 동사적 의미는 실체 의미와 같다. 때문에 '천명이 유행한다'[이곳에서 유행은 명령의 작용 측면에서 말한 것]고 한 것이다. 이러한 천명의 유행 의미는 '오로지 천명만이 심원하고 중단이 없다[44]라는 지혜를 근거로 나온 것이다. 유가의 형이상학적 지혜는 이 시 구절로부터 시작되었고, 어느 누구도 이를 위반하지 않았다. 그윽하고 중단이 없는 천명은 영원히 작용하는데, 이것이 바로 천명의 유행이다. 유행이 사람에게 이르면 사람의 본성이 된다. 이는 성명(性命)과 천도가 서로 관통하고 있음을 나타낸다. 또 성(性)은 '선천적으로 본래 그렇다'는 의미를 나타낸다. 따라서 우리는 이러한 성(性)이 결정한 방향에 따라 행동할 뿐 다른 것을 일체 고려할 필요가 없다. 그러므로 '본성에 따르는 것'[性之]이 바로 '천명을 실현하는 것'[命之]이다. 본성은 스스로 작용을 일으킬 것을 명령하여 도덕가치를 창조할 수 있기 때문에 자신의 생명에서 천도의 가치를 완성할 수 있다. 이것 역시 천명의 유행이고, 천도와 성명(性命)이 하나로 일체화되어 나타난 것이다. 이처럼 '성명과 천도는 서로 관통한다'는 말은 두 측면으로 나누어 설명할 수 있다. 첫째, 천도가 우리에게 명령하여 내재된 것이 성(性)이기 때문에 성명(性命)과 천도는 서로 관통한다. 이 점을 가장 강조한 학자가 바로 장재이다. 둘째, 본성에 따르는 것이 바로 천명을 실현하는 것이기 때문에 성명(性命)과 천도는 관통한다. 이 점을 가장 잘 드러낸 학자는 정호이다. 이것이 바로 일본설(一本說)의 오묘한 의미이다. 주돈이는 성체(誠體)로써 『역전』의 의리를 통합하여 해설함으로써 성명(性命)의 근원이 바로 천도에 있고, 성명과 천도가 서로 관통하고 있다는 위대한 의리를 쉽게 밝혀 드러내고 있다.

그러나 도리는 빈말이 아니고, 허망한 것도 아니므로 반드시 사람의 실천을 통하여 체현함으로써 실증해야 한다. '도를 완성하는 것이 성(性)이다'라는 말에서 보면 자신의 본성을 다하여 천도의 의미를 실천으로 드러내는 사람이 바로 성인이다. 성인이 자신의 본성을 다 발휘할 수 있는 것은 성(誠)[45] 때문이다. 때문에 『중용』에서 "오로지 천하의 지극히

---

44   '於穆不已.'
45   역주 : 중단 없는 유행이 바로 誠이다.

진실무망한 사람[至誠者]만이 자신의 본성을 다 발휘할 수 있다"고 한 것이다. 주돈이는 바로 이러한 의리를 계승하여 이 장 첫 구절에서 "성(誠)은 성인의 근본이다"라고 하였다. "성(誠)이 성인의 근본이다"라는 것은 성인이라는 경지 혹은 그 결과라는 측면에서 말한 것이다. 성인이 성인으로 되는 데는 별다른 특별한 방법이 없다. 단지 하나의 성(誠)만이 있을 뿐이다. 성(誠)은 작용의 의미를 가진 공부이지만, 성(誠)의 작용 중에 본성의 전체 내용이 다 포함 되어 있기 때문에 성(誠)은 공부임과 동시에 본체이다. 그래서 본체라고 하기도 하고, 성체(誠體)라고도 한다. 사실 성체(誠體)와 성체(性體)는 서로 동일하다. 성인의 생명 전체를 하나의 성(誠)자로 표현할 수 있다. 때문에 『중용』에서 "성(誠)으로 말미암아 밝아지는 것을 성(性)이라고 한다"고 말한 것이다. 성체(誠體)는 모든 사람이 갖추고 있기 때문에 '성(誠)은 사람의 근본이다'라고 해야 하지만 주돈이는 '성(誠)은 사람의 근본이다'라고 하지 않고 '성(誠)은 성인의 근본이다'라고 하였다. 이는 주돈이가 성(誠)을 성인이라는 결과 즉 성인 인격의 완성이라는 측면에서 말했을 뿐 결코 성인이라는 사람 측면에서 말하지 않았음을 뜻한다. 다시 말하면 실천으로써 드러낸[體現] 측면에서 말한 것이지 결코 선천적인 구비(具備) 측면에서 말한 것이 아니다.

2) 성체(誠體)와 적감진기(寂感眞幾)

성인은 성(誠)일 뿐이다.[46] 성(誠)은 다섯 가지 윤리[47]의 바탕이고, 모든 행실의 근원이다.[48] 이것은 고요할[靜] 때는 없는 듯하지만 움직일[動] 때는 드러나

---

46 역주 : 이 구절 역시 『중용』 「22장」에서 '성인을 至誠者'로 표현한 구절을 근거로 한
    것이다.
47 역주 : 일반적으로 五常은 두 가지 의미로 사용된다. 하나는 五行이고, 다른 하나는
    五倫이다. 오행이 인간과 자연의 변화 원리라면, 오륜은 인간이 실천해야할 윤리적
    의미 혹은 도리이다.

고, 지극히 바르고 밝게 (사물의 이치에) 통한다. 다섯 가지 윤리와 모든 행실은 성(誠)이 아니면 그릇되어 사특하고 어두워 막히게 된다. 그러므로 성(誠)하면 일삼을 것이 없다. 이것은 지극히 평이하지만 실행하기는 어렵다. 그러나 과감하면서도 확고하게 실행하면 어려움이 없다. 그러므로 말하였다. '하루라도 사욕을 극복하고 예를 실천하면 천하가 인으로 돌아올 것이다.'[49]

聖, 誠而已矣. 誠, 五常之本, 百行之源也. 靜無而動有, 至正而明達也. 五常百行, 非誠非也, 邪暗塞也. 故誠則無事矣. 至易而行難. 果而確, 無難焉. 故曰:'一日克己復禮, 天下歸仁焉.'

『通書』「誠下」

해설 이 장은 『통서』 제2장이다. 첫 구절의 "성인은 성(誠)일 뿐이다"는 말은 성인이라는 결과 측면에서 한 것이다. 그 다음 구절인 "성(誠)은 다섯 가지 윤리의 바탕이고, 모든 행실의 근원이다"는 말은 성인이 몸소 성(誠)을 온전히 실천함으로써, 성체(誠體)가 도덕창조의 근원임을 드러내 밝히고 있는 것이다. 근본과 근원, 즉 그 본체 측면에서 말한 것이 바로 "이것은 고요할 때는 없는 듯하지만 움직일 때는 드러나고, 지극히 바르고 밝게 통한다"는 것이다. 이 두 구절은 성체(誠體) 자체에 대한 주돈이의 깨달음을 설명한 것이다. 무(無)와 유(有)는 노자의 표현을 빌려 말한 것이지만 문제될 것은 없다. 고요[靜]할 때는 소리도 없고, 냄새도 없고, 어떤 장소를 차지하지도 않는다. 흔적도 없고, 먼지 하나의 오염도 없이 순일무잡(純一無雜)하다. 때문에 "고요할 때는 없는 듯하다"[靜無]고 한 것이다. 고요할 때는 비록 없는 듯하지만, 그렇다고 죽은 것은 아니다. 움직[動]일 때는 조금의 모자람도 없이 대응하고 변화함으로써 절도에 맞는

---

48   역주 : 유가철학에서는 일반적으로 효를 백행의 근원이라고 주장한다.(『효경』) 이곳에서 주돈이는 효 대신 誠을 사용하여 誠이 백행의 근원인 도덕실체임을 밝히고 있다.

49   역주 : 『論語』「顔淵」.

다. 구체적인 일에 따라 응변하고, 절차에 오차 없이 반응한다. 이때 구체적인 일에 따라 응변하기 때문에 일정한 장소를 차지하고, 흔적도 드러낸다. 때문에 "움직일 때는 드러난다"(動有]고 한 것이다. 비록 움직일 때는 자신의 모습을 드러내지만 절차에 있어서 어떤 오차도 없이 반응하기 때문에 순일무잡한 허체(虛體)[50]의 본래 모습을 잃어버리지 않는다. 다음 "지극히 바르다"(至正]는 말은 "고요할 때는 없는 듯하다"는 구절과 서로 호응하고 있고, "밝게 통한다"(明達]는 말은 "움직일 때는 드러난다"는 구절과 호응하고 있다. 때문에 "고요할 때는 없는 듯하다"는 말은 "지극히 바르다"는 의미로 이해해야 하고, "움직일 때는 드러난다"는 것은 "밝게 통한다"로 이해해야 한다. 명달(明達)의 명(明)은 『중용』의 "성(誠)으로부터 밝아진다"(自誠明]51고 할 때의 명(明)과 같은 뜻이다. 달(達)은 이정(利貞)의 통달이다. 이렇게 보면 비록 노자에서 '유'와 '무' 개념을 빌려왔고, 또 '유'와 '무'에 대한 이해의 방향이 노자와 유사하다고 할지라도, 주돈이가 '유'와 '무'로써 형용한 실체는 순수한 유가철학의 것임이 분명하다. 작용의 입장에서는 유가와 도가의 입장이 같을 수 있다. 작용의 동일성으로써는 유가와 도가의 차이를 결정할 수 없기 때문에 주돈이가 긍정한 본체의 작용이 노자와 유사하다고 해서 주돈이 학문을 노자의 학문이라고 단정해서는 안 된다. 이 장은 이 두 구절을 중심으로 설명하였다. 나머지 구절의 내용은 독자들이 어렵지 않게 이해할 수 있어 해설하지 않겠다.

성(誠)은 인위적인 작용이 없지만[52], 선과 악이 갈리는 기미이다[53]. 덕 중에

---

50 역주 : 이곳에서 모종삼이 사용한 虛體는 '고요할 때는 없는 듯'한 誠體를 형용한 것이다.

51 『중용』「21장」, "自誠明."

52 역주 : 혹자는 無爲라는 개념의 사용을 근거로 주돈이 학설의 도가 영향설을 주장하기도 한다. 그러나 『周易』에도 '無思'와 '無爲'라는 용어가 출현하고, 『중용』「26장」에도 '無爲而成'이라는 표현이 있다. 앞에서 모종삼이 말했듯이 작용의 의미인 '無爲'

서 사랑은 '인'이고, 올바름은 '의'이며, 행위의 질서는 '예'이고, 사리에 통달함은 '지'이며[54], 확고히 지킴은 '신'이라고 말한다. 본성대로 하고 편안하게 움직이는 사람을 성인이라 하고[55], 성찰하여 회복하고 지켜나가는 사람을 현인이라 한다.[56] 드러남이 미묘하여 감지할 수는 없으나 두루 충만하여 끝을 알 수 없는 것을 신(神)이라고 말한다.[57]

誠無爲, 幾善惡. 德愛曰仁, 宜曰義, 理曰禮, 通曰智, 守曰信. 性焉安焉之謂聖, 復焉執焉之謂賢. 發微不可見, 充周不可窮之謂神.

『通書』「誠幾德」

해설 이 장은『통서』제3장이다. 내용은 앞 장의 "고요할 때는 없는 듯하지만, 움직일 때는 드러난다"는 말을 계승하여 전개한 것이다. "성(誠)은 인위적인 작용이 없다"는 말은 성체(誠體) 자신을 설명한 것이다. 무위(無爲)는『주역』「계사상」의 "역은 생각하는 것도 없고 억지로 하는

는 유가와 도가에 모두 적용할 수 있기 때문에 '無爲'라는 개념의 사용 여부에 집착하여 주돈이 철학의 근원과 성격을 규정하는 것은 성급한 견해이다.

53 역주 :『주역』「계사하」에 "기미를 아는 것은 참으로 신묘한 것이구나!"[知幾者其神乎]라는 구절이 있다. 기미[幾]라는 것은 생각은 있으나 표현되지 않았기 때문에 有라고 할 수 없고, 이미 생각하였기 때문에 無라고도 할 수 없는 단계를 말한다. 이러한 일념에서 선악이 분리되어 나타난다. 그러나 이곳에서 주돈이는 기미의 근원을 誠으로 삼고 있다. 이는 誠을 하나의 실체로 이해하고 있음을 나타낸다.

54 역주 : 이곳에서의 智는 맹자가 말한 사단지심 중의 是非之心의 작용과『중용』의 '明', 즉 도리에 대한 밝은 통찰력을 의미한다.

55 역주 :『맹자』「진심상」에 "요순은 본성에 따라 행한다"[堯舜性之]는 말과『중용』「20장」의 "(성인은) 태어나면서부터 안다"[生而知之]는 말을 근본으로 한 말이다.

56 역주 :『맹자』「진심상」의 "탕임금과 우임금은 반성하여 회복하였다"[湯武反之]는 말과『중용』「20장」의 "배워서 안다"[學而知之] 및 "선을 선택하여 그것을 고집하는 사람이다"[擇善而固執之者]는 말을 근거로 한 말이다.

57 역주 :『맹자』「진심하」에서는 "성스러우면서도 그 작용을 알 수 없음을 신이라고 한다"[聖而不可知之謂神]고 하였다. 유가철학에서는 신을 不可測으로 해석한다. 그러나 주희는 신을 氣의 작용으로 이해하였고, 맹자는 성인의 작용으로 이해하였다. 이곳에서 주돈이는 誠으로써 성인을 설명하기 때문에 神은 성인의 경지이다. 따라서 주돈이의 神은 맹자에 더욱 가까운 개념이다.

것도 없다"[58]에서의 '무위'와 같은 의미이다. 이때의 '무위'는 "고요할 때 없는 듯하다"는 본체만을 의미할 수도 있고, 성체(誠體) 유행의 전체 과정을 의미할 수도 있다. 다시 말하면 성체(誠體)는 고요할 때는 없는 듯하다가도 활동할 때는 유행하여 자신을 드러낸다. 그러나 성체(誠體)는 인위적으로 무엇을 생각하지도 않고, 무엇을 하려고도 하지 않는다. 즉 무위는 자연스러운 성체(誠體)의 유행을 의미할 수도 있다. 무위라는 것은 자연스러움이고, 조작이 없다는 것이며, 억측이나 추측이 없음을 의미한다. 이는 노자의 학설과 동일하다. 그러나 '무위'라는 용어는 노자철학의 전유물이 아니다. 무위는 누구나 사용할 수 있고, 누구에게도 적용할 수 있는 공법(共法)이다. 따라서 주돈이의 사상이 노자의 학설과 같은 것이 아니라 노자의 학설이 '공법'과 일치하였을 뿐이다. 성체(誠體)는 비록 인위적인 조작이 없기 때문에 고요할 때는 없는 듯하지만, 움직이면 자신을 움직여 지극히 올바르고 밝게 자신을 드러낸다. 그러나 일반 사람들이 항상 성체(誠體)의 유행에 따라 움직이는 것은 아니다. 때로는 외물에 유혹되어 움직이기도 한다. 움직이는 찰나인 기미에서 보면 차이가 없을 수 없다. 즉 항상 모든 사람이 성체(誠體)의 순일무잡함을 간직하는 것은 아니다. 이때 선과 악이 갈라져 나타나게 된다. 움직일 때 순수하게 성체(誠體)의 감응에 따라 움직이면 선을 드러낸다. 왜냐하면 물욕에 따라 자신이 좌우되지 않고 초월적인 성체(誠體)에 따라서만 움직였기 때문이다. 만일 순수한 성체(誠體)가 아닌 감성의 욕구 등 물욕에 따라서 움직이면 악이 등장한다. 이때의 기미가 바로 이른바 후에 말한 생각, 즉 념(念)이다.[왕수인은 구각(軀殼) 생명[59]에 의하여 념(念)이 일어난다고 하였고, 후에 유종주는 의(意)와 념(念)을 엄격하게 구별하였다.][60]

---

58 역주 : 『주역』「계사상」, "易無思也, 無爲也."
59 역주 : 肉體生命 혹은 情欲生命 혹은 形軀生命을 의미한다.
60 역주 : 왕수인은 意와 念을 엄격하게 구별하지 않는다. 왕수인철학에서 의념에는 선도 있을 수 있고 악도 있을 수 있다. 왕수인은 意를 '心의 所發'로 규정하였다. 왕수인에 의하면 비록 심체는 선의 형상善相도 없고 악의 형상惡相도 없는 至善體이

성체(誠體)에 따라서 움직이면, 모든 덕행은 성체(誠體)로부터 나온다. 따라서 성체(誠體)는 도덕가치 창조의 참된 근원이다. 덕(德)은 인의예지 신(仁義禮智信) 다섯 가지로 나뉜다. 이 모두는 성체(誠體)의 유행에 따라 표현된 것이다. 이른바 구체적인 일에 응대하여 품절(品節)에 하나의 오차도 없는 것이 바로 인·의·예·지·신이다. 앞에서 "성(誠)은 다섯 가지 인륜과 모든 행위의 근원이다"라고 하였는데, 바로 이 뜻이다.[공자가 제시한 인(仁)은 주돈이의 성(誠)에 해당되는 도덕주체이다. 그러나 이곳에서 말한 인은 다섯 가지 인륜 중의 하나이다. 즉 공자의 인이 전덕(全德)이라면, 이곳에서 인은 수별지덕(殊別之德)이다. 또 주돈이의 성체(誠體)는 『중용』과 『역전』을 근본으로 한 것이지, 공자의 인과 맹자의 심성을 직접 계승한 것이 아니다. 그러나 『중용』과 『역전』의 천도와 성체(誠體)는 공자의 인과 맹자의 심성으로부터 발전된 것이기 때문에 공자와 맹자의 도덕주체를 확대하여 더욱 원만하게 이룬 것이라고 할 수도 있다. 북송의 유학자들은 직접 선진유가 철학의 원만한 발전이라고 할 수 있는 『중용』과 『역전』을 기초로 학설을 세웠다. 우리는 반드시 그 유래를 알아야만 올바르게 이해할 수 있다.]

"본성대로 하고 편안하게 움직이는 사람을 성인이라 한다"라는 구절에서 성(性)·안(安)·성(聖) 삼자는 모두 성체(誠體)의 체현 측면에서 말한 것이다. 성체(誠體)를 체현함에 있어 바탕(根機)의 다름에 따라 서로 다른 방식 혹은 형태가 나타난다. 성언(性焉)은 '요순은 본성대로 한다'라고 말할 때의 성지(性之)이고, 안언(安焉)은 '편안하게 행한다'라고 할 때의 안행(安行)이다. 후천적인 공부를 기다리지 않고서 본성에 따라 자연스럽게 도덕실천에 종사하는 사람을 성인이라고 한다. 그러나 성인처럼 자연스럽게 할 수는 없지만 올바른 선을 선택하여 그것을 잃지 않으려고 노력

지만, 발동하여 의념으로 표현될 때 기질생명의 제한을 받을 수 있기 때문에 의념에는 선과 악의 차이가 있을 수 있다. 반면 유종주는 意와 念을 엄격하게 구별한다. 유종주에 의하면, "意는 心의 소발이 아니라 소존이다[意者, 心之所存, 非所發也] (『劉子全書』 卷10 「學言上」). 유종주는 意를 덕성실천의 동력으로 이해하였다. 이는 意와 念을 선악의 혼재 상태로 이해하고 있는 왕수인과 분명히 다르다.

하는 과정에서 성체(誠體)를 깨닫는 사람이 있는데, 그런 사람이 바로 현인이다. 성체(誠體)의 유행에 따라 행(行)[61]하면 그 드러남의 기미가 희미하고 기묘하여 잘 볼 수 없다고 할지라도 구체적인 일에 직면하게 되면 신속하게 감응하는데, 이것이 바로 "두루 충만하여 끝을 알 수 없다"는 말의 의미이다. 이러한 성체(誠體)의 감응은 미치지 않는 곳이 없고, 또 끝없이 진행되는데, 이를 일러 성(聖)이며 신(神)이라고 한다. 맹자는 신에 관하여 "위대하면서도 저절로 화(化)함을 성(聖)이라고 하고, 성스러우면서도 그 작용을 알 수 없음을 신(神)이라고 한다"[62]라는 말로 표현하였는데, 이것과 동일하다. '위대하면서도 저절로 화(化)하는 것이다'는 말은 큰 시각에서 말한 것이고, '본성대로 편안하게 행한다'는 말은 작은 시각에서 말한 것이다. 그 지극함은 모두 헤아릴 수가 없다. 화(化) 역시 크고 작음이라는 두 측면을 포함하고 있으며, 역시 정밀하고 오묘하여 헤아릴 수가 없다.

고요하여 움직이지 않는 것은 성(誠)이다.[63] 감응하여 통하는 것은 신(神)이다.[64] 움직이지만 형체가 드러나지 않아 있음과 없음 사이에 있는 것은 기(幾)[65]이다. 성(誠)은 정밀하기 때문에 밝고, 신(神)은 감응하기 때문에 오묘하

---

61 역주 : '誠體의 유행에 따른다'는 말 속에는 '본성에 따르다[性焉]'와 '편안하게 행한다' [安焉]는 의미가 포함되어 있다.

62 "大而化之之謂聖, 聖而不可知之之謂神."

63 역주 : 주돈이의 誠 철학은 철저하게 『주역』과 『중용』을 근본으로 한 것이다. 주돈이가 寂然不動으로써 誠을 설명하는 것 역시 『주역』 「계사상」의 寂然不動과 『중용』 「26장」의 "이런 사람은 고의로 보여주지 않아도 스스로 드러나며, 움직이지 않아도 변화되니 무위로써 만물을 완성한다.[不見而章, 不動而變, 無爲而成]"말을 기초로 한 것이다.

64 역주 : 주돈이가 感而遂通으로써 신을 설명한 것은 『주역』 「계사상」의 "고요히 움직이지 않으나 감응하면 나아가 천하의 모든 일에 완전히 통하게 된다. 천하에서 지극히 신묘한 것이 아니라면 그 누가 이와 같이 할 수 있겠는가?[感而遂通天下之故, 非天下之至神, 其孰能與於此]는 말을 근거로 한 것이다.

65 역주 : 옮긴이는 '기미'라고 번역하겠다.

며, 기(幾)는 미묘하기 때문에 확실하게 드러나지 않는다. 성(誠)하고, 신(神)하며, 기(幾)로 존재하는 사람을 성인[66]이라 한다.

寂然不動者, 誠也. 感而遂通者, 神也. 動而未形有無之間者, 幾也. 誠精故明, 神應故妙, 幾微故幽. 誠神幾曰聖人.

『通書』「聖」

해설 이 장은 『통서』 제4장이다. 제2장에서부터 제4장까지 세 개 장의 주지(主旨)는 성체(誠體)에 대한 설명이다. "정(靜)하면 없는 듯지만 동(動)하면 드러난다"라는 구절에서부터 "성(誠)은 인위적으로 작용함이 없다"까지는 모두 적연부동(寂然不動)과 감이수통(感而遂通)[67] 두 구절을 설명한 것이다. 『주역』「계사상」에서는 "역은 생각하는 것도 없고 억지로 하는 것도 없다. 고요히 움직이지 않으나 감응하면 나아가 천하의 모든 일에 완전히 통하게 된다. 천하에서 지극히 신묘한 것이 아니라면 그 누가 이와 같이 할 수 있겠는가"[68]라고 하였다. '적연부동'과 '감이수통'은 선진유가 철학에 본래 있었던 심오한 형이상학적 지혜를 표현한 것이다. 주돈이는 바로 '적연부동'과 '감이수통'이라는 두 구절을 통해 성체(誠體)를 이해한 것이다. "고요하여 움직이지 않는 것은 성(誠)이다"는 말은 성(誠)의 본체 측면에서 말한 것이고, "감응하여 통하는 것은 신이다"는 말은 성체(誠體)의 작용 측면에서 말한 것이다. 이 두 구절을 종합하면, 성체(誠體)는 다름 아닌 적감(寂感)의 진기(眞幾)[69]이다. 이것은 성체(誠體)에

---

66 역주:『주역』「계사상」에서는 心과 幾 및 神으로써 성인을 설명하였는데, 주돈이는
    誠으로써 心을 대체하였다.

67 역주:『심체와 성체』全篇에 寂然不動과 感而遂通 이 단어가 자주 출현하는데, 특별
    한 경우가 아니면 번잡하게 해석하지 않고 '寂然不動'과 '感而遂通'으로 직접 표현하
    겠다.

68 『周易』「繫辭上」, "易無思也, 無爲也, 寂然不動, 感而遂通天下之故, 非天下之至神,
    其孰能與於此."

69 역주 : 모종삼은 幾와 機를 구별하여 사용한다.[그러나 주돈이와 기타 송명이학자들
    이 반드시 이 양자를 구분하여 사용하는 것은 아니다. 모종삼에 의하면, 機는 기틀

대한 형식적이고 추상적인 이해가 아닌 내용적인 이해이다. 천도와 건도라는 용어는 본체를 형식적 혹은 추상적으로 두루뭉술하게 표현한 것이다. 그 실제적인 내용은 성체(誠體)이다. 그러나 성체(誠體) 역시 적감(寂感)에 비하면 두루뭉술한 표현이라고 할 수 있을 것이다. 성체(誠體)보다 더욱 실제적인 표현이 바로 적감이다. 주돈이는 '말없는 가운데 도의 오묘한 이치를 깨달았다[默契道妙]'고 하였는데, 이는 그가 가장 먼저 이러한 근원적인 지혜를 우선적으로 파악하였음을 표시한다. 그렇기 때문에 주돈이의 표현이 이처럼 정밀하면서도 어디에 막히지 않고 확 트일 수 있었던 것이다. 도에 대한 진실한 깨달음이 없는 사람은 이렇게 설명하기 어렵다. 도의 오묘함을 몸으로 드러낼 수 있는 사람이 바로 성인이다. "성(誠)하고, 신(神)하며, 기(幾)로 존재하는 사람은 성인이다"는 말은 성인에 대한 체험적인 이해를 가장 구체적으로 드러낸 표현이다. 주돈이는 천도를 말하였고, 성체(誠體)를 말하였으며, 적감을 말하였지만, 어느 것 하나 성인을 근본으로 하지 않음이 없고, 어느 것 하나 성인으로 귀속되지 않음이 없다. 성인을 근본으로 하는 것은 이러한 경지가 성인으로 말미암아 개발되었음을 표현한 것이다. 성인으로 돌아가는 것은 이러한 경지가 성인의 마음으로 말미암아 실제적으로 증명되었음을 표현한 것이다. 이는 유가철학의 전통이다. 공자는 인(仁)의 구체적인 실천을 통하여 천도를 증명하였고, 맹자는 본심의 확장을 통하여 본성과 천도가 하나임을 설명하였다. 천도와 성체(誠體) 그리고 적감의 실체는 도덕실체이다. 도덕실체는 도덕의식과 도덕실천을 통해서만 드러나고, 이때 비로소 실제적으로 증명할 수 있다. 성인의 도덕의식과 도덕실천이 가장 순수하다. 때문에 도덕실체를 드러낼 때 성인의 표현이 가장 지극하고 원만한 것이다. 가장 지극하고 원만함은 두 측면에서 설명할 수 있다. 하나는 이

의 통로 혹은 전환점으로서, 만물의 생생 작용이 끊임없이 이루어진다는 것과 관련지어서 한 말이고, 幾는 그 실체 자신의 입장에서 말한 것이다. 이 실체 자신이 바로 '생물불측(生物不測)'의 眞幾인 것이다.[주자철학 제2장 제1절 참고]

러한 실체의 보편성을 긍정하는 것이다. 즉 성체(誠體)가 만물에 보편적으로 내재되어 있으면서 그 사물의 본체로 자리 잡고 있음을 증명하는 것이다. 어떤 사물도 예외가 될 수 없다. 다른 하나는 성인의 마음이 무한하다는 점이다. 성체(誠體)의 보편성은 성인의 마음이 무한한 작용과 포용력을 가지고 있다는 사실을 통하여 구체적으로 드러난다. 이는 단순히 그렇게 될 수도 있다는 가능적 존재에 대한 긍정이 아니다. 원만무애한 이상적인 인물이 바로 성인인데, 현실의 존재로는 공자가 바로 대표적인 인물이다. 뒤이어 맹자로부터 『중용』과 『역전』으로의 발전 과정에서 이 실체를 긍정함과 아울러 성인의 실천을 통하여 이를 증명하였다. 또 이 실체를 인간의 존재 근거인 본성으로 삼았고, 이 실체의 구체적인 실현을 통하여 누구나 성인의 경지에 이를 수 있는 이론 체계를 수립하였다. 이러한 이론 체계는 공자철학에는 구체적으로 드러나지 않았고, 맹자에서부터 분명하게 드러나기 시작한다. 송명이학자 중에서 이러한 맹자의 입장을 계승하지 않은 사람은 없다. 때문에 도덕실천을 통하여 원만무애의 경지에 이르려고 할 때 반드시 객관적으로 천도와 성명(性命)이 서로 관통하고 있음을 이론적 근거로 제시한 것이다. 북송유학자에서부터 주희에 이르기까지 모두 먼저 이러한 문제에 힘을 기울였다. 사실 모든 성리학자들은 이 문제에 대하여 가장 먼저 관심을 가졌다. 후에 서로 다른 학파로 갈라진 것은, 천도와 성명(性命)이 서로 관통하고 있음을 체현하여 드러내는 심에 대한 이해가 달랐고, 이로 말미암아 수양공부가 달랐기 때문이다.

3) 성인의 도[聖道]와 스승의 도[師道][70] 그리고 성인의 공효(功效)

성인의 도는 인과 의 그리고 중(中)과 정(正)일뿐이다.[71] 그것을 지키면 존귀하게 되고, 그것을 행하면 이롭게 되며, 그것을 확충하면 천지와 서로 어울리게 된다. 어찌 평이하고 간결하지 않으며, 어찌 알기 어렵겠는가? 다만 (사람들이) 지키지도 않고, 행하지도 않으며, 확충하지도 않을 뿐이다.

聖人之道, 仁義中正而已矣. 守之貴, 行之利, 廓之配天地. 豈不易簡? 豈爲難知? 不守, 不行, 不廓耳.

『通書』「道」

해설 이것은 『통서』 제6장이다. 이 장에서 "성인의 도는 인과 의 그리고 중(中)과 정(正)일 뿐이다"라고 하였는데, 이는 현실의 구체적인 일을 통해 도를 설명한 것이다. 이것과 천도[誠體]를 언급하는 것은 서로 의미가 다르다. 천도와 성체(誠體)는 도덕창조의 근원으로서 심원하고 중단이 없는 유행의 실체일 뿐이다. 때문에 천도와 성체(誠體)는 특정한 형상과 내용을 갖지 않는다. 인의(仁義)와 중정(中正)의 도리는 현실 생활 중에서 표현된다. '인의'와 '중정'은 현실의 일에서 표현되는 몇 가지 보편적인 규칙이다. 이러한 규칙은 우리들로 하여금 진정한 덕행을 실현할 수 있게 하고, 또 천도와 성체(誠體)가 '다섯 가지 윤리의 근본이며, 모든 행위의 근원', 즉 도덕창조의 근원임을 실증할 수 있게 한다. 인의와 중정은 천도와 성체(誠體)에 실제적인 내용을 부여하여 헛된 것이 되지 않게 한다. 이렇게 함으로써 천도와 성체(誠體)가 인의와 중정의 초월적 근거이고, 모두 천도와 성체(誠體)로부터 나온 것이며, 결코 외부에서 주어진 것

---

[70] 스승의 도는 기질을 변화시켜 도덕가치를 창조하는 측면에서 논의 된다.

[71] 역주 : 주돈이는 『太極圖說』에서도 "성인은 중정과 인의로써 방향을 결정한다"[聖人定之以中正仁義]고 하였는데, 『통서』에서는 仁義와 中正의 순서를 바꾸어 설명하고 있다.

이 아님을 깨닫게 한다. 앞의 제2장에서는 "다섯 가지 윤리와 모든 행실은 성(誠)이 아니면 그릇되어 사특하고 어두워 막히게 된다. 그러므로 성(誠)하면 일삼을 것이 없다"고 하였다. 즉 성(誠)하면 모두 올바르게 되고, 불성(不誠)하면 모두 그르게 된다. 성(誠)하면 저절로 밝아져 통하게 되고, 불성(不誠)하면 가는 곳마다 막히어 불통하게 된다. 성(誠)하여 통하게 되면 오상과 백행이 드러나고, 인의와 중정이 표현된다. 불성(不誠)하면 모든 것이 막히어 그르게 되는데 무슨 인의와 중정이 있을 수 있겠는가? 본원의 측면에서 말하면, 단지 하나의 성(誠)일 뿐이다. 때문에 "성(誠)은 성인의 근본이다"라고 하였고, "성인은 성(誠)일 뿐이다"라고 하였으며, 또 "성(誠)하면 아무런 일이 없다"고 한 것이다. 이러한 도리는 지극히 평이하고 간결하여 누구나 이해할 수 있다. 그러나 구체적인 행사, 즉 실천적 측면에서 말하면, 인의와 중정만이 있을 뿐이다. 인의와 중정을 표현할 수 있으면 성체(誠體)는 당연히 스스로 삿되지 않게 되고, 또 어둡지도 않게 된다. 때문에 "그것을 지키면 존귀하게 되고, 그것을 행하면 이롭게 되며, 그것을 확충하면 천지와 서로 어울리게 된다"고 한 것이다. '지킬 수 있고, 행할 수 있으며, 확충할 수 있다는 것은 인의와 중정을 얻을 수 있음을 의미한다. '인의와 중정을 지킬 수 있다는 것은 스스로 자신의 양귀(良貴)[72]를 깨달아 양귀가 자신으로부터 수립되는 것이지 결코 타인으로부터 주어지는 것이 아님을 분명하게 자각하는 것이다. 이것이 이른바 인격의 존엄이라는 것이다. 인의와 중정의 도리를 실천할 수 있으면 어디에 가더라도 불리함이 없다. 이것이 바로 '스스로 밝아 통달한다'[明通과 明達]는 말의 의미이다. 인의와 중정의 도리를 넓혀 확충할 수 있으면 그 덕은 천지와 서로 어울려 짝을 이룬다. 이것이 바로 천지와 덕성을 합치하는 천인합덕(天人合德)이고, 공자가 말한 '인을 실천하여

---

[72] 역주 : 모종삼이 사용한 良貴는 『맹자』 「고자상」의 '體有貴賤, 有小大'라는 구절을 근거로 한 표현이다. 모종삼은 良이라는 형용사를 첨가하여 도덕적 가치를 부여하였다.

천도를 깨닫는다[踐仁知天]는 말의 진정한 의미이다. 이러한 경지에 이르면 인의와 중정의 가치는 성체(誠體)의 유행 속에 전부 스며들고, 성체(誠體) 유행은 모두 인의와 중정의 현현이 된다. 성체(誠體)의 내용이 바로 인의와 중정이다. 이러한 도리는 지극히 평이하고도 간결하기 때문에 누구라도 알 수 있다. 사람들이 어렵다고 생각하는 이유는 인의와 중정을 스스로 지키지 않고, 실천하지도 않으며, 확충하려고 노력하지도 않기 때문이다. 이점에 관하여 일찍이 공자는 "인(仁)이 어디 멀리 있는가? 내가 이 인을 실현하려고 하면, 이 인은 바로 다가온다"[73]는 말로써 도덕수양의 이간(易簡) 원리를 설명하였다.

어떤 사람이 물었다. "어떻게 하면 세상에 선을 행하게 됩니까?[74]" 말하였다. "스승을 본받아야 한다." (다시) 물었다. "무슨 뜻입니까?" 말하였다. "인간의 성품이란 강한 것과 부드러운 것, 좋은 것과 나쁜 것[75]의 중(中)[76]일 뿐이다." (그 사람이) 이해하지 못하자 다시 말하였다. "중(中)에 이르지 못한 것으로서 강한 성품의 좋은 것은 올바름이 되고, 곧음이 되며, 단호함이 되고, 엄격하고 굳셈이 되며, 근간의 단단함이 된다. 강한 성품의 나쁜 것은 사나움이 되고, 편협함이 되고, 강포함이 된다. 부드러운 성품의 좋은 것은 인자함이 되고, 순종함이 되며, 공손함이 된다. 부드러운 성품의 나쁜 것은 나약함이 되고, 단호하지 못함이 되며, 사특하고 아첨함이 된다. 중(中)이라는 것은 조화이고, 절도에 맞음이며, 천하에 보편적으로 행해지는 도이고[77], 성인의 일이다. 그러므로 성인이

73　『論語』「述而」, "仁遠乎哉? 我欲仁斯仁至矣."
74　역주 : 이 구절은 '무엇이 이 세상을 선하게 만드는 것입니까'라고 번역할 수도 있다. 그러나 조화의 절도를 강조한 것을 보면 '어떻게'의 방법론적 의미의 해석이 더욱 적절한 것 같다.
75　역주 : 이곳에서 선악은 윤리적 의미보다는 중성적 의미의 '좋음'과 '나쁨'인 것 같다.
76　역주 : 모종삼은 뒤 해설 부분에서 中을 仁義와 中正의 도리를 표현할 수 있는 자질 혹은 능력으로 해설한다. 즉 『중용』의 中和와는 다르게 이해한다.
77　역주 : 達道는 『중용』「1장」의 "和라는 것은 천하에 통용되는 도이다'[和也者, 天下之達道也]는 말을 근거로 한 것이다.

가르침을 세워 사람들로 하여금 스스로 그 악을 바꾸게 하였으며, 스스로 그 중(中)에 이르러 간직하게[78] 한 것이다. 그러므로 먼저 깨우친 사람은 뒤에 깨우치는 사람을 일깨워 주는데, 어리석은 사람이 밝음을 찾아야 스승의 도가 확립된다. 스승의 도리가 확립되면 착한 사람이 많아지고 착한 사람이 많아지면 조정이 바르게 되고 천하가 다스려진다."

或問曰 : "曷爲天下善?" 曰 : "師." 曰 : "何謂也?" 曰 : "性者, 剛柔善惡中而已矣." 不達曰 : "剛善. 爲義, 爲直, 爲斷, 爲嚴毅, 爲幹固. 惡. 爲猛, 爲隘, 爲强梁. 柔善. 爲慈, 爲順, 爲巽. 惡. 爲懦弱, 爲無斷, 爲邪佞. 惟中也者, 和也, 中節也, 天下之達道也, 聖人之事也. 故聖人立敎, 俾人自易其惡, 自至其中而止矣. 故先覺覺後覺, 闇者求於明, 而師道立矣. 師道立, 則善人多. 善人多, 則朝廷正而天下治."

『通書』「師」

해설 이 장은 『통서』 제7장이다. 주요 내용은 스승의 도리에 관한 것으로, 도덕실천은 스승과 친구[79]간에 서로 가르침으로써 인도하여 자각하게 하고, 기질을 변화시켜 인의와 중정의 덕행을 완성하는 것임을 설명하고 있다. "인간의 성품이란 강한 것과 부드러운 것, 좋은 것과 나쁜 것의 중(中)일 뿐이다"라는 말에서 성품(性)은 성(誠)을 내용으로 하는 본연지성(本然之性) 혹은 의리지성(義理之性)[80]을 가리키는 말이 아니고, 천도

---

78 역주 : 일반적으로 '止'를 '그치다'로 해석하지만, 이곳에서 '그치다'로 해석하면 앞 문장과 잘 연결되지 않는다. 왜냐하면 '그치다'는 종료의 의미를 강하게 포함하고 있기 때문이다. 이곳에서 止는 종료보다는 '깨달아 그 상태를 잘 유지한다'는 의미로 해석해야 한다. 즉 '성인이 가르침을 세워 사람들로 하여금 스스로 그 악을 바꾸게 하였으면' 그 상태를 잃어버리지 않고 잘 간직해야 한다. 『대학』의 '止於至善'의 止 역시 '그치다'보다는 '잃어버리지 않고 잘 간직하다'로 번역하는 것이 옳다.

79 역주 : 유가철학에서 스승은 친구의 범위에 속한다. 즉 먼저 성인의 도리를 깨우친 친구이다. 때문에 師와 友를 병렬시켜 '師友'라고 한다.

80 역주 : 本然之性과 義理之性은 주희의 표현이지만, 초월적 도덕본성을 표현하기에 적절한 용어 같아 옮긴이가 첨가하였다.

와 서로 관통하는 성명(性命)의 성(性)을 가리키는 말도 아니다. 이곳에서의 성품은 기질지성(氣質之性)을 가리킨다. '기질지성'이라는 용어는 장재가 제일 먼저 사용하였다. 주돈이는 이곳에서 강함과 부드러움 그리고 좋은 것과 나쁜 것으로 성(性)을 설명하였는데, 이러한 성(性)은 장재가 말한 기질지성에 속한 것이다. 기질을 전제해야만 비로소 성품의 차이를 말할 수 있다. 만일 성체(誠體)를 내용으로 한 성(性)이라면 지극히 순수한 것이어서 강함과 부드러움 그리고 좋음과 나쁨의 차이를 말할 수 없다. 기질의 측면에서 기질지성을 논한다면, 기질지성은 우리의 기질이 본래 가지고 있는 일종의 특성이다. 이러한 기질지성은 왕충(王充)이 말한 기성(氣性)과 같고, 『인물지(人物志)』에서 말한 재성(才性)과 같다. 나는 주돈이와 장재가 언급한 기질과 기질지성은 왕충이 제시한 기성(氣性) 혹은 재성(才性)의 성(性)을 지칭하지 결코 후에 주희가 제시한 기질지성이 아닐 것이라고 생각한다. 주희철학에서 기질지성은 본연지성 혹은 의리지성이 기질을 투과하여 나타난 본성, 즉 기질의 제한을 받아 나타난 본성이다. 주희에 의하면 성(性)은 단지 하나일 뿐이다. 즉 초월적인 성체(性體) 하나일 뿐이다. 이 성(性)은 정이가 말한 '성즉리'(性卽理)의 성(性)이다. 성(性)은 하나일 뿐이지 둘이 아니다. 본연지성과 의리지성은 성(性) 자체의 모습에서 말한 것이고, 기질지성은 기질의 제한 혹은 기질과의 혼잡 측면에서 말한 것에 불과하다. 이렇게 이해하면 기질지성은 기질 중에 있는 본연지성이지 기질의 다름으로 말미암아 있을 수밖에 없는 기성(氣性) 혹은 재성(才性)이 아니다. 그렇다면 기질지성의 '지'(之) 자도 두 가지 의미로 해석할 수 있다. 하나는 허사(虛辭)로서 기질이라는 그 성(性)을 의미하고, 다른 하나는 어구의 제한을 형용하는 것으로서 기질의 제한 중에 있는 性[기질의 제한 중에 있는 초월적인 본연지성]을 의미한다. 많은 사람들이 기질지성이라는 용어를 자주 사용하면서도 기질지성에 포함되어 있는 두 가지 서로 다른 의미에 대해서는 잘 이해하지 못한다. 맨 처음 초월적 본성의 양면으로서 기질지성을 언급한 사람은 정호이다.

그러나 정호는 주희처럼 초월적 본성이 기질의 제한을 받는다는 의미로서 기질지성을 해설하지 않고, 초월적 본성이 기품(氣稟)을 떠나 홀로 존재할 수 없다는 입장에서 기질지성을 해설하였다. 다시 말하면 정호는 초월적 본성의 두 가지 의미를 제시하였는데, 하나는 초월적 본성의 본래 모습이고, 다른 하나는 기품과 함께 섞여 있는 기질지성이다.[81] 주희는 본연지성과 기질지성을 엄격하게 구분하였으며, 본성이 갖고 있는 두 가지 의미를 근거로 기질지성에 대한 자신의 견해를 소개하였다. 만일 주희의 해설을 표준으로 한다면, 비록 기질이라는 독립적인 개념을 긍정한다고 할지라도, 기질의 서로 다름으로 말미암아 나타나는 재성(才性) 혹은 기성(氣性)의 의미로서의 기질지성은 설명하기 어렵게 된다. 사실 기질의 서로 다름으로 말미암아 나타나는 각종 본성을 기질지성으로 부르는 것이 아마 기질지성의 본래 의미일 것이다. 주희처럼 초월적 본성이 기질을 투과하여 자신을 드러내는 과정에서 기질의 제한을 받아 서로 다른 표현이 있다는 측면에서 기질지성을 말하는 것은 진일보된 이론이라고 할 수 있기 때문에 기질지성이라고 표현해도 안 될 것은 없지만, 반드시 주희식의 해설에 따라 기질지성을 규정할 필요는 없다. 만일 기질지성에 대한 엄격한 규정이 전제되지 않으면 의미의 혼란을 야기할 수 있다. 주희철학에서도 이 같은 상황이 발생하였다. 어떤 때는 주희가 말한 기질지성에 기질의 서로 다름으로 말미암아 발생한 기성(氣性) 혹은 재성(才性)의 의미와 기질의 제한을 받아 드러난 본연지성의 의미가 함께 포함되어 있기도 하고, 어떤 때는 기질지성에 대하여 기질의 제한을 받는 본연지성으로 명확하게 규정하여 설명하기도 한다. 또 어떤 때는 자기도 모르게 기질지성을 기성(氣性)이나 재성(才性)의 의미로 사용하기도

---

81   역주 : 정호철학 '生之謂性篇'에 상세하게 소개되어 있다. 주희는 기질지성을 기질의 제한을 받아 표현된 본연지성으로 해설한 반면, 정호는 초월적 본성의 개념적 혹은 본체론적 독립성은 긍정하지만, 실제로 초월적 본성이 기품을 떠나 독립적으로 존재하는 것이 아니기 때문에 기품 속에 혼재되어 있는 性을 기질지성으로 이해하였다.

한다. 그러나 기질지성의 원초적 의미는 기질의 다름으로 말미암아 드러난 기성(氣性) 혹은 재성(才性)이다.

주돈이가 이곳에서 제시한 '강함과 부드러움 그리고 좋음과 나쁨의 차이가 있는 성(性)'은 분명히 기성(氣性) 혹은 재성(才性)의 의미인 기질지성이다. 이러한 기성(氣性) 혹은 재성(才性)은 초월적 본성으로써 주재해야 한다. 그러나 반드시 초월적 본성의 자각을 통하여 도덕실천을 일으켜 기질지성을 변화시켜야 한다. 그렇지만 그 기질 자체의 작용과 제한성은 사실이기 때문에 결코 무시할 수 없다. 맹자는 "입이 맛있는 음식을 좋아하고, 눈이 아름다운 색을 좋아하고, 귀가 아름다운 소리를 좋아하고, 코가 향기로운 냄새를 좋아하고, 사지가 편안함을 추구하는 것은 본성이기는 하나, 그곳에는 운명적인 요소가 있기 때문에 군자는 성(性)이라고 하지 않는다. 인(仁)이 부자간에 실현되고, 의(義)는 군신간에 있어야 하며, 예(禮)가 손님과 주인 간에 지켜져야 하고, 지혜로움은 현자가 밝히고, 성인이 천도를 실현하는 것은 운명이기는 하지만, 그곳에는 인간의 본성이 내재되어 있기 때문에 군자는 운명이라고 하지 않는다"[82]고 하였다. 비록 군자가 성(性)이라고 하지는 않았지만 그것이 하나의 성(性)인 것만은 사실이다. 고자에 의하면 '맛있는 음식을 좋아하고, 아름다운 색을 좋아하는 것은 본성이다.'[83] 즉 맛있는 음식과 아름다운 색을 좋아하는 것은 인성의 자연스러움이다. 맹자 이 말의 중점은 '군자는 이러한 자연적 본성[氣性과 才性]을 진정한 인간의 본성으로 간주하지 않는다는 것에 있다. 그러나 자연적 본성이 인성의 자연스러움이 아니라고 할 수는 없다. 인간은 동물성과 도덕성 양면을 함께 가지고 있다. 입은 맛있는 음식을 좋아하고, 귀는 아름다운 소리를 좋아하는 것들에 강함과 부

82　『孟子』「盡心下」, "口之於味也, 目之於色也, 耳之於聲也, 鼻之於臭也, 四肢於安佚也, 性也, 有命焉, 君子不謂性也. 仁之於父子也, 義之於君臣也, 禮之於賓主也, 智之於賢者也, 聖人之於天道也, 命也, 有性焉, 君子不謂命也."
83　『孟子』「盡心下」, "食色性也."

드러움의 차이가 있고, 좋음과 나쁨의 차이가 있을 수 있다. 이 모두는 기(氣)에 관한 것이다. 기(氣)의 작용에 속한 성(性)이 '태어나면서부터 갖추고 있는 각종 특성을 성(性)이라고 한다'[84]의 원칙으로부터 규정하는 성(性)임을 의심할 필요가 없다. 맛있는 음식을 좋아하거나 아름다운 소리를 좋아하는 것은 인성(人性)의 자연스러움이다. 강함과 부드러움의 차이, 좋음과 나쁨의 차이로부터 말한 성(性)은 '생지위성'(生之謂性)으로부터 진일보한 인성의 자연스러움이다. 사실 입이 맛있는 음식을 좋아하고, 눈이 아름다운 색을 좋아하며, 귀가 아름다운 소리를 좋아하는 인성의 작용에 대해서는 '변화'라는 말을 사용하지 않고 '절제'라는 표현을 쓴다.[순자가 중시한 점이 바로 이것이다.] 반면 기질에 대해서는 '변화'라는 말을 사용하는데, 이는 도덕실천의 과정에서 나타난 자각성의 진보라고 할 수 있다. 장재는 "기질지성에 대하여 군자는 성(性)이라고 하지 않았다"[85]고 하였는데, 이는 맹자의 성(性)과 명(命)의 구분을 근거로 한 것이다. 이 말의 중점 역시 인간의 근본은 천지지성(天地之性-本然之性)이지 결코 기질지성이 아니라는 것이다. 그러나 비록 기질지성을 인간의 본성으로 간주하지는 않지만 기질지성의 작용이 크다는 것은 사실이기 때문에 결코 무시할 수 없고 무시해서도 안 된다. 이것이 바로 '기질지성'이라는 용어의 원래 의미이다. 이 속에는 '생지위성'(生之謂性)이라는 원칙 하에서 나타난 모든 주장과 규정 등이 포함되어 있다.[고자와 순자 그리고 동중서가 주장한 성(性), 그리고 왕충의 『인물지』에 수록된 성(性)은 모두 '생지위성'의 원칙으로 설명할 수 있다.] 후에 유종주는 인심(人心)과 도심(道心)에 대한 구분을 반대하였고, 또 의리지성과 기질지성의 구분에 대해서도 반대하였다. 그러나 결과는 혼란만 일으켰을 뿐 별다른 의의를 드러내지 못하였다. 이점에 관한 자세한 내용은 제2절 제4단에서 소개할 것이다.

강한 성(性)과 부드러운 성(性)은 모두 선과 악으로 표현될 수 있다. 기

---

84   "生之謂性."
85   『正蒙』「誠明」, "氣質之性, 君子有弗性焉."

질을 변화시킨다는 것은 악의 표현을 선의 표현으로 변화시킨다는 의미이다. 선의 표현은 중정의 도리에 합치한다. 중정의 도리에 부합하게 되면 기질이 강함에 치우친 사람이나 부드러움에 치우친 사람이나 모두 기질의 상태를 변화시켜 중정의 기질로 바꿀 수 있다. 주돈이는 "중(中)이라는 것은 조화이고, 절도에 맞음이며, 천하에 보편적으로 행해지는 도이고, 성인의 일이다"고 하였다. 이는 성인은 스스로 중정의 도리에 합치할 수 있고, 중정의 도리에 합치할 수 있는 자질을 갖추고 있음을 의미한다. 그렇기 때문에 성인은 강하면서도 선하고, 부드러우면서도 선하며, 어디에도 막힘없이 통하여 모든 일을 순조롭게 완성한다. 중(中)은 중정의 도리를 표현할 수 있는 중화의 자질이다. 이것과 『중용』에서 말한 중화의 중(中)은 서로 다른 의미이다. 『중용』에서 '희로애락의 미발(未發)'로서 말한 중(中)은 천하의 대본(大本)이고, '희로애락 이발(已發)의 절도(節道)'로서 말한 화(和)는 천하의 달도(達道)이다. 『중용』의 중(中)과 화(和)에는 자질 혹은 기성(氣性-才性)의 중화 의미는 포함되어 있지 않다. 주돈이가 말한 중(中)은 강함과 부드러움 그리고 좋음과 나쁨에 일률적으로 적용되는 중(中)이다. 비록 등급의 차이는 있지만 질적인 차이는 없다. 따라서 주돈이가 말한 중(中)은 기질과 자질의 중(中)임을 알 수 있다. 양한(兩漢) 이래 일반적으로 성인의 자질을 중화의 자질로 이해하였다. 성인은 도덕인격의 완성, 즉 최고 높은 경지이다. 그러나 성인이 이러한 경지에 이를 수 있는 것은 성인이 중화의 자질을 갖추고 있었기 때문이다. 일반사람들은 이러한 중화의 자질을 갖추지 않았기 때문에 수양공부를 통하여 기질을 변화시켜 중정의 도에 합일하려고 한다. 기질지성은 본래 성체(誠體)의 실현을 제한하기도 하지만, 성체(誠體)와 인의중정(仁義中正)의 도리를 실현시키는 자질이기도 하다. 이러한 자질과 능력이 없으면 인의와 중정의 도리를 실현할 수 없기 때문에 비록 성인일지라도 반드시 중화의 자질을 갖추고 있어야 한다. 그러나 기질은 또 제한성의 원칙이기 때문에 비록 지극한 경지에 이르렀다고 할지라도 깨우치지 못한 점이 있을 수 있고, 할 수 없는 점이 있을 수도 있다. 이는 매우 중요한 의미이기 때문에 절대로 가볍게 처리해서는 안 된다. 주돈이는 이 장에서 단지 기질의 변화에 관해서만 논의하고 있다. 그렇다면 어떻게 실질적인 효과를 볼 수 있을까? 이점에 관해서는 다음 장에서 논하겠다.

(『서경』의) 「홍범」편에서 말하였다. "자각하면[86] 지혜롭고, 지혜로우면 성스럽게 된다.[87]" (의식적으로) 자각하려고 함이 없는 것이 근본이다. 사려하여 감통하는 것은 작용이다. 기미가 이쪽에서 움직이면, 성(誠)은 저쪽에서 움직여서,[88] (의식적으로) 자각하려고 하지 않아도 감통하지 않음이 없는 사람이 성인이다. 자각하지 않으면 은미한 것에 감통할 수 없고, 지혜롭지 않으면 감통하지 않음이 없는 경지에 이를 수 없다. 그렇다면 감통하지 않음이 없음은 은미한 것에 감통할 때 생겨나고, 은미한 것에 감통하는 것은 자각할 때 생겨난다.[89] 그러므로 자각한다는 것은 성스러움을 이루는 근본이고, 길흉이 갈라지는 기미이다. 『주역』에서 말하였다. "군자는 이 기미를 보고 일어나 하루도 생각치 않고 행한다.[90]" 또 말하였다. "기미를 아는 것이 신묘하구나!"

洪範曰 : "思曰睿, 睿作聖." 無思, 本也. 思通, 用也. 幾動於此, 誠動於彼. 無思而無不通爲聖人. 不思, 則不能通微. 不睿, 則不能無不通. 是則無不通生於通微,

---

86 역주 : 『홍범』의 思를 '자각'으로 번역해야 하는가에 관해서는 異論이 있을 수 있다. 그러나 모종삼은 이 장을 해설하면서 思를 心의 작용, 즉 誠體에 대한 자각으로 해석하고 있다. 때문에 옮긴이는 思를 자각으로 번역하였다.

87 역주 : 이곳에서 '聖'은 인격의 완성태인 성인을 지칭하는 것이 아니라 睿와 마찬가지로 도덕가치에 대한 일종의 판단력 혹은 성찰력에 관한 지혜로움을 의미한 것 같다. 이점은 뒤 구절과 연결시켜 볼 때 어렵지 않게 알 수 있다. 즉 어디에도 통하지 않음이 없는 지혜로운 작용이다.

88 역주 : 이 말은 기미에서 의념이 발동하면 도덕주체인 誠體가 의념의 선악을 즉각적으로 판단한다는 의미이다.

89 역주 : 『주역』「계사하」에서도 "군자는 숨겨진 기미를 알고 드러난 일을 알며, 음유(陰柔)의 작용을 알고 양강(陽剛)의 일을 안다[君子知微知彰知柔知剛]고 하여 은미함(微)에 대한 자각을 강조하고 있다.

90 역주 : 『주역』「계사하」에 나오는 말이다. 이는 豫卦 六二 '不終日'에 대한 해설이다.

通微生於思. 故思者聖功之本, 而吉凶之幾也. 易曰 : "君子見幾而作, 不俟終日."
又曰 : "知幾其神乎!"

『通書』「思」

해설 이 장은 『통서』 제9장이다. 주돈이는 이곳에서 정식으로 수양공
부 문제를 논하고 있다. 수양공부는 마음(心)의 자각을 통하여 천도(誠體)
의 내용과 가치를 실현하는 것이다. 천도와 성체(誠體)가 객관성의 원칙
이라면, 심은 주관성의 원칙이다. 심의 자각성과 명각성(明覺性)의 작용에
대해서는 여러 각도에서 설명할 수 있는데, 주돈이는 『홍범』에서 제시한
자각(思)을 근거로 심의 작용을 설명하고 있다. 때문에 이 장의 내용은 사
실상 심에 대한 주돈이의 기본 입장을 설명한 것이라고 할 수 있다. 여
기에서 주돈이는 '자각'으로써 심의 작용을 설명하고 있다. 맹자 역시
"심의 작용은 자각하는 것이다"[91]라고 하였고, 또 "성(誠)을 자각한다"[92]
고 하였다. 이것을 보면 유학에서 사(思), 즉 자각이 심의 가장 일반적인
작용임을 알 수 있다. 이러한 자각이라는 심의 일반적인 작용은 도덕실
천이라는 공부 측면에서 말한 것인데, 그 속에는 특수한 의미가 포함되
어 있다. 맹자는 "심의 작용은 자각하는 것이다"라고 하였는데, 이는 "이
목의 감관은 자각하지 못하기 때문에 외물에 가려진다"[93]라는 설명과 대
립적 관점에서 한 말이다. 사(思)는 심의 해방, 즉 감성생명의 구속으로
부터 자신의 생명 가치를 떨쳐 나오는 작용이다. 다시 말하면 심이 감성
의 제한을 초월하여 심 자신의 가치를 밝혀 드러내는 것이다. 사(思), 즉
자각은 심의 명각(明覺) 활동이며, 감통(感通) 활동으로서 도덕가치 실현
의 첫 단계이다. 다시 말하면 감성에 의한 가림으로부터 벗어나 감성생
명을 주재하는 것이다. "성(誠)을 자각한다"는 말은 심이 자각해야할 대

---

91   『孟子』「告子上」, "心之官則思."
92   『孟子』「離婁上」, "思誠者, 人之道也."
93   『孟子』「告子上」, "耳目之官 不思而敝於物."

상으로부터 도덕의 의미를 규정하는 것이다.[94] 심이 자각해야 할 대상은 성체(誠體)일 뿐 결코 경험세계의 사물이 아니며, 그 목적 역시 경험계의 사물에 관한 지식 성취가 아니다. 경험지식의 성취는 경험대상에 대한 사유를 통하여 이루어진다. 그러나 성체(誠體)에 대한 자각은 성체(誠體)의 특성과 내용을 밝게 드러내는 것이다. 성체(誠體)란 객관적인 입장에서는 도덕실체를 지칭하고, "성(誠)을 자각한다"는 말은 주관적 입장으로서 '성체(誠體)를 체현한다는 의미이다. 성체(誠體)가 드러나면 성체(誠體)의 진실성은 심의 명각 활동 중에 전부 삼투되고, 심의 자각 역시 도덕가치를 창조하는 활동이 되어 모두 성체(誠體) 속에 삼투된다. 그렇게 함으로써 성체(誠體)는 자신의 모습을 밝게 드러내 어디에도 막힘없이 흐르게 된다. 이것이 바로 도덕적 의미로서의 사(思)인데, 이는 심의 일반적인 작용으로부터 진일보된 규정이라고 할 수 있다.[95]

주돈이는『홍범』의 "자각하면 지혜롭고, 지혜로우면 성스럽게 된다"는 구절을 인용하였다. 이는 도덕적 의미로서의 가장 일반적인 작용인 사(思)의 측면에서 성스러운 효과를 말한 것이다. 이곳에서 심의 작용인

---

[94] 역주 : 중국 유가철학에서 心은 크게 세 가지 작용으로 쓰인다. 먼저 도덕가치에 대한 자각 작용으로 쓰이고, 다음 인식 혹은 지각 작용으로 사용되며, 마지막으로 情으로 쓰인다. 그 중 맹자와 육구연 그리고 왕수인이 긍정한 心은 첫 번째의 도덕자각심이고, 순자와 주희의 心은 두 번째의 지각심이다. 또 위진남북조 시대의 현학자들 중에 심성을 일종의 예술적 성격의 관조 기능으로 삼은 자들이 있었는데, 이들의 心이 바로 情의 작용을 적극적으로 긍정한 것이다. 이곳에서는 心의 자각 대상이 다름 아닌 誠이기 때문에 心의 도덕 의미를 心으로부터 직접 발견하지 않고 心의 자각 대상인 誠으로부터 발견하였다. 때문에 '心이 자각해야할 대상으로부터 도덕의 의미를 규정하는 것'이라고 한 것이다.

[95] 역주 : 주돈이 이전의 심의 일반적인 작용과 의미는 인식과 자각이었다. 인식의 작용은 순자철학에서 가장 적극적으로 표현되고, 자각의 의미는 맹자철학에서 적극적으로 표현되었다. 순자철학에서 심의 인식 대상은 예의이다. 반면 맹자철학에서 심의 자각 대상은 본심이다. 이곳에서 주돈이가 말한 思는 誠體를 자각하여 드러내는 주관적 작용으로서, 맹자와 본질적으로 일치하고 있지만, 思의 자각 작용 중에 誠體의 전체가 드러나기 때문에 誠體는 도덕실체의 객관성 원칙이고,. 思는 도덕실체의 주관성 원칙이다. 바로 이점이 모종삼이 '일반적인 작용으로부터 진일보된 규정이다'라고 말한 까닭이다.

사(思)의 대상은 "선과 악이 나누어지는 기미"의 기(幾)이고, "움직였으나 아직 구체적인 형체가 없기 때문에 있다고도 할 수 없고, 없다고도 할 수 없는 유와 무의 사이를 기미라고 한다"라고 말할 때의 기(幾)이며, 또 "기미라는 것은 움직임의 희미함이고, 길조와 흉조를 먼저 볼 수 있는 곳이다"라는 뜻의 기(幾)이다. 심의 자각은 바로 이러한 기(幾)에서 구체적으로 그 작용을 드러낸다. 다시 말하면 이러한 기미에서 철저하게 자신의 자각 작용을 발현하여, 악으로 흐를 수 있는 의념을 선으로 바꾸어 흐르게 한다. 즉 순수한 성체(誠體)의 움직임에 순응하여 움직이게 함으로서 한 점의 잡다한 것도 없게 한다. 이것은 바로 도덕실천의 효과를 절실하게 드러낸 것이다. 맹자는 "성(誠)을 자각한다"고 하였는데, 이는 적극적인 입장에서 말한 것이고, 주돈이는 기미에서 자각의 공능을 발휘하라고 하였는데, 이는 선과 악으로 나누어지는 기미에서 악한 의념을 제거하고 선한 의념을 드러내고자 하는 것으로, 소극적인 형태의 공부라고 할 수 있다.

성스러움의 결과[聖果]라는 측면에서 자각을 말하자면, 자각의 최고 경지는 아마 '인위적으로 자각하려고 하지 않아도 자각하는' 자각일 것이다. 때문에 주돈이는 "의식적으로 자각하려고 함이 없는 것[無思]이 근본이다"라고 말한 것이다. 이때의 무사(無思)는 『주역』「계사상」의 적연부동과 감이수통을 근거로 '역'(易)의 작용을 설명한 '무사무위'(無思無爲)의 무사(無思)이다. 자각은 비록 인위적으로 자각하려고 함이 없는 것이 근본이지만 영원히 이러한 상태에 머물러 있지는 않는다. '무사'는 죽은 나무처럼 굳어버린 사물(死物)을 의미하지 않고, 또 타버린 재처럼 정태적인 것을 의미하지도 않는다. 이곳에서 '무사'를 근본으로 규정한 이유는 '무사'를 단지 하나의 작용으로만 보지 않고 하나의 본체로 보려고 하기 때문이다. 본체가 있으면 반드시 작용이 있다. 그러므로 "자각하여 감통하는 것은 작용이다"라고 한 것이다. "자각하여 감통한다"는 것은 정밀하고 절부철미하게 감통함을 의미한다. 이것이 바로 인위적으로 감통하려는 마음이 없는 감통이고, '무사'의 작용이다. 이러한 자각 활동의 극치가 바로 감통하지 않음이 없는 경지이다. 주돈이는 "자각하여 감통하지 않음이 없다"는 말로써 지혜[睿]를 규정하였다. 감통하지 않음이 없을 때 비로소 사(思)가 바로 무사(無思)의 사(思)임을 발견할 수 있다. 그러므로 주돈이는 "의식적으로 자각하려고 하지 않아도 감통하지 않음이 없는 사람이 성인이다"라고 하였던 것이다. 성인의 사(思)가 바로 무사(無思)의 사(思)이다. 또 "자각하여 감통하지 않음이 없다"면 이때의 자각 활동은 의도적으로 계획한 자각이 아니고, 또 어떤 결과를 예측한 작위적인 자각 활동도 아니다. 자각은 성체(誠體)의 유행으로 이루어진 작위가 없는 자각이다. 이는 감성적 경험을 통한 자각이 아니라 초월층의 예지계(睿智界)에 속한 자각이다. 때문에 "지혜로우면 성스럽다"고 한 것이다. 주돈이가 말한 사(思), 즉 성체(誠體)의 작용은 바로 이 안에 포함되어 있다.

"의식적으로 자각하지 않아도 감통하지 않음이 없다"는 것은 예(睿)의 회복과 아울러 성체(誠體)의 유행에 대한 실증(實證)을 표현한 것이다. 성체(誠體)는 "작위적으로 자각하지 않아도 감통하지 않음이 없다"는 명제를 통해 다시 한 번 건립되고, 또 이곳에서 성체(誠體)의 전체 내용을 완전하게 드러낸다. 이것이 바로 성체(誠體)의 구체화이고, 진실화이다. 지혜의 자각[思] 활동 과정이 성체(誠體)의 건립 과정이다. 그러므로 "기미가 이쪽에서 움직이면, 성(誠)은 저쪽에서 움직인다"고 말한 것이다. 자각의 쓰임과 작용은 모두 기미에서 나타난다. 자각 작용이 정밀하게 통한다는 것은 기미의 은밀한 부분까지 정밀하게 감통한다는 의미이다. 이것이 바로 '기미를 아는 것'[知幾]이고, '기미를 살피는 것'[審幾]이며, '기미에서 조심하고 근신하는 것'[愼於幾]이다. 움직임이 은밀한 곳에서 길함과 흉함 그리고 선과 악이 나타난다. 때문에 반드시 기미를 알아야 하고, 살펴야 하며, 기미에서 신중하고 조심해야 한다. 이처럼 기미를 알고, 살피며, 기미에서 조심하는 것이기 때문에 기미의 은밀한 부분까지 살펴 정밀하게 통하게 하는 것은 하나의 또 다른 신독(愼獨) 공부라고 할 수 있다. 자각 작용이 악한 기미에 철저하게 감통하여 악한 의념을 선으로 변화시키는 것이 바로 신독 공부이다. 기미를 안다는 것은 단순히 정태적인 앎일 뿐만 아니라 흉한 것을 변화시켜 길한 것으로 되게 하고, 악을 변화시켜 선으로 되게 하는 실천 공부를 그 속에 포함하고 있다. 기미의 움직임이 적체(寂體)[96]로부터 나온 것이라면 그 기미는 악념이 전혀 없는 순선한 도덕의념이다. 그러나 한 순간이라도 '적체'를 근본으로 하지 않으면 곧바로 사악한 생각에 빠져 악을 표현하게 된다. 기미의 상태를 알면 희미한 움직임만 보여도 바로 성체(誠體)는 감응하여 신묘한 작용을 발휘한다. 또 항상 조심하고 근신하는 마음을 간직하고 있으면 청명한 성체(誠體)를 보존할 수 있다. 때문에 매우 희미하고 미소한 부분까지도 감응하여 알 수 있다. 희미하고 미묘한 부분도 알아 신묘한 감응의 작용을 발휘하는 것이 바로 "의식적으로 자각하지 않아도 감통하지 않음이 없는" 지혜이다. 『주역』「계사전」에 "안로의 아들 안연은 거의 성인의 경지에 이르렀구나! 자신에게 불선함이 있으면 알지 못한 적이 없고, 알았다면 이를 다시 행한 적이 없다"[97]는 구절이 있다. "자신에게 불선함이 있으면 알지 못한 적이 없다"는 것은 안회(顔回)가 항상 청명한 본체[98]를 간직하고 있기 때문에 기미의 희미한 부분까지 놓치지 않고 알 수 있었다는 의미이고, "알았으면 이를 다시 행한 적이 없다"는 말은 기미를 알고서 선으로 변화시켰다는 의미이다. 때문에 왕기(王畿·龍溪)는 "움직이자마자 깨달았고, 깨닫자마자 변화시켰다"[99]는 말로써 왜 안회가 기미에 통달한 사람인가에 대해서 설명하였다. 이는 안회가 앞에서 말한 "성(誠)은 정밀하기 때문에 밝고, 신(神)은 감응하기 때문에 오묘하다"[100]라는

---

96   誠體를 가리킨다.
97   『周易』「繫辭下」, "顏氏之子, 其殆庶幾乎? 有不善未嘗不知, 知之未嘗復行."
98   誠體·寂體·心體를 가리킨다.
99   容城 孫奇逢 撰, 『四書近指』 卷9 「顏淵第十二. 顏淵問仁章」, "或曰 : 視聽非禮非淫聲惡色之謂顏子只念頭, 纔動卽覺, 纔覺卽化, 不遠而復言動亦然."

말에서 나타나는 경지에 이르렀음을 뜻한다. 이 경지는 거의 '감통하지 않음이 없다'는 예(睿)의 경지이다. 이는 자신의 생명을 철저히 청결하게 관철시키는 도덕 수양공부이고, 도덕실천의 가장 기본적인 사항이다.

'기미가 움직인다'는 것은 현실화된다는 의미이다. 현실이라는 측면에서 보면 기미의 움직임은 경험계에 속한다. 그러나 기미를 아는 지(知)와 은미한 부분까지 감통하는 사(思), 그리고 지혜[睿]는 모두 초월층에 속한 청명한 심체[101]의 자각 작용이다. 기미를 알고서 그 기미를 변화시켜 선으로 흐르게 하고, '적체'에 따라 움직이게 하면, 현실은 초월자[寂體]의 현실화이기 때문에 현실은 곧 초월자의 자아실현이라고 할 수 있다. 또 작용은 본체를 그대로 드러낸 것이고, 본체는 작용에 모두 표현되기 때문에 작용과 본체는 둘이 아니게 된다.[用卽體] 이때 순선무악한 성체(誠體)가 올바르게 재정립된다. "기미가 이쪽에서 움직이면, 성(誠)은 저쪽에서 움직인다"는 말은 기미가 한번 움직이면 성체(誠體)의 사(思)와 지(知)의 작용도 그것에 따라 움직여 감응한다는 뜻이다. 사실 이 두 구절은 "기미가 저쪽에서 움직이면, 성(誠)은 이쪽에서 움직인다"[102]로 바꾸어야 한다. 성(誠)이 이쪽에서 움직인다는 것은 주체로부터 움직인다는 의미이다. 성체(誠體)의 움직임이 이쪽에서 발생하여 저쪽에서 일어난 기미의 움직임을 비춰야 한다. 이렇게 바꾸어야만 은미한 부분까지 감통하는 자각의 의미가 분명하게 드러나게 된다. 때문에 주돈이가 말한 사(思), 즉 자각은 성체(誠體)가 기미에 진입하여 작용함을 의미한 것이다. 이렇게 보면 사(思)는 성체(誠體)의 작용이고, 성체(誠體)에 호응하여 도덕행위를

---

100 『通書』「聖誠」, "誠精故明, 神應故妙."

101 역주 : 모종삼은 유가철학의 주요 개념에 '體' 자를 붙여 자신의 유가철학에 대한 사유를 표현하는데, 예-性體·心體·道體·中體·敬體·仁體·誠體-'體' 자를 붙여 사용한 경우는 그것을 작용으로만 이해하지 않고 본체로도 이해하는 경우이다. 이러한 모종삼의 표현 근거는 바로 유가철학에서 긍정하는 '體卽用, 用卽體'의 體用不二이다.

102 역주 : "幾動於彼, 誠動於此." 왜냐하면 주체는 誠이기 때문에 誠의 작용이 나의 이쪽에서 발현된다는 표현이 비교적 자연스럽다.

창조한 사(思)이다. 이렇게 하면 은미한 곳에 감통하는 자각에서부터 '감통하지 않음이 없다는 예(睿)까지 기미의 움직임은 전부 길할 뿐 흉한 것이 없게 되고, 또 전부 선만 있을 뿐 악한 것이 없게 된다. 즉 본체에 따라 자연스럽게 변화하게 된다. 이것이 바로 무사(無思)라는 본체와 사통(思通)이라는 작용의 전체 대용(大用)이다. 성체(誠體) 역시 이러한 과정을 통하여 재정립되고, 또 자신의 존재가치를 전부 드러내게 된다. 이것이 바로 성인의 도덕경지이다. 성체(誠體)가 올바르게 정립되면,[103] 자각작용도 성체(誠體)의 적연부동과 감이수통의 작용과 호응하여 적연할 때는 움직이지 않고, 감통할 때는 그것에 따라 통하는데, 이것이 바로 '작위적으로 생각하지 않아도 감통하지 않음이 없는' 사(思)이다. 이것이 바로 지혜이고, 또 "그 희미하게 발동하였을 때는 볼 수 없지만, 꽉 차게 되면 이루 다할 수 없다"[104]는 신의 경지이다. 이때 주관적 의미인 자각[思]과 객관적 의미인 성체(誠體)는 완전히 일체가 된다. 다시 말하면 성체(誠體)와 적감(寂感)의 신이 곧 사(思)의 신묘한 작용이 된다. 때문에『주역』「계사하」에서는 "기미를 아는 것은 참으로 신묘한 것이구나"라고 말한 것이다. 이 구절에 대하여 주돈이가 '은미한 곳에도 작용하는 심의 자각 활동'과 '감통하지 않음이 없다는 도덕적 의미를 가미하자, 일반 사람들이『주역』「계사하」에 있는 이 구절을 처음에 접했을 때 생각할 수 있는 것보다 더욱 깊고 적극적인 의미로 변화되었다.『주역』에서는 사태변화의 기미를 살펴 기미가 드러나기 전에 알 수 있다는 측면에서 신을 말하였지만, 주돈이는 기미를 미리 알 수 있는 신에 '통하여 변화시킨다'는 도덕적 의미를 부여하여, '기미를 안다'는 말을 방관자적인 살핌으로 이해하지 않았다. 이러한 신은 성체(誠體) 그리고 적연부동과 감

---

103 역주 : 옮긴이는 이곳에서 모종삼이 사용한 立을 재정립[세우다]으로 번역하였다. 모종삼은 立에 대하여 '어제 없었던 것이 오늘 있다는 의미가 아니라 본래 있었던 것을 드러내 밝힌다는 의미이다'라고 하였다.

104 역주 : '희미하게 발동할 때는 볼 수 없다'는 寂然不動을 의미하고, '꽉 차게 되면 이루 다 궁구할 수 없다'는 感而遂通을 의미한다.

이수통의 신과 상응하며, 또 "꽉 차게 되어 이루 다 궁구할 수 없다"는 신과도 상응한다. "군자는 이 기미를 보고 일어나 하루도 생각치 않고 행한다"는 말은 왕기(용계)가 말한 "움직이자마자 바로 깨달았고, 깨닫자 마자 변화시켰다"의 의미이다. 즉 도덕적으로 감통하여 교화시켰다는 뜻이다. 때문에 『주역』에서 말한 "안로의 아들 안연은 거의 성인의 경지에 이르렀구나! 자신에게 불선함이 있으면 알지 못한 적이 없고, 알았다면 이를 다시 행한 적이 없다"는 말을 예로 든 것이다. 만일 이 문장을 '기미를 미리 알아 화(禍)를 면하였다'로 해석한다면, 이것이야말로 너무 천박한 해석이다. 이러한 해석은 자기의 사적인 입장에서 『주역』을 해석한 것이기 때문에 도덕적 의미인 성체(誠體)의 신과 일치하지 않는다. 주돈이는 사(思)를 말하였고, 또 기미를 알아야 함을 강조하였으며, 이것으로써 성스러움의 근본을 말하였다. 이는 바로 도덕적 실천에 있어서 '감통하여 변화시킨다'는 의미를 잃어버리지 않은 것이다. 주돈이는 "자각한다는 것은 성스러움을 이루는 근본이고, 길흉이 갈라지는 기미이다"라고 하였다. 이 중 '길흉이 갈라지는 기미이다'라는 구절은 오해를 초래하기 쉽다. 사실상 이 구절에서는 자각하면 길(吉)하고, 자각하지 않으면 흉(凶)하다는 점을 강조하고 있을 뿐이다. 자각하면 변화시킬 수가 있기 때문에 길하다. 그러나 자각하지 못하면 위험에 빠질 수 있기 때문에 흉하다. 『태극도설』의 "군자는 자신을 수양하기 때문에 길하고, 소인은 스스로 어긋나니 흉하다"[105]는 말은 바로 이 의미를 설명한 것이다. 이것은 사(思)가 성스러움의 근본이고, 또 성인의 인격을 이루는 본질적 관건임을 표시한다.

이 장은 주돈이가 성(聖)의 효과에 대하여 가장 심오하고 정밀하게 설명하고 있는 곳이다. 심을 배제하고서 공부론을 논할 수 없다. 심은 성체(誠體)를 실현하는데 가장 핵심적인 요소이다. 때문에 이 장은 실제로 주

---

105 "君子修之吉, 小人悖之凶."

돈이의 심론에 해당한다. 그러나 자각으로써 표현한 성스러운 효과는 심의 일반적인 작용을 말한 것 같다. 이에 그치지 않고 심을 다시 '의식적으로 사려하지 않아도 감통하지 않음이 없다'에서 나타나는 원만무애의 작용으로 끌어올려야만 비로소 지극히 성스러운 지혜[睿]라고 할 수 있다. 이 원만무애한 작용은 성체(誠體)와 적감의 신묘한 작용을 표준으로 삼는다. 만일 어떤 사람이 '이처럼 원만무애한 작용을 심 자체적으로 정립할 수 있는가'라고 물었을 때, 심의 일반적인 작용만을 근거로 '당연히 그렇게 할 수 있다'고 대답한다면 이 대답은 아마 질문자의 의도를 충분히 파악하지 못한 대답일 것이다. 왜냐하면 심의 일반적인 자각 작용만으로는 원만무애의 경지에 이를 수 있는 필연성을 보장할 수 없기 때문이다. 도가에서 제시하는 허정(虛靜)과 같은 공부를 통해도 원만무애한 경지에 이를 수 있을 것이다. 그러나 반드시 성체(誠體)를 밝혀 드러내어 성체(誠體)의 진정한 모습과 합일한다고는 말할 수 없을 것이다. 물론 도가에서 주장한 허정의 공부를 경과해도 원만무애의 경지에 이를 수는 있을 것이다. 그러나 도가에서 말한 심은 유가철학에서 긍정하는 성체(誠體)도 아니고, 적감의 작용을 가진 주체도 아니다. 물론 주돈이는 유가적인 의식을 가진 사람이기 때문에 그가 긍정한 원만무애의 작용은 성체(誠體)의 작용과 일치한다. '기미가 이쪽에서 움직이면, 성(誠)은 저쪽에서 움직인다'고 하였는데, 이는 성(誠)이 움직이는 곳이 곧 성(誠)과 사(思)가 합일하는 곳임을 의미하고 있다. 그러나 이것은 단지 당연의 입장에서 그렇게 말한 것일 뿐이다. 만약 심이 단지 사(思)의 자각 작용뿐이라면 반드시 이 경지에 이를 수 있다고 말하기 어렵다. 다시 말하면 심과 성체(誠體)는 우연적으로 합쳐진 것에 불과할 뿐 필연적으로 하나가 된 것은 아니다. 내가 이러한 문제를 제기하는 것은 심으로부터 성체(誠體)를 체현하는 공부를 말해야 하기 때문이다. 이때 심은 사(思)의 작용에만 머물러서는 안 되고, 반드시 내적인 곳으로 되돌아와 도덕 실체성의 의미를 드러내야 한다. 이것이 바로 원만무애한 작용을 심 자체적으로 드러낼 수 있는 관건이며, 또 심의 원만무애한 작용이 곧 성체(誠體)와 적감의 신묘한 작용일 수 있는 관건이다. 이러한 도덕실체로서의 심은 맹자가 성선을 증명할 때 근거로 삼은 심[106]인데, 이를 본심이라고 한다. 본심이 본체가 될 수 있는 근거로서 측은(惻隱)과 수오(羞惡) 그리고 사양(辭讓)과 시비(是非) 등을 들 수 있다. 심의 작용을 근거로 한 공부는 도덕실천의 의의를 더욱 절실하게 드러낼 수 있고, 또 선진유가에서 드러낸 도덕가 치 창조라는 양강(陽剛)[107]의 아름다움에 더욱 가까이 다가갈 수 있다. 주 돈이는 결코 사(思)의 작용으로만 심을 말하지 않았다. 주돈이가 심의 작 용을 통하여 합치하고자 한 "의식적으로 자각하지 않아도 감통하지 않 음이 없다"는 경지[108] 역시 바로 심의 의미를 충실히 하는 곳으로부터 세운 것이다. 그래서 필연성을 가질 수 있었던 것이다.[109] 이러한 주돈이 의 깨달음은 『역전』과 『중용』을 근본으로 한 것이다. 맹자가 언급한 심 에 대한 주돈이의 이해는 그리 절실하지 않은 것 같고, 또 소홀히 하였 다는 느낌마저 든다. 때문에 수양공부를 말할 때 맹자철학에서 직접 찾 지 않고 멀리 돌아 『홍범』에서 그 근거를 찾은 것이다. 이는 가까운 곳 에 있는 진리를 발견하지 못하고, 먼 곳에서 진리를 찾아 헤매는 것과 같다. 송명이학의 초창기였기 때문에 그럴 수도 있고, 또 주돈이 자신이 선진유가의 발전 관계를 제대로 이해하지 못했기 때문일 수도 있다. 이 것은 또한 주돈이를 쉽게 도가 계열의 학자로 연상시키게 만드는 원인 이 되기도 하였다.

맹자가 제시한 실체성의 도덕본심을 근거로 천도와 성체(誠體)의 신묘

---

106 역주 : 맹자는 心善을 근거로 性善을 증명하였다. 性善을 증명하는 근거로서의 心은 순선한 도덕의지, 즉 惻隱과 羞惡 그리고 辭讓과 是非之心의 四端之心이다.

107 역주 : 강건함, 즉 健의 의미이다.

108 성스러운 지혜의 경지[睿境].

109 역주 : 모종삼은 성인이라는 결과의 필연을 본체와 작용의 합일에서 찾는다. 즉 본 체의 활동성과 도덕규범에 대한 도덕주체의 자율성을 긍정해야만 비로소 성인의 경 지에 이를 수 있는 필연성을 확보할 수 있다는 것이다. 이러한 모종삼의 입장은 주 희철학을 소개할 때 자주 보인다.

한 작용을 제시하면서 이른바 '일본설'을 제시한 학자는 정호이다. 또 본체와 작용의 일체[一本說]를 근거로 수양공부론을 제기하고, 더욱 직접적이고 절실하게 도덕실천를 일으키며, 선진 유가철학에서 제기한 도덕가치 창조라는 강건함의 아름다움에 더욱 가까이 다가간 학자는 육구연이다. 정호와 육구연은 주돈이보다 송명이학을 더욱 진일보시킨 사람이다. 그러나 우리는 주돈이가 말한 심의 의미를 명심해야만 한다. 왜냐하면 그것을 정확하게 알아야만 비로소 그 후의 발전을 이해할 수 있으며, 또 나중에 학파가 여러 갈래로 나뉘게 된 이유를 알 수 있기 때문이다.

성인은 하늘이 되기를 희망하고, 현인은 성인이 되기를 희망하며, 지식인은 현인이 되기를 희망한다.[110] 이윤과 안연은 위대한 현인이다. 이윤은 그의 군주가 요나 순처럼 되지 못하는 것과 한 사람의 백성이라도 자신이 있어야할 마땅한 자리[111]를 얻지 못하는 것을 마치 저자거리에서 매를 맞는 것처럼 부끄러워했다. 안연은 노여움을 남에게 옮기지 않고 잘못을 두 번 다시 저지르지 않았으며, 3개월[112] 동안 인을 떠나지 않았다.[113] 이윤이 뜻을 둔 것에 뜻을 두고, 안자가 배운 것을 배운다. 그들의 공부를 넘어서면 성인이고, (그들의 공부에) 미치면 현인이며, 미치지 못해도 아름다운 이름을 잃지 않을 것이다.

聖希天, 賢希聖, 士希賢. 伊尹·顔淵大賢也. 伊尹恥其君不爲堯舜, 一夫不得其所, 若撻於市. 顔淵不遷怒, 不二過, 三月不違仁. 志伊尹之所志, 學顔子之所學. 過則聖, 及則賢, 不及則亦不失於令名.

『通書』「志學」

---

110 역주 : 성인과 현인을 인격의 단계적 차이로 이해한 것은 동중서의 『春秋繁露』「莊王」의 "성인은 하늘을 본받고, 현인은 성인을 본받는다[聖者法天, 賢者法聖]가 처음이다.
111 역주 : 이곳에서 '마땅히 있어야할 올바른 자리'는 바로 공자의 正名論과 직접적인 관계가 있는 말이다. 군주는 군주라는 명칭에 합당한 도덕적 의미, 즉 의무를 다해야 마땅히 있어야할 올바른 자리를 얻었다[得其正所]고 할 수 있다.
112 역주 : 3개월은 허수(虛數)로서 '오랫동안'의 의미이다.
113 역주 : 『論語』「雍也」에 나온다.

해설 이 장의 내용은 송명유자들이 공통적으로 지니고 있는 도덕의식으로서, 전형적인 유가의 정신을 표현하고 있다. 쉽게 이해할 수 있는 내용이고, 별로 문제될 것이 없기 때문에 번잡스럽게 해설하지 않겠다.

(물었다). "성인의 경지는 배워 이를 수 있습니까?" (대답하여) 말하였다. "그렇다." 말하였다. "요점이 있습니까?" 말하였다. "있다." "(그 요점에 관한) 가르침을 받고 싶습니다." 말하였다. "하나가 요점이니, 그 하나는 바로 욕심이 없는 것이다. 욕심이 없으면 고요하여 텅 비고 움직임이 곧게 된다. 고요하여 텅 비면 밝아지고, 밝아지면 통한다. 움직임이 곧으면 공평하고 공평하면 넓어진다. 밝고 통하며 공평하고 넓으면, 거의 성인에 가깝다."

"聖可學乎?" 曰 : "可." 曰 : "有要乎?" 曰 : "有." "請問焉." 曰 : "一爲要. 一者無欲也. 無欲則靜虛動直. 靜虛則明, 明則通. 動直則公, 公則溥. 明通公溥庶矣乎?"

『通書』「聖學」

해설 이 장에서는 배움을 통해서 성인이 될 수 있음을 긍정한다. 배움을 통하여 성인의 경지에 이를 수 있음은 선진유가에서도 긍정하였던 것이고, 또한 송명이학자들의 공통적인 주장이다. 그러나 성인의 경지에 이르는 요건, 즉 자신의 직접적인 도덕실천을 통하여 성인의 인격을 지향하는 공부도 앞에서 언급한 성체(誠體)로부터 이해하면 쉽게 그 의미를 파악할 수 있다. 그러나 이렇게 설명하는 것도 필요하다. 이곳에도 별다른 문제가 없기 때문에 번잡하게 해설하지 않겠다.

4) 성체(誠體)의 신묘한 작용과 태극의 리[114]

하늘은 양으로써 만물을 낳고, 음으로써 만물을 완성한다. 낳는 것은 인이다. 완성하는 것은 '의'이다.[115] 그러므로 성인이 위에 있으면 인으로써 만물을 화육하고, '의'로써 만민을 올바르게 교화한다.[116] 천도가 운행하면 만물이 순응하고, 성인의 덕이 닦여지면 만민이 감화를 받는다. 크게 순응하고 크게 감화를 주면서도 그 자취를 드러내지 않아 아무도 그러함을 알지 못하는 것을 신이라고 한다.[117] 그러므로 천하 민중들의 근본은 한 사람[118]에게 달려 있으니, 도가 어찌

---

114 역주 : 『심체와 성체』에는 理·道·太極과 氣·器·陰陽의 용어가 수없이 출현하는데, 이에 대한 개념 정리를 먼저 해야만 오해가 발생하지 않는다. 유가철학에서 前 삼자는 형이상자이고, 後 삼자는 형이하자이다. 송명이학자들은 형이상자와 형이하자를 표현할 때 반드시 理는 氣와 짝을 이루고, 道는 器와 짝을 이루며, 太極은 陰陽과 짝을 이루어 표현하지는 않았지만 理와 氣·道와 器·太極과 陰陽은 서로 짝을 이루어 표현된 때가 많다. 그 이유는 형이상자에 있는 것이 아니라 형이하자에 있다. 氣와 器 및 陰陽은 모두 형이하자이지만 각각에는 특수한 의미가 포함되어 있다. 첫째, 理와 짝을 이루었을 때 氣는 형상과 형질 및 동력의 근본[형이상자로서의 근본 의미가 아니다]를 표시한다. 이때 氣는 형상과 형질의 물질적인 근본 因素이고 에너지이며, 理는 氣 활동의 원리이다. 道와 짝을 이루었을 때 器는 구체적인 형상과 형질 및 속성을 같은 유형 사물의 통칭이다. 이때 道는 유형 사물의 마땅한 사용처 혹은 당연히 그렇게 사용되어야 할 도리이다. 太極과 짝을 이루는 陰陽은 氣의 운동성과 우주의 생화 과정을 표시한다. 太極은 근본이기 때문에 '一'이다. '一'인 太極은 氣와 함께 유행함으로서 二·四·八로 분화되는데 陰과 陽이 太極 유행의 제2단계이다. 비록 陰陽未分의 상태인 元氣도 氣의 원초라는 측면에서 보면 '一'이라고 할 수 있지만 형이상자 즉 근본이 아니기 때문에 '一'로 표현할 수 없다.

115 역주 : 『예기』 「악기」에 '봄에 생겨 여름에 생장하는 것은 仁이다. 가을에 거두어 겨울에 저장하는 것은 義이다'[春作夏長, 仁也. 秋斂冬藏, 義也]라는 구절이 있는데, 주돈이의 "하늘은 양으로써 만물을 낳고, 음으로써 만물을 완성한다. 낳는 것은 仁이고, 완성하는 것은 義이다"는 바로 이 구절의 영향을 받은 것 같다.

116 역주 : 『예기』 「악기」에 "仁으로써 사랑하고, 義로써 올바르게 교화한다"[仁以愛之, 義以正之]는 구절이 있다. 주돈이의 "仁으로써 만물을 화육하고, 義로써 만민을 올바르게 교화한다"는 이 구절의 영향을 받은 것 같다. 그러나 주돈이의 표현과 유사한 내용은 『중용』에도 출현한다. 모종삼은 그 의리적 근거를 『중용』과 『역전』에서 찾았다.

117 역주 : 『맹자』 「진심하」에서는 "위대하면서도 저절로 化함을 聖이라고 하고, 성스러우면서도 그 삭용을 알 수 없음을 신이라고 한다"[大而化之之謂聖, 聖而不可知之謂神]고 하여 聖으로써 化를 설명하였고, 神으로써 '不可知'를 설명하였다. 주돈이의

멀리 있으며, 방법이 어찌 많겠는가?[119]

天以陽生萬物, 以陰成萬物. 生, 仁也. 成, 義也. 故聖人在上, 以仁育萬物, 以義正萬民. 天道行而萬物順, 聖德修而萬民化. 大順大化, 不見其跡, 莫知其然之謂神. 故天下之衆, 本在一人. 道豈遠乎哉? 術豈多乎哉?

『通書』「順化」

해설 이 장에서는 순화(順化)에 관하여 설명하고 있다. 순(順)은 "천도가 운행하면 만물이 순응한다"[天道行而萬物順]라고 말할 때의 순(順)이다. 즉 천도에 따라 자연스럽게 순리적으로 완성됨을 의미한다. 화(化)는 "성인의 덕이 닦여지면 만민이 감화를 받는다"[聖德修而萬民化]라고 말할 때의 화(化)이다. 즉 성덕의 감화를 받아 자연스럽게 스며들어 저절로 변화됨을 의미한다. 주돈이는 만물에 대해서는 순응으로써 설명하였고, 만민에 대해서는 감화로써 설명하였다. 천도가 운행하면 만물이 순응할 수 있고, 성인의 덕이 닦여 만민이 감화될 수 있는 까닭은 천도와 성인의 덕이 모두 도의 현현이기 때문이다. 순(順)과 화(化)는 만물과 만민의 측면에서 말한 것이다. 본체 측면에서 말하자면 신화(神化)라고 해야 한다. 『주역』이라는 서책을 지은 목적은 '신묘함을 궁구하여 변화를 아는 것'[窮神知化]에 있다. 때문에 『주역』 「계사상」에서는 "변화의 도를 아는 사람은 신묘하게 펼쳐지는 천지의 일을 아는구나"[120]라고 한 것이다. 변화의 원리가 바로 역(易)이다. 「계사상」에는 이것 외에 "낳고 낳는 것을 역

이 구절 내용과 대체로 일치한다.

118 역주 : 일반적인 군주보다는 聖德을 겸비한 聖王을 지칭한다.

119 역주 : 주희는 "천하의 근본은 군주에 있고, 군주의 도는 마음에 있으며, 마음의 방법은 인의에 있다"[天下之本在君, 君之道在心, 心之術在仁義]고 주석하였다. 주돈이가 "방법이 어찌 많겠는가"라고 하였는데, 이는 맹자의 "사람에게 차마하지 못하는 마음으로 사람에게 차마하지 못하는 정치를 한다"[以不忍人之心, 行不忍人之政(『孟子』「公孫丑上」)와 원리상 일치한다. 즉 주돈이가 말한 '많지 않다'는 것은 정치의 세목이 많지 않다는 것이 아니라 정치의 근본이 仁心 하나라는 것을 의미한다.

120 『周易』「繫辭上」, "知變化之道者, 其知神之所爲乎?"

이라고 한다"[生生之謂易]·"음과 양의 변화를 헤아릴 수 없는 것을 신이라고 한다"[陰陽不測之謂神]·"때문에 신의 작용은 특정한 공간의 제한을 받지 않으며, 역은 한 사물의 형상에 구속받지 않는다"[神無方而易無體][121]는 구절이 있다. 이곳에서 말한 신화(神化)는 천도의 성체(誠體) 측면에서 말한 것이다. 다시 말하면 신화(神化)는 주(主-能)에 속한 작용이고, 순(順)과 화(化)는 종(從-所)[122]의 측면에서 말한 것이다. 그러나 천도[誠體]의 '신화' 작용은 만물과 만민의 순(順)과 화(化)에서 볼 수 있다. 때문에 주돈이는 "크게 순응하고 크게 감화를 주면서도 그 자취를 드러내지 않아 아무도 그러함을 알지 못하는 것을 신이라고 한다"고 한 것이다. 『논어』에 "선생님께서 만약 나라를 다스릴 수 있는 기회를 얻었다면 이른바 세우고자 하면 서고, 인도하면 나아가고, 편안하게 해주면 따라오고, 격려해주면 호응할 것이다"[123]는 구절이 있다. "성인의 덕이 닦여지면 만민이 감화를 받는다"는 말은 바로 이 구절로부터 유래한 것이다. 만민이 순화되는데, 그렇게 되는 까닭을 알 수 없고, 그 자취를 알 수 없는 것은 자연스럽게 스며들어 저절로 변화되기 때문이다. 그러나 우리는 이처럼 자연스럽게 스며들어 저절로 변화되는 까닭을 알 수 있는데, 그것은 바로 '성인의 덕이 닦여졌기 때문이다. 즉 공자와 같은 성인이 위에 존재하고 있기 때문이다. 따라서 만민이 순화되는 신묘한 작용이 바로 성체(誠體)의 신묘한 작용인 것이다.

"하늘은 양으로써 만물을 낳고, 음으로써 만물을 완성한다." '양으로써 만물을 낳고, 음으로써 만물을 완성하는' 양생음성(陽生陰成)은 자취

---

121 역주 : 無方은 '신은 없는 곳이 없다'로 해석할 수 있고, 無體는 '역에는 일정한 체가 없다'로 해석할 수 있지만, 모종삼의 의도를 살려 역자가 의역하였다.

122 역주 : 能과 所는 主와 從의 의미로 쓰이기도 하고, 주관과 객관 혹은 주체와 객체[대상]의 의미로 쓰이기도 한다. 주희가 자주 사용하는 能覺者는 인식능력을 갖춘 心을 지칭하고, 所覺者는 인식의 대상인 性理를 지칭한다. 能覺者에서 能은 주체이고, 所覺者에서 所는 대상이다.

123 『論語』「子張」, "夫子之得邦家者, 所謂立之斯立, 道之斯行, 綏之斯來, 動之斯和."

혹은 흔적의 측면에서 말한 것이다. 음양은 기(氣)이기 때문에 흔적을 드러낸다. 이러한 음양으로 하여금 묘용을 발휘하게 하여 만물을 낳게 하고, 만물을 완성하게 하는 것은 천도의 신묘한 작용이다. 신은 만물의 오묘한 작용 측면에서 말한 것이다.[124] 천도는 실제로 생화의 신묘한 작용을 발휘할 수 있지만, 생화하더라도 생화의 형상이 없다. 단지 신묘한 작용만이 있을 뿐이다. 때문에 신묘한 작용은 '특정한 공간의 제한을 받지 않고'[無方所], '어떤 흔적도 없다'[無形跡]. 천도를 '적감진기'(寂感眞幾)라고 하는 까닭이 바로 여기에 있다. 그러나 기(氣)에 작용을 발휘하면 곧 일정한 흔적이 있게 된다. 생화의 신묘한 작용 측면에서 말하자면, 천도는 도덕가치 창조의 진기(眞幾)라고도 할 수 있다. 모든 도덕가치는 이로부터 발현된다. 인(仁)과 의(義)에는 표현상에 차이가 있어 다르게 규정할 수 있다. 대체로 인은 덕을 생하는 원리이고, 의는 덕을 완성하는 원리이라고 한다.[125] 때문에 '인'으로써 양을 생하는 작용을 비유하고, '의'로써 음의 완성하는 작용을 비유한 것이다. "낳는 것은 인이고, 완성하는 것은 의이다"라는 말은 바로 이 의미이다. 이는 인격 생명의 현현에서 성체(誠體)가 표현한 덕성 측면에서 말한 것이다. 때문에 "성인이 위에 있으면 인으로써 만물을 화육하고, 의로써 만민을 올바르게 교화한다"고 한 것이다. 이는 천도는 성인의 생명에서 표현되고, 인의는 천도의 내용임을 말한 것이다. 주돈이는 이상의 내용을 총괄하여 "천도가 운행하면 만물이 순응하고, 성인의 덕이 닦여지면 만민이 감화를 받는다. 크게 순응하고 크게 감화를 주면서도 그 자취를 드러내지 않아 아무도 그러함을 알지 못하는 것을 신이라고 한다"고 하였다. 천도[誠體]로부터 유래한 덕성에는 신묘한 작용이 간직되어 있다. 이는 추상적인 인의에 이러한 신묘한 작용이 갖추어져 있다는 것이 아니라, 성체(誠體)로부터 표현된 구체적인 인의, 즉 생명으로 표현된 인의에 신묘한 작용이 포함되어 있

---

124 『周易』「說卦傳」, "神也者, 妙萬物而爲言者也."
125 成은 '잘 헤아려 완성한다는 것'[裁成]으로 斷德이라고도 부른다.

다는 것이다. 주돈이는 인의 혹은 인의중정을 언급하였는데, 주돈이가 언급한 인은 대부분 모든 덕을 총괄한 전덕(全德)으로서의 인이 아니라 개별적인 덕목(殊別之德)으로서의 인이다. 그러나 공자철학에서 보면 인은 모든 덕성의 근원이고, 모든 덕목의 총목(總目)이다. 다시 말하면 본체로 서의 성체(誠體)이다. 때문에 공자가 말한 인은 인체(仁體)라고 할 수 있 다. 이러한 절대적 의미로서 인체(仁體·仁道와 仁心)의 의미에 관해서 공자 는 여러 방면으로 설명하였다. 인체의 절대적 의미는 정호 시대에 이르 러 분명하게 드러나기 시작하였다. 주돈이는 『논어』와 『맹자』에 대한 이해가 부족하였기 때문에 인체의 절대적 의미에 관하여 적절한 표현을 하지 못했다. 주돈이는 『논어』와 『맹자』보다는 『중용』과 『역전』에 대하 여 더욱 빼어난 이해를 보였다. 때문에 천도와 성체(誠體)를 근본으로 하 고, 덕을 통상적인 오상(五常)의 제2차적인 것으로 본 것이다. "성(誠)은 다섯 가지 윤리의 바탕이고, 모든 행실의 근원이다"[126]고 한 것도 이 때 문이다. 주돈이는 "성인의 도는 인과 의 그리고 중과 정일 뿐이다"[127]고 하였는데, 이 구절과 "인으로써 만물을 화육하고, 의로써 만민을 올바르 게 교화한다"는 제2차적인 의미로부터 제1차적인 근원의 의미로 진입하 는 것이다. 때문에 나는 인의가 곧 천도의 내용이라고 해설한 것이다. 그 러나 인은 생덕(生德)의 주체이다. 정호는 바로 생덕의 주체라는 측면에 서 인의 절대적 의미를 제시하였다. 때문에 정호철학에서 인체는 천도(誠 體)를 구체적인 측면에서 말한 것이다. 즉 인체는 도덕가치 창조의 실체 인 성체(誠體) 자신인 것이다. 인에는 두 가지 특성이 구비되어 있다. 하 나는 각(覺)이고, 다른 하나는 건(健)이다. 인체는 이 두 가지의 특성을 구 비하고 있기 때문에 감통(感通)을 본성으로 하고, 사물을 윤택하게 하는 윤물(潤物)을 작용으로 삼는다. 인체는 도덕가치 창조성 그 자체이다. 때 문에 인체라고 한 것이다. 이는 인을 상대적 덕목으로부터 초탈시켜 인

126　『通書』「誠下」, "誠者, 五常之本, 百行之源也."
127　『通書』「道」, "聖人之道仁義中正而已矣."

에 형이상의 실체적 의미를 부여하는 것이다. 주돈이의 도덕철학 사유는 아직 이곳까지 이르지는 못했다. 주돈이는 천도[誠體]와 인의중정을 나누어 수평적으로 설명하였다. 즉 인의중정은 단지 덕목에 불과한 것이다. 인의중정을 지극한 경지까지 실천하면 천도[誠體]와 통할 수 있으나, 아직 인과 천도[誠體]를 수직적인 일자(一者)로는 이해하지 못했다. 다시 말하면 인을 덕목으로부터 철저하게 해방시켜 형이상적인 실체 의미를 부여하지 못했다. 천도[誠體]와 인 사이에는 약간의 간격이 있는 것 같다. 송명유학의 발전은 『중용』과 『역전』으로부터 입수하여 『논어』와 『맹자』로 회귀하는 경향이다. 공자의 인과 맹자의 심을 주로 삼아 천도가 천도로 되는 까닭을 증명해야 하는데, 하나는 인을 통하여 천도를 증명하는 것이고, 다른 하나는 심을 통하여 천도를 증명하는 것이다. 이처럼 인과 심을 통하여 공맹으로부터 『중용』·『역전』까지 선진유학 의리의 발전 관계를 다시 회복하였을 때, 비로소 『중용』과 『역전』에서 표현하고 있는 원만한 경지를 이해할 수 있다. 그렇지 않다면 『중용』과 『역전』에서 제시하는 천도는 아무런 내용도 없는 우주론 혹은 외재적인 존재를 설명하는 체계에 불과할 것이다. 이는 객관만을 중시하고, 주관을 경시하는 것이다. 주돈이 철학에는 주관보다는 객관을 중시하는 경향이 있다. 본래 주관과 객관이 진실로 하나로 통일되어야만 비로소 '원만한 가르침'[圓敎]이라고 할 수 있다. 만일 선진유가철학의 의리를 올바르게 관통하지 못하여 객관만을 중시하고 주관을 경시하면 내적인 면을 경시하고 외적인 면만을 중시한다는 혐의를 벗을 수 없을 것이다. 이는 주관성의 원칙인 심에 대한 이해의 부족에서 비롯된 것이다. 공자와 맹자철학으로 회귀하는 첫 번째 단계가 바로 정호의 '일본론'이고, 두 번째 단계가 육구연의 맹자학이다. 이때에 이르러 유가철학의 주관성 원칙이 확실하게 드러났다. 정이와 주희는 방계로서 선진유학의 전개 순서와 합치하지 않으며, 또 선진유가의 본래 정신과도 합치하지 않는다.[128] 나는 이곳에서 주돈이 철학의 한계와 이후 송명유학의 발전 방향 그리고 주희철학의 방계성에 대하여 간략하게 소개하였다. 이점에 관해서는 이후에 다시 계속해서 설명하겠다.

동하면 정의 형상이 없고, 정하면 동의 형상이 없는 것은 사물이다. 동하지만 동의 형상이 없고, 정하지만 정의 형상이 없는 것은 신이다.[129] 동하지만 동의 형상이 없고, 정하지만 정의 형상이 없는 것은 동하지 않거나 정하지 않는다는 것이 아니다. 사물은 (동과 정을 함께) 통하지 않지만, 신은 (동과 정에 함께 통하여) 만물에 오묘하게 작용한다.[130] 물은 음인데 양에 뿌리를 두고, 불은 양인데 음에 뿌리를 둔다.[131] 오행은 음양이고 음양은 태극이다.[132] 사계절이 운행하여 만물이 끝나고 시작한다. 합쳤다가 열렸다가 하니 그 끝이 없구나.

動而無靜, 靜而無動, 物也. 動而無動, 靜而無靜, 神也. 動而無動, 靜而無靜, 非不動不靜也. 物則不通, 神妙萬物. 水陰根陽, 火陽根陰. 五行陰陽, 陰陽太極. 四時運行, 萬物終始. 混兮闢兮, 其無窮兮.

『通書』「動靜」

128　역주 : 모종삼은 정이와 주희는 오로지 性卽理만을 긍정하고 心卽理를 부정하여 도덕규범에 대한 의지의 입법 작용을 긍정하지 않기 때문에 도덕가치 창조의 陽剛[도덕본체의 활동성]의 美를 드러내지 못했다고 평가한다.

129　역주 : 이 구절의 해석은 철저히 모종삼의 견해에 따라 번역하였다. 모종삼은 '動而無靜'과 '靜而無動'을 '動하면 靜의 형상이 없고, 靜하면 動의 형상이 없다'로 해설하였고, '動而無動'과 '靜而無靜'을 '動하지만 動의 형상이 없고, 靜하지만 靜의 형상이 없다'로 해설하였다. 옮긴이는 때로 靜을 '고요함'으로, 動을 '움직임'으로 번역하기도 하였다. 이는 전반적인 문장의 의미를 고려하여 번역한 것이다. 따라서 靜과 '고요함', 動과 '움직임'은 동일한 의미로 이해하기 바란다.

130　역주 :『周易』「說卦傳」의 "신이란 만물을 오묘하게 이루는 것을 말하는 것이다"[神也者, 妙萬物而爲言者也]를 계승하여 말한 것이다.

131　역주 : 이 구절은『태극도설』의 "한번 동하고 한번 정하는 것은 서로 뿌리가 된다"[一動一靜, 互爲其根]와 같은 맥락의 문장이다.

132　역주 : 이 구절은『태극도설』의 "오행은 하나의 음양이고, 음양은 하나의 태극이며, 태극은 본래 무극이다"[五行一陰陽也, 陰陽一太極也, 太極本無極也]는 말과 동일한 맥락의 문장이다.

해설 이 장은 '신이 왜 신인가'에 대한 주돈이의 깨달음을 서술한 것이다. 또 앞 장의 순(順)과 화(化) 그리고 제4장에서 말한 천도·성체(誠體)에 대한 총 결론이며, 도체에 대한 주돈이의 형이상적인 깨달음과 우주론적인 종지(宗旨)를 설명한 장이다. 앞에서 말한 천도는 하나의 추상적인 개념이다. 때문에 성체(誠體)를 제시하여 천도에 구체적 내용을 부여하였다. 그러나 성체(誠體) 역시 '추상적이다'는 혐의를 벗기 어렵다. 때문에 적감으로써 성체(誠體)의 내용을 설명한 것이다. 이렇게 함으로써 천도[誠體]는 하나의 적감진기로서 성립되고, 이로부터 다시 도덕가치 창조의 실체로 확장된다. 적감진기로서의 천도는 생화의 작용을 구비한 실체임이 분명하다. 이곳에서 주돈이는 천도의 신묘한 작용[神用]을 동(動)과 정(靜)으로써 설명하였는데, 그것이 바로 "동하지만 동의 형상이 없고, 정하지만 정의 형상이 없다"의 동이무동(動而無動)과 정이무정(靜而無靜)이다. '동이무동'은 '활동하지만 그 활동의 형상이 없다'는 의미이다. '동'은 천도가 추상적인 사체(死體)가 아님을 표현한 것이다. 천도는 순수한 허령(虛靈)의 실체이다. 허령의 실체이기 때문에 활동하지만 그 활동의 특수한 형상이 없는 것이다. 또 '동이무동'(動而無動)은 천도의 움직임이 어느 한 사물에 제한당하지 않는다는 의미이다. 어느 한 사물에 제한당하면 활동할 때 그 활동의 형상만이 있을 뿐 고요함[靜]의 형상이 없다. 이러한 동은 정과 대립하는 동이다. 그러나 활동하지만 그 활동의 형상이 없는 동은 고요함[靜]과 대립하지 않는다. 때문에 동이면서 정인 것이다. 이처럼 동이 곧 정이고, 동과 정이 하나인 허령의 적체(寂體)이기 때문에 "서두르지 않는데도 빠르고 가지 않는데도 이르는 것"[133]이다. 만일 서둘러야만 빠르게 되고, 가야만 이르게 된다면, 이는 활동할 때 활동의 형상을 드러내는 것이다. 이것은 현상의 사물이 갖는 특성이다. 허령적체(虛靈寂體)는 마치 고요한 것 같지만, 고요함의 형상이 없는 고요함이

---

[133] 『周易』「繫辭上」, "唯神也, 故不疾而速, 不行而至."

다. 정(靜)은 동(動)의 형상이 없음을 말한 것이다. '동의 형상이 없다는 것'은 동과 대립하는 정[134]을 의미하지 않는다. 고요하더라도 고요함의 형상이 없다. 고요하면서 고요함의 형상이 없기 때문에 '정이면서 동인 것이다.'[靜卽動] 정이면서 곧 동이고, 정과 동이 하나이기[靜動一如] 때문에 "서두르지 않은데도 빠르고, 가지 않은데도 이르게 된다." '서두르지 않는다[不疾]와 '가지 않는다[不行]는 것은 정(靜)이고, '빠르다'와 '이르다는 것은 '정의 형상이 없다[無靜相는 뜻이다. '동하지만 동의 형상이 없다는 것은 신의 활동이 지극한 활동[至動]임을 의미한다. 지극한 활동은 고요함과 대립하지 않기 때문에 '활동'이라고 말하지 않는다. '정하지만 정의 형상이 없다는 것은 신의 고요함이 '지극한 고요함[至靜]임을 의미한다. 지극한 고요함은 활동과 대립하지 않기 때문에 '고요함'이라고 말하지 않는다. 이것이 바로 '동이 곧 정이고,[動卽靜] 동도 아니고 정도 아닌[非動非靜] 신묘한 작용을 표현한 것인데, 이 말은 반드시 "동하지만 동의 형상이 없고, 정하지만 정의 형상이 없다"라는 궤변같은 말을 통해서 오묘하게 이해해야 한다. '동이무동'은 '활동하지 않음'이 아니라 단지 '활동하더라도 활동의 형상이 없음'을 의미한 것에 불과하다. 만일 정말로 활동하지 않는다면 그것은 단지 하나의 고요함에 불과하다. 이렇게 되면 고요함은 활동과 대립하게 된다. '정이무정' 역시 '고요하지 않음'을 말한 것이 아니라 '고요하더라도 고요함의 형상이 없음'을 의미한 것에 불과하다. 만일 정말로 고요하지 않다면 이는 단지 하나의 활동에 불과한 것이다. 이렇게 되면 고요함과 활동은 서로 대립하게 된다. 이것이 바로 "동하지만 동의 형상이 없고, 정하지만 정의 형상이 없는 것은 동하지 않거나 정하지 않는 것이 아니다"는 말의 정확한 의미이다. 이 구절의 "동하지 않거나 정하지 않는 것이 아니다"[非不動不靜]와 "동하지만 동의 형상이 없고, 정하지만 정의 형상이 없다"를 통과하여 도달하게 된

134　역주 : 이때의 靜은 '靜而無動'의 靜이다.

'동이 곧 정이고, 동도 아니고 정도 아니다'에서의 '동도 아니고 정도 아니다'[非動非靜]는 서로 같은 의미가 아니기 때문에 서로 충돌되지 않는다.[135] "동하지 않거나 정하지 않는 것이 아니다"는 신(神)에 실제로 동과 정의 의미가 있기 때문에 동과 정의 작용으로써 신의 의미를 체득할 수 있다는 것이지만, 이때의 동은 '동하지만 동의 형상이 없는 동'이고, 정역시 '정하지만 정의 형상이 없는 정'이어서 '동과 정으로 부를 수 없는 것도 아니고, 동과 정을 통하여 이해할 수 없는 것도 아니다'라는 것을 의미할 뿐이다.[136] '동이 곧 정이고, 동도 아니고, 정도 아니다'에서 '동이 아니다'[非動]라는 말은 단지 동의 형상을 가린 것에 불과한 것이다. 동의 형상을 가린 것은 동 그 자체를 가린 것이 아니며, 또 단지 정에 불과하다는 것도 아니다. 때문에 정하지만 정의 형상이 없는 것이다. 또 '정이 아니다'[非靜]라는 말은 단지 정의 형상을 가린 것에 불과하다. 정의 형상을 가린 것은 정 그 자체를 가린 것이 아니며, 또 단지 동에 불과하다는 것도 아니다는 의미이다. 때문에 동하지만 동의 형상이 없는 것이다.

시간과 공간의 제한을 받는 사물은 '움직이면 고요함이 없다'[動而無靜]. 이때의 동은 단순한 활동에 불과한 동이다. 또 '고요하면 움직임이 없

---

135 역주 : 이 문장을 외형적으로 보면 복잡한 것 같지만 사실 내용은 그리 복잡하지 않다. '非不動不靜'에서의 '不動'과 '不靜'은 동정이 없는 死體임을 의미한다. 따라서 '非不動不靜'은 '동정이 없는 사체가 아니다'의 의미이다. '非動非靜'은 動과 靜이 하나로서 서로 動과 靜으로 획일화하여 나눌 수 없음을 의미한다. '非不動不靜'은 주돈이의 표현이고, '非動非靜'은 '動而無動'과 '靜而無靜'에 대한 모종삼의 또 다른 표현이다.

136 역주 : '神에 실제로 動과 靜의 의미가 있기 때문에 動과 靜의 작용으로써 神의 의미를 체득하라'는 것은 神에 갖추어져 있는 生生의 역량을 動靜이라는 표상을 통하여 체득할 수 있다는 의미이고, '動과 靜으로 부를 수 없는 것도 아니고, 動과 靜을 통하여 체득할 수 없는 것이 아니다'는 앞에서 모종삼이 '지극한 動靜이기 때문에 動은 靜과 대립하지 않고, 靜은 動과 대립하지 않아, 動이라고 부를 것도 없고, 靜이라고 부를 것도 없다'에 대한 보완 설명이다. 다시 말하면 원칙적으로는 動과 靜으로 나누어 표현할 수 없지만, 動과 靜의 交錯을 통하여 신의 작용을 이해할 수 있기 때문에 방편적으로 긍정할 수 있다는 것이다.

다[靜而無動]는 것 역시 단순한 고요함에 불과한 정이다. 고요함은 움직임과 교통하지 않고, 움직임은 고요함과 교통하지 않는다. 때문에 "사물은 (動과 靜이 함께) 통하지 않는다"라고 한 것이다. 이는 직선적인 사고방식이다. 신(神)의 작용에 대한 이해는 반드시 곡선적인 사고를 적용해야만 원만하고 오묘한 결과를 얻을 수 있다. 신은 그 자체가 오묘하기 때문에 만물에 오묘한 작용을 발휘한다. 이른바 "만물에 오묘하게 작용한다"[神妙萬物]는 것은 시간과 공간의 제한을 받는 사물들의 변화가 비록 동은 단순한 동에 불과하고, 정 역시 단순한 정에 불과하지만, 그것들로 하여금 동하게 하고 정하게 하며, 또 정하고 동하게 하여 생화라는 실제적 일을 끝임 없이 진행시키는 것이 바로 성체(誠體)의 신묘한 작용이라는 의미이다. 생화라는 사실이 끝없이 진행되는 것은 바로 성체(誠體)의 유행이 무궁하다는 것이고, 또 우주에 빈틈없이 가득 차 있음을 의미한다. 이곳에 이르러 천명의 오목불이(於穆不已)함을 체득할 수 있다. 주돈이는 "물은 음인데 양에 뿌리를 두고, 불은 양인데 음에 뿌리를 둔다. 오행은 음양이고 음양은 태극이다. 사계절이 운행하여 만물이 끝나고 시작한다. 합쳤다가 열렸다가 하니 그 끝이 없구나"라고 하였다. "물은 음인데, 양에 뿌리를 둔다"는 말은 물의 음이 불의 양에 뿌리를 두고서 온 것이며, 음의 고요함은 양의 움직임의 지극함에 뿌리를 두고서 온 것임을 의미한다. 이것 역시 동이면서 또 정인 것이다. "불은 양인데, 음에 뿌리를 둔다"는 것은 불의 양이 물의 음에 뿌리를 두고서 온 것이며, 양의 움직임은 음의 고요함의 지극함에 뿌리를 두고서 온 것임을 의미한다. 이것 역시 정이면서 또 동인 것이다. 오행의 상생생극(相生相剋)은 실제로 음양의 동정 작용이다. 때문에 "오행은 음양이다"라고 한 것이다. 즉 오행은 하나의 음양이다. 음양은 움직이면서 고요하고, 고요하면서 또 움직인다. 이는 성체(誠體)의 신묘한 작용의 유행이 무궁하고, 우주에 빈틈없이 가득 차 있음을 의미한다. 때문에 "음양은 태극이다"라고 한 것이다. 즉 음양은 하나의 태극이다. 주돈이는 태극을 음양에 따라서 말하였는데, 이는 『주역』「계사상」의 "역에는 태극이 있고, 태극은 양의(兩儀-음양)를 생한다"[137]는 말을 근본으로 한 것이다. 음양을 언급하였기 때문에 태극을 언급하려고 한 것이다. 그러므로 태극은 바로 성체(誠體)의 신묘한 작용인 신이다. '태극'은 하나의 지극한 실체이다. 태극 외에 또 다른 실체가 있는 것이 아니다. 태극과 천도[誠體]의 신은 서로 다른 것일 수 없다.

성체(誠體)의 신묘한 작용이 끊임없이 유행하고, 우주 내에 빈틈없이 가득 차 있기 때문에 음양 생화의 사실은 끝없이 진행된다. 이로 말미암아 사시(四時)는 제때에 따라 쉼 없이 운행하고, 만물은 사시의 변화에 따라 시작과 마침을 얻게 된다. "합쳤다가 열렸다가 하니 그 끝이 없구나"는 음양 생화의 사실이 무궁무진함을 의미한다. '합치다'[混兮]는 기미의 시작이다. '열리다'[闢兮]는 생성의 드러남이다. 합쳐 열리거나, 열려 합치거나 모두 천도[誠體]의 신묘한 작용에 의해 이루어진다. 성체(誠體)의 신묘한 작용이 없으면 건곤의 작용은 멈추게 된다.['합치다'는 태극을 가리켜 말한 것이 아니다. '합치다'와 '열리다'는 모두 음양에 속한 것들이다. 이는 태극을 음양 미분(未分)의 원기(元氣)로 이해하고서, 태극이 열려 둘이 되고, 다시 열려 넷이 되는 것과는 다른 것이다. '합치다'는 '열리다'에 대해서 말한 것이지, 태극과 음양에 대한 말이 아니다. 태극에는 합칠 것도 없고, 열릴 것도 없다. 태극은 적감의 본체이지만, 적(寂)은 혼(混)이 아니고, 감(感)도 벽(闢)이 아니다. 적과 감은 적이면서 곧 감인 적감일여(寂感一如)로서의 신이다. 혼(混)과 벽(闢)은 기(氣)로서 음양에 속한 것이다. 주돈이는 이곳에서 『역전』의 의리에 따라 태극만을 언급하였을 뿐 무극(無極)에 대해서는 말하지 않았다. 『태극도설』에는 "무극이면서 태극이다. 태극이 동하여 양을 낳는다"[138]라는 구절이 있다. 이곳의 "태극이 동하여 양을 낳는다"는 『주역』의 "역에는 태극이 있고, 태극은 양의를 생한다"와 유사하다. 『주역』의 태극과 양의 그리고 사상(四象)과 팔괘(八卦) 등에 대해서는 잠시 논의하지 않겠다. 동이생양(動而生陽)을 마

---

137 『周易』「繫辭上」, "易有太極, 是生兩儀."
138 "無極而太極. 太極動而生陽."

땅히 어떻게 이해해야 하는가?『통서』에서 말한 천도의 신에서는 이 의리에 관하여 논하지 않고 있다. 그러나『태극도설』에서는 분명하게 언급하고 있다. 이 구절은 어떻게 이해할 것인가? 의리 상 통하는가? 통하지 않는가?『태극도설』의 진위는 어떤가? 육구연의 말처럼 주돈이의 학문이 아직 성숙하지 않은 시기에 이루어진 작품인가? 이상의 문제는 다음 절에서 상세하게 다루겠다.]

그 드러남과 은미함은 영명함이 아니면 밝혀지지 않는다.[139] 강함의 좋은 것도 있고, 강함의 나쁜 것도 있으며, 부드러움도 이와 같으니, 중(中)에서 멈추어야 한다. 음양과 오행이 만물을 변화시키고 생겨나게 한다. 오행의 다름은 음양의 실(實)[140]에 바탕을 두고, 음양은 하나인 태극에 바탕을 둔다. 이처럼 만물은 하나의 태극이 되고, 하나인 태극의 실(實)은 만물로 분화되니, 만물은 하나인 태극을 각각 갖추고, 크고 작은 것들은 제자리를 정하게 된다.[141]

厥彰厥微, 匪靈弗瑩. 剛善剛惡, 柔亦如之, 中焉止矣. 二氣五行, 化生萬物. 五殊二實, 二本則一. 是萬爲一, 一實萬分, 萬一各正, 小大有定.

『通書』「理性命」

해설 이 장에서는 리(理)와 성(性) 및 명(命)에 관하여 해설하고 있는데, 이 안에는 주돈이의 형이상학적인 현묘한 깨달음과 우주론에 관한 조예가 담겨져 있다. 이 장에 비록 리(理) 자와 성(性) 자 그리고 명(命) 자가 출현하지는 않지만, 전체적인 의리를 살펴보면 리성명(理性命) 삼자에 관

---

139 역주 : 이 해석은 주희의 해설을 따른 것이다. 이 구절은『주역』「계사하」의 "군자는 숨겨진 기미를 알고 드러난 일을 알며, 陰柔의 작용을 알고 陽剛의 일을 안다"[君子知微知彰, 知柔知剛]를 계승한 것이다.

140 역주 : 모종삼은 '實' 자의 해석에 대하여 여러 견해를 제시하고 있다. 그러나 모종삼의 해설에 의하면 '實'은 어떤 특별한 의미를 지니고 있지 않기 때문에 옮긴이는 '實'로 번역하였다. 자세한 내용은 이 구절에 관한 해설을 참고하기 바란다.

141 역주 : 이 구절의 해석은 모종삼의 해설을 근거로 하였다. 혹자는 '萬一各正'을 '만물과 태극이 각각 올바르다'로 해석하기도 하지만, 모종삼은 의리적인 측면에서 이러한 해석을 취하지 않았다.

한 의미가 간직되어 있다. "그 드러남과 은미함은 영명함이 아니면 밝혀지지 않는다"는 말은 '밝게 드러나 형체를 이루는 것'과 '기미만 보일 뿐 아직 형체를 드러내지 않는 것' 등을 포함한 생화에 관련된 모든 것이 성체(誠體)의 신묘한 작용이 아니면 밝게 드러날 수 없음을 말한 것이다. 영명함[靈]은 성체(誠體)의 신묘한 작용을 말한 것이다. 성체(誠體)는 일이 없을 때[無事時]에는 적연부동하지만, 일이 있을 때[有事時]에는 감이수통한다. 때문에 허령(虛靈)한 신이다. '령'(靈) 자는 리를 대표한다. 이 리는 형이상의 실체인 리, 즉 성체(誠體)의 리이다.[142] 리는 성체(誠體)의 오묘한 이치, 즉 만물을 이루는 초월적인 소이연지리(所以然之理)이다. 드러나는 것이든지, 아니면 은미한 것이든지 생화의 사실은 모두 현상[實然]이다.[143] 현상의 사실에는 그 현상의 사실이 사실로서 존재할 수 있게 하는 초월적인 소이연지리가 있고, 이 소이연지리의 오묘한 작용에 의하여 이 사실이 실현된다.[144] "영명함이 아니면 밝혀지지 않는다"에서 영명함은 밝혀 통할 수 있게 하는 소이연(所以然)이며, 이 소이연이 바로 리이다. 따라서 리는 실현의 원리 혹은 생화의 원리라고 할 수 있다. 즉 생화라는 사실이 실현되는 까닭으로서의 리이다. 이 리는 정태적인 규칙으로서 본래 그렇게 정해진 원칙임과 동시에 동태적으로 실현을 가능케 하는 생리(生理)[만물을 창생하지만 그 까닭을 헤아릴 수 없는 창생의 원리]이다. 이 리 자체가 곧 성체(誠體)의 신이고, 적감진기이다. 적감진기의 내용을 나누어서 말하면, 리이고, 심이며, 신이다. 적감이라고 말하려면 반드시 심의 의미를 포함하고 있어야 한다. 왜냐하면 본체가 심의 성격을 가져야만

---

142 誠體가 곧 理이다.[誠體卽理]

143 역주 : 중국어에서는 '사실' 혹은 '현상'은 '實然'으로 표현한다.

144 역주 : 부록 2 '卽存有卽活動과 只存有而不活動' 참고. 모종삼은 초월적인 所以然之理를 동태적인 실체로 보고서, '실현원리'라고도 칭한다. 모종삼은 이러한 동태적인 실현원리를 '존유이면서 활동하는 실체'[卽存有卽活動]라고 하였다. 그러나 주희철학에서 理, 즉 所以然之理는 정태적 원리이기 때문에 단지 존유의 원리일 뿐 역동적 성격의 '실현원리'는 아니라고 한다. 모종삼은 주희의 성리, 즉 본체를 '단지 존유일 뿐 활동하지 않는 실체'[只存有而不活動]라고 하였다.

비로소 적감할 수 있기 때문이다. 적(寂)이면서 감(感)이며, 적(寂)과 감(感)이 하나인 적감일여(寂感一如)가 바로 신이다. 또 심의 허령한 작용이 우주에 빈틈없이 꽉 차여져 있음이 곧 신이다. 적(寂)과 감(感)이 하나인 것은 신묘한 작용일 뿐만 아니라, 그것이 바로 리이다. 왜냐하면 적감의 신묘한 작용을 통하여 필연의 법칙이 드러나기 때문이다. 원신(圓神)에는 방지(方智)가 포함되어 있다. 원신은 작용이고, 방지는 理이다.[145] 이것이 바로 원(圓)이면서 방(方)인 원방일여(圓方一如)이고, 심이면서 리인 심리일여(心理一如) 혹은 심즉리(心卽理)이다. 이 리는 이칙(理則)의 리, 즉 보편적인 규율이다. 리는 성체(誠體)에 포함되어 있는 내용 중의 하나이다. 성체(誠體)를 구체화시키면 심·신이 된다. 그렇다면 이칙(理則)은 그 내용이다. 그런데 여기에서 말한 내용이 실제 측면에서 한 말(實言)이다. 성체(誠體)에 보면 심과 신 및 리는 모두 내용이다. 그렇지만 심신이 내용이라고 하는 것은 추상적인 측면에서 한 말이며, 함의(函義)라고 표현하는 것이 비교적 나을 것 같다.[146] 이 '심과 신 및 리를 내용'[心神理是一]으로 하는 성체(誠體)를 생화의 사실 측면에서 말하면, 성체(誠體) 역시 리이다. 이 리는 동태적인 초월적 소이연, 즉 실현의 원리이다. 이 리[실현의 원리]와 성체(誠體)의 내용 중의 하나인 리의 의미는 서로 다르다. 이 두 개의 '리'자는 서로 다른 층차의 리이다. 전자[동태적이면서 초월적인 소이연지리로서의 리]는 성체(誠體) 그 자체를 지칭하는 것이고, 후자는 성체(誠體)가 갖고 있는 내용으로서의 리[이칙 혹은 율칙으로서의 리]이다. 이 두 가지 서로 다른 리를 동일한 것으로 혼동해서는 안 된다. 주희는 이 두 가지 서로 다른 리를 구별하지 않았다. 주희는 실현의 원리를 정태적인 초월적 소이연지

---

145 역주 : 圓方은 天圓地方의 준말이다. 본래는 천지음양의 원리를 나타내는 것이었으나, 이곳에서 모종삼은 대상을 변용하여 '圓'으로써 신, 즉 작용을 설명하였고, '方'으로써 원리를 설명하였다. 圓神은 우주 어디에도 그 작용이 미치지 않음이 없다는 의미이고, 方智는 필연의 원리, 즉 사물이 그렇게 존재할 수밖에 없는 소이연의 원리이다.

146 모종삼은 내용이라는 표현을 虛言이라고 하였다.

리, 즉 형식적 의미인 리로만 이해하였다. 그렇게 되면 태극은 동태적인 의미가 탈락된 '단지 리일 뿐'[只是理][147]이고, 심과 신도 리와 분리되어 기(氣)의 영역에 놓이게 된다. 심과 신이 리와 분리되면 천도[태극] 역시 성체(誠體)의 신이라고 칭할 수 없고, 또 적감진기라고도 할 수 없게 된다.[148] 그렇게 되면 천도[태극]는 단지 하나의 형식적 의미가 되고, 정태적 의미인 초월적 소이연지리일 뿐이기 때문에 천도를 '오목불이'로 형용할 수 있는 근거를 확보하기 어렵다. 이러한 주희의 본체관은 주돈이와 다르고, 『중용』·『역전』의 본체관과도 다르다. 본체관의 차이는 학파를 나누는 가장 근원적인 관건이다.

"강함의 좋은 것도 있고, 강함의 나쁜 것도 있으며, 부드러움도 이와 같으니, 중에서 멈추어야 한다"는 세 구절은 모두 성(性)에 관한 내용이다. 이 구절은 『통서』「사(師)」의 "인간의 성품이란 강한 것과 부드러운 것, 좋은 것과 나쁜 것의 중(中)일 뿐이다"[149]라는 명제를 계승한 것이다. 강한 성(性)에는 선함도 있고, 악함도 있다. 마찬가지로 부드러운 성(性)에도 선함이 있고, 악함이 있다. 성(性)에 편차가 있기 때문에 선도 있고 악도 있는 것이다. 오로지 중화(中和)의 자질을 갖춘 자만이 강함과 부드러움에 올바름을 얻어 선함을 표현할 수 있다. 때문에 "중(中)에서 멈추어야 한다"고 한 것이다. 이는 중화의 자질을 표준으로 삼은 것이다. 이곳에서 말한 성(性)은 기성(氣性)과 자질의 성[資性] 혹은 재성(才性)을 지칭한다. 이러한 성(性)은 비록 음양오행의 기화에 의해서 이루어진 것이지만, 성체(誠體)와 서로 관통하는 본성과는 다른 존재이다. 성체(誠體)와 서

---

147 역주 : 주희철학에서 '단지 理일 뿐이다[只是理]는 표현은 '理에서 동태적인 성격의 心과 神의 의미가 탈락된 정태적 표준 혹은 율칙으로서의 理이다'는 의미이다.

148 역주 : '神과 '寂感'에는 동태적인 의미가 포함되어 있다. 만일 정태적인 실체 혹은 원리라면 그 자체를 神 혹은 寂感으로 표현하지 않는다. 주희는 神을 理에서 말하지 않고 氣의 영역에서 말하였는데, 이는 주희가 긍정한 본체[태극 혹은 性]가 활동성이 탈락된 정태적 원리임을 의미하고 있다.

149 "性者剛柔善惡中而已矣."

로 관통하는 본성은 천도[誠體]를 내용으로 하기 때문에, 이 본성에서는 강함과 부드러움 혹은 선과 악의 편차를 논할 수 없다. 비록 중(中)이라고 표현할 수 있지만, 이때의 중(中)은 본체로서의 중(中)이지, 결코 자질로서의 중(中)이 아니다. 육구연은 "중(中)에서 멈추어야 한다"라는 구절에서의 중(中)을 태극으로 이해하였다.[150] 그러나 이는 잘못된 이해이다. 기질과 연결시키지 않고 중(中)을 말하면 태극이라고 할 수 있지만, 이곳의 성(性)은 자질의 기성(氣性)을 지칭하는 것이기 때문에 '중(中)이 곧 태극이다'고 할 수 없다. 이곳에서의 성(性)이 비록 음양오행의 기화로 말미암아 이루어졌다고 할지라도 자질 혹은 기성의 성(性)이기 때문에 초월적 소이연지리로서의 태극[誠體]과 동일자로 이해해서는 안 된다. 천도와 성명(性命)이 서로 관통하는 본성은 리이지 결코 기가 아니다. "건도는 변화하여 모든 사물의 성명(性命)을 바르게 한다"[151]는 말과 "크도다! 역이여, 성명(性命)의 근원이다"[152]에서의 성(性)은 성체(誠體)와 서로 관통하는 본성으로 이해해야 한다. 이때의 성(性)은 결코 기성(氣性)이 아닐 것이다. 그러나 주돈이는 『통서』 「성상(誠上)」에서 단지 이 말만을 하였을 뿐 '성명과 천도[誠體]가 하나이다'라는 명제에 관해서는 상세하게 해설하지 않았다. 그리고 「사(師)」와 「리성명(理性命)」에서는 비록 성(性)을 언급하였지만, 이때의 성(性)은 의리지성이 아닌 '기성'에 불과하다. 즉 주돈이는 천도와 성명이 서로 관통하는 의리에 관해서는 올바르게 이해하지 못했다. 때문에 이 구절에서 말한 성(性)과 앞 구절의 리는 서로 연속되지 않는다. 마치 독립적으로 중간에 끼워 넣은 것 같다. 이 점이 이 장의 결점이다. 아마 주돈이는 '천도와 성명이 서로 관통한다'는 의리에 관해서 이해가 부족했던 것 같다.

"음양과 오행이 만물을 변화시키고 생겨나게 한다. 오행의 다름은 음

---

150   주희와 육구연의 「太極圖說辨」을 참고하기 바란다.
151   "乾道變化, 各正性命."
152   『通書』 「誠上」, "大哉! 易也, 性命之源乎?"

양의 실(實)에 바탕을 두고, 음양은 하나인 태극에 바탕을 둔다. 이처럼 만물은 하나의 태극이 되고, 하나인 태극의 실(實)은 만물로 분화되니, 만물은 하나인 태극을 각각 함유하고, 크고 작은 것들은 제자리를 정하게 된다." 이 구절은 리와 성명(性命)이 서로 관통하여 일자 관계를 이루고 있음을 표현한 것이다. 그렇지만 용어에 약간 불분명한 곳이 있다. "음양과 오행이 만물을 변화시키고 생겨나게 한다"는 구절은 문제가 없다. 그러나 "오행의 다름은 음양의 실(實)에 바탕을 두고, 음양은 하나인 태극에 바탕을 둔다"에서 실(實) 자의 의미가 분명하지 않아 설명하기가 쉽지 않다. '오수이실'(五殊二實)은 두개의 평형 댓구로 볼 수 있다. 오수(五殊)는 '오행의 차이'를 말한 것이다. 『태극도설』에서의 "오행이 생기게 되면 각각의 본성을 갖게 된다"[153]는 구절은 '오수'(五殊)의 주석으로 볼 수 있다. '이실'(二實)은 음양이라는 두 기의 실(實)이다. 이렇게 보면 수(殊) 자와 실(實) 자는 모두 술어(述語·謂詞)이다. 문법적으로 분석하면 이렇게 해석할 수 있지만, 의리적인 관점에서 보면 약간 이상한 것 같다. 어떻게 음양이라는 두 기만이 실(實)이고, 오수(五殊)는 실(實)이 아닐 수 있다는 말인가? 문장의 구조가 별로 좋지 않다. 실(實) 자를 수(殊) 자와 대립시켜 아무렇게나 놓은 것 같다.[내가 생각하기에 주돈이가 이 문장을 쓸 때 그랬던 같다. 주돈이의 입장에서 생각해보니, 앞에서 오수(五殊)를 쓴 후 다음에 나오는 이(二) 자 뒤에는 적합한 글자를 찾을 수 없어서 대충 실(實) 자를 집어넣었던 것 같다.] 이는 신중치 못한 고려이다. 만일 이 구절을 '오행의 수실(殊實)이 바로 음양 이기(二氣)이다'로 해석하면, 이때의 실(實) 자는 부사이다. 이렇게 구성하면 의미상 매끄럽다. 그렇다면 오행이실(五行二實)은 「동정(動靜)」장의 "오행은 음양이고 음양은 태극이다"[154]의 '오행음양'(五行陰陽)이 된다. 그리고 "음양은 하나인 태극에 바탕을 둔다"[二本則一]는 '음양태극'(陰陽太極)이 된다. 『태극도설』에도 "오행은 하나의 음양이고, 음양은

---

153 "五行之生也, 各一其性."
154 "五行陰陽, 陰陽太極."

하나의 태극이다"[155]는 구절이 있다. 이것과 오행음양, 음양태극(五行陰陽, 陰陽太極)은 동일한 어법이다. 그러나 '오수이실, 이본칙일'(五殊二實, 二本則一)의 의리는 「동정」장 그리고 『태극도설』과 같지만 오수이실(五殊二實)의 문법 구조가 꼬여 있다. '오행의 수(殊)가 곧 음양 이기(二氣)이다'로 해석하면 비록 의리는 통하지만, 어법 구조와 의미가 일치하지 않는다. 내가 생각하기에는 주돈이가 이 구절을 쓸 때 표면적으로는 실(實)과 수(殊)를 대비시켜 서로 평행 관계로 놓았지만, 마음속으로는 아마 '오행의 수실이 곧 음양 이기의 실이다'라고 생각한 것 같다. 실(實) 자에는 두 가지 의미가 있다. 만일 서로 평행을 이루는 댓구로 이해하여 술어로 해석하면 의리가 통하지 않는다. 문장을 간결하게 쓰려는 주돈이의 의도와 댓구로 쓰려는 태도에서 문장이 순조롭게 풀리지 않은 것이다.[주돈이와 장재 두 사람은 문장을 간결하게 쓰려다 어맥을 불통하게 만드는 잘못을 자주 범하였다. 예를 들면 『통서』「성(誠)」의 비성비야(非誠非也)라는 말은 문장이 될 수 없다. 장재가 『서명(西銘)』에서 "하늘과 땅에 가득 찬 것은 나의 몸이고, 하늘과 땅을 이끌고 가는 것은 나의 본성이다"[156]는 말도 문장이 꼬여서 잘 통하지 않는다. 이 구절 말고도 문장이 막히어 의미가 통하지 않는 곳은 매우 많다. 도원명이 자신의 문장을 "문장을 표현하는 기예가 부족하다"[157]고 표현하였는데, 주돈이와 장재의 작문이 바로 그런 경우이다. 송명이학자들은 대부분 성격이 질박하여 문장 표현의 기예가 뛰어나지 못하였다. 이러한 현상은 초기에 더욱 심각했다. 정호와 정이는 구어체를 사용하여 어록을 정리하였기 때문에 문법에 구속되지 않았다. 주희와 육구연 그리고 왕수인은 문장에 매우 능통했다. 문장을 표현하는 오묘한 기법 측면에서 보면 송명이학자 모두 위진현학자에 미치지 못하고, 불교에서 경전을 정리하는 사람들보다도 못하다.]

　오행의 수실(殊實)은 음양 이기(二氣)의 실(實)이고, 음양 이기(二氣)의 근본은 일(一)이다. 일(一)은 태극이며, 천도[誠體]의 신을 가리킨다. "만물은

155　"五行一陰陽也, 陰陽一太極也."
156　"天地之塞, 吾其體, 天地之帥, 吾其性."
157　『陶淵明集』卷6「閒情賦」, "文妙不足."

하나의 태극이 되고[是萬爲一], 하나인 태극의 실(實)은 만물로 분화된다'[一實萬分]에서 일(一)과 만(萬)은 댓구이다. 또 이 구절의 실(實)도 두 가지 해석이 가능하다. 첫째, 앞 문장의 의미를 이어 받아서 이기오행(二氣五行)에 의해 생화된 만물은 그 근원이 하나의 태극이기 때문에 동일한 하나로 귀결된다. 또 일(一)은 만물의 본체이기 때문에 사물의 분류에 따라서 흩어져 만 가지 일로 된다.[본체 자신이 만 가지로 나눠지는 것이 아니라, 만 가지의 모습으로 자신을 드러낸다는 의미이다.] 둘째, 만 가지 일은 하나로 귀결되고, 일리(一理)의 실(實)은 또 만 가지 일로 분화된다. 이는 일실(一實)을 하나의 어휘로 보는 것이다. 그렇다면 일실(一實)은 일리(一理)의 실(實)이라는 의미이다. 이러한 해석은 의리적인 측면에서 보면 의미가 통하지만, 일반적인 어법 구조에는 부합하지 않는다. 이 두 구절은 본래 일(一)과 만(萬)을 댓구로 삼아 말한 것인데, 왜 갑자기 일실(一實)로 전환되어 만 가지 일로 된다고 하는가? 이 점에 관하여 주희는 다음과 같이 주석하였다.

물었다. "「리성명」장 주해에서 '그 근본에서 끝으로 나아가면 일리의 실을 만물이 나누어 받아 본체로 삼기 때문에 만물은 각각 하나의 태극을 갖추고 있다'고 하였는데, 그렇다면 태극에 나눠짐이 있다는 것인가?' (주희가) 대답하였다. "본래는 하나의 태극이고, 만물은 각각 품수한 바가 있으나, 또 본래 각각 하나의 태극을 온전히 갖추고 있다. 그것은 마치 하늘에 있는 달은 하나이지만, 강과 호수에 (그림자로) 흩어져 있을 때는 곳곳마다 (하나의 온전한 달로) 보이니 달이 나눠졌다고 말할 수 없는 것과 같다."

問 : 「理性命章」註云, '自其本而之末, 則一理之實, 而萬物分之以爲體, 故萬物各有一太極,' 如此, 則是太極有分裂乎?' 曰 : "本只是一太極, 而萬物各有稟受, 又自各全具一太極爾. 如月在天, 只一而已, 及散在江湖, 則隨處而見, 不可謂月已分也."

『朱子語類』 卷94

주희의 해설은 지극히 옳지만, 일실(一實)을 일리(一理)의 실(實)로 해석한 것을 반드시 옳다고 할 수는 없을 것이다. 그러나 이는 어법상의 문제일 뿐 의리상의 문제는 아니다.

"만물은 하나인 태극을 각각 함유하여, 크고 작은 것들이 제자리를 정하게 된다"[萬一各正, 小大有定]에서 '만일'(萬一)도 불필요한 해석을 불러일으킬 수 있다. 만약 앞의 내용을 이어받아 일(一)과 만(萬)을 대립자로 본다면, '만일각정'(萬一各正)은 '萬[만물]과 一[태극]이 각각 올바르다'고 해석해야 한다. 그러나 태극은 천도[誠體]이기 때문에 그 자체에서는 정(正)과 부정(不正)을 논할 수 없다. 때문에 각정(各正)의 대상이 만(萬)과 일(一)이라면, 이 구절은 의리적으로 통하지 않게 된다. 또 사람들은 이곳의 각(各正)을 '건도변화, 각정성명'(乾道變化, 各正性命)과 관련지어 생각하기 쉽다. 그러나 '각정성명'(各正性命)의 각(各)은 개체를 지칭하는 것이지, 건도(乾道)를 지칭한 말이 아니다. 만물의 성명(性命)은 건도로 말미암아 올바름을 얻지만, 건도 자체는 '올바름'이라고 말할 수 없다.[158] '건도변화, 각정성명'을 만일각정(萬一各正)의 해석 근거로 삼는다면, '만일각정'의 '각정'은 만(萬)과 일(一)을 지칭하지 않음이 분명하다. 그렇다면 '만일각정'은 하나의 태극이 수많은 개체로 분산되어 만물로 하여금 올바름을 얻게 한다는 의미이다. 만일(萬一)은 각각의 개체를 의미한다. 각각의 개체들이 태극으로 말미암아 올바름을 얻기 때문에 "크고 작은 것들이 제자리를 정하게 된다"[小大有定]고 한 것이다. 정(定)은 정(正)에 따라 나온 것이다. 만물 중에서 작은 것은 태극을 얻어 작은 것으로 되었고, 큰 것 역시 태극을 얻어 큰 것으로 되었다. 『주역』 「계사상」에서 "쉽고 간단하지만 천하의 이치를 알 수가 있다. 천하의 이치를 알게 되면 그 가운데에 위치를 확립할 수 있다"[159]고 하였는데, "그 가운데에 위치를 확립할

---

[158] 역주: 건도는 초월적인 천도 자체이기 때문에 '선'과 '악', '정'과 '부정'을 대립을 초월한 '절대적 선' 혹 '절대적 올바름[至正]'이다. 따라서 상대적 의미인 '正'으로 표현할 수 없다.

수 있다"는 것은 바로 "크고 작은 것들이 제자리를 정하게 된다"는 의미이고, 또한 '각정성명'의 의미이다. 이것들은 모두 각각의 개체에서 말한 것일 뿐 성체(誠體) 혹은 천도의 일(一)을 말한 것이 아니다. 일(一)인 태극에서는 정(正)과 부정(不正)을 논할 수 없고, 소(小)와 대(大) 역시 논할 수 없다. 만약 만(萬)과 일(一)을 '각각 올바르다'로 해석한다면, 유가철학의 의리와 통하지 않게 된다. 만(萬)과 일(一)을 대립시킨 앞 구절과 연결시킨다면 만(萬)과 일(一)이 각각 올바르다로 해석하기 쉽다. 이는 졸열하고 막힌 문장에 불과하다.

이상 8개의 구절[160]을 종합해 보면, 이 구절들이 리(理)와 성(性) 및 명(命)이 서로 관통하고 있음을 적극적으로 표현해주고 있음을 알 수 있다. 그 중 일(一)은 리를 가리킨다. 이 리는 태극 혹은 천도[誠體]의 신을 가리킨다. 성(性)과 명(命) 관념은 만일각정, 소대유정(萬一各正, 小大有定)에 감추어져 있다. 리인 일(一)은 만물에 오묘하게 작용하여 만물을 이루게 하고, 만물의 본체가 된다. 만물은 그 본체를 품수하여 자신의 본성으로 삼는다. 이렇게 성(性)은 '리의 일(一)'과 통하고 있다. 때문에 성체(性體)라고 한다. 우주 전체적인 측면에서 말하자면, '리'라고 하고, 일(一)이라고 한다. 이것이 바로 주희가 말한 '통체인 하나의 태극'[統體一太極]는 말의 의미이다. 이 하나의 태극을 나누어 개체에서 말하면, 성(性)이라고 한다. 이것이 바로 주희가 말한 '각각의 사물에 하나의 태극이 갖추어져 있다'[物物一太極]이다. 통체일태극(統體一太極)이나 물물일태극(物物一太極)이나 모두 태극이다. 때문에 성(性)과 리의 일(一)은 서로 관통하고 있을 뿐만 아니라, 실제로 하나라고도 할 수 있다. 명(命)의 의미는 두 가지 방향으로 해석할 수 있다. 첫째, 천도가 명령한 명(命)이다. 천도가 명령하고, 만물은 이를 품수하는데, 이는 성체(性體)의 근원을 말한 것이다. 둘째, 성

---

159 『주역』「계사상」, "易簡而天下之理得矣, 天下之理得, 而成位乎其中矣."
160 역주 : 이곳에서 말한 8개의 구절은 다음과 같다. '二氣五行・化生萬物・五殊二實・二本則一・是萬爲一・一實萬分・萬一各正・小大有定.'

체(性體)는 각각의 개체 방향을 결정한다. 개체를 명령하여 반드시 그렇게 해야만 비로소 '본성을 다하는 것이다'[盡性]. 이 명(命)은 성(性)의 명령이다. 성(性)의 명령은 방향을 결정하는 명(命)으로서, 반드시 '이렇게 해야만 하고 방향을 바꿀 수 없는' 명(命)이다. 리와 성(性)은 실체적인 측면에서 말한 것이고, 명(命)은 작용 측면에서 말한 것이다. 작용은 성(性)과 리의 작용이다. '천도와 성명이 서로 관통한다'는 것은 바로 이것을 근거로 한 말이다. 천도와 서로 관통하는 성(性)은 리의 일(一太極卽誠體)로 통하는 성(性)이지, 결코 강함과 부드러움의 기성(氣性) 혹은 자질의 성(性)이 아니다. 명(命)은 천도 혹은 성체(性體)의 명(命)이지, 결코 요수(夭壽)·길흉(吉凶)·생사(生死)·부귀(富貴) 등의 운명 혹은 기질의 제한[氣命]으로서의 명(命)이 아니다. 천도 혹은 성체(性體)의 명(命)은 도덕명령의 명(命)이다. 사람들은 이 명령을 반드시 준수해야 한다. 이 명(命)은 바꿀 수 없기 때문에 명(命)이라고 한 것이다. 이것이 바로 정통 유가의 도덕이상주의에서 말한 성명(性命)의 명(命)이다. 만일 성명을 기에 놓고서 말한다면, 이때의 성(性)은 기성(氣性)일 것이고, 명(命) 역시 기질의 제한으로서의 명(命)일 것이다. 기질의 제한으로서의 명(命)은 결정론[운명론]의 명(命)이다. 동중서·왕충·『인물지』등에서 말한 명(命)이 바로 기명(氣命)의 명(命)이다. 왕충은 "성(性)은 결정되어 이루어진 것이다"[161]고 하였는데, 이러한 성론(性論)은 고자가 말한 '생지위성'(生之謂性)을 기본 원칙으로 한 것이다. 이러한 성론은 '생으로서 성(性)을 규정하는 것'[162]으로, 중국 인성론의 오랜 전통 중의 하나이다. 송명이학 중에서 장재에 의해 처음 제시된 '기질지성'이 바로 이에 해당한다. 천도와 성명이 서로 관통하는 성(性)은 장재가 말한 천지지성(天地之性)이다. 후에 주희는 천지지성을 '의리지성'이라고 칭하였다. 주돈이의 『통서』에는 천지지성과 기질지성에 대한 분계가 확연하게 드러나지 않고 있다. 주돈이는 성체(誠體)와 서로

---

161 『論衡』卷2「無形篇論」, "性成命定."
162 漢 班固 『白虎通義』卷下「德論下」, "性者生也."

통하는 성(性)에 관해서 적극적으로 논의하지 않았다. 그가 명시적으로 직접 말한 것은 "인간의 성품이란 강한 것과 부드러운 것, 좋은 것과 나쁜 것의 중(中)일 뿐이다"[163]는 한 구절이다. 그러나 이 구절은 '성'(性)에 포함되어 있는 의미를 전부 표현하지 못하고 있다. 그렇지만 「리성명」장에는 오히려 성체(誠體)와 통하는 성(性)의 의미가 간직되어 있는데, 이는 주돈이가 '천도와 성명(性命)이 서로 관통한다'는 의리를 긍정하고 있음을 표시하고 있다.

5) 주돈이의 조예 그리고 그의 부족점

『통서』의 전체적인 사상을 이상과 같이 해설하였는데, 다음 몇 가지 사항에 대해서는 유의해야 한다.

첫째, 『통서』에는 천도[誠體]의 신과 적감진기에 대한 주돈이의 적극적인 깨달음이 포함되어 있다. 이른바 '말없는 가운데 마음속으로 도의 오묘한 작용을 깨달았다'[164]는 말은 주돈이가 천도의 신과 적감진기에 대한 깨달음이 있었음을 의미한다. 주돈이의 깨달음에는 '천도[誠體]가 바로 심이고, 신이며, 리이다'라는 의리가 포함되어 있다. 이러한 천도에 대한 주돈이의 이해는 주희와 다르다. 주희는 '천도를 단지 리로서만 규정하였다.' 그리고 심과 신을 기의 영역에 놓았다. 주희는 『통서』의 「리성명」장과 『태극도설』에 대하여 지대한 흥미를 가졌지만, 성체(誠體)와 적감진기를 통하여 태극을 이해하지 않았기 때문에 좋은 해설이라고 할 수 없다. 성체(誠體)와 적감진기를 통하여 천도를 이해하지 않는 주희의 의식구조를 보면, 그가 천명의 오목불이에 대해서도 올바른 이해를 하지 않았음을 알 수 있다. 그러나 천도의 적감진기와 성체(誠體)에 대해서 주돈

---

163   "性者, 剛柔善惡中而已矣."
164   "默契道妙."

이는 분명한 깨달음을 가지고 있었다.[165]

둘째, 성체(誠體)를 체현하는 공부를 말하려면, 반드시 심을 언급해야 한다. 그러나 주돈이는 '인(仁)의 실천을 통하여 천도를 깨닫는다'[踐仁知 天]는 공자의 입장과 '본심을 온전히 실천하면 본성을 알 수 있고, 천도를 알 수 있다'[盡心知性知天]는 맹자의 주장에 대해서 절실하게 이해하지 못했다. 『서경』「홍범」에 수록된 "자각하면 지혜롭고, 지혜로우면 성스 럽게 된다"[166]는 말로써 성인의 공능을 논하였지만, 이는 맹자가 제시한 도덕실체의 의미를 갖는 심에 의한 성인의 공효가 아니다. 맹자의 심에 대한 주돈이의 이해는 절실하지 못하다. 만일 공자의 인(仁)과 맹자의 심에 대하여 투철하게 이해하였다면, 심의 도덕 실체성 의미가 확립되었을 것이다. 그렇다면 사(思)를 말하건, 무욕을 말하건 모두 오묘한 깨달음의 표현이라고 할 수 있을 것이다. 그렇지 않다면 이러한 표현들은 우연에 불과한 것이다.

셋째, 주돈이는 성체(誠體)와 관통하는 성(性)에 대하여 올바르게 직시 하지 못했다. 주돈이는 기질지성과 천지지성[義理之性]의 분계에 대하여 명확한 의식을 갖지 못했다. 천지지성 혹은 성체(誠體)와 서로 관통하는 초월적인 성(性) 관념을 올바르게 정립하지 않으면 기질지성의 표현을 변화시켜 중도에 합일하게 하는 초월적 근거를 확보할 수 없다. 초월적 인 성(性)을 올바르게 세우고, 다시 성(性)을 맹자가 제시한 도덕실체성 의미의 심과 하나로 하지 못하면[167] 도덕실천 공부는 진실하지 못할 것

---

165 역주 : 이는 주돈이가 천도를 정태적인 所以然之理뿐만 아니라 동태적인 실체로도 이해하고 있음을 말한 것이다.

166 "思曰睿, 睿作聖."

167 역주 : 맹자가 비록 心卽理를 언표하지는 않았지만, 맹자는 心善으로써 性善을 증명 하였고, "인의예지는 심을 근본으로 한다"[仁義禮智根於心]고 하였기 때문에, 맹자철 학에서 心과 性은 사실상 일자이다. 모종삼에 의하면 心性은 하나이지만, 性은 도덕 실체의 선험적 존재성을 의미하고, 心은 도덕실체의 자각성을 의미한다. 존재하면 서 지각하는 실체이기 때문에 누구나 도덕실천의 공부에 종사하면 필연적으로 깨달 음을 얻을 수 있다는 것이다. 그러나 주돈이는 心에 대한 이해도 부족하였고, 또 의

이고, 또 필연성도 보장할 수 없을 것이다.

주돈이 철학의 부족점은 둘째와 셋째에 있다. 내가 보기에 주돈이의 조예는 주관적으로 즐기는 관상(觀賞)의 경지에 머무른 것 같다. 도에 대한 적극적인 깨달음은 후학의 발전을 기다려야 할 것 같다. 그러나 주돈이의 도에 대한 묵계는 가장 좋은 시작의 발걸음을 연 것이다.

2. 『태극도설(太極圖說)』

1) '無極而太極, 太極動而生陽'에 관한 해설

『태극도설』의 전문(全文)은 다음과 같다.[168]

무극이면서 태극이다.[169] 태극이 '동'하여 양을 생하고, '동'함이 극에 이르면 '정'해지고, '정'하면 음을 생한다. '정'함이 극에 이르면 다시 '동'하게 된다. 한 번 동하고 한 번 정하는 것은 서로 근원이 된다. 음과 양으로 나뉘지고, 양의가 세워진다.

無極而太極. 太極動而生陽. 動極而靜, 靜而生陰. 靜極復動. 一動一靜, 互爲

리지성과 기질지성의 분계에 대해서는 명확한 입장을 밝히지 않았다. 모종삼이 도덕실천 공부의 필연성을 보장할 수 없다고 지적한 것은 바로 이점을 근거로 한 것이다.

168 역주 : 『太極圖說』의 해석과 원문 배치는 모종삼의 分章 순서에 따라 먼저 해석과 원문을 안배하였다.

169 역주 : 혹자는 無極을 太極의 선행 개념으로 이해하여 '無極으로부터 太極이 생한다'고 해석하였지만, 이곳에서 모종삼은 無極과 太極의 관계를 형용사와 실체사의 관계, 즉 양자를 一者의 양면으로 이해하기 때문에 옮긴이는 '無極而太極'을 '無極이면서 太極이다'로 번역하였다.

其根. 分陰分陽, 兩儀立焉.

양의 변화와 음의 결합으로 말미암아 수화목금토가 생겨난다. 오기가 순조롭게 퍼져 사시가 운행하게 된다.

陽變陰合, 而生水火木金土. 五氣順布, 四時行焉.

오행은 하나의 음양이고, 음양은 하나의 태극이다. 태극은 본래 무극이다.[170]

五行一陰陽也, 陰陽一太極也, 太極本無極也.

오행이 생하게 되면 각각의 본성을 갖게 된다. 무극의 진과 이오(二五-음양과 오행)의 정(精)이 오묘하게 결합하여 응결된다. 건도는 남이 되고, 곤도는 여가 된다. 음양 두 기가 서로 교감하여 만물을 생성하고 화육한다. 만물은 생생을 끝없이 진행하고, 그 변화는 무궁하다.

五行之生也, 各一其性. 無極之眞, 二五之精, 妙合而凝. 乾道成男, 坤道成女. 二氣交感, 化生萬物. 萬物生生, 而變化無窮焉.

오로지 사람만이 빼어난 기를 얻어 (만물 중에) 가장 영명하다. 형체가 이미 생겨났으니 정신이 앎의 작용을 발현한다.[171] 오성[172]이 발동하면 선악의 분별이 생겨나고 만사가 출현한다.

惟人也, 得其秀而最靈. 形旣生矣, 神發知矣, 五性感動, 而善惡分, 萬事出矣.

---

170 역주 : 이 구절 역시 저자의 해설에 따라 '本' 자를 근본으로 해석하지 않고, 동일관계인 '本是'로 이해하여 '태극은 본래 무극이다'라고 번역하였다. 혹자(대표자는 勞思光이다)는 '本'을 '本於'로 해석하여 '太極本無極'을 '태극은 무극을 근본으로 한다'로 번역하기도 한다. 이렇게 해석하면 무극은 태극의 선행 개념, 즉 태극의 근원이 된다. 모종삼은 이러한 해석에 반대하였다.

171 역주 : 도덕심령은 반드시 기질에 안착되어야만 작용을 발현할 수 있다. 따라서 인간의 구체적인 형체가 성립하고 난 후에 비로소 그 작용을 발현할 수 있는 것이다.

172 역주 : 여기에서 말하는 五性이란 五氣에 의하여 성립된 기질지성을 지칭한다. 이 기질지성은 주희철학에서의 기질지성과 그 의미가 완전히 동일한 것은 아니다.

성인은 중정과 인의로써 (자신의 인생 방향을) 정해 놓고,[자주 : 성인의 도는 인의중정일 따름이다.] 정(靜)을 (수양의) 주로 삼아[173] 인도의 지극함을 세운다. 그러므로 성인의 덕은 천지가 지닌 대덕과 그 덕이 버금가며, 일월이 지닌 밝음[174]과 그 밝음이 부합하며, 사시가 드러낸 차례와 그 차례를 합하며,[175] 귀신이어야 알 수 있는 길흉에 정통하다.[176] 군자는 (자신의 덕성을) 닦아서 길하게 되고, 소인은 (자신의 덕성에) 거슬러 흉하게 된다. 그러므로 하늘이 세운 도를 음과 양이라고 하고, 땅이 세운 도를 유와 강이라고 하고, 사람이 세운 도를 인과 의라고 한다. 또 말하였다. "시작점을 살피고 마침을 뒤돌아볼 수 있기 때문에 생사의 도리를 알게 된다. 크도다 역이여, 이것이 바로 그 지극함이다."

聖人定之以中正仁義,[自注 : 聖人之道仁義中正而已矣] 而主靜, 立人極焉. 故聖人與天地合德, 日月合其明, 四時合其序, 鬼神合其吉凶. 君子脩之吉, 小人悖之凶. 故曰 : "立天之道曰陰與陽, 立地之道曰柔與剛, 立人之道曰仁與義." 又曰 : "原始反終, 故知死生之說. 大哉易也, 斯其至矣."

해설 『태극도설』의 전문을 살펴보면, 사유체계와 어맥이 『통서』와 일치하고 있음을 어렵지 않게 알 수 있다. 『태극도설』은 대체로 『통서』의 「동정(動靜)」・「리성명(理性命)」・「도(道)」・「성학(聖學)」장을 근거로 작성한 것 같다. "한 번 동하고 한 번 정하는 것은 서로 근원이 된다. 음과 양으로 나눠지고, 양의가 세워진다. 양의 변화와 음의 결합으로 말미암아 수화목금토가 생겨난다. 오기가 순조롭게 펴져 사시가 운행하게 된다. 오행은 하나의 음양이고, 음양은 하나의 태극이다. 태극은 본래 무극이

---

173 욕망이 없기 때문에 '靜'이라고 하였다. '靜을 主로 삼는다'는 말은 자신의 본성을 잃지 않고 잘 간직함을 위주로 한다는 의미이다.

174 역주 : 도덕적 明覺 지칭한다.

175 역주 : '사시가 드러낸 차례와 그 차례를 합한다'는 말은 도덕본체의 유행이 四時의 변화처럼 한 치의 오차도 없이 자연스럽다는 의미이다.

176 역주 : '귀신이어야 알 수 있는 길흉에 정통하다'는 말은 들어가고 나아감이 천지의 운행과 일치하여 적시적기에 사업을 완성한다는 의미이다.

다. 오행이 생하게 되면 각각의 본성을 갖게 된다. 무극의 진과 이오(二五
-음양과 오행)의 정(精)이 오묘하게 결합하여 응결된다. 건도는 남이 되고,
곤도는 여가 된다. 음양 두 기가 서로 교감하여 만물을 생성하고 화육한
다. 만물은 생생을 끝없이 진행하고, 그 변화는 무궁하다"는 구절은『통
서』「동정」장의 "물은 음인데 양에 뿌리를 두고, 불은 양인데 음에 뿌리
를 둔다. 오행은 음양이고 음양은 태극이다. 사계절이 운행하여 만물이
끝나고 시작한다. 합쳤다가 열렸다가 하니 그 끝이 없구나"[177]라는 구절
과 「리성명」장의 "음양과 오행이 만물을 변화시키고 생겨나게 한다. 오
행의 다름은 음양의 실(實)에 바탕을 두고, 음양은 하나인 태극에 바탕을
둔다. 이처럼 만물은 하나의 태극이 되고, 하나인 태극의 실(實)은 만물
로 분화되니, 만물은 하나인 태극을 각각 갖추고, 크고 작은 것들은 제자
리를 정하게 된다"[178]는 내용과 같다. 또 내가 보기에 "성인은 중정과 인
의로써 (자신의 인생 방향을) 정해 놓고, 정(靜)을 (수양의) 주로 삼아 인도의
지극함을 세운다"는 구절은『통서』「도」장 그리고 「성학」장의 내용과
같으며, 그 내용을 간결하게 축약시켜 놓은 것 같다.[179]이처럼『태극도
설』의 기본 골간 의리는『통서』의 「동정」·「리성명」·「도」·「성학」장
이외의 것이 아니기 때문에 주돈이의 작품이 아니라고 해서는 안 될 것
이다.[180]『통서』와 다른 곳은 '무극이태극(無極而太極)과 '태극동이생양

---

177 "水陰根陽, 火陽根陰. 五行陰陽, 陰陽太極. 四時運行, 萬物從始. 混兮闢兮, 其無窮
兮."
178 "二氣五行, 化生萬物. 五殊二實, 二本則一. 是萬爲一, 一實萬分, 萬一各正, 小大有
定."
179 역주 : 모종삼은『통서』의 해설에서 「道」와 「聖學」장에 대해서는 소개하지 않았다.
옮긴이는『太極圖說』의 내용과 일치하는 곳을 이곳에 수록하겠다. 「道」장에는 "성
인의 도는 인의중정일 뿐이다"[聖人之道, 仁義中正而已矣]라는 구절이 있고, 「聖學」
장에는 "욕심이 없으면 고요하여 텅 비고 움직임이 올바르게 된다"[無欲則靜虛動直]
는 구절이 있다. 「聖學」장의 무욕이 바로『태극도설』에서의 '主靜'과 같은 내용이다.
180 역주 : 이 말은 육구연의 견해에 대한 모종삼의 비판이다. 육구연은 주희와『태극도
설』에 관한 논변을 전개할 때,『태극도설』은 주돈이의 작품이 아니던지, 아니면 아
직 학문이 성숙하지 않은 시기의 작품이라고 주장하였다.

(太極動而生陽) 두 구절뿐이다. 『통서』에서는 태극을 언급하였지만 '무극'에 대해서는 아직 언급하지 않았다.[181] 또 『통서』에는 아직 '태극동이생양'(太極動而生陽)이라는 관념이 없다. 이 두 가지는 새로 생긴 문제이다. 그러나 '아직 언급하지 않았다'[未有]는 문자적인 표현으로, '아직 언급하지 않았다'에 불과하다. 그렇다고 의리상으로 이 두 관념을 반드시 허용해서는 안 된다는 말인가? 또 이 두 관념을 포함하고 있지 않다는 것인가? 이점에 대해서 경솔하게 판단해서는 안 된다.

나는 '무극이태극'은 태극 자체에 대한 이해 문제라고 생각한다. 태극과 무극은 본래 동일자이다. 태극에 무극이라는 용어를 첨가하여 형용한다고 할지라도 안 될 것은 없다. 태극은 '정면에서 서술한 표현'[正面字眼]이고, 무극은 '반면에서 서술한 표현'[負面字眼]이다. 또 태극은 도체에 대한 '긍정적 언표'[表詮]이고, 무극은 도체에 대한 '부정적 언표'[遮詮]이라고도 할 수 있을 것 같다. 태극은 '실체를 나타내는 용어'이고,[182] 무극은 '상태를 나타내는 용어'[183]이다. 도체는 '아무 소리도 없고 냄새도 없으며, 형태도 없고 모양도 없으며, 어떤 특정 장소에 놓여 있지 않고, 특정한 형체로 고정되지도 않는다.'[184] 도체는 아무 것도 없는 것처럼 '적연부동하면서 감이수통'하는 '적'과 '감'이 하나―如]인 성체(誠體) 자신이다. 이것이 바로 지극한 리[極至之理]이다. 때문에 '무극이태극'이라고 한 것이다. 이는 무극과 태극을 나누어 말한 것이 아니다. 무극은 비록 노자 『도덕경』의 "그 흰 것을 알고 검은 것을 지키면 천하의 법칙이 된다. 천

---

181 역주 : 이곳에서 모종삼은 '未有無極'라고 표현하였다. 옮긴이는 '아직 언급하지 않았다'로 번역하였다. '未有'라는 표현은 '無'와는 다른 뉘앙스를 준다. 그것은 다름 아닌 명시적으로는 언급하지 않았지만, 발전될 가능성은 포함하고 있음을 암시해주고 있다. 왜냐하면 '無'라는 표현은 사실적으로 없음을 의미한 것이지만, '未有'는 '아직까지는 없다'의 의미이기 때문이다.
182 實體詞.
183 狀詞.
184 "無聲無臭, 無形無狀, 無方所, 無定體." '無方所'는 '神無方'과 같고, '無定體'는 '易無體'와 같은 의미이다.

하의 법칙이 되면 항상 덕이 어긋나지 않아 다함이 없는 세계[無極]로 다시 돌아간다"[185]에서 온 것이지만, 이곳에서 노자도 무극을 상태를 나타내는 용어로 사용하였다. 때문에 왕필은 무극을 "다할 수 없다"[不可窮]로 주석하였다. 이는 '그 끝을 알 수 없다'라는 의미이다. 노자는 앞 구절에서 "어린아이의 상태로 돌아간다"[186]고 하였고, 다음에는 "질박의 상태로 돌아간다"[187]고 하였다. 영아(嬰兒)와 무극 그리고 질박[樸]은 모두 어떤 것으로도 나눠지지 않은 혼현(渾玄)의 상태를 의미한다. 이 상태가 바로 지극한 도이다. 『도덕경』「58장」에서는 "누가 그 끝을 알겠는가? 세상에 올바른 것은 없다"[188]고 하였다. 왕필은 이 구절에 대하여 "누가 천하를 잘 다스리는 끝을 알 수 있겠는가? 올바른 방법[189]을 들을 수도 없고, 무엇으로 이름붙일 만한 것도 없다. 아무 것도 모르는 것처럼 하면 천하는 크게 순화되는데, 이것이 바로 그 끝이다"고 주석하였다.[190][이 구절은 앞의 "정치를 백성이 아무 것도 모르게 하면 백성은 순박해진다"[191]는 구절을 이어서 한 말이기 때문에 이렇게 주석한 것이다.] 이것 역시 "올바른 방법을 들을 수도 없고, 이름붙일 만한 것도 없다"는 '혼현의 무(無)'로부터 지극한 도[極至之道]를 드러내는 것이다. 이는 지극히 일반적인 사유 형태이다. 때문에 노자철학에서 나왔다는 이유만으로 '무극'이라는 개념을 사용해서는 안 된다고 할 수는 없다. '무극'의 출처가 『도덕경』이라는 점만을 근거로 『태극도설』의 의리를 도가의 사상으로 단정하는 것은 무리이다. 그렇

---

185 『王弼本28장』, "知其白, 守其黑, 爲天下式. 爲天下式, 常德不忒, 復歸於無極."

186 『王弼本28장』, "復歸於嬰兒."

187 『王弼本28장』, "復歸於樸."

188 『王弼本58장』, "孰知其極. 其無正."

189 역주 : 옮긴이는 『도덕경』의 '無正'을 근거로 '올바른 방법'이라고 번역하였다. 그러나 모종삼은 이 '올바른 방법'을 도리 혹은 원리적인 측면에서의 정당 등의 의미로 이 해하지 않고 어떤 특정한 형식이나 형상을 갖고 있는, 즉 유한적인 성격의 그 무엇으로 이해한다. 따라서 '無正'은 '유한적인 형상이 없다'로 이해해야 할 것이다.

190 『王弼本58장 注』, "言誰知善治之極乎? 唯無可正擧, 無可形名, 悶悶然而天下大化, 是其極也."

191 『王弼本58장』, "其政悶悶, 其民淳淳."

다면 노자가 무욕(無欲)[192]을 말하였기 때문에 유가에서는 무욕을 언급해서는 안 된다고 할 수 있는가? 유가철학에 의하면, 자연스럽게 신화(神化)하는 도체는 '인위적으로 사려하는 것도 없고[無思], 억지도 없으며[無爲], 어느 한 곳에 머무르지도 않고[無方], 한 사물의 형상으로 고정되지도 않는[無體] 존유이다. 즉 그 지극함을 알 수 없는 존유이다. 때문에 도를 말하면서 "예측할 수도 없는데, 어찌 싫어하여 불경할 수 있겠는가"[193]라고 한 것이다. 도체에서 무극의 지극함은 빠져서는 안 되는 의미이다. 무극은 형용사[194]이다. 왕필이 말한 "지칭할 수 없는 말이고, 끝을 알 수 없는 용어이다"[195]라는 것이 바로 무극을 설명한 것이다. 왕필은 "지칭할 수 없는 말이고, 끝을 알 수 없는 용어이다"라는 표현으로써 도의 지극함을 드러냈는데, '무극이태극'이 바로 그와 같은 의미이다. 태극은 긍정적 언표이고, 무극은 부정적 언표이다. 태극이 지극한 도리가 될 수 있는 까닭은 바로 "올바른 방법을 들 수도 없고, 이름붙일 만한 것도 없다"는 성격을 갖고 있기 때문이다. 이것이 바로 무극의 지극함이다. 궁구할 수 없는데, 무엇을 지극함이라고 하겠는가? 만일 어떤 지극함이라는 것이 있고, 그 지극함이 이를 수 있는 것이라면, 이는 상대적인 것으로 유한한 사물에 불과하다. 상대성의 유한한 사물을 어찌 태극이라고 할 수 있겠는가? 때문에 무극은 궁극함이 없는 상태를 형용하는 용어이고, 태극은 이러한 무궁의 뜻을 드러내는 용어이다. 태극과 무극은 동일자의 양면이다. '무극이태극'은 무극과 태극을 둘로 나누어 '무극과 태극'이라는 의미가 아니다. 무극에 태극의 의미가 없는 것이 아니다. 무극의 극(極) 자는 '한정'을 의미하고, 태극의 극(極) 자는 '무한'을 의미한다. 한정의 극(極)을 가리면서 무한정의 극(極)을 드러내는 것이 바로 태극이다.

---

192 『王弼本58장』, "我無欲而民自樸."
193 "不可度思, 矧可射思."
194 默識.
195 『王弼本26장』"無稱之言, 窮極之辭."

태극은 절대자로서 최후의 존유이다. 무극의 극(極)은 반드시 곡선적인 사유 방식을 통하여 이해해야 한다.[196] 다시 말하면 특정한 장소에 놓여 있지 않은 처음의 원만한 상태를 마음속으로 깨달아 그 지극한 도리를 드러내야 한다. '무극이태극'은 마땅히 다음과 같이 해석해야 한다. '그 무엇에도 제한됨이 없고, 아무 것도 갖지 않은 그것이 바로 지극한 도리이다.' 이러한 뜻을 명확하게 파악하였으면, 태극을 빼고서 무극 한 단어만 사용해도 문제가 되지 않는다. 『태극도설』의 "무극의 진(眞)과 이오(二五-음양과 오행)의 정(精)이 오묘하게 결합하여 응결된다"는 구절에는 태극이 없다. 이곳에서는 무극의 진(眞)이 바로 태극이다. 무극을 빼고서 태극 한 단어만 사용해도 문제가 없다. 『통서』의 "오행은 음양이고, 음양은 태극이다"는 구절에서는 태극만을 말하고, 무극은 말하지 않았다. 태극과 무극 중 어느 하나만을 말하더라도 모두 혼연하고 원만한 하나[一] 그 자체이다. 때문에 일(一)이라고 한 것이다. 이 일(一)은 무극의 극(極)을 표현한 것이다. 『통서』「리성명」장의 '오수이실, 이본칙일'(五殊二實, 二本則一)에는 무극도 없고, 태극도 없다. 그러나 이곳의 일(一) 자는 태극이며, 또 무극의 극(極)을 지칭한다. 일(一) 자의 의미를 상세하게 전개하려고 할 때, 무극과 태극 어느 것을 사용해도 된다. 『태극도설』의 "오행은 하나의 음양이고, 음양은 하나의 태극이다. 태극은 본래 무극이다"가 바로 이 경우에 해당한다. 이곳에서는 먼저 태극을 말하고, 후에 무극을 말하였다.[197]

---

196 변증법 혹은 궤변식으로 접근해야 한다.(역주 : 모종삼은 곡선적 이해와 직선적 이해·변증법적 이해·궤변식 이해라는 말을 자주 사용한다. 『心體與性體』에서 뿐만 아니라 다른 저작에서도 자주 출현하는데, 일정한 의미는 없는 것 같다. 다시 말하면 문자를 근거로 한 해석이 아닌 경우에 대부분 곡선적 이해·변증법적 이해·궤변식 이해라는 말을 사용하여 자신의 입장을 표현한다. 양지의 坎陷에서도 같은 표현을 한다.)

197 역주 : 모종삼은 태극과 무극을 일자의 양면으로 이해한다. 이와 반대로 勞思光은 '無極而太極'을 노자의 '有生於無'로 이해한다. 노사광의 주장은 상당한 근거를 갖고 있지만, 약간의 문제가 있어 이곳에 소개한다. 노사광은 '無極而太極'에서 '而' 자의

다음 '태극동이생양(太極動而生陽)'의 문제에 관하여 논하겠다. '태극동이생양'의 핵심 문제는 '태극이 어떻게 동(動)하는가'이다. 『통서』의 관점에 비춰볼 때, 이 구절은 문제가 없다. 그러나 한 가지 설명이 필요하다. 그것은 바로 주희의 이해 방식에 따라 이 구절을 해석해서는 안 된다는 것이다. 태극에 대한 주희의 이해는 기존의 유가철학과는 완전히 다른 계통 방식이다. 주희의 이해는 『통서』와도 부합하지 않고, 『중용』과 『역전』에서 긍정하는 성체(誠體)의 '신' 그리고 '적감진기'와도 부합하지 않는다. 태극에 대한 주희의 이해를 통해서는 천도를 '오목불이'로 파악하는 원초적 지혜를 발견할 수 없다. 태극에 대한 주희의 이해 방식은 다음에 상세하게 논의하고, 이곳에서는 먼저 『통서』의 의리에 비추어 '태극동이생양'이라는 표현에 문제가 없음을 밝히겠다.

『통서』에서는 성체(誠體)의 신을 통하여 태극을 이해하였다. 『태극도설』의 '무극이태극'·'태극동이생양' 두 구절은 『통서』「성하(誠下)」에서 말한 '정무동유(靜無動有)'로부터 확장된 것이다. 정무(靜無)는 '무극이태

용법을 근거로 무극과 태극 사이에는 시간적 선후 관계가 성립한다고 주장한다. 노사광은 '無極而太極'의 而와 뒤 구절인 '太極動而生陽, 動極而靜, 靜而生陰' 중의 '而'자를 동일 용법으로 이해하였다. 노사광의 견해에 의하면 '太極動而生陽, 動極而靜, 靜而生陰'은 '태극이 동한 후에 양이 생하고, 동함이 극에 이른 후에 정으로 되고, 정한 후에 음이 생한다'로 해석되어야 한다. 이때 '而' 자는 양자의 선후 관계를 나타낸다. 만일 '無極而太極' 중의 '而' 자를 동일 관계로 해석하게 되면 뒤 세 구절의 '而'자 용법과 일치하지 않게 되어 자연스럽지 않게 된다. 그러므로 '無極而太極' 중의 '而' 자도 마땅히 무극과 태극간의 선후 관계를 표시해야 한다는 것이 바로 노사광의 입장이다. 그러나 이와 같은 노사광의 주장에는 다음의 문제점이 있다. '而' 자가 선후 관계를 표시한다면 動·靜·陰·陽이 나뉘어져 서로 다른 각각의 '一物'을 이루게 된다. 다시 말하면 無極이 존재한 후에 太極이 있고, 다시 動한 후에야 비로소 陽이 생하게 되고, 靜한 후에야 비로소 陰이 생하게 된다. 無極과 太極을 서로 다른 존재로 분류하는 것은 문제가 없을 수도 있지만, 動·陽·靜·陰을 각각 서로 다른 '一物'로 분류하면 유가철학과 도가철학 모두에 부합하지 않게 된다. 사실 動은 陽의 속성이고, 靜은 陰의 속성이다. 動과 陽은 서로 분리할 수 없는 一者의 양면이다. 靜과 陰의 관계 역시 마찬가지이다. 이로써 본다면 '無極而太極'과 뒤 세 구절의 '而'자가 반드시 선후의 차서 관계를 표시한다고는 볼 수 없다. 노사광도 動·靜·陰·陽을 서로 독립된 존재로 해석하는 것에 동의하지 않을 것이다. 勞思光 著, 『新編中國哲學史』「3卷 上」, 中華民國 三民書局印行, 1989, 97-105쪽.

극과 같고, 동유(動有)는 '태극동이생양'과 같다. 정무(靜無)의 '정'은 동유(動有)의 '동'과 상대적인 것이다. 이 정(靜)과 "동하지만 동의 형상이 없고[動而無動], 정하지만 정의 형상이 없는 것[靜而無靜]은 신이다"에서의 정(靜)은 서로 다르다. '동이무동, 정이무정'(動而無動, 靜而無靜)의 동정은 곡선적인 사유 방식으로써 성체(誠體) 자신을 설명한 것이다. 즉 성체(誠體)를 곡선적인 사유 방식으로써 이해한 것이다. 정무(靜無)의 '정'은 이른바 시(時)[198]라는 것이다. 즉 정(靜)으로써 성체(誠體) 자신의 '아무런 소리도 없고, 냄새도 없음'을 드러내 무극의 지극함을 표현하려는 것이다. 동유(動有)의 '동' 역시 시(時)이다. 이것은 도체가 '유(有)의 범위'[199]에 내려와 분화하여 '동'과 '정'의 형상을 드러낸 것이다. 즉 구체적인 공간도 차지하고, 형체도 갖는 형상을 드러낸다. '정'할 때는 비록 '아무런 소리도 없고 냄새도 없는' 성체(誠體)의 본래 모습을 드러내지만, '동'할 때는 '동'에 고정되어 '동'의 형상을 드러낸다. 때문에 동유(動有)라고 한 것이다. 이것이 바로 '동이생양'(動而生陽)이다. '동극이정'(動極而靜)의 '정' 역시 '정'에 고정된 '정'이다. 때문에 '정'의 형상을 갖는다. 이것이 바로 '정이생음'(靜而生陰)이다. 이것 역시 유(有)이다.[생(生)은 해설 상 필요하여 사용한 것일 뿐 객관적인 어떤 실제적 사물을 생한다는 의미가 아니다. '동'하여 드러낸 '동'의 형상이 바로 양이고, '정'하여 드러낸 '정'의 형상이 바로 음이다.] 그렇다면 '동하여 동의 형상을 갖는 동과 '정하여 정의 형상을 갖는 정'을 어떻게 '동하여도 동의 형상이 없고, 정하여도 정의 형상이 없는' 성체(誠體)의 신으로부터 설명할 수 있을까? 다시 말하면 정무(靜無)로부터 동유(動有)까지의 발전 과정을 어떻게 설명할 것인가?

---

198 역주 : 時는 여러 가지 의미를 갖는다. 일반적으로 時는 방편을 의미한다. 그러나 이곳에서는 본체의 의미를 '無事'와 '有事'로 나누어 이해하면서 '時' 자를 사용하여 양자를 구분하였다. 본체의 無事는 바로 寂然不動을 의미하고, 有事는 感而遂通을 의미한다. 본체는 無事 時에는 寂然不動하는데, 이것이 바로 '靜無'이다. 본체는 有事時에는 感而遂通하는데, 이것이 바로 '動有'이다.

199 역주 : '有의 범위'는 본체의 현상와글 의미한다. 有의 최초 모습이 바로 음과 양이다.

성체(誠體)의 동이무동(動而無動)은 실제로 '동하지 않음'을 의미하는 것이 아니다. 단지 '동'의 형상을 드러내지 않는 것을 의미할 뿐이다. '동'하여 '동'의 형상을 드러내지 않는 '동'이 기를 투과하여 '동'의 형상을 한번 드러내게 되면, 그것이 바로 '양의 유(有)'이다. '동'의 형상을 드러내면 '동'에 한정된다. '동'에 한정된 순간 기의 영역에 놓이게 된다. '동'의 형상은 신이 기를 통하여 드러낸 것이기 때문에 기의 형상이지 신의 형상이 아니다.[200] 정이무정(靜而無靜)도 실제로 '정하지 않음'을 의미하지 않는다. '정'하여 '정'의 형상을 드러내지 않는 '정'이 기를 투과하여 '정'의 형상을 한번 드러내게 되면, 그것이 바로 '음의 유(有)'이다. '정'의 형상을 드러내면 '정'에 한정된다. '정'에 한정된 순간 기의 영역에 놓이게 된다. '정'의 형상도 신이 기를 통하여 드러낸 것이기 때문에 기의 형상이지 신의 형상이 아니다. 이렇다면 '태극이 동하여 양을 생하고, 동이 극함에 이르면 정이 된다'고 해도 되고, 순서를 바꾸어 '태극이 정하여 음을 생하고, 정이 극함에 이르면 동이 된다'고 해도 문제가 되지 않는다.[201]

만일 '동하지만 동의 형상이 없고, 정하지만 정의 형상이 없는 성체(誠體)의 신묘한 작용이 어떻게 동의 형상과 정의 형상을 드러낼 수 있는가'라고 묻는다면, 직선 형태의 사고로써는 이 질문에 대하여 적절하게 대답하지 못할 것이다. 그 이유는 바로 이곳에서 '동이무동, 정이무정'(動而無動, 靜而無靜)의 신을 모든 것과 격리시킨 상태에서 추상적으로 '동이무동, 정이무정'이라고 표현한 것이 아니라, 구체적인 감응과 관련지어 말하였기 때문이다. 비록 '동하지만 동의 형상이 없고, 정하지만 정의 형상이 없는' 신이지만, 구체적인 감응에서는 신묘한 작용을 드러내게 된다.

---

200 역주 : 神은 동정의 형상을 드러내는 所以然之理이고, 氣는 동정의 형상을 드러내는 재질이다. 따라서 형상은 氣의 형상이지, 理의 형상은 아니다. 모종삼은 뒤 부분에서 기의 형상을 흔적[跡]이라는 말로써 설명하였다.
201 역주 : 동정의 순서는 방편이다. 따라서 그 순서를 뒤바꾸어 표현해도 의리상 아무런 문제가 없다.

이때 비록 신이라고 할지라도 그 흔적을 드러내지 않을 수는 없다. 그 흔적에서 보면, '동'은 '동'이고, '정'은 '정'일 뿐이다. 이 흔적은 기를 투과하여 나타나는데, 이 흔적이 바로 음양의 기이다. 그러나 신 자체에서 보면, '동'하지만 '동'의 형상을 드러내지 않고, '정'하지만 '정'의 형상을 드러내지 않으면서 그 자체의 허령한 순수성을 잃지 않는다. 이 허령의 순수성은 신이지 기가 아니다. 『장자』는 "하늘과 합일한다고 생각하건, 합일하지 않는다고 생각하건 모두 합일한 것이다. 하늘과 사람이 합일하였다고 생각하는 것은 자연과 동류하는 것이고, 하늘과 사람이 합일하지 않았다고 생각하는 것은 사람과 동류이다. 하늘과 사람은 서로 대립하지 않는다고 생각하는 사람을 진인이라고 부른다"[202]고 하였다. 장자가 말한 진인(眞人)의 경지도 맹자가 말한 "위대하면서도 저절로 화(化)하는"[大而化之] 성(聖)의 경지라고 할 수 있다. "하늘과 사람이 합일한다고 생각해도 합일한 것이다"[其一也一]는 성체(誠體)의 신 그 자체를 말한 것이라고 할 수 있고, "하늘과 사람이 합일하지 않는다고 생각해도 합일한 것이다"[其不一也一]라는 것은 신의 구체적인 감응을 말한 것이라고 할 수 있다. 구체적인 감응에서 흔적을 보면 불일(不一)이다. 그러나 성체(誠體)의 신묘한 작용은 불일(不一)에 얽매여 불일(不一)에만 머무르지 않는다. 만일 불일(不一)에 얽매여 불일(不一)에만 머무른다면 성체(誠體)는 신묘한 작용을 상실하여 물화(物化)되고 말 것이다. 그렇다면 기에 불과할 뿐 '위대하면서도 저절로 화(化)하는'의 성인이라고 할 수 없다. 그러나 '위대하면서도 저절로 화(化)하는' 성인은 허공에 매달려 있는 추상적인 것이 아니다. 현실의 모든 것은 성인이 갖고 있는 내용이다. 때문에 그 흔적이 없을 수 없다. 구체적인 신묘한 작용은 어떤 재료를 통하여 발현될 수밖에 없는데, 이때 드러낸 것이 바로 흔적이다. 곽상(郭象)은 "공자는 어둡지 않은 것이 아니다. 자연의 이치를 살펴보라. 가면 그림자가 따라오고,

---

202 『莊子』「大宗師」, "其一也一, 其不一也一. 其一也, 與天爲徒. 其不一也, 與人爲徒. 天與人不相勝也, 是之謂眞人."

말하면 메아리가 따라온다. 무릇 물의 이치에 따라 행동하면 그 이름이라는 흔적이 있게 된다. 그러나 물의 이치에 따르는 사람은 그 이름을 위해서 하는 것이 아니다. 이름을 위해서 하지 않는 것이 지극함이다. (그러나 공자는) 끝내 그 이름이라는 것을 버리지 못했기 때문에 누가 그의 속박을 없애줄 수 있겠는가"[203]라고 하였다. "없앨 수 없다"[不能解]는 성체(誠體)의 신묘한 작용이 '어떤 재료를 통하여 발현될 수밖에 없고, 또 유(有)의 형상을 수반할 수밖에 없다'는 의미이다. '어떤 재료를 통하여 발현될 수밖에 없고, 유(有)의 형상을 수반할 수밖에 없다'는 것은 '동이무동'(動而無動)의 신이 그 흔적에 따라 '동의 형상'을 드러내지 않으면 안 되고, 정이무정(靜而無靜)의 신이 그 흔적에 따라 '정의 형상'을 드러내지 않으면 안 된다는 의미이다. 이는 신이 '동의 형상과 '정의 형상'을 드러내는 것이 아니라, 사물의 흔적에 따라서 자연스럽게 '동의 형상'[有]과 '정의 형상'[有]을 드러낸다는 것이다. 형상은 흔적으로 말미암아 드러난 것이지, 신으로 말미암아 드러나는 것이 아니다. 신의 묘용은 비록 흔적에 따라서 형상을 드러내지만, 그 형상에만 머무르지 않는다. 이것이 바로 신을 신묘하다고 하는 까닭이다. 장자가 말한 "하늘과 사람이 합일하지 않는다고 생각해도 합일한 것이다"[其不一也一]는 바로 이 뜻이다. 어느 한 형상에 머무르지 않을 수 있기 때문에 그 형상에 묘용하여 그 형상을 죽은 형상으로 만들지 않는 것이다. 형상을 죽은 형상으로 만들지 않기 때문에 동정에 오묘하게 작용하여 '동'하였다가 다시 '정'하고, '정' 하였다가 다시 '동'하면서 그 생화의 작용을 끝없이 발휘하는 것이다. 만일 신이 형상을 떠나 자신의 세계로 돌아가면, 이때의 형상은 형상이 없는 형상이 된다. 이때는 모든 것이 하나의 신이고, 전체가 하나의 신이며, 전체의 작용이 하나의 체(體)이다.[204] 만일 사물에 따라 사물을 부리

---

203 『莊子』「德充符」, "仲尼非不冥也. 顧自然之理, 行則影從, 言則響隨. 夫順物, 則名跡斯立. 而順物者非爲名也. 非爲名, 則至矣. 而終不免乎名, 則孰能解之哉?" "天刑之, 安可解"의 注.

고, 어느 한 곳에 머무르지 않는다면, 하나의 신이 바로 전체이다. 이때는 비록 무형상이지만 역시 형상이 있다. 전체가 흔적이고, 전체가 용(用)이다.[205] 이러한 원융의 경지가 바로 '위대하면서도 저절로 화(化)하는' 성인의 경지이다. 송명이학자 중에서 오로지 정호만이 홀로 이러한 경지를 묵묵히 깨달아 아름답게 표현하였다. 요임금은 허유에게 천하를 물려주지 않았는데, 이것이 바로 '전체가 바로 흔적이고, 전체가 바로 신인 것이다.' 공자가 다른 사람과 함께 한 것도 전체가 흔적이고, 전체가 신이다. 이러한 의미는 이미 곽상의 주해에 매우 잘 표현되어 있다. 주돈이가 비록 도가의 용어를 사용하여 밝혔지만, 이처럼 원만무애한 사유는 결코 도가만이 사용할 수 있는 전유물이 아니라 유가와 도가가 함께 공유할 수 있는 경지이다.

그러나 이러한 원융의 경지는 신과 기를 분석하여 나누어서는 안 됨을 의미하지는 않는다. 또 '태극동이생양'(太極動而生陽) 혹 '정이생음'(靜而生陰)도 표면적인 문자의 순서에 따라 아무 내용 없이 직선적인 우주변화로 이해해서도 안 된다.[206] 만일 이렇게 이해하면 이 구절의 실제적 의미[實義]를 파악하기 어려울 것이다. '동이생양'(動而生陽)과 '정이생음'(靜而生陰)은 모두 본체론적인 오묘한 작용을 표현한 것이지 직선적인 우주론의 변화를 말한 것이 아니다. 혹 우주론적인 변화의 의미를 포함하고 있다고 할지라도 반드시 본체론적인 오묘한 작용 속에서 우주론의 변화를 이해해야만 유가철학에서 긍정하는 형이상의 지혜[유가철학에서 긍정하는 형이상의 지혜는 바로 『시경』의 '심원하고 중단 없이 유행하는 천도', 즉 '오목불이'의

---

204 역주 : 이는 道體의 寂然不動을 설명한 것이다.
205 역주 : 이는 道體의 感而遂通을 설명한 것이다.
206 역주 : 이 두 문장에 대해서는 약간의 설명이 필요하다. 앞 문장은 비록 氣를 떠나서 神의 작용을 표현할 수 없다고 할지라도, 神은 神이고, 氣는 氣임을 말한 것이다. 뒤 문장은 '태극이 動하여 양을 생하고, 靜하여 음을 생한다'를 하나의 외적인 사실로 간주하여 양에서 음으로, 다시 음에서 양으로 전이하는 우주의 변화로만 이해하는 데 그치지 않고, 그 속에서 작용하는 태극의 신묘한 작용을 깨달아야 함을 강조한 것이다.

도체에 대한 지혜이대를 잃지 않을 수 있다. 동이생양(動而生陽)에서 양은 본체가 오묘하게 작용하는 과정에서 기의 흔적에 따라 마땅히 드러내야할 동(動)의 형상에 불과하다. 정(靜) 역시 마찬가지이다. 성체(誠體) 자신이 직선적으로 '동'하여 양을 생하고, '정'하여 음을 생하는 것이 아니다. 이러한 본체의 오묘한 작용 의미는 '전체가 바로 신이고, 전체가 바로 흔적이다'라는 원융일여(圓融一如)의 지혜를 통해서만 파악할 수 있다. "오행은 하나의 음양이고, 음양은 하나의 태극이며, 태극은 본래 무극이다"라는 표현 역시 문자의 표현은 직선적인 수축과 전개이지만, 그 실제적인 내용은 '만물은 하나의 태극이고, 하나의 태극은 분화되어 만물이 된다'라는 본체론적인 오묘한 작용을 설명한 것이다. 신은 만물의 오묘한 작용에서 말한 것이다. 이것 역시 신의 오묘한 작용이 만물에 두루 퍼져 하나도 잃지 않는다는 의미이다. 신의 작용은 미치지 않는 곳이 없으며, 또 어느 한 곳에 머무르지도 않는다. 때문에 원융의 경지에 머무를 수 있다. 그렇지 않다면 영원히 원만무애의 경지에 이를 수 없다. 이러한 원융적인 경지는 유가와 불교 및 도가에서 모두 긍정하고, 또 도달할 수 있는 경지이다. 즉 현묘한 이치의 공통적인 형태이다.[왕수인은 다음과 같이 말하였다. "주돈이의 '정이 극에 이르면 동한다'는 학설도 잘 살피지 않으면 병통이 있음을 면할 수 없다. 대개 그 뜻은 '태극이 동하여 양을 생하고, 정하여 음을 생한다'로부터 나왔다. 태극의 생생 원리는 그 오묘한 작용이 한 번도 멈추지 않지만 그 본체는 바뀌지 않는다. 태극의 생생은 곧 음양의 생생이다. 생생의 과정에서 오묘한 작용이 멈추지 않은 것을 동이라고 하고, 양의 생이라고 하는 것이지, 움직인 뒤에 양을 낳는다는 것이 아니다. 그 생생의 과정 중에서 본체가 바뀌지 않는 것을 정이라고 하고, 음의 생이라고 하는 것이지, 정한 후에 음이 생한다는 것이 아니다. 만일 정한 후에 음을 생하고, 동한 후에 양을 생한다면 음·양·동·정이 자른 듯이 각각의 하나의 사물이 되고 만다. 음양은 하나의 기이다. 하나의 기가 굽혔다 폈다하면서 음양이 된다. 동정은 하나의 리이다. 하나의 리가 숨었다 드러났다 하면서 동정이 된다. 봄과 여름은 양이고 동이라고 할 수 있지만, 음과 정이 없는 것은 아니다. 가을과 겨울은 음이고 정이라고 할 수 있지만, 양과 동이 없는 것은 아니다. 봄과 여름은 이처럼 쉬지 않고, 가을과 겨울도 이처럼 쉬지 않으니, 모두 양이고 동이라고 말할 수 있다. 봄과 여름도 이 본체이고, 가을과 겨울도 이 본체이니 모두 음이고 정이라고 말할 수 있다."207 왕수인은 이러한 해석을 통하여 자신만의 독자적인 의리를 이룰 수는 있을 것이지만, 그의 해설은 주돈이의 본의도 아니고, '정이후생음'(靜而後生陰), '동이후생양'(動而後生陽)을 올바르게 해석하였다고 하기도 어렵다. 왕수인은 '묘용불식'(妙用不息)으로써 동(動)과 양을 말하였고, '상체불역'(常體不易)으로써 음과 정(靜)을 말하였다. 이는 음양동정을 차용한 것이지, 결코 음양동정의 실제적 의미를 밝힌 것이 아니다. 왕수인에 따르면, '전체가 바로 신이다'라는 것은 정(靜)이고 음이며, '전체는 바로 흔적이다'라는 말은 동(動)이고 양이다. 이는 분명 차용일 뿐 결코 주돈이의 문장을 올바르게 해석한 것이라고 할 수 없다. 또 동이생양(動而生陽), 정이생음(靜而生陰)의 잘못을 올바르게 교정한 것이라고도 할 수 없다. 왕수인이 표현한 것은 체용불이(體用不二)의 원용 의미에 불과하다. 나는 결코 체(體)에서 음을 말할 수 없고, 용(用)에서 양을 말할 수 없다고 생각한다. 왕수인이 '상체불역'에서 음과 정(靜)을 말한 것은 단지 비유로써 차용한 것에 불과한 용어임을 알 수 있다. 만일 왕수인이 이것으로써 주돈이의 문장에 대하여 잘 파악하였다고 생각한다면, 이는 분명한 오해이다. 또 올바르게 이해한 것이라고 생각한다면 더더욱 잘못된 생각이다.]

---

207 『傳習錄』「中. 答陸原靜書」, "周子'靜極而動'之說, 苟不善觀, 亦未免有病. 蓋其意從'太極動而生陽, 靜而生陰'說來. 太極生生之理, 妙用無息而常體不易. 太極之生生卽陰陽之生生. 就其生生之中指其妙用無息者而謂之動, 謂之陽之生, 非謂動而徒生陽也. 其生生之中指其常體不易者而謂之靜, 謂之陰之生, 非謂靜而後生陰也. 若果靜而後生陰, 動而後生陽, 則是陰陽動靜截然各自爲一物矣. 陰陽一氣也, 一氣屈伸而爲陰陽, 動靜一理也, 一理隱顯而爲動靜. 春夏可以爲陽爲動, 而未嘗無陰與靜也. 秋冬可以爲陰爲靜, 而未嘗無陽與動也. 春夏此不息, 秋冬此不息, 皆可謂之陽, 謂之動也. 春夏此常體, 秋冬此常體, 皆可謂之陰, 謂之靜也."

2) '太極動而生陽'의 확정적 의미

'동하지만 동의 형상이 없고, 정하지만 정의 형상이 없는' 성체(誠體)의 신은 사물에 감응하면서 오묘한 작용을 발현한다. 이때 마땅히 '동'하여야 할 곳에서 '동'하여 '동의 형상'을 드러내고, 마땅히 '정'해야 할 곳에서 '정'하여 '정의 형상'을 드러낸다. 나는 이곳에서 태극[誠體]의 동이무동(動而無動)·정이무정(靜而無靜)과 동이생양(動而生陽)·정이생음(靜而生陰)의 관계에 대하여 자세하게 분석해보겠다.

『예기』에 다음과 같은 구절이 있다.

> 공자가 말하였다. "오로지 확장만 하고 쉬지[208] 않는 것은 문왕과 무왕이라고 할지라도 하지 못할 것이다. 오로지 수축만하고 확장하지 않는 것은 문왕 무왕이라고 할지라도 하지 못할 것이다. 어떤 때는 확장하고, 어떤 때는 수축하는 것이 바로 문왕 무왕의 도이다."
> 孔子說 : "張而不弛, 文武弗能也. 弛而不張, 文武弗能也. 一張一弛, 文武之道也."
>
> 『禮記』「雜記下」

성체(誠體)의 신묘한 작용은 두 방면으로 나누어 말할 수 있다. 하나는 주관적인 것으로서 성인의 성체(誠體)이고, 다른 하나는 객관적인 것으로서 천도의 성체(誠體)이다. 그러나 성체(誠體)의 신묘한 작용 그 자체에서 보면, 주관적인 성인의 성체(誠體)이건, 객관적인 천도의 성체(誠體)이건 모두 확장[張]이라는 것도 없고, 쉼[弛]이라는 것도 없다. 확장과 쉼은 현실 생활에서 보여지는 것이다. 확장은 '동의 형상'이고, 쉼은 '정의 형상

---

208 역주 : 혹자는 『예기』의 張을 '긴장'으로, 弛를 '이완'으로 번역하기도 한다. 그러나 모종삼은 해설에서 '張'을 '확장'으로, '弛'를 '쉼'의 의미로 사용한다. 때문에 옮긴이는 확장과 쉼으로 '張'과 '弛'를 번역하였다.

이다. 우리들의 현실 생활은 생명의 자연스러운 표현이다. 사실 우리의 일상생활에는 약간의 파도와 곡절이 있기 마련인데, 이 역시 자연스러운 현상이다. 마땅히 확장할 때가 되면 자연스럽게 확장해야 한다. 만일 확장하지 못하게 억지로 압박하면, 그것에 속박되어 불편하게 되고, 결국 문제를 일으키게 된다. 나중에는 억지로 누르려고 해도 누를 수 없게 된다. 또 쉴[弛] 때가 되면 자연스럽게 쉬게 해야 한다. 만일 억지로 쉬지 못하게 하면 힘을 다 소진하여 피로가 몰려오고, 결국 쓰러지고 말 것이다. 설령 채찍으로 때려 일어나게 하려고 해도 결국 일어나지 못하게 될 것이다. 이는 자연생명이 갖고 있는 한계이다. 이러한 자연생명의 한계 때문에 우리의 현실 생활에는 약간의 파도와 곡절이 있을 수밖에 없다. 우리는 이러한 파도와 곡절을 '흔적'[跡] 혹은 '일'[事]이라고 칭한다. 이것을 궤적이라고 칭할 수도 있을 것이다. 한계에 이르러 마땅히 동해야 할 때가 되면 동하고, 정해야 할 때가 되면 정하게 된다. 이것이 바로 흔적상의 자연스러운 '동'이고, 흔적상의 자연스러운 '정'이다.[209] 흔적상의 '동'은 양의 자연스러움이고, 흔적상의 정은 '음'의 자연스러움이다.[이것을 구체적으로 말하면 사(事)라고 하고, 추상적으로 말하면 기(氣), 즉 음양의 기라고 한다.] 이것은 자연생명의 한계에서 나타나는 자연스러움이기 때문에, 태극의 '동'과 '정'을 빌려 말할 필요가 없을 것 같기도 하고, 성체(誠體)의 신묘한 작용이 '동'의 형상과 '정'의 형상을 드러낸다는 것을 빌려 말할 필요가 없을 것 같기도 하다. 그렇다면 왜 태극동이생양(太極動而生陽)이라고 하는가? 왜 초월층의 태극 혹은 성체(誠體)로부터 동정과 음양을 말하는가?

만일 단지 자연생명의 자연스러운 확장과 쉼에 따라서 그저 흘러만 간다면, 그 확장과 쉼은 필연적으로 합리성을 보장할 수도 없을 것이고,

---

[209] 역주 : 모종삼은 이곳에서 '跡上之該動, 跡上之該靜'이라고 표현하고서, '該'는 도덕적인 의미의 '마땅히'가 아니라 '자연스러움'의 '마땅함'이라고 부연 설명하였다. 따라서 옮긴이는 '흔적상의 자연스러움의 動과 靜'으로 번역하였다.

또 그것들이 반드시 절도(節度)에 부합한 것이라고도 할 수 없을 것이다. 항상 확장해 나가기만 할 뿐 조절할 줄 모른다면, 결국에는 미쳐 죽게 될 것이기 때문에 진정한 확장의 가치를 완성할 수 없다. 마찬가지로 항상 쉬기만 할 뿐 진작시킬 줄 모르면, 결국 썩어 죽게 될 것이기 때문에 쉼의 가치를 완성할 수 없다. 이것이 바로 욕망만을 쫓아 절도를 잃어버린 결과이다. 자연생명의 한계에 따라 자연스럽게 확장하고 쉬면서 그 확장과 쉼의 가치를 올바르게 완성하려면 정신 생명을 초월층으로 끌어올리지 않으면 안 된다.

초월층에서 보면, '동하여 양을 생하고, 정하여 음을 생한다'고 말할 수 있고, 혹은 '확장하면 동함이 있고, 쉬면 정함이 있다'고 말할 수 있다. 이것이 이른바 생(生) 혹은 유(有)라는 것이다.[210] 이때의 '생' 혹은 '유'는 성체(誠體)의 신묘한 작용에 의해서 이루어진 온전한 '생' 혹은 '유'이다. 그러나 비록 '생'과 '유'가 태극의 동정에 의해서 이루어진다고 할지라도 '자연생명의 자연스러운 표현에 따라 나타나는 파도와 곡절이 모두 성체(誠體)[태극]로부터 생출된 것'임을 의미하지는 않는다.[211] 나는 이곳에서 '동하여 양을 생하고, 정하여 음을 생한다'는 것을 표면적인 문자로 표현된 순서에 따라 직선적인 우주 변화로 이해해서는 안 됨을 분명히 강조하고자 한다. 태극과 성체(誠體)의 신묘한 작용은 '동'하여 양을 생하고, '정'하여 음을 생한다. 또 확장하면 '동'이 있게 되고, 쉬면 '정'이 있게 된다. 이때의 '생'과 '유'는 성체(誠體)의 신묘한 작용이 사물에 감응하여 그렇게 표현한 '생'과 '유'이다. 성체(誠體)의 신묘한 작용은 외물에 따라 감응하면서 묘용을 발현한다. 이때 그 흔적의 '동'과 '정'에 따라서 성체(誠體) 자신도 상응하지 않을 수 없다. 이것은 '봄바람이 연못의 물을 출렁이게 한다'[212]는 사(詞)와 같다. 연못 속의 물[春水] 그 자체는

---

210 역주 : '生'은 '太極動而生陽, 靜而生陰'의 '生'이고, '有'는 '靜無動有'의 '有'이다.
211 역주 : 이 구절은 '현상의 모든 것이 합리적인 것은 아니다'라는 점을 의미한다.
212 "吹縐一池春水." 역주 : 馮延巳의 「謁金門」에 나오는 말이다. 봄바람이 부니 비단 치

본래 '동'하여도 '동의 형상'이 없고, '정'하여도 '정의 형상'이 없다. 그러나 봄바람이 불면 봄바람에 따라 흔들리지 않을 수 없다. 생동하는 연못의 물은 봄바람과 상응하여 물결이 나타나게 돕는다. 이 물결은 비록 봄바람과 상응하여 일으킨 것이지만, 연못의 물이 일으킨 것이라고 할 수도 있다. 자신이 일으킨 것이라고도 할 수도 있기 때문에 물결은 자신에게 갖추어진 것이라고 할 수 있다.[213] 혹자는 연못의 물은 본래 흔들림도 없고, 흔들림을 갖추고 있지도 않다고 말할 수 있을 것이다. 즉 흔들림은 '연못의 물이 본래부터 갖추고 있는 것이 아니다'고 할 수 있다. 이러한 주장은 연못의 물을 현상과 격리시켜 놓고서 연못의 물 자체만을 본 것이다. 그러나 사실상 연못의 물은 항상 흔들릴 수밖에 없는 상황에 놓여 있다. 따라서 구체적 혹은 원융적인 입장에서 연못의 물 자체에 흔들림이 있고, 흔들림을 갖추고 있다고 말할 수 있는 것이다. 다시 말하면 연못의 물은 영원히 흔들림과 떨어져 있지 않다. 흔들림은 연못 물 그 자체를 방해하지 않고, 연못 물 그 자체는 흔들림을 방해하지 않는다. 연못의 물과 흔들림은 서로 함께 있으면서 다채롭게 표현된다. 그러나 흔들림의 다채로움은 반드시 살아 있는[214] 연못의 물이어야만 가능하다.[215] 만일 연못의 물이 아닌 목판이나 대리석이라고 가정해보자. 이것들은 바람이 불어도 바람에 상응하여 물결을 이루지 못한다. 목판이나 대리석은 단지 하나의 '정'(靜)으로 고정된 사물 중의 하나일 뿐이다. 즉 '동하여도 동의 형상이 없고, 정하여도 정의 형상이 없는 살아 있는 활령(活靈)'이 아니다. '정'으로 고정되어 있는 사물에서는 '동하여 양을 생한다'는 말을 할 수 없다. 그러나 살아 있는 연못의 물에 대해서는 '동하여 양을 생

마가 물결친다는 의미이다.

213 '자신에 갖추어진 것'[具]은 '물결의 일어남에 따라서 갖추어진 것'[因起而具]을 말한다.
214 역주 : 모종삼은 '活靈'이라고 하였는데, 옮긴이는 이를 '살아 있는' 것으로 번역하였다.
215 역주 : 이 말은 본체의 역동성을 강조한 것이다. 다시 말하면 흔들림의 다채로움[현상의 다채로움]은 본체의 역동성을 긍정해야만 가능하다는 의미이다. 본체의 역동성은 다름 아닌 태극의 '動而無動, 靜而無靜'의 신묘한 작용을 의미한다.

한다'는 말을 할 수 있다. 연못의 물에서 '살아 있는 활력'은 신을 상징한다. 그리고 '물결'의 다채로움[216]은 기(氣-迹과 事)를 상징한다. 그러나 이는 어디까지나 분석적인 해설에 불과하다. 만일 원융적인 입장에서 말한다면, '전체의 신이 바로 기이고, 전체의 기가 신이다'라고 할 수 있다.[217] 본체와 현상은 서로 상응하여 영원히 하나가 된다. 정호는 다음과 같이 말하였다.

> 기와 떨어져 존재하는 신은 없고, 신과 떨어져 존재하는 기는 없다. 맑은 것이 신이라고 하는 사람이 있는데, 그렇다면 탁한 것은 신이 아니라는 말인가?
>
> 氣外無神, 神外無氣. 或者謂淸者神, 則濁者非神乎?
>
> 『二程遺書』 卷12

이는 원융적인 측면에서 신과 기를 설명한 것이다.[이곳의 '맑은 것이 신이다'는 말은 곧 '탁한 것은 신이 아닌 기임'을 의미하고 있다. 그러나 원융적인 측면이 아닌 분석적인 측면에서 말하면, '맑은 것이 신이다'에서 '맑은 것'도 기에 속한 것이지 성체(誠體)의 신에 속한 것은 아니다.]

성체(誠體)의 신이 사물의 흔적에 따라 동의 형상과 정의 형상을 드러내는 것은 연못의 물과 물결로써 비유할 수 있다. 성체(誠體)의 신을 추상적으로 말하면, 그 자신은 '동하여도 동의 형상'이 없고, '정하여도 정의 형상'이 없는 신이다. 그러나 성체(誠體)의 신은 영원히 구체적인 감응 중에서 자신의 살아 있는 모습을 드러낸다. '동하여도 동의 형상'이 없고, '정하여도 정의 형상'이 없는 신은 영원히 구체적인 묘용을 통하여 자신의 모습을 드러낸다. 또 구체적으로 항상 동정의 흔적과 함께[帶著]하면서 '동하여도 동의 형상'이 없고, '정하여도 정의 형상'이 없는 활동을 지속한다. '동하여도 동의 형상'이 없는 '동'은 '동'의 흔적에서 필연적으

---

216 역주 : 현상의 다양함을 의미한다.
217 역주 : 이는 道와 器의 不離, 혹은 體用不二의 측면에서 말한 것이다.

로 물결을 일으켜 '동'의 형상을 드러낸다. '정하여도 정의 형상이 없는 '정'은 '정'의 흔적에서 필연적으로 물결을 일으켜 '정'의 형상을 드러낸다. 만일 동정의 흔적과 성체(誠體)의 동정을 격리시켜 보면,[218] 성체(誠體)의 신은 단지 '동하여도 동의 형상이 없고, 정하여도 정의 형상이 없는' 살아 있는 신 그 자체일 뿐이다. 때문에 동의 형상도 없고, 정의 형상도 없다. 그러나 구체적[원융적]으로 말하면, 이 살아 있는 신은 반드시 흔적에 따라 동과 정의 형상을 드러낸다. 성체(誠體)의 신은 살아 있는 활동자이기 때문에 동과 정의 형상을 부단히 드러낸다. 성체(誠體)의 신이 흔적에 따라 동과 정의 형상을 드러낸다는 것은 성체(誠體)의 신이 흔적에서 동과 정이라는 구체적인 일이 이루어지도록 돕는다는 것이다. 성체(誠體)의 신은 흔적의 동정에 따라서 동과 정의 형상을 드러내는데, 동과 정의 형상 그 자체는 기이다. 왜냐하면 신은 비록 기와 함께 드러나지만 동과 정의 형상이 살아 있는 신 그 자체는 아니기 때문이다. 동정의 형상과 자연스러운 동정의 일[事]은 같은 것으로 볼 수 있다. 즉 모두 신의 흔적이라고 할 수 있다. 성체(誠體)의 신, 즉 살아 움직이는 그 활동 측면에서는 흔적이라고 하고, 객관적인 존재[현상] 측면에서는 일[事]이라고 한다. 이러한 흔적 혹은 일은 모두 신의 묘용에 의해서 일어난 창생이다. 결론적으로 말하면, 신의 창생은 이루어지도록 해주는 창생이고, 창생하는 도움이라고 할 수 있다. 이러한 '이루어지도록 돕는' 신의 창생을 떠나 또 다른 창생이 있을 수 없다. 모든 흔적과 일은 성체(誠體)의 신이라는 주(主)로 통합할 수 있다. 이 주(主)의 도움은 분명히 창생적인 도움이다. 창생할 수 있는 까닭은 바로 성체(誠體)의 신이 살아 있는 활동자 그 자체이기 때문이다. 한번 생각해보라. 만일 살아 있는 활동 그 자체의 오묘한 작용이 없다면 모든 흔적들은 단순히 그저 그렇게 흘러가 발광하여 죽거나, 부패하여 죽게 될 것인데, 어떻게 가치 있는 존재가 있을 수 있

---

[218] 誠體의 동정을 현상의 동정과 격리시켜 추상적으로 보면'이라는 의미이다.

고, 의미 있는 일이 존재할 수 있겠는가? 현상의 모든 것들로 하여금 영원토록 생생불식(生生不息)하면서 말라죽은 지경에 이르지 않게 하는 것이 바로 창조이다. 이것이 바로 『중용』에서 말한 "만물을 창생하면서도 그 원리를 짐작할 수 없다"[生物不測]는 천도[誠體]의 진정한 의미이다. 이는 본체론적인 묘용을 통해서 드러낸 창생이다. 또 성체(誠體)의 신묘한 작용에 의해서 이루어진 형식적 창생이라고도 할 수 있다. 성체(誠體)의 신이 이루도록 해주는 창생은 필연의 창생이지 결코 우연적인 창생이 아니다.

예를 들어 "오로지 확장하기만 하고 쉬지 않는 것은 문왕과 무왕이라고 할지라도 하지 못할 것이다"고 말한 것처럼, 마땅히 확장할 때이면 성체(誠體)의 신은 그것과 상응하여 그것이 확장할 수 있도록 해주며, 또 확장의 형상을 드러낸다. 이것이 바로 동의 생이고, 동의 양이다. 쉼도 마찬가지이다. 이처럼 동의 생(生)과 동의 양, 그리고 정의 '생'과 정의 음이라는 측면에서 보면, 태극 전체가 바로 작용에 나타나고, 신 전체가 바로 하나의 흔적에서 드러난다. 이것이 바로 하나가 곧 전체라는 것이고, 또 '물각부물'(物各付物)[219]이라는 것이다. 신의 전체가 모두 실현되기 때문에 신은 공허하지 않게 된다. 성인도 동과 정 그리고 펼침과 수축을 하지 않을 수 없다. 성인은 민중과 희로애락을 같이 한다. 그러나 성인의 신은 민중과 함께하는 희로애락의 형상에 집착하여 살아 있는 신의 활동성을 잃어버리지 않는다. 따라서 성인의 성체(誠體) 그 자체에서 보면, 여전히 동하여도 동의 형상이 없고, 정하여도 정의 형상이 없다. 이것이 바로 전체의 작용이 바로 하나의 본체이고, 전체의 흔적이 역시 신의 작

---

219 역주 : 物各付物은 인위적으로 動의 형상과 靜의 형상을 드러내는 것이 아니라, 마땅히 動의 형상을 드러내야 할 때면 그것에 따라서 動의 형상을 드러내고, 또 마땅히 靜의 형상을 드러내야 할 때면 그것에 따라서 靜의 형상의 드러내는 자연스러움이다. 즉 마땅히 확장할 할 때이면 誠體의 신은 그것과 상응하여 그것이 확장할 수 있도록 해주고, 마땅히 쉬어야 할 때이면, 誠體의 신은 그것과 상응하여 그것이 쉴 수 있도록 해주는 것이다.

용이라는 것이다. 즉 모든 것이 바로 하나의 신인 것이다. 동정과 장이
(張弛) 그리고 희로애락은 하나의 밀물(密勿)[220]에 있다. 동정과 '장이' 그
리고 희로애락이 이 밀물[神]로부터 비롯된다. 다시 말하면 현상의 모든
형상은 하나의 신으로 관철된다. 신에 의해서 동정과 '장이' 그리고 희로
애락이 실제적인 일로 성취되고, 그 성취 활동은 단절 없이 계속된다. 확
장과 쉼에 관철하고, 이 활동을 올바르게 잡는 보편적인 규율은 성체(誠
體)의 신이 구체적인 흔적에 상응하여 드러낸 것이다. 드러나는 흔적이
라는 측면에서 보면 특수한 것이지만, 성체(誠體)의 신이 드러낸 규율은
보편적인 것이다.[221] 이 보편은 구체적인 보편이지 결코 추상적인 보편
이 아니다.[222] 성체(誠體)의 신은 규율을 발현하여 사물에 응대한다. 율칙
에 의해서 이루어지는 성체(誠體)의 묘용 때문에 사물의 흐름은 혼란하지
않게 된다. 신묘한 작용과 이치는 동일한 것이다. 필연의 도리인 신의 작
용에 의해서 구체적인 일이 이루어지기 때문에 현상은 필연이지 우연이
아닌 것이다. 규율 자체에서 보면 규율은 객관적인 존유이다. 그러나 규
율은 신의 작용에서 드러나기 때문에 구체적으로 말하면 규율은 성체(誠
體)의 신묘한 작용과 융해되어 함께 적감한다고 할 수 있다. 다시 말하면
성체(誠體)의 신묘한 작용이 바로 규율인 것이다. 이 양자의 관계는 주체
[能]와 객체[所]로 나눌 수 없다.[223] 양자는 함께 입체적으로 확장과 쉼에

---

220 역주 : 모종삼은 密勿이라는 용어를 사용하였다. '密勿'은 기밀을 다루는 것인데, 모
종삼은 '밀물'로써 신의 신묘한 작용을 형용한 것 같다.

221 역주 : 誠體의 신이 부모에게 작용하면, 효를 드러내고, 군주에 작용하면 충을 드러
낸다. 부모에 대한 효와 군주에 대한 충을 흔적 측면에서 보면 분명 다르다. 때문에
특수한 것이다. 그러나 효와 충은 모두 보편적인 규율이다.

222 역주 : 모종삼이 사용한 구체와 추상은 실재와 개념의 차이로 이해하면 될 것 같다.
즉 효와 충은 구체적인 실천에서 드러나는 실제적인 도리이지, 이성의 사변을 통하
여 이루어진 개념적 정의가 아니다. 따라서 모종삼은 효와 충을 구체적인 보편이라
고 한 것이다.

223 역주 : 神을 주체로, 理를 객체로 나누어 양자의 관계를 지각자와 지각의 대상으로
나누어서는 안 된다는 의미이다. 神과 理를 둘로 나눈 것을 심성론에 적용하면, 心
은 理를 인식할 수 있는 주체이고, 理는 心에 의해 인식되는 객체가 된다. 이는 주

관철하여 확장과 쉼을 실제적인 일로 성취되게 한다. 이 양자의 흐름을 맹자의 표현을 빌려 말하자면, "성대하게 흘러 무엇으로도 막을 수 없다"[224]는 본심의 흐름이라고도 할 수 있다. 또 이것을 우주론적으로 설명하면, '오목불이'로써 표현할 수 있고, 또 천도와 성체(誠體)의 생물불칙(生物不測)으로서 표현할 수도 있다. 문왕과 무왕의 도는 바로 이 성체(誠體)의 신이 확장과 쉼을 전개하는 '밀물'이다. "문왕의 덕의 순결함이여, 순결함이 멈추지 않는구나"[225]에서 표현하는 것과 공자가 인으로써 만물에 고루 작용하여 윤택하게 하는 것이 바로 성체(誠體)의 신묘한 작용의 실현이다.

『통서』에서 설명한 성체(誠體)의 정무이동유(靜無而動有)를 근거로 『태극도설』의 '무극이태극, 태극동이생양(無極而太極, 太極動而生陽)을 해설한다면, 나는 이상의 분석이 합리적이라고 생각한다. 나는 이러한 해석이 공자와 맹자 그리고 『중용』과 『역전』의 입체적인 직관형태의 도덕창생의 의리에 부합하고, 또 천명의 오목불이라는 근원적인 지혜에도 부합한다고 생각한다. 비록 주돈이가 성체(誠體)를 말하면서, 맹자의 본심을 근거로 삼지 않고 『중용』과 『역전』을 근거로 삼았지만, 주돈이가 제시한 성체(誠體)는 심·신·리와 합일하는 실체이지, 결코 심과 신 그리고 적감의 의미를 제거한 '단지 리'[只是理]가 아니다. 설사 주돈이가 제시한 심과 신에 우주론적인 의미가 강하게 포함되어 있어 맹자의 도덕적 심성과 유사하지 않은 것 같지만, 주돈이의 성체(誠體)에는 분명히 활동성의 심 의미가 포함되어 있다. 만일 성체(誠體)에 심의 의미가 포함되어 있지 않다면, 성체(誠體)로부터 신과 적감을 말할 수 없다. 심과 신 그리고 적감은 일자이다. 이 관계는 주돈이 철학을 분석하면 쉽게 알 수 있다. 그리고 리는 심과 신 그리고 적감 작용이 발현한 것이다. 즉 심·신과 적

희식의 심성[理] 관계이다.

[224] 『孟子』「梁惠王上」, "沛然莫之能禦."
[225] 『중용』「26장」, "於乎不顯, 文王之德之純.」蓋曰文王之所以爲文也. 純亦不已."

감이 자율적으로 드러낸 것이다. 심과 신 그리고 적감과 리는 하나이기 때문에 설사 어느 일자만을 분석하더라도 나머지 의미를 얻을 수 있다. 심과 신 그리고 적감과 리를 합하여 하나로 말한 것이 바로 성체(誠體)이다. 만일 『중용』과 『역전』의 의리가 공자와 맹자의 의리를 계승하여 발전한 극치라는 점을 이해하고 있으면, 『중용』과 『역전』의 성체(誠體)가 바로 공자의 인(仁)과 맹자의 심성 관념의 확대이고, 내용적으로는 일자임을 쉽게 알 수 있을 것이다. 주돈이의 성체(誠體)는 심과 신 그리고 적감과 리의 합일이다. 단지 주돈이가 『중용』과 『역전』을 근거로 이론을 세웠고, 공자의 인(仁)과 맹자의 심성에 대한 계발이 부족하였기 때문에 사람들은 쉽게 주돈이의 사상과 공맹의 사상이 서로 다른 것이라고 생각하는 것이다.[226] 그러나 주돈이 철학에서 성체(誠體)[장재 철학에서 태화(太和)와 태허(太虛)를 포함하여]를 말하면서 우주론적 의미인 심을 배제하고서는 온전한 의미를 얻을 수 없다. 공맹과 『중용』·『역전』 사상의 온전한 합일은 정호 시대에 이르러 비로소 표현된다.

3) '태극의 리'에 대한 주희의 이해와 편차

태극[理]에 대한 주희의 분석[227]을 살펴보면, 주희가 긍정한 태극에서는 앞에서 논한 신의 묘용 의미를 발견할 수 없다. 태극에 대한 주희의 분석에서 진정한 문제는 리기(理氣)를 개념적으로 둘로 나눈 것에 있지

---

226 장재도 주돈이와 같은 형태에 속한다.

227 역주 : 이곳에서 모종삼이 말한 주희의 분석은 우주론과 심성론 두 측면으로 나누어 설명할 수 있다. 먼저 우주론에서 보면, 주희는 태극에서 神의 의미를 탈락시켜 氣의 영역에 놓았다. 심성론에서는 心을 性理에서 탈락시켜 氣의 영역에 놓았다. 우주론에서 神과 심성론에서 心은 모두 본체의 역동성을 표현하는 개념이다. 이 양자의 의미가 본체로부터 탈락함으로서 본체는 더 이상 '於穆不已'의 작용을 가진 형이상자도 아니고, '動하지만 動의 형상이 없고, 靜하지만 靜의 형상이 없는'[動而無動, 靜而無靜] 誠體도 아니다.

않고, 또 리와 기의 선후를 긍정하는 것에도 있지 않다. 문제의 핵심은 주희가 『통서』의 誠에 갖추어진 신과 적감진기에 의거하여 태극을 이해하지 않았다는 점에 있다. 주희는 정이의 '한 번 음이 되고 한 번 양이 된다'[一陰一陽之謂道]에 대한 분석에 따라 태극을 이해하였다. 정이는 "한 번 음이 되고 한 번 양이 되는 것을 도라고 한다. 도는 음양이 아니라, 한번 음이 되고 한번 양이 되게 하는 까닭이 도이다"[228]고 하였으며, 또 "음양을 떠나서는 도가 있을 수 없다. 음이 되고 양이 되는 까닭이 도이고, 음양은 기이다. 기는 형이하자이고, 도는 형이상자이다. 형이상자가 바로 기밀을 다루는 곳[229]이다"[230]라고 하였다. 주희는 정이에 의해 제시된 "음양은 기이고, 음이 되고 양이 되게 하는 까닭이 도이다"라는 분석을 엄격하게 준수하였다. 이러한 분석은 매우 분명하면서도 논리적 체계까지 갖추고 있다. 그러나 "음이 되고 양이 되게 하는 까닭이 바로 도이다"라는 진술만으로는 태극을 정태적인 존유라고 단정하기 어렵다.[231] 왜냐하면 초월적인 소이연지리가 드러내는 도 자체에 대해서 서로 다른 이해를 할 수 있기 때문이다. 주희는 '도는 단지 리일 뿐이고, 심과 신은 모두 기에 속한 작용'으로 이해하였다. 기는 형이하자이고, 리는 형이상자이다. 이러한 제한적인 분석을 통해서 도는 역동성을 갖추지 않은 그

---

228 『二程遺書』卷4, "一陰一陽之謂道. 道非陰陽也, 所以一陰一陽道也."

229 역주 : 옮긴이는 이곳의 密을 앞의 密勿과 연결시켜 '기밀을 다루는 곳'으로 번역하였다. 정이에 따르면 氣의 '一動一靜'은 형이상자인 理, 즉 소이연지리에 의하여 움직이기 때문에 형이상자인 理가 바로 氣의 '一動一靜'이라는 기밀을 다루는 핵심인 것이다.

230 『二程遺書』卷16, "離了陰陽更無道. 所以陰陽者是道也, 陰陽氣也. 氣是形而下者, 道是形而上者. 形而上者則是密也."

231 역주 : 『통서』에서 긍정한 태극도 '한번 음이 되고 한번 양이 되게 하는 까닭'이라는 초월적인 소이연지리의 의미를 갖고 있다. 다시 말하면 『통서』의 의리에 따른다고 할지라도 음양은 기이고, '한번 음이 되고 한번 양이 되게 하는' 초월적인 소이연지리는 태극의 誠體이다. 문제는 태극을 '초월적인 소이연지리로 이해하는가'에 있지 않고, '태극을 오로지 초월적인 소이연지리로만 이해하는가'[只是理] 아니면 '태극을 신 혹은 심과 합쳐서 이해하는가'에 달려 있다.

저 투명한 리로서만 존유하게 되었다. 즉 도[태극]는 추상적으로 '단지 리일 뿐이다.'[道只是理] 도는 '단지 리일 뿐'이고, 태극 역시 '단지 리일 뿐'이다. 태극 자체에는 우주의 모든 리가 갖추어져 있다. 만일 '초월적인 소이연지리'라는 형식적 진술로써 형이상의 리를 표현하면, 이때의 형이상의 리를 반드시 '단지 리이다[只是理]고 이해할 필요는 없다. 초월적인 소이연지리도 심·신·리를 합일하여 하나로 갖추고 있는 성체(誠體)의 신과 적감진기의 의미를 가질 수 있기 때문이다. 소이연이라는 형식적 진술로써 표현되는 리를 앞서 내가 긍정한 성체(誠體)의 신으로 이해한다면, 이 성체(誠體)의 신으로서의 리는 성체(誠體) 자신에게 갖추어져 있는 '심이면서 신이고, 리[율칙]이다'라고 말할 때의 '리'와 다르다.[232] 주회는 서로 다른 층차의 '리'를 구분하지 않고 동일한 것으로 이해하였기 때문에 초월적인 소이연지리라는 진술로 표현되는 형이상의 '리'를 성체(誠體) 속에 포함되어 있는 율칙으로서의 '리'와 동일시 한 것이다. 다시 말하면 초월적 소이연지리에 갖추어져 있는 심과 신의 의미를 모두 제거하고서 오로지 리만을 형이상의 초월자로 간주한 것이다. 이렇게 되면 그 초월적 소이연지리로서 표현되는 형이상의 리는 추상적으로 '단지 리이다[道只是理]로 규정될 수밖에 없고, 도[태극] 역시 심·신의 작용을 갖춘 성체(誠體)라고 할 수 없게 된다. 주회가 이해한 초월적 소이연지리는 '단지 리'[只是理]일 뿐이다. 그 속에는 천도 천명을 '오목불이'로 이해하는 지혜가 포함되어 있지 않다. 이러한 주회의 직선적인 분석은 리와 심·신을 분명하게 분리시켜, 자연스럽게 '태극은 활동하지 않는 정태적 존유이다'라는 결론에 이르게 하였다. 이러한 결론의 출현도 매우 논리적이라고 할 수 있다. 직선적이고 분석적인 사고에 의해 분명하게 확정된 '단지 리일 뿐'인 리는 정태적 성격의 초월적인 소이연지리이지, 결코

---

232 역주 : 이 점은 이 장 1.4) 「理性命」장에도 언급되어 있다. 초월적 소이인지로서의 理는 誠體의 神과 같은 존재이고, 誠體의 神 속에 갖추어져 있는 '心이면서 神이고, 理이다'의 理는 단지 규율로서의 '理'이다.

동태적 성격의 초월적인 소이연지리가 아니다. 정태적 소이연으로서의 형이상의 리는 초월적 세계에 그저 지선(至善)한 존유 혹은 법칙으로 놓여 있을 뿐이다. 즉 리는 기의 배후에 놓여 있는 규율로서의 초월적 소이연일 뿐이고, 실제로 생화하고, 변화하며, 활동하는 것은 모두 기이다. 이 초월적 소이연으로서 형이상의 리는 창생의 묘용을 발휘하지 않는다. 이것이 바로 주희철학의 기본 체계이다. 이러한 체계에서 태극은 동(動)할 수 없고, 리 역시 동(動)할 수 없기 때문에 태극동이생양(太極動而生陽)이라는 말은 성립할 수 없다. 주희의 체계에서 이러한 결론이 도출되는 것은 결코 우연이 아니고, 또 후대의 학자들이 억지로 꾸민 것도 아니며, 당시 문인이나 제자들이 문답을 교류하다가 우연히 이러한 결론에 이르게 된 것도 아니다. 주희의 체계와 주희가 사용한 용어에 이미 이러한 결론이 포함되어 있다. 당시 이 문제에 대한 토론이 특히 많았던 원인은 바로 모든 학자들이 주희의 태극으로부터 정태적 성격을 쉽게 도출할 수 있었기 때문이었다. 그러나 주희가 주돈이의 『태극도설』을 주해(註解)하면서, 주돈이의 원문을 붙여서 말하려고 하였기 때문에 용어를 애매모호하게 사용할 수밖에 없었고, 이 때문에 또 다양한 해석이 가능했으며, 후인들도 쉽게 그 내용을 파악하지 못했던 것이다. 그렇지만 토론을 통하여 이 문제의 진실을 폭로하면 그것의 진정한 의미와 실제적 의미는 분명하게 드러날 것이다. 또 주희가 그러한 용어를 사용한 것도 그 체계에 비춰보면 반드시 그렇게 할 수밖에 없었던 이유가 있다. 어쩌다 애매모호한 표현이 있지만 좌우를 잘 살펴 해석하면 어렵지 않게 본의를 확정할 수 있을 것이다.

주희는 『태극도해(太極圖解)』에서 다음과 같이 말하였다.

○ 이것이 이른바 무극이면서 태극이다. 동하여 양이 되게 하고, 정하여 음이 되게 하는 본체이다.[원주: 태극은 리이고, 음양은 기이다. 기가 동정을 할 수 있는 까닭은 리가 주재하기 때문이다.] 그러나 (리)는 음양을 떠나 있는 것이 아

니다.[원주: 도는 기를 떠나 존재하지 않는다.] 음양 속에 있는 그 본체를 가리키는 것으로,[원주: 기(器) 중의 도이다 음양과 함께 섞여 있지 않음을 말한 것뿐이다.[원주: 도는 도이고, 기(器)는 기(器)이다. 위 세 구절을 분리하고 합해서 보아야만 비로소 분명하게 이해할 수 있다.][233]

○, 此所謂無極而太極也. 所以動而陽靜而陰之本體也.[原注: 太極理也, 陰陽氣也. 氣之所以能動靜者, 理爲之宰也.] 然非有以離乎陰陽也.[原注: 道不離氣] 卽陰陽而指其本體,[原注: 器中之道] 不雜乎陰陽而爲言耳.[原注: 道是道, 器是器. 已上三句要離合看之, 方得分明.]

◐, ○태극이 동하여 양이 되고, 정하여 음이 되는 것이다. 가운데의 ○이 본체이다.[원주: 즉 제일층의 태극이다.] ☾, 양의 동이며, ○태극의 용이 행해지는 까닭이다. ☽, 음의 정이며, ○태극의 체가 세워지는 까닭이다.

◐, 此○之動而陽靜而陰也. 中○者, 其本體也.[原注: 卽第一層之太極也.] ☾陽之動也, ○之用所以行也. ☽陰之靜也, ○之體所以立也.

해설 이 해설의 처음 구절인 "○이 무극이면서 태극이다"[234]는 것은 실제로 태극을 지칭하여 한 말이다. 태극은 동하여 양을 생하고, 정하여 음을 생하게 하는 본체이다. 이 구절은 다음과 같은 내용이다. 즉 '태극은 음양하게 하는 까닭으로서의 리이다. 동하게 하는 소이연지리이고, 정하게 하는 소이연지리이다.' 동하여 양이 되고, 정하여 음이 되는 것은 기이지만, 그 소이연은 리이다. 소이연의 리는 동정이 없는 '단지 리일 뿐이다.' 즉 성체(誠體)가 아니며, 심과 신의 작용을 갖춘 리[心·神·理]도 아니다. 그렇다면 태극이 동하여 양을 생하는 것이 아니다. 태극은 기가

---

233 주희는 세 구절이라고 하였지만, 두 구절만이 온전한 구절이다. "卽陰陽而指本體"는 온전한 구절이 아니다.
234 **역주**: 주희 역시 태극과 무극을 일체의 양면으로 이해하기 때문에 '무극이면서 태극이다'로 번역하였다.

동할 수 있고, 정할 수 있게 하는 원리로서의 리일 뿐이다. 리 자체에는 동정이 없다. 끝 두 구절은 '리기는 서로 떨어지지도 않고, 서로 섞이지도 않는다', 즉 불리부잡(不離不雜)을 말한 것이다. '리는 기를 떠나지 않는다(理不離氣)는 것은 '리가 기의 소이연'이라는 측면에서 리와 기의 관계를 설명한 것이다. 이것은 기라는 현상(然)에서 그 소이연을 볼 수 있기 때문이다. '기는 리를 떠나지 않는다(氣不離理)는 말은 '기라는 현상에는 반드시 그 소이연이 있다'는 측면에서 리와 기의 관계를 표현한 것이다. 이것은 리의 필연성에서 기의 그러한 모습을 볼 수 있기 때문이다.[235] 주희의 '리불리기'(理不離氣)를 원칙적인 입장에서 보면, 리는 기의 본체로서, 본체는 본래 그것이 의지하고 있는 것[기]을 떠나서는 본체로서 존재할 수 없다는 의미이다. 비유를 들어 말하면, 리는 기가 없으면 실려 있을 수 없고, 붙어 있을 수도 없다. '기는 리를 떠나지 않는다'는 것을 원칙적인 입장에서 보면, 하나의 물건은 본래 그 본체와 떠나서 존재할 수 없다는 의미이다. 이것 외에 주희는 더 상세한 해설을 하지 않았다. 이는 아마 그가 더 해설할 필요가 없다고 생각되었기 때문에 그랬을 것이다. 그러나 라이프니쯔의 표현을 빌려 설명하면 그 의미가 더욱 분명하게 드러난다. 즉 '기는 리가 없으면 그 존재가 왜 이렇게 되었고, 저렇게 되지 않은 까닭을 알 수 없다.' 리와 기는 서로 떨어져 있을 수 없지만, 서로 섞여 있지도 않다. 리는 리이고, 기는 기이다. 그러나 리기 불리부잡은 '단지 리일 뿐이다'와 동의어가 아니다.[236] 리가 정태적인 '단지 리'가

---

235 역주 : 비록 주희가 긍정한 理에 역동성의 의미는 없지만, 氣의 동정은 반드시 이 理에 의거하여 발현된다. 그리고 氣의 동정은 氣 자체가 결정하는 것이 아니라 理에 의하여 결정된다. 따라서 氣가 동하는 것은 理의 필연에 의하여 동할 수밖에 없는 것이고, 靜 역시 마찬가지이다. 이것이 바로 '氣는 理를 떠나지 않는다'(氣不離理)의 의미이다. 만일 氣가 理를 떠나 존재[활동]하면 그 氣의 활동은 아무런 의미를 갖지 못한다.[사실계에서 理와 氣의 결합은 필연이다. 理와 氣의 분리는 가치계, 즉 인간의 도덕행위와 관련지을 때만 가능하다.]

236 역주 : 理氣 不離不雜과 본체의 정태성은 본질적으로 관련이 없다. 본체의 역동성을 긍정하는 다른 송명이학자들도 理氣 不離不雜을 긍정한다.

된 것은 리[태극]에 대한 주희의 이해로부터 비롯된 것이지, 리와 기의 관계로부터 비롯된 것이 아니다. 분석적인 입장에서 보면, 설사 리를 심과 신을 일체로 하여 이해하였다고 할지라도 리기 불리부잡(不離不雜)을 긍정할 수 있다.

양동음정(陽動陰靜)에 관한 해설에서, 주희는 "이 ○태극이 동하여 양이 되고, 정하여 음이 된다"고 하였다. 이 해설 중에 지(之) 자가 있지만 '동이양정이음'(動而陽靜而陰)을 '태극이 동하여 양이 되고, 정하여 음이 된다'로는 볼 수 없을 것 같다. 즉 태극이 동하여 양을 생하고, 정하여 음을 생한다고 할 수 없을 것 같다. 주희에 의하면, 태극은 기가 동하게 할 수 있고 정하게 할 수 있게 하는 까닭으로서의 소이연이다. 따라서 이 구절은 단지 '기의 동은 동의 리에 의하여 동한다. 따라서 동(動)도 리에 예속되어 리에 의하여 거느려지는 것이다'로 해석해야 한다. 이는 기의 동을 태극에 통속(統屬)시킨 것이지만, 태극[리] 자체는 동하지 않는다. 기의 정도 마찬가지이다. 따라서 "태극지동이양정이음"(太極之動而陽靜而陰)은 태극의 통속 아래에서 '기의 동이 양이 되고, 기의 정이 음이 된다'로 해석해야 한다. 그러나 주희는 주돈이의 원문에 의거하여 말하고자 하였기 때문에 '태극지동이양정이음'(太極之動而陽靜而陰)이라고 표현한 것이다. '양의 동'을 해설한 것이 바로 "태극의 용이 행해지는 까닭이다"[太極之用所以行]는 구절이다. 태극의 작용도 마땅히 기의 동을 태극에 통속시켜 놓고서 말한 동의 작용이다. 즉 양의 동으로 말미암아 태극에 통속시킨 기의 발용을 볼 수 있다. 기의 발용은 태극에 의해 거느려지기 때문에 '태극지용'(太極之用)이라고 한 것이다. 그러나 사실은 기가 동의 리에 따라서 동의 작용을 보인 것일 뿐이다. '음의 정'을 해설한 것이 바로 "태극의 체가 세워지는 까닭이다"[太極之體所以立也]는 구절이다. 이는 기의 음정(陰靜)으로 말미암아 태극 자체를 볼 수 있다는 의미이다. 이 두 구절은 '음의 정이 체이고, 동의 양이 용이다'는 의미가 아니라, '기의 정[음]으로 말미암아 태극 자체를 볼 수 있고, 기의 동[양]으로 말미암아 태극에 통속된 발용을 볼 수 있다는 의미이다. 황종희는 이 두 구절을 "음의 정이 체이고, 양의 동은 용이다"[237]라고 해설하였는데, 이는 주희의 뜻을 잘못 이해한 것이다. 황종희는 다음과 같이 말하였다.

> 무릇 태극이 체이면, 음양은 모두 용이다. 하늘의 봄과 여름은 양과 같고, 가을과 겨울은 음과 같다. 사람이 숨을 내쉬는 것은 양이고, 들이쉬는 것은 음이다. 차라리 봄여름을 내쉬는 것과 함께 용이라고 하고, 가을겨울을 들이쉬는 것과 함께 체라고 하는 것이 낫지 않을까?
>
> 夫太極旣爲之體, 則陰陽皆是其用. 如天之春夏陽也, 秋冬陰也. 人之呼陽也, 吸陰也. 寧可以春夏與呼爲用, 秋冬與吸爲體哉?
>
> 『宋元學案』「濂溪學案下」

황종희의 오해는 주희로부터 비롯된 것이 아니다. 주희는 이곳에서 '음의 정으로 말미암아 태극 자체를 볼 수 있고'[太極之體所以立], '양의 동으로 말미암아 태극에 통속된 발용을 볼 수 있다'[太極之用所以行]고 하였다. 그러나 만일 '용'으로 말하자면, 양의 동과 음의 정 모두 태극에 통속된 발용이다. '양의 용은 발산하고, 음의 용은 수렴한다'는 차이가 있을 뿐이다. 기가 수렴하여 모이면 음의 정인데, 여기에도 정의 소이연지리가 있다. 이 리가 바로 태극이다. 때문에 기의 정용(靜用)도 태극에 통속되어 태극에 의해 거느려진 정의 용이라고 할 수 있다. 엄격하게 말하면 동의 용과 정의 용 모두 직접적으로는 기의 용이지 태극의 용이 아니다. 단지 태극에 의해 부려진 용일 뿐이다. 만일 일반적인 체용의 의미로 말하자면, '기가 체이고, 음양은 용이다'라고 할 수 있지만, '태극이 체이고, 동정이 용이다'고는 할 수 없다. 만일 태극의 용을 말하려면, '태극은 초월적이고, 정태적인 소이연지리이기 때문에 모두 태극에 통속되어 태

---

[237] "陰靜是體, 陽動是用."

극을 주로 삼을 뿐이다'고 해야 한다. 이것은 기의 동정이라는 두 가지 용을 태극에 통속시켜 부린다는 의미로서 말한 '태극의 용이다'. 이 사이에는 곡절과 전환이 있다. 바로 이러한 곡절의 전환으로 말미암아 형성된 곡절의 통속관계 때문에 '태극이 체이고, 동정은 용이다'는 일반적인 의미의 체용이 아니게 된 것이다. 이 때문에 통속관계의 체용 의미는 분명하지도 않게 되었고, 적절하지도 않게 되었다. 주희도 처음에는 태극을 체로 삼고, 동정을 용으로 삼았지만, 이러한 불명확한 관계 때문에 적절하지 않다고 여기게 되었다.[238] 주희는 자신의 마음속에 있는 리기의 관계를 합당하게 표시하기 위하여 "태극은 본연의 묘이고, 동정은 리[태극]가 타는[239] 기틀이다"[240]로 바꾸어 표현하였다. 그러나 여전히 "양의 동은 태극의 용이 행해지는 까닭이다"라는 애매한 체용 의미를 보류시켜놓았다. 그리고 "음의 정은 태극의 체가 세워지는 까닭이다"라고 하였지만, 이것을 '태극의 용'이라고는 말하지 않았다. 이는 태극과 동정으로부터 직접 체용을 말한 것이 아님을 의미한다. 그리고 "양의 동은 태극의 용이 행해지는 까닭이다"고 한 것에 대해서는 특별한 해석이 필요하다. 이것을 직접 '태극의 용이다'라고 말해서는 안 된다. 그러나 만일 태극이 성체(誠體)의 신, 즉 심·신·리가 하나인 태극이라면 체용은 올바른 표현일 뿐만 아니라, 이로부터 더 나아가 '체용원융'(體用圓融)·'체용불이'(體用不二)·'전체가 용이고[全體是用], 전체의 용이 하나의 체[全用是體]'라는 등의 오묘한 표현도 적절하게 될 것이고, 또 마땅히 있어야할 오묘한 의미라고도 할 수 있다. 만일 주희가 긍정한 태극이 심·신·리

---

238 "熹向以太極爲體, 動靜爲用, 其言固有病." 주희는 '병통이 있다[有病]라고 하였는데, 이 구절은 이 段 뒷부분에 주희가 인용한『朱文公文集』卷45「書問答. 答楊子直五書之第一書」에 있다.

239 역주 : 이곳에서 '乘'을 '타다'로 번역하였으나, 주희는『朱子語類』卷94에서 "乘은 실려 있다와 같은 乘이다'[乘如乘載之乘]고 해설하였다. 乘과 乘載의 의미는 약간 다르다. '乘'에는 주동적인 의미가 있는 반면, '乘載'에는 피동적인 의미가 있다.

240 『朱子語類』卷94「周子之書. 太極圖」, "太極者本然之妙, 動靜者所乘之機."

가 하나인 태극이라면, 주희의 '동정은 리[태극]가 타는 기틀이다'라는 해설은 적절하지 않는 표현이 될 것이고, 또 그런 표현을 할 필요도 없을 것 같다. 그러나 "동정은 리가 타는 기틀이다"라는 말은 주희의 사상에 있을 수밖에 없는 표현이다. 이는 그가 리[태극]를 동정이 없는 '단지 리'로서만 이해하고 있음을 나타내는 표식(標識)이다. 이는 결코 주돈이의 본의가 아니다. 주돈이는 『통서』에서 분명하게 "성(誠)은 고요할 때는 없는 것 같지만, 움직일 때는 있는데, 지극히 바르게 통하는 것이다"[241]고 하였고, 또 "동하지만 동의 형상이 없고 정하지만 정의 형상이 없는 것은 동하지 않거나 정하지 않는 것이 아니다"[242]라고 하였다. 이러한 표현은 성체(誠體)의 신을 동과 정으로서 말할 수 있음을 분명하게 나타내주고 있다. 단지 동은 동하여도 동의 형상이 없는 동이고, 정은 정하여도 정의 형상이 없는 정일 뿐이다. 이러한 동과 정은 기에서 말하는 '동하면 정이 없고, 정하면 동이 없는' 상대적인 의미의 동과 정이 아니다. 그러나 비록 동하여도 동의 형상이 없고, 정하여도 정의 형상이 없을지라도 결코 '동하지 않는 것도 아니고, 정하지 않는 것도 아니다.'

주희는 『태극도설』의 무극이태극(無極而太極)에 대해서 다음과 같이 해설하였다.

> 하늘의 일은 아무런 소리도 없고 냄새도 없으나, 실제로 조화의 중심이고, 각종 사물을 이루는 근저이다. 때문에 무극이면서 태극이라고 한 것이다.
> 上天之載無聲無臭, 而實造化之樞紐, 品彙之根柢也, 故曰無極而太極.

해설 주희는 유가철학의 성교(聖敎) 전통인 '하늘의 일[上天之載]'로써 태극을 해설하였다. 그러나 『시경』에 출현하는 '상천지재'(上天之載-태극)는 오목불이의 천명이고, 후에 '만물을 이루면서 순일하니, 만물을 생생하

---

241 「誠下」, "靜無而動有, 至正而明達."
242 「動靜」, "動而無動, 靜而無靜, 非不動不靜也."

는 것이 신묘하여 그 원리를 짐작하기 어렵다'²⁴³는 의미로 발전된 천도이다. 이러한 '상천지재'는 심·신·리가 하나인 실체, 즉 '존유이면서 활동하는'[卽存有卽活動]²⁴⁴ 실체이지, 결코 '단지 리로서만의'[只是理]의 존유도 아니고, '단지 존유일 뿐 활동하지 않는'[只存有而不活動] 존유도 아니다.²⁴⁵ 정호는 이러한 '상천지재'에 대해서 다음과 같이 표현하였다.

---

243 "爲物不貳,生物不測."

244 역주 : 부록 2 참고.

245 역주 : '卽存有卽活動'과 '只存有而不活動'은 모종삼이 송명이학의 계파를 분류하고, 공맹철학의 正宗과 別子之宗을 판별하는 가장 간단하면서도 핵심적인 표현이다. '卽存有卽活動'과 '只存有而不活動'은 우주론과 심성론의 본체에 모두 적용되는 규정이다. 사실 우주론 측면에서만 보면, 본체를 동태적 실체로 이해하든, 정태적 실체로 이해하든 아무런 차이가 없다. 왜냐하면 자연은 주어진 사실계로서 인간의 의지와도 무관하고, 천도의 역동성 有無와도 무관하기 때문이다. 문제는 심성론에 있다. 초월적 본체에 대한 기본적인 견해는 심성론에 그대로 적용된다. 만일 심성론에서 본체의 활동성을 적극적으로 긍정하지 않으면 인간 행위에 대한 의지의 주재력은 약화될 수밖에 없다. 주회 역시 만년에 자신의 리기론 체계에 대하여 '리는 약하고 기가 오히려 강하다[理弱氣强]'의 혐의가 있다는 점을 긍정하였는데, 이는 주회 역시 자신이 긍정한 본체의 약점을 이미 알고 있었음을 의미한다. 또 모종삼은 천도천명의 내재화로서 본성을 해석하고, 그 이론을 공맹철학 이해에도 그대로 적용시킨다. 역동적인 천도의 내재화인 도덕본체 역시 역동성을 갖는다. 모종삼은 도덕본체의 역동성을 공자철학에서는 仁의 覺과 健의 작용으로 설명하고, 맹자철학에서는 양지와 양능의 작용으로 설명한다. 모두 도덕규범에 대한 의지의 자율성이며, 인간 행위의 도덕적 주재력이다. 모종삼이 제시한 仁의 覺은 측은과 不安不忍의 자각을 의미하고, 健은 健行不息으로서 가치실현의 '오목불이' 작용을 의미한다. 이는 맹자철학에서 동일하게 적용되는데, 가치에 대한 자각이 바로 仁의 覺인 양지의 작용이고, 가치에 대한 자각 판단의 실현인 健의 작용이 양능의 작용이다. 모종삼은 이러한 도덕주체의 覺[양지]과 健[양능]의 작용을 근거로 도덕규범에 대한 의지의 입법성을 체계화한다. 이처럼 인성론에서 본체는 자각과 실천의 능력을 구비해야 하는데, 그 인성론의 철학적 명제가 바로 '心卽理'와 '心卽性'이다. 모종삼은 공자와 맹자철학에서 비록 心卽性과 心卽理를 언표하지는 않았지만 사실상 긍정하고 있다고 주장한다. 따라서 心卽理를 기본 체계로 한 육구연과 왕수인의 인성론이 공맹철학의 正宗이 될 수밖에 없다. 그러나 주회는 "리는 지각을 하지 않는다"[理未知覺.]('주자어류』 권5), "리는 정의가 없고, 계탁이 없으며, 조작도 없다'[理無情意, 無計度, 無造作]('주자어류』 권1), "영명을 발현하는 곳은 心이지 性이 아니다. 성은 단지 리일 뿐이다'[靈處只是心, 不是性, 性只是理]('주자어류』 권5)라고 하여 리[性]의 활동성을 긍정하지 않는다. 性은 단지 리 즉 원리·조리·표준이기 때문에 정의도 없고 계탁도 없다. 그러므로 스스로 자신을 비추어 시비선악을 판단하고 사욕을 제거하여 向善하

그 체는 역이라고 말하고, 그 용은 신이라고 말하며, 그 리는 도라고 말한다.

其體則謂之易, 其用則謂之神, 其理則謂之道.

『二程遺書』卷1[246]

정호가 체득한 '상천지재'는 '존유이면서 활동하는 실체이다. 즉 심이면서, 신이고, 리인 존유이다. 결코 '단지 리로서' '존유만 할 뿐 활동하지 않는' 실체가 아니다. 주희의 해설을 어구 상으로만 보면 아무런 문제가 없는 같다. 그러나 주희에 있어서 태극은 '단지 리로서 존유만 할 뿐 활동하지 않는' 실체이다. 본체에 대한 주희의 이해는 유가철학의 전통에도 부합하지 않고, 주돈이의 본의에도 부합하지 않으며, 정호의 깨달음에도 부합하지 않는다. 주희는 정호가 긍정한 '역의 체'[易體]와 '신의 용'[神用]을 모두 기와 관련된 것으로 이해하였다. 그렇게 되면 '상천지재'는 '단지 리'에 불과하게 된다. 이점에 관해서는 정호철학을 해설할 때 자세하게 설명하겠다.

지 못한다. 性은 단지 존재의 실체로서 반드시 心에 인식된 후에야 비로소 자신의 모습을 드러낼 수 있다. 心의 인식 작용이 없다면 性은 스스로 자신을 드러내어 도덕 행위를 주재할 수가 없다. 비록 『주자어류』에 '성의 발'[性之發]·'성의 동'[性之動]·'생의 리'[生之理]라는 표현이 있고, 심성 문제에 관하여 맹자와 유사한 표현을 한 적도 있지만, 性에 관한 이론은 맹자와 확실히 다르다.

246 역주 : 『二程遺書』의 제1권에서 10권까지는 '二先生語'라고 표시되어 있기 때문에 정호와 정이 두 사람의 말일 것이고, 제11권에서 14권은 정호의 말이며, 제15권에서 25권까지는 정이의 말이다. 제11권에서 제25권까지는 누구의 말이라고 분명하게 표시되어 있기 때문에 문제가 없다. 그러나 제1권에서 10권까지는 누구의 말인지 불분명한 곳이 많다. 제3권에 謝良佐(謝上蔡)가 기록한 곳에는 '右明道先生語' 혹은 '右伊川先生語'라고 표기된 곳이 있고, 제2권에 呂與叔이 기록한 곳에는 대부분 누구의 말이라는 표기가 없다. 가끔 단락 아래에 明[명도] 자와 正[이천]의 자가 正叔이다 자를 표기하여 정호와 정이의 말을 구분하였다. 또 다른 곳에서도 가끔 '伯淳先生曰' 혹은 '伊川先生曰'이라는 표기를 하였다. 그러나 이 문장에는 정호와 정이의 말이라는 표식이 없다. 그러나 모종삼은 어투와 원융적인 사고방식을 볼 때 정호의 말이 분명하다고 확신하였다. 정호에 의하면 도는 본체의 존재와 법칙 의미를 표시하고, 신은 본체의 활동성을 표시한다. 즉 도와 신은 형식적인 개념만 다를 뿐 내용상 같은 실체이다.

주희는 『태극도해』에서 태극동이생양(太極動而生陽)에 대하여 다음과 같이 해설하였다.

　　태극에 동정이 있는 것은 천명의 유행이다. 이른바 '한 번 음이 되고 한 번 양이 되는 것을 도라고 한다'·'성(誠)은 성인의 근본이다'·'물의 마침과 시작이 다를 도라고 명한 것이다. 그 동은 성(誠)의 형통이다. 이를 계승하는 것이 선인데, 만물이 이곳에서 시작한다. 그 정은 성(誠)의 회복이다. 그것을 완성하는 것이 성(性)인데, 만물은 각각의 성(性)과 명(命)을 올바르게 한다. 동함이 극에 이르면 정해지고, 정함이 극에 이르면 다시 동하게 된다. 한 번 동하고 한 번 정하는 것은 서로 근원이 되는데, 천명이 이처럼 유행하여 멈춤이 없게 된다. 동하여 양을 생하고, 정하여 음을 생한다. 음과 양으로 나뉘어져 양의가 세워지는데, 나눠지는 것은 일정하여 바꾸어지지 않는다. 태극이라는 것은 본연의 오묘함이다. 동정이라는 것은 태극이 타는 기틀이다. 태극은 형이상의 도이다. 음양은 형이하의 그릇이다. 이것을 드러나는 곳에서 보면 동과 정이 서로 다르고, 음양의 지위도 다르지만, 태극은 없는 곳이 없다. 이것을 희미한 곳에서 보면 텅 비어 아무런 조짐도 없는 것 같지만, 동정음양의 리는 이미 그 안에 모두 갖추어져 있다. 비록 이전의 일을 추측하더라도 그 시작하는 합이 보이지 않고, 이후로 끌어다 놓더라도 그 마침의 떠남이 보이지 않는다. 그러므로 정이는 "동정은 끝이 없고, 음양은 시작이 없다.[247] 도를 깨닫지 못한 사람이 (이 도리를) 어떻게 알 수 있겠는가"라고 하였다.

　　太極之有動靜是天命之流行也. 所謂一陰一陽之謂道·誠者聖人之本·物之終始·而命之道也. 其動也, 誠之通也. 繼之者善, 萬物之所資以始也. 其靜也, 誠

---

[247] 역주 : 정이는 자신의 기화 우주론에서 '理事無間論'과 '陰陽無始·動靜無端'론이라는 두 가지 중요한 관념을 제시하였다. 理事無間論은 불교의 緣起性空과 王弼의 得意忘象에 대응하기 위한 이론이고, 陰陽無始와 動靜無端은 도가의 有生於無에 대응하기 위한 이론이다. 이 두 가지 관념은 유가 기화우주론의 핵심 관념이며, 동시에 유가 철학의 세계관을 가장 명확하게 표시해 주고 있다. 자세한 내용은 정이철학 해설에서 논하고 있다.

之復也. 成之者性也, 萬物各正其性命也. 動極而靜, 靜極復動. 一動一靜, 互爲
其根, 命之所以流行而不已也. 動而生陽, 靜而生陰. 分陰分陽, 兩儀立焉, 分之所
以一定而不移也. 蓋太極者, 本然之妙也. 動靜者所乘之機也. 太極, 形而上之道
也. 陰陽, 形而下之器也. 是以自其著者而觀之, 則動靜不同時, 陰陽不同位, 而太
極無不在焉. 自其微者而觀之, 則沖穆無朕, 而動靜陰陽之理已悉具於其中矣. 雖
然推之於前, 而不見其始之合, 引之於後, 而不見其終之理也. 故程子曰: "動靜無
端, 陰陽無始. 非知道者, 孰能識之."

해설 주희의 주해는 체계가 매우 잘 정돈되어 있다. 그러나 주희가 사
용한 문장의 용어들은 잘 살펴서 분류해야만 그 실제적 의미를 얻을 수
있다. 먼저 "태극에 동정이 있다"[太極之有動靜]는 구절을 살펴보자. 이곳
의 '있다'[有]는 '기의 동정이 태극에 통속되어 부려지기 때문에 태극이
동정을 영유(領有)한다'는 의미의 '있다'[有]이다. 즉 태극이 자체적으로
동과 정을 발동한다는 측면에서 말한 '동정이 있다'는 의미가 아니다. 엄
격하게 말하면, 기가 동하고 정할 수 있기 때문에 '기에 동정이 있고',
태극은 '동정의 소이연지리일 뿐이다.' 따라서 태극 그 자신에서는 동정
을 말할 수 없다. 그렇다면 '태극지유동정'(太極之有動靜)과 '기지유동정'
(氣之有動靜)에서 유(有) 자는 일률적으로 같은 의미로 해석해서는 안 될
것이다. '태극에 동정이 있다'[248]는 설에 관한 주희의 표현에는 전환적인
발전이 있다. 주희는 먼저 '태극에 동정이 있다'고 하였고, '태극은 동정
을 포함하고 있다'[249]고 하였다. '동정이 있다'는 표현은 유행 측면에서
말한 것이고, '동정을 포함하고 있다'는 표현은 본체 측면에서 말한 것이
다. 그러나 '유'(有)와 '함'(函)은 마땅히 '기의 동정이 태극에 통속되어 부
려지기 때문에 태극이 동정을 영유한다'로 해석해야 하고, 혹은 '동정을

---

248 "太極有動靜."
249 역주: "太極函動靜." 이 구절은 이 단 뒷부분에 주희가 인용한 『朱文公文集』 卷45 「書
問答. 答楊子直五書之第一書」에 있다.

갖추고 있다로 해석해야 한다.' 다음 태극 자체에는 동정이 없으나, 동의 리와 정의 리를 갖추고 있기 때문에 '태극은 중리[衆理]를 갖추고 있다'고 할 수 있고, '태극은 만리를 갖추고 있다'고도 할 수 있다. 마지막으로 태극은 '동의 리'와 '정의 리'를 갖추고 있으며, '중리를 갖추고 있고, 만리를 갖추고 있지만, 이때의 유(有) 자와 함(函) 자 및 구(具) 자는 모두 방편에 불과한 표현임을 알아야 한다. 사실 태극은 동에 대해서는 '동의 리'라고 말하고, 정에 대해서는 '정의 리'라고 말할 수 있을 뿐이지 유(有)와 함(函) 및 구(具)를 말할 수 없다.

다음 "태극에 동정이 있는 것은 천명의 유행이다"[250]는 구절을 살펴보자. '천명의 유행이다'는 말에 대해서도 잘 살펴 분류해야 한다. 주희에 의하면, 천명[리] 그 자체는 유행하지 않는다. 유행은 기의 동정에 가탁(假託)해서 말한 것이다. 유행의 실(實)은 기의 동정에 있고, '리의 유행'은 기의 동정[實]에 의지한 허설(虛說)이다. 왜 이러한 허설이 있게 된 것인가? 그것은 리가 기를 떠나 따로 존재하지 않기 때문이다. 기가 한번 동하고 한번 정하여 유행의 실(實)을 드러내지만, 리도 그곳에 의탁하여 기의 활동을 결정한다. 때문에 '리의 유행'이라는 허설이 있게 된 것이다. 리 자신에서만 말한다면, 유행도 없고 유행하지 않음도 없다. 이것이 바로 주희철학에서 리[천명 혹은 태극]를 '단지 존유일 뿐 활동하지 않는 존유'라고 규정한 까닭이다. 그러나 '존유이면서 활동하는' 천명의 원초적인 의미에서 보면, 이른바 유행이라는 것은 천명 자체의 '오목불이'한 작용을 의미한다. 오목불이는 천명의 실체가 영원히 멈추지 않고 작용을 일으키는 것을 형용한 것이다. 즉 멈추지 않고 작용하는 곳으로부터 유행을 말한 것이다. 또 '천명 유행의 실체[體]'는 천명의 멈추지 않는 작용이 바로 유행이고, 이 유행이 바로 실체임을 말한 것이다. 비록 실체로부터 유행을 말하였지만, 천명이라는 실체의 유행은 '유행하면서도 유행하

---

250 "太極之有動靜是天命之流行也."

지 않는 것[251]이고, 유행하더라도 유행의 형상이 없다. 또 나아가더라도 나아가지 않고[252], 나아가더라도 나아감의 형상이 없다.'[비록 유행하더라도 유행의 형상이 없고, 나아가더라도 나아감의 형상이 없을지라도 이것과 주희식의 理의 유행은 서로 다르다.] 이러한 천명 실체의 멈추지 않는 작용으로 말미암아 기의 생화 작용이 멈추지 않고 실제적인 일로 드러나게 되는 것이다. 기의 생화 작용이 멈추지 않고 실제적인 일로 드러나는 측면에서 보면, 유행의 형상이 있게 된다. 이는 기화의 유행이다. 기화의 유행에는 구체적인 유행의 형상이 있지만, 오목불이한 천명 유행의 실체는 유행의 형상을 드러내지 않는다. 비록 유행의 형상을 드러내지는 않지만, 결코 주희가 긍정한 '단지 리'[只是理]는 아니다. 주희철학에서 보면, 유행의 실(實)은 오로지 기에만 있다. '리의 유행'이라는 말은 허설이다. 기에 의탁하여 유행하지만 리 자신에는 어떤 유행도 없다. 선진유가철학에서 보면, 천명의 유행은 허설이 아니라 실제적인 의미를 갖춘 실제적인 규정[實說][253]이다. 그러나 이 유행은 유행하면서 유행함이 없고, 유행하더라도 유행의 형상을 드러내지 않는다. 단지 처음부터 일관되게 한시도 멈추지 않고 작용을 일으킬 뿐이다. 이 때문에 실체의 자격을 얻게 된 것이다. 기화의 유행이라는 것도 실제적 내용을 갖는 실제적인 표현이다. 그러나 기화의 유행은 구체적으로 유행의 형상을 드러낸다.[기의 유행에서 동은 류(流)의 형상과 행(行)의 형상이고, 정은 불류(不流)의 형상과 불행(不行)의 형상이다. 이러한 동정이 한번 동하고 한번 정하는데, 이를 종합해서 보면 결국 하나의 유행의 형상이다. 이 유행의 모습을 생화불식(生化不息)이라고 한다.] 유행의 형상이 있는 기화의 유행은 유행하더라도 유행의 형상을 드러내지 않는 천명의 유행을 본체로 삼는다. 이 본체가 바로 '존유이면서 활동하는 실체'[卽存有卽活動]인데, 이것이 바로 성체(誠體)이고 신체(神體)이다. 이는 모

---

251 "流而不流."
252 "行而不行."
253 實說은 '멈추지 않는 작용'을 말한 것이다.

두 '만물을 묘용한다'는 측면에서 그 체를 말한 것이다. 때문에 신의 의미를 궁구하면 천도의 오묘한 묘화 작용을 알 수 있는 것이다.[254] 주희가 긍정한 리는 묘용[신]의 의미를 갖고 있지 않다. 주희는 리[태극과 천명]와 기의 동정 관계를 체용으로 이해하지 않으려고 하였다. 주희는 양자의 관계를 "태극이라는 것은 본연의 오묘함이다. 동정이라는 것은 [태극이] 타는 기틀이다"로 표현하였다. 주희는 이러한 표현이 리와 기의 동정 관계를 합당하게 표현한 것이라고 생각하였고, 또 그렇게 표현하기를 스스로 원했다. 이는 근본적으로 "리와 기는 떨어지지도 않고 서로 섞이지도 않는다. 리는 기에 걸려 있고, 기는 리에 의지한다"[255]는 말의 다른 형식으로 표현된 동일한 주장이다.

다음, 주희는 또 태극을 『통서』에서 제시한 성(誠)과 합하여 말하였다. 그러나 그가 말한 성(誠)은 주돈이가 긍정한 성(誠)이 아니다. 설령 아니라고는 할 수 없다고 할지라도 주돈이의 뜻을 다 표현하지 못했다는 것은 분명하다. 『통서』「성상(誠上)」에서 "성(誠)은 성인의 근본이다"[256]고 하였다. 주희는 이 구절에 대하여 다음과 같이 주해하였다.

성(誠)이라는 것은 지극히 진실한 것으로 헛됨이 없음을 말한 것이다. 하늘이 부여하고, 사물이 품부 받은 올바른 리이다. 사람들은 모두 (誠을) 갖추고 있다. 성인이 성스러운 까닭은 다른 것이 아니라, 홀로 그 성(誠)을 온전하게 실현하였기 때문이다. 이 책[통서]은 『태극도설』과 서로 표리의 관계를 이루고 있는데, 성(誠)은 이른바 태극이라는 것이다.

誠者至實而無妄之謂. 天所賦, 物所受之正理也. 人皆有之. 聖人之所以聖者無他焉, 以其獨能全此而已. 此書與太極圖說相表裏, 誠卽所謂太極也.

---

254 "窮神知化."
255 "理氣不離不雜, 理掛搭於氣, 氣依傍於理."
256 "誠者, 聖人之本."

『통서』「성하(誠下)」에서 "성인은 誠일 뿐이다"라고 하였다. 이 구절에 대하여 주희는 다음과 같이 주해하였다.

성인이 성스러운 까닭은 이 실리를 온전하게 실현하였기 때문이다. 즉 이른 바 태극이라는 것이다.

聖人之所以聖, 不過全此實理而已. 卽所謂太極者也.

이것을 자세하게 설명하면, 성(誠)은 '실제적인 리[實理]이고, 올바른 리 [正理]이다'는 의미이다. '단지 리인 태극과 같은 것이기 때문에 '성(誠)은 태극이다'고 하고서 성(誠)을 태극과 함께 실리(實理)로서 규정한 것이다. 주희가 "성(誠)이라는 것은 지극히 진실한 것으로 헛됨이 없음을 말한 것 이다'라고 한 것은 옳다. 그러나 주희는 오히려 단지 이 '지극히 진실되 어 헛됨이 없음'이라는 의미를 객관적인 측면으로 치우치게 하여, 객관 적인 존재 의미를 대표할 수 있고, 지목할 수 있는 실리(實理)와 정리(正 理)로 표현하였다. 때문에 "하늘은 부여하고 사물은 받는다"로 표현한 것 이다. 이는 주돈이가 말한 성체(誠體)의 본래 의미가 아니다. 주돈이가 말 한 성체(誠體)는 『중용』과 『역전』을 근본으로 한 것이다. 성(誠)은 본래 리이다. 또한 심이고, 신인 성(誠)이다. 이 심·신·리가 하나인 본체가 바로 '존유이면서 활동하는' 실체이다. '진실무망(眞實無妄)은 리를 객관 적으로 형용하거나 지목할 뿐만 아니라, 역시 주관적으로 심을 형용하고 지목한 것이다. 그리고 심은 본심이며, 천심이다. 이 본심 천심이 바로 리이다. 그렇기 때문에 『통서』「성하(誠下)」에서 "성(誠)은 다섯 가지 윤 리의 바탕이고, 모든 행실의 근원이다. 이것은 고요할 때는 없는 듯하지 만, 움직일 때는 드러나고, 지극히 바르고 밝게 (사물의 이치에) 통한다'[257] 고 한 것이다. 『통서』「성(聖)」에서도 "고요하여 움직이지 않는 것[寂然不

---

[257] "誠, 五常之本, 百行之源也. 靜無而動有, 至正而明達也."

動은 성(誠)이다. 감응하여 통하는 것[感而遂通]은 신이다"258고 하였다. 만일 '실리'(實理)와 '정리'(正理)의 의미로써만 성(誠)을 규정한다면, 이는 주돈이와는 다른 계통의 학설을 세운 것이다. 결코 주돈이가 말한 성(誠)의 본의가 아니다. "이것은 정할 때는 없는 듯하지만, 동할 때는 드러나고, 지극히 바르고 밝게 (사물의 이치에) 통한다"259에 대해서 주희는 "정(靜)하자마자 음이 되지만, 성(誠)은 없는 적이 없다. 단지 아직 구체적인 형체가 없기 때문에 '무(無)'라고 했을 뿐이다. 동(動)에 이르면 양이 되는데, 성(誠)은 양으로 된 후에 있는 것이 아니라, (형체가 있어) 볼 수 있기 때문에 '유'(有)라고 한 것일 뿐이다. '정할 때는 없는 듯하다'는 '지극한 올바름일 뿐이다'는 것이다. 동(動)하여 드러난 후에 밝음과 통달을 볼 수 있다"260고 해설하였다. 이곳에서 주희는 '정하여 음이 된다'[靜而陰]는 것으로써 '정무'(靜無)를 해석하고, '동하여 양이 된다'[動而陽]는 것으로써 '동유'(動有)를 해석하였으나, 이는 주돈이가 말한 정무이동유(靜無而動有)에 대한 올바른 해설이 아니다. 주돈이 철학에서 '정무'(靜無)와 '동유'(動有)는 오로지 성체(誠體) 자신만을 형용한 것이다. '정무'(靜無)는 성체(誠體)의 적연부동으로서 '아무 소리도 없고, 냄새도 없다'는 것이며, 『통서』「성기덕(誠幾德)」장의 "성(誠)은 인위의 조작이 없다"261의 뜻이다. 인위적으로 사려하지도 않고, 인위적으로 조작하지도 않으며, 아무 소리도 없고 냄새도 없는 것이 바로 '정무'(靜無)이고, 또 적연부동이다. 이 성체(誠體)의 적연부동은 '靜하여 음이 된다'262는 의미까지 언급하지는 않는다. 주희가 말한 '정이음'(靜而陰)은 실제로 '음의 정'[陰之靜] 의미이고, 음의 정이 "태극의 체가 세워진 까닭이다"[太極之體所以立]는 뜻이다. 다시 말하

---

258 "寂然不動者, 誠也. 感而遂通者, 神也."
259 "靜無而動有, 至正而明達也."
260 "方靜而陰, 誠固未嘗無也, 以其未形而謂之無耳. 及動而陽, 誠非至此而後有也, 以其可見而謂之有耳. 靜無, 則至正而已. 動有, 然後明與達可見也."
261 "誠無爲."
262 "靜而陰."

면 음의 정으로 말미암아 수렴(收斂)하고 응취(凝聚)할 때 태극 자신을 볼 수 있다는 뜻이다. 그렇기 때문에 "정(靜)하자마자 음이 되지만, 성(誠)은 없는 적이 없다. 단지 아직 구체적인 형체가 없기 때문에 무(無)라고 했을 뿐이다'라고 한 것이다. 즉 아직 기에 가탁하지 않아 형체가 드러나지 않기 때문에 무(無)라고 했을 뿐이다. 이것이 어찌 주돈이가 말한 정무(靜無)의 본의이겠는가? 주돈이가 말한 정무(靜無)는 성체(誠體) 자신의 적연부동을 말한 것일 뿐 결코 기가 '정하여 음이 된다'는 것을 통해 실리(實理)와 정리(正理) 그 자체를 볼 수 있다는 의미가 아니다. 주희는 실리(實理)로써는 동정을 말할 수 없었기 때문에 동정을 기에 옮겨 말하였을 뿐이다. '동유'(動有)도 마찬가지이다. 주돈이의 '동유'(動有)도 오로지 성체(誠體) 자신의 감이수통을 말한 것일 뿐이다. 이 '동유'(動有)의 동은 기의 '동'이 아니고, '유'도 기의 '유'가 아니다. 또한 성체(誠體)의 감이수통은 '동하여 양이 된다'[263]는 의미까지 언급하지는 않는다. 때문에 『통서』「성(聖)」의 마지막 부분에서 "고요하여 움직이지 않는 것은 성(誠)이다. 감응하여 통하는 것은 신이다'라고 한 것이다. 이곳에서는 비록 성(誠)과 신(神)을 나누어서 말하였지만, 사실 성(誠)과 신(神)은 하나이다. 적연부동으로부터 성(誠)을 말하였는데, 이는 그 체를 말한 것이다. 감이수통으로부터 신을 말하였는데, 이는 그 작용을 말한 것이다. 그러나 작용은 신의 작용이지 결코 기의 작용이 아니다. 때문에 신용(神用)과 성체(誠體)는 하나이다. 적연부동은 정하여도 정의 형상이 없는 정이고, 감이수통은 동하여도 동의 형상이 없는 동이다. 때문에 적이면서 곧 감인 '적감일여'(寂感一如)이고, 체이면서 곧 용인 '체용일여'(體用一如)이며, 유이면서 무인 '유무일여'(有無一如)이다. 무(無)는 신의 무(無)이고, 유(有)는 신용(神用)의 유(有)이다. '신의 체'와 '신의 용'은 하나이다. 적감(寂感)·성신(誠神)·체용(體用)·유무(有無)는 둘로 나눌 수 없다. 모두 성체(誠體)와 신

---

263   "動而陽."

체(神體), 나아가 천명유행[이곳에서의 천명의 유행은 기화의 유행이 아니라, 성체(誠體) 태극의 유행이다]의 실체 자신을 말한 것이다. 다시 말하면 아직 기에 놓여 있지 않아 본체와 현상의 체용불이(體用不二) 혹은 체용원융(體用圓融)까지는 언급하지 않은 상태이다. 그러나 감이수통하는 신의 오묘한 작용은 기에 놓여 현상으로 드러나지 않을 수 없다. 구체적인 현상의 사건에서 동의 형상과 정의 형상이 드러나는데, 이것이 바로 동유(動有)이다. 이 동유(動有)는 태극(誠體)이 동하여 양을 생하고, 정하여 음을 생한 동유(動有)이다. 이 동유(動有)는 기임이 분명하지만, 주희가 말한 '동하여 양이 된다'라고 할 때의 동유(動有)와 다르다. 주희는 동유(動有)를 '동하여 양이 된다'고 해설하였지만, 이것 역시 '양의 동'[陽之動] 의미이고, '양의 동'이 "태극의 용이 행해지는 까닭이다"[太極之用所以行也]는 뜻이다. 다시 말하면 기의 동이라는 작용에 가탁하여 리의 유행을 말한 것이다. 때문에 "동(動)에 이르면 양이 되는데, 성(誠)은 양으로 된 후에 비로소 있게 되는 것이 아니라, (형체가 있어) 볼 수 있기 때문에 유(有)라고 한 것일 뿐이다"라고 말한 것이다. 이는 기의 동이라는 작용에 가탁하여 천리의 유행을 볼 수 있기 때문에 유(有)라고 한 것이다. 사실 리 자체는 본래 스스로 있는 것이지, 기가 동(動)하여 양이 되기 때문에 있게 된 것도 아니고, 볼 수 있기 때문에 있게 된 것도 아니다. 또 기가 정(靜)하여 음이 되어 형체가 드러나지 않기 때문에 리가 없어지는 것도 아니다. 이러한 주희식의 정무(靜無)와 동유(動有)는 절대 주돈이의 본뜻이 아니다. 이는 여전히 리기(理氣) 불리부잡(不離不雜)과 '동정은 리가 타는 기틀이다'라는 명제를 기초로 하여 말한 것일 뿐 성체(誠體)와 신체(神體) 자신의 적감일여(寂感一如)·유무일여(有無一如)·체용일여(體用一如)에서 말한 정무(靜無)와 동유(動有)가 아니다. 또 태극(誠體)이 구체적인 일에 놓여 동의 형상을 드러내 양이 되고, 정의 형상을 드러내 음이 된다는 측면에서의 정무동유(靜無動有)도 아니다. 주희는 단지 기의 동정과 리를 관련시켜 리의 형상이 드러남과 아직 드러나지 않음을 말한 것뿐이고, 리의 형상을 볼 수 있음과 볼 수 없음을 말한 것일 뿐이다.

　"고요하여 움직이지 않는 것[寂然不動]은 성(誠)이다. 감응하여 통하는 것[感而遂通]은 신이다"[264]는 구절에 대하여 주희는 "본연이면서 아직 발동하지 않는 것이 실리(實理)의 체이다. 잘 감응하여 (그 조화의 원리를) 짐작하기 어려운 것이 실리(實理)의 작용이다"[265]라고 주석하였다. 이른바 "본연이면서 아직 발동하지 않는 것"이란 태극의 리[本然의 妙]가 '정하여 음이 되는' 기의 작용 때문에 아직 형상을 드러내지 않았을 뿐이라는 의미이지, 결코 태극의 리 자체에 '발동과 발동하지 않음이 있다는 의미가 아니다. 기에는 이발(已發)과 미발(未發)이 있고, 희로애락의 감정에도 이발과 미발이 있다. 그러나 태극의 리에서는 이발과 미발을 언급할 수 없다. 그렇다면 "본연이면서 아직 발동하지 않은 것이 실리의 체이다"라는 말로써 주돈이가 말한 "고요하여 움직이지 않는 것[寂然不動]이 성(誠)이다"라는 구절을 해설한 것은 결코 주돈이의 본의가 아님이 분명하다. 다음 "잘 감응하여 (그 조화의 원리를) 짐작하기 어려운 것이 실리(實理)의 작용이다"라는 구절에서 실리(實理)가 '단지 리'에 불과한 것이라면, 이 실리(實理)에서는 감응을 언급할 수 없다. '감응'이라고 한 것은 단지 기가 동하여 양이 되고, 또 한 번 동하고 한 번 정하여 서로 뿌리가 되며, 한 번 음이 되고 한 번 양이 되어 생화의 작용이 끝없이 진행되는[생화 작용의 부단한 진행은 다름 아닌 음양변화의 불측(不測)을 의미한다]과정을 통하여 "태극의 용이 행해지는 까닭"을 볼 수 있기 때문이다. 태극의 작용이라고 한 것도 단지 '동하여 양이 되는' 기가 태극에 통속되어 작용하기 때문에 태극에 그 작용이 영유된 것이다. '실리의 작용'도 마찬가지이다. 결코 태극[實理] 자신이 이러한 동과 정의 작용을 일으키는 것이 아니다. 그렇다면 "잘 감응하여 (그 조화의 원리를) 짐작하기 어려운 것이 실리(實理)의 작용이다"로써 "감응하여 통하는 것은 신이다"를 해설한 것은 결

264　"寂然不動者, 誠也. 感而遂通者, 神也."
265　"本然而未發者, 實理之體. 善應而不測者, 實理之用."

코 주돈이의 본의가 아닐 뿐만 아니라, 『역전』의 태극과도 일치하지 않음을 알 수 있다. 『주자어류』에 기록된 주희의 해석은 표면적으로만 보면 별 문제가 없는 것 같고, 또 그 의미를 판단하기가 매우 어려울 것 같다. 그러나 그 주희철학의 사상적 배경, 즉 주희 심중의 의리를 잘 살펴 헤아리면 왜 이러한 용어를 사용하게 되었는가를 알 수 있을 뿐만 아니라, 그 용어에 포함되어 있는 의미도 분명하게 파악할 수 있을 것이다. 겉으로 나타난 애매모호한 표현과 의미를 파악하기 어려운 용어들, 또 '이렇게 말하지만 실제 의미는 이것이 아니라 저것인 것'[266] 등의 표현은 주희가 의거한 경전 혹은 주석문의 원문 때문에 그렇게 한 것이든지, 아니면 그러한 용어를 빌려 쓰는 것이 습관이 되었거나, 또 습관이 되어 그 표현의 부당함을 잘 살피지 못했거나, 아니면 그저 즉흥적인 문구에 따라서 그렇게 표현한 것일 뿐이다. '체용'(體用) · '이발미발'(已發未發) · '태극의 용'(太極之用) · '실리의 용'(實理之用) · '태극에 동정이 있다'(太極有動靜) · '천명의 유행'(天命之流行) 등의 표현이 모두 그런 경우들이다.

만일 성체(誠體)를 주희처럼 이해하면, 비록 『통서』의 성(誠)으로써 『태극도설』의 태극을 해석할지라도, 태극[誠體]은 단지 '실리'(實理)이며 '정리'(正理)일 뿐이다. 즉 '단지 리일 뿐'[只是理] 주돈이가 묵계한 도의 오묘함과는 관련이 없다. 주희도 심으로써 誠을 말할 수 있고, 또 심으로써 적감(寂感)을 말할 수 있다. 그러나 주희철학에서 심은 심일 뿐이고, 리는 리일 뿐이다. 심과 리는 서로 평행적인 둘[二者]이지 동일자가 아니다. 때문에 주희는 『통서』를 주해하면서 단지 실리(實理)라는 말로써만 성(誠)을 해석한 것이다. 실리(實理)로써 성(誠)을 해석한 것은 태극과 부합하지만 "그 (태극의) 동은 성(誠)의 형통이다. 이를 계승하는 것이 선인데, 만물이 이곳에서 시작한다"는 구절에서 '성(誠)의 형통'은 『역전』의 의리와도 일치하지 않고, 주돈이가 깨달은 성체(誠體·神體)의 감이수통의 통(通)과도

---

266 "言在此意在彼."

일치하지 않는다. 태극의 실리(實理)는 기가 '동하여 양이 되는 활동'에 가탁하여 그 자신[태극]의 유행을 드러낼 뿐이다. 또 "태극의 동"[其動也]도 태극 자신이 동을 일으킬 수 있다는 의미가 아니다. 단지 태극은 기가 동하는 소이연지리로서 기를 통속하여 주재한다는 의미에 불과하다. 때문에 기의 동이 귀속처를 가질 수 있는 것이다. 주희가 말한 태극의 동정과 '성(誠)의 형통' 등은 그 문자의 표현에 얽매이지 않고 그 사상적 배경까지 함께 이해해야만 비로소 주희 심중의 실질적 의미에 합치할 수 있다.

"이것을 드러나는 곳에서 보면 동과 정이 서로 다르고, 음양의 지위도 다르지만, 태극은 없는 곳이 없다. 이것을 희미한 곳에서 보면 텅 비어 아무런 조짐도 없는 것 같지만, 동정음양의 리는 이미 그 안에 모두 갖추어져 있다"는 구절을 살펴보자. 앞 구절은 리기불리(理氣不離)를 설명한 것이고, 뒤 구절은 태극에 중리(衆理)가 갖추어져 있음을 설명한 것이다. 그러나 앞의 몇 구절은 아직 '드러남과 희미함에는 틈이 없다'는 현미무간(顯微無間)[267]의 관념에는 이르지 못한 것 같다. 왜냐하면 아직 리기불리(理氣不離)와 리기부잡(理氣不雜) 사이에 간격이 있기 때문이다. 뒤의 몇 구절 역시 체용일원(體用一原)을 설명한 것이 아니다. 왜냐하면 주희는 '태극을 체로 삼고 동정을 용으로 삼는 것은 병통이 있다'고 생각하였기 때문이다. 때문에 주희는 "태극이라는 것은 본연의 오묘함이다. 동정이라는 것은 태극이 타는 기틀이다"라고 한 것이다. 이것이 주희가 말한 '리가 기를 통속한다'에서 '통'(統)의 실제 의미이다.

---

[267] 역주 : 이것이 바로 정이가 기화우주론에서 말한 '理事無間論'이다. 理氣不離는 理가 氣의 소이연으로서 작용하여 구체적인 형상[음양 혹은 동정]을 가짐을 의미한다. 다시 말하면 理氣不離는 事 측면에서 말한 것이다. 이는 已發로서 理의 顯이다. 理氣不雜은 理와 氣의 妙合을 언급하지 않은 상태이다. 이때에는 理는 理일 뿐이고, 氣는 氣일 뿐이다. 이는 未發로서 理의 薇이다. 그러나 형상을 갖는 모든 사물은 理[所以然之理]의 실현 원리에 의거하여 '一動一靜'하여 드러나고, 그 사물에는 반드시 所以然之理가 내재되어 있기 때문에 '顯'이건 '薇'이건 모두 하나의 理의 표현이다, 때문에 理와 事 사이에는 간격이 없고, 顯과 薇에도 간격이 없는 것이다.

이상은 주희의『태극도해』중에서 중요한 부분과『태극도설』첫 번째 단락의 주희 주해에 대한 간략한 분석이다. 이 두 단락의 문장은 주희가 체득한 도체의 의미를 파악할 수 있는 중요한 문헌이다. 도체에 대한 주희의 기본적 의미와 핵심적인 관념은 모두 그 안에 포함되어 있다. 그러나 주희의 표현이 주돈이의 본뜻에 부합하지 않음은 분명하다. 주희는 리기의 불리부잡(不離不雜)을 고수하였지만, 정이의 "음양은 기이고, 음양하게 하는 까닭이 도이다"[268]라는 주장을 기본 원칙으로 삼고 있다. 도체에 대한 주희의 최초 통견(洞見)은 바로 "음양은 기이고, 음양하게 하는 까닭이 도이다"인데, 주희는 이 구절의 의리에 대해서는 절실하고 분명하게 파악하였지만, 성체(誠體)와 신체(神體) 그리고 천명유행의 도체에 대해서는 절실한 깨달음이 없었던 것 같다. 혹자는 주희의 최초 깨달음은『태극도해』에는 사용할 필요가 없고, 정이의 원칙에만 사용할 수 있다고도 한다. 이 두 가지 깨달음[269]의 첫 번째 차이를 분별하는 것은 매우 간단하다. 태극과 '상천지재'(上天之載) 및 천명유행의 실체가 '단지 존유일 뿐 활동하지 않는' 지존유이불활동(只存有而不活動)의 실체인가? 아니면 '존유임과 동시에 활동하는' 즉존유즉활동(卽存有卽活動)의 실체인가? 이것이 바로 가장 간단하면서도 근본적인 차이이다. 그러나 근본적인 차이는 이처럼 지극히 간단하지만 뒤에 꼬여져 매우 복잡하게 표현되었고, 각 방면[270]에 서로 다르게 적용되고 있는 것 같다. 또 그 표면적인 용어만을 보면 서로 비슷하여 본질적인 차이에 대한 분별이 어렵게 되었다. 그러나 최초의 차이를 올바르게 파악할 수 있으면 두 계통의 차이는 저절로 드러나게 되어 그 실질적인 의미는 숨길 수 없게 된다.

다음에는『주자어류』와『주문공문집』에 기록되어 있는 주희의 말을

---

268 "陰陽氣也, 所以陰陽道也."
269 역주 : 이 두 가지는 道體에 대한 주희의 깨달음과『역전』·『중용』·주돈이의 깨달음을 말한 것이나.
270 역주 : 우주론과 심성론 및 수양론을 가리킨다.

인용하여 앞의 내 분석이 결코 오류가 아님을 증명하겠다.

I. 답양자직(答楊子直-楊方)

보내온 편지에서 태극에 관한 설명을 보면, (그들이) 힘써 노력하였음을 충분히 볼 수 있으니, 깊이 감탄하고 우러러보지 않을 수 없다. 그러나 내 생각에 그 설명은 적절하지 않은 곳이 많은 것 같다. 지금은 한두 가지 중요한 것만을 간략하게 논하고, 그 세세한 부분에 대한 설명은 계통(蔡元定)이 말한 것으로 대신하겠다.

承喩太極之説, 足見用力之勤, 深所歎仰. 然鄙意多所未安. 今且畧論其一二大者, 而其曲折, 則託季通言之.

대개 천지에는 오직 동정의 양단이 부단히 순환하고 있을 뿐, 다른 것은 없는데, 이것을 역이라고 한다. 그러나 동하고 정함에는 반드시 동정의 리가 있는데, 이것이 이른바 태극이라는 것이다.

蓋天地之間只有動靜兩端循環不已, 更無餘事, 此之謂易. 而其動其靜則必有所以動靜之理焉, 是則所謂太極者也.

나는 이전에 태극을 체로 삼고, 동정을 용으로 삼았으나, 그 말에 잘못이 있어 뒤에 '태극은 본연의 묘이고, 동정은 (태극이) 타는 기틀이다'는 말로 바꾸었다. 이렇게 바꾸니 (태극과 동정의 관계를) 거의 적절하게 표현한 것 같다. 당신이 편지에서 지적한 체용에 관한 의문은 지극히 옳다. 그러나 (당신이) 그렇게 의심한 까닭은 내가 그렇게 바꾼 까닭과는 또 약간 다른 것 같다. 대개 태극은 동정을 포함하고 있다고 해도 되고,[원주: 본체의 입장에서 말한 것이다) 태극에는 동정이 있다고 해도 된다.[원주: 유행한다는 입장에서 말한 것이다) (그러나) 만일 '태극이 곧 동정이다'라고 말한다면, 형이상자와 형이하자를 나눌 수 없게 되니, '역에 태극이 있다'라는 말도 쓸데없게 된다. 나머지는 계통(채원정)

이 이미 지극히 상세하고도 정묘하게 논하였다. 마음을 비우고 그 도리를 추구하여, 오래되면 마땅히 스스로 알게 될 것이다. 또 다른 의심을 해서는 안 된다. 스스로 얽혀 혼란만을 초래할 것이다.

熹向以太極爲體, 動靜爲用, 其言固有病, 後已改之曰:'太極者本然之妙也, 動靜者, 所乘之機也.' 此則庶幾近之. 來諭疑於體用之云, 甚當. 但所以疑之之說, 則與熹所以改之之意又若不相似然. 蓋謂太極函動靜則可[原注:以本體而言也], 謂太極有動靜則可[原注:以流行而言也]. 若謂太極便是動靜, 則是形而上下者不可分, 而易有太極之言亦贅矣. 其他則季通論之已極精詳. 且當就此虛心求之, 久當自明. 不可別生疑慮. 徒自繳繞也.

『朱文公文集』卷45「書·問答. 答楊子直五書之第一書」

II. 『주자어류』권94

1. 이(李)[271]가 물었다. "무극의 진(眞)과 미발의 중은 같은 것인가? 다른 것인가?" (주희가) 말하였다. "무극의 진은 동정을 포함해서 한 말이지만, 미발의 중은 단지 정으로써만 말한 것이다."

李問:"無極之眞與未發之中同否?" 曰:"無極之眞是包動靜而言, 未發之中只以靜言."

2. 태극은 어디에 놓인 곳도 없고, 형체도 없으며, 어떤 자리도 차지하고 있지 않다. 만일 아직 발동하지 않은 때에서 말하면, 미발은 단지 정일 뿐이다. 동정 음양은 단지 형이하자에 불과하다. 그러나 동 역시 태극의 동이고, 정 역시 태극의 정이지만, 동정은 태극이 아니다. 때문에 주돈이(周子)는 단지 무극으로써 (태극을) 말했을 뿐이다.[원주: 형체는 없지만 리는 있다] 미발은 태극이라고 말할 수 없지만, (미발의) 중은 희로애락을 갖추고 있다. 기쁨과 즐거움은 양에 속

---

271 역주:누구인지 알 수 없다.

하고, 성냄과 슬픔은 음에 속한다. 이 네 가지가 처음에 드러나지 않았더라도, 그 리는 이미 갖추어져 있다. 이발에 대해서 말하자면, 태극이라고 말할 수 있을지도 모르겠다. 그러나 결국 그렇게 단정하여 말하기 어렵다. 이 모두는 단지 모호한 표현에 불과하다. 마땅히 스스로 체득하여 깨달아야 한다.

太極無方所, 無形體, 無地位可頓放. 若以未發時言之, 未發卻只是靜. 動靜陰陽皆只是形而下者. 然動亦太極之動, 靜亦太極之靜, 但動靜非太極耳. 故周子只以無極言之[原注 : 無形而有理]. 未發固不可謂之太極, 然中含喜怒哀樂. 喜樂屬陽, 怒哀屬陰. 四者初未著, 而其理已具. 若對已發言之, 容或可謂之太極. 然終是難說. 此皆只說得個彷彿形容. 當自體認.

해설 미발의 중(中)이 성(性)을 가리켜 말한 것이라면, 중체(中體·性體)[272]는 곧 태극[無極之眞]이다. 양자 사이에 차이가 있다면 태극과 성(性·中)이라는 두개의 이름이 다르다는 것뿐이다. 『중용』에 의하면, 미발은 희로애락의 미발이지 중체[性體]의 미발이 아니다. 성체(性體)에서는 미발과 이발을 말할 수 없다. 또 성체(性體)가 희로애락을 갖추고 있는 것도 아니다. 성체(性體)는 단지 '희로애락의 리'만을 갖추고 있을 뿐이다. 이러한 이해 방식을 태극에 적용하면, 태극에서도 미발과 이발을 언급할 수 없다. 발(發)과 불발(不發)은 기의 동정을 가리켜 말한 것이다. 기가 정(靜)하여 발동하지 않음에서 '태극의 체'[273]를 볼 수 있고, 기가 동(動)하여 발동함에서 '태극의 작용'[274]을 볼 수 있다. 돌이켜 보면, 태극은 동정을 갖추고 있는 것이 아니라 동정의 리를 갖추고 있을 뿐이다. 주희는 "미발의 중(中)은 단지 정(靜)으로써만 말한 것이다"고 하였는데, 이때의 중(中)이 '심'을 가리켜 말한 것이라면, 그렇게 말해도 될 것이다. 그러나 만일

---

[272] 역주 : 모종삼은 희로애락 미발의 中을 형용사로 보지 않고 실체로 이해하였다. 따라서 中은 실체 의미인 中體인 것이다.

[273] "太極之體所以立."

[274] "太極之用所以行."

성(性)을 가리켜 말한 것이라면, 이 말은 잘못되었다. 미발과 이발에 관한 복잡한 이론은 『주희철학』 제2장 '중화 문제에 대한 주희 연구의 발전'[朱子參究中和問題與發展]을 참고하기 바란다.

3. 물었다. "동하여 양을 생하고, 정하여 음을 생한다는 (구절에 대하여) 태극은 본연의 묘이고, 동정은 (태극이) 타는 기틀이다라고 주해하였다. 태극은 단지 리이기 때문에, 리에서는 동정을 말할 수 없다. 동하여 양을 생하고, 정하여 음을 생한다. 리가 기에 붙어 있어 동정이 없을 수 없다. (태극이) 타는 기틀이다에서 '승'은 '실려 있다'는 의미의 '승'이다. 그 동정이라는 것은 기에 실려 있어 자기도 모르게 동했다가 정하고, 정했다가 또 동하는 것이다." (주희가 이에 대하여) 말하였다. "그렇다."

問 : "動而生陽, 靜而生陰, 注 : 太極者本然之妙, 動靜者所乘之機. 太極只是理, 理不可以動靜言. 惟動而生陽, 靜而生陰', 理寓於氣, 不能無動靜. '所乘之機', 乘如乘載之乘. 其動靜者, 乃乘載在氣上, 不覺動了靜, 靜了又動." 曰 : "然."

해설 질문자의 변론에 대하여 주희는 '그렇다'라는 긍정을 표시하였으니, 이 변론을 통해서 주희의 본의를 파악할 수 있을 같다. 또 질문자의 이 같은 해설은 아마 채원정(蔡季通)에서 처음 시작된 것 같다. 『주자어류』 권5에 다음과 같은 내용이 기록되어 있다.

직경(黃榦)이 …… 또 말하였다. "선생은 『태극도해』에서 동정은 (태극이) 타는 기틀이라고 하였다. 채계통(채원정)은 총명하여 이와 같이 이해하였다. (채원정)은 선생의 다음 말이 가장 정묘하다고 하였다. 대개 태극은 리이고, 형이상자이다. 음양은 기이고, 형이하자이다. 그러나 리는 형상이 없지만, 기는 오히려 그 흔적을 갖고 있다. 기에 동정이 있으니, (기에) 실려 있는 리도 어찌 동정이 없다고 말할 수 있겠는가?

直卿 …… 又云 : "先生太極圖解云 : 動靜者所乘之機也. 蔡季通聰明, 看得這般處出. 謂先生下此語最精. 蓋太極是理, 形而上者. 陰陽是氣, 形而下者. 然理無形, 而氣卻有跡. 氣旣有動靜, 則所載之理亦安得謂之無動靜?'

이곳에서 황간(직경)은 채원정의 해설을 서술하였다. 아마 채원정의 이와 같은 이해가 주희의 본의를 가장 잘 표현하였다고 생각하였기 때문에 양자직(양방)의 질문에 답하는 서신에서 몇 차례 언급한 것 같다. 채원정의 해설과 이곳에서 질문자의 이해는 서로 같다.

4. 나는 자주 태극은 머리를 숨기고 있다고 말하였다. 동할 때는 양에 속하고, 아직 동하지 않을 때는 또 음에 속한다.

某常說太極是個藏頭底. 動時屬陽, 未動時又屬陰了.

5. 태극은 단지 동정의 리만을 갖추고 있을 뿐이니, 동정으로써 체용을 나누어서는 안 된다. 대개 정은 태극의 체이고, 동은 태극의 용이다. 예를 들어 부채는 단지 하나의 부채이지만, 흔들면 곧 용이고, 내려놓으면 체이다. (부채를) 내려놓아도 단지 하나의 이 도리일 뿐이다. 흔들릴 때도 단지 하나의 이 도리일 뿐이다.

太極只是涵動靜之理, 卻不可以動靜分體用. 蓋靜卽太極之體也, 動卽太極之用也. 譬如扇子只是一個扇子, 動搖便是用, 放下便是體. 才放下時, 便只是這一個道理. 及搖動時, 亦只是這一個道理.

해설 이미 "동정으로써 체용을 나누어서는 안 된다"고 하고서, 또 "정(靜)은 태극의 체이고, 동(動)은 태극의 용이다"라고 하는데, 이 말은 타당하지 않다. 그러나 그 의미는 마땅히 다음과 같이 이해해야 한다. '정으로서 체를 삼고, 동으로서 용을 삼는 것이 아니라, 기가 정하여 음이 될 때 태극 자체를 볼 수 있고, 기가 동하여 양이 될 때 태극의 유행을 볼 수 있다.' 유행은 기의 동에 가탁하여 말한 것이다. 기의 동을 태극의 용이라고 한 것도 기가 태극에 통속되어 부려지기 때문에 태극의 용이라고 한 것이다. 이것 역시 태극이 기에 실려서, 기의 동에 따라서 동의 형상을 드러내고, 기의 정에 따라서 정의 형상을 드러낸다. 그러나 리 자신은 실제로 동정을 하지 않는다.

6. 양문숙(梁琢)이 말하였다. "태극은 동정을 겸하여 말한 것이다." (주희가) 말하였다. "동정을 겸하는 것이 아니라, 태극이 동정을 갖추고 있다. 희로애락이 아직 발동하지 않았을 때도 하나의 태극이 있고, 희로애락이 이미 발동하였을 때도 하나의 태극이 있다. 단지 하나의 태극일 뿐이다. 이발할 때 유행하고, 미발할 때 수렴한다."

梁文叔云: "太極兼動靜而言." 曰: "不是兼動靜, 太極有動靜. 喜怒哀樂未發也有個太極. 喜怒哀樂已發也有個太極. 只是一個太極, 流行於已發之際, 斂藏於未發之時."

해설 "동정을 겸한다"는 말은 '동정을 포함한다'[275]의 뜻이다. 주희는 양자직(양방)의 서신에 답하면서 "본체로서 말한 것이다"[276]라고 주해하였는데, 바로 이 뜻이다. 또 이 책에서 "동정이 있다"는 것에 대해서는 "유행으로써 말한 것이다"[277]라고 주해하였다. 사실 동정을 겸한 것도 아니고, 포함한 것도 아니며, 또 동정이 있는 것도 아니다. 단지 동정의 리를 겸하고 있고, 포함하고 있으며, 갖추고 있을 뿐이다. 동정의 리로써 기의 동정을 부리기 때문에 리로써 동정이라는 현상을 흡수한 것이다. 이는 정태적인 표현으로서, 본체 상에서 말한 것이다. "동정이 있다"는 것도 '동정의 리가 있다'는 의미이다. 기는 리가 갖고 있는 동의 리에 따라서 동하면 태극(리)도 따라서 동리(動理)의 형상을 드러낸다. 기가 갖추

---

275 '包動靜'·'函動靜'.
276 "以本體而言也."
277 "以流行而言也."

고 있는 정의 리에 따라서 정하면, 태극도 따라서 정리(靜理)를 드러낸다. 때문에 태극에 동정이 있다고 하는데, 사실은 단지 동정의 리만이 있을 뿐이다. 이것은 동태적인 표현으로 기에 가탁하여 유행하는 입장에서 말한 것이다.

7. 물었다. "태극이 동하여 양을 생한다고 하였는데, 이는 이런 동의 리가 동할 수 있어 양을 생한다는 것인가?" 말하였다. "동의 리가 있기 때문에 동할 수 있어 양을 생하고, 정의 리가 있기 때문에 정할 수 있어 음을 생한다. 동하였으면 리는 또 동 속에 있고, 이미 정하였으면, 리는 또 정 속에 있다." 말하였다. "동정하는 것은 기이다. 기의 주가 되는 리가 있어 기가 곧 이렇게 할 수 있다는 것인가?" 말하였다. "그렇다. 이 리가 있으면, 곧 기가 있다. 이 기가 있으면, 리는 또 기 속에 있다."

問 : "太極動而生陽, 是有這動之理便能動而生陽否?" 曰 : "有這動之理, 便能動而生陽. 有這靜之理, 便能靜而生陰. 旣動, 則理又在動之中. 旣靜, 則理又在靜之中." 曰 : "動靜是氣也, 有此理爲氣之主, 氣便能如此否?" 曰 : "是也. 旣有理, 便有氣. 旣有氣, 則理又在乎氣之中."

8. 태극이라는 것은 집에 끝이 있는 것과 같고, 하늘에 끝이 있는 것과 같은데, 이곳에 이르면 더 이상 갈 곳이 없다. 이것이 리의 지극함이다. 양은 동하고, 음은 정하는데, 태극이 동정하는 것이 아니라 단지 리에 동정이 있을 뿐이다. 리는 볼 수 없는데, 음양하는 것 때문에 알 수 있다. 리는 음양에 올라타 있는데, 이는 사람이 말을 탄 것과 유사하다.

太極者如屋之有極. 天之有極, 到這裏更沒去處. 理之極至者也. 陽動陰靜, 非太極動靜, 只是理有動靜. 理不可見, 因陰陽而後知. 理搭在陰陽上, 如人跨馬相似.

9. 물었다. "동정이라는 것은 (태극이) 타는 기틀이다." 말하였다. "리는 기에 올라타 나아간다."

問：“動靜者所乘之機.” 曰：“理搭於氣而行.”

10. 물었다. “동정이라는 것은 (태극이) 타는 기틀이다.” 말하였다. “태극은 리이고, 동정은 기이다. 기가 나아가면 리도 나아간다. 이 리와 기는 서로 의지하여 한 번도 서로 떨어진 적이 없다. 태극은 사람과 같고, 동정은 말과 같다. 말 때문에 사람을 실을 수 있고, 사람 때문에 말을 탈 수 있다. 말이 한번 나가고 들어오면, 사람도 말에 따라서 한번 나가고 들어온다. 한번 동하고 한번 정하는데, 태극의 묘가 없는 적이 없다. 이것을 일러 타는 기틀이다고 한 것이다. 무극과 음양오행이 이 때문에 묘합하여 응취하게 된다.”

問：“動靜者, 所乘之機.” 曰：“太極理也, 動靜氣也. 氣行則理亦行, 二者常相依而未嘗相離也. 太極猶人, 動靜猶馬. 馬所以載人, 人所以乘馬. 馬之一出一入, 人亦與之一出一入. 蓋一動一靜, 而太極之妙未嘗不在焉. 此所謂所乘之機, 無極二五所以妙合而凝也.”

11. 주귀경(周貴卿)이 “동정이라는 것은 (태극이) 타는 기틀이다”에 관하여 물었다. 말하였다. “기틀은 문의 빗장처럼 가장 중요하다. 동의 기틀을 밟고 있다면 곧 그 정으로 전환하여 바뀌게 된다. 정의 기틀을 밟고 있다면 역시 그 동으로 전환하여 바뀌게 된다.”

周貴卿問：“動靜者所乘之機.” 曰：“機是關捩子. 踏著動底機, 便挑撥得那靜底. 踏著靜底機, 便挑撥得那動底.”

12. “동정이라는 것은 (태극이) 타는 기틀이다.” 기틀은 기의 기틀을 말한 것이다.

“動靜者所乘之機.” 機, 言氣機也.

Ⅲ. 答鄭子上(鄭可學)

물었다. "태극도에서는 '무극이면서 태극이다'고 하였다. 가학(정자상)이 조심스레 무(無)라고 한 것은 기가 없어도 리는 있다고 한 것이라 생각된다. 그러나 리는 형상이 없기 때문에 탁연하면서 항상 존재한다. 기는 형상이 있기 때문에 닫혔다 열렸다하고, 수렴하고 펼쳐지는 것이 한결같지 않다. 태극도에서는 '태극은 동하여 양을 생한다. 동이 극에 이르면 정하고, 정하면 음을 생한다'고 하였다. 태극은 리인데, 리가 어떻게 동정할 수 있겠는가? 형상이 있으면 곧 동정이 있다. 태극은 형체가 없기 때문에 동정으로써 말할 수 없을 것 같다. 남헌(장식)이 '태극은 동정이 없을 수 없다'고 하였는데, 그 본뜻에 이르지 못한 것 같다." (주희가 답하였다), "리는 동정이 있기 때문에 기에 동정이 있다. 만일 리가 동정이 없다면 기가 어찌 스스로 동정할 수 있겠는가? 또 눈앞의 일로써 논하자면, 인(仁)은 동이고, 의(義)는 정인데, 또 기와 무슨 상관이 있습니까? 그[278]의 말은 이미 많은 것을 얻었으나, 이곳에서 더욱 자세히 살펴볼 것을 바랄 뿐이다."

　　(來問) : "太極圖曰 : '無極而太極'. 可學竊謂無者, 蓋無氣而有理. 然理無形, 故卓然而常存. 氣有象, 故闔闢斂散而不一. 圖又曰 : '太極動而生陽. 動極而靜, 靜而生陰.' 太極理也, 理如何動靜? 有形則有動靜. 太極無形, 恐不可以動靜言. 南軒云 : '太極不能無動靜'. 未達其意." (答曰) : "理有動靜, 故氣有動靜. 若理無動靜, 則氣何自而有動靜乎? 且以目前論之, 仁便是動, 義便是靜, 又何關於氣乎? 他說已多得之, 但此處更須子細耳."

『朱文公文集』 卷56 「書問答. 答鄭子上七書之第十四書」

IV. 吳澄曰

"태극은 동정이 없다. 동정하는 것은 기의 기틀이다. 기의 기틀이 한번 동하면 태극도 동한다. 기의 기틀이 한번 정하면 태극도 한번 정한다. 때문에 주자

---

[278]　역주 : 장식(남헌)을 지칭하는 것 같다.

(주희)는 태극도를 해석하면서 '태극에 동정이 있는 것은 천명의 유행이다'라고
한 것이다. 이는 주돈이를 위하여 분석 설명한 것이다. 태극에서는 동정을 언급
해서는 안 된다. 천명이 나아감으로서 유행이 있기 때문에 단지 동정으로써 말
한 것이다. 또 '태극은 본연의 묘이고, 동정이라는 것은 태극이 타는 기틀이다'
고 하였다. 기는 쇠뇌의 시위를 거는 곳과 같다. 쇠뇌의 시위를 이 기틀에 올려
놓고서 기틀이 움직이면 시위가 발사된다. 기틀이 멈추면 시위는 발사되지 않
는다. 기가 동하면 태극도 동하고, 기가 정하면 태극도 정한다. 태극이 나아가
이 기에 타는 것은 마치 쇠뇌의 시위가 이 기틀에 타는 것과 같다. 때문에 '동정
이라는 것은 태극이 타는 기틀이다'라고 한 것이다. 태극이 타는 기의 기틀에
동정이 있고, 태극의 본연의 묘는 동정이 없다고 해야 한다. 그러나 시위와 기
틀은 두 가지 사물이지만, 태극과 이 기는 두 가지 사물이 있는 것이 아니다.
단지 이 기를 주재하는 자이지, 따로 하나의 사물이 있어서 기속에서 기를 주재
하는 것이 아니다. 기(機) 자는 사물을 빌려서 깨우치려고 한 것이기 때문에 그
용어로써 뜻을 해쳐서는 안 된다."

太極無動靜. 動靜者氣機也. 氣機一動, 則太極亦動. 氣機一靜, 則太極亦靜.
故朱子釋太極圖曰: '太極之有動靜是天命之流行也.' 此是爲周子分解. 太極不當
言動靜. 以天命之有流行, 故只得以動靜言也. 又曰: '太極者本然之妙也. 動靜者
所乘之機也.' 機猶弩牙. 弩弦乘此機, 機動則弦發, 機靜則弦不發. 氣動則太極亦
動. 氣靜則太極亦靜. 太極之乘此氣, 猶弩弦之乘機也. 故曰: '動靜者所乘之機.'
謂其所乘之氣機有動靜, 而太極本然之妙無動靜也. 然弦與機卻是兩物, 太極與此
氣非有兩物, 只是主宰此氣者, 非別有一物在氣中而主宰之也. 機字是借物爲喩,
不可以辭害意.

董榕輯 『周子全書』 卷一

해설 오징의 이 해설은 대체로 옳다고 말할 수 있다. 그러나 "태극에
동정이 있는 것은 천명의 유행이다"는 구절에 대하여 주희가 "주돈이를
위하여 분석 설명한 것이다"라고 수상하였는데, 이 주장에 대해서는 동

의할 수 없다. 왜냐하면 마치 주돈이 역시 "태극은 동정이 없다"는 것을 주로 삼아 "태극에서는 마땅히 동정을 언급해서는 안 된다"고 한 것 같고, 또 "천명에 유행이 있다"를 근거로 "동정이 있다"고 말한 것 같기 때문이다. 사실 주돈이는 결코 "태극은 동정이 없다"라고 주장하지 않았다. 주돈이는 직접 "태극이 동하여 양을 생한다"고 말했다. 주희가 주돈이의 『태극도설』을 주해한 것은 분명한 사실이지만, 주희의 주해는 처음부터 주돈이의 본의와 상응하지 않았다. "양은 동하고, 음은 정한다. 태극이 동정하는 것이 아니라 단지 리에 동정이 있을 뿐이다"[279]라는 것이 주희의 본래 뜻이다. 때문에 주희가 "태극에 동정이 있는 것은 천명의 유행이다"라고 한 것은 주돈이를 위한 분석이 아니라, 주돈이의 『태극도설』을 주해하기 때문에 주돈이의 말에 따라 그렇게 말했을 뿐이다. 주희가 그렇게 말한 것은 주희의 뜻이다. 때문에 '태극은 본래 동정이 없다'라는 것에서부터 '동정이 있다'는 설에 이르기까지 주희의 해설에는 많은 곡절이 있지만, 주돈이 사상에는 이러한 곡절이 없다. 바로 이러한 곡절 때문에 "태극에 동정이 있다"는 설은 주돈이와 다른 특수한 의미를 갖는 것이고, '천명의 유행'도 역시 또 다른 특수한 의미를 갖는 것이다. 만일 주돈이가 주장한 태극이 형이하자인 기가 아니고, 성체(誠體)·신체(神體)·천명 유행의 실체를 가리킨다면, 주돈이가 직접 "태극이 동하여 양을 생한다"고 말한 배경은 틀림없이 주희와 완전히 다를 것이다. 태극은 비록 형이하의 기는 아니지만, 그렇다고 주희처럼 '단지 리'만은 아니다. 태극이 비록 '단지 리'만은 아니라고 할지라도 반드시 기인 것은 아니다. 주돈이가 이해한 태극은 '존유이면서 활동하는 실체'[卽存有卽活動], 즉 심·신·리가 하나인 존재이다.[심·신·리에서 심이 비록 본체우주론의 의미만 가질 뿐 아직 맹자의 심 의미까지는 이르지 않았다고 할지라도 맹자가 긍정한 심의 의미가 포함되어 있는 것은 분명하다. 때문에 이곳에서는 '활동'이라는 용어로

---

[279] "陽動陰靜, 非太極動靜, 只是理有動靜."

개괄한 것이다. 활동은 activity의 의미이지, 운동(motion)의 의미가 아니다.] 그렇다면 직접 "태극이 동하여 양을 생한다"고 말해도 될 것이다. 동하면 정의 형상이 없고, 정하면 동의 형상이 없는 것은 사물이다. 동하지만 동의 형상이 없고, 정하지만 정의 형상이 없는 것은 신이다. 주돈이는 분명히 "동하지만 동의 형상이 없고, 정하지만 정의 형상이 없는 것은 동하지 않거나 정하지 않는다는 것이 아니다"[280]고 하였다. 이는 성체(誠體)·신체(神體)·태극진체(太極眞體)·천명유행의 실체도 동정으로써 말할 수 있음을 나타내주고 있다. 그러나 그 동정은 동하지만 동의 형상이 없는 동이고, 정하지만 정의 형상이 없는 정일뿐이다. 동하지만 동의 형상이 없는 동은 사물에 따라 응대하여 동의 형상을 드러내는데, 이것이 바로 "동하여 양을 생한다"는 것이다. 또 정하지만 정의 형상이 없는 정은 사물에 따라서 응대하여 정의 형상을 드러내는데, 이것이 바로 "정하여 음을 생한다"는 것이다. 자세한 내용은 이미 앞에서 설명하였다. 이는 오목불이의 본체우주론적인 실체·도덕창생의 실체·태극진체·성체(誠體)·신체(神體)가 끊임없이 작용을 일으키는 것이다. 이는 진정한 실체가 입체적으로·창생적으로·오묘하게 작용하는 직관(直貫)이지, 결코 주희처럼 리와 기로 나누어 여러 곡절·간접·관련적인 표현이 아니다. '걸려 있다'[掛搭]·'붙어 있다'[附著]·'의지한다'[依傍]·'말에 걸터 앉다'[跨馬]·'타는 기틀이다'[所乘之機] 등의 비유는 주희철학에서는 본질적인 의미를 갖지만, 주돈이철학 계통에서는 이러한 표현이 없을 뿐만 아니라, 불필요한 비유일 뿐이다. 이는 분명 두 가지 서로 다른 계통의 차이인데, 오징은 이를 올바르게 파악하지 못했다. 그러나 주희철학에 대한 그의 이해는 오히려 긍정할 수 있다.

또 오징이 마지막 부분에서 언급한 "시위와 기틀은 두 가지 사물이지만, 태극과 이 기는 두 가지 사물이 있는 것이 아니다"라고 운운한 것은

---

280 『通書』「動靜」, "動而無動, 靜而無靜, 非不動不靜也."

아무런 실질적 의미를 갖고 있지 않다. 무릇 태극이라는 것이 어떤 형적(形跡)을 갖는 구체적 사물은 아니지만, 그렇다고 태극과 기가 두개의 서로 다른 개념이 아니라고 해서는 안 된다. 이는 '리와 기는 서로 둘이면서 둘이 아닌 것'[理氣爲二而不二]에 관한 문제이다. 주희 이후에 주희철학에 불만을 가진 학자들이 주희 비평에 제일 먼저 착안한 곳이 바로 이 문제이다. 예를 들어 명대의 나흠순(羅整菴)·유종주·황종희 등은 바로 이점에 착안하여 주희를 비난하였지만, 그들은 이 문제의 진정한 의미가 무엇인지에 관해서는 제대로 파악하지 못했다. 이에 관해서는 다음 단(段)에서 설명하겠다.

V. 明 曹端『辨戾』

선현들의 『태극도설』해설은 주돈이의 미묘하고 오묘한 이치를 발명하여 후학의 의혹을 풀어주려고 한 것이지만, 해석을 한 후에 의혹들이 생기게 되었다. 그러나 사람마다 각각의 주장이 있고, 또 한사람의 주장에서 서로 앞뒤가 맞지 않은 경우가 있다. 또 주돈이는 '태극이 동하여 양을 생하고, 정하여 음을 생한다'고 하였는데, 이는 음양의 생이 태극의 동정으로 말미암은 것임을 말한 것이다. 이에 대해서 주자(주희)는 매우 분명하게 해설하였다. (주희는) '태극이 있어, 한번 동하고 한번 정하여 양의로 나누어지고, 음양이 있어 한번 변하고 한번 합하여 오행을 갖추게 된다'[281]고 말하였는데, 이 해설은 주돈이의 설과 다르지 않다. 『어록·주자어류』을 보면 오히려 태극은 스스로 동정할 수 없고, 음양의 동정에 올라타 동정할 뿐이다. 때문에 리가 기를 타는 것은 마치 사람이 말을 타는 것과 유사하다고 한 것이다. '말이 한번 나아가고 한번 들어오면, 사람도 역시 그것과 함께 한번 나아가고 한번 들어오는 것이다.' 이것으로써 기가 한번 동하고 한번 정하면, 리도 한번 동하고 한번 정한다는 것을 비유하였다.

---

[281] 이 말은 "陽變陰合"의 단락에 대한 주희의 주이다.

만일 그렇다면 사람은 죽은 사람이 되니, 만물의 령이 되기에 부족하고, 리는 죽은 리가 되니 만물의 근원이 되기에 부족하다. (그렇다면) 리가 어떻게 숭상할만하고, 사람은 존귀할만하다고 할 수 있겠는가? 지금 살아 있는 사람이 말을 타면 나아가고 들어가고 가고 멈추고 빠르게 달리는 것 등은 모두 사람이 어떻게 말을 모는가에 달려 있을 따름이다. 살아 있는 리 역시 마찬가지이다. 이점을 제대로 살피지 못한 사람은 이것을 믿으면 저것을 의심하고, 저것을 믿으면 이것을 의심한다. 세월이 흐르고 나이가 먹어도 절충함이 없기 때문에 『변려』를 지어 여러 동지 군자들에게 고한 것이다.

先賢之解『太極圖說』固將以發明周子之微奧, 用釋後生之疑惑矣. 然而有人各一說者焉, 有一人之說而自相齟齬者焉. 且周子謂'太極動而生陽, 靜而生陰', 則陰陽之生由乎太極之動靜, 而朱子之解極明備矣. 其曰: '有太極, 則一動一靜而兩儀分, 有陰陽, 則一變一合而五行具.' 尤不異焉. 及觀語錄, 卻謂太極不自會動靜, 乘陰陽之動靜猶人之乘馬耳. 遂謂理之乘氣猶人之乘馬. '馬之一出一入, 而人亦與之一出一入.' 以喩氣之一動一靜, 而理亦與之一動一靜. 若然, 則人爲死人, 而不足以爲萬物之靈, 理爲死理, 而不足以爲萬物之原. 理何足尙, 而人何足貴哉? 今使活人乘馬, 則其出入行止疾速, 一由乎人馭之何如耳. 活理亦然. 不之察者, 信此則疑彼矣, 信彼則疑此矣. 經年累歲, 無所折衷. 故爲辨戾以告夫同志君子云.

董榕輯『周子全書』卷5

해설 조단(曹端)은 주돈이가 말한 "태극이 동하여 양을 생하고, 정하여 음을 생한다"는 것은 "음양의 생이 태극의 동정으로 말미암은 것"이라고 하였다. 이는 올바른 이해이다. 그러나 조단은 이 구절에 대한 주희의 주해가 이점을 '분명하게 밝혔고'[明備], 또 주희의 "태극이 있어, 한번 동하고 한번 정하여 양의로 나누어지고, 음양이 있어 한번 변하고 한번 합하여 오행을 갖추게 된다"는 말과 다르지 않다[不異]고 생각하였는데, 이는 올바른 해설이라고 할 수 없다. 조단은 주희가 그렇게 주해한 의리적 배경을 제대로 파악하지 못했다. 조단은 이 구절에 대한 주희의 주해와 주희『어록·주자어류』의 기록이 서로 모순된다고 생각하였지만, 이는 조단이 주해의 표면적인 용어에 미혹되어 주희철학의 사리(思理)가 실제로는 일관되어 있음을 파악하지 못한 것이다.『주자어류』의 말들이 전부 잘못된 것도 아니고, 주희와 황직경(황간·勉齋)이 말한 채원정(계통)의 서술도 틀리지 않을 것이다.『주자어류』의 토론은『태극도설』주해 배경의 설명이기 때문에 주해에서 말한 "태극에는 동정이 있다"는 말은 다른 각도에서 보아야 한다. 주희가 사용한 용어는『태극도설』의 용어와 서로 다르지 않지만, 실제 내용은 다르다. 조단은 이 차이점을 발견하지 못했다. 조단이 주돈이가 말한 태극을 '살아 있는 리'(活理)라고 규정한 것은 옳다. 그러나『태극도설』주해에서 주희가 말한 태극은 '살아 있는 리'이지만,『주자어류』에서 '죽은 리'(死理)로 만들었다고 주장한 것은 옳지 못하다. 주희의 주해와『주자어류』의 내용은 일관되어 있다. 사실 주희는 "태극은 스스로 동정할 수 없고, 음양의 동정에 올라타 동정할 뿐이다"라고 생각하였다. 리 자체는 죽음(死)과 살아 있음(活)으로써 말할 수 없다. 그러나 주희가 말한 리가 '단지 존유일 뿐 활동하지 않는 실체'(只存有而不活動)임은 의심할 여지가 없다. 조단은 주희의 리가 죽은 리가 아님은 알았지만, 주희의 리가 '단지 존유일 뿐 활동하지 않은 실체'인 것에 대해서는 알지 못했다. 조단은 주희의 리는 마땅히 살아 있는 리이어야 한다고 생각하였다. 이 견해는 틀리지 않다. 그러나 조단은 리가 어떤 성격을 가져야만 살아 있는 리로서 존재할 수 있는지에 관해서는 알지 못했고, 또 주돈이가 말한 태극이 '왜 살아 있는 리인가'에 관해서도 알지 못했다. 단지 "태극이 동하여 양을 생한다"는 구절만을 보고서 리는 '살아 있는 리이다'라고 하였는데, 이는 주희 주해에 포함되어 있는 특별한 의미를 올바르게 보지 못한 것이다. 이처럼 조단은 그 의미를 올바르게 보지 못했기 때문에 리의 사활(死活)의 관건에 대해서도 알지 못한 바가 있었던 것이다. 이곳의 후반부에서는 가장 근본적인 문제를 언급하고 있는데, 이는 도체 자체에 대한 깨달음이다. 만일 도체를 '단지 존유일 뿐 활동하지 않는[只是理-只存有而不活動] 실체'로 이해하면, 그 도체는 곧 죽은 리가 된다. 만일 도체를 '존유이면서 활동하는[심·신·리가 하나인 도체] 실체'로 이해하면, 그 도체는 바로 살아 있는 리가 된다.

이상 주희가 이해한 태극의 편차(偏差)를 분석해보니, '죽은 리'와 '살아 있는 리'라는 두개의 서로 다른 계통이 자연스럽게 드러남을 발견할 수 있다. 일반사람들은 살아 있는 리의 계통에 대해서 절실하게 이해하지 못했다. 또 주희의 분석적 사고방식의 주도면밀함과 시종일관하는 관철성 그리고 그가 직접 실천으로써 터득한 체험에 대해서도 알지 못했다. 양쪽의 차이점을 이해하지 못하고서, 단지 리와 기가 둘이면서 둘이 아닌[理氣二而不二] 점만을 잡고서 조삼모사(朝三暮四)처럼 혼란만 일으켰다. 이들은 아직 주희의 본의를 올바르게 파악하지 못한 것 같다. 정확하게 표현하자면, 그들의 이해는 아직 한참 부족한 것 같다. 이점에 관해서는 주희도 함부로 가볍게 논의하지 않았다.

황종희는 조단의 「변려」를 언급하면서, "선생의 변은 비록 명석하지만, 자세히 살펴보면 리로써 기를 부리는 것이니, 이것 역시 리와 기를 둘로 보는 것이다. 기는 반드시 리의 부림이 있은 후에 움직이니, 기는 죽은 사물이 된다"[282]고 하였다. 이는 리와 기가 둘이면서 둘이 아닌 문제에 관한 얽히고 설킨 주장이다. 황종희는 "기는 반드시 리의 부림이 있은 후에 움직이니, 기는 죽은 사물이 된다"고 하였는데, 이 표현은 정도가 너무 심하다. 즉 표현이 갈수록 부적절하다. 다음에서는 『태극도설』의 입장에서 주희가 리와 기를 둘로 보는 견해에 대하여 불만을 표현한 학자들의 해설을 소개하고, 그들이 주장한 '리와 기는 둘이 아닌 하나이다'가 도대체 어떤 의미인가를 밝혀보겠다.

---

[282] 『明儒學案』 卷44 「諸儒學案上二, 論曹月川」, "先生之辨雖爲明晢, 然詳以理馭氣, 仍爲一之. 氣必待馭於理, 則氣爲死物."

4) 주희가 理와 氣를 둘로 보는 것에 대하여 비판한 학자들의 주장

주희는 『태극도설』을 표양(表揚)하는데 진력하였다. 『태극도설』에 출현하는 모든 문자를 하나하나 따져보았고, 모든 구절을 다 해설하였다. 그 뿐만 아니라 『주자어류』에서 『태극도설』의 의리를 여러 차례 반복하여 토론하였으니, 그의 노력은 가히 깊다고 할 수 있다. 이후 거의 모든 사람들이 주희의 해설을 근본으로 하였기 때문에 『태극도설』에 대한 주희의 주해는 정통적 위치를 차지하게 되었다. 지금 내가 주희의 해설을 분석해보니, 비록 그의 이해에 약간의 오류가 있지만, 도를 넘었다고 할 수는 없을 것 같다.

만일 천명 유행[283]의 진실한 의미를 밝히려고 하면, 먼저 주희철학 계통에서 긍정하는 도체의 실제적 의미와 '왜 그러한 이해가 나오게 되었는가'를 이해해야 한다. 황종희 등이 편집한 『송원학안』 「렴계학안」에는 『태극도설』에 대한 주희의 해설이 수록되지 않았다. 유종주의 해설을 근본으로 삼고서 기타 학설을 종합하였다. 그들은 주희의 학설을 배제하고서 학통을 다투었으니, 주희의 학설은 모두 그르고 유종주의 학설은 모두 옳다고 생각한 것 같다. 그러나 나는 그들의 견해에 동의하지 않는다.

황종희는 『렴계학안』 「하」에서 『태극도설』에 관한 주희와 육구연의 변론을 기록한 후에 다음과 같이 해설하였다.

> 주희와 육구연 간에 왕복된 말은 거의 만언에 가까울 정도로 많으니, 이제 미진한 부분이 없다고도 할 수 있을 것이다. 그러나 (그들 간의) 논쟁은 대부분 문자의 선후에 관한 것일 뿐 궁극적인 의미는 크게 차이가 나지 않는다. 주희는 '무극은 무형을 의미하고, 태극은 리가 있음을 의미한다'고 하였다. 또 '사물이

---

283 역주 : 이곳에서 말한 천명유행의 진실한 의미는 바로 '존유이면서 활동하는' 活理를 긍정하는 계통을 말한다. 즉 도체의 오목불이의 창조성을 긍정하는 계통을 지칭한다.

있기 전에 있으나, 사물이 있은 후에도 올바르게 세워지지 않은 적이 없다. 음양과 따로 떨어져 있으나,[284] 음양 가운데서 행하여 지지 않은 적이 없다[285]고 하였다. 이는 주희가 리선기후의 학설로써 주돈이 학문을 해설한 것이지만, 주돈이의 본의를 잘 파악하였다고 할 수는 없다.

朱陸往復幾近萬言, 亦可謂無餘蘊矣. 然所爭只在字義先後之間, 究竟無以大相異也. 惟是朱子謂'無極卽是無形, 太極卽是有理'. '在無物之前, 而未嘗不立於有物之後, 在陰陽之外, 而未嘗不行於陰陽之中.' 此朱子自以理先氣後之說解周子, 亦未得周子之意也.

나정암(나흠순)이 『곤지기』[286]에서 말하였다. "무극의 진과 이오(二五-음양과 오행)의 정(精)이 오묘하게 결합하여 응결된다는 이 세 구절에 대하여 의문을 갖지 않을 수 없다. 무릇 사물은 반드시 두 개의 (서로 다른) 사물이 있은 후에 합을 말할 수 있다. 태극과 음양이 과연 두 가지 존재인가? (태극과 음양이) 실제로 두 가지 존재라면, 이 두 가지 존재가 합해지기 전에 각각 어디에 놓여 있었는가? 주희는 종신토록 리와 기는 둘이라고 생각하였는데, 아마 그 근본은 이곳으로부터 나온 것 같다."

羅整菴困知記謂: "無極之眞, 二五之精, 妙合而凝三語, 不能無疑. 凡物必兩, 而後可以言合. 太極與陰陽果二物乎? 其爲物也果二, 則方其未合之先, 各安在耶? 朱子終身認理氣爲二物, 其原蓋出於此."

이 세 구절의 말[287]이 리와 기가 서로 떨어질 수 없음을 밝힌 것임을 알지 못

했기 때문에 오묘하게 결합한다는 말로써 형용한 것이다. 이는 『중용』에서 '만물을 이루면서 하나의 사물도 빠뜨리지 않는다'는 말과 같다. 음양과 오행의 정묘함이 아니면 이른바 무극의 진이라는 것도 없다. 주희는 '형상은 없지만 리는 있다'고 하였는데, 이는 무극의 진을 음양과 오행의 밖에서 찾으려고 한 것과 같다. 비록 무형이라고 말하였지만, 이는 실제로 사물이 있다는 것인데, 이것이 어찌 무극의 의미라는 말인가? 때문에 (주희가) 리와 기로 갈라진 것은 주돈이로부터 비롯되었다고 생각한 것은 옳지 않다.

不知此三語正明理氣不可相離, 故可妙合以形容之, 猶『中庸』言體物而不可遺也. 非二五之精, 則亦無所謂無極之眞矣. 朱子言'無形有理', 卽是尋無極之眞於二五之精之外. 雖曰無形, 而實爲有物, 亦豈無極之意乎? 故以爲歧理氣出自周子者, 非也.

해설 이곳에서 황종희는 '리기선후'를 반대하고, 또 리와 기를 둘로 나눈 것을 반대하였다. 그러나 이는 리와 기의 선후 문제의 실제 의미를 이해하지 못하고, 또 '리와 기가 둘이면서 둘이 아니다'의 의미를 이해하지 못함으로부터 비롯된 주장이다. 나흠순(나정암)도 주돈이의 『태극도설』에 대한 주희의 주해를 모두 반대하였지만, 사실 나흠순의 주장에는 긍정할만 점이 별로 없다. 황종희는 리와 기를 둘로 나누는 것은 주돈이로부터 비롯된 것이 아니라고 하였는데, 이 역시 주돈이의 의리를 온전하게 이해한 것이라고는 할 수 없다. 주희가 리와 기를 나눈 것은 정이로부터 비롯되었다.[288] 따라서 '주돈이로부터 비롯되지 않았다'고 할 수도 있다. 그러나 주돈이가 어찌 성체(誠體)·신체(神體)·태극을 기와 분리하지 않고 하나로 혼재시켜 이해하였다고 말할 수 있는가? 주돈이는 "동하면 정의 형상이 없고, 정하면 동의 형상이 없는 것은 사물이다. 동하지만 동의 형상이 없고, 정하지만 정의 형상이 없는 것은 신이다"라고

---

[288] 역주 : 주희의 理氣二分論과 理氣의 실제적 의미가 정이로부터 비롯되었다는 것이지 理氣二分이 정이에서부터 시작되었다는 의미가 아니다.

하였다. 이것이 성체(誠體)·신체(神體)·태극과 기를 분별한 것이 아니면 무엇이라는 말인가? 주돈이는 "무극의 진과 二五[음양과 오행]의 정(精)이 오묘하게 결합하여 응결된다"고 하였는데, '오묘하게 결합한다[妙合]'는 두 글자가 바로 "리와 기가 서로 떨어질 수 없음을 밝힌 것"[289]과 같은 의미이다. 그러나 '리와 기가 서로 떨어질 수 없다'는 것이 어찌 리와 기를 둘로 나누어 이해하는 것을 저해한다는 말인가?[290] 주희도 리와 기의 불리(不離)를 말하였다. 『중용』에서는 "귀신은 만물을 이루면서 하나도 빠뜨리지 않는다"[291]라고 하였지만, 이 말이 어찌 신(神)과 물(物)이 하나여서 서로 나눌 수 없음을 의미한 것이라고 할 수 있겠는가? 이러한 논쟁과 변론은 아무런 의미를 갖지 못한다. 단지 조삼모사(朝三暮四) 아니면 조사모삼(朝四暮三)에 불과한 논쟁이다. 리와 기는 궁극적으로 하나로도 표현할 수 있고, 둘로 나누어 말할 수도 있다. 황종희를 비롯한 대부분의 학자들은 '리와 기가 하나이다'라고 하였을 때 그 '하나'의 실제적 의미가 무엇인지를 알지 못하였고, '리와 기가 둘이다'라고 하였을 때 그 '둘'의 실제적 의미도 무엇인지 알지 못하였다. 그냥 두개를 하나로 합하여 기의 기틀만을 격동시켜 묘합이라고 한 것에 불과하다. 이에 대한 유종주와 황종희의 주장이 도대체 무엇인지 한번 살펴보자.

유종주는 『태극도설』을 다음과 같이 해설하였다.

한번 음이 되고 한번 양이 되는 것을 도라고 하는데, 이것이 바로 태극이다. 천지 사이에는 하나의 기만이 있을 뿐이다. 리가 있은 후에 기가 있는 것이 아니라, 기가 세워지면 리가 그것에 따라서 붙는다. 형이하의 가운데서 형이상자를 지칭하다보니, 한 층을 올려 지존의 위치를 세우지 않을 수 없었기 때문에

---

289 "明理氣不可相離."
290 **역주**: 주희철학에서 理氣의 不離와 不雜은 동시에 성립한다. 단지 理氣에 대한 이해의 방향이 다를 뿐이다.
291 『中庸』「16章」, "體物而不可遺."

태극이라고 부른 것이지만, 실제로 태극이라고 부를 것이 없는데, 이것이 바로 '무극이태극'의 의미이다. 이 태극의 리를 기가 나오는 근원[母]으로 삼는다면, (태극의 리는) 하나의 사물일 뿐인데,[292] 또 (기 외에 무엇이) 생생불식하고, 끝없이 만물에 오묘하게 작용할 수 있다는 말인가? 지금 리는 본래 무형이기 때문에 무극이라고 말하는데, 그렇다면 '무'는 주석으로 전락한다는 말인가? 태극의 오묘함은 생생불식할 뿐이다. 음을 생하고, 양을 생하며, 수화목금토를 생하며, 만물을 생한다. 모두 하나의 기의 자연스러운 변화이고, 합한다는 것은 단지 하나의 생의에 불과하다. 이것이 바로 조화의 심오함이다.

一陰一陽之謂道, 卽太極也. 天地之間一氣而已. 非有理而後有氣, 乃氣立而理因之寓也. 就形下之中而指其形而上者, 不得不推高一層, 以立至尊之位, 故謂之太極, 而實無太極之可言, 所謂'無極而太極'也. 使實有是太極之理, 爲此氣從出之母, 則亦一物而已, 又何以生生不息, 妙萬物而無窮乎? 今曰理本無形, 故謂之無極, 無乃轉落注脚! 太極之妙, 生生不息而已矣. 生陰生陽, 而生水火木金土, 而生萬物, 皆一氣自然之變化, 而合之只是一個生意, 此造化之蘊也.

오로지 사람만이 그것을 얻어 사람이 되었으니, 태극은 영명하고 빼어남이 모이는 곳이다. 한번 음이 되고 한번 양이 되는 것이 형과 신에 나누어 보여진다. 이것이 서로 섞여 오성이 되고, 감응의 길이 나오며, 선악이 나눠지게 되는데, 이것이 인사가 모두 다르게 되는 까닭이다.

惟人得之以爲人, 則太極爲靈秀之鍾, 而一陰一陽分見於形神之際. 由是殽之爲五性, 而感應之途出, 善惡之介分, 人事之所以萬有不齊也.

오로지 성인만이 무극의 리를 깊게 깨닫고, 이른바 고요함의 주를 얻어 중정인의의 중간에 놓인다. 리에 따라 고요하게 되는 것이 이것이다. 천지도 이 태극이고, 성인도 이 태극이어서 서로 간에 거짓이 없다. 서로 나눠진 것을 합한

---

[292] 역주 : 리가 근원이고, 기는 이 근원으로부터 나온 것이라면, 리와 기는 동일자이다. 이는 리와 기의 관계를 不離不雜으로 보지 않고, 동일관계로 보는 것이다.

것과 같기 때문에 합덕이라고 한 것이다. 만일 천지의 모든 것을 버리고서 사물에 주고, 또 홀로 태극을 사람에게 준다면, 천지가 어찌 힘들게 이 같은 일을 하겠는가?

惟聖人深悟無極之理, 而得其所謂靜者主之, 乃在中正仁義之間. 循理爲靜是也. 天地此太極, 聖人此太極, 彼此不相假, 而若合符節, 故曰合德. 若必捐天地之所有而畀之於物, 又獨鍾畀之於人, 則天地豈若是之勞也哉?

무극으로부터 만물까지가 천지의 시작과 마침이다. 만물로부터 거꾸로 무극까지가 성인의 마침이면서 시작이다. 시작과 마침으로부터 말한 것이 생사에 관한 말이다. 혼돈의 세계가 열리고 사람이 가고 머물지만, (천도는) 그것을 고려하지 않는다.[293] 이러한 원리를 아는 사람은 함께 도를 말할 수 있다. 고요함을 주로 하는 것이 요체이다. 앎을 지극함에까지 확장해야 한다.

自無極說到萬物上, 天地之始終也. 自萬物反到無極上, 聖人之終而始也. 始終之說, 卽生死之說. 而開闢混沌, 七尺之去留, 不與焉. 知乎此者, 可與語道矣. 主靜要矣. 致知極焉.

『劉子全書』卷5 「聖學宗要」

해설 이 해설은 『태극도설』 전문(全文)을 종합하여 논하고 있지만, 중점은 첫 단락에 있다. 그러나 이곳에 출현하는 용어는 대부분 돌출적이고 온당하지도 않다. 그 이유는 상당 부분 오해에서 비롯되었고, 또 일부러 회피하려고 하였기 때문인 것 같다. 너무나도 급하게 태극을 기에 내재화하려고 하였기 때문에 교정(矯正)이 지나치게 되고, 적절하지 않은 용어들이 출현하게 된 것이다. 유종주는 "천지에는 하나의 기만이 있을 뿐이다. 리가 있은 후에 기가 있는 것이 아니라, 기가 세워지면 리가 그

---

293 역주: 七尺은 개인의 생명을 의미하고, 去留는 '관직에 나가느냐' '나가지 않느냐'의 의미이지만, 이곳에서는 生死의 의미로 사용되고 있다. 즉 혼돈의 세계가 열리고 사람들이 죽고 나지만 천도의 운행은 그런 것들에 고려하지 않는다.

것에 따라서 붙는다"고 하였고, "실제로 태극이라고 부를 것이 없는데, 이것이 바로 '무극이태극'(無極而太極)의 의미이다"라고 하였으며, "이 태극의 리를 기가 이것으로부터 나오는 근원(母)으로 삼는다면, (태극의 리는) 하나의 사물일 뿐이다"라고 하였다. 이 모두 적절치 못한 표현들로서, 사실 복잡하게 한 번 더 꼬아서 말한 것에 불과하다. 내가 『유자전서(劉子全書)』를 자세하게 살펴보니, 용어의 사용이 막히고, 잘 소통되지 않은 용어들이 너무나 많았지만, 유종주의 본의가 무엇인지는 살필 수 있었다. 이 문장을 살펴보니 유종주가 태극이라는 실체를 부정하지는 않았음을 알 수 있을 것 같다. 유종주는 "형이하자 가운데서 형이상자를 지칭한다"라고 말하였는데, 이 구절에서 그가 형이상자를 부정하지 않았음을 알 수 있다. 그러나 "실제로 태극이라고 부를 것이 없다"는 말은 답답한 표현이고, 적절하지도 않으며, 지나친 표현이다. 유종주는 "실제로 태극이라고 부를 것이 없다"는 것으로써 '무극이태극'의 의미를 이해하였는데, 이것을 어찌 주돈이의 본의라고 할 수 있겠는가? 어찌 '무극'의 본의가 '태극이라고 부를 것이 없다'는 것이겠는가? 또 '무극이태극'이 '태극이 없음을 태극으로 삼는다'는 의미이겠는가? 이는 너무 지나친 표현이다. 맹인처럼 눈을 감고서 하는 말처럼 들린다. "이 태극의 리를 기가 나오는 근원(母)으로 삼는다면, (태극의 리)는 하나의 사물일 뿐이다"라고 하였는데, 이것 역시 주희가 말한 '리가 기를 생한다[理生氣]는 의미를 오해한 것이다. 설령 주희가 태극을 '단지 리이다'라고 이해하였건, 혹은 주돈이가 태극을 심·신·리를 통합하여 이해하였건, '리생기'(理生氣)는 어머니가 아들을 낳은 것처럼 기가 리로부터 생출하였다는 의미를 포함하고 있지 않다. 노자는 "천하의 만물은 유로부터 나왔고, 유는 무로부터 나왔다"[294]고 말하였지만, 이것 역시 어머니가 아들을 낳듯이 '무'로부터 만물이 직접 나왔다는 의미가 아니다. 생(生) 자의 의미를 잘 살펴야 하

---

[294] 『道德經』「40章」, "天下之萬物生於有, 有生於無."

지만, '생' 자를 유종주처럼 답답하게 이해한 사람은 없었다. 만일 이처럼 답답하게 해설한다면, 이제까지 성인들이 사용한 '본'(本) 자는 모두 성립할 수 없게 된다.『중용』에서도 '생물불측'(生物不測)이라고 하였는데, 이 어찌 어머니가 아들을 낳은 것처럼 만물이 도로부터 직접 나왔다는 의미를 표현한 것이겠는가? 이는 자신의 오해로써 주희의 잘못을 질책한 것이다. 이러한 오해로써 리와 기의 선후 문제를 반대하는 것은 터무니없는 억지이다. '리가 앞선다'(理先)의 의미를 그렇게 심오하게 생각할 필요가 없다. 단지 '리가 근본이 된다는 의미로서의 선(先)일 뿐이다. 만일 반드시 리의 선재성을 반대하려고 하면, 성선·본심·양지 그리고 유종주 자신이 말한 '의(意)는 신독의 본체이다'²⁹⁵라는 주장은 모두 성립할 수 없게 된다. 이는 그의 마음이 명철하지 않아 일단 한번 얽히게 되자 강학(講學)의 본의도 망각하게 되어버린 것이다. 그러나 나는 유종주의 본의를 알고 있다. 불분명한 안개를 걷어내면 유종주의 본의가 무엇인지 어렵지 않게 알 수 있을 것이다.

유종주는 명말(明末) 사람으로서 송명이학의 전군(殿軍)²⁹⁶이라고 할 수

---

295 역주 : 유종주는 주희의 '意는 심의 소발이다'(意者心之所發)는 주장과 왕수인의 '致良知'에 대하여 모두 비판적인 입장을 취하였다. 유종주는 유가철학에서 일반적으로 구분하지 않고 사용하는 意와 念을 구별하였다. 意에 대하여 주희는 '心之所發'이라고 하였고, 왕수인은 '선도 있고 악도 있는 것은 의의 움직임이다'(有善有惡意之動)라고 하였다. 그러나 유종주는 '心之所發'과 '有善有惡'은 念이지 意가 아니라고 주장하였다. 그에 의하면 意는 초월성의 개념으로서 '心之本'이고, '心之所存'이다. 그는 「獨證篇」에서 다음과 같이 말하였다. "대학의 가르침은 단지 사람들로 하여금 그 근본을 알게 하는 것이다. 천하국가의 근본은 몸에 있고, 몸의 근본은 마음에 있으며, 마음의 근본은 意에 있다. 意라는 것은 지선이 머무르는 곳이어서, 공부는 격치로부터 시작한다."(大學之敎, 只要人知本. 天下國家之本在身, 身之本在心, 心之本在意. 意者, 至善之所止也, 而工夫則自格致始) 유종주에 의하면 성의와 격치는 하나이면서 둘이고, 둘이면서 하나인 공부이다. 그런데 왕수인은 성의를 근본으로 삼지 않고, 치양지를 근본으로 삼았으니, 이에 대하여 유종주가 비평한 것이다. 유종주는 意를 心의 근본이라고 하였다. 그렇다면 유종주철학에서 意는 초월성의 주재 능력을 갖춘 실체이고, 심이 심이 될 수 있는 근거로서의 의미를 갖고 있다. 이러한 意에 대한 유종주의 견해는 새로운 학설이라고 할 수 있다. 모종삼은 유종주가 주장한 意를 愼獨의 체, 즉 獨體라고 표현하였다.

있다. 그가 계승한 전대의 유산은 매우 풍부하였다. 600년 넘게 내려온 여러 학자들의 다양한 학설과 번잡한 개념 등은 너무나도 지리(支離)하였기 때문에 유종주는 중요한 논제를 하나로 통일시키려고 하였다. 유종주의 아들인 유작(劉汋)이 편집한 『즙산연보』「66세하」[297]에는 다음과 같은 내용이 수록되어 있다.

선생의 평상시 소견은 하나하나가 선유들의 견해와 어긋났다. 만년에 굳은 마음으로 필을 잡아 많은 글을 썼는데 의문이 가는 부분을 많이 남겼다. (그러나) 성의·이발과 미발·기질과 의리·무극과 태극지설을 넘지 않았다. 그리하여 단언하여 말하였다. "종래에 학문은 단지 하나의 공부에 불과하였다. (그러나) 내와 외를 나누고, 동과 정을 나누며, 유와 무를 나누어 두 가지로 하자 결국 지리하게 되어버렸다." 또 말하였다. "무릇 도는 하나일 뿐이다. 지와 행을 나누어 말한 것은 자사로부터 시작되었다. 성(誠)과 명(明)을 나누어 말한 것도 자사로부터 시작되었다. 이발과 미발을 나누어 말한 것도 자사로부터 시작되었다. 인과 의를 나누어 말한 것은 맹자로부터 시작되었다. 심과 성(性)을 나누어 말한 것도 맹자로부터 시작되었다. 동과 정 그리고 유와 무를 나누어 말한 것은 주돈이로부터 시작되었다. 기질과 의리를 나누어 말한 것은 정이로부터 시작되었다. 존심과 치지를 나누어 말한 것은 주자(주희)로부터 시작되었다. 견문과 덕성을 나누어 말한 것은 양명(왕수인)으로부터 시작되었다. 돈과 점을 나누어 말한 것도 양명으로부터 시작되었다. (그러나) 이러한 것들은 공자가 말하지 않은 것이다. 오호라! 내가 공자를 버리고서 누구를 따르겠는가?"

先生平日所見, 一一與先儒牴牾. 晩年信筆直書, 姑存疑案, 仍不越誠意·已未

---

296 역주 : 殿軍은 군대가 전쟁에서 퇴각할 때 맨 뒤에서 적군의 추격을 막는 군대를 말한다. 모종삼은 유종주를 전군에 비유함으로써 송명이학의 마지막 보루로 이해하였다.

297 이곳에 수록한 문장은 지금은 『유자전서』에 보이지 않는다. 따라서 이곳의 내용이 역사적 사실과 반드시 합치하지 않을 수도 있고, 또 의리적 사실과도 합치하지 않을 수 있다. 그러나 이러한 문제들에 대하여 괘념치 않아도 된다.

發・氣質義理・無極太極之說. 於是斷言之曰:'從來學問只有一個工夫. 凡分內分外・分動分靜・說有說無・劈成兩下, 總屬支離.' 又曰:'夫吾道一而已矣. 知行分言, 自子思子始. 誠明分言, 亦自子思子始. 已未發分言, 亦自子思子始. 仁義分言, 自孟子始. 心性分言, 亦自孟子始. 動靜・有無分言, 自周子始. 氣質義理分言, 自程子始. 存心致知分言, 自朱子始. 聞見德性分言, 自陽明子始. 頓漸分言, 亦自陽明子始. 凡此, 皆吾夫子所不道也. 嗚乎! 吾捨仲尼奚適乎?

이 글 다음에 유작은 또 다음과 같은 부주(附注)를 첨가하였다.

선유들은 도를 분석하여 말하였으나, 선생에 이르러 모두 하나로 통일 되었다. 선유는 심과 성을 대립시켜 말하였으나, 선생은 '성은 심의 성이다'라고 말하였다. (선유는) 성과 정을 대립시켜 말하였으나, 선생은 '정은 성의 정이다'라고 말하였다. (선유는) '심은 성과 정을 통섭한다'는 것을 (말하였으나, 선생은 '심의 성정이다'라고 말하였다. (선유는) 인욕을 인심으로 삼고, 천리를 도심으로 삼았으나, 선생은 '심은 단지 인심일 뿐이고, 도심은 인심이 심이 되는 까닭이다'고 말하였다. (선유는) 성을 기질과 의리로 나누었으나, 선생은 '성은 단지 기질만 있고, 의리라는 것은 기질이 성이 되는 까닭이다'고 말하였다. (선유는) 미발을 정으로 삼고, 이발을 동으로 삼았으나, 선생은 '존과 발은 단지 하나의 기틀이고, 동정은 단지 하나의 리일 뿐이다'라고 하였다. 이것을 미루어 말하면, 존심과 치지, 견문과 덕성의 지는 하나로 귀결될 것이다. 그러나 요약하여 말하자면, '심이 심이 되는 까닭이다.' 또 심중에서 본체와 공부가 합일 되는 곳을 성이라고 말하였다. "의(意)의 뿌리가 가장 희미한데, 성체(誠體)는 하늘을 근본으로 한다." 이곳에서는 조금의 인력도 드러나지 않는다. 오로지 삼가 아릴 하나의 방법이 있는데, 이는 바로 본래의 위치로 돌아오는 것으로, 이른바 남들이 보지 않은 곳을 조심하고, 남들이 듣지 않는 곳을 두려워한다는 신독의 설이다.

按先儒言道分析者, 至先生悉統而一之. 先儒心與性對, 先生曰:"性者心之性." 性與情對, 先生曰:"情者性之情." 心統性情, 先生曰:"心之性情," 分人欲爲人心,天理爲道心, 先生曰: "心只有人心, 道心者人心之所以爲心." 分性爲氣質義理, 先生曰: "性只有氣質, 義理者氣質之所以爲性." 未發爲靜, 已發爲動, 先生曰: "存發只是一機, 動靜只是一理." 推之, 存心致知, 聞見德性之知, 莫不歸之於一. 然約言之, 則曰: '心之所以爲心也.' 又就心中指出本體工夫合並處, 曰誠意. "意根最微, 誠體本天." 此處著不得絲毫人力, 惟有謹凜一法, 乃得還其本位, 所謂戒愼乎其所不睹, 恐懼乎其所不聞, 此愼獨之說也. "

유종주는 모든 것을 통합하여 하나로 하려고 하였기 때문에 횡적으로 갈라 나누어서 말하려고 하지 않았고, 또 종적으로 벌려서 말하려고도 하지 않았다. 그가 취한 통일의 방법은 대체적으로 직접 형이하자를 형이상자로 끌어올리는 것이고, 동시에 형이상자를 전부 내재화하여 형이하자 안으로 흡수하는 것이다. 이 때문에 형이상자와 형이하자를 함께 하나로 섞어 말하게 된 것이다. 이러한 표현법은 대체적으로 본체론[298]적으로 체와 용을 하나로 합하여 말할 때 사용한다. 이러한 표현들이 '현미무간'(顯微無間)과 '체용일원'(體用一源)을 말하고자 한 것이라고 한다면, 그렇게 표현해야 할 것이다. 유종주는 '존유이면서 활동하는'(卽存有卽活動) 오목불이의 천명 유행의 실체에 대하여 확실하게 깨달았고, 이에 대한 공부도 함께 갖추었다. 의근(意根)[299]과 성체(誠體)로부터 말하건, 아니면 무극과 태극으로부터 말하건 모두 이처럼[300] 말하고 있음을 발견할

---

298 역주 : 『심체와 성체』뿐만 아니라 모종삼의 저작에는 '본체론'적이라는 표현이 자주 등장한다. 모종삼이 말한 '본체론'적에서 본체는 현상과 대립하는 본체의 의미가 아니라, 현상의 모든 것이 본체의 자아실현, 즉 본체의 현현이기 때문에 본체로써 현상을 설명하고, 현상을 통하여 본체의 모습을 볼 수 있다는 의미이다. 다시 말하면 본체와 현상을 일체화시킨 표현이다. '卽體卽用'과 '體用一原'의 표현이 바로 이에 해당한다.

299 역주 : 유종주철학에서 意는 초월성의 주재 능력을 갖춘 실체이다. 유종주는 意를 선을 좋아하고 악을 싫어하는 자각 능력 혹은 주재 능력으로 이해하였다. 유종주철학에서 意는 왕수인이 긍정하는 양지의 작용을 포함하고 있는 주체이다. 따라서 意는 근원의 의미를 갖고 있기 때문에 意根이라고 한 것이다.

300 역주 : 형이상자와 형이하자를 분리시켜 말하지 않고, 하나로 통일시켜 말하고 있다

수 있다. 이점은 유종주의 가장 성숙한 작품이라고 할 수 있는 『인보(人譜)』에 잘 나타나 있다. 유종주는 형이하자인 정(情)·인심(人心)·기질·희로애락 등을 오목불이의 본체에 끌어올리려고 하였고, 또 오목불이의 본체 역시 전부 내재화하여 형이하자 안으로 끌어들여, 형이하자를 주재하고 오묘한 작용을 발휘하게 함으로써 '전체가 바로 하나의 용이고, 전체의 용이 바로 하나의 본체'라는 일체의 화(化)를 실현하려고 하였다. 때문에 심과 성(性)을 대립시켜 말하지 않고, 단지 "성(性)이라는 것은 심의 성(性)이다"라고 말하였고, 성(性)과 정을 대립시켜 말하지 않고, "정(情)은 성(性)의 정(情)이다"라고만 말하였다. 또 심통성정(心統性情)을 말하지 않고 "심의 성정이다"라고만 말하였고, 인심과 도심을 나누어 말하지 않고, "단지 인심일 뿐이고, 도심은 인심이 심이 되는 까닭이다"라고만 말하였다. 또 성(性)을 기질지성과 의리지성으로 나누어 말하지 않고, "성(性)은 단지 기질만 있고, 의리라는 것은 기질이 성(性)이 되는 까닭이다"고만 말하였다. 미발과 이발을 정(靜)과 동(動)으로 이해하지 않고, "존과 발은 단지 하나의 기틀이고, 동정은 단지 하나의 리일 뿐이다"라고만 말하였다. 마지막의 "존과 발은 단지 하나의 기틀이고, 동정은 단지 하나의 리일 뿐이다"라는 구절이 형이상과 형이하를 하나로 끌어올리고 하나로 흡수하는 정신을 가장 잘 나타내주고 있다. 이 표현은 매우 훌륭하다. 그의 표현을 다시 한 번 살펴보자.

때문에 희로애락이 중에 간직되어 있는 곳으로부터 말하자면, 중이라고 한다. (희로애락이) 발동하기 이전에 또 다른 기상이 있는 것이 아니라, 천도의 원형이정이 오목에 운행하는 것이 바로 이것이다. 희로애락이 밖으로 발동하는 곳으로부터 말하자면, 화라고 한다. (희로애락이) 발동할 때 또 다른 기상이 있는 것이 아니라, 천도의 원형이정이 화육으로 드러나는 것이 바로 이것이다. 오로

는 의미이다.

지 간직함과 발동함은 하나의 기틀이기 때문에 중화는 나눠지지 않은 하나의 본성이다.

故自喜怒哀樂之存諸中而言, 謂之中. 不必其未發之前別有氣象也, 卽天道之元亨利貞運於於穆者是也. 自喜怒哀樂之發於外而言, 謂之和. 不必其已發之時又有氣象也, 卽天道之元亨利貞呈於化育者是也. 惟存發總是一機, 故中和渾是一性.

『劉子全書』卷11「學言中」

또 말하였다.

미발은 간직한 바로써 말한 것이다. 말하였다. "그 간직함으로부터 말하자면, 하나의 리가 혼연하여 비록 희로애락의 형상은 없지만, 아직 무에 빠지지 않은 것을 중이라고 한다. 그 발동함으로부터 말하자면, 넓게 응대하여 세세한 것에도 마땅하고, 비록 희로애락의 정(情)이 있지만 아직 유(有)에 놓이지 않은 것을 화라고 한다. 안과 밖이 단지 하나의 기틀이며, 중과 화가 단지 하나의 리임을 알 수 있다. 절대로 전후를 구분하여 말해서는 안 된다."

未發以所存而言者也. 蓋曰 : "自其所存者而言, 一理渾然, 雖無喜怒哀樂之相, 而未始淪於無, 是以謂之中. 自其所發者而言, 泛應曲當, 雖有喜怒哀樂之情, 而未始著於有, 是以謂之和. 可見中外只是一機, 中和只是一理. 絶不以前後際言也."

『劉子全書』卷9「答董生心意十問」

이처럼 본체론적으로 체와 용을 하나로 끌어올리고 흡수하여 함께 화(化)해가는 과정 중에서 진실로 깊고 오묘한 담론이 있을 수 있다.

단지 이 동정의 리인데, 나누어서 말한 것이 음양이고, 합해서 말한 것이 태극이다. 때문에 "한번 음이 되고 한번 양이 되는 것을 도라고 한다"고 한 것이다. 나누고 합한 것이 태극이고, 나눔이 아니고 합함이 아닌 것이 무극이다. 때문에 "음양의 변화를 알 수 없는 것이 바로 신이다"라고 한 것이다.

只此動靜之理, 分言之是陰陽, 合言之是太極. 故曰: "一陰一陽之謂道." 卽分卽合是太極, 非分非合是無極. 故曰: "陰陽不測之謂神."

『劉子全書』卷10「學言上」

함양의 공은 단지 일상적으로 동하고 정하며·말하고 침묵하며·옷 입고 밥 먹는 곳에 있다. 한 번 동하고 한번 정하며, 한 번 말하고 한번 침묵하며, 한 번 옷 입고 한 번 밥 먹는 곳에서 깨우치는 것을 양심이라고 한다. 제 때에 동하고 제 때에 정하며, 제 때에 말하고, 제 때에 침묵하며, 제 때에 옷 입고 제 때에 밥 먹는 곳에서 깨우치는 것을 양기라고 한다. 동하고 정하며, 말하고 침묵하며, 옷 입고 밥 먹으며 깨우치는 것을 양성이라고 한다.

涵養之功只在日用動靜語默衣食之間. 就一動一靜, 一語一默, 一衣一食理會, 則謂之養心. 就時動時靜, 時語時默, 時衣時食理會, 則曰養氣. 就卽動卽靜, 卽語卽默, 卽衣卽食理會, 則曰養性.

『劉子全書』卷6「證學雜解第二十則」

이러한 상황[301]에서는 "실제로 태극이라고 부를 것이 없다"[實無太極之可言]는 유종주의 주장이 성립할 수도 있을 것 같다. 왜냐하면 그가 "나누고 합한 것이 태극이고, 나누지 않고 합하지 않는 것이 무극이다"라고 말했기 때문이다. 이러한 입장을 이곳에 적용시켜보면 "동하고 정하며, 말하고 침묵하며, 옷 입고 밥 먹는 것이 태극이고 동도 아니고 정도 아니며, 말하는 것도 아니고 침묵하는 것도 아니며, 옷 입는 것도 아니고 밥 먹는 것도 아닌 것이 무극이다"라고 말할 수 있다. '무극'이라는 것은 "실제로 태극이라고 부를 것이 없다"는 의미이다. 『장자』「제물론」에서 "이미 합하여 하나가 되었다면 또다시 말할 필요가 있겠는가"[302]라고 하

---

301 역주: 모종삼이 말한 '이러한 상황'은 유종주가 형이하자를 형이상자로 끌어올리고, 형이상자를 형이하자로 흡수하여 원융적으로 化하려는 의도를 의미한다.

302 "旣已爲一矣, 且得有言乎?"

였는데, 이것 역시 "실제로 태극이라고 부를 것이 없다"는 말과 같은 의미이다. 이는 형이상자와 형이하자를 하나로 끌어올리고 흡수하는 원융화경(圓融化境)이기 때문에 어떤 주장을 드러내는 진술로 보아서는 안 된다. 설사 일종의 진술로 볼 수 있을지라도 어떤 대립적 주장을 드러내는 진술로 보아서는 안 된다. 그러나 설령 진행 중인 각각의 대립적인 진술의 형상이 서로 융합(融合)하여 최후에는 원융하여 함께 화(化)한다고 할지라도 이 원융의 화(化)한 경지에서 표현할 수 있는 "실제로 태극이라고 부를 것도 없다"는 것에만 집착하여 다른 사람들이 긍정하는 태극을 반대해서도 안 된다. 대개 원융하여 함께 화(化)한다는 것은 대립적인 분석을 이미 전제하고 있다. 따라서 위 두 단락의 내용은 별 문제없이 순조롭게 해석할 수 있지만, 『태극도설』을 해설한 첫 단락[303]의 내용은 의리가 막히고 표현이 답답하여 이해하기 어렵다. 유종주의 표현에 이처럼 막히고 답답함이 생기는 것은 그가 자주 원융하여 함께 화(化)하는 경지를 어떤 특정한 주장을 드러내는 진술의 형태로 표현하였기 때문이다. 그렇게 되면 양자의 대립을 원융하는 것이 아니라 이것으로써 저것을 가리는 것이 되고 만다. 다시 말하면 유종주는 원융하여 함께 화(化)하는 '무언'의 경지를 특정화시켜 분석적인 입장에서 각각의 주장을 드러내는 진술들과 서로 대립시켜 표현하고 있다. 이러한 태도는 오히려 자신의 입장을 해친다. 이는 아마 성숙하지 못하고 원만하지 못한 심지(心智)로써 원만의 의미를 논의하였기 때문일 것이다.

『유자전서』 권10 「학언(學言)」에는 이처럼 막히고 답답한 표현이 자주 등장하는데, 원문을 이곳에 기록하여 살펴보겠다.

> 천지에는 하나의 기만이 있을 뿐이다. 기가 있으면 이 수가 있고, 수가 있으면 이 상이 있으며, 상이 있으면 이 이름이 있고, 이름이 있으면 이 사물이 있

---

[303] 역주 : 첫 단락은 "一陰一陽之謂道, 卽太極也"에서부터 "此造化之蘊也"까지의 내용이다.

으며, 사물이 있으면 이 성(性)이 있고, 성(性)이 있으면 이 도가 있다. 때문에 도는 마지막에 나타난다. 그러나 도를 추구하는 사람들은 번번이 기에 앞서 도를 추구하려고 한다. 도가 기를 생한다고 하는데, (그렇다면) 도는 어떤 사물인가? 기를 생할 수 있는가?

盈天地間一氣而已矣. 有氣斯有數, 有數斯有象, 有象斯有名, 有名斯有物, 有物斯有性, 有性斯有道. 故道其後起也. 而求道者輒求之未始有氣之先. 以爲道生氣, 則道亦何物也, 而能遂生氣乎?

해설 이 단락의 내용은 모두 오해에서 비롯된 막히고 답답한 표현들이다. 이점을 이해하지 못한 사람들은 이 단락의 내용만을 보고서 유종주를 유물론자로 평하기도 하는데, 이는 유종주에 대한 곡해일 뿐 사실이 아니다. 이들은 유종주가 형이상과 형이하를 끌어올리고 흡수하여 양자를 하나로 하려는 의도를 모르는 사람들이며, 또 현미무간과 체용일원이 도대체 어떤 의미인지도 모르는 사람들일 것이다. 유종주는 일시적인 오해로 말미암아 급하게 선유(先儒)들의 학설을 반대하려고 하다 보니 이처럼 이상한 표현을 하게 된 것이다. 이러다보니 자신이 정묘하게 깨달은 오목불이의 실체마저도 잃어버리게 된 것이다. 오목불이의 실체[태극]는 기를 떠나 독립적으로 존재하지 않는다. 그렇다고 이 태극이 어찌 '하나의 기에 불과하겠는가?' 기로부터 내려와 도를 말하고, 도는 기 뒤에 일어난 것이라고 하였는데, 이것을 어찌 현미무간·체용일원·즉체즉용의 의미라고 할 수 있겠는가?

송대의 유학자들은 "도는 음양을 떠나지도 않고, 음양에 의지하지도 않는다"고 말한다. (도는) 반드시 (음양을) 떠나지도 않고 (음양을) 의지하지도 않는 중간에 세워져 있고, 또 떠나지도 않고 의지하지도 않는 상태를 초월하여 존재한다고 하니, 이것이 이른바 '네 구절을 떠나고, 모든 것을 부정한다[304]는 것과 같으니, 거의 불가의 견해에 빠진 것이 아니겠는가?"

宋儒之言曰：“道不離陰陽, 亦不倚陰陽. 則必立於不離不倚之中, 而又超於不離不倚之外, 所謂離四句, 絶百非也. 幾何而不墮於佛氏之見乎?”

유종주는 “나누고 합한 것이 태극이고, 나눔이 아니고 합함이 아닌 것이 무극이다”고 하였는데, 이것이야말로 “네 구절을 떠나고, 모든 것을 부정한다”는 것이 아니고 무엇이란 말인가?

혹자가 말하였다. “허가 기를 생한다고 한다. 무릇 허가 바로 기인데, 무슨 생이 있다는 말인가? 나는 기가 있기 전을 거슬러 올라가보니, 어디를 가더라도 기가 아닌 것이 없었다. (기가) 굽히면, 무로부터 나아가 유가 되고, 유이지만 아직 유가 시작하지 않는다. 펼침에 이르면, 유로부터 나아가 무가 되고, 무이지만 아직 무가 시작하지 않는다. 유도 아니고 무도 아닌 사이이면서 유이면서 무인 것을 태허라고 하고, 그것의 존귀함을 나타내기 위하여 태극이라고 한다.”

或曰：“虛生氣. 夫虛卽氣也, 何生之有? 吾溯之未始有氣之先, 亦無往而非氣也. 當其屈也, 自無而之有, 有而未始有. 及其伸也, 自有而之無, 無而未始無也.

304 역주 : 이른바 ‘네 구절을 떠나고, 모든 것을 부정한다[離四句, 絶百非]는 禪學의 절대 경지를 표시한 말이다. 離四句에서 ‘사구’는 네 가지 층차의 언설로써 현상의 존재 양식을 규정한 것이다. 첫 구절은 有로서 이는 현상에 대한 긍정이다. 둘째 구절은 無로서 이는 현상의 존재에 대한 부정이다. 셋째는 有이면서 無이다. 이는 긍정과 부정을 모두 긍정하는 것이다. 넷째는 有도 아니고 無도 아니다. 이는 긍정과 부정을 모두 부정하는 것이다. 셋째의 긍정과 부정을 모두 긍정하는 것이 일종의 종합이라면, 넷째 구절인 긍정과 부정을 모두 부정하는 것은 초월이다. 불교에서는 이처럼 네 가지 존재에 대한 이해 방식을 통하여 지혜를 위로 일보일보 상승시켜 최고의 진리에 도달하려고 한다. 이러한 이해 방식에는 농후한 변증법적 사유체계가 갖추어져 있다. 絶百非에서 絶은 초월의 의미이고, 百非는 백가지의 부정 의미이다. ‘절백비’는 모든 언설을 부정하여 초월한다는 의미이다. ‘리사구’와 ‘절백비’는 서로 짝을 이루어 절대적 초월 경계는 모든 언설과 개념적 사고를 떠나야만 이를 수 있음을 말한 것이다. 이곳에서 “도는 음양을 떠나지도 않고, 음양에 의지하지도 않는다고 한다. 도는 반드시 음양을 떠나지도 않고 음양을 의지하지도 않는 중간에 세워져 있고, 또 떠나지도 않고 의지하지도 않는 상태를 초월하여 존재한다”는 말의 외형이 마치 불교의 모든 것을 떠나고 부정하는 것과 유사하기 때문에 ‘離四句, 絶百非’라고 묘사한 것이다.

非有非無之間而卽有卽無, 是謂太虛, 又表而尊之曰太極."

해설 이 단락의 내용은 장재의 학설을 근본으로 한 것이다. 장재는 "허가 곧 기이다"[虛卽氣]는 자신의 학설을 근거로 "허가 기를 생한다"[虛生氣]는 주장을 반대하였다. 그러나 장재의 이 주장도 오해이다. 즉 장재는 '허즉기'(虛卽氣)와 '허생기'(虛生氣)가 동시에 성립한다는 사실을 이해하지 못했다. "유(有)이지만 아직 유(有)가 시작하지 않는다"와 "무(無)이지만 아직 무(無)가 시작하지 않는다" 그리고 "유(有)도 아니고 무(無)도 아닌 사이이면서 유(有)이면서 무(無)이다"는 구절은 단지 자안(字眼)만 건드리지 않는다면 실제적 의미를 가질 수 있다. 그러나 이 구절들이 단지 '하나의 기일 뿐이다'를 의미하지 않는다는 것만은 분명한 사실이다. 만일 허(虛)와 기(氣)의 차별을 올바르게 분별하지 못한다면 이상의 여러 표현들은 가능하지 않을 것이다,

> 하늘은 만물의 총체적인 명칭이지, 만물의 군주가 아니다. 도는 만 가지 기물의 총체적인 명칭이지, 기의 본체가 아니다. 성(性)은 만 가지 형체의 총체적인 명칭이지, 형체와 짝을 이루는 것이 아니다.
> 天者萬物之總名, 非與物爲君也. 道者萬器之總名, 非與器爲體也. 性者萬形之總名, 非與形爲偶也.

만일 '체가 곧 용이고, 용이 곧 체이다'[卽體卽用]라는 관점에서 본다면, 이 주장은 성립할 수 있다. 그러나 '체가 곧 용이고, 용이 곧 체이다'라는 것을 긍정한다고 할지라도, 그것이 바로 본체를 부정하는 것은 아니다. 따라서 이 세 구절은 '체이면서 용이고, 용이면서 체'인, '즉체즉용'(卽體卽用)의 의리를 표시할 수 없다. 유종주는 긍정과 부정을 단정하는 진술로 표현하였기 때문에 이처럼 극단적으로 뒤틀린 표현을 하게 된 것이다. 유종주는 정밀도 이리한 자신의 입장을 끝까지 관철시켰는가?

만일 그가 끝까지 관철시키려고 하였다면, 그는 의근(意根)과 성체(誠體)를 주장할 필요도 없었을 것이다.[305] 곽상이 주해한 『장자』 「제물론」의 천뢰(天籟)에는 "하늘은 만물의 총체적인 명칭이다"[306]라는 말이 있다. 만일 유종주가 도가에서 긍정하는 자연의 의미를 드러내기 위하여 이와 같이 표현하였다면, 그 표현이 틀렸다고 할 수는 없을 것이다. 그러나 유가에서 주장하는 성체(性體)·도체를 이처럼 형용한다면 이는 크게 잘못된 것이다. 유종주가 어찌 이처럼 신중하지 않고 경솔하게 글을 쓸 수 있었을까?

공자가 말하였다. "형이상자는 도라고 하고, 형이하자는 기라고 한다."[307] 정자가 말하였다. "상하 두 자를 도와 기로 나눈 것이 가장 분명하다." 또 말하였다. "도가 바로 기이고, 기가 바로 도이다."[308] 결국 기가 이곳에 있으면, 도 역시 이곳에 있다. 기를 떠나서는 도를 볼 수 없다. 때문에 도와 기는 형이상과 형이하로 표현할 수는 있지만, 선후를 나누어서 말할 수는 없다. '천지에 앞서 있다'고 하는데, 이단이 천차만착한 것은 결국 이 구절로부터 비롯되었다.

子曰：“形而上者謂之道，形而下者謂之器.” 程子曰：“上下二字截得道器最分明.” 又曰：“道卽器，器卽道.” 畢竟器在斯, 道亦在斯. 離器而道不可見. 故道器可以上下言, 不可以先後言. '有物先天地,' 異端千差萬錯, 總從此句來.

해설 도와 기는 형이상자와 형이하자로 표현할 수 있고, 선후를 나누어서 말할 수도 있는데, 이는 도와 기의 선후 문제가 바로 형이상과 형

---

305 역주 : 이는 유종주의 표현이 막히어 마치 그가 형이상자를 부정한 것 같지만, 실제로는 형이상자인 意根과 誠體 관념을 긍정하고 있음을 의미한다.

306 "天者萬物之總名."

307 역주 : 유종주는 『역전』의 저자를 공자로 간주한 것 같다.

308 역주 : '道卽器, 器卽道'에 대하여 모종삼은 정호의 말이라고 주장하였다. 모종삼은 '도가 기이고, 기가 도이다'는 도와 기의 분별을 부정하는 것이 아니라 圓融化境에서 도와 기를 일체화하여 표현한 것이라고 주장하였다.[정호철학 참고]

이하로부터 확장된 것이기 때문이다. 『대학』에서는 "사물에는 본과 말이 있고, 일에는 마침과 시작이 있다.[309] 마땅히 먼저해야할 것과 나중에 해야 할 것을 알면 도에 가깝게 된다"[310]고 하였다. 이런데도 어찌 본말과 선후의 문제를 소홀히 처리할 수 있겠는가? 선후의 문제를 반드시 반대하는 이유는 무엇인가? 『시경』에서는 "오 하늘의 명은 심원하고도 중단이 없다"[311]고 하였는데, 이 천명이 어찌 본래 스스로 그렇게 먼저 존재하지 않고, 사물이 있은 후에 일어났다는 말인가? 지혜로운 자들이 흔히 범하는 잘못이 견강부회인데, 유종주의 지혜도 자신의 견강부회 때문에 죽었으니, 한번 가면 다시 되돌아올 줄을 모르는 사람이다.

리는 기의 리이기 때문에, 기에 앞서지도 않고, 기와 따로 떨어져 있지도 않다. 이러한 도리를 알면 도심이 바로 인심의 본심이고, 의리지성이 기질지성의 본성임을 알 것이다. 그리하여 천년 동안 내려온 지리한 말을 모두 쓸어낼 수 있는데, 학자들이 도의 길에 들어가면서, 높지만 허무의 세계에 빠지지 않고, 낮지만 상수에 빠지지 않아야만 도술이 비로소 하나로 돌아갈 수 있지 않을까?

理卽是氣之理, 斷然不在氣先, 不在氣外. 知此, 則知道心卽人心之本心, 義理之性卽氣質之本性. 千古支離之說可以盡掃, 而學者從事於入道之路, 高之不墜於虛無, 卑之不淪於象數, 而道術始歸於一乎?

해설 만일 리가 '존유이면서 활동하는 오목불이의 천명 유행의 실체'를 가리켜 말한 것이라면, "리는 기의 리다"라는 말은 다음과 같이 해

---

309 역주 : 일반적으로 본말과 시종의 대비는 약간의 가치 의미를 수반한다. 본말이 대비될 때는 대체로 본이 주가 되기 때문에 '본말이 도치되었다[本末倒置]'·'본말이 전도되었다[本末顚倒]'·'본을 버리고 말을 쫓는다[捨本逐末]' 등의 성어로서 가치의 주종과 경중이 명확하지 않음을 표시한다. 시종의 대비는 대체로 종이 주가 되기 때문에 '시종을 관철하지 못하였다'·'시작은 있었지만 마침이 없다' 등의 상용어로써 가치의 결함을 표현한다.

310 『大學』「經」, "物有本末, 事有終始, 知所先後, 則近道矣."

311 "惟天之命, 於穆不已."

석할 수 있다. '리는 기에 오묘하게 작용하여 기로 하여금 생생불식할 수 있게 하고, 기로 하여금 이 기로 존재하게끔 한다. 따라서 리는 당연히 기의 리이다.' 설사 주희처럼 리를 '단지 존유일 뿐 활동하지 않는 본체'[只存有而不活動]로 이해한다고 할지라도 '리는 기의 리이다'라고 말할 수 있다. 그러나 '리는 기의 리이다'라고 말할 때, 이 리가 '존유이면서 활동하는 본체'[卽存有卽活動]를 가리키던지, 아니면 '단지 존유일 뿐 활동하지 않는 실체'를 가리키던지, 이 리는 모두 초월적이고, 보편적이며, 절대적인 그 하나의 실체를 가리킨다. 절대로 기의 속성을 나타내는 술어가 아니고, 또 기와 관련된 특성을 나타내는 것도 아니다. 만일 리와 기를 나누어 리의 근본 의미를 표현하고자 할 때는 '리가 기에 앞서 있다'[312]라고 할 수 있다. 또 이 리의 초월적인 실체 의미를 직시하고자할 때는 '리는 기와 따로 떨어져 있다'[313]고 할 수도 있다. 설령 형이상자와 형이하자를 끌어올리거나 흡수하여 체와 용이 하나로 섞이어 흘러 갈 때는 리기의 선후를 말할 필요가 없고, 내외를 말할 필요가 없다고 할지라도, 이것과 '리가 기에 앞서고, 기와 따로 떨어져 있다'는 문제는 서로 충돌하지 않는다.[314] 유종주는 단지 "리는 기의 리이다"는 한 구절만을 말하였는데, 어찌 이 한 구절로써 리기의 선후와 내외 문제를 부정할 수 있다는 말인가? 당신[315]도 리가 기를 설명하는 술어 혹은 기와 관련된 특성이라고 이해하지는 않을 것이다. 이러한 입장을 미루어보면, 유종주가 말한 "도심이 바로 인심의 본심이다"[도심은 인심이 심이 되는 까닭이

---

312 "理在氣先."
313 "理在氣外."
314 역주 : 리와 기를 분해하여 본체적 혹은 개념적으로 표현할 때는 리가 기에 앞서고, 기와 따로 떨어져 있다. 그러나 원융적으로 표현할 때는 양자의 선후와 내외 문제를 언급하지 않아도 문제가 없다.
315 역주 : 모종삼은 비록 유종주가 리와 기의 관계에 대하여 부적절하게 표현한 곳도 있지만, 형이상자와 형이하자의 분계를 부정하지 않는다고 생각한다. 따라서 이곳에서 '너[汝]'는 유종주를 지칭하지 않고, 유종주철학을 유물론철학으로 이해하는 사람을 지칭한다.

다"]316는 단지 용어의 변환임을 알 수 있다. 즉 유종주는 본심의 존재를 긍정하고 있다. 인심(人心)은 가치중립적인 말로서 무색(無色)의 표현이다.[심은 단지 人心만이 있을 뿐이다.]317 '본심'은 가치론적인 말로서 유색(有色)의 표현이다. '인심의 본심'[人心之本心]이라는 말은 인심(人心)이 본심을 상실하지 않은 상태를 가리켜 한 말이다. 이때의 인심(人心)은 '인심(人心)이면서 도심이다.' 때문에 "도심은 인심이 심이 되는 까닭이다"는 말은 '인심(人心)은 가치중립적인 무색의 심에만 머무르지 않고 도덕 의미의 본심으로 될 수 있는데, 그 까닭이 바로 도심이다'는 의미이다. 당신도 '심이 되는 까닭'을 '가치중립적인 무색의 심이 가치중립적인 무색의 심으로 되는 까닭'으로 이해하지는 않을 것이다. 다시 말하면 '까닭[所以]'의 의미를 단순한 사실계 현상의 원인으로 이해하지는 않을 것이다. 이것으로써 인심(人心)과 도심을 나누는 분별을 반대할 수 있겠는가? 이상의 해설을 의리지성과 기질지성에 적용시켜보자. 유종주는 "의리지성은 기질의 본성이다"[성(性)에는 단지 기질만이 있고, 의리지성이라는 것은 기질이 성(性)이 되게 하는 까닭이다]318고 하였다. 이것 역시 용어의 변환이다. 리와 기의 실상을 보면, 의리지성과 기질지성의 분별을 부정할 수 없다. 주희에 의하면, 의리지성은 순수한 도덕적 본성 그 자체·본연지성·성체(性體)을 가리키고, 기질지성은 의리지성이 기질 안에 놓여 있는 것, 즉 기질 안의 성(性)이며, 기질 안에 놓여 기질의 제한 때문에 오염된 성(性)이다. 이러한 주희의 의리지성과 기질지성은 한 가지 성[一性]의 양면이다.319 하나의 본성을 양면으로 나누어 보니 의리지성과 기질지성이라는

---

316 "道心者人心之所以爲心也."
317 역주 : 人心이건 道心이건 모두 사람의 마음이다. 따라서 심은 오로지 인심만이 있을 뿐이다. 도심과 인심으로 분류하는 것은 가치판단에 의한 구별이다.
318 "性只有氣質, 義理者氣質之所以爲性."
319 역주 : 주희철학에서는 의리지성과 기질지성이 一性의 양면이지만, 맹자를 비롯한 다른 학자들도 의리지성과 기질지성을 一性의 양면으로 이해하는 것은 아니다. 맹자는 의리지성과 기질지성의 존재를 긍정하는데, 맹자에 있어 의리지성은 성선의 性이고, 기질지성은 才性 혹은 氣性이다. 이 양자는 일성의 양면이 아니라, 서로 독

두 가지 용어가 나오게 된 것이다. 주희철학에서 성(性)은 하나의 성(性)만이 있을 뿐이고, 두 가지 서로 다른 성(性)이 있는 것이 아니다. 그러나 기질지성에 대한 일반적인 주장에 따르면, 고자의 '생지위성'과 한대의 유생들이 말한 기성(氣性)·재성(才性), 그리고 장재가 제일 먼저 말한 기질지성과 정이가 말한 재성은 우리들의 개체생명에서 기가 응결하여 표현한 각양각색의 청탁(淸濁)·강유(剛柔)·완급(緩急)·재(才)와 부재(不才) 등을 표현하는 성(性)를 가리켜 말한 것이다. 이것이 이른바 기질지성의 일반적인 의미이다. 다시 말하면 기질의 색깔에 따라서 다르게 나타나는 성(性)이지 결코 주희처럼 의리지성이 기질지성에 빠져 있는 기질 안의 성(性)을 의미하지 않는다. 의리지성 혹은 천지지성은 사람의 내재적 도덕성[320] 혹은 오목불이인 천명의 실체[본체우주론적으로 말한 도덕창생의 실체를 의미한대로부터 말한 본성[321]이다. 이러한 본성은 초월적이고, 선천적인 참 본성으로서 사람이 금수와 다를 수 있는 근거로서의 본성이다. 그러나 유종주는 "성(性)은 단지 기질지성만이 있을 뿐이다"고 하였는데, 이때의 기질지성은 '기질 근저의 성'[322]을 의미한다. 이때의 기질은 가장 광의적 의미를 취한다. 즉 기(氣)와 질(質)은 결코 앞에서 말한 각양각색의 특수한 기질처럼 우리가 보통 말하는 성격 혹은 재성과 같은 협의적 의미의 기질이 아니라[323] 광의적 의미의 기질이다.[기질에 대하여 가장 광의적 의미를 취하면, 주희 역시 이와 비슷한 의미를 갖고 있다. 주희에 따르면 기질지성은 의리지성이 기질 안에 놓여 있는, 즉 기에 섞여 있는 성이다. 그러나 이는 기질의 광의적 혹은 협의적 의미와는 무관하다.] '기질 근저의 성'은 '기의 리가 그렇

립적 위치를 차지하고 있는 두 가지 층차의 본성이다.

320 역주 : 心으로써 性을 말한 맹자 계통이 이에 속한다.
321 역주 : 천명으로부터 性을 말한 『중용』 계통이 이에 속한다.
322 역주 : 모종삼은 "性은 오로지 기질지성만이 있을 뿐이다"에서 性을 '氣質底性'으로 해설하였다. '底'라는 표현이 관건인데, 이 底는 바닥과 근저 그리고 기초 등의 의미이다. 따라서 옮긴이는 '氣質底性'을 '기질 근저의 性'으로 번역하였다.
323 역주 : 모종삼은 비교적 완곡하게 설명하였다. 모종삼은 '협의적 의미의 기질을 취하지 않거나 혹은 중시하지는 않는다'고 하였다.

다[氣之理然]는 것으로 기질 근저인 성체(性體)의 주재를 의미한다. 유종주는 "의리지성은 기질의 본성이고, 기질이 성(性)이 되는 까닭이다"[324]이라고 하였는데, 앞 구절은 '의리지성'이 '기질 근저의 성체(性體) 주재'임을 말한 것이고[325], 뒷 구절은 의리지성이 '기질 근저의 성(性)'이 성(性)이 되는 까닭을 말한 것이다. '성(性)이 되는 까닭[所以爲性]이라는 것은 '성(性)이 모두 의리이다'는 의미이다. 이것과 앞 첫 구절의 '의리지성이 기질 근저의 성체(性體) 주재이다'는 말은 의미가 서로 같다. 유종주가 말한 '기질지본성(氣質之本性)은 결코 기질 자신이 드러낸 각양각색의 사실적 특질 혹은 색깔을 의미하지 않는다. 그는 "천명은 유행하여 사물에 헛됨이 없는 본체를 부여하는데, 이 본체는 무성무취하고 혼연지선의 또다른 이름이다"[326]고 하였는데, 이때의 본체가 바로 기질지본성(氣質之本性)의 본성 의미이다. 그의 "성(性)은 단지 기질만이 있고, 의리라는 것은 기질이 성(性)이 되는 까닭이다"는 말은 마땅히 "성(性)은 단지 기질 근저의 성(性)만이 있는데, 의리지성이라는 것은 기질 근저의 성(性)이 성(性)이 되는 까닭이다"로 해석해야한다. 결코 기질 자신이 성(性)으로 되는 까닭을 의미하지도 않고, 또 기질 자신이 드러낸 각양각색의 색깔이 이렇게 된 까닭을 의미하지도 않는다. 이는 체용의 의미로서 유종주가 말한 "리는 기의 리이다"[理卽是氣之理]와 같은 차원의 표현이다. 그러나 이렇게 말한다고 해서 주희가 제시한 일성(一性)의 양면[의리지성과 기질지성]을 부정할 수도 없고, 또 층차가 서로 다른 두 가지 성(性)[맹자가 말한 성선의 성(性)과 고자가 말한 생지위성의 성(性)[327]]의 의미를 부정할 수도 없다. 본

---

324 역주 : 이 두 구절은 모두 유종주의 말이지만, 연결되어 서술되지 않고, 각각 다른 단락에 서술되었다.

325 역주 : '義理之性'의 '之'와 '氣質之本性'의 '之'는 의미가 다르다.[앞의 之는 동격을 가리키고, 뒤의 之는 동격을 의미하지 않는다.]

326 『劉子全書』卷19「答王右仲州刺」, "天命流行, 物與無妄之本體, 亦卽此是無聲無臭渾然至善之別名也."

327 역주 : 주희의 의리지성과 기질지'성은 一性의 兩面이지만, 맹자가 말한 성선의 性과 고자가 말한 '생지위성'의 性은 서로 독립적인 위치를 차지하고 있는 두개의 서로

래 성(性)에 관한 다양한 학설이 있기 때문에 이것으로써 저것을 대체할 수 없고, 저것으로써 이것을 대체할 수도 없다. 또한 도덕실천 측면에서 보면, 기질의 제한을 중시하지 않을 수 없다. 그러나 이는 아무런 의미도 없는 그저 평평한 체용의 의미로써 얼버무릴 수 있는 내용이 아니다. 유종주는 단지 "리는 기의 리이다"・"도심은 인심(人心)의 본심이다"・"의 리지성은 기질의 본성이다" 등의 불분명한 말로써 "천년 동안 내려온 지리한 말을 모두 쓸어낼 수 있다"고 생각하였다. 이는 명대 말기의 재기(才氣)가 뛰어난 수재들의 광기에서 나온 말에 불과하다. 비록 사람들을 놀래기에는 충분하였으나, 학문은 이처럼 지나치고 급하게 서둘러서는 안 된다. 원돈(圓頓)의 경지를 말하려면 원돈을 표현하는 방식과 길, 그리고 그에 맞는 형식이 있다. 이처럼 함부로 단정하여 하나로 통일시킬 수는 없다. 유종주의 부족은 바로 이점에 있다.

이상의 해설을 보면, 유종주의 막히고 답답한 표현과 적절치 못한 용어 사용, 그리고 도리에 어긋난 표현으로 이루어진 안개와 같은 것들만 걷어내면 유종주가 말한 리기의 실질적 의미가 무엇인지 이해할 수 있을 것 같다. 유종주가 강조한 하나[一]는 형이상자와 형이하자를 끌어올리고 흡수하는 '즉체즉용'・'현미무간'・'체용일원'의 표현이다. 그러나 이러한 하나[一]는 반드시 분별의 둘[二]을 전제해야만 한다. 형이상과 형이하의 원융적 하나[一]는 태극이 '리'이다는 점을 부정하는 것이 아니고, 또 리와 기가 서로 다르다는 점을 부정하는 것도 아니다. 둘[二]은 분별의 입장에서 리와 기를 나눈 것으로부터 나온 것이다. 나눈 후에 '어떻게 하나로 통일할 것인가'는 이로부터 한발 더 나아가 처리해야 할 문제이다. 리기의 통일은 리에 대한 깨달음의 내용에 따라서 결정된다.[328] 유종

다른 본성이다.

[328] 역주 : 리를 '존유이면서 활동하는 실체'[卽存有卽活動]로 이해하면, 왕수인처럼 치양지를 통하여 리기의 합일을 주장할 것이고, 만일 리를 '존유만할 뿐 활동하지 않는 실체'[只存有而不活動]로 파악하면 주희처럼 격물궁리와 거경함양을 통하여 리기의 합일을 도모할 것이다.

주는 초월적 분석 방법[329]을 사용하였는데, 이는 한번 나아가고 한번 섞이는 일반적인 방식이 아니다.[330] 예를 들어 보면, 유종주는 의근(意根)과 성체(誠體)를 제시하면서, '의(意)'는 심의 소존[心之所有]이지 '심의 소발[心之所發]이 아니라고 하였고, 양지는 의(意)에 간직되어 있는 것이지 의(意)가 일으킨 것이 아니라고 하였다. 또 의(意)와 넘(念)을 엄격하게 구분하였고, 의(意)는 일기(一機)의 두 가지 용[二用-好善惡惡]이고, 넘(念)은 두 곳에 있는 '서로 다른 정'[異情]이라고 하여 넘(念)을 의(意)와 혼동해서는 안 된다고 주장하였다.[331] 이는 모두 초월적인 분석이다. 그러나 오직 리와 기를 말할 때만 분석하지 않고 함께 혼재시켜 말하기를 좋아하였다. 이는 본체의 의미를 확립하고서, 본체론적인 입장에서 '체이면서 용이고, 용이면서 체'[卽體卽用]를 말한 것일 뿐이다. 그는 희로애락의 미발과 이발에 대하여 '존과 발은 하나의 기틀이다'[存發一機]라고 말하였는데, 이러한 표현이 바로 이에 해당한다. 그러나 본체의 의미를 확립하지 않은 상태에서 이처럼 직접적으로 말하면, 『중용』의 본뜻에 부합하지 않게 된다. 그리고 어느 누구도 초월적 분석을 해서는 안 된다고 한 적이 없고, 또

---

329 역주 : 모종삼이 말한 초월적 분석이라는 말은 일정한 형식과 틀을 갖추지 않은 비일반적인 분석 방식을 의미한다.

330 역주 : 모종삼은 '一往一滾'이라고 표현하였는데, '一往'은 분석, 즉 리기로 나누는 '二'를 지칭하고, '一滾'은 통합, 즉 리기의 원융적 통일[一]을 지칭한다.

331 역주 : 옮긴이는 앞에서 유종주의 意와 念에 대한 구분과 意根의 의미에 대하여 간략하게 소개하였다. 이곳에서는 意와 양지의 관계 그리고 意의 一機의 二用과 念의 '兩在而異情'에 관하여 간략한 소개를 하겠다. 유종주철학에서 양지와 意의 관계는 명확하지 않다. 유종주는 '知善知惡은 양지이고', '好善惡惡은 意之靜이다'고 하여 意와 양지를 구분한다. 그러나 意의 好善惡惡을 떠나서 또 다른 知善知惡이 없다고 하여 양지와 意를 함께 말하기도 한다. 따라서 유종주는 양지와 意를 구분하여 말할 때는 知善知惡과 好善惡惡으로 나누지만, 도덕실천에서 知善知惡과 好善惡惡의 불가분리의 관계성을 말할 때는 양지를 意에 귀속시켜 이해하기도 한다. 또한 意를 一機의 二用이라고 표현한 것은 意의 好善惡惡은 아직 현상으로 구체화되지 않는 단계로서, 이 시기에는 好善과 惡惡만이 있을 뿐 구체적인 情이 드러나지 않은 상태이기 때문이다. 그러나 念은 好善과 惡惡의 내용이 구체화된 단계이기 때문에 好와 惡라는 특수한 情[異情]이 나타나게 된 것이다. 때문에 '兩在而異情'이라고 한 것이다.

리기를 분별해서는 안 된다고 한 적도 없다. 의근(意根)과 성체(誠體)를 분석적으로 이해한 것을 관철시킨 것처럼 리와 기를 분석적으로 나누어 이해하는 것을 반대할 수 없다.[332] 만일 리와 기를 하나로 섞어 말하려면 반드시 양자를 둘로 나누는 분별하는 해설이 전제 되어야 한다. 그리고 리와 기를 나누는 분별에서 태극에 대한 유종주의 이해는 확실히 주희와 달랐다. 유종주는 태극을 '단지 리', 즉 '단지 존유일 뿐 활동하지 않는 실체'로 이해하지 않았다. 실제로 그는 곳곳에서 오목불이인 천명 유행의 실체와 상응하는 지혜를 보였다. 다시 말하면 오목불이라는 천명의 실체 의미를 간직하고서 태극진체(太極眞體)를 말하였고, 의근(意根)과 성체(誠體)를 말하였다. 또 그가 말한 리와 본체, 그리고 태극은 확실히 '존유이면서 활동하는 실체'였다. 이것이 유종주와 주희의 차이점이다. 유종주가 '즉체즉용'과 '현미무간 및 '체용일원'의 하나ㅡ를 드러낼 수 있었던 근본 원인은 그가 체득한 본체가 바로 '존유이면서 활동하는 실체'였기 때문이다. 그러나 주희는 이러한 체득에 이르지 못했고, 이러한 체득을 하려고 하지도 않았다. 주희는 리기의 불리부잡만을 말하였고, 또 "태극은 본연의 묘이고, 동정이라는 것은 (태극)이 타는 기틀이다"라고 하였을 뿐이다. 주희는 '걸려 있다'[掛搭]·'붙어 있다'[附著]·'의지한다'[依傍]·'말에 걸터 앉다'[跨馬] 등의 표현을 하였는데, 이러한 표현이 나오게 된 원인은 모두 주희가 체득한 태극이 단지 존유일 뿐 활동하지 않는 실체였기 때문이다. 때문에 결국 주희의 사유는 둘[二]로 귀속될 수밖에 없었다. 설령 하나ㅡ가 된다고 할지라도 그것은 관련적인 하나일 뿐 '즉체즉용'처럼 간격이 없는 하나가 아니다. 그 하나ㅡ는 체용으로 말하기 어려운 간격이 있는 하나일 뿐이다. 다시 말하면 '즉체즉용'의 하나가 아니고, '체용일원'의 하나도 아닌 서로 관련을 맺고 있는 두 근원[리와 기]이 합해진 하나일 뿐이다. 나흠순·유종주·황종희 등은 바로 주희가 리와

---

332   역주 : 유종주는 意와 念 그리고 양지와 物을 구분하였으나, 리와 기에 대해서만은 분석적 방법을 사용하지 않았다.

기를 둘로 나누었다는 점에 불만을 가졌다. 그러나 그들 또한 주희가 리와 기를 둘로 나눈 원인을 올바르게 이해하지 못하였다. 즉 그들은 주희가 리기의 '불리부잡과 관련적인 합일을 주장한 원인이 본체에 대한 깨달음의 다름으로 말미암아 비롯되었다는 점을 모르고서 리와 기의 분리 그 자체에서 '둘' 혹은 '하나라는 쟁론을 벌였지만, 결국 조삼모사와 같은 혼란만을 초래하였다. 그들이 주희를 비판하기에는 어딘지 부족한 것 같다. 이미 리와 기가 나눠 질 수 있음을 승인하고서도, 어찌 리와 기가 서로 다른 존재임을 승인하지 않는가? 리와 기를 하나로 간주하더라도, 그것이 단지 기만은 아니고, 또 리의 존재를 승인하지 않는 것도 아니다. 그런데 어찌 리와 기를 나누어 말하는 분별설(分別說)을 승인하지 않는가? 다시 돌이켜 생각해보려고 해도, 초점의 소재를 모르고 있기 때문에 돌이켜볼 수 없었고, 그래서 돌출적이고 뒤틀린 용어들이 많이 출현하게 된 것이다. 또 선후 문제를 언급하면서 '리선기후'를 거꾸로 '기선리후'로 하여 이른바 하나ㅡ로 삼으려고 하였지만, 이 모든 것들은 적절하지 않은 혼란스러운 사유에 불과하다. 무릇 리와 기를 하나로 섞어 말할 때는 리와 기의 선후를 말할 필요가 없지만, 그렇다고 이것 때문에 오목불이인 천명 실체와 태극의 선재성을 부정할 필요는 없다. 또 하나로 섞어 말하면서 '통일하여 하나로 한다'[統而一之]는 진술을 수차례 하였다. 예를 들어 "성(性)이라는 것은 심의 성(性)이다"·"정(情)이라는 것은 성(性)의 정(情)이다"·"심의 성정"·"도심이라는 것은 인심(人心)이 심이 되는 까닭이다"·"의리지성은 기질의 본성이다" 등등의 말들을 하였지만, 이러한 '통일하여 하나로 한다'는 것으로써 어떻게 주희의 리기 분별설을 비평할 수 있겠는가? 주희철학의 문제점은 태극을 '단지 리', 즉 '존유만 할 뿐 활동하지 않는 실체'로 이해한 것에 있다. 태극에 대한 유종주의 이해는 주희와 달랐다. 유종주는 이점을 파악하여 이로부터 차이와 규정을 하지 않고 리와 기를 나누는 분별설에서 조삼모사와 같은 엉킴만을 초래하였는데, 이는 유종주가 투철하지 못했기 때문이다.

그래도 유종주는 의근(意根)과 성체(誠體)에 관한 정묘하고 적절한 주장을 하였으며, 또 오목불이의 작용을 가진 천명의 의미를 잃어버리지 않고서 태극과 성체(性體)를 주장하였다. 때문에 달을 가린 구름과 같은 표현의 부적절함만을 걷어낸다면 그가 표현하고자 한 실제적 의미는 드러날 것이다. 그러나 황종희는 이에 대한 진실한 공부와 이해가 부족하였기 때문에 용어의 표현이 유종주보다 더 어긋났다. 리와 기를 하나로 이해하려는 욕구가 강했기 때문에 결국 리를 기의 속성을 나타내는 술어로 전락시키기도 하였고, 기와 관련된 특질로 전락시키기도 하였다. 이는 유가의 내성(內聖) 학문에서 긍정하는 도체와 성체(性體)를 전부 무너뜨린 것이다. 황종희는 스승의 학문마저 온전하게 보전하지 못했다. 또 그 스승의 지나친 표현에 미혹되어 그 참뜻을 알지 못했고, 스승의 표현을 사실이라고 생각하여 그저 그렇게 흘러갔을 뿐이다.

황종희는 『태극도강의(太極圖講義)』에서 다음과 같이 말하였다.

온 천지를 살피고 고금을 펼쳐보아도 하나의 기가 아님이 없다. 기는 본래 하나이지만, 가고 오며 닫히고 열리며 오르고 내리는 차이가 있어 동과 정으로 나뉘게 된다. 동정이 있게 되면 음양의 나뉨이 있지 않을 수 없다. 그러나 이 음양의 동정은 천 갈래 만 가지 단서로 나뉘어 어지럽게 어긋나 마침내 그 혼란을 극복할 수 없게 된다. 만고의 겨울과 여름 때문에 만고의 생장과 저장이 있고, 그렇게 된 까닭을 알 수 없는데, 이것이 바로 리이고, 태극이다. 번잡하지 않다는 측면에서 말하자면, 리라고 한다. 그 지극이라는 측면에서 말하자면 태극이라고 한다. 이러한 이치를 깨달을 수 있으면 한번 음이 되고 한번 양이 되는 것이 사물을 이루는 불변의 원리임을 알 수 있다.

通天地, 亘古今, 無非一氣而已. 氣本一也, 而有往來闔闢升降之殊, 則分之爲動靜; 有動靜, 則不得不分之爲陰陽. 然此陰陽之動靜也, 千條萬緒, 粉紜膠輵, 而卒不克亂. 萬古此寒暑也, 萬古此生長收藏也, 莫知其所以然而然, 是卽所謂理也, 所謂太極也. 以其不紊而言, 則謂之理; 以其極至而言, 則謂之太極. 識得此理, 則知一陰一陽卽是爲物不貳也.

　무극이라고 한 것은 처음에는 어떤 한 사물을 기에 의지하여 세우거나 기에 의탁하여 나아가는 것이 아님을 말한 것이다. 혹자는 '역에서 말한 태극'이라는 말을 근거로 음양이 변화하는 사이에 어떤 한 사물이 주재하는 것이 아닌가 의심하기도 한다. 이는 그렇치 않다. 때문에 무극이라는 두 글자를 첨가하지 않을 수 없었다.

　其曰無極者, 初非別有一物依於氣而立, 附於氣而行. 或曰 : 因易有太極一言, 遂疑陰陽之變易類有一物主宰乎其間者. 是不然矣. 故不得不加無極二字.[333]

　이렇게 무극과 태극을 이해하면서 자신의 이해가 주희보다 뛰어나다고 주장한다면 누가 그 말을 믿겠는가? 이처럼 리와 기를 하나의 존재로 이해한다면 리는 '어그러지지 않는 기의 자연스러운 변화'만을 의미하게 된다. 이는 자연주의적 견해일 뿐 결코 그의 스승인 유종주가 형이상자와 형이하자를 끌어올리고 흡수하여 이룬 '즉체즉용'의 의리가 아니다. 황종희는 이러한 사고를 근거로 "천지 사이에는 단지 기만이 있을 뿐이고, 리는 없다"[334]고 하였으며, 또 리와 기를 "한 사물의 두 가지 이름이지 결코 두개의 사물이 하나로 된 것이 아니다"[335]라고도 하였다. 이러한 주장은 겉으로 보기에는 화려하고 아름답지만, 사실은 참뜻을 잃어버린 언설일 뿐이다. 『명유학안』은 황종희 혼자서 이룬 정교한 작품이다. 『명유학안』에서 가끔 이 문제를 언급하는데, 이와 비슷한 해설이 출현하기만 하면 나는 정호철학明道章의 '일본론' 편의 부록에 수록하여 그가 이해한 천명유행의 본체가 전부 오해임을 밝히겠다.

　"아! 하늘의 명이여! 심원하고도 그침이 없구나"라는 표현은 선진유가

333 　이 문장은 『濂溪學案』「下」에 있는 유종주 「太極圖說解」 아래에 놓여 있다.
334 　"天地之間只有氣, 更無理."
335 　"蓋一物而兩名, 非兩物而一體."

철학이 도덕형이상학으로 발전하면서 근거로 삼은 가장 근본적인 지혜이며, 도체와 성체(性體)를 이해하는 법안(法眼)[336]이다. 주희가 비록 천명천도의 창조성을 직시하지 못하고, 태극을 단지 존유일 뿐 활동하지 않는 실체로 이해하였지만, 그 철학적 사유 체계는 일관성을 유지하고 있다. 맹자학에 대한 육구연의 이해는 문제가 없지만, 육구연의 학문적 흥미는 형이상학적 문제에까지 이르지 못했다. 맹자의 본심에 대한 육구연의 이해는 깜짝 놀랄만하고 정묘하며 투철하지만, 형이상의 태극에 관해서는 근본적으로 일정 궤도에 이르지 못한 것 같다. 이점은 육구연의 부족점이고, 또 원만하지 못한 부분이다. 다음 단에서는『태극도설』에 관한 주희와 육구연의 논변을 간략하게 서술하고서 이 편을 마치겠다.

5)『태극도설』에 대한 육구연의 의문과 오해

주희는『태극도설』의 의리를 극력 표양하였을 뿐만 아니라 그 의리를 신뢰하고 준수하였다. 그러나 당시의 육구연과 육구소(陸九韶·陸梭山) 형제는『태극도설』의 주돈이 저작설에 대하여 의구심을 갖고서 주희와 한 바탕 격렬한 논쟁을 벌였다. 그러나 그 결과는 지극히 유쾌하지 못했다. 나는『태극도설』에 대한 육씨 형제들의 의심은 미성숙한 일시적인 견해에 불과하다고 생각한다. 따라서 주희와 육씨 형제 논쟁을 객관적인 입장에서 보면, 실패자는 주희가 아니라 육씨 형제이다.

육구연과 주희의 서신 중에 다음과 같은 내용이 있다.

사산 형이 말하였다. "『태극도설』과『통서』는 서로 통하지 않아 주돈이의 작품이 아니라고 의심한다. 그렇지 않다면 아마 (주돈이의) 학문이 아직 완성되기

---

336 역주 : 불교의 용어로서 우주의 實相을 올바르게 바라볼 수 있는 지혜를 의미한다.

전의 작품일 것이다. 그렇지 않다면 타인의 문장을 전한 것인데, 후인들이 이를 분명하게 변별하지 못하였다."『통서』「리성명」장에서 말하였다. "중에서 멈추어야 한다. 음양과 오행이 만물을 변화시키고 생겨나게 한다. 오행의 다름은 음양의 실(實)에 바탕을 두고, 음양은 하나인 태극에 바탕을 둔다." 일(一)을 말하고 중을 말하였는데, 이것이 태극이다. 이것에 무극이라는 문자를 첨가한 적이 없다. 「동정」장에서 오행과 음양 그리고 태극을 말하였지만 역시 무극이라는 말은 없다. 설령 『태극도설』이 (타인의 문장을) 전한 것이라고 할지라도, 혹은 어린 시절의 작품이라고 할지라도 『통서』을 지을 때는 무극을 말하지 않았으니 (『태극도설』이) 옳지 않음을 알 수 있다. 이 말을 소홀히 다루어서는 안 된다.

梭山兄謂: "『太極圖說』與『通書』不類, 疑非周子所爲. 不然, 或是其學未成時所作. 不然, 則或是傳他人之文, 後人不辨也." 蓋通書理性命章言: "中焉止矣. 二氣五行, 化生萬物. 五殊二實, 二本則一." 曰一曰中, 卽太極也. 未嘗於其上加無極字. 動靜章言五行陰陽太極, 亦無無極之文. 假令『太極圖說』是其所傳, 或其少時所作, 則作『通書』時, 不言無極, 蓋已知其說之非矣. 此言殆未可忽也.

『宋元學案』卷12「濂溪學案下」

이 서신 후반부에서 다시 다음과 같이 말하였다.

『태극도설』은 무극 두 글자로써 시작을 삼는다. 그러나 『통서』 전편에는 무극을 한 차례도 언급하지 않았다. 이정자(정호·정이)의 언론과 문장도 지극히 많지만, 역시 한 차례도 무극을 언급하지 않았다. 설령 처음에는 실제로 이 태극도가 있었다고 할지라도 후에 무극을 한 차례도 언급하지 않을 것을 보면 그 학문의 도가 진전되면서 스스로 (『태극도설』을) 옳다고 생각하지 않았음을 알 수 있다. 지금 형(주회)께서 고정하고 주석하며, (『태극도설』의 의리를) 표창하여 드러내고 존중하며 따르는 것이 이처럼 지극하지만 아마 (주돈이의) 도를 잘 본받아 서술하지는 못한 것 같다.

『太極圖說』以無極二字冠首, 而通書終篇未嘗一及無極字. 二程言論文字至多,亦未嘗一及無極字. 假令其初實有是圖, 觀其後來未嘗一及無極字, 可見其道之進, 而不自以爲是也. 兄今考訂注釋, 表顯尊信, 如此其至, 恐未得爲善祖述者也.

이 논변은 육구소에 의하여 시작되었고, 이에 대하여 주희가 반론하는 것으로 전개되었다. 육구소의 문장은 실전(失傳)되어 알 수 없다. 위의 문장은 육구연이 형인 육구소의 뜻을 기술하면서 형을 대신하여 주희와 변론한 내용이다. 육구연이 형의 관점을 계승함으로써 서신을 주고받는 복잡한 변론으로 전개되었다. "『태극도설』과 『통서』는 서로 통하지 않는다"[337]라고 하였는데, 표면적으로 보면 그런 것도 같다. 그러나 『태극도설』과 『통서』는 크게 다르지 않다. 다른 점은 『통서』에 '무극'이라는 문자가 없을 뿐이다. 육구연은 단지 이 『통서』에 '무극'이라는 문자가 없다는 점만을 잡고서 '주돈이의 작품이 아니라고 의심하였고', 또 '그렇지 않다면 아마 주돈이의 학문이 아직 완성되기 전의 작품일 것이다'라고 생각하였다. 이러한 의심은 내용을 올바르게 보지 못하고 겉만 보고 내린 성숙하지 못한 견해이다. 앞에서 내가 해설한 바에 따르면, 『태극도설』은 대체로 『통서』의 「동정」・「리성명」・「도」・「성학」장을 근거로 쓰여 졌으며, 그 의리의 골간은 이 네 편의 장을 벗어나지 않는다. 『태극도설』의 전문(全文)을 살펴보면, 의리와 사로를 막론하고 모두 『통서』와 같기 때문에 주돈이의 손에서 이루어진 작품이 아니라고 해서는 안 된다. "무극이면서 태극이고, 태극이 동하여 양을 생한다"[無極而太極]는 것은 「통서」「성하」의 "이것은 고요할 때는 없는 듯하지만 움직일 때는 드러난다"[靜無而動有]는 구절로부터 확장된 것이다. 사실 주돈이의 『통서』에도 '무극의 지극함[338]의 의미가 간직되어 있다. 『통서』에는 무(無)와 무위(無爲) 및 무사(無思) 등의 용어가 많이 출현한다. 이러한 표현들이 비록 노자의 사상과 통할 수는 있지만, 주돈이는 노자의 사상을 표준으

---

[337] "『太極圖說』與『通書』不類."
[338] "無極之極."

로 삼지 않고『역전』에 본래 있었던 용어를 근본으로 삼아 무극을 표현
하였다. 따라서『태극도설』에서 '무극이면서 태극을 말해야 하는 상황
에 따라 '무극'이라는 문자를 첨가해도 엄중한 문제를 야기하지는 않는
다. 또 이것을 근거로『태극도설』이 주돈이의 작품이 아니라고 결정하기
에는 어딘지 근거가 불충분하다. "무극이면서 태극이다"라는 것은 실제
로 하나의 태극을 가리켜 말한 것이다. 태극이 주이고, 무극은 태극을 형
용하는 상태사(狀詞)이다. 무극은 결코 태극과 독립하여 존재하는 실체
개념이 아니다. 정호와 정이가 무극이라는 글자를 말하지 않았다는 사실
이 주돈이가 무극을 말해야 하는 상황에 따라서 무극을 말한 것이 잘못
되었음을 결정할 수는 없다. 주희는 태극을 크게 내세웠지만, 무극을 태
극과 독립시켜 단독으로 무극만을 논한 적은 없다. 왜냐하면 무극은 단
지 상태를 나타내는 형용사로서 태극과 독립된 실체 개념이 아니기 때
문이다. 다시 말하면 주돈이 사상의 중심은 태극에 있다. 이점을 잘 알고
있다면 여러 곳에서 무극이라는 말을 할 필요 없이 태극만을 말해도 문
제가 없다. 따라서『태극도설』과『통서』사이의 작은 차이는『태극도
설』을 주돈이의 작품이 아니라고 단정할 수 있는 충분조건이 될 수 없
다. 이는 아마 육씨 형제의 성숙하지 않은 일시적이고 피상적인 의심에
불과하다. 만일 주돈이의 사유체계를 꿰뚫어 볼 수 있다면, 육씨 형제의
의심은 마치 얼음이 녹는 것처럼 사라지게 될 것이다. 육구연은 주희에
답하면서 "사산(형)의 기품은 너그럽고 부드러우며, 서책을 볼 때 대충
넘겨 본 적이 없다"[339]고 하였다. 이는 사산이『태극도설』에 대한 의심
이 경솔하게 일시적인 충동에서 비롯된 것이 아님을 설명한 것이다. 그
러나 이러한 문제는 일시적인 충동이나 자세함과는 별 관계가 없다. 학
문의 성숙 정도가 일정한 수준에 이르면 생명이 서로 상응하여 한번 보
면 곧 알 수 있다. 만일 학문의 성숙 정도가 일정한 수준에 이르지 못하

---

339 『象山全集』卷2「與朱元晦」, "梭山氣稟寬緩, 觀書未嘗草草."

면 생명과 생명이 상응하지 못하여 자세하게 보고, 여러 차례 숙독을 하더라도 반드시 이해할 수 있는 것은 아니다. 육구소의 의심은 단지 표면적인 것에 초점을 두었을 뿐이다. 그러나 육구연이 육구소를 이어받아 주희와 논변을 전개하자, 상황은 다르게 진행되었다. 즉 육구연과 주희의 학문 배경이 서로 달랐고, 둘 사이의 간격은 너무나 넓고 깊었다. 주희는 시작부터 육구연의 학문을 선학(禪學)이라고 배척하였고, 이에 대하여 육구연은 적극적으로 대응하지 않았다. 육구연도 주희의 학문을 '도를 올바르게 이해하지 못했다[不見道]라고 평가하였다. 즉 육구연은 근본적으로 주희의 학문형태를 찬성하지 않았다. 육구연이 주희와『태극도설』을 변론할 때의 나이는 50세였다. 그의 학문이 가장 정점에 이른 시기였다. 육구소의 입장을 계승하여 주희와 논변하였지만, 이는 어디까지 육구소가 제기한 주제를 빌려서 자신의 사상체계를 발휘한 것에 불과한 것이다. 때문에 그는 "이 여러 개의 문장은 모두 도를 밝히는 글이다. 결코 일시의 변론에 그치는 글이 아니다"[340]라고 하였다. 그러나 혼자서 도를 밝히면서 자신만의 독특한 학풍과 정신을 표현할 수는 있지만, 육구연이 주희와『태극도설』의 진위 문제에 관하여 논변을 벌인 것은 처음부터 불리한 상황에 놓여 진 것 같다. 대개 타인이 제기한 주제를 빌려 자신의 능력을 발휘하려면 비록 두루뭉술할지라도 광범위한 지식을 갖추지 않으면 안 된다. 그러나 육구연 학문의 근본은 맹자학으로서, 그 사상의 의리와 정신은 주희와 서로 다를 뿐만 아니라 주돈이가 관심을 보인 것과도 반드시 일치하는 것은 아니다. 그는『통서』와『태극도설』에 나타난 의리와 그것을 표현하는 용어에 대해서도 깊게 연구하지 못했고, 이해도 부족하였으며, 그것들에 대해서 흥미를 갖지도 않았다. 때문에『태극도설』에 관한 논변은 자연스럽지도 않았으며, 상세하지도 않았던 것이다. 육구연은 단지 '무극'이라는 용어에만 집착하여『태극도설』이

---

[340] 『象山全集』卷15「與陶贊仲書」, "此數文皆明道之文, 非止一時辯論之文也."

주돈이의 작품이 아니고, 또 노자의 학술이라고 단정하였다. 그러나 만일 주돈이가 이 사실을 알았다면 틀림없이 육구연 학문의 깊지 못함과 성급함에 대하여 웃음을 참지 못하였을 것이다. 무(無)에 관한 의리는 노자의 학술과 통할 수 있지만, 이 점을 근거로 주돈이의 학문이 노자의 학문이라고 단정해서는 안 된다. 육구연은 『태극도설』에 담겨져 있는 곡절에 대하여 깊은 이해가 부족하였다. 이러한 부족 때문에 주희를 설복시키지 못했다. 주돈이 역시 육구연의 주장에 틀림없이 수긍하지 않았을 것이다. 육구연이 『태극도설』에서 표현한 의리를 심도 있게 이해하지 못하고, 그 곳의 곡절에 대하여 적절하게 대응하지 못한 원인은 그가 공맹철학으로부터 『중용』과 『역전』철학으로의 원만 발전의 과정을 꿰뚫지 못하였기 때문이다. 이점에서 본다면 육구연은 정호의 능력에 미치지 못한다고 할 수 있다. 그러나 육구연도 정호보다 뛰어난 부분이 있다.

주희가 육사산(陸子美)에 답하는 첫 번째 서신[第一書]에 다음과 같은 내용이 있다.

> 태극편 첫 구절이 가장 비난 받은 부분이다. 그러나 무극을 말하지 않으면 태극은 곧 하나의 사물과 같게 되어 만화의 근본이 되기에 부족하게 됨을 모른 것이다.[지근(之根)에 대하여 육구연은 근본(根本)으로 이해하였다. 다음 구절에 나오는 '지근'에 대해서도 동일하게 이해하였다.] 태극을 말하지 않으면 무극은 곧 공적(空寂)으로 빠지게 되어 만화의 근본이 될 수 없다. 이 한 구절만 보아도 다음 말이 정밀하고 미묘함이 무궁하다는 것을 알 수 있다.
>
> 只如太極篇首一句, 最是長者所深排. 然殊不知不言無極, 則太極同於一物, 而不足爲萬化之根. 不言太極, 則無極淪於空寂, 而不能爲萬化之根. 只此一句, 便見其下語精密, 微妙無窮.
>
> 『朱文公文集』 卷36 「答陸子美」

육사산에 답하는 두 번째 서신[第二書]에 다음과 내용이 있다.

또한 태극에 관하여 나는 주돈이 선생의 본뜻을 말하면서, 아마 학자들이 태극을 특별히 하나의 사물로 잘못 인식할까 걱정이 되어 '무극' 두 자로써 이점을 밝힌 것이다. 이는 전대의 현인들이 학설을 세운 본의를 미루어 짐작한 것이고, 여러 차례 반복하여 말함을 싫어하지 않은 것은 그 안에 깊은 의미가 간직되어 있기 때문이다. 서신에 내가 태극을 하나의 사물과 같게 취급한다는 말이 있는데, 이는 주돈이 선생의 오묘한 조예를 다하지 못했을 뿐만 아니라 나의 주장에 대해서도 천박하고 고루하며 함부로 말한 것으로 내 주장의 본뜻을 잘 살피지 못한 것이다. 또 무극이라는 문자를 드러낸 것은 허무와 높은 경지를 드러내는 것을 좋아하는 폐단이 있다고 하였는데, 이는 당신이 말한 태극이 형체가 있는 사물을 가리키는지, 아니면 형체가 없는 사물을 가리키는지 모르겠다. 만일 형체는 없지만 리는 있다는 것을 말한 것이라면, 무극은 무형의 의미이고, 태극은 리가 있음을 의미함이 분명한데, 어찌 허무와 높은 경지를 좋아한다고 말할 수 있는가?

且如太極之說, 熹謂周先生之意, 恐學者錯認太極別爲一物, 故著無極二字以明之. 此是推原前賢立言之本意, 所以不厭重複, 蓋有深指. 而來諭便謂熹以太極下同一物, 是則非惟不盡周先生之妙旨, 而於熹之淺陋妄說, 亦未察其情矣. 又謂著無極字, 便有虛無好高之弊, 則未知尊兄所謂太極, 是有形器之物耶? 無形器之物耶? 若果無形而但有理, 則無極卽是無形, 太極卽是有理明矣, 又安得虛無而好高乎?

『朱文公文集』 卷36 「答陸子美」

이 두 서신에 기록되어 있는 변론은 대체적은 옳다고 할 수 있다. 육구연은 육구소의 입장을 이어받아 「여주원회서(與朱元晦書)」에서 다음과 같이 주희의 주장을 공격한다.

무릇 태극이라는 것은 실제로 이 리가 있다는 것이다. 성인은 이것으로부터 발명하였을 뿐이다. 아무 내용 없이 학설을 세워 후인으로 하여금 말과 글로써 장난하게 한 것이 아니다. 그것이 모든 변화의 근본이 되는 것은 본래 스스로 정해진 것이다. 족(足)과 부족(不足) 그리고 능(能)과 불능(不能)이 어찌 (무극을) 말하고 말하지 않았기 때문이겠는가?

夫太極者, 實有是理, 聖人從而發明之耳. 非以空論立論, 使後人籤弄於頰舌紙筆之間也. 其爲萬化根本, 固自素定. 其足不足, 能不能, 豈以人言不言之故邪?

『象山全集』卷2「與朱元晦」

육구연의 이 답변은 매우 훌륭하다. 이 답변을 통하여 육구연의 정신을 엿볼 수 있다. 태극 자체의 존유성은 사람들이 말하고 말하지 않음과 관계없이 스스로 존유할 뿐이다. 그러나 그 태극을 이해하여 해설한다는 측면에서 보면, 무극을 사용하여 태극을 설명한다고 해서 무슨 문제가 있겠는가? 본래 '무극' 두 글자는 말해도 되고, 말하지 않아도 된다. 무극을 말하지 않았다고 할지라도 태극을 하나의 사물로 취급하지는 않을 것이다. 그러나 무극을 사용하여 태극을 어떤 특별한 말로써 표현할 수 없음을 형용해서는 안 되는가? 또 무극을 사용하여 태극의 지극함을 형용해서는 안 되는가? 『역전』에서는 단지 태극만을 말하였을 뿐 무극은 말하지 않았다. 그러나 태극을 하나의 구체적인 사물로 취급하여 모든 변화의 근본으로 삼기에는 부족하다고 생각하지 않았다. 이 점에 대해서는 주돈이도 이미 언급하였기 때문에 무극을 사용하여 그 의미를 잘 해설하여 통하게 했다면 불가할 것도 없다.

때문에 주희는 육구연의 서신에 다음과 같이 답하였다.

복희가 역을 지으면서 (팔괘를) 그린이래, 문왕이 역을 설명하면서 건원으로부터 시작한 이래로 태극이라는 말을 언급한 적이 없다. 그러나 공자는 (태극)을 말하였다.[341] 공자는 역을 찬술하면서 태극으로부터 시작하였지만, 무극을

---

341 역주 : 이는 『역전』의 작자가 공자이다'는 전통적인 주장을 주희가 취한 것이다.

언급한 적이 없다. 그러나 주돈이는 무극을 말하였다. 무릇 전대의 성인과 후대의 성인들이 서로 같은 길로써 함께 꿰뚫지 않을 수 있겠는가? 만일 이곳에서 실제로 태극의 진실한 본체를 분명하게 볼 수 있다면, (태극을) 말하지 않은 사람일지라도 (의리가) 적지 않음을 알 수 있고, (태극을) 말한 사람일지라도 (의리가) 많지 않음을 알 수 있을 것이다.[342] 어찌 이점에 대하여 의견이 이처럼 분분한가?

> 伏羲作易, 自一畫以下, 文王演易自乾元以下, 皆未嘗言太極也. 而孔子言之. 孔子贊易自太極以下, 未嘗言無極也. 而周子言之. 夫先聖後聖, 豈不同條而共貫哉? 若於此有以灼然實見太極之眞體, 則知不言者不爲少, 而言者不爲多矣. 何至若此之紛紛哉?

『朱文公文集』 卷36「答陸子靜」

이 답서(答書)의 내용도 매우 아름답다. 내용은 무극을 언급해도 되고, 언급하지 않아도 된다는 것이다. 변론이 이곳에까지 이르렀으면 마땅히 서로 웃으면서 마음속으로 그 의미를 터득하려고 해야 할 것이다. 그러나 현자일지라도 주관적인 고집을 면할 수 없었기 때문에 본래 의도와는 관계없이 옆길로 나아갔고, 변론을 하면할수록 서로 외면하게 되었다. 문자와 행간에 대하여 서로 오해하거나 상대방의 의도를 온전히 파악하지 못한 곳이 너무나 많기 때문에 그 하나하나를 모두 지적할 수는 없다.

그러나 주희의 본의는 다음과 같다.

대전에서 이미 형이상자를 도라 한다고 하였고, 또 한 번 음이 되고 한 번 양

---

342 역주 : 복희와 문왕이 태극과 무극을 언급하지 않았지만, 태극과 무극에 관한 의리는 그곳에 본래부터 간직되어 있고, 공자가 태극만을 말하고, 무극을 말하지 않았다고 할지라도 무극의 의미는 이미 그 속에 포함되어 있으며, 주돈이가 태극을 말하고 무극을 말하였지만, 본래 없었던 것에 더 첨가한 것이 없다.

이 되는 것을 도라고 한다고 하였는데, 이것이 어찌 진실로 음양을 형이상자로 삼는다는 말이겠는가? 한 번 음이 되고 한 번 양이 되는 것이 비록 형기에 속하지만, 한 번 음이 되고 한 번 양이 되는 까닭은 도체가 하는 바이다. 때문에 도체의 지극함을 말할 때는 태극이라고 하고, 태극의 유행을 말할 때는 도라고 한다. 비록 (태극과 도라는) 두 개의 이름이 있지만 처음부터 두 개의 본체가 있는 것이 아니다. 주돈이가 무극을 말한 까닭은 (태극)이 어떤 특별한 장소에 놓여 있지 않고, 특별한 형상도 없으며, 사물이 있기 전에 있으나, 사물이 있은 후에도 올바르게 세워지지 않은 적이 없기 때문이다. 음양과 따로 떨어져 있으나, 음양 가운데서 행하여 지지 않은 적이 없다. 전체를 관통하면서 없는 곳이 없기 때문에 또 처음에는 아무런 소리도 없고 냄새도 없으며 그림자도 없고 울림도 없다고 말해도 된다.

至於大傳旣曰形而上者謂之道矣, 而又曰一陰一陽之謂道, 此豈眞以陰陽爲形而上者哉? 正所以見一陰一陽雖屬形器, 然所以一陰一陽者是乃道體之所爲也. 故語道體之至極, 則謂之太極. 語太極之流行, 則謂之道. 雖有二名, 初無兩體. 周子所以謂之無極, 正以其無方所, 無形狀, 以爲在無物之前, 而未嘗不立於有物之後. 以爲在陰陽之外, 而未嘗不行乎陰陽之中. 以爲貫通全體, 無乎不在, 則又初無聲臭影響之可言也.

『朱文公文集』 卷36 「答陸子靜」

'무극이면서 태극이다'는 말은 마치 하지 않게 하면서 하는 것과 같고, 나아가지 않게 하면서 이른 것과 같다고 말할 수 있다. 또 '무위의 위'라고 말하는 것과 같다. 모두 세의 자연스러움을 말한 것이지 (태극 외에) 또 다른 사물이 있음을 말한 것이 아니다. 그 의미는 '황극 · 민극 · 옥극에 방소와 형상이 있는 것은 아니지만 리의 지극함은 있다'고 말하는 것과 같다. 만일 이 의미를 깨달았으면 성인의 학문에 어떤 위반이 있어 도를 긍정하지 않는가? 상천지재는 유에서 무를 말한 것이다. '무극이면서 태극이다'는 무에서 유를 말한 것이다.[이곳에서 말한 '유에서 무를 말하고, 무에서 유를 말한다'는 모두 태극에 관한 것을 말한 것이지, 노자처럼 유와 무를 대립시켜 말한 것이 아니고, 또 주돈이가 말한 '정무이동유(靜無而動有)의 유와 무도 아니다.] 만일 진실로 이 점을 터득하였으면, 유를 말하고, 무를 말하며, 혹은 앞을 혹은 뒤를 말하더라도 모두 문제가 없다. 지금 이처럼 구차함에 얽매여 억지로 분별하려고 하는데, 일찍이 쓸데없는 말을 추구하지 않고 오로지 사실에만 힘쓴다고 하면서 왜 그것과 반대로 하는가?

> 無極而太極, 猶曰莫之爲而爲, 莫之致而至. 又如曰: '無爲之爲.' 皆語勢之自然, 非謂別有一物也. 其意固若曰: '非如皇極·民極·屋極之有方所形象, 而但有此理之至極耳.' 若曉此意, 則於聖門有何違叛而不肯道乎? 上天之載是就有中說無. 無極而太極, 是就無中說有. 若實見得, 卽說有說無, 或先或後, 都無妨礙. 今必如此拘泥, 强生分別, 曾謂不尙空言, 專務事實, 而反如是乎?

> 『朱文公文集』卷36「答陸子靜」

이상은 무극이태극(無極而太極)에 대한 주희의 해설이다. 주희의 해설은 대체적으로 옳다. 육구연은 주제를 빌려서 발휘하였다. 또 비록 육구연의 변론은 도를 밝히는 글이라고 할 수 있지만, 『태극도설』의 진위에 관해서는 육구연이 실패자이다.

이상의 해설에 따르면, 태극도는 아마 도교에 근본을 두고 있는 것 같지만, 『태극도설』은 분명히 주돈이의 사상임을 알 수 있다. 유가철학의 의리 측면에서 볼 때 태극도는 특별한 가치를 지니고 있지 않다. 설령 태극도가 없다고 할지라도 『태극도설』은 독립적으로 존재할 수 있고, 그 자체적으로 이해할 수도 있다. 중요한 것은 『태극도설』에 담겨져 있는 사상이다. 주돈이는 태극도를 빌려 의미를 붙였으나, 태극도에 붙인 의미가 매우 엄정하였고, 이 모두는 『통서』를 근본으로 한 것이다. 태극도를 빌린 것은 주돈이의 일시적인 흥미로서, 일종의 재미라고 할 수 있다. 주돈이는 결코 먼저 태극도라는 하나의 독립적인 그림을 구성하려고 한 것도 아니고, 또 이 그림에 대응하여 하나의 의리를 구성하려고도 하지 않았다. 이는 태극도가 『태극도설』의 의리에 대하여 결코 의미상 필연적 관계가 없음을 나타내주고 있고, 또 이해상의 필연적 관계도 없음을 의미한다.[이 태극도는 원래 도교 사람들의 수련을 위한 것이었기 때문에 아마 사람들의 흥미를 불러일으킬 수도 있을 것이다. 설령 주돈이가 거꾸로 태극도를 작성하였다고 할지라도 유가철학의 입장에서 보면 어떤 흥미를 불러일으키지도 않고, 아무런 미적 감각도 없으며, 영감을 불러일으킬 수 있는 요소도 없다. 내 개인적으로는 별로 보고 싶지 않은 작품이다.] 주돈이 철학에서 보면, 절대로 이 태극도와 『태극도설』을 제작한 후에 『통서』의 의리를 전개하지 않았다. 따라서 시간적인 선후에서 보면, 『태극도설』이 『통서』에 앞선 작품이라고 할 수 없다. 또한 의리 계통의 선후 순서에서 보아도, 『태극도설』을 근본으로 삼아 『통서』를 해설할 수는 없다. 반드시 『통서』를 근본으로 『태극도설』을 해설해야 한다. 『태극도설』은 대체적으로 「동정」·「리성명」·「도」·「성학」장을 근거로 쓰여진 것이다. 그러나 『통서』에서 논한 성체(誠體)에 관한 의리는 『태극도설』에 보이지 않는다. 이는 곧 『태극도설』이 『통서』에 앞선 강령 혹은 총론[綜論]이 될 수 없음을 의미한다. 나는 반드시 『통서』에서 논한 천도와 성체(誠體)를 근거로 『태극도설』의 태극을 이해해야만 비로소 주돈이 사상의 일관성을 볼 수 있고, 아울러 주돈이 심중에 있는 태극의 진실한 의미를 이해할 수 있을 것이라고 생각한다. 태극은 『통서』에 보인다. 그러나 이 『통서』 안의 태극도 반드시 성체(誠體)의 신과 적감진기를 근거로 이해해야 한다. 왜냐하면 『통서』에서는 천도와 성체(誠體)에 대해서는 상세하게 해설하고 있지만, 태극에 대해서는 단지 출현만 하였을 뿐 해석하지 않았기 때문이다. 만일 태극이 천도·성체(誠體)와 다른 하나의 독립적인 실체가 아니라면, 『태극도설』에 출현하는 무극이태극(無極而太極)에서의 태극은 『통서』의 태극과 다를 수 없을 것이다. 즉 『통서』의 천도와 성체(誠體)의 의미로써 『태극도설』의 태극을 해설하는 것 외에 주돈이 심중에 있는 태극의 실제적 의미를 알 수 있는 특별한 방법이 없기 때문이다. 이는 『태극도설』이 타인의 문장을 전한 것이 아니며, 또 소년 시절 학문의 경지가 성숙하지 못한 시기에 이루어진 것이 아니라는 것이다. 따라서 『태극도설』을 근본으로 삼고, 주로 삼으면서 『통서』를 객(客) 혹은 부(副)로 삼는 것은 잘못된 것이다. 『송원학안』 「렴계학안」에서 먼저 『통서』를 기록하고 『태극도설』을 기록하였는데, 이 순서가 옳다. 육구연은 『태극도설』을 긍정하지 않았는데, 이는 잘못이다. 주희는 『통서』를 주로 삼지 않았고, 또 성체(誠體)를 근거로 태극을 해설하지 않았는데, 이것 역시 잘못이다.

'무극이태극에 대한 주희의 해설은 대체로 틀리지 않다. 그러나 성체(誠體)의 신과 적감진기를 근거로 태극을 해설하지 않았다. 그리고 천도[태극]에서 심·신·적감의 의미를 제거하여 천도를 형식적 의미만을 갖는 '단지 리'로 이해하였다. 그렇게 되면 '태극동이생양(太極動而生陽)'을 해석할 수 없게 된다. 주희는 태극을 형식적 의미인 '단지 리'로서만 이해하였는데, 이러한 이해는 다른 계통을 성립시키기에 충분하다. 그렇다면 이 계통에서 "태극이 모든 변화의 근본이 된다"라고 할 때의 근본은 어떤 의미의 근본인가? "태극의 유행을 말할 때는 도라고 한다"고 하였는데, 이 태극의 유행은 어떤 의미의 유행인가? "사물이 있기 전에 있으나, 사물이 있은 후에도 올바르게 세워지지 않은 적이 없다"고 하였는데, 이는 어떤 의미인가? "음양과 따로 떨어져 있으나, 음양 가운데서 행해지지 않은 적이 없다"고 하였는데, 이는 또 어떤 의미인가? 이상을 종합해서 태극이라는 형이상의 실리(實理)는 어떤 의미의 실리란 말인가? 이상의 문제를 형식적인 관점에서 보면 쉽게 이해할 수 있을 것 같다. 그러나 주희철학의 계통에서 실제적 의미를 얻으려고 하면 오히려 쉽지 않다. 이는 모두 주희가 '단지 리'로 이해한 태극과 음양동정인 기의 관계에서 비롯된 것이며, 또 심과 성(性)의 관계를 서로 평행적으로 본 것에서부터 비롯된 것이다. 이 모두는 주희가 오랜 고심 끝에 이루어낸 것이기 때문에 나는 이 문제를 가볍게 처리할 수 없었다. 이 계통의 독특성은 육구연과 대립하게 되었는데, 모두 이것과 관련되어 있다. 이에 관해서는 앞의 3)을 보면 알 수 있을 것이다. 주희계통의 전체적인 의리 해설은 '주희철학에 설명해놓았다. 나는 이곳 첫 장에서 단지 『태극도설』에 대한 주희의 해설을 통하여 태극진체[천명유행의 실체]에 대한 주희의 이해를 설명하였을 뿐이다.

나는 4) 마지막 단락에서 심원하고도 그침이 없는[오목불이] 천명유행의 실체는 선진유가에서 말한 도체와 성체(性體)를 이해하는 법안(法眼)[343]임을 이미 밝혔다. 그러나 주돈이로부터 유종주까지 천명유행의 실체에 대한 이해는 두 길로 전개되었다. 하나는 '존유이면서 활동하는 실체', 즉 즉존유즉활동(卽存有卽活動)의 실체로 이해하는 것이고, 다른 하나는 '단지 존유일 뿐 활동하지 않는 실체', 즉 지존유이불활동(只存有而不活動)의 실체로 이해하는 것이다.

주돈이는 자신의 철학체계를 세우면서 비록 공자의 인(仁)과 맹자의 심성에 관한 이해는 부족하였지만, 객관적인 본체우주론 측면에서 언급한 도체는 오히려 '존유이면서 활동하는 실체'였고, 그에 대한 이해와 표현도 적절하였다.[주돈이는 성체(性體)를 언급하지 않았는데, 이는 아마 주돈이가 '존유이면서 활동하는' 도체로써 성체(性體)를 언급해야 한다는 점에 대하여 아직 분명하게 의식하지 못하였기 때문인 것 같다.]

장재의 표현에는 소통이 잘되는 않는 곳이 많다. 그러나 "태허가 곧 기라는 점을 알면 유무·은현·신화·성명이 하나로 통하여 둘이 되지 않는다"[344]는 그의 말을 보면 그가 깨달은 도체 역시 '존유이면서 활동하는 실체'임을 알 수 있다. 또한 장재는 도체로서 성체(性體)를 말하면서 '천도와 성명이 서로 관통한다'는 관점을 제시하였는데, 이에 관해서는 장재의 표현이 가장 정묘하고 분명하다. 또 공자의 인(仁)과 맹자의 심에 대한 이해는 주돈이보다 풍부하다. 이점은 다음 장의 해설을 보면 알 수 있을 것이다. 이는 장재가 『중용』과 『역전』으로부터 『논어』와 『맹자』로

---

343 역주 : 이곳에서 法眼은 지혜의 의미를 포함한 표준으로 이해해야 할 것이다.
344 『正蒙』「太和」, "知太虛卽氣, 則有無·隱顯·神化·性命通一無二."

점차 회귀하였기 때문이다.

오목불이의 실체를 잘 드러낸 후, 이것으로써 '일본설'을 전개하고, 또 유가와 불가의 차이를 분별하는 것은 정호로부터 시작되었다. 정호야말로 진정으로 오목불이의 실체와 상응하여 '존유이면서 활동하는 실체'[卽存有卽活動]를 드러낸 학자였다. 또 공자의 인(仁)과 맹자의 심에 대해서도 하나로 관통하였다. 객관적인 측면과 주관적인 측면에 대하여 모두 결점 없이 만족스럽게 표현하여 '일본설'로 회통하게 하였다. 또한 원돈(圓頓)의 표현에 능숙하여 의리의 표현을 막힘없이 잘 소통시켰다. 정호의 학문은 내성 학문의 원교(圓敎)의 모형이다.

정이는 직선적이고 분석적인 사고방식에 의거하여 도체와 성체(性體)를 '단지 규범인 리'로서만 이해하였다. 때문에 정이철학에서는 '존유이면서 활동하는' 오목불이의 실체 관념은 사라져 보이지 않게 되었다. 주희에 의해 정이의 학설은 계승되었는데, 주희는 스스로 자각하여 '단지 존유일 뿐 활동하지 않는 실체관을 드러냈다. 비록 주희의 도체와 성체(性體)에 대한 이해는 오목불이를 특성으로 하는 유가철학의 본래 의미에는 부합하지 않지만, 주희는 자신의 의리를 하나의 완전한 계통으로 완성시켰다. 객관적인 측면과 주관적인 측면이 서로 상응할 뿐만 아니라 공부론 체계도 본체론과 상응하고 있다.[345] 나는 뒷부분에서 이러한 주희철학 계통의 성격을 다음과 같이 규정하였다. 주관적으로 말하자면, 정함정섭(靜涵靜攝)의 계통이고, 객관적으로 말하면 본체론적 존유 계통이다. 간단하게 말하면 주희의 학문은 횡섭(橫攝)계통으로, 존유이면서 활동하는 종관(縱貫)[346]계통과 대립하는 계통이며, 철저한 점교적 학문이다.

---

[345] 역주 : 주희는 性을 불활동자로 인식하고, 심에 성리에 대한 인식 작용을 부여하였기 때문에 거경함양과 격물궁리설은 서로 필연적으로 도출될 수밖에 없는 공부론이다.
[346] 역주 : 縱貫은 直貫과 동일한 의미이다. 모종삼의 판단에 따르면, 종관계통에 해당하는 학자는 주돈이 · 장재 · 정호 · 호굉 · 육구연 · 왕수인이다.

호굉은 오목불이의 실체로써 성체(性體)를 제시하였고, 정호와 사량좌(謝上蔡)가 말한 인(仁)을 근본으로 삼아 공자의 인(仁)과 맹자의 심성을 드러내 증명하였다. 이는 다시 한 번 심체와 성체(性體)를 하나로 귀결시키는 것인데, 그 중점은 '심으로써 성을 드러내는 것'[以心著性]에 있다.[347] 이것 역시 종관계통에 속한다.

육구연이 등장하여 객관적인 측면[348]을 제쳐두고서 직접 맹자를 근본으로 삼아 심을 말하였고, 아울러 심즉리를 제시하였다. 잠시 객관적 측면의 의리를 제쳐두고서 맹자철학으로부터 입수하여도 별 문제는 없다. 그러나 반드시 맹자의 심성으로부터 더 나아가 오목불이의 천명유행 실체에 관철시켜야만 비로소 지극함에 이르렀다고 할 수 있으며, 또 원만하고 완정(完整)하여 더 이상 부족함이 없다고 할 수 있다. 육구연은 심즉리를 긍정하여, 리를 심의 영역으로 끌어들였다. 육구연이 말한 심체는 건곤을 포함한 것이어서 원칙적인 입장에서 보면 부족함이 없는 것 같다. 그러나 심체를 오목불이인 천명유행의 실체에 놓고, 이것을 빌려 주희의 잘못된 이해를 교정하려고 하였지만, 그에 관한 공부는 만족스럽지 못했다.[349] 왜냐하면 육구연은 우주론에 별다른 흥미를 갖지 않았고, 그에 관한 학력도 부족하였기 때문이다. 육구연은 천도천명의 오목불이가 선진유가철학이 도덕형이상학으로 발전할 때 근거로 삼은 가장 근원적인 지혜라는 점을 알지 못했다. 공자는 비록 인(仁)을 말하였지만, 천도천명이라는 오래된 전통을 계승하였으며, 위배하지도 않았다. 때문에 인(仁)의 실천을 통하여 천도를 깨달으려고 한 것[踐仁知天]이다. 맹자는 비

---

347 역주 : 『심체와 성체』 '胡五峰의 知言' 참고.
348 역주 : 이곳에서 말한 '객관적인 측면'은 천도와 태극에 관련된 본체우주론을 의미한다.
349 역주 : 이는 육구연과 주희의 『태극도설』 논변에 관한 평이다. 육구연이 긍정한 심체가 비록 본체우주론적 의미인 乾坤을 포함하고 있다고 할지라도, 오목불이의 작용을 가진 천명유행의 실체에 관한 이해는 원만하지 못하여 태극을 '단지 리'로서 규정한 주희의 잘못된 이론을 올바르게 교정하지 못했다.

록 심성을 언급하였지만, 이러한 전통을 망각하지는 않았다. 때문에 "본심을 온전히 실천하면 본성을 알 수 있고, 천도를 알 수 있다"[350]고 한 것이다.『중용』과『역전』에 이르자 직접 천명유행의 실체[351]로부터 성체(性體)를 말하였다. 이러한『중용』과『역전』계통은 공자의 인(仁)과 맹자 심성의 지극한 발전이기 때문에 '위로부터 아래로 내려와 하나로 하는 것'이라고 할 수 있다. 그렇다면 뒤에 육구연처럼 맹자로부터 입수하였다면, 반드시 그 의리를 확장하여 오목불이의 천명유행 실체까지 관철시켜야만 비로소 지극함에 이르고 원만하여 부족함이 없을 것이다. 그러나 육구연은『중용』과『역전』에 대하여 특별한 흥미를 갖지 않았고, 또 그에 대한 공력도 부족하였다. 이러한 점은『태극도설』에 관하여 논변한 두 번째 서신[第二書]의 내용을 보면 알 수 있다.

만일 직접 음양을 형기로 삼고, 도라고 할 수 없다면 감히 받들기 어렵겠다. 역의 도는 한 번 음이 되고 한 번 양이 되는 것일 뿐이다. 앞과 뒤 그리고 시작과 마침, 동과 정 그리고 어두움과 밝음, 위와 아래 그리고 나아감과 물러남, 가고 옴 그리고 닫힘과 열림, 채움과 비움 그리고 줄어듬과 늘어남, 존귀함과 비천함, 밖과 안 그리고 숨김과 드러남, 앞과 뒤 그리고 순조로움과 거슬림, 삶과 죽음 그리고 얻음과 잃음, 나아감과 들어감 그리고 출사함과 운둔, 무엇하나 한번 음이 되고 한번 양이 되는 것이 아닌 것이 있는가? 기수와 우수가 서로 계승하여 변화가 무궁하다. 때문에 '그 도는 자주 움직이는 것이다. 변동이 한 곳에 머무르지 않고, 육허[352]에 두루 흐르며, 상하가 무상하고, 강함과 부드러움이 서로 바뀌기 때문에 어느 하나를 일정한 규칙으로 삼을 수 없고, 오로지 변하여 나아갈 뿐이다라고 한 것이다. …… 지금 음양을 도로 삼지 않고 직접 형기라고 하니 누가 도기(道器)의 분별에 어두운가?

---

350 "盡心知性知天."
351 生物不測의 천도[誠體·神體]를 가리킨다.
352 역주 : 천지와 사방.

至如直以陰陽爲形器, 而不得爲道, 此尤不敢聞命. 易之爲道, 一陰一陽而已.
先後始終, 動靜晦明, 上下進退, 往來闔闢, 盈虛消長, 尊卑貴賤, 表裏隱顯, 向背
順逆, 存亡得喪, 出入行藏, 何適而非一陰一陽哉? 奇偶相尋, 變化無窮. 故曰:
'其爲道也屢遷. 變動不居, 周流六虛, 上下無常, 剛柔相易, 不可爲典要, 惟變所
適.' …… 今顧以陰陽爲非道, 而直爲之形器, 其孰爲昧於道器之分哉?

『象山全集』 卷2 「與朱元晦」

해설 위의 육구연 논변은 올바르지 않다. 만일 육구연의 말이 일종의
지점어(指點語)라면 이렇게 표현해도 무방할 것이다. 또 오목불이의 실체
가 음양과 불리(不離) 관계임을 설명하고자 한다면, 이렇게 말해도 될 것이
다. 그러나 이러한 경우가 아닌 상태에서 직접 음양을 도로 인식한다
면 이는 잘못된 것이다. 도와 음양의 관계에 대한 이해는 육구연이 주희
에 미치지 못함이 확실하다. 육구연의 변론에 대하여 주희는 다음과 같
이 대답하였다.

만일 음양을 형이상자로 삼는다면, 형이하자는 또 어떤 것인가? 다시 한 번
가르침을 청하고 싶다! 나의 견해와 저 들은 것에 따르면, 모든 형상이 있는 것
은 모두 기(器)이고, 이 기(器)의 리가 되는 것은 도이다. 그렇다면 당신이 편지
에서 말한 시작과 마침 그리고 어두움과 밝음, 기수와 우수 등과 같은 것은 모
두 음양으로 이루어진 기(器)이며, 오로지 그 기(器)로 되게 하는 까닭이 기(器)
의 리이다. 예를 들어 눈이 밝게 되는 까닭, 귀가 총명하게 되는 까닭, 아버지의
자애로움, 자녀의 효가 바로 도이다. 이렇게 분별하는 것이 완전한 것은 아닌
것 같다. 당신의 견해는 어떤지 모르겠다.[원주: 이 말은 지극히 분명하다. 간절
히 바라건대 조금만 사색하여 보면 나의 어리석은 말이 무리가 아님을 알 수
있을 것이고, 나머지는 이것을 유추하면 된다.]

若以陰陽爲形而上者, 則形而下者復是何物? 更請見敎! 若熹愚見與夫所聞, 則
曰凡有形有象者皆器也. 其所以爲是器之理者皆道也. 如是, 則來書所謂始終晦

明, 奇偶之屬, 皆陰陽所爲之器, 獨其所以爲是器之理, 如目之明, 耳之聰, 父之慈, 子之孝, 乃爲道耳. 如此分別, 似差明白. 不知尊意以爲如何?[原注 : 此一條亦極分明. 切望略加思索, 便見愚言不爲無理, 而其餘亦可以類推矣.]

『朱文公文集』 卷36 「答陸子靜」

주희는 형이상자인 도를 '단지 리'[353]로서만 이해하였다. 이 점에 관한 주희의 이해는 비록 부족하지만 형이상자와 형이하자를 분류할 때 주희는 결코 음양을 도로 삼지 않았으니, 의리의 큰 줄기[綱脈]는 틀리지 않다고 할 수 있다. 도체를 '존유이면서 활동하는 실체'로 이해한다고 할지라도 음양을 직접 도로 삼을 수는 없다. 또 오목불이의 실체가 곧 음양의 변동은 아니다. 이곳에서 육구연의 정묘하지 못함을 볼 수 있다. 그러나 육구연은 『어록』에서 다음과 같이 말하였다.

> 형이상자로부터 말하면 도라고 한다. 형이하자로부터 말하면 기라고 한다. 천지도 기인데, 하늘이 만물을 낳고 땅이 만물의 형체를 이루고 실어주는 것에는 반드시 리가 있다.
> 自形而上者言之, 謂之道. 自形而下者言之, 謂之器. 天地亦是器, 其生覆形載必有理.

『象山全集』 卷35 「語錄」

이 구절만을 보면 육구연이 음양으로써 직접 도를 말하지 않은 것 같다. 주희가 육구연에게 '조금만 더 사색'[略加思索]할 것을 권유하였는데, 이는 좋은 지적이다. 이러한 문제점은 조금만 자세하게 살펴보면 곧 알 수 있다. 만일 맹자의 본심 의미를 끝까지 관철하고,[354] 이를 음양과 태극

---

353 '단지 존유일 뿐 활동하지 않는 실체'[只存有而不活動].
354 역주 : 모종삼은 본심의 의미를 지극한 곳까지 확충 혹은 관철이라는 표현을 자주 사용한다. 이는 맹자가 말한 '본심을 온전히 실천하면 본성을 알 수 있고, 천도를 알

의 문제에 적용하면 음양과 오목불이의 본체에 다름이 있음을 알 수 있다. 이러한 분별을 통해서 체득한 본체는 반드시 '존유이면서 활동하는 실체'일 것이다. 그러나 애석하게도 육구연은 형이상학에까지는 확충하지 못하였다. 오로지 맹자의 본심만을 가지고서 주희학을 지리(支離)하다고 비판하였고, 도를 올바르게 이해하지 못했다고 비평하였다. 육구연은 맹자의 본심을 오목불이의 본체에 관철시켜 본심과 오목불이의 실체를 하나로 하지 못했으며, 또 이것을 근거로 주희가 긍정한 도가 '단지 존유일 뿐 활동하지 않는 실체'임을 올바르게 지적하지 못하였다. 때문에 주희를 깨우치기에 부족하였고, 또 주희로 하여금 진심으로 육구연 자신의 견해를 따르게 하기에 부족하였다. 비록 육구연의 본심이 우주를 포함하여 말한 것이지만, 오목불이의 본체우주론에 관한 공력이 부족하였을 뿐만 아니라, 이에 대한 이해도 철저하지 못하고 불분명하였다. 때문에 육구연이 이처럼 부적절하게 표현한 것이다. 다시 말하면 맹자의 본심을 지극한 곳까지 확충할 수 없었기 때문에 원만하지도 못했고 완전하지도 못하였으며, 만족스럽지도 못했다. 이 점이 육구연의 부족이다. 그러나 맹자를 근거로 종관계통의 학문을 드러냈다는 점에서 그 공은 매우 크다고 할 수 있다.

왕수인은 육구연이 말한 본심을 계승하여 의리를 전진시켰다. 비록 기상의 곧고 방정함은 육구연에 미치지 못하였지만 의리의 정묘함과 자세함은 육구연보다 뛰어났다. 그러나 오목불이의 본체에 대한 이해는 육구연처럼 여전히 약하고 투철하지 못하였다는 혐의를 벗어나지 못했다. 왕수인 역시 의리의 확장이 충분하지 못하여 원만무애한 포만(飽滿)의 경지에 이르지 못했다. 왕수인은 주관성의 본심을 중심으로 교리를 내세웠고, 이점은 후학들이 광태(狂態)를 보인 원인이 되기도 하였다.[355]

───

수 있다[盡心知性知天]를 통하여 본심과 천도가 서로 관통하는 형이상자임을 체득하고, 또 이 형이상의 본체가 역농석인 실체임을 깨달아 우주만사 변화의 중심을 음양의 기가 아닌 오목불이의 천도에서 발견할 것을 강조한 것이다.

유종주는 용어의 사용이 대부분 막히고 적절하지 못했으며, 의리의 곡절도 정묘하지도 않으며 성숙하지도 않았다. 그의 논변은 비록 선학(先學)에 미치지 못하였지만, 의리의 강유(綱維)는 넓고 깊으며 정대(正大)한 면이 있다. 유종주는 육구연이 말한 본심을 근본으로 삼았고,[이는 객관적인 의리 측면에서 말한 것이다. 유종주는 육구연 학문에 대한 이해가 없었고, 심지어 오해를 하기도 하였으며, 맹자에 대한 공력도 깊지 못했다. 다시 말하면 유종주가 육구연 학문을 자각적으로 계승하였다는 것이 아니라 유종주가 긍정한 본체와 육구연의 본심이 서로 통한다는 의미이다.] 왕수인이 말한 양지를 계승하여, 이로부터 의근(意根)과 성체(誠體)를 말하였다.[유종주의 의근(意根)과 성체(誠體)는『대학』의 성의와 신독으로부터 깨우친 것이지 결코 맹자와 육구연으로부터 깨우친 것이 아니다.] 유종주는 이로부터 본심이 본심이 되는 까닭을 깨달았고, 아울러 『중용』에서 말한 성체(誠體)로부터 신독의 독체(獨體)를 말하였으며, 더 나아가 오목불이인 천명유행의 실체와 일치시켰다. 또 성종(性宗)과 심종(心宗)을 구분하여 말하였고, '심으로써 성을 드러내 밝힘'[以心彰性]을 중시하여 심성을 결국 하나로 귀결시켰기 때문에 성체(性體)의 초월성을 잃지 않았다. 이것으로써 다시 정호가 보인 원교의 모형을 드러냈다. 이것이 바로 내가 그의 의리 강유가 넓고 깊으며 정대하다고 한 까닭이다. 이러한 강유 하에서, 심종으로부터 확장하여 오목불이의 천명유행의 실체로 관철시켰으니 그의 경지가 원만무애한 포만의 경지에 이르렀다고 할 수 있다. 유종주의 강유는 대체로 호굉철학 사유의 길과 유사하지만, 자세함과 철저함에 관해서는 호굉이 유종주에 미치지 못한다. 유종주는 참으로 송명이학의 전군(殿軍)이라고 부르기에 부끄럽지 않다. 비록 그의 표현에 안개와 구름에 휩싸인 것처럼 불분명한 곳도 있지만 그 강유의

---

355 역주 : 모종삼은 '此其所以爲顯敎, 其後學之所以有狂態也'라고 하였다. 이 구절의 의미는 다음과 같다. '왕수인 역시 육구연처럼 오로지 주관적인 본심만을 강조하고, 객관적 측면의 의리인 오목불이의 실체와 性體에 대하여 이해가 부족하였다. 이 점은 왕수인 후학자들이 狂禪의 모습을 보이게 된 원인이 되었다.'

실제를 가릴 수 없는 것이다. 유종주가 이러한 강유를 보이게 된 것은 아마 육백년 동안의 사상적 발전과 마련(磨練)이 있었기 때문일 것이다. 유종주는 자기도 모르게 이러한 경지를 드러냈는데, 아마 유종주가 처음부터 예상한 것이 아닐 수도 있고, 또 자신이 자각하지 못한 것일 수도 있다. 이상 나의 해설과 분별에서 최종적으로 가장 중시한 것은 호굉과 유종주의 강유이다.[호굉과 유종주의 성취를 중시한 것이 아니다.] 이는 지금까지 일반적인 견해와 다른데, 이것 역시 내가 처음부터 예상한 것이 아니다. 진리의 필연이 나로 하여금 이러한 선포를 하게끔 한 것이다.

이상 9인의 학자는 송명유학의 중심이다. '존유이면서 활동하는 실체'를 긍정하는 종관계통은 선진유가철학을 계승한 대종(大宗)이다. 정호의 원교 모형 그리고 호굉과 유종주의 강유를 통과하여 성인이 '인(仁)'으로써 이 도를 발명하여'[356] '온전하여 꿰맬 틈이 없다'는 혼무하봉(渾無罅縫)[357]과 천지의 기상을 엿볼 수 있다. 정이와 주희가 긍정한 본체는 '단지 존유일 뿐 활동하지 않는 실체'이고, 그들의 학문계통은 횡섭계통이다. 이 횡섭계통의 학문은 대종인 종관계통의 방계이다. 혹은 종관계통이라는 대동맥 중의 하나인 정(靜)[358]이라고도 할 수 있을 것이다. 주희는 수많은 논적들과 대적하면서, 홀로 자신의 의리를 다하였고, 끝까지 관철시켜 횡섭계통의 철학체계를 완성하였다. 주희의 위대성은 바로 이점에 있다. 종관계통으로써 횡섭계통의 학문을 융화하는 것이 바로 현대 유학에서 해야 할 사업이다.[359]

---

356 "以仁發明斯道."
357 육구연의 말이다. 역주 : '온전하여 꿰맬 틈이 없다'는 의미이다. 이 말은 육구연이 맹자학에 대한 평이다. 즉 상하로는 '본심을 온전히 실천하면 본성을 알 수 있고, 천도를 알 수 있다'는 진심지성지천(盡心知性知天)을 제시하였고, 좌우로는 내성과 외왕의 의리를 제시하였기 때문에 '더 이상 부족함이 없다'는 의미이다.
358 역주 : 모종삼이 이곳에서 사용한 '靜'은 앞에서 횡섭계통을 靜涵靜攝이라고 규정할 때의 靜과 같다. 구체적으로 말하면, 이 靜은 본체의 정태성[只存有而不活動]과 靜을 위주로 한 심의 함양을 의미한다.
359 역주 : 모종삼의 이 말은 두 방면에서 이해해야 한다. 하나는 종관계통을 중심으로

이상의 9명의 학자는 다음과 같이 묶어 분류할 수 있다. 주돈이와 장재 그리고 정호가 한 조(組)이고, 정이 주희가 한 조이며, 육구연과 왕수인이 한 조이고, 호굉과 유종주가 한 조이다. 이는 『논어』와 『맹자』 그리고 『중용』과 『역전』의 의리를 표준으로 삼아 분류한 것이다. 『대학』은 『논어』·『맹자』·『중용』·『역전』과 다른 단서를 근거로 일어난 것이다. 즉 『논어』와 『맹자』를 근본으로 발생한 것이 아니다. 이상 9명의 학문 맥락을 도표로 표현하면 다음과 같다.

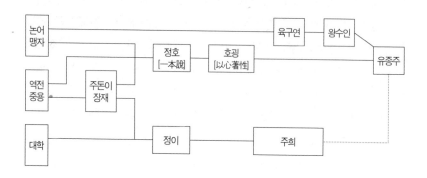

유종주와 주희의 관계를 희미한 실선으로 표시한 것은 유종주가 주희의 학문에 대한 융합이 별로 원만하지 못했고, 또 양자 간에 적극적인 관계가 없기 때문이다.

이상의 진술들은 내가 오랫동안 고심하고 노력하면서, 서로 간의 학문 차이를 분류하고 융합하며 관통한 후에 얻은 결과이다. 이 연구 결과는 이후 각 장의 종강(綜綱)으로 되었다. 나는 주돈이를 송명이학의 시작으로 삼았기 때문에 먼저 서술한 것이다.

주희의 격물궁리론을 수용하여 도덕규범의 객관성을 제고하자는 것이고, 다른 하나는 도덕지식과 과학지식을 융화하여 하나의 체계로 구성하자는 것이다. 전자는 모종삼에 앞서 熊十力이 이미 주장하였고, 후자는 모종삼에 의해 제시된 良知坎陷論(부록 2 참고)이다.

제2장 '천도와 성명은 서로를 관통한다'[天道性命相貫通]는 의리에 대한 장재의 해설

번역 : 이기훈

들어가는 말

'천도와 성명은 서로를 관통한다'[天道性命相貫通]는 의리는 송명 시대 유학자들이 공통적으로 지니고 있던 의식이었다. 이 관념은 선진의 유가 철학 발전에서도 볼 수 있는 공통된 의식으로, 결코 장재(張載)만이 가진 생각이 아니었다. 그런데도 내가 유독 장재에게 위와 같이 '천도와 성명은 서로를 관통한다는 의리에 대한 장재의 해설'이라는 제목을 붙인 것은 그의 저술 가운데 몇몇 어구들이 이 관념을 가장 정미하고도 적절하게 표현하고 있기 때문이다. 또한 장재는 주돈이 이후 처음 자각적으로 이러한 표현을 한 사람이다. 제1장에서 밝혔듯이 주돈이는 이 관념에 대하여 아직은 적극적으로 보려고 하지 않은 것 같다. 이 관념을 제대로 파악하지 못했다면 도덕실천은 절실하고도 명철하게 표현할 수 없으며,

또한 '천도'(天道)와 '신화'(神化)에 대해 말한 것도 정확히 끝맺음을 할 수 없게 되기 때문에 사람들은 주돈이가 아무 내용 없는 공담(空談)이나 늘 어놓았다고 여기거나, 아니면 주돈이의 일시적인 깨달음 정도로 치부할 수도 있을 것이다.

장재는 『정몽(正蒙)』「성명편(誠明篇)」에서 다음과 같이 말하였다.

> 하늘이 부여한 성(性)은 도에 완전하게 통한 것이다. 이 '성'은 타고난 기의 어둠과 밝음으로도 가릴 수 없는 것이다. 하늘이 부여한 명(命)은 '성'에 완전하게 통한 것이다. 이것은 길흉과 조우하더라도 해칠 수 없는 것이다.[1]
>
> 天所性者通極於道. 氣之昏明不足以蔽之. 天所命者通極於性. 遇之吉凶不足以戕之.
>
> 『正蒙』「誠明」

이상 네 마디의 구절은 '천도와 성명은 서로를 관통한다'는 관념을 가장 적절하고도 정확하게 표현한 것이다. 장재 『정몽』의 편수(篇數)는 많지만 이 책 속에서 논하고 있는 '내성의 학문'[內聖之學]은 바로 '천도와 성명이 서로를 관통한다'는 의리를 중심 사상으로 삼고 있다. 그리고 그 밖의 모든 관념은 이 의리로부터 전개된 것이기 때문에 이것을 중심으로 통괄할 수 있다.

장재가 지은 책 『정몽』은 그 내용이 참으로 깊고 넓으며, 사유와 궁구함이 뛰어나고 정밀하다.[2] '천도와 성명은 서로를 관통한다'는 것에 대

---

1   역주 : 이 책에서 張載 『正蒙』 원문의 번역은 장윤수가 옮긴 『정몽』(서울 : 책세상, 2002)과 정해왕이 옮긴 『정몽』(서울 : 명문당, 1991)을 참조하였으며, 해외본으로는 喩博文의 『正蒙注釋』(蘭州 : 蘭州大學出版社, 1990)을 참조하였다. 이와 함께 모종삼의 설명에 따라 『정몽』을 번역하였다.

2   역주 : 이곳의 원문은 '思參造化'이다. '思參'은 思惟와 參究를 뜻하며, '造化'는 '사유'와 '참구'가 조화를 이루었고, 마음속으로 깊이 생각하였다는 의미이다. 조금 특수하게 쓰인 용어이기에 각주를 달았다.

한 다른 유학자들의 해설은 드문드문 흩어져 보이거나, 말한 것이 가볍고 간략하지만, 오직 장재만이 이론을 세우고 책을 지어 자신만의 뛰어난 문장을 만들었다.[이에 대해서는 지금 이 부분 '들어가는 말' 부록 6의 2를 참조하기 바란다.] 그는 진실로 관하(關河)[3] 지역의 영웅호걸이며, 유가의 정통성을 대표하는 학자라고 할 수 있다. 그러나 그의 사유는 깊고 은미하였으며, 또 그것을 표현하기도 쉽지도 않았기 때문에 표현상 소통하기 어려운 말들이 있을 수밖에 없었다. 정호(明道)와 정이(伊川)는 모두 장재의 『서명(西銘)』에 대해서는 매우 높게 평가하였지만, 『정몽』에 대해서는 오히려 자신들의 생각과 일치시킬 수 없었다. 이에 관하여 먼저 정호의 입장을 살펴보자.

1. 백순(伯淳-정호)이 말하였다. "『서명』에 대해서는 내가 그 뜻을 얻었는데, 그렇게 할 수 있으려면 자후(子厚-장재)와 같은 문장의 필력을 지니고 있어야만 한다. 다른 사람들은 그렇게 할 도리가 없다. 맹자 이후 이 수준에 이른 사람은 없었다. 이 문자를 얻으면 다소간의 말을 간략하게 할 수 있고, 또한 다른 사람들에게 독서를 가르칠 수 있다. 요점은 '인'과 '효'의 도리가 이곳에 갖추어져 있다는 것이다. 잠시라도 이곳에 있지 않으면 곧 '불인'하고 '불효'한 것이다."

伯淳言, 『西銘』, 某得此意, 只是須得佗子厚有如此筆力, 佗人無緣做得. 孟子以後未有人及此. 得此文字, 省多少言語, 且敎佗人讀書. 要之, 仁孝之理備於此, 須臾而不於此, 則便不仁不孝也.

『二程遺書』 卷2 「二先生語2上 · 元豐己未, 呂與叔東見二先生語」

2. 맹자는 왕도를 실재적으로 논하였다. …… 맹자 이후 다만 「원도」 한 편만이 있었을 뿐이다. 그 사이의 말들은 참으로 병폐가 많았지만 개괄하자면 그 대략적인 의미는 도리에 근접하였다고 할 수 있다. 『서명』과 같은 글은 「원도」를

---

3   역주 : 關은 중국 陝西의 關中 지역이고, 河는 黃河 지역이다. 특히 황하로 이어지는 물줄기가 伊水 · 洛水가 있어 송대 유학자들과 그들의 학술을 의미하기도 한다.

근본으로 삼고 있다. 하지만 「원도」는 도에 대해서는 말을 하였지만, 『서명』에서 드러낸 뜻에는 이르지 못하였다. 자후(장재)의 글에 근거로 하여 보면, 순전히 「원도」에서 나온 것만은 아니다. 맹자 이후 이와 같은 책을 보지 못했다.[이조목에는 누가 한 말인지 기록이 없으나 위의 조목과 함께 따져보았을 때 당연히 명도(정호)의 말이라고 해야 할 것이다.]

孟子論王道便實. …… 孟子而後, 卻只有「原道」一篇. 其間語固多病, 然要之大意儘近理. 若『西銘』則是「原道」之宗祖也. 「原道」卻只說到道, 元未到得『西銘』意思. 據子厚之文, 醇然無出此文也. 自孟子後, 蓋未見此書.

『二程遺書』卷2 「二先生語2上‧元豐己未, 呂與叔東見二先生語」

3. 자후(장재)의 자질은 높지만, 그의 학문은 처음에는 잡박한 것 가운데서 나온 것이다.[이 조목은 遊酢‧楊時‧暢大隱‧呂進伯‧天祈‧景庸 등의 사람에 대한 평론에 이어 말한 것으로 아마 그것이 하나의 전체 조목인 것 같다. 『二程遺書』에 특별히 한 행을 두어 독자적인 조목으로 기록하였는데, 이는 사람들의 이목을 끌기 위한 것일 수도 있다.]

子厚則高才, 其學更先從雜博中過來.

『二程遺書』卷2 「二先生語2上‧元豐己未, 呂與叔東見二先生語」

이상의 1조목과 2조목을 살펴보면 정호가 『서명』을 매우 높이 추존하고 있음을 알 수 있다. 그리고 3조목은 종합적인 평론이라고 할 수 있다. 그러나 정호는 『정몽』에 대해서 완곡하게나마 비판을 하고 있다.

1. 형이상자를 일컬어 도라고 하고, 형이하자를 일컬어 기(器)라고 한다. 만약 어떤 사람처럼 청(淸)‧허(虛)‧일(一)‧대(大)로써 천도를 삼는다면, 이는 곧 기(器)로써 말한 것이지 도를 말한 것이 아니다.

形而上者謂之道, 形而下者謂之器. 若如或者以淸虛一大爲天道, 則[原注, 一作此]乃以器言, 而非道也.

2. 자후(장재)는 '청·허·일·대'로써 천도를 이름하였는데, 이는 '기'(器)로써 말한 것이지 형이상자를 말한 것이 아니다.[『二程粹言』은 楊時(龜山)가 교정하고, 張栻(南軒)이 목차를 배열한 것인데, 구어를 문어로 바꾼 것이다. 『이정유서』에는 이 조목이 없는데, 이는 앞의 조항을 바꾼 것이다.]

子厚以淸虛一大名天道, 是以器言, 非形而上者.

3. 횡거(장재)는 청·허·일·대를 만물의 근원으로 세웠는데, 이는 타당하지 않다. 모름지기 '청탁과 '허실'을 겸해야만 비로소 '신묘하다'고 부를 수 있다. 도는 만물을 이루면서 하나의 사물도 빠뜨리지 않으니, 마땅히 어떠한 특정한 방소가 있어서는 안 된다.[이 조목은 누구의 말이라는 표기되어 있지 않지만 앞의 제1조의 말을 근거로 고찰해보면 정호의 말임에 틀림없다.]

(橫渠)立淸虛一大爲萬物之原, 恐未安. 須兼淸濁虛實乃可言神. 道體物不遺, 不應有方所.

4. 횡거(장재)는 사람을 가르치면서 본래 세상의 학문은 고루하여 융통성이 없다고 말하였을 뿐이다. 그러므로 하나의 '청·허·일·대'를 말하였는데, 이는 다만 사람들이 아둔함을 조금 덜어 도리로 나아가기를 의도한 것이었다. 그러나 사람들은 또 다시 다른 곳으로 가는구나! 오늘날 또한 다만 경(敬)을 말할 뿐이다.[이 말은 누구의 말인지 명확한 주석이 없다. 그러나 정호의 말임이 분명하다. 『朱子語類』 卷第93 孔子·孟子·周敦頤·二程을 종합적으로 논한 곳에서 이 조항이 劉絢의 기록이라고 언급되어 있으나, 그렇지 않다.]

橫渠敎人本只謂世學膠固, 故說一個淸虛一大. 只圖得人梢損得沒去就道理來. 然而人又更別處走! 今日且只道敬.

이상의 네 조목에 근거해 보면, 정호는 『정몽』에서 말한 '태허신체'(太虛神體)[4]에 대한 깨달음이 장재와 같은 경지에는 이르지 못했음을 알 수 있다. 지금 내가 『정몽』을 자세하게 살펴보니 장재에게도 뜻이 제대로 소통되지 않는 말[5]이 있긴 하지만 그래도 그 실제 의미는 '태허신체'를 기(器·氣)로 삼는다거나 형이하자로 여긴 것은 결코 아니다. 따라서 정호가 곧바로 장재의 말을 '기로 말한 것이다'[以器言]라고 평한 것은 틀린 것이다. 또한 장재의 "음양(陰陽)·동정(動靜)·취산(聚散)·왕래(往來)의 양면을 겸하면서도 어느 한 면에 치우치지 않으면서 신을 보존한다"[兼體不累以存神]는 뜻에 근거하여 말하면, 장재는 바로 '청탁허실을 겸한 것'[兼淸濁虛實]으로써 '신'을 표현한 것이지, '신'을 단독적으로 '청'(淸)에 속한 것으로 본 것이 아니며, 또한 '신'을 청기(淸氣)의 본래적 성질로 여겨서 '기'로써 '신'을 말한 것도 아님을 알 수 있다. 정호는 장재 학문의 정수를 제대로 파악하지 못하였다. 이러한 오해는 장재가 자신의 학술을 간단히 구별하여 표현함에 있어 정묘하지 못했기 때문에 발생했을 수도 있다. 그러나 장재 학설의 근본적 의미는 가릴 수도 없으며, 오해는 결국 오해일 따름이다. 또한 청(淸)·허(虛)·일(一)·대(大)는 각기 다른 네 개의 단어로, 모두 도체(道體=太虛神體)를 형용한 것이다. 그런데 정호는 이를 묶어서 하나의 낱말로 보았다. 그러나 장재에게 원래 이렇게 묶어놓은 낱말이 있었던 것이 아니다. 『정몽』에서 청(淸)이라고 말한 것, 허(虛)라고 말한 것, 일(一)이라고 말한 것, 대(大)라고 말한 것은 어느 곳에 나

---

4 역주: '太虛神體'는 '태허라는 우주 본체의 신묘한 실체'라는 본체우주론적 측면에서 말한 것이다. 모종삼은 태허를 형용하는 말로 '神體'를 사용하지 않았다. 이 '태허'와 '신체' 모두가 우주 본체인 것이다. 이후 번역에서 '태허신체'를 그대로 사용하겠다.
5 역주: 본문의 '滯語'를 '뜻이 제대로 소통되지 않는 말'이라고 번역하였다. '滯語'를 그대로 번역하면 막히는 말인데, 사실 이 말은 막힌다는 의미가 아니라 어떠한 특정한 내용에 대해 정확하게 표현하지 못했다는 것을 의미한다.

오거나 마찬가지인데, 모두 묶어 놓은 낱말로 사용하지 않았다. 장재가 청·허·일·대라고 말한 것은 다만 도체(道體)에 대한 다른 한 표현일 따름이다. 다시 말해 태허신체를 도체라고 하는 것은 마치 주돈이가 성체(誠體)·적감진기(寂感眞幾)로써 도체를 말하거나 또는 태극(太極)으로써 도체를 논하는 것과 같다. 이는 '존유이면서 활동하는'[卽活動卽存有] 실체에 대한 여러 모습을 표현한 것이고, 또 하나의 의미를 다양하게 바꾸어서 확장시켜 표현한 것이다. 이는 도체의 깨달음에 관한 일일 뿐이다. 결코 세상의 학문이 고루하고 융통성이 없어 그것을 감소시키기 위한 것이 아니다. 사람들이 만약 이것을 이해하지 못하고서 '다시 다른 곳으로 간다'고 말한다면 태극을 들고 말하면서도 태극을 이해 못하는 사람 역시 '다른 곳으로 가는 것이다.' 정호는 "오늘날 또한 다만 경(敬)을 말할 뿐이다"고 하였다. 이곳에서 정호가 말한 '경'(敬)은 곧 '순역불이'(純亦不已)하다는 것으로써, 이는 오목불이(於穆不已)한 체(體)와 곧장 통한다. 정호는 이를 통해 공부와 본체를 하나로 만들었는데, 이는 장재에 비해 더욱 원숙한 것이지만, 그렇다고 본체를 말하지 않은 것은 아니다. 그리고 장재는 천도와 성명이 서로를 관통하고 있어 '성인은 도를 온전히 실천하고 음양·동정·취산·왕래의 양면을 겸하면서도 어느 한 면에 치우치지 않는다'[聖人盡道, 兼體而不累]고 말하였는데, 이것 역시 내용 없이 청·허·일·대(淸虛一大)를 말한 것이 아니다. 또한 정호가 말한 도체는 '오목불이'한 천명의 실체를 말한 것으로, 이는 비교적 적절하고 우리에게 익숙한 편이다. 정호의 표현은 장재의 '태허신체'라는 표현처럼 낯설지는 않다. 장재의 태허신체라는 표현은 낯설다. 그러나 장재에게 비록 생소한 모습도 있지만 그가 내린 결론은 그리 잘못되지 않았다. 정호가 도체를 말하지 않은 것이 아닌 것처럼 장재가 청·허·일·대로써 태허신체를 말한 것 역시 그리 잘못된 방향으로 나아간 것은 아니다. 만약 정호가 장재가 청·허·일·대를 말하였기 때문에 사람들로 하여금 다른 곳으로 가노록 하였고, 녀 이성 본체를 논히지 않고 다만 '경'(敬)만이야기했다고 평가한다면 이는 옳은 평이라고 할 수 없다. 『주자어류』 권93에 공자·맹자·주돈이·정호와 정이를 종합적으로 평론한 조목에서 다음과 같이 말하였다.

이정(정호·정이)이 태극에 대해 말하지 않은 것은 유현(劉絢)이 이정의 말을 정리하면서 '청·허·일·대는 사람들을 다른 곳으로 가게 할까봐 지금 다만 경(敬)만을 말했다'고 말했기 때문이다. 이 뜻은 다만 말미암는 바가 일리(一理)에 있을 따름이라는 것이다. 일리(一理)란 인의중정하여 고요함을 주로 함을 말한 것이다.

二程不言太極者, 因劉絢所紀程言, 清·虛·一·大, 恐人別處走, 今只說敬. 意只在所由之一理也. 一理者, 言仁義中正而主靜.

『朱子語類』卷93

해설 주희는 유현(劉絢)이 이정(二程)의 말을 정리하였다고 말하였으나, 실은 유현이 기록한 것이 아니라 여대림(呂大臨-여여숙)[6]이 기록한 것이다. 이것은 일시적인 오기(誤記)에 불과하기 때문에 중요한 문제가 아니다. 그러나 '이정이 태극을 말하지 않은 것'이 장재가 말한 '청·허·일·대가 사람들을 다른 곳으로 가게 하기' 때문이라고 생각하였다면 이는 옳지 않다. 객관적인 의리를 근거로 이 문제를 살펴보면, 장재가 말한 '청·허·일·대가 사람들을 다른 곳으로 가게 하기' 때문에 공부를 경(敬)[후천적 경][7]으로 전환하고, 아울러 태극진체(太極眞體) 등도 단순히 하

---

6   역주 : 장재를 설명함에 있어서 여대림(여여숙)은 중요한 인물이다. 여대림은 원래 장재의 제자였다. 또한 그는 장재를 높이 받들어 장재의 行狀을 쓰기도 하였다. 그러나 장재가 죽자 二程의 학문을 사사하게 된다. 이에 그는 결국 遊酢·楊時·謝良佐와 더불어 정문의 4대제자라 칭해진다. 그러나 그는 장재에 대한 배움을 저버리지 않는다. 이에 대해서는 이 글 '들어가는 말'의 후반부에 여대림에 대한 설명이 있으므로 참조하기 바란다.

7   역주 : 모종삼은 '敬'을 '선천적 경'과 '후천적 경'으로 구분하고 있다. 선천적 의미에서 敬은 '본체'적 의미의 敬으로서, '於穆不已'나 '純亦不已'처럼 부단히 발현되는 본

나의 '리'(理)라는 글자로만 대체하여 단지 리기(理氣)만을 말한 것이라면, 이러한 주장은 정이의 경우에만 해당된다. 정호는 결코 그렇지 않았다. 정호는 경(敬)을 언급하였으나, 정호가 말한 '경'은 아래위로 관통하는 것이며, '오목불이(於穆不已)한 실체'와도 직접 관통한다. 정호는 성체(誠體)·신체(神體)·역체(易體), 경체(敬體)·충체(忠體)·오목불이(於穆不已)의 체(體)[8]를 말하였기 때문에 본체를 말하지 않은 것이 아니다. 만약 태극을 말한다면 이는 '태극'일 따름이다. 어찌 태극이란 단어를 말하지 않았다고 해서 그것에 속한 내용이 없다고 할 수 있겠는가? 이러한 단어를 말하거나 말하지 않는 것은 단지 일시적인 우연일 뿐이다. 예를 들어 주관적인 기연(機緣)일 수도 있고, 경전의 문구를 취하는 방식일 수도 있다. 결코 객관적인 의리상 반드시 말해서는 안 되는 것이 아니다. 정이에 이르러 학문의 중점이 비로소 '경'(敬)과 '치지'(致知)에 놓이게 되었고, 본체에 대해서는 그리 많은 말을 하지 않았다. 도체(道體)에 대해서 정이는 단순히 그 형이상과 형이하의 분속에 의존하여 '단지 리'[9][只是理]로서 이해하였다. 리와 기를 두 가지로 명확히 구분하는 것은 정이에서부터 형성되었다. 이것은 오히려 한 걸음 뒤로 물러나서 학문의 정수를 뽑아낸 것으로, 그렇게 하여 분명하게 드러낸 것도 있지만, 이처럼 한 걸음 뒤로 물러나서 학문의 정수를 뽑아내면 도체의 실제 의미를 빠뜨리지 않을 수 없게 된다. 정호와 정이의 사상적 차이에 관해서는 이 책의 '정호철

체의 작용을 의미한다. 이 '선천적 경'은 본체의 의미를 함께 가지고 있다. 이에 반해 후천적 경은 주희가 말한 居敬涵養의 경으로서, 악한 마음이 발하기 전에 그 마음의 영명한 작용을 잃지 않게 간직하게 해주는 공부이다.

8   역주 : 모종삼은 卽存有卽活動을 근거로 本體卽工夫와 工夫卽本體를 주장한다. 따라서 공부는 본체 작용 이외의 다른 것이 아니라, 본체의 자기 진동, 즉 본체의 자각이다. 따라서 敬이나 忠이라는 공부도 본체 이외의 작용이 아닌 본체 스스로의 자각 작용이고, 자기 정화 작용이기 때문에 본체와 직접 통할 수 있다. 敬體·忠體라고 한 것은 바로 이 의미이다.

9   역주 : 모종삼의 의견에 따르면 여기에서 말한 '리'는 동태적 본체 혹은 실체가 아닌 정태적 원리로서의 理이다.

학과 '정이철학에 자세히 설명하고 있다.

나는 지금 정호가 비록 경(敬)을 말했지만, 이것은 도체에 대해서도 언급하고 있는 것임을 밝히려 한다. 객관적으로 말하면, 정호가 깨달은 도체가 주돈이 · 장재의 사상과 더욱 유사하고 '오목불이의 실체'에 대한 원래 의미와도 부합한다. 정호가 설명했던 의미가 청 · 허 · 일 · 대를 말한 장재의 뜻과 서로 부합하지 않는 것은 단순한 오해였을 따름이다. 그는 장재가 말한 '태허신체'의 실제적 의미를 다 이해하지 못한 것이다. 적어도 오늘날 전해지는 『정몽』에 근거해보면 정호의 말에 비록 조금의 문제가 있기는 하나 그 실제 의미는 가릴 수 없으며, 이에 대한 모든 오해도 정미하게 분석한다면 피할 수 있는 것들이다.

정이 역시 『서명(西銘)』을 매우 높이 평가하였지만, 『정몽』의 내용에 대해서는 잘 이해하지 못하였다. 정이는 「답양시논서명서(答楊時論西銘書)」라는 편지글에서 다음과 같이 말하였다.

『서명』에서 논의한 것은 그러하지가 않았다. 그런데 장횡거(장재)가 언설을 세우는 데 진실로 잘못됨이 있는 곳은 바로 『정몽』이다. 『서명』이라는 책은 리를 미루어서 의를 보존하고 있으며, 아울러 전대의 성인들이 아직 밝혀 놓지 못한 것을 확충하였으니 맹자의 성선론 및 양기설[원주: 이 두 가지 역시 전대의 성인들이 밝히지 못한 것이다]과 같은 크나큰 공로를 지니고 있는 것이다. 어찌 묵자와 같은 부류와 비교할 수 있겠는가?[10] 『서명』은 '리일이분수'(理一而分殊)[11]의 도리를 밝힌 것이지만, 묵자는 근본이 두 가지이면서도 구분함이 없는

---

10   역주 : 장횡거는 '萬物一體'를 논하였다. 후대의 학자들 가운데 '만물일체설'과 묵자의 '겸애설'을 다르지 않다고 본 학자도 있었다. 이 때문에 묵자에 대한 논의가 일어났다. 하지만 정이는 '만물일체설'에 대해 오히려 '理一分殊'라는 개념으로 설명을 하고 묵자의 설과 다르다고 변호하였다.

11   역주 : '理一而分殊'는 세계의 전체와 부분, 통일성과 다양성을 설명하는 개념이다. 북송 시기 이전에는 이 용어를 사용하지 않았다. 북송 시기로 접어들면서 성리학에서는 이 용어로 리와 사물의 관계를 논하였다. '理一分殊'라는 문제를 처음 제기한 이는 周敦頤이다. 그는 『通書』에서 "오행의 다름은 음양의 실(實)에 바탕을 두고, 음

것이다.[원주: 늙거나 어리거나 사람이라면 그 리는 하나이다. 그런데 사랑함에 차등이 없는 것은 근본이 두 가지인 것이다.] '리일'을 보지 못하고 '분수'만 강조하는 병폐는 사사로움이 마음에 넘쳐 인(仁)을 잃는 것이고, '모든 이에게 구별이 없는 것'의 허물은 모든 이를 동등하게 사랑하되 '의'가 없는 것이다. '분수'를 분명하게 확립하고서 리가 하나임을 미루어 깨닫고, 그리하여 사사로움이 마음에서 넘치는 것을 멈추게 하는 것이 바로 '인'의 올바름이다. 구별함이 없으면서 '겸애'를 논하는 것은 아비도 구별하지 못하는 비례(非禮)의 극치이므로 '의'를 해치는 것이다. 그런데 그대는 이 둘을 비교하여 동일한 허물이 있다고 하는가! 또한 '체'를 말하면서도 '용'에 대해서 언급하지 않았다고 말하였다. 그것은 사람들로 하여금 리를 미루어서 행하도록 하고자 하는 것이니 본래 '용'인 것이다. 그런데도 오히려 '용'을 언급하지 않았다고 하는 것이 이상하지 않은가?

『西銘』之論則未然. 橫渠立言誠有過者, 乃在『正蒙』. 『西銘』之爲書, 推理以存義, 擴前聖所未發, 與孟子性善養氣之論同功.[原注 : 二者亦前聖所未發] 豈墨氏之比哉? 『西銘』明理一而分殊, 墨氏則二本而無分.[原注 : 老幼及人, 理一也. 愛無差等, 本二也] 分殊之蔽, 私勝而失仁, 無分之罪, 兼愛而無義. 分立而推理一, 以止私勝之流, 仁之方也. 無別而迷兼愛, 至於無父之極, 義之賊也. 子比而同之過矣! 且謂言體而不及用. 彼欲使人推而行之, 本爲用也. 反謂不及, 不亦異乎?

『二程遺書』卷5「答楊時論西銘書」

해설 양시(楊時)는 당시 『서명』에 대해 많은 의구심을 가졌는데, 그의 이해 수준은 매우 낮은 것이었다. 또한 그는 유가와 묵가의 대의(大義)에 대해서도 그다지 명확하게 구분하지 못하였다. 정이가 답을 한 위의 편

양은 하나인 태극에 바탕을 둔다. 이처럼 만물은 하나의 태극이 되고, 하나인 태극의 實은 만물로 분화되니, 만물은 하나인 태극을 각각 함유하고, 크고 작은 것들은 제자리를 정하게 된다[二殊五實, 二本則一, 是萬爲一, 一實萬分. 萬一各正, 小大有定]고 말하였다. 이후 이것은 성리학의 주된 주제가 되었다. 이 책에서는 '理一分殊' 또는 '理一而分殊'라는 용어에 대해서는 오히려 가독성을 높이기 위해 풀어서 번역을 하지 않겠다.

지는 바로 양시에게 그것을 해설해주고 있는데, 『서명』을 높이면서도 설명을 적절하게 하고 있다. 남송 시기 육구소(陸九韶-子美-梭山) 역시 주희에게 편지를 보내 『태극도설(太極圖說)』과 『서명』에 대해 의문을 표하였다.[12] 『태극도설』에 관한 것은 앞 장에서 주돈이를 설명할 때 이미 상세하게 설명하였다. 육구소가 『서명』에 대해 의문을 표한 것 역시 육구소의 이해 수준이 그다지 높지 않다는 것을 보여주는 것이다. 이 때문에 주희는 육구소에게 답신을 보내 설명하기도 하였다. 『태극도설』이나 『서명』에 관해서 주희는 당시 상당한 수준에 이르렀다고 할 수 있다. 그런데 육구연은 자신의 형을 대신하여 계속 변론하려고 하였다. 이는 사사로운 감정 때문이라고 할 수 있다. 육구연과 주희는 단지 『태극도설』에 대해서 논쟁을 했을 따름이지 『서명』에 대해서는 논변을 하지 않았다. 그러나 주희는 「주자답육자미제2서(朱子答陸子美第二書)」에서 다음과 같이 말하였다.

제가 어리석고 견문도 낮음에도 삼가 바라건대, 존형께서 다시 주돈이와 장재 두 학자의 말을 조금이라도 반복하여 너그러운 마음으로 자세히 살펴보기 바랍니다. 그리하여 반드시 두 학자가 말한 것에 대하여 마치 내가 쓴 글에서 나온 것처럼 여기셔서 조금의 의심도 없는 연후에야 말을 하고 논의를 세워 그 참되고 그릇됨을 판단하기 바랍니다. 이러하다면 변론을 함에 있어서는 번쇄함이 없을 것이고 이치에 맞지 않는 것이 없을 것입니다.

熹之愚陋, 竊願尊兄更於二家之言少賜反覆, 寬心遊意. 必使於其所說, 如出於吾之所爲者, 而無纖芥之疑, 然後可以發言立論, 而斷其可否. 則其爲辨也不煩, 而理之所在無不得矣.

주희의 이 말은 참으로 간절하며 정성스럽다. 그러나 육구소는 주희의 학문적 수준에 이르지 못했다. 따라서 주희가 주돈이와 장재의 학설을 해설한 후에 육구소에게 그들의 학술을 좀더 상세하게 살피라고 권고한 것은 잘못이라고 할 수 없다. 그러나 육구연은 이 문단을 끌고 와 자신의 형을 대신하여 주희에게 다음과 같은 내용의 편지를 썼다.

저 사람(육구소)은 그 학설이 잘못되었다고 깊이 의심하는데, 어찌 그것이 그들(주돈이와 장재)이 한 것이라고 해서 조금의 의심도 없다는 말이오? 만약 마치 내가 쓴 글에서 나온 것처럼 여겨서 조금의 의심도 없다면 불가할 것이 없는데, 또 어떤 논의를 세울 수가 있어서 참되고 그릇됨을 판단한다는 말이오? 존형의 이 말도 급박하여 정미하지 못한 잘못이 조금 있는 것 같소?

彼方深疑其說之非, 則又安能使之如出於其所爲者而無纖芥之疑哉? 若其如出於吾之所爲者而無纖芥之疑, 則無不可矣, 尙何論之可立, 否之可斷哉? 兄之此言無乃亦少傷於急迫而未精耶?

『象山全集』卷12「象山與朱子書」

육구연의 이 변론은 그리 취할만한 것이 못된다. 설령『태극도설』에 대해서는 의심할 수 있는 것이 있을지언정『서명』에 대해서는 의심할 것이 없다. 육구소의 의심은 분명 유치한 것이었다. 육구연은 이를 분명하게 구별하지 않고 단순히 자신의 형을 위해서 변론하면서 흡사 자신의 형이 의심한 것에 옳지 않은 것이 없는 것처럼 보이게 하는 것은 분명 감정적인 다툼이라고 할 수 있다. 이는 주희의 수준에 크게 미치지 못한 것이다. 육구연이 주희와『태극도설』에 관해 논변을 펼칠 때, 그의 나이는 이미 50세에 이르렀으므로 학문적으로 성숙하지 않았다고는 할 수 없다. 육구소의 학문적 수준은 그리 높지 않았으나, 그렇다고 육구연의 학문적 수준도 높지 않다고 말할 수는 없다. 따라서 육구연은 주돈이와 장재의 사상에 대해 근본적으로 관심을 두지 않았다는 것은 분명한 사실인 것 같다. 이는 단순히 주관적 흥미 문제에 불과한 것이기 때문에 유가의 의리(義理-도덕형이상학)에 반드시 포함되어야 할 것은 아니다. 만약 선진 유가가 『논어』·『맹자』에서부터 『중용』·『역전』[13]으로 발전한 내용과 과정에 정통할 수 있다면 이것이 '객관적 의리'의 문제이지 '주관적 흥미'만의 문제가 아님을 분명하게 알 수 있다. 이것으로 보아 육구연은 객관적인 의리의 측면에서는 부족했다고 할 수 있다.[14]

『서명』에 문제가 없는 것은 바로 이 글에서 서술하고 있는 주관과 객관적 측면의 실천적 면모가 유학자들이 모두 인정하는 것이었기 때문이다. 이것은 개인의 주관적 사유의 이론적 문제가 아니므로 의심할만한 것이 없다. 유학자들은 '건곤'(乾坤)을 대부모(大父母)[15]라고 생각하고 하늘의 도리를 계승하여 하늘의 법칙과 합당한 기준(極)을 세웠다. 또한 '본성을 온전히 실천함'[盡性]으로써 주관적 측면과 객관적 측면의 덕행(德行)을 펼쳐보였다. 이것이 바로 정이가 말한 리일분수(理一分殊)이다. 장재는 다음과 같이 말하였다.

---

13 역주 : 『주역』은 경문으로 구성된 『易經』 부분과 『역경』을 해석한 『역전』으로 구성되어 있다. 이곳에서 말한 『역전』은 바로 『역경』을 해석한 '易傳'을 말하는 것이다. 『주역』의 『易經』 부분은 선진 이전에 쓰여졌고, 『역전』은 선진 이후에 쓰여진 것이다.

14 역주 : 여기에서 '객관적 계통'과 '주관적 계통'을 분명히 설명할 필요가 있다. 일반적으로 객관적 계통은 우주론에서부터 시작하여 만물과 인간을 설명한다. 이때 우주론의 근간이 되는 경전은 『주역』이다. 이에 비해 주관적 계통은 우주론에서 시작하지 않는다. 객관적 계통이나 주관적 계통에서 모두 중시하는 것은 개인의 德이다. 객관적 계통은 개인의 덕의 근원이 하늘에 있음을 전제하는 것이고, 주관적 계통은 개인의 덕의 근원이 자기 스스로에게 있음을 전제하고 있는 것이다.

15 역주 : 乾☰은 하늘 또는 아버지를 상징하며, 坤☷은 땅 또는 어머니를 상징한다. 하늘과 땅의 조화로 만물이 태어났듯이, 부모가 있어야 자식도 있을 수 있다. 이에 건과 곤 두 괘를 제외한 6괘 즉, 震卦☳, 巽卦☴, 坎卦☵, 離卦☲, 艮卦☶, 兌卦☱는 각기 건곤 부모괘에 대해 자식괘라 지칭된다. 이를 易學에서는 '乾坤生六子說'이라고 한다.

건을 아버지라고 일컫고 곤을 어머니라고 일컫는다. 나는 여기에 아득하게 작게 있지만, 곧 혼연하게 그 가운데에 처해 있는 것이다. 그러므로 천지 사이에 가득 채운 것을 나의 체로 삼고, 천지가 이끄는 것을 나의 성으로 삼는다.[16]

乾稱父, 坤稱母. 予玆藐焉, 乃混然中處. 故天地之塞, 吾其體, 天地之帥, 吾其性.

『正蒙』「乾稱」

이 문장의 시작 몇 마디는 바로 리일(理一)을 밝힌 것이다. 그 아래의 글들은 주관적 측면과 객관적 측면에서 '덕행'의 전개를 밝힌 것으로, 이른바 분수(分殊)라는 것을 말한 것이다. 리일(理一)의 측면에서 말하자면, 사람은 하늘에서 부여받은 자질과 땅에서 품수한 기운으로 태어났는데, 이는 곧 인간의 생명 근원을 밝히는 것이다. 주희는 이를 다음과 같이 해석하였다.

건은 양기(陽氣)이고 곤은 음기(陰氣)인데, 이 천지의 기가 하늘과 땅 사이를 가득 채우고 있으니, 사람과 사물은 모두 그것을 근거로 자신의 체를 삼는다. 그러므로 '천지 사이를 가득 채운 것을 나의 체로 삼는다'고 말한 것이다. 건은 강건함을 상징하고 곤은 유순함을 상징하는데[17], 이러한 천지의 뜻으로 기(氣)를 이끌고 있으니, 사람과 사물이 이것을 얻어서 '성'으로 삼는다. 그러므로 '천지가 이끄는 것을 나의 성으로 삼는다'고 말한 것이다. 이러한 이치를 자세히

---

16 역주 : 참고로 모종삼은 이 말의 출전을 기록하지 않았는데, 『西銘』에도 이 말이 있다. 본문의 이 단락은 『西銘』에 대해 설명하는 것이므로 모종삼은 『西銘』에서 이를 인용한 것 같다. 하지만 이 글 전체는 『정몽』에 대해 설명하는 것이므로 이 글의 출전을 『정몽』으로 하였다.

17 역주 : 보통 乾을 강건하다는 健으로 해석하며, 坤을 유순하다는 順으로 해석하는 경우가 많다. 물론 여기에서도 이 뜻으로 해석하였고, 『주역』에서도 이러한 의미로 해석하였다. 그런데 여기서 한 걸음 더 나아가 乾坤이 가진 성질을 '주도성'과 '순종성'으로 해석할 수 있다. 즉 건은 모든 시작을 관할하고 주도하며, 곤은 관할하고 주도한 것에 따라 일을 완성한다는 것이다.

살피면 아버지를 상징하는 건과 어머니를 상징하는 곤이 혼연하게 있는 가운데
내가 처해 있음을 알 수 있다.

乾陽坤陰, 此天地之氣塞乎兩間, 而人物之所資以爲體者也. 故曰, 天地之塞,
吾其體. 乾健坤順, 此天地之志爲氣之帥, 而人物之所得以爲性者也. 故曰, 天地
之帥, 吾其性. 深察乎此, 則父乾母坤混然中處之實可見矣.

『宋元學案』「橫渠學案」

사람과 사물은 하늘과 땅 사이에서 함께 생겨났으니, 사람과 사물이 바탕을
두어 체(體)로 삼는 것은 모두 천지에 가득한 것이고, 사람과 사물이 얻어서 성
(性)으로 삼는 것은 모두 천지가 이끄는 것이다.

人物並生於天地之間, 其所資以爲體者, 皆天地之塞, 其所得以爲性者, 皆天地
之帥也.

『宋元學案』「橫渠學案」

'가득 찬다'는 뜻의 '색'(塞) 자는 '기'를 말한 것이다. 맹자는 "올바름을 기르고
기운을 해치지 않는다면 천지간에 가득 찬다[塞]"[18]라고 말하였는데, 바로 여기
의 '색'(塞) 자를 사용한 것이다. 장횡거(장재)의 이러한 글들은 모두 옛사람들의
설화집에서 유래한 것이다.

塞是說氣. 孟子所謂以直養而無害, 則塞乎天地之間, 卽用這個塞字. 張子此篇,
大抵皆古人說話集來.

『宋元學案』「橫渠學案」

'꽉 차 있는 것'[塞]은 단지 '기'일 따름이다. 나의 몸이 바로 천지의 기인 것이
다. 수(帥)란 주재한다는 뜻으로 곧 천지의 상리(常理)이다. 나의 성이 곧 천지
의 리인 것이다. 물었다. "천지를 가득 채운다[塞]라고 할 때 이 색(塞)은 어떠한

---

[18]   역주 : 이 말은 『孟子』「公孫醜上」, "以直養而無害, 則塞於天地之間"에서 따온 것인
데, 맹자의 이 말을 '塞乎天地'라고 인용한 것이다.

것인가?" 대답하였다. "색(塞)과 수(帥)라는 글자는 모두 횡거(장재)가 기묘하게 글자를 잘 사용한 곳이다. '색'이란 바로 맹자가 말한 '천지의 사이를 가득 채운다[塞於天地之間]라고 할 때의 '색'이고, '체'는 곧 맹자가 말한 '기는 몸을 가득 채운다[氣體之充也]라고 할 때의 '체'이다. 만약 조금이라도 채우지 못하는 것이 있다면 이는 '색'이 아니다. '수'란 바로 맹자가 말한 '무릇 뜻이란 기를 이끄는 것이다[夫志, 氣之帥也]는 것의 '수'로서, '주재하다'는 의미를 지니고 있다. 이 『서명』은 맹자가 '호연지기'를 논한 곳에서 따온 것이다.

> 塞只是氣. 吾之體卽天地之氣. 帥是主宰, 乃天地之常理也. 吾之性卽天地之理.
> 問, 天地之塞, 如何是塞? 曰, 塞與帥字皆張子用字妙處. 塞乃孟子塞天地之間,
> 體乃孟子氣體之充者. 有一毫不滿之處, 則非塞也. 帥乃志氣之帥, 而有主宰之意.
> 此『西銘』借用孟子論浩然之氣處.

『宋元學案』「橫渠學案」[19]

해설 주희의 해석은 올바르다. 천지를 가득 채우고 있는 것[氣]을 나의 체(體-형체의 체)로 삼고, 천지의 뜻[理 혹은 道]을 나의 '성'으로 삼은 것은 '천도와 성명이 서로를 관통한다'는 의미를 밝히고 있는 것이다. 이러한 의미의 형이상학적 표현은 바로『정몽』에서 볼 수 있다.『서명』은『맹자』의 성구(成句)를 인용하여 말한 것이므로 문제가 없다. 포괄적으로 보면, '리'(理)라는 글자로써 '수'(帥)라는 글자를 말해도 문제가 없다. 다만 태허신체(太虛神體)를 형이상학적으로 드러내 보이는 데 있어서 사람들에게 낯선 감이 없을 수는 없을 것이다. 이 때문에 정이는 "장재가 말한 곳에서 진실로 허물이 있는 곳은 바로『정몽』이다"라고 말한 것이다. 그러나 정이 역시 '천도와 성명이 서로를 관통한다'는 의미에 대해서는 허물이 있다고는 말하지 않았다. 그럼 정이는 어떻게『정몽』을 논하고 있

---

19   역주 : 모종삼은 이상 네 문단의 원문 출전이『宋元學案』「橫渠學案」이라고 밝혔다. 이 뿐만 아니라 이 원전들 가운데 앞의 두 문단은『張子全書』卷1에 나오고, 뒤의 두 문단은『朱子語類』卷98인「張子之書一」에 나온다.

는지 살펴보자.

여러 차례 보낸 편지에서 논의한 것에 대해 제가 병이 들고 게을러서 상세히 논할 수 없었습니다. 하지만 비천한 견해나마 그 대강을 말해보려 하니 나의 망령됨이 책망이나 당하지 않았으면 다행이겠습니다.

累書所論, 病倦不能詳說. 試以鄙見道其略, 幸不責其妄易.

숙부(장재)의 견해를 보면 지극히 바르고 근엄합니다. 예를 들어 "허무(虛無)가 곧 기(氣)이니 무(無)라는 것은 없다"는 것 등의 말은 심오한 이치를 깊이 있게 찾아낸 것이니, 후세 배우는 이들의 생각이 어찌 미치기나 하겠습니까? [원주: 그러나 이 말에 잘못이 없다고 할 수는 없다.] 나머지 논의한 것들은 대개 기(氣)와 상(象)으로 말하였는데, 온 힘을 쏟아 고심한 상은 있는데 너그럽고 온후한 기가 없습니다. 밝고 깊은 지혜로 비추어 고찰하고 탐색하여 여기에 이른 것은 아닙니다. 그러므로 그 뜻에는 자주 치우침이 있고 말에는 막힘이 많습니다. 작은 출입(出入-잘못)들이 때때로 있습니다.[원주: 밝음으로 비춘다는 것은 마치 태양 아래서 보는 것과 같이 아주 작고 가는 것조차도 모두 식별하는 것이다. 고찰하고 탐색한 것이 여기에 이른다는 것은 마치 사물을 미루어 헤아리는 것이 간략하여 어렴풋이 보는 듯하니 잘못됨이 없겠는가?]

觀吾叔之見, 至正而謹嚴. 如'虛無卽氣, 則無無'之語, 深探遠賾, 豈後世學者所嘗慮及也?[原注 : 然此語未能無過] 餘所論, 以大槪氣象言之, 則有苦心極力之象, 而無寬裕溫厚之氣. 非明睿所照, 而考索至此. 故意屢偏而言多窒. 小出入時有之.[原注 : 明所照者, 如日所觀, 纖微盡識之矣. 考索至者, 如揣料於物, 約見髣髴爾, 能無差乎?]

다시금 바라오니 사려함을 완전히 기르고 의리가 무르익어 다른 날에는 스스로 문장이 유려하고 조리가 있었으면 합니다. 어느 날 만날지 모르겠으나 마땅히 보내신 편지에 의거하여 한 문구 한 문구씩 깨우쳐가고, 한 글자 한 글자씩 의론하여 간다면 정미한 경지에 이를 수 있을 것입니다. 병든 몸을 이끌고서는 두루 갖출 수 없습니다.

更願完養思慮, 涵泳義理, 他日自當條暢. 何日得拜見, 當以來書爲據, 句句而 論, 字字而議, 庶及精微. 牽勉病軀, 不能周悉.

『二程遺書』卷5「答橫渠先生書」

해설 정이가 말한 '여러 차례 보낸 편지에서 논의한 것'[累書所論]이란 아마『정몽』가운데「태화편」의 글을 가리켜 말한 것 같다. 이 글에 대한 정이의 판단이 잘못된 것은 아니다. '허무(虛無)가 곧 기(氣)이니 무(無) 란 없다'는 것의 '무란 없다[無無]는 말은 원래 허무(虛無)로 쓰여졌다. 이 에『정몽』「태화편」에 의거하여 고친 것이다.『정몽』「태화편」에서는 다음과 같이 말하였다.

허와 공이 곧 '기'라는 것을 안다면 유(有)와 무(無)·은(隱)과 현(顯)·신(神) 과 화(化)·성(性)과 명(命)이 하나로 통하여 둘이 아니게 된다.

知虛空卽氣, 則有無隱顯神化性命, 通一無二.

『正蒙』「太和」

태허가 곧 기임을 안다면 '무란 없다.

知太虛卽氣, 則無無.

『正蒙』「太和」

정이는 비록 장재의 이 말에 대해 '심오한 이치를 깊이 있게 찾아내었 다[深探遠賾]고 평가하였으나, 다시 주석을 달아 '이 말에 잘못이 없다는 것은 아니다'라고 말하였다. 장재의 이 말을 따로 떼놓고서 단독적으로 본다면, 이 말의 내력을 알지 못하기 때문에 마치 잘못이 있는 것처럼 보이고, 또한 해석하기가 매우 어려워 보인다. 그러나 허무(虛無)·허공

(虛空) 또는 태허(太虛)라고 말한 내력을 알고 있다면 이 말은 그다지 잘 못됨이 없으며, 또한 해석을 하거나 해답을 구하는 것도 어렵지가 않다. 장재가 말한 "허공은 곧 기이다" 또는 "태허는 곧 기이다"라는 것은 "태 허는 형체가 없는 것으로 기의 본체이다"[20]라는 말을 근거로 한 것이다. 그리고 '태허는 형체가 없다'는 태허무형(太虛無形)이라는 말은 "맑게 통 하여 형상 지을 수 없는 것을 신(神)이라고 한다"[淸通而不可象爲神][21]라는 말을 근거로 한 것이다. 이것이 바로 태허·허공·허무가 맑게 통하여 어떤 고정적 형상으로 만들 수 없는 것을 '신'이라고 하는 것이다. 이것 은 '성체적감의 신'[誠體寂感之神]에 대한 다른 이름이라고 할 수 있다. 장 재가 '허' 혹은 '태허'를 말하는 것에는 두 가지 목적이 있다. 하나는 노 자가 말한 무(無)를 올바르게 바로 잡기 위한 것이고, 다른 하나는 불가 에서 말하는 공(空)을 올바르게 바로 잡기 위한 것이다. '맑게 통하여 형 상 지을 수 없는 것을 신이라고 한다'는 것으로 '태허'를 규정하면, 이것 은 분명히 유가적 정신이다. 장재는 간혹 '허무'·'허공'이라는 단어를 사용하기도 하는데, 문자적으로만 보면 그다지 좋은 것 같지는 않다. 즉 이 글자들은 도가의 '무'나 불가의 '공'과 유사하다. 그러나 실제로 허(虛) 를 위주로 한 장재의 사상은 그 의미가 원래 노자의 '무'와 다르고, 불가 의 '공'과는 더더욱 다르다. 장재가 생각한 것은 사실 단지 '허' 또는 '태 허'일 뿐이다. 만약 '태허가 곧 기이다'라고만 말했다면 의미를 드러내는 데도 더욱 적절했을 것이고, 또한 오해도 그리 없었을 것이다. 나는 장재 가 간혹 '허무'·'허공'을 말한 것은 일석이조를 노려 불가와 도가 학설 을 비판하는 방편일 것이라고 생각한다. 『정몽』「태화편」에서는 다음과 같이 말하였다.

이 도가 밝혀지지 않는 것은 바로 어리석은 자가 대략 '허공'이 '성'이 되는 것

20 　『正蒙』「太和」, "太虛無形, 氣之本體."
21 　역주 : 이 말은 『正蒙』「太和」에 나오는 말이다.

을 체득할 줄은 알면서도 천도가 '용'이 되는 근본을 알지 못하기 때문이다.

此道不明, 正由懵者略知體虛空爲性, 不知本天道爲用.

『正蒙』「太和」

　　이것은 서로 비슷한 말로써 비평한 용례이다. 사실 장재가 말한 허공(虛空)이라는 것은 그의 마음속에서는 '허' 또는 '태허'를 의미하는 것으로, '천도'에 속해 있는 말이다. 다시 말해 이는 도체의 체성(體性)인 것이다. 그런데 노자 역시 '무'를 말하였고, 석가 또한 '공'을 말하였다. 이는 곧 장재가 말한 '대략 허공이 성이 되는 것을 체득할 줄 아는 것'인 것이다. 그러나 노자가 말한 '무'와 석가가 말한 '공'은 유가의 '오목불이'의 도체가 지니고 있는 '창생(創生)의 대용(大用)'과는 근본적으로 다르다. 장재는 바로 '천도가 용이 되는 근본을 알지 못한다'는 것으로써 도가와 불가를 비판한 것이다. 바로 이러한 까닭에 장재가 '허공'이라고 말한 것은 도가와 불가를 비판하는 일종의 방편적 용어인 것이다. 그러나 그 실제적 의미는 도·불(道·佛)의 무·공(無·空)과는 완전히 다른 것이다. 특히 장재의 이 용어는 오늘날 '우주'라고 말해지는 것이나 서양철학에서 '빈 공간'이라고 말하는 것과도 다르다.

　　정이는 장재의 '태허' 사상에 대해서는 그다지 잘 파악하지 못하였다. 정이가 중시한 것은 바로 리(理)인데, 그는 '리와 신(神)이 하나'라는 사실을 알지 못했다. 이것은 이미 주희의 계통을 연 것으로, 이미 주돈이·장재는 물론이고 심지어 정이의 형인 정호가 성체신용(誠體神用)을 천도로 본 것에서부터도 점차 멀어지기 시작한 것이다. 이는 정이의 다음 말을 보면 잘 알 수 있다.

　　또한 태허를 언급하였다. 이천(정이)선생은 다음과 같이 말하였다. "또한 태허라는 것은 없다. 결국에는 '허'를 가리켜 말하면서 모두 '리'라고 하니, 어찌 '비어 있다'라고 말할 수 있는가? 천하에는 가득 차지 않은 리는 없다."

又語及太虛. 先生曰, "亦無太虛. 遂指虛曰, 皆是理, 安得謂之虛? 天下無實於理者."

『二程遺書』 卷3 「二先生語 3」

누군가 '대태허'라는 말은 할 수 있지 않을까라고 하였다. 그러자 선생은 "이 말은 옳지 않다. 태허에 무슨 크고 작은 것을 논하겠는가!"라고 말하였다.

或謂許大太虛. 先生謂"此語便不是. 這裡論甚大與小!"

『二程遺書』 卷3 「二先生語 3」

정이가 말한 위의 두 인용문은 분명 장재를 겨냥해서 말한 것이다. 첫 번째 인용문에서 정이는 '또한 태허가 없는데 결국 허를 가리켜 말한다'라고 하였는데, 장재가 말한 '허'가 어찌 무엇을 가리키는 것이겠는가? 이것은 마치 장재가 말한 '태허'를 허공이라는 공간적 의미로 파악한 것과 같다. 이러한 오해는 정호가 장재의 사상을 오해하면서도 그의 사상에 접근한 것에도 그 수준이 미치지 못한다. 두 번째 인용문에서 '대태허라고 할 수 있다는 것은 장재의 말이 아니다. 이 말은 다른 사람들이 연상하다가 나온 말인데, 정이는 이러한 말을 싫어하였다. 태허신체(太虛神體)는 원래 크다거나 작다거나 하는 것으로는 논할 수 없다. 장재의 『정몽』 「대심편(大心篇)」에서는 "하늘은 너무나도 커서 바깥의 경계가 없다"[天大無外]고 하였다. 여기에서 대(大)라는 글자는 단순히 크다는 것이 아니라 두루 널리 있다는 말이다. 또한 장재는 "그 심을 크게 한다면 천하의 사물을 체득하게 된다"[22]고도 하였는데, 이것은 『맹자』의 '대체소체론'(大體小體論)[23]에 근거하여 나온 말이다. 즉 스스로 자신의 좁은 견문

---

[22] 『正蒙』 「大心」, "大其心, 則體天下之物."
[23] 역주 : 맹자의 大體小體論은 『맹자』 「告子上」에 나오는 말이다. 맹자는 大人은 대체를 따르고 小人은 소체를 따른다고 하였는데, 여기에서 '大'란 사유해서 얻는 것을 말하고, '小'란 물질적 유혹에 이끌리는 것을 말한다.

에 얽매이지 않고 '소체'에서부터 해방되어 넓고 크다는 뜻이다. '천하의 사물을 체득하게 된다'는 말 역시 두루 편재(遍在)한다는 의미이다. 이러한 말들은 양을 재는 양사(量辭)가 아니다. 편재한다는 뜻의 대(大) 자로써 "태허는 너무나도 커서[大] 바깥의 경계가 없다"고 말해도 안 될 것은 없다. 그러나 '대태허라고 할 수 있다'는 말은 안 된다. '대태허'라는 말은 양사적 개념으로써 말한 것인데, 비어 있는 공간에 대해서는 말할 수 있으나 '태허신체'를 말하는 것으로는 불가하다. 장재의 말을 내가 말한 방식으로 해석하지 않으면 통하지 않는다. 그러므로 '대태허'라는 말은 다른 사람이 연상하여 한 말이지 장재의 말이 아니다. 정이가 이것을 장재의 생각이라고 이해했다면, 그것만으로도 장재와 정이 두 사람의 간격이 얼마나 큰지를 알 수 있다. 또한 정이가 '여기에서 무슨 크고 작은 것을 논하겠는가'라고 말한 것은 원래 장재의 '태허신체'의 의미에 대해 말한 것이 아니라, 이 인용문의 앞쪽에 있는 '모두 리이다[皆是理]라는 조목을 이어서 말한 것이다.

그런데 정이는『정몽』에 대해 앞의 편지글에서 다음과 같이 말하였다.

> 온 힘을 쏟아 고심한 상(象)은 있는데, 너그럽고 온후한 기(氣)가 없습니다. 그러니 이는 밝고 깊은 지혜로 비추고 고찰하고 탐색하여 여기에 이른 것은 아닙니다. 그러므로 그 뜻에는 자주 치우침이 있고 말에는 막힘이 많습니다. 작은 출입(잘못)들이 때때로 있었습니다.
>
> 有苦心極力之象, 而無寬裕溫厚之氣. 非明睿所照, 而考索至此. 故意屢偏而言多窒. 小出入時有之.
>
> 『二程遺書』卷5「答橫渠先生書」

이러한 평가에도 타당한 곳은 있다. 장재의 「자도(自道)」를 보면 장재 역시 자신의 사색과 의리 "가운데 옳은 것은 모두 다만 여러 번 생각하고 추측하는 파징 속에서 나왔다"[24]고 말하였고, 또 "비유하자면 어리석은 사람은 하나의 사물을 봄에 반드시 그 하나의 사물을 눈 여겨 새겨보아야 하는데, 눈 밝은 자가 고개를 들어 모두를 볼 수 있는 것만 못하다"25고도 말하였다.[아래의 附錄 5를 보라.] 송명유학자 가운데 오직 정호·육구연·왕수인만이 참으로 '밝은 지혜로 비추는' 경지에 가까이 다가갔을 따름이다. 그들이 이러한 경지에 가까이 이르게 된 것은 그들의 내심(內心)이 맑고 깨끗하였기 때문이지만, 그것 외에 또 그들의 의리도 이것과 관련이 있다. '밝음으로 비추는 것이 마치 태양 아래에서 보는 것과 같다[明所照者, 如日所觀]는 것이란 밝음이 마음속에서부터 발하는 것으로, 스스로 비추는 능력이 있다는 것이다. 이러한 까닭에 주체의 의리는 모두 쉽게 자유자재한 것으로 바뀌게 된 것이다. 장자(莊子)가 말한 "그 도의 자연스런 순환을 얻어 무궁함에 응한다"26는 것이 바로 이것이다. '자연스런 평형과 균형'[天均]27에 맡겨 하늘에 비춘다면 자연스레 아주 가늘고 미미한 것까지 모두 식별할 수 있다.[纖微盡識] 이것은 사물을 헤아리고 측량하는 것이 아니다. 그러나 의리(義理)는 분명 사물을 헤아리고 측량하는 것이다. 무릇 객관적으로 사유하고 고민하여 각 개념의 분류 및 분합을 밝히는 일은 분명 쉽지 않다. 그러므로 항상 온 힘을 쏟아 고심하는 상이 있을 수밖에 없다. 이것이 이른바 강력하게 탐색한다는 것이다. 만약 주관적으로만 묵계하고, 이것을 다시 객관적으로 분석하여 펼쳐 보이지 않는다면, 이는 '온 힘과 마음을 쏟은 것'[苦心極力]이 아닌 것이기 때문에 그 속의 깊고 깊은 이치를 모두 파악하기에는 부족하다고 할 수 있다. 객관적인 사유는 존재에 천착하여 연구한다는 것이다.[여기에서 쓰인 천착하여 연구한다는 말에는 부정적 의미가 없다.] 밝음이 마음속에서부터 발하여 하늘을 비추는 것은 단지 주관적인 깨달음이고 묵계이며, 또

---

24 『張子全書』卷7「自道」, "其有是者, 皆只是億則屢中."
25 『張子全書』卷7「自道」, "譬之昏者, 觀一物必貯目於一物, 不如明者, 擧目皆見."
26 『莊子』「齊物論」, "得其環中以應無窮."
27 역주: '天均'이라는 말은 『莊子』「齊物論」에 나오는 말이다. '자연스러운 균형'을 의미하는 말이다.

주체만의 존재 활동일 수는 있으나, 그렇다고 해서 반드시 존재자에 의탁할 필요는 없다. 객관적으로 존재에 착안할 때는 존재에 대한 해설을 하지 않을 수 없으나, 주관적 측면에서 존재에 중심 두지 않을 때는 존재를 설명하지 않아도 된다. 존재를 해설하고 분석하는 것이 이른바 '사물을 헤아리고 측량하는 것'[揣料於物]이다. 존재를 해설하고 분석하지 않는 것이 이른바 '밝은 지혜로 비추는 것'[明睿所照]이다. 이것이 의리적 측면에서의 큰 틀이다. 그러나 사물을 헤아리고 분석하는 것도 반드시 깊은 조예가 필요 없는 것은 아니다. 정이는 장재에 대해 '그 뜻에는 자주 치우침이 있고 말에는 막힘이 많습니다'라고 하였다. 정이가 장재를 그렇게 평가할만한 여지는 있다. 장재가 비록 정신을 쏟아 분명하게 뜻을 드러내려 하였지만, 논의의 갈래들이 복잡하였기 때문에 이것에 정신을 집중하면 저것을 놓치게 되어 두루 상세하게 표현하기가 어려웠다. 그러나 이것은 정이가 표면적인 것만을 본 것이어서 본래의 의미를 온전하게 이해하였다고 하기는 어렵다. 만약 그 분계를 정확히 알고 있다면 비록 표현이 치우쳤다고 할지라도 실제로는 치우치지 않은 것이다. 이것이 바로 문자의 의미를 정확히 파악하여 그 의미를 꿰뚫어야만 하는 까닭이다. 두루 상세하게 말하기가 어렵다고 해도 그 분석이나 해설의 큰 방향이 어디에 있는지를 보아야 한다. 만일 말에 비록 치우침이 있으나 그 내용이 옳은 것이라고 생각되었으면, 상대방이 그 원래의 큰 방향을 잃어 버려 본래 뜻으로 되돌아올 수 없을 때는 하나하나 분명히 지적을 하여 수시로 그 뜻을 보충해 주어야 한다. 정이가 '말이 많이 막힌다'라고 지적한 것은 원래 개인적 언어 문자 사용의 기교에 관한 것이고, 언어 문자 자체가 지닌 국한성 때문이다. 맹자는 "말 때문에 본래의 뜻을 해쳐서는 안 된다"[不以辭害意]28라고 경계한 적이 있다. 그러므로 '밝은 지

28　역주 : 맹자와 관련된 이 말은 『孟子』「萬章上」에 나오는 말이다. 전체의 의미는 맹자의 뜻에서 벗어나지 않으나, 모종삼이 인용한 원문은 『맹자』와 한 글자의 차이가 난다. 원래의 원문은 다음과 같다. "故說詩者不以文害辭, 不以辭害志, 以意逆志, 是

혜로 비춘다고 하더라도 해설할 수 있는 것도 있고, 해설할 수 없는 것도 있는데, 해설하는 것 가운데 '뜻이 편벽되고 말이 막히는 것' 역시 언어 문자 자체의 국한성 때문일 따름이다. 따라서 장재의 말이 밝은 지혜로 비추지 못한 것은 아니다. 물론 장재는 문자 사용에 재주가 없기도 하다.

장재에 대해 말하자면, 그의 객관적인 사유는 존재에 근거하여 해석하는 것이다. 이것이 이른바 '우주론에 대한 연구와 흥미'인 것이다.[우주론에 대한 연구와 흥미는 송명 유학자들이 공통으로 지니고 있는 것이다. 또한 공맹과 『중용』·『역전』에 대해 정통하게 되면 필연적으로 우주론에 대한 연구와 흥미가 나오게 된다. 또한 북송 제유(諸儒)와 그 다음에 출현한 주희는 『중용』과 『역전』을 핵심으로 삼고 『논어』와 『맹자』를 부차적인 것으로 삼았다. 특히 눈여겨보아야 할 것은 육구연과 왕수인은 『논어』와 『맹자』를 중심으로 삼고서 우주론에 대해서도 꿰뚫어 보았지만, 그다지 힘을 써서 분석이나 해설 작업에 종사하지 않았다는 점이다.] 여기에서 말하는 '근거'[29]란 그리이스 전통 형이상학이 했던 것처럼 지성(知性) 사유의 흥미에 따라서 순전히 객관적·적극적으로 존재에 착중하여 분석하고, 추론하며, 구조화하는 것이 아니다.[30] 장재가 이처럼 존재에 근거하여 분석을 시도한 것은 도덕창조성을 지점(支點)으로 삼았기 때문이다. 그는 이러한 결정성적인 강령에서 분석을 시도하였기 때문에 그의 분석에는 일정한 방향과 범위가 있다. 이 방향과 범위는 '도덕형이상학'에 속하는 것이다. 그는 유가의 "오! 하늘의 명이 심원하여 그침이 없구나"[維天之命於穆不已]라는 근원적 지혜에 근거하여, 전체 우주가 곧

爲得之."

29　역주 : 이 말은 모종삼이 쓴 '著'을 번역한 것이다. 모종삼은 장재가 존재에 착중하여 사물의 현상과 배후를 설명하였는데, 비록 존재에 착중하고 근거했다고 하나 이는 현상학적인 해석이지, 과학적으로 각 사물의 이치를 찾은 것은 아니다.

30　역주 : 그리이스 전통 형이상학은 자연철학에서 출발한다. 자연철학은 자연의 근거가 무엇인지 해답을 찾고 있는데, 이 과정에서 완전히 과학적으로 자연과 사물을 분석한 것이 아니라, 물이니 불이니 하는 추상적 방식으로 자연, 즉 우주에 대한 근원을 추론하고 있다.

하나의 '도덕적 창조'임을 한눈에 간파하였다. 이러한 우주의 도덕적 창조와 개인 자신의 도덕적 창조는 동일한 모형과 동일한 의미로 드러난다. 이러한 동일한 모형 아래에서 분석하기 때문에 그 분석은 일정한 방향성을 가지는데, 이는 천도(天道)·천명(天命)·생화불이(生化不已)에 따라 분석하는 것일 따름이다. 또한 분석해 낸 개념 역시 몇몇으로 정해지는데, 그것은 도(道)·리(理)·태극(太極)·명(命)·성(性)·적감(寂感)·신(神)·기(氣)·화(化-神化 혹은 氣化) 등의 여러 용어에 불과하다. 전체 우주에 대해 말하기 때문에 기(氣) 또는 화(化)의 여러 개념에 근거하여 '태화'와 '태허', 심지어는 '태극'에까지 생각이 미친 것이다. 그러므로 분명 존재에 근거한 것과 같은 의미가 있는 것이다. 따라서 형이상학이라는 명칭을 얻게 된 것이다. 그러나 존재에 근거하였더라도 도덕창조라는 방향에 따라 나아갔기 때문에 그의 형이상학은 '도덕형이상학'이다. 이러한 큰 줄거리는 움직일 수 없이 결정된 것이다. 그것을 분석함에 이미 방향이 결정되었기 때문에 뜻이 비록 자주 치우더라도 크게 치우치는 것은 있을 수 없으며, 말이 비록 자주 막히더라도 크게 잘못된 것이 있을 수 없는 것이다. 그러므로 정이 역시 '작은 출입(出入-잘못)이 때때로 있었다(小出入時有之)고 말하였지만, 결코 큰 출입(잘못)은 있지 않을 것이다. 이것은 서양철학이 그리이스 철학의 전통에 따라 순수한 사변적[31] 형이상학 계통이 여러 갈래로 나눠지고 또한 때때로 그 학술 사이에 서로 모순이 발생하는 것과는 완전히 다른 것이다.

정이는 위에서 다음과 같이 말하였다.

---

31 역주 : 이 말은 원문 '知解的'이라는 말을 번역한 것이다. 모종삼은 知解的이라는 말을 많이 쓰는데, 이 말은 사변적이라는 말과 같은 것으로, 知性에 따라 해석한다는 의미이다. 모종삼에게는 두 가지 큰 학문의 방향이 있는데, 하나는 이렇게 지성에 따라 해석하는 것이고, 다른 하나는 德性에 따라 해석하는 것이다. 모종삼은 덕성에 따른 해석의 길이 유가의 정통이라고 여긴다. 지성에 따른 해석은 일반적으로 格物致知的 해석이고, 덕성에 따른 해석은 이 우주를 도덕적 본체로 보는 誠과 이를 사람이 命으로 받은 性의 합일로 해석하는 것이다. 이 용어는 '사변적' 혹은 '지해적'이라는 말로 상황에 따라 번역을 하겠다.

어느 날 만나 뵈올지 모르겠으나 마땅히 보낸 편지에 의거하여 한 문구 한 문구씩 깨우쳐가고, 한 글자 한 글자씩 의론하여 간다면 정미함에 이를 것입니다.

更願完養思慮, 涵泳義理, 他日自當條暢. 何日得拜見, 當以來書爲據, 句句而諭, 字字而議, 庶及精微.

『二程遺書』卷5 「答橫渠先生書」

만약 정이가 진정으로『정몽』의 분석에 따라 '한 문구 한 문구씩 깨우치고, 한 글자 한 글자씩 의론하였다면' 뜻이 치우치거나 말이 막힌 것은 저절로 없어져 점차 '정미함에 이르렀을 것이다. 그러나 내 생각에 편지를 주고받으며 논의하는 과정에서 오히려 정이가 장재보다 '뜻이 치우치고 말이 막히는' 정도가 더욱 심했다. 유가의 도덕철학[도덕형이상학] 측면에서 보면, 정이의 리기(理氣)에 대한 분석과 심성정(心性情)에 대한 분석, 그리고 재성(才性)에 대한 분석 및 중화(中和)에 대한 분석은 뜻에 치우침이 없고 또 말에 막힘이 없다고 말하기 어렵다. 「여여대림논중서(與呂大臨論中書)」에 특히 말이 복잡하게 얽히고 뜻이 치우친 것이 많이 보인다. 이를 보면 정이가 여대림(呂與叔)의 학문적 수준에 크게 못 미치고 있음을 알 수 있다. 이러한 것들은 이 책의 「정이장」에서 볼 수 있다. 나는 여기에서 따로 하나의 예를 들어 이를 밝히겠다. 정이가 앞서 기록한 「답횡거선생서(答橫渠先生書)」에 이어서 쓴 「재답(再答)」이라는 편지글이 있다. 「재답횡거선생서(再答橫渠先生書)」에서 다음과 같이 말하였다

저번 편지에서 보인 뜻은 제 생각에는 옳지 않은 것 같아 감히 다시 그 상세한 연유를 묻고자 합니다. 지금 보낸 많은 편지와 긴 편폭(篇幅)의 가르침을 여러 차례 반복하며 자세히 음미해 보았으나, 제 생각에는 더더욱 옳지 않은 것 같습니다. 이것은 선생님을 모시고 엄숙하고 공경하는 태도로 논변하고 분석하지 않으면 궁구할 수 없는 것입니다. 어찌 기나 긴 글로 말할 수 있는 것이겠습

니까? 하물며 여러 지인들과 큰 형 정호는 모두 경사(京師)[32]에 있습니다. 서로들 뵙고서 또한 깊이 있는 의론을 하시길 청합니다. 저는 다른 날 청하여 듣겠습니다. 제 마음 속에 있는 하나의 일을 말하자면 이미 숙부께서 큰 형과 논의하였지만 의견이 합치하지 않은 것에 대해 한 번 제 소견으로 말씀드리고자 하는 것입니다.

昨書中所示之意, 於愚意未安, 敢再請於左右. 今承盈幅之諭, 詳味三反, 鄙意益未安. 此非侍坐之間從容辯析不能究也. 豈尺牘所可道哉? 況十八叔, 大哥皆在京師. 相見, 且請熟議. 異日, 當請聞之. 內一事雲已與大哥議而未合者, 試以所見言之.

말씀하신 것 가운데 다음과 같은 말이 있습니다. "맹자가 말하기를 '반드시 의로운 일이 있다면 그만두지 말고, 마음을 망령되이 갖지 말 것이며, 무리하게 잘되게 하려고 하지마라고 하였다. 이는 이것이 신묘함으로 들어가는[入神] 깊은 도리임을 믿는 것이다. 만약 생각만으로 구하려고 한다면 이것은 이미 그 마음에 누가 되어 신령스럽지 않게 되니 어떻게 구하여 얻을 수 있겠는가?" 제가 보기에는 일하는 바가 있으면 생각하는 것도 있다고 생각합니다. 생각이 없으면 일하는 바도 없습니다. 맹자의 이 말은 기를 기르는 방법이 이와 같다고 말한 것인데, 어찌 갑자기 신(神)을 언급하십니까? 기가 완전해지면 리(理)도 바르게 되고, 리가 바르게 되면 사사로움이 없게 되며, 지극히 사사로움이 없는 경지에 이르면 신묘해지는 것[神]입니다. 기를 기르는 것에서부터 여기에 이르기까지 참으로 먼 과정인데, 갑자기 하나로 몰아 같은 것으로 말할 수는 없습니다. 맹자가 보았을 때는 원래 그 순서를 본 것입니다. 마땅히 '반드시 의로운 일이 있다면 그만두지 말라'는 것이 하나의 문구이며, '심'이라는 글자는 아래의 문구에 속하는 것입니다. 이 논설은 큰 형의 말과 진실로 다른 것이 없으나 아마 말 한 것이 상세하지 못할 따름입니다. 멀리 있어서 만날 수 없으니 어찌 잠

---

32   역주 : 당시의 경사는 하남성의 開封이다.

시라도 연모함의 절절함을 이길 수 있겠습니까? 나머지 뜻은 모두 갖추어 말할 수가 없습니다.

　所雲, "孟子曰, 必有事焉而勿正, 必勿忘, 勿助長也. 此信乎入神之奧. 若欲以思慮求之, 是旣已自累其心於不神矣, 惡得而求之哉?" 頤以爲有所事乃有思也. 無思, 則無所事矣. 孟子之是言, 方言養氣之道如是, 何遽及神乎? 氣完則理正, 理正則不私, 不私之至則神. 自養氣至此猶遠, 不可驟同語也. 以孟子觀之, 自見其次第也. 當以'必有事焉而勿正'爲句, 心字屬下句. 此說與大哥之言固無殊, 但恐言之未詳爾. 遠地末由拜見, 豈勝傾戀之切? 餘意不能具道.

　논하기를 "마음을 망령되이 갖지 않는다는 것은 다만 '허명'과 '선응'의 마음을 버리지 않을 따름이다"라고 하였습니다. 이 말은 아마도 타당하지 않은 것 같습니다. 이미 마음에 보존하고 있으면서 버리지 않는다는 것을 어찌 '비어 있어 밝은 것'[虛明]이라고 말할 수 있겠습니까? 또한 어찌 '기를 기르는 데 잘 응한다'[善應]고 할 수 있겠습니까? '비어 있어 밝으며 기를 기르는 데 잘 응하는 것'을 보존하되 마음을 망령되이 갖지 않는 것이라고 할 수 있겠습니까?

　所論, "勿忘者但不舍其虛明善應之心爾", 此言恐未便. 旣有存於心而不舍, 則何謂虛明? 安能善應耶? 虛明善應乃可存而不忘乎?

『二程遺書』卷5「再答橫渠先生書」

해설 이 편지글의 앞 부분에 근거하면, 장재가 『정몽』에 대한 정이의 비판에 대해 여러 차례의 답신을 보낸 것으로 보인다. '많은 편지와 긴 편폭의 가르침'[盈幅之諭]이란 말이 그것을 나타낸다. 장재가 원래 쓴 편지는 지금 존재하지 않으므로 장재가 어떻게 답을 했는지는 알 수가 없다. 이 문제에 대해서는 논하지 않아도 별 문제가 없다.[이미 앞의 글에서 해설을 할 때, 나는 지금 『정몽』에 근거하여 '객관적'으로 말하겠다고 하였다.] 맹자의 '망령되이 갖지 말고, 무리하게 잘 되게 하지 말라'[勿忘勿助長]는 문제에 관해서, 이 편지의 앞부분에서 기술한 것을 보면, 장재는 이미 정호와 함께 마주보고 논의한 적이 있었다. 다만 '의론을 함에 견해가 합치하지 않았을 따름이다.'[議而未合] 우리는 오늘날 장재와 정호가 어떻게 논의를 했는지 알 방법이 없다. 그러나 도리는 편지로써 모두 말하기 어려울 때도 있다. 따라서 반드시 마주 보고 논의를 해야 한다. 그러나 마주 보고 이야기하는 것도 때로는 오히려 더욱 의견이 상반되어 편지로 자신을 뜻을 펼치는 것보다 못할 수도 있다. 의견이 서로 합치하기 위해서는 견해를 듣고 마음으로 통해야 하며 엄숙하면서도 침착할 수 있어야 한다. 이 문제에 관하여, 내가 오늘날 문헌에 의거하여 보았을 때, 장재의 의견은 오히려 정호의 견해와 가까웠다. 그리고 정이가 이 편지에서 장재를 반박한 내용은 진정으로 장재의 견해를 알고서 한 것이라고 할 수 없다. 다시 말해 정이는 자신의 형과도 의견의 차이가 컸다는 것이다.

정호는 다음과 같이 말하였다.

'솔개가 하늘을 날고 물고기가 연못에서 뛴다는 것은 위와 아래를 모두 살폈다는 것을 말한 것이다.' 이 한 문단의 말은 자사가 다른 사람을 위해 급박하게 말한 것이다. '반드시 의로운 일이 있다면 그만두지 말라'는 뜻과 같은 것으로 모두 활달하고 생동적인 것이다. 이를 체험하여 터득하게 될 때는 활달하고 생동적이게 된다. 그러나 체득하지 못할 때는 다만 사유적 유희에 불과할 따름이다.[이 말은 사현도(謝顯道)가 평일의 말을 기억해서 적은 것이며, 정호의 말이라고 밝히고 있다.]

'鳶飛戾天, 魚躍於淵, 言其上下察也.' 此一段, 子思喫緊爲人處, 如'必有事焉而勿正心'之意, 同活潑潑地. 會得時, 活潑潑地. 不會得時, 只是弄精神.

『二程遺書』卷3「二先生語」

여기에서 정호는 '활달하고 생동적이다'[活潑潑地]는 것을 '아래와 위를 살폈다'[上下察]는 것으로 말하였다. 이는 물론 『중용』에서 인용한 『시경』[33]의 원의라고는 할 수 없지만 그것으로써 '반드시 의로운 일이 있다면 그만두지 않는 마음'[34]을 해설하였다. 주희는 이 "너무 포괄적이고 넓게 말하면 사람들이 이해하기 어려운 점이 있다"[35][이에 대해 자세한 것은 '이천철학의 '들어가는 말'을 보기 바란다고 생각하였다. 사실 "반드시 의로운 일이 있다면 그만두지 말고, 마음을 망령되이 갖지 말 것이며, 무리하게 잘되게 하려고 하지 말라"[36]는 것은 '공부'이자 '본체'를 나타내는 것으로, 곧바로 '본심'(本心)을 가리켜 말한다고 해도 결코 틀리지는 않는다. 이것은 모두 『맹자』의 "이러한 호연지기는 의(義)가 축적되어서 생긴 것이지, '의'가 갑자기 엄습해 와서 갖추게 된 것이 아니다"[集義所生, 非義襲而取]라는 말을 이어서 나온 것이다. 만약 정호의 생각을 따른다면 이것은 곧 본심의 유행이자 '덕성의 순역불이(純亦不已)이다. 비록 『맹자』의 원문에 '물'(勿)이라는 금지사가 있지만, 이 역시 '활달하고 생기 있음'에 장애가 되지 않는다.[37] 따라서 장재는 "이는 이것이 신묘함으로 들어가는[入神] 깊은 도리임을 믿는 것"[此信乎入神之奧]이기에 "사려로 구하려고 해도"[以思慮求之] 구할 수 없는 것이라 생각한 것이다. 이러한 장재의 표현은 잘못되었다고 할 수 없고, 또 정호의 의견과도 합치하지 않는 것이 없다. 본심이 유행하여 순수하면서도 끊임이 없으며 항상 맑은 정신으로 깨어 있는 것이 곧 항상 고요하고 평온한 것인데, 이것이 어찌 '뜻을 정미하게 하여 신묘함에 들어가는 경지'[精義入神]의 깊은 도리를 체득한 것이 아니겠는가? 맹자는 "군자가 간직하는 것은 신령스러움이고, 군자가

---

33 역주 : 위에서 인용한 시는 『詩經』 「大雅·文王之什·旱麓」에 나오는 말이다.

34 역주 : 원문이 '必有事焉而勿正心'인데, 모종삼은 '正心'이 한 문구를 이룬다고 하였다. '正心'이 하나의 문구를 이루면 원문의 구두를 '必有事焉而勿, 正心'이라 할 수 있는데, 이 경우도 '반드시 의로운 일이 있다면 그만두지 않고 마음을 바르게 한다'는 것으로 번역할 수 있다.

35 『朱子語類』 卷93, "說闊, 人有難曉處."

36 역주 : 이 원문은 『孟子』 「公孫醜上」에 나오는 것으로 원문은 "必有事焉而勿正, 心勿忘勿助長也"인데, 표점을 "必有事焉而勿正心, 勿忘勿助長也"으로 찍을 수도 있다. 이 원문의 표점 문제에 대해서는 많은 논의들이 있는데, 모두 맹자의 原義를 해치지는 않는다. 따라서 이 문제는 여기에서 논하지 않기로 한다.

37 역주 : 이 원문은 『孟子』 「公孫醜上」의 "必有事焉而勿正, 心勿忘勿助長也"이다.

지나간 곳은 교화된다"[38]고 말하였는데, 이는 곧 본심의 끊임없는 순수한 신(神)을 보존한다는 것이다. 이 역시 '비어 있어 밝으며 기를 기르는 데 잘 응하는'[虛明善應] 마음인 것이다. 따라서 장재는 '마음을 망령되이 갖지 않는다는 것은 다만 비어 있어 밝고[虛明] 기를 기르는 데 잘 응하는[善應] 마음을 버리지 않을 따름이다'라고 말하였는데, 이 말은 크게 잘못된 말이 아니다. 이에 근거하여 보자면, 정이의 견해 및 그의 비판은 모두 잘못되었다고 할 수 있다. 이에 대해서 자신의 형 정호도 반드시 찬동하지는 않을 것이다. 이 한 단락의 말에 근거해 보아도 정이의 뜻에 치우침이 있고, 말에 막힘이 있다는 것을 알 수 있다.

장재는 이정(二程)보다 나이가 좀 더 많으며, 친척이라는 관계에 있어서도 역시 손윗사람이다. 장재는 정호보다 먼저 죽었는데, 그때 나이가 58세였다. 정호에게는 「곡장자후선생(哭張子厚先生)」이라는 장재에 대한 추모시(『明道文集』 卷1)가 있다.[39] 여대림(여여숙)은 원래 장재의 제자였다. 여대림은 장재가 죽은 후 동쪽인 낙양(洛陽)으로 가서 이정을 만났다. 『이정유서(二程遺書)』에는 「원풍기미여여숙동견이선생어(元豐己未呂與叔東見二先生語)」 상하 두 권이 있는데, 이 제목은 여대림이 동쪽인 낙양으로 가서 이정을 만났을 때 기록한 말이라는 뜻이다. 이 부분은 『이정유서』에서 분량이 가장 많으며, 또한 학술적 가치가 가장 풍부한 곳이다. 이정의 문인 가운데 이렇게 많은 분량을 기록할 수 있는 사람은 없다. 정호가 장재의 청(清)·허(虛)·일(一)·대(大)를 비판한 곳은 모두 상세하게 기록되어 있는데, 이것으로 보아 여여숙은 아직 그의 스승의 학술을 배반하지 않았음을 알 수 있다. 또한 『이정유서』에는 "이천(정이)선생이

---

38 역주 : 이 책에서는 "所存者神, 所過者化"라고 인용되어 있는데, 『孟子』 「盡心上」에 서는 "所過者化, 所存者神"이라고 되어 있다. 즉 문구의 앞뒤가 바뀌어 있다. 번역은 『心體與性體』에서 인용한 것을 따랐다.

39 역주 : 이 시의 원문은 다음과 같다. "歎息斯文約共修, 如何夫子便長休, 山東無復蒼 生望, 西土誰共後學求, 千古聲名聯棣萼, 二年零落去山丘, 寢門慟哭知何限, 豈獨交親 念舊遊."

말하기를 여여숙(여대림)은 장재의 학술을 진실로 굳건히 지켰다. 매번 장재에 대해 말하지 않은 곳은 모두 서로 좇았다. 그러나 비판을 하면 곧 수긍하려고 하지 않았다"[40]는 기록이 있다. 이것은 여대림이 완고했던 것이 아니라 장재의 학설을 참되고 절실하게 이해하였기 때문이다. 그러나 정이는 사람을 감복시키는 힘이 부족하였다. 여대림이 정이와 '중'(中)의 문제에 대해 서신을 보내고 받으며 논변을 펼쳤는데, 정이는 여여숙의 투철함과 명료함에 이르지 못하였다. 다만 정이가 스승의 연배이다 보니 공손히 말을 하며 따랐을 뿐이다. 그러나 논변의 최후에는 여여숙도 참지 못하고 정이와 논변을 하지 않으려는 뜻을 직접 말로 드러내었다. 예를 들어 여대림은 "내가 더 이상 선생께 편지를 올려 번거로이 답장이나 보내 달라 하지 않을 것입니다"[41]라고 하였다. 여대림은 결코 자신의 견해가 틀렸다고 인정하지 않고서 결국 이 말을 한 것인데, 이것이 어찌 다시 논변을 펼치지 않겠다는 의미이겠는가? 이것은 그가 참지 못하는 감정이 이미 언어적 표현을 넘어선 것이다.

대체로 정호는 매우 일찍 성숙한 편이며, 이치를 파악하는 데 있어서도 뛰어났을 뿐만 아니라 분명하고 합당하였다. 주희는 정호의 「답횡거정성서(答橫渠定性書)」가 22-3세 때 쓰여진 것이라고 주장하였다. 주희의 이러한 말에 그리 큰 관심을 둘 필요는 없지만, 정호가 상당히 젊었을 때 쓴 것임은 틀림이 없다. 이후 근 30년 후, 그가 54세 때 이르러 죽을 때까지 그의 사상은 더욱 원숙하고 깊어졌을 것이다. 장재는 겸손하여 아래 사람들에게 묻는 것을 부끄러워하지 않았다. 장재의 학문적 성숙도는 비교적 늦었지만 분명히 스스로 체득하고 깨달아 위대한 문체를 만들 수 있었다. 그는 '천도와 성명이 서로를 관통하고 있음'에 근거하여 "허공(虛空-太虛)이 곧 기(氣)임을 알면 있음과 없음, 숨겨진 것과 드러난

---

40 『二程遺書』卷19「伊川先生語5」, 楊遵道 기록, "先生雲, 呂與叔守橫渠學甚固. 每橫渠無說處皆相從. 纔有說了, 便未肯回."
41 『二程文集』卷10, "大臨更不敢拜書先生左右, 恐煩往答."

것, 신(神)과 화(化), 성(性)과 명(命)이 하나로 관통되어 있어 둘이 없다"고 말하였다. 장재는 이러한 뜻을 드러내는 과정 중에서 표현이 거칠어 소통이 되지 않거나 두서가 없는 말을 하기도 하였다. 이점은 용어를 적절하게 사용하고 원만하면서도 분명하게 표현한 정호에 미치지 못한다. 하지만 장재의 말이나 뜻이 결코 틀린 것이 아니다. 오히려 말한 것이 아주 깊고 웅장하며 강하고 굳세어 참으로 대수필(大手筆)이라고도 할 수 있다. 도체(道體)에 대한 장재의 깨달음 역시 주돈이와 정호에 가까웠으며, '존유함과 동시에 활동한다[卽活動卽存有]는 실체의 의미를 잃어버리지도 않았다. 이것이 바로 선진 시기 유학자들이 풀어서 밝혀낸 '도체'의 고의(古義)이자, '하늘의 명이 심원하여 그침이 없구나[天命於穆不已]는 뜻에 근거하여 나온 근원적 지혜이다. 정이는 그의 형 정호에 비해 단지 한 살이 어릴 뿐이다. 정호가 죽을 때 정이는 53세였는데, 그때 당시에 이미 자신의 사유 체계를 이루었다. 그는 18세 때 「안자소호하학론(顔子所好何學論)」을 지을 수 있을 정도였다. 따라서 정이가 50여 년간 그의 형과 함께 살며 학문적 성장을 하면서 학문에 심혈을 기울이지 않은 것은 결코 아니다. 정이 역시 자신만의 독특한 의식과 의리(義理)를 펼쳐내고자 하는 생각을 당연히 가지고 있었다. 이것은 정이가 53세 이전에 이미 확정한 것이다. 나는 이후 근 20년 간 정이의 학문에 어떠한 학문적 변화와 방향의 전향이 있었는지에 대해서는 말할 수 없지만, 이후의 20년은 그의 의식 구조와 사고의 방향이 더욱 확실해졌다는 점만은 말할 수 있다. 정호가 살아 있을 때 비록 이정 형제 두 사람의 성격이 다르고 또한 각기 다른 분야에 뛰어나다는 것을 알고 있었지만, 도체(道體)의 깨달음과 의리(義理)를 펼치는 사고에 대해서 형제 두 사람이 다르다는 것에 반드시 신경을 쓸 필요는 없다. 이것은 비록 두 사람이 학문상 대체적으로 방향이 동일하더라도 마찬가지이다.[형제간과 친구간은 다르지만, 형제라는 친함을 근거로 학문과 의리를 객관적으로 이해할 수 있는 것은 아니다.] 내가 이렇게 말한 것은 다음의 사실을 밝히기 위해서이다. 정호는 투철하고 원만하였으며 분명했지만, 정이는 결코 그의 형처럼 투철·원만하고 분명하지 못했다. 그리고 정이의 사유 갈래는 분명 점차 방향을 바꾸어 다른 형태가 되었다. 또한 '도체'에 대한 깨달음에 있어서도 주돈이·장재·정호는 서로 비슷하였으며, 여전히 선진 유학자들이 표명한 고의(古義)를 잃지 않았다. 그러나 정이의 사유는 오히려 여러 갈래로 나뉘어 뜻이 치우치거나 말이 막힌 곳이 있다. 정이의 의식구조는 분석적이고 실재론적이며, 후천적이고 점교적인 의식구조이다.[42] 정이는 그의 형과도 학문적 거리가 있고, 장재와도 거리가 있다. 장재가 말한 생명(生命)[43]에는 분명 원시성이 갖추어져 있고, 광대한 원기(元氣)도 갖추어져 있다. 장재는 디오니소스형 이상주의의 정서를 지니고 있었다. 단지 지극히 원숙한 경지에 도달하지 않았을 뿐이다. 이에 대하여 완전하고 철저하게 원숙한 경지에 이른 사람이 바로 정호이다. 그러나 정호는 결코 아폴론형은 아니었다. 정이와 주희는 모두 아폴론형을 띠고 있으며, 이들 모두 이지(理智)의 분석을 중시하였고 실재론적 의식구조(이 의식구조가 경험적이든 초월적이든 상관없이)를 지니고 있다. 이것은 진정한 이상주의가 아니다. 선진 유가는 당연히 진정한 이상주의의 근원인데, 주돈이·장재·정호는 그 본뜻을 잃지 않았다.[비록 모두가 『중용』과 『역전』의 말 가운데 어느 부분에 치중하는 것이 있을지라도 그리 문제가 되지는 않는다.] 오직 정이에서부터 학문의 형태를 다른 방향으로 바꾸기 시작했으며 주희에 이르러서는 이것이 아주 눈에 띠게 드러나게 되었다. 그리고 진정한 이상주의의 정서도 상실하였다.

---

42 역주 : 분석적이라는 말은 '分解的'이란 말의 번역어이다. 앞서 知解的이라는 말을 사변적 혹은 지해적이라는 말로 번역을 하였는데, 이 두 말의 의미는 비슷하다. 즉 모두 지성(이성)에 따라 각각의 실재 사물을 나누어 해석한다는 것이다. 따라서 실재 존재하는 사물을 해석하는 것이기에 '실재론적'이라고 말한 것이다. 또한 '後天은 『주역』적 의미의 '후천'이 아니라 '후천적'이라고 할 때의 '후천'이며, 漸敎라는 것은 지성에 근거하여 점차점차 하나하나 해석하고 분석해 나가기에 이러한 용어를 사용한 것이다. 이와 반대된 것은 '德性에 따라 해석하는 것'이다.

43 역주 : 여기에서의 '생명'이란 도덕 생명을 일컫는 것이다.

정이는 자신의 사변적 사고와 실재론적 의식구조를 근거로 도체(道體)를 축소시켜 '단지 리'[只是理(實理)]⁴⁴로 이해하였고, 후천적인 점교의 공부 방식으로써 들어가는 길을 삼아 중점이 '함양(涵養)과 '치지'(致知)에 놓이게 되자 방향을 전환하여 『대학』의 '치지격물'을 중시하게 되었다. 이와 같은 사고로는 장재의 '태허신체'(太虛神體)를 이해할 수 없는 것이 당연하다. 정이가 비록 자신의 형과 다르다는 것을 깨닫지 못했지만 '도체'에 대해 몸소 깨달은 것[體會]은 자신의 형과 달랐다.[정이는 다만 자신의 형이 말한 '천리'라는 뜻의 절반, 즉 그것이 '존유'의 실체라는 의미만을 알았을 뿐이다.] 또한 정이의 공부 방식 역시 그의 형과 달랐다. 주희는 정이를 계승하여 발전시켰지만, 정호의 학설에는 불만을 가졌다. 주희는 늘 정호를 학술적으로 피했다. 장재에 대해서도 비록 『서명』을 매우 높였고, 이를 위해 「서명해의(西銘解義)」를 지어 『태극도설(太極圖說)』과 같은 지위에서 바라보았지만, 『정몽』에 대해서는 극히 꺼려하였으며 오해한 것도 많았다. 주희는 『태극도설』에 따라 '태극'(太極)과 '음양동정'(陰陽動靜)을 중요하게 이야기하고 있는데, 이것 역시 도체에 관해 깨닫는 일이다. 이러한 주희의 이해는 생기 없는 정이의 학설과는 다른 것 같지만, 주희의 기본 정신과 사고는 오히려 정이의 강령에서 벗어나지 않는다. 도체에 대한 주희의 깨달음은 주돈이·장재·정호의 경지에 이를 수 없었다. 비록 주돈이에 대해 높이 평가하고 칭송하였지만 주돈이가 말한 성체(誠體)와 신체(神體)에 대해서는 딱 들어맞는 이해를 하지 못했다. 따라서 그가 주장하였던 태극에 대한 이해 역시 많은 부분 잘못되었을 뿐만 아니라 완전하지도 않다. 주희는 정호에 대해서는 두루뭉술하고 너무 경지가 높다고 하고서 그냥 방치하였다. 장재의 『정몽』에 관해서는 모든 부분에 대해 상응한 이해를 하지 못했다. 아래 인용한 두 조목의 글을 보면 금방 알 것이다.

---

44 역주 : 實理라는 말은 불교나 도가의 '虛理'에 대하여 실리라고도 하지만, '실리'라고 할 때 더욱 무게를 두어야 할 점은 '실제로 존재하고 있는 리'라는 의미가 더욱 강하다.

횡거는 이 도리를 너무 크게 치켜들었는데, 이후 다시는 내려놓을 수 없게 되었다.

橫渠將這道理抬弄得來大, 來更奈何不下.

『朱子語類』 卷93의 孔子・孟子・周敦頤・二程을 총괄적으로 논한 곳.

『朱子語類』 卷93

횡거는 석씨의 윤회설을 물리쳤지만, 자신이 모이고 흩어지며 굽히고 펼친다고 말한 곳의 폐해는 오히려 대윤회(大輪廻)이다. 대개 석씨는 한 사람 한 사람 각자가 윤회하는 것이라고 하였는데, 횡거는 한꺼번에 발하고 합한다고 하니 여전히 '대윤회'인 것이다.

橫渠闢釋氏之輪廻之說, 然其說聚散屈伸處, 其弊卻是大輪廻. 蓋釋氏是個個各自輪廻, 橫渠是一發和(當作合)了, 依舊一大輪廻.

『朱子語類』 卷99

　두 사람의 간격이 왜 이리 큰지 모르겠다. 주희는 장재가 말한 '허공이 곧 기라는 것을 알면 있음과 없음・숨겨짐과 드러남・신(神)과 화(化)・성(性)과 명(命)이 하나로 통하여 둘이 아니다'라는 우주본체론적 '체용불이'(體用不二)의 의미를 근본적으로 이해할 수 없었던 것 같다. 『주자어류』 권98과 권99는 모두 장재에 관해 논의한 글이다. 그런데 이 책에 쓰인 기본 정신은 대부분 장재와 완전히 상응할 수 없는 것들이다. 나는 다음의 제1 『정몽』의 '해석'과 '풀이'[疏解]에서 큰 오해가 생겼던 부분을 『정몽』의 문장을 따라 가면서 지적하려고 한다.

　아래의 '해석'[疏解]에서는 『정몽』 가운데 세 편이 위주가 될 것이다. 제1편 「태화편(太和篇)」, 제6편 「성명편(誠明篇)」, 제7편 「대심편(大心篇)」이 그것이다. 그 밖에 제3편 「천도편(天道篇)」, 제4편 「신화편(神化篇)」, 제17편 「건칭편(乾稱篇)」과 같은 『정몽』의 기타 여러 편들은 함께 모아서 논할 수 있는데, 이것들로써 그 증거를 들어보고자 한다.

범육(範育)은 장재의 제자로 「정몽서(正蒙序)」를 지었는데, 『정몽』의 요점을 매우 잘 설명하고 있다. 아래쪽에 이를 '부록'으로 붙여 살펴보기에 편하도록 하였다. 섭수심(葉水心-섭적)의 「종술강학대지(綜述講學大旨)」는 범육의 「정몽서」에 근거하여 자신의 주장을 펼친 것인데, 자세한 내용은 이 책의 「총론」을 보기 바란다.

부록

(1) 범육(範育)의 「정몽서(正蒙序)」

아! '도'는 하나일 따름이다. 만세토록 끊임없이 이어지고 천지를 꿰뚫고 있으니, '리'가 여기에서 바뀔 수 있겠는가? 위를 말하면 높고 밝은 것까지 궁구하고, 아래를 말하면 자잘한 '형기'에까지 관섭(關涉)하며, 큼(大)을 말하면 너무 커서 간격이 없는 것에 이르고, 작음(小)을 말하면 조짐도 없는 곳까지 들어간다. 하나라도 막힘이 있어 통하지 않으면 '리'에는 망령됨이 있는 것이다. 그러므로 『정몽』에 쓰인 말들은 높은 것은 낮추어주고 낮은 것은 올려주며, 빈 것은 채워주고 막힌 것은 채워주며, 많은 것은 하나가 되게 하고, 하나로 합한 것은 흩어지게 하는 것이다. 요컨대 『정몽』은 크나 큰 중(中)과 지극한 바름(正)의 기준을 세운 것이다.

嗚呼! 道一而已. 亘萬世, 窮天地, 理有易乎是哉? 語上極乎高明, 語下涉乎形器, 語大至於無間, 語小入於無朕. 一有窒而不通, 則於理爲妄. 故『正蒙』之言, 高者抑之, 卑者擧之, 虛者實之, 礙者通之, 衆者一之, 合者散之. 要之, 立乎大中至正之矩.

하늘이 운행하는 까닭, 땅이 만물을 싣는 까닭, 해와 달이 밝은 까닭, 펼치고 돌아오는(鬼神) 이치가 그윽한 까닭, 바람과 구름이 변하는 까닭, 강하(江河)가 흐르는 까닭 등, 이 모든 것은 사물의 이치로 분변하고 인륜으로 바르게 된다. 갓 시작하는 것은 미미하고, 능함을 이룬 것은 드러나고, '덕'을 아는 것은 숭앙을 받고, '업'에 나아간 것은 넓게 되니, 근본과 말단·위와 아래가 하나의 '도'로 관통된다. 이것을 지나쳐 벗어나는 것은 음험하게 현혹하는 미친 말이다. 또 여기에 이르지 못한 것은 사악하고 치우치기만하는 졸렬한 말이다. 이 하나의 도를 미루어 형체가 있는 것에 놓고 보아도 정확하고, 또한 미루어 형체가 없는 것에 놓고 보아도 딱 들어맞으며, 미루어 지극한 움직임에 놓고 보아도 참으로 정밀하며, 미루어 지극한 고요함에 놓아도 확실하다. 포괄하지 못하는 것이 없고, 극진히 하지 못하는 것이 없으며, 이것을 지나쳐 버릴만한 큰 것도 없고, 이것에 남겨질만한 세세한 것도 없다. 『정몽』의 말은 이와 같이 지극하도다! 성인이 다시 돌아온다 하여도 『정몽』의 글에 더 써넣을만한 것이 없을 것이로다!

天之所以運, 地之所以載, 日月之所以明, 鬼神之所以幽, 風雲之所以變, 江河之所以流, 物理以辨, 人倫以正. 造端者微, 成能者著, 知德者崇, 就業者廣, 本末上下, 貫乎一道. 過乎此者, 淫遁之狂言也. 不及乎此者, 邪詖之卑說也. 推而放諸有形而準, 推而放諸無形而準, 推而放諸至動而準, 推而放諸至靜而準. 無不包矣, 無不盡矣, 無大可過矣, 無細可遺矣. 言若是乎其至矣! 聖人復起, 無有間於斯文矣!

『宋元學案補遺』 권17 「橫渠學案補遺上」

(2) 범육의 「정몽우서(正蒙又序)」

오직 장재만이 이 책을 지을 수 있다. 육경에도 실리지 않은 것이 있고, 성인도 말하지 않은 것이 있다. 어떤 사람들은 그것을 의심하는데, 이는 대개 말할 필요도 없는 것이다. 예를 들어 청·허·일·대의 말은 말단 하류의 학자들에게서 비난을 받는다. 하지만 나는 그들과 다르다.

惟夫子之爲此書也, 有六經之所未載, 聖人之所不言. 或者疑其蓋不必道. 若淸虛一大之語, 適將取訾於末學. 予則異焉.

공맹이 세상을 떠난 이후 학통이 끊기고 유가의 도가 사라진 지 천 여년에 이른다. 처사들이 제멋대로 의론하니 이단이 그 사이에 생겨났다. 예컨대 불교와 노자의 책들이 천하에 널리 전해지면서 육경과 나란히 천하에 유행하게 되었다. 그런데 불(佛)·도(道)의 무리들은 자신들의 학설을 크게 떠벌이며 대도의 정미한 리(理)는 유가에서 이야기할 수 없으므로 반드시 자신들의 서적에서 취하여 바르게 해야 한다고 여겼다. 세상의 유학자란 사람도 또한 우리 유학의 육경이 말하지 않은 것이고, 공맹이 언급하지 않은 것이라고 인정하였다. 따라서 불·도의 책을 믿고 그들의 도를 으뜸으로 삼으니 천하가 한쪽으로만 바람에 쏠려버려 감히 그 사이에 의심을 하는 것이 없었다. 하물며 이런데도 하루아침 논변을 펼쳐 그들과 시비와 곡직을 따질 수가 있겠는가?

自孔孟沒, 學絶道喪, 千有餘年. 處士橫議, 異端間作. 若浮圖[45]老子之書, 天下共傳, 與六經並行. 而其徒移(當作侈)其說, 以爲大道精微之理, 儒家之所不能談, 必取吾書爲正. 世之儒者亦自許曰, 吾之六經未嘗語也, 孔孟未嘗及也. 從而信其書, 宗其道, 天下靡然同風, 無敢置疑於其間. 況能奮一朝之辨, 而與之較是非曲直乎哉?

장재만이 유독 뛰어난 재능과 전에 없던 탁월한 학식을 세상에 떨쳤는데, 넓은 학문과 뛰어난 총명함으로 상고하여 배우고 하늘을 헤아리고 땅을 궁구하는 질정으로 생각하니, 수 천년만에 요순 및 공맹과 그 덕을 합치하게 되었다. 장재는 '도가 밝혀지지 않음을 애달게 여기고 사람들의 미혹을 또한 병으로 여겨 천하의 '리'가 사라져 없어지려 하자 이 말(『정몽』)을 하여 불·도와 논변을 하였다. 이 어찌 장재가 기이한 것을 좋아하여 그리 한 것이겠는가? 모두 부득이하여 그리했을 따름이다.

自張子獨以命世之宏才, 曠古之絶識, 參之以博文强記之學, 質之以稽天窮地之思, 與堯舜孔孟合德乎數千載之間. 閔乎道之不明, 斯人之迷且病, 天下之理泯然其將滅也, 故爲此言, 與浮圖老子辨. 夫豈好異乎哉? 蓋不得已也.

불교에서는 심(心)을 법으로 삼고 공(空)을 참됨으로 삼았는데, 『정몽』에서는
천리의 크나큼으로써 이단의 설을 물리쳤다. 또한 "허공이 곧 기라는 것을 안다
면 있음과 없음·숨겨짐과 드러남·신과 화·성과 명이 하나로 통하여 둘이 되
지 않는다"라고 말하였다.

浮圖以心爲法, 以空爲眞, 故『正蒙』闢之以天理之大. 又曰, "知虛空卽氣, 則有
無隱顯神化性命通一無二."

노자는 '무위'를 도로 삼았으므로 『정몽』에서는 "둘이 없으면 하나도 없다"라
는 말로써 이를 물리쳤다.

老子以無爲爲道, 故『正蒙』闢之曰, "不有兩, 則無一."

삶과 죽음을 이야기 할 때 불교에서는 "윤회는 멈추지 않는다. 만약 윤회를
벗어날 수 있는 사람에게는 생함과 멸함이 없다"고 하였다. 또 도가에서는 "오
래 살고 죽지 않음"을 이야기하였다. 그러므로 『정몽』「태화」에서는 "태허에는
기가 없을 수 없고, 기는 모여서 만물이 되지 않을 수 없으며, 만물은 흩어져
태허가 되지 않을 수 없다"고 하여 도·불의 사생관을 물리쳤다.

至於談死生之際, 曰, "輪轉不息. 能脫是者, 則無生滅." 或曰, "久生不死".
故『正蒙』闢之曰, "太虛不能無氣, 氣不能不聚而爲萬物, 萬物不能不散而爲太虛."

무릇 이렇게 말한 것이 어찌 스스로 만족해서 한 말이겠는가? 만약 불·도
두 사람이 지극한 도의 요점을 참으로 얻어 우리와 다르지 않은 '리'를 말했다
면 우리가 어찌 분분하게 그들과 논쟁을 하겠는가? 장재가 그렇게 변론을 하는
것은 바로 이단사설을 배척하여 지극한 리로 돌아와서 만세로 하여금 미혹되지
않게 하고자 할 따름이었다. 저들 불·도 두 사람을 천하의 사람들이 믿고 있
는데, 이들이 공자의 이전에 태어났지만 '육경'의 말에 도리에 맞지 않는 것이

있단 말인가? 맹자는 일찍이 양주와 묵적의 사설을 물리치는 데 노력하였다. 만약 부처와 노자의 말이 맹자의 귀에 들렸다면 어찌 물리치지 않았겠는가? 그러므로 나는 『정몽』의 말은 부득이하여 그렇게 말했을 따름이라고 말하였다.

夫爲是言者豈得已哉? 使二氏者眞得至道之要, 不二之理, 則吾何爲紛紛然與之辨哉? 其爲辨者, 正欲排邪說, 歸至理, 使萬世不惑而已. 使彼二氏者, 天下信之, 出於孔子之前, 則六經之言有不道者乎? 孟子嘗勤勤闢楊朱墨翟矣. 若浮圖老子之言聞乎孟子之耳, 焉有不闢之者乎? 故予曰,『正蒙』之言不得已而雲也.

『宋元學案補遺』 卷31 「呂範諸儒學案補遺」

해설 나의 생각에 이상의 두 '서'(序)는 아마 하나의 '서'인 것 같다. 그러므로 이를 합쳐 하나의 '서'로 만들어야 한다.

(3) 소병(蘇昞-소계명)의 「서(序)」

장재 선생은 『정몽』 수만언을 지었다. 하루는 내가 엄숙하고 공경한 태도로 "감히 이 책을 부문별로 나누어 완전히 숙독해서 외우면 어떻겠습니까"라고 물었다. 그러자 선생이 "내가 이 책을 지은 것을 비유하자면 나무의 그루터기와 같은 것인데, 거기에는 뿌리는 물론 가지와 나뭇잎까지 갖추어지지 않은 것이 없다. 그런데 꽃을 화려하게 피우는 것은 모두 사람의 공부에 달렸을 따름이다." 또한 "돌상을 차려 놓고 아이에게 돌잡이를 하게 하는 것처럼, 온갖 사물이 모두 갖추어진 가운데 그것을 보고서 취하도록 하는 것도 어떠 하겠는가"라고 하였다. 이에 문득 그 편차를 요지와 격식에 따라 묶었는데, 대략 『논어』와 『맹자』를 본받아 장구의 편차를 나누고 비슷한 종류의 말이 서로 묶이도록 하여 17편을 만들었다.

先生著『正蒙』書數萬言. 一日, 從容請曰, "敢以區別成誦如何?" 先生曰, "吾之作是書也, 譬之枯株, 根本枝葉莫不悉備. 充榮之者, 皆在人功而已." 又"如晬盤示兒, 百物具在, 顧取者如何爾." 於是輒就其編, 會歸義例, 略效『論語』『孟子』, 篇次章句, 以類相從, 爲十七篇.

[이는『장자전서(張子全書)』, 권2,『정몽』의 표제하에 부주(附注)를 인용한 것이다. 전문(全文)은 볼 수 없다. 소병은 소계명(蘇季明)으로 장재의 문인이다.]

(4) 여대림(呂大臨)의「횡거선생행장(橫渠先生行狀)」

희녕 9년(1076년) 가을, 선생이 이상한 꿈을 꾸시고는 갑자기 문인들을 불러 모으시고 이에 말씀하신 것을 모아『정몽』이라고 일컬으시고 문인들에게 내 보이시며 말씀하셨다. "이 책은 수년에 걸쳐 생각하여 얻은 것이다. 그 말은 거의 전대의 성인들과 합치한 것이어서 이에 더불어 큰 요지와 그 발단을 사람들에게 보여주는 것일 따름이다. 이 책은 각 사물의 이치를 설명한 것이 넓기에 나는 후세의 학자를 기다리려 한다. 마치 늙은 나무의 그루터기에 가지가 뻗친 것은 진실로 많지만, 윤택한 꽃과 잎이 적은 것과 같다."

熙寧九年秋, 先生感異夢, 忽以書屬門人, 乃集所立言, 謂之『正蒙』, 出示門人曰, "此書於歷年致思之所得. 其言殆與前聖合, 與大要發端示人而已. 其觸類廣之, 則吾將有待於學者. 正如老木之株, 枝別固多, 所少者潤澤華葉爾."

『張子全書』卷15「橫渠先生行狀」

(5) 장재,「자도」

나는 학문을 도모한 지 30년이 되었는데 스스로 글을 쓰고 의리를 말한 것이 끝도 없다. 그 가운데 옳은 것은 모두 여러 번 생각하고 추측하는 과정 속에서 나왔을 따름이다. 비유를 하자면 담을 뚫거나 담을 넘은 도둑이 집안의 물건을 훔치려는데 물건이 있는 곳을 모르는 것과 같다. 혹은 바깥의 사람들을 살펴보거나 혹은 벽을 사이에 두고 다른 사람을 말을 듣는데, 끝내는 스스로 깨닫지 못하고서 말하는 것이 모두 알맹이가 없는 것과 같다. 옛 사람들의 책을 보는 것은 바깥의 사람들을 살피는 것과 같고, 친구의 논의를 듣는 것은 벽에 귀를 대고 듣는 것과 같다. 이는 모두 문을 찾아 들어가지 못하여 종묘의 아름다움과 집안의 화목함을 보지 못한 것이다. 근래에야 비로소 나는 그 안으로 들어간 것 같은데, 그 안이 아름답고 선하다는 것을 알고는 다시 나오려고 하지 않았다. 천하의 의론은 바꿀 수 없는 것이다. 비유하자면 이미 구멍을 뚫어 들어가서 본 것이다. 또한 나는 이미 그 속에 이르렀는데 오히려 등불이 없어 집안에 있는 것을 다 보지 못한 것과 같다. 이때는 물건을 찾아 가지고 나와서야 비로소 보게 된다. '가지고 나와야 한다'고 말한 것은 하나하나의 일마다 핵심을 생각해야 한다는 것을 일컫는 것이다. 비유하자면 어리석은 사람은 하나의 사물을 보면 반드시 하나의 사물에 주목하여 보아야 한다. 이는 총명한 사람이 고개를 들어 모두 볼 수 있는 것만 못하다. 이는 내가 감히 스스로를 속이는 것도 아니고, 또한 스스로 겸손한 것도 아니다. 나의 말은 모두 실제의 일이다. 배우는 사람 또한 비유하자면 사물이 있는 것을 알고 이를 버리려고 하지 않는 사람도 있고, 어렵사리 들어가서 일을 가지런히 하지도 않고 떠나가는 사람도 있다.

謀學來三十年, 自來作文字, 說義理, 無限. 其有是者, 皆只是憶(億)則屢中. 譬之穿窬之盜, 將竊取室中之物, 而未知物之所藏處. 或探知於外人, 或隔牆聽人之言, 終不能自到, 說得皆未是實. 觀古人之書, 如探知於外人, 聞朋友之論, 如聞隔牆之言. 皆未得其門而入, 不見宗廟之美, 家室之好. 比歲方似入至其中, 知其中是美是善, 不肯復出. 天下之議論莫能易也. 譬如旣鑿一穴, 已有見. 又若旣至其中, 卻無燭, 未能盡室中之有. 須索移動, 方有所見. 言移動者, 謂逐事要思. 譬之昏者, 觀一物必貯目於一[物(脫物字, 當補). 不如明者, 擧目皆見. 此某不敢自欺, 亦不敢自謙. 所言皆實事. 學者, 又譬之知有物而不肯捨去者, 有之, 以爲難入, 不濟事, 而去者, 有之.

『張子全書』卷7「自道」

(6)「횡거어록초(橫渠語錄抄)」

1. 내가 근래에 얻은 의리는 오래될수록 변할 수 없는 것이었으니, 틀림없이

그 사이에 여러 차례의 과정이 있었던 것이다. 다만 옛날에 어려웠던 것이 오늘날 쉬워졌고, 옛날에는 마음이 번다했는데 요즘은 마음이 간략해졌다. 최근에는 더욱 간략해졌다. 틀림없이 정미한 곳에서는 또한 더욱 간략할 것이다.

某比來所得義理儘彌久而不能變, 必是屢中於其間. 只是昔日所難, 今日所易, 昔日見得心煩, 今日見得心約. 到近上, 更約. 必是精處, 尤(又)更約也.

『張子全書』卷11「橫渠語錄抄」

2. 마땅히 자신이 주장을 세워 '성'을 밝혀야 하지 성인이 남기신 말씀을 견강부회하여 해석해서는 안 된다. 예컨대 맹자는 "문장을 이루지 못하면 도에 통달하지 못한 것이다", "본성으로 삼는 것", "사체(四體)는 말하지 않아도 저절로 깨닫게 된다"[46]는 것 등을 말하였는데, 이는 공자가 말한 것이 아니라 맹자가 말한 것인데, 이것이 바로 '심으로 깨달은 것[心解]이다.

當自立說而明性, 不可以遺言附會解之. 若孟子言, "不成章不達", "所性", "四體不言而喩", 此非孔子曾言, 而孟子言之, 此是心解也.

『張子全書』卷11「橫渠語錄抄」

1. 『정몽』「태화편」 해설─도체(道體)의 의미 해설

1) 태화는 도이다─기(氣)와 신(神)

태화(太和)란 이른바 도(道)이다. 태화 가운데 뜨고 가라앉으며, 오르고 내리며, 움직이고 멈춰서 서로 감응하는 '성질'이 포함되어 있는데, 이것이 '음양을

---

46   역주 : 이 말은 모두 『孟子』「盡心上」에 나오는 말이다.

작용하게 하여 만물을 왕성히 생성하여 이기고 지고, 굽히고 펴는 시작을 생겨나게 한다. 그것이 오는 것에는 '기미'가 쉽고 간단하지만[簡易], 그 궁극은 광대하며 견고하다. 쉽게 알게 되는 것은 '건' 때문인가? 간단함을 본받은 것은 '곤' 때문인가? 갖가지로 흩어져 형상 지을 수 있는 것은 '기'이고, 맑게 통하여 형상 지을 수 없는 것은 '신'이다. 야마(野馬-아지랑이와 같은 기운)나 인온(絪縕-기운이 서로 얽혀 교감함)[47]의 상태와 같지 않다면 그것을 '태화'라고 일컫기에 부족하다. '도'를 말하는 사람이 이것을 안다면 도를 안다고 말할 것이다. 『주역』을 배우는 이가 이것을 보았다면 '역리'를 보았다고 일컬을 것이다. 이와 같지 않다면 비록 주공과 같이 뛰어난 재질을 가진 사람이라도 그 지혜를 내세우기에 부족할 것이다.

太和所謂道. 中函浮沉升降動靜相感之性, 是生絪縕相盪勝負屈伸之始. 其來也, 幾微易簡, 其窮也, 廣大堅固. 起知於易者乾乎? 效法於簡者坤乎? 散殊而可象爲氣, 淸通而不可象爲神. 不如野馬絪縕, 不足謂之太和. 語道者知此, 謂之知道. 學『易』者見此, 謂之見易. 不如此, 雖周公才美, 其智不足稱也已.

『正蒙』「太和」

---

47 역주 : '野馬'와 '絪縕'이라는 말은 원래 각기 『莊子』「逍遙遊」와 『周易』「繫辭傳」에 나오는 말이다. 『장자』의 원문에는 "가물가물 올라오는 아지랑이와 먼지는 생물이 숨을 쉬면서 서로를 바람으로 불어주는 것이다"[野馬也, 塵埃也, 生物之以息相吹也]라고 되어 있고, 『주역』의 원문에는 "천지의 순수한 元氣가 왕성하여 만물이 처음 비롯되고, 남녀의 情이 통하여 만물이 化生한다"[天地絪縕, 萬物化醇, 男女構精, 萬物化生]라고 되어 있다. 『莊子集解』에는 "야마란 봄날 연못 가운데 떠도는 수증기이다"[野馬, 春月澤中遊氣也], "맑은 봄날에 陽氣가 발동하여 멀리서 늪과 연못을 바라보면 마치 말이 달리는 것처럼 보인다. 그러므로 '야마'라고 한 것이다"[靑春之時, 陽氣發動, 遙望藪澤, 猶如奔馬, 故謂之野馬]라고 주석하였다. '絪縕'에 대해 孔穎達은 『周易正義』에서 "'인온'은 서로 부착해 있다는 뜻이다"고 하였고 程頤는 『伊川易傳』에서 "'인온'은 교통하며 밀착되어 있는 모습이다. 천지의 기는 서로 교통하면서 밀착되어 있다"고 하였으며, 또 「入關語錄」에서 "'인온'이란 음과 양이 교감하는 것이다"라고 하였다. 즉 '인온'이란 천지의 음양 2기가 긴밀하게 交合한다는 뜻이다. '야마'와 '인온'에 대해서 본문에서도 설명하고 있는지만, 먼저 이해를 하고 본문을 읽는 것이 나을 것이며, 또한 본문에서 '야마'와 '인온'을 번역하지 않고 그대로 사용하겠다.

해설 이 글은 『정몽(正蒙)』「태화편(太和篇)」의 첫 단락, 즉 제1단이다. 이 단락의 내용은 큰 틀에서 보자면 『역전』에 근거로 하여 새롭게 소화하여 쓴 것이다. 『역전』을 새롭게 소화하여 쓴 것이기 때문에 '태화'가 가장 먼저 나오고, 태화로 '도'를 규정한 것이다. 태화란 '지극히 조화롭다[至和]는 뜻이다. 즉 지극히 조화로워 우주의 질서를 창조할 수 있는 까닭에 '도'가 된다고 말한 것이다. 이것은 총괄적인 측면에서 말한 것이다. 만약 이를 다시 분석적으로 말한다면 '기'와 '신'으로 구분할 수 있고, 또한 건(乾)으로 쉽사리 알 수 있고 곤(坤)으로 간단하게 할 수 있게 되는 쉬움[易]과 간단함[簡]으로 구분할 수 있다. 이것이 「태화편」의 핵심적인 주제이며, 『정몽』이 '존재'에 주안점을 두고 사유하는 핵심적인 주제이다. 그 나머지는 모두 이것이 여러 차례의 변화와 발전의 과정을 거치면서 파생되어 생겨난 말들이다. 그러나 '야마'(野馬)와 '인온'(絪縕)으로써 태화를 형용한 것은 비록 말이 통하지 않는 것은 아니지만 그 뜻에는 치우침이 없을 수 없다. 아지랑이처럼 보이는 기운인 '야마'와 음양의 두 기운이 서로 두터이 교감하는 '인온'은 기(氣)의 작용을 표현한 것이다. 만약 기의 인온으로 태화와 도를 설명한다면 태화와 도가 기에 부착되어 있다는 의미와 자연주의적이라는 의미가 너무 무겁게 수반된다. 이 때문에 사람들은 쉽게 장재의 철학을 '유기론'(唯氣論)이라고 오해하기도 한다. 그러나 장재는 '천도와 성명은 서로를 관통한다'는 관념을 사유의 중심에 두고 있었다. 사실 이것은 '정통 유가의 사유이기 때문에 장재를 유기론자로 보아서는 안 된다. 이런 까닭에 장재가 아지랑이처럼 피어오르고 음양의 두 기가 긴밀히 교합하는 것으로 태화를 첫 번째 관념으로 제시하고, 또 이것으로 '도'를 설명한 것은 『역전』을 훌륭하게 소화한 것이라고는 할 수 없다. 그것과 『역전』의 '신묘함을 궁구하여 변화를 알아차리는'[窮神知化] 대의(大義)⁴⁸에는 거리가 있을 수밖에 없다. 장재의 표

48　역주 : 이에 해당하는 『주역』의 원문은 "이를 넘어서 있는 것은 혹 알지 못할 수 있으나, 신묘함을 궁구하여 변화를 아는 것이 덕의 성대함이다"[過此以往未之或知也,

현은 주돈이가 성체(誠體)에서부터 '천도'를 설명해서 간결하고 정미해 다시금 보존할 수 있는 것만은 못하다.

장재는 「태화」에서 장자(莊子)가 말한 '야마'(野馬)와 『역전』에 나온 '인온'(絪縕)이란 용어를 상당히 중시하였다. 사실 '인온'은 『역전』에서 중요한 용어가 아니며, 또한 강령과 같은 개념도 아니다. 『주역』「계사하」 5장[주희가 나눈 章에 근거하였다]에서는 다음과 같이 말하였다.

천지의 기운이 서로 얽혀 교감함에[絪縕] 만물이 변화를 일으켜 두텁게 엉기고[化醇], 남녀가 정기를 합함에 만물이 변화를 일으켜 생겨난다. 이에 「손괘(損卦)・육삼(六三)」에서 "세 사람이 길을 가면 한 사람을 잃을 것이고, 한 사람이 길을 가면 벗을 얻을 것이다"라고 하였으니, 이는 하나로 이르게 됨[致一]을 말한 것이다.

天地絪縕, 萬物化醇, 男女構精, 萬物化生. 易曰, "三人行, 則損一人. 一人行, 則得其友", 言致一也.

『周易』「繫辭下」

주희는 이에 대해 다음과 같은 주석을 달았다.

'인온'이란 사귐이 밀접한 형상이고, '순'(醇)이란 두텁게 모였다는 것이다. 이는 기화를 말한 것이다. 이는 또한 생화(生化)와 형화(形化)인 것이다. 이것은 「손괘・육삼」의 효(爻)를 해석한 것이다.

窮神知化, 德之盛也이다. 이것은 聖人이라는 이상인격이 되기 위하여 『주역』에서 제시한 최고의 수양 목표이다. '뜻을 정미하게 하여 神에 들어가는 것'[精義入神]이나 '쓰임새를 이롭게 하여 몸을 편안히 하는 것'[利用安身]도 쉽게 이룰 수 있는 것은 아니지만, 이 '궁신지화'는 '入神'과 '安身'의 차원보다 높은 경지이다. 『주역』에 근거하면 '神'이란 음양의 헤아릴 수 없는 조화의 자취를 뜻하고, '化'는 음양의 두 氣가 운행하면서 섬차로 시고 스며들어 전개하는 변화를 뜻한다. 그러므로 '궁신지화'는 神과 化의 도를 확연히 깨닫는다는 의미이다.

絪縕, 交密之狀. 醇, 謂厚而凝也. 言氣化者也. 生化, 形化者也. 此釋損六三爻
義.

이는 '천지의 기운이 얽혀서 교감하여 만물이 변화하여 두텁게 엉기
고, 남녀가 정기를 합쳐 만물이 변화하여 생겨난다는 것을 말함으로써
「손괘·육삼효」가 나타내는 것이 '하나로 이르게 됨'[致一]을 의미하는
것이라고 해석한 것이다. 주희는 「손괘·육삼효」에 대해서는 다음과 같
이 해석하였다.

> 아랫괘는 본래 건괘(☰)인데 제일 위의 한 효를 덜어 곤괘(☷)에 더해 주었으
> 니, 세 사람이 길을 가면 한 사람을 잃게 될 것이다. 하나의 양효가 위로 올라
> 가고 하나의 음효가 아래로 내려오니, 한 사람이 길을 가면 친구를 얻게 될 것
> 이다. 두 사람이 함께 하면 전일(專一)하게 되지만, 세 사람은 복잡스러워 분란
> 을 일으킨다[雜而亂]. 손괘(☶)에 이러한 형상이 있으므로 점치는 사람이 한결
> 같아야 함[致一]을 경계한 것이다.
>
> 下卦本乾, 而損上爻而益坤. 三人行而損一人也. 一陽上而一陰下, 一人行而得
> 其友也. 兩相與則專, 三則雜而亂. 卦有此象, 故戒占者當致一也.
>
> 『周易本義』「損卦」

『주역본의(周易本義)』에서 주희가 말한 '치일'(致一)은 바로 「계사전」의
'이는 하나로 이르게 됨을 말한 것이다[言致一也]라는 말에 근거한 것이
다. '치일'(致一)이란 '전일'(專一)의 의미이다. 둘이 서로 더불어 가면 전
일하고도 잡되지 않으므로, 천지(天地)와 남녀(男女)의 짝으로써 비유를
한 것이다. 「손괘·육삼효·상전(象傳)」에서는 "한 사람이 길을 간다는
것은 세 사람이 길을 가면 의심하기 때문이다"[一人行, 三則疑也]라고 말하
였는데, 이 말은 마땅히 "한 사람이 길을 가면 친구를 얻게 되고, 세 사

람이 가면 의심하게 된다"[一人行, 則得其友, 三則疑也]로 되어야 한다. 이 글 가운데 '의심하다'[疑]는 것에 대해 주희는 '복잡스럽고 분란을 일으키게 되는'[雜而亂] 원인이 된다고 주석하였다. 이 「상전(象傳)」은 「손괘·육삼」의 효사를 해석한 것이다. '세 사람이 길을 가면 한 사람을 잃게 되어'[三人行, 則損一人] 둘이 되고, '한 사람이 길을 가면 친구를 얻게 되어'[一人行, 則得其友] 또한 둘이 된다. 이것은 둘 혹은 짝의 전일함을 중시하여 설명한 것이다. 그러므로 '세 사람이면 의심한다'고 말한 것이다. 두 사람이 서로 더불어 가면 전일하고도 친밀하여 정신이 집중되고 틈이 없어 생명이 서로 꼭 들어맞게 된다. 「계사전」의 지은이는 이것에 근거하여 "천지의 두 기운이 서로 얽혀 교감함[絪縕]에 만물이 변화를 일으켜 두텁게 엉키고 남녀가 정기를 합침에 만물이 변화를 일으켜 생겨난다"고 말한 것이다. 이것은 순전히 형이하적인 정(精)과 기(氣)를 말한 것이다. 전일함을 표현하기 위해서는 다시 연상되는 것들이 있을 수 있다. 그런데 장재가 이 '인온'(絪縕)이란 용어로 '태화'와 '도'를 설명한다면 기와 도를 엄격히 구분하지 못하고 조금은 말이 거칠다는 혐의를 받게 된다. 음양이 서로 짝을 이루는 것은 참으로 중요한데, 장재는 이 둘의 짝을 매우 중시하였다. 기화(氣化)를 언급하면 서로 짝을 이루는 것을 중시하지 않을 수 없다. 그러므로 장재는 "둘이 세워지지 않으면 하나를 볼 수가 없다"고도 말하였으며, 또한 "둘이 없으면 하나도 없게 된다"고도 말한 것이다. 그런데 '둘'[兩]을 세우는 까닭은 '하나'[一]를 중시해서 말한 것이다.[여기에서 一은 專一의 一이 아니다.] 그러므로 "하나가 보이지 않으면 둘의 용은 멈추게 된다"[一不可見, 兩之用息]고 한 것이다. 여기에서 '하나'[一]란 '묘일'(妙一)의 '일'(一)이자 총체(總體)의 '일'인데, 이는 '신'(神)과 '허'(虛)를 근거로 하여 말한 것이다.[虛와 太虛에 대해서는 아래의 글을 보기 바란다.] '도'(道)는 당연히 '일'(一)에 편중하여 말할 수밖에 없다. '일'은 진실로 '둘'[兩]을 떠나지 못하지만 음양 두 기[兩氣]의 인온이 곧 도인 것은 아니다. 기 자체의 인온이 일종의 조화[和]를 표시하지만 야마아 인온이 곧 바로 태화이자 도라는 것은 잘못된 것이다. 『순자』는 「정명(正名)」에서 다음과 같이 말하였다.

> 태어나는 것은 조화로운 기를 받아[生之和]⁴⁹ 태어나는 것이니 정기(精氣)가 합하고 음양이 감응하여 어떠한 것의 부림을 받지 않고 자연스러운 그대로의 것을 '성'이라고 한다.
>
> 生之和所生, 精合感應, 不事而自然, 謂之性.
>
> 『荀子』「正名」

여기에서 말한 '생지화'(生之和)는 자연 생명이 '인온'의 조화로 이루어진 것임을 말한 것으로서, 이는 '기'에 속한다. 그리고 순자는 여기에서부터 '성'을 말하였으므로 자연 생명의 기성(氣性)에는 결코 형이상학적 의미가 없으며, 또한 도덕적인 의미도 없다. 그러나 장재가 말한 '천도'와 '성명'은 이러한 자연 생명의 기성(氣性)일 수 없다. 이에 '태화란 이른바 도이다[太和所謂道]라는 말 가운데 태화를 야마와 인온으로 설명하는 것은 가능하지만, 만약 야마와 인온이 곧 태화이자 도라고 한다면 옳지 않다. 그러므로 '태화'라는 말은 반드시 한 걸음 더 나아가 태허(太虛)에서부터 언급되어야 비로소 확립될 수 있으며, 그래야 유기론(唯氣論)으로 떨어지지 않는다. 태화는 물론 총괄적으로 설명한 것이지만, 또한 현상적이자 묘사적인 것으로 말한 것이다. 그리고 그 소이연(所以然)의 초월적인 본체에서부터 태화를 말할 수 있다. 태화에서 '도'를 말할 수 있는 것은 태허의 '신'(神)⁵⁰에 있다. 『장자(莊子)』「소요유(逍遙遊)」에서는 "야마

---

49   역주 : 원래 '生之和'는 대부분의 『순자』 판본에서는 '性之和'라고 되어 있다. 그런데 王先謙이 '性之和所生'은 '生之和所生'이 되어야 한다고 되어야 한다고 주장하였다. 모종삼은 왕선겸의 견해를 따른 것 같다. 즉 '태어나서[生之] 어떠한 것의 부림을 받지 않고 자연스러운 그대로의 것을 성이라 한다는 것이 더 文意가 분명하다는 것이다.

50   역주 : '神'을 일반적으로 '신묘함'이라고 번역을 하지만 모종삼의 번역에서 '신'을 신묘하다고 번역하면 어색하다. 물론 본 번역에서도 어감이나 원전 번역의 특성상 '神'

(野馬)와 진애(塵埃)는 생물이 숨을 쉬면서 서로를 바람으로 불어주는 것이다"[51]라고 말하였다. 야마란 봄날 연못 가운데에 떠 있는 수증기이며, 진애는 천지간의 '기'가 무성하여 마치 먼지와 티끌이 날리는 것과 같은 것이다.[郭慶藩의 『莊子集釋』를 참조하기 바람.][52] 이는 모두 기식(氣息)이 무성하여 높이 날리는 것을 말한 것인데, 음양의 인온 역시 '무성하다[絪縕]는 뜻을 가지고 있다. 장재가 야마와 인온에서부터 '태화'를 말하고 '도'를 설명한 것은 분명히 묘사적으로 아주 딱 들어맞게 지시한 말[指點語]이다. 즉 우주의 광생(廣生)과 대생(大生)이 넘쳐흘러서 풍부해진 것에서부터 도체(道體)가 창생(創生)을 한다는 뜻을 드러내고 있는 것이다. 그러므로 핵심을 파악하여 말하자면 창생의 실체가 '도'라는 것이다. 따라서 떠 도는 기의 인온이 바로 도는 아닌 것이다. 이와 같이 이해해야만 비로소 장재를 유기론자로 만들지 않을 수 있다. 이것을 여러 차례의 과정을 거쳐 더욱 확대하여 해설하면서 통합적으로 이해하여 보면 더욱 명확하게 될 것이다.

이에 근거하면, '태화란 이른바 도이다'[太和所謂道]라는 말은 '도'에 대해 총괄적으로 말한 것이자, 또한 현상적으로 '도'를 묘사하여 매우 적절히 표현한 것이다. 그 가운데는 세 가지 의미를 포함하고 있다. 첫째는 '창생'(創生)할 수 있다는 의미이다. 둘째는 기화(氣化)의 '유행과 과정'[行程]이라는 뜻이다. 셋째는 지극한 움직임에도 어지럽히지 않는 '질서'의 의미[理則이라는 뜻]이다.[53] 이러한 세 가지 의미는 모두 '도'를 설명할 수

을 '신묘함'이라 번역한 곳이 있다. 이 '神'은 『孟子』「盡心下」의 "위대하면서도 저절로 化함을 聖이라고 하고, 성스러우면서도 그 작용을 알 수 없음을 '神'이라고 한다"[大而化之之謂聖, 聖而不可知之之謂神]와 『周易』「繫辭上」의 "음과 양의 변화를 헤아릴 수 없는 것을 '신'이라 한다"를 기준으로 이해해야 한다. 또한 아랫글에서도 모종삼은 '형상 지을 수 없음'으로 '신'에 대해 설명하고 있다.

51 　『莊子』「逍遙遊」, "野馬也, 塵埃也, 生物之以息相吹也."
52 　역주 : 郭慶藩의 『莊子集釋』은 청대에 나온 것으로 釋文, 注, 校 등으로 구성되어 있다.
53 　역주 : 본문에서는 '義'를 '의미'라고 번역하였다. 세 가지 의미, 즉 創生, 行程, 秩序의

있는 것인데, 어떤 때는 이 중의 하나 의미에 치우칠 때도 있다. 이 세 가지 의미가 모두 완비되어야만 도라는 용어를 완전히 설명할 수 있다. 장재는 "기화에서부터 말미암아 도라는 이름이 있게 된다"[54]라고 하여 기화의 유행과 과정이라는 의미에서 '도'를 설명하기도 하는데, 이 역시 인정할 수 있는 것이다. 예를 들어 주희는 "도체(道體)의 지극함을 말한 것은 태극(太極)이라고 일컫고, 태극의 유행(流行)을 말한 것은 도라고 일 컫는다"[55]라고 하여 역시 '유행'으로써 '도'를 설명하기도 하였다. '유행' 이란 바로 유행과 과정[行程]이라는 의미이다. 정호에게도 "넓디넓은 큰 도"[浩浩大道]라는 말이 있는데, '넓디넓다'라는 것 역시 유행과 과정이라 는 의미이다. 보통은 큰 길[大路]로써 '도'를 비유하는데, 큰 길 역시 과정 이라는 의미이다. 왕필(王弼)은 "무릇 길이라는 것은 만물이 말미암는 것 에서 취한 것이다. …… 그러므로 그것에서 말미암지 않은 사물이 없는 것을 가리켜 큰 길이라고 칭한다"[56]고 하였다. 이 역시 큰 길이라는 의미 로 도를 비유한 것이다. 그러나 비록 기화의 유행과 과정이라는 의미에 서 도를 말한 것이지만, 이것은 결코 현상적으로 단일차원적 혹은 평면 적인 기화(氣化)[57]가 곧 '도'라는 것은 아니다. 반드시 창생이라는 의미까 지 관통하면서 말해야만 도라 할 수 있는 것이다. '태화가 이른바 도이 다'라는 말 역시 현상적인 평면적 기화가 아니라, 도가 이 기화의 지극 한 조화[至和]를 창생할 수 있다는 의미이다. 이것에 근거하면 '기화로 말 미암아 도라는 이름이 있게 되었다'라는 말은 다만 '태화'(太和)가 '기화

의미란, 창생의 리, 행정과 과정의 리, 질서의 리가 내포되어 있다와 같다는 말이다.

54 『正蒙』「太和」, "由氣化有道之名."

55 『晦庵集』「答象山書」, "語道體之至極, 則謂之太極, 語太極之流行, 則謂之道."

56 「老子微旨例略」, "夫道也者, 取乎萬物之所由也. …… 故涉之乎無物而不由, 則稱之曰 道."

57 역주 : 이곳의 원문은 '實然平鋪'라는 말이다. 實然은 현상적으로 드러난다는 것이며, 平鋪는 단면적인 것을 의미한다. 모종삼은 주희의 치지격물을 靜涵靜攝 계통으로 규정하고서, 이 형태의 모습을 平鋪라는 용어로 표현하였다. 그러나 이곳에서는 그 정도까지의 의미를 담고 있지 않기에 모종삼의 특수 용어로는 번역하지 않았다.

(氣化)를 내포하고 있음을 설명하고 있을 따름이지 창생이라는 의미와 단절되어 있다는 것은 결코 아니고, 또 단지 현상적인 기화에 집착하여 그것을 도라고 한 것도 아니다. '도'가 만약 큰 길이고 만물의 근원에서 취한 것이라면 이 역시 평면적으로 나열된 과정이 아니라 '근원'(根源)이라는 의미와 '종주'(宗主)라는 의미를 함께 가지고 있는 것이다. 이것은 곧 창생이라는 의미이다.

'태화'(太和)는 우주 전체를 총괄적으로 말한 지화(至和)인데, 이는 지극한 창생의 원리이지 자연생명의 인온과 같은 조화를 말한 것이 결코 아니다. 장재가 말한 "야마나 인온의 상태와 같지 않다면 그것을 태화라 일컫기에 부족하다"는 것은 비유로써 해설한 말[譬解語]이고, 또 구체적으로 상황을 지적하여 묘사한 말[指點之描述語]이다. 이는 곧 천지의 광생(廣生)과 대생(大生)이 넘쳐흘러서 풍부해진 것을 가지고 그 소이연(所以然-그렇게 되는 까닭)의 지화(至和)를 말한 것이다. 이는 떠도는 기[遊氣] 자체의 인온에 집착하여 그것이 바로 도라고 생각한 것이 아니다. 만약 그렇다면 장재는 정말로 유기론자가 될 것이다. 또한 장재는 『정몽』「태화」의 첫 단락에서 "태화 가운데 뜨고 가라앉으며, 오르고 내리며, 움직이고 멈추는 것의 서로 감응하는 '성질'이 포함되어 있어, 이것이 음양을 작용하게 하여 만물을 왕성히 생성하여 이기고 지고, 굽히고 펴는 시작을 생겨나게 한다. 그것이 오는 것에는 기미가 간단하고 쉽지만, 그 궁극은 광대하며 견고하다"고 말하였다. 이 몇 마디의 말은 태화의 '창생'의 의미를 종합적으로 말한 것이다. 즉 태화이면서 우주의 질서를 창생할 수 있는 것이 바로 '도'라고 말한 것이다.

태화되는 어떻게 이 창생의 작용을 갖출 수 있는가? 이를 심도 있게 분석한 것이 바로 "건으로 쉽사리 알고, 곤으로 간단하게 할 수 있다"[乾以易知, 坤以簡能]는 것이다. 『주역』「계사전」과 「건괘(乾卦)·단전(彖傳)」에서는 다음과 같이 말하였다.

건은 위대한 시작을 주관하며, 곤은 만물을 완성하는 작용을 한다. 건으로써
쉽게 알고, 곤으로써 간단하게 할 수 있다.

乾知大始, 坤作成物. 乾以易知, 坤以簡能.

『周易』「繫辭上」

크도다, 건원이여! 만물이 다 거기에서 비롯되었다.

大哉乾元! 萬物資始.

『周易』「乾·象傳」

「계사상」에서 '건은 위대한 시작을 주관한다[乾知大始]'라고 하였는데,
이 원문의 '지'(知)라는 글자는 '주'(主), 즉 '주관한다'는 의미이다. 다시
말해 건원(乾元)은 우주의 시작을 주관하므로 그 시작을 위대한 시작[大始]
이라고 한 것이다. 이것이 바로 만물의 근원이다. 그러므로 이 시작은 창
시(創始)의 시(始)로서, 만물이 이것에 근거하여 처음으로 생성됨[始生]을
말한 것이다. 이 시작은 시간적 의미에서 시작이 아니라, 리체(理體)의 시
작이며 가치적 의미에서의 시작이다. 건원은 하나의 '창조원칙'으로 진
실한 생명으로 하여금 늘 밝게 하여 어둠에 빠지지 않도록 하는 것이므
로 모든 것을 창생할 수 있다. 그것이 위대한 시작을 주관하는 것은 지
극히 쉬운[至易] 방식을 위주로 하기 때문에 의심스럽거나 어려운 것이
없다.[「계사하」의 제1장에서는 "무릇 乾은 강건하여 평이함으로 사람에게 보여준
다"[58]고 하였고, 제12장에서는 "무릇 乾이란 천하에서 가장 剛健한 것인데, 그 덕행은
항상 평이함으로 험한 것을 안다"[59]라고 하였다.] 명확하고 지극히 강건하기 때
문에 쉽고 평이한 것이다. 항상 밝기 때문에 명확한 것이다. 어둠에 빠지
지 않고 그 덕행을 볼 수 있기 때문에 지극히 강건한 것이다. '지극히 쉽
다[至易]'는 것도 '지극한 조화'[至和]이다. 그 사이에 아무 것도 섞이지 않

---

58   『周易』「繫辭下」, "夫乾, 確然示人易矣."
59   『周易』「繫辭下」, "夫乾, 天下之至健也, 德行恒易以知險."

는 것을 '화'(和)라고 하고, 순수하고 한결같은 것을 '이'(易)라고 한다. 이런 까닭에 「태화편」의 앞머리에서 '위대한 시작'은 알기가 쉽다고 말하였는데, 이것에서부터 '대용'(大用)이 크게 일어나는 것이다. 시작이 있으면 마침도 있다. '건원'이 창시한다면 '곤원'(坤元)은 건원을 따라 마침을 이룬다. 그러므로 '곤원'은 마침을 이루는 원칙, 즉 '종성원칙'(終成原則) 또는 '응취원칙'(凝聚原則)이다. 마침을 이루어서 응취하는 것이 '능'(能-할 수 있음)이다. 노자는 "도(道)는 생성하고, 덕(德)은 길러주며, 사물은 형체를 지으며, 세(勢)는 이룬다"[60]고 말하였다. 여기서 도가 생겨나게 하고 덕이 기르는 것은 '창생원칙'[이것은 노자의 말을 빌려 좀 더 명확히 해설하려는 것이지, 도가에서 '도가 만물을 생성한다'는 의미와는 다르다]이다. 사물을 형체 짓고 형세를 이루는 것은 '응취원칙'인데, 이 또한 '능'(能)에 속한 것이다. 할 수 있음은 '재질'(材質) 관념이다. 할 수 있다는 것은 이러한 재질을 갖추고 있어서 '건원'의 창시를 드러내고 마침을 이룰 수 있다는 것[구체화][61]이다. '건원'이 위대한 시작을 주관하고 아는 것은 '심'(心靈)인데, 이는 심이 창시하고 재질이 마침을 이루는 것이다. 재질이 마침을 이루는 것은 지극히 유순하다.[「계사하」 제1장에서는 "무릇 곤은 유순하여 간략함으로 사람에게 보여준다"[62]고 하였다.] 그러므로 그 할 수 있다는 것은 간략함으로써 할 수 있는 것이다. 즉 '간략함'[簡]의 방식으로 응취하여 마침을 이루는 능(能)의 작용을 표현한 것이다. 장재가 말한 "쉽게 알게 되는 것은 건 때문인가? 간단함을 본받은 것은 곤 때문인가?"[起知於易者乾乎? 效法於簡者坤乎?]라는 것은 바로 『주역』의 "건으로 쉽사리 알고, 곤으로 간단하게 할 수 있다"[乾以易知, 坤以簡能]라는 구절을 근거로 하여 말한 것이다. '쉽게 알게 되는 것은 건 때문인가'라는 구절은 『주역』의 방식으로 그

---

60   『老子』「18장」, "道生之, 德畜之, 物形之, 勢成之."
61   역주 : 마침을 이룬다는 것은 끝이 난다는 것이 아니라 실재의 사물 실재의 도덕으로 구체화된다는 것이다.
62   『周易』「繫辭下」, "夫坤隤然示人簡矣."

위대한 시작을 주관하는 것이 바로 '건'임을 표현한 것이다. 그리고 "간단함을 본받은 것은 곧 때문인가"라는 구절은 『주역』「계사하」제5장의 "이루어진 상을 본받는 것[效法]을 '곤'이라 한다"[效法之謂坤]는 말을 근거로 한 것이다. '효법'(效法-본받는다)에 대해 주희는 "효(效)란 드러낸다는 것이다. 법(法)이란 조화가 상세하고 조밀하여 볼 수 있는 것을 일컫는다"[63]라고 말하였다. 이것은 장재가 말한 '간단함을 본받은 것은 곧 때문인가'라는 것이 '간단함'[簡]의 방식으로 그 법상(法相)을 본받아 드러내는 것이 바로 '곤'이라는 뜻이다. 만약 엄격하게 상대지어 말한다면 장재의 이 말은 마땅히 '간단함을 본받아 할 수 있는 곤인가'[效能於簡者坤乎]로 되어야 한다. 왜냐하면 『주역』「계사전」의 원문이 "곤으로써 간단하게 할 수 있다"[坤以簡能]는 것이기 때문이다. 이는 '간단함'의 방식으로써 그 마침을 이룰 수 있는 것을 본받는 것이 바로 '곤'임을 말한 것이다. 장재는 여기에서 갑자기 "이루어진 상을 본받는 것을 곤이라 한다"[效法之謂坤]라는 것을 근거로 하여 말하였는데, 이는 비록 의미상 소통은 되지만 문맥상 대칭이 되지 않는다. 이것이 바로 그 의미가 명확하지 않았던 은회처(隱晦處)[64]이다.

"쉽게 알게 되는 것은 건 때문인가? 간단함을 본받은 것은 곤 때문인가?"[起知於易者乾乎? 效法於簡者坤乎?]라는 '기지'(起知)와 '효법'(效法) 두 문구에서 '태화의 도'가 창조하는 과정이 '건지'(乾知)와 '곤능'(坤能)[65]으로 자

---

63 『周易本義』「繫辭上」, "效, 呈也. 法, 謂造化之詳密而可見者."

64 역주 : 모종삼은 장재가 『정몽』「태화편」에서 말한 "起知於易者乾乎? 效法於簡者坤乎?"은 표면상 대칭 문구인 것 같으나, 의미상 '건'이 만물의 창생을 주관하면 '곤'은 만물을 완성한다는 뜻이 되어야 한다고 보았다. 그런데 장재의 "效法於簡"은 건이 창조한 理體를 '드러낸다'는 의미는 있어도 '완성한다'는 의미가 없는데, 모종삼은 완성한다는 의미가 되기 위해서는 '能於簡'(간단히 사물을 완성하는 작용)이 되어야 한다는 것이다. 모종삼은 장재의 의도도 이러했는데, 그것을 이전에는 잘 해석하지 못하여 지금 장재의 의도를 밝혀내었다고 말한 것이다.

65 역주 : '乾知'와 '坤能'은 『주역』의 "건으로 쉽사리 알 수 있고, 곤으로 간단하게 할 수 있다"[乾以易知, 坤以簡能]는 말을 축약해서 말한 것이다. 이 앞의 글에서는 이를 풀어서 번역했으나, 여기에서부터는 이를 하나의 용어로 사용했기 때문에 풀어 번역

세히 분석됨을 알 수 있다. 다시 말해 '태화의 도'가 도가 되는 까닭은 바로 건지(乾知)에 있지 곤능(坤能)에 있는 것은 아니다. 뭉뚱그려 말한다면 '건지'와 '곤능'의 마침과 시작 과정은 바로 천도(天道)의 창생 과정이며, 또한 건도(乾道)의 '원형이정'(元亨利貞)이다.[66] 건원(乾元)으로 곤원(坤元)을 통괄하며, '곤원'은 "건도(乾道)가 변화하여 모든 사물의 성명(性命)을 바르게 한다"[67]는 마침과 시작의 과정을 포함하고 있다. 그러나 분석적으로 말한다면 '도'가 도일 수 있는 까닭과 '태화'가 화(和)일 수 있는 까닭은 반드시 건지(乾知)에서부터 말해야 그 주장이 성립될 수 있다.

이 '건지'와 '곤능'의 구분에서부터 다시 한 걸음 더 나아가 우주론적 측면에서 기(氣)와 신(神)의 두 개념으로 나누었다. 장재는 이를 "흩어져서 형상이 있는 것은 '기'이고, 맑게 통하여서 형상이 없는 것은 '신'이다"[散殊而可象爲氣, 淸通而不可象爲神]는 것으로 표현하였다. '신'은 '기'를 떠날 수 없지만, 신은 신일 뿐 기가 아니다. 또한 기는 기일 따름이지 신이 아니다. 이렇게 신과 기는 따로 나누어 확립할 수 있다. 우리는 『역전』을 근거로 '건지'의 쉬움에서 '신'을 말할 수 있고, '곤능'의 간단함에서 '기'를 말할 수 있다. '간단함을 본받아 할 수 있는 것'[效能於簡]과 '간단함에서 법상을 본받는 것'[效法於簡]을 막론하고 그것이 본받는 '할 수 있음'[能]과 '법상'[法]에는 결국 형상이 있고 흔적이 있다. '간단함'이란 '유연하여 지극히 유순한 것'[隤然至順]을 말한 것이다. 유연하여 지극히

하지 않고 그대로 사용하였다.

66 역주 : '元亨利貞'은 乾卦의 괘사에 나오는 말이다. 「乾卦·文言」에서는 이를 해석하여 "元이란 선함의 으뜸이고, 후이란 아름다움의 모임이고, 利란 義로 조화하는 것이며, 貞이란 일을 하는 데 근간이 되는 것이다"[元者, 善之長也, 亨者, 嘉之會也, 利者, 義之和也, 貞者, 事之幹也]라고 하였다. 건괘의 '원형이정'은 건괘의 강건함을 해석한 것인데, 건괘의 강건함이란 멈추지 않는 天道의 운행이다. 이는 영원히 조금의 틀림도 없는 것으로, 이를 분석하면 바로 원(으뜸이고), 형(형통하고), 이(이롭고), 정(바른 것)인 것이다. 후대에 이를 仁義禮智(윤리학적 측면), 春夏秋冬(우주론적 측면) 등으로 해석하는 사람들이 많았다. 장재 역시 天道라는 차원에서 이를 해석하였는데, 이는 윤리학적 측면과 우주론적 측면이 동시에 내재되어 있는 것이다.

67 『周易』「乾卦·象傳」, "乾道變化, 各正性命."

유순하지만 결국에는 형상이 있고 흔적이 있으므로 '기'에 속한 것이다. 기에는 형상과 흔적이 있고 또 갖가지로 흩어진 것을 말할 수 있기 때문에 장재는 '갖가지로 흩어져 형상 지을 수 있는 것은 기이다'라고 말한 것이다. 이 말은 흩어져 있어 서로 다르지만 드러나 형상이 있을 수 있는 것이 바로 '기'라는 말이다. '건지'의 쉬움은 형상도 없고 흔적도 없으며 소리도 없고 냄새도 없지만 순일하여 지극히 조화롭고 온통 밝디 밝은 것이다. 이것은 어떠한 형상으로 제한할 수 없으므로 여기에서 '신'(神)을 말할 수 있다. 때문에 장재는 '맑게 통하여서 형상이 없는 것은 신(神)이다'고 말한 것이다. 순일(純一)하며 지극히 조화롭고 온통 밝은 것은 바로 '청통'(淸通)이다. 이는 형상과 흔적이 없고 소리와 냄새가 없으므로 '형상 지을 수 없는 것'[不可象]이다. 형상이 없는 것은 형체와 흔적이 없기에 형상으로 논할 수 없고 흔적으로 얽어맬 수도 없다. 이것이 바로 신(神)이다.

『정몽(正蒙)』「건칭편(乾稱篇)」에서는 다음과 같이 말하였다.

> 무릇 형상할 수 있는 것은 모두 유(有)이고, '유'는 모두 형체가 있으며, 형체가 있는 것은 모두 기로 이루어졌다. 기의 성[氣之性]은 본래 비어 있으면서도 신묘하니[虛而神], 신(神)과 성(性)은 곧 기가 원래부터 지니고 있는 것[固有]이다. 이것이 기의 작용인 귀신이 만물을 이루면서 하나의 사물도 빠뜨리지 않는 까닭이다.
>
> 凡可狀皆有也, 凡有皆象也, 凡象皆氣也. 氣之性本虛而神, 則神與性乃氣所固有. 此鬼神所以體物而不遺也.
>
> 『正蒙』「乾稱」

여기에서 '기의 성'[氣之性]이라고 한 것은 기의 체성(體性)이다. 이 체성은 기의 초월적인 체성인데, 기에 두루 운행하면서 체가 되는 것이다. 이 '성'(性)은 하나이면서 보편적인 것이다. 결코 갖가지로 흩어져 형상화할 수 있는 기 자체의 복잡하고 다양한 특성[質性]⁶⁸이 아니다. 기의 다양하고 복잡한 특성은 기가 응취하거나 서로 결합한 것으로 현상적인 '성'이다. 그런데 장재가 이곳에서 말한 '기의 성'은 두루 두루 기에 운행하면서 '체'가 되는 '초월적 성'이자 '본체적 성'으로 형이상의 것이다. 기가 이것을 '체'로 삼는다는 것은 곧 이것을 '성'으로 삼는다는 것이다. 장재는 '비어 있으면서도 신묘하다[虛而神]는 말로써 이 '체성'을 규정하였다. 그러므로 이 체성은 보편적이면서도 하나인 것이며, 맑게 통하여서 형상이 없는 것이다. 장재는 이러한 것은 기가 원래부터 지니고 있는 것이라고 말하였는데, 이 '원래부터 지니고 있다[固有]는 것은 초월적으로 원래 지니고 있다는 것이다. 운행하여 그 '체'가 되기 때문에 그것이 원래 지니고 있는 고유한 것이지, 현상적으로 원래 지닌 고유함이 아니다.[귀신은 만물을 이루면서 하나의 사물이라도 빠뜨리지 않는다는 말은 『中庸』에 근거하여 말한 것이다. 이에 대해 자세한 것은 이 장의 제8)을 살펴주기 바란다.]

이상은 『정몽』「태화편」의 첫 문단을 설명한 것이다. 그 주요 내용과 관념은 다음과 같다.

　　가. 태화란 이른바 도이다.[太和所謂道]

　　나. 건으로 알 수 있고 곤으로 할 수 있다.[乾知坤能] – 쉽게 알고 간단하게 할 수 있게 된다.[易知簡能] "쉽게 알게 되는 것은 건 때문인가? 간단함을 본받은 것은 곤 때문인가?"[起知於易者乾乎? 效法於簡者坤乎?]

　　다. 신(神)과 기(氣). "흩어져서 형상이 있는 것은 '기'이고, 맑게 통하여 형상이 없는 것은 '신'이다."[散殊而可象爲氣, 淸通而不可象爲神]

68　역주 : 원문에서 '質性'이라 쓰인 것을 '특성'이라고 번역하였다. '質性'이란 기가 지닌 특수한 성질 혹은 성격을 가리킨다. 더욱 간단하게 말하면 속성과 유사한 의미이다. 이러한 성질은 기의 형이상학적 모습이 아니라, 현상적이고 실재적인 모습을 가리키는 말이다. 이후 '質性'을 특성이라 번역하겠다.

2) 태허와 기

태허(太虛)는 형체가 없는 것으로 기의 본체이다. 그 기가 흩어지고 모이는 것은 변화의 객형(客形)[69]일 따름이다. 지극히 고요하여 감응함이 없는 것이 '성'의 연원이다. 의식하는 것이 있고 알게 되는 것이 있는 것은 사물과 서로 교감한 객감(客感)[70]일 따름이다. '객감'과 '객형' 그리고 '감응이 없음'과 '형체가 없음'은 본성을 완전히 실천할 수 있는 사람만이 하나로 할 수 있다.

太虛無形, 氣之本體. 其聚其散, 變化之客形爾. 至靜無感, 性之淵源. 有識有知, 物交之客感爾. 客感客形與無感無形, 惟盡性者一也.[71]

『正蒙』「太和」

해설 여기에서는 '태허'(太虛)라는 용어를 제시하였다. 장재의 태허라는 말은 "맑아서 모든 사물에 통하여 형상이 없는 것을 신(神)이라 한다"[72]라는 것에 근거하여 말한 것이다. 나는 '맑게 통하여 형상 지을 수 없는 것을 신이라고 한다'는 말로 '태허'를 규정할 수 있다. '태화'(太和)는 총괄적으로 설명한 말로서 도(道)가 지닌 '창생의 의미'를 주로 밝힌 것이다. '태허'는 분석적인 측면에서 확립한 용어로, 한편으로는 기와 대립되는 것이며, 다른 한편으로는 태화가 '화'(和)가 되는 까닭과 '도가 창생의 참된 근원 혹은 진정한 원리[眞幾]가 되는 까닭을 확정하고 있다. '태

---

69 역주 : '객형'이란 기가 운행하다가 일시적으로 이루어진 형체를 말한다. '태허'의 본체 혹은 실체가 '無形'이므로 이와 대비하여 '객형'이라고 하였다. 모종삼 역시 아래에서 이를 설명하고 있다.

70 역주 : '객감'이란 사물과 사물이 서로 교착하여 일으키는 감응을 뜻한다. 사물이 교착하는 것은 항상 변화하므로 그에 대한 인식 역시 일시적인 것일 따름이다.『주역』에서는 '感而遂通'이라고 말하였는데, 객감은 이와 대비하여 말한 것이다.

71 역주 :『四庫全書』등의 대부분 판본에서『정몽』「태화」의 "惟盡性者一也"는 "惟盡性者一之"로 되어 있다. 모종삼 역시 이 글 아래에서 '一也'가 '一之也' 또는 '一也'가 되어야 한다고 했는데, 이는 판본상 차이가 있는 것 같다.

72 『正蒙』「太和」, "淸通而不可象爲神."

허는 형체가 없는 것으로 기의 본체이다'는 말은 『정몽』「건칭편(乾稱篇)」의 "기의 본성은 본래 비어 있으면서도 신묘하다"[73]는 말과 동의어이다. '기의 성'[氣之性]은 기의 초월적 체성(體性)으로, 이것은 기에 두루두루 운행하면서 갖가지 사물의 본체가 되는 것이다. 그러므로 이곳에서는 곧장 '기의 본체'[氣之本體]라고 말한 것이다. 여기에서 '기의 본체'라고 말한 것은 비교적 타당하기 때문에 오해를 잘 일으키지 않는다. '성'(性)을 말할 때는 반드시 간략히 구별하여 일깨워 주어야 한다. 기는 태허, 즉 온 사물에 두루 통하는 신으로서[淸通之神] 본체를 삼아야만 비로소 활발하게 움직이게 된다. '활발하게 움직이게 된다'는 것은 변화(變化)를 말한 것이다. 부침(浮沉)・승강(升降)・동정(動靜)・상감(相感)・인온(絪縕)・상탕(相湯)・승부(勝負)・굴신(屈伸)은 모두 기가 활발하게 운행하는 것이다. '혹은 모이기도 하고 혹은 흩어지기도 한다'[或聚或散]는 것 역시 기가 활발하게 움직이는 것이다. 그러므로 장재는 "그 기가 흩어지고 모이는 것[其聚其散]은 변화의 '객형'일 따름이다"라고 말한 것이다. 여기에서 '기'(其)라는 글자는 '기'(氣)를 가리켜 말한 것이다. 기가 모이거나 흩어지는 것, 그리고 뜨고 가라앉는 것・오르고 내리는 것 등은 모두 기가 변화하고 활발하게 운행하는 '객형'일 따름이다. 객형은 장재가 만든 아주 훌륭한 용어이다. '객'(客)이란 과객(過客)의 객이며, 이는 '일시적'이라는 의미이다. 객형은 일시적인 형태 또는 어떠한 시간 속에서 움직이는 양태(temporal forms or modes)이다. 이는 모두 기의 변화가 드러내는 '모습'[相]인데, 이른바 '본받는 것을 일컬어 곤이라 한다'[效法之謂坤]는 것이 바로 이것이다.[이에 대해 자세한 것은 바로 앞 1)을 살펴주기 바란다.] 기가 변하면 비록 객형을 드러내지만, 맑게 통하는 신(神)과 허(虛)는 보편적이면서 하나이기 때문에 그 영원불변한 상체(常體)이다.

　개체의 생명에서 말하자면, 이 맑게 통하는 '신'과 태허는 바로 우리

73　『正蒙』「乾稱」, "氣之性本虛而神."

들의 '성'이다.[기에 두루 두루 운행하면서 그것의 體가 되는 것으로 말하자면, 이
또한 '性'이라고 말할 수 있다. 이것이 바로 天地之性이다. 이것과 개체 생명에서 말하
는 것은 그 의미가 같다.] 이 '맑게 통하는 신'과 '태허의 체'가 우리의 생명
에서 '지극히 고요하여 감응함이 없는 것'[至靜無感]에서부터 말한 것이라
면, 이는 성체(性體)의 가장 깊은 근원이라고 여길 수 있다. 즉 이는 '성
체'의 가장 심오한 곳이자 가장 은밀한 곳이다. 그러므로 장재는 "지극
히 고요하여 감응함이 없는 것이 성의 연원이다"[至靜無感, 性之淵源]고 말
한 것이다. '성의 연원'은 '성체' 외에 다른 하나의 가장 깊은 연원이 있
다는 것이 아니라, 이것이 바로 '성체' 자체의 가장 심오한 곳이자 은밀
한 곳이라는 말이다. '지극히 고요하여 감응함이 없다'는 것은 '적연부
동'(寂然不動)[74]이다. '적연'(寂然)이란 '성체' 자체의 적연함이며, '감이수
통'(感而遂通) 역시 성체 자체의 '신묘한 작용'[神用]이다. 이는 모두 '성체'
자체를 말한 것이고, 또 맑게 통하는 신과 태허 자체를 말한 것이다. 그
러나 개체 생명으로 구체화된 곳에서 말하자면 '의식하는 것'[識]과 '알게
되는 것'[知] 역시 감응의 형태이다. 이 감응의 형태 역시 '성체' 자체[清通
之神][75]가 사물을 접할 때 드러내는 일시적인 형상인데, 이것이 곧 '객감'
(客感) 또는 '감응의 일시적 형태'(temporal forms of feeling)이다. 그러므로 장
재는 "의식하는 것이 있고 알게 되는 것이 있는 것은 사물과 서로 교감
한 객감일 따름이다"[有識有知, 物交之客感爾]라고 한 것이다. 그렇다면 '태

---

74 역주 : '寂然不動'은 원래 『주역』 「계사상」 10장에 나오는 말로 이와 연결된 구절은
   "고요히 움직이지 않으나 감응하면 나아가 천하의 모든 일에 완전히 통하게 된다"
   [寂然不動, 感而遂通天下之故]는 것이다. 이 말은 원래 『주역』이라는 책 자체를 설
   명한 것이나, 송명 유학 이후로는 본체를 설명하는 관념이 되었다. 또한 이 가운데
   '感而遂通'은 본체의 고요함과 無形을 이야기하고 나서 본체가 모든 사물에 체현되
   어 드러나는 신묘한 작용을 설명한 것이다.
75 역주 : 모종삼은 앞의 '1) 태화는 도이다—기(氣)와 신(神)'에서 형상 지을 수 없는 것
   을 神이라 하였다. 즉 不可象이 바로 신인 것이다. 이것과 궤를 함께 하여 여기에서
   는 모든 사물에 완전히 관통되어 있는 것을 '신'이라 하였다. 그런데 이 '신'은 性體
   본연의 모습이다. 따라서 '性體'와 '神體'는 동일한 우주론적 본체를 나타낸다.

허'는 진실로 '맑게 통하는 신'으로 규정할 수 있으며, 또한 '적감진기' (寂感眞幾)로도 규정할 수 있다. '적감진기'가 곧 '적감지신'(寂感之神)이다. 통틀어 보면 이것은 창조의 참된 기미 또는 진정한 근원[眞幾] 그리고 창생의 실체(creative feeling, creative reality)를 가리킨 것이다. 이 '진정한 근원'의 실체 자체가 고요하면서도 감응하는 것[卽寂卽感]이기 때문에 고요함과 감응함은 둘이 아니라 하나이다. 총괄적으로 말하여 이를 신(神)이라 해도 가능한 것인데, 신은 묘용(妙用)이라는 뜻으로써 규정된 것이다. 또한 태허(太虛)라 해도 가능한데, 이는 '맑게 통하여 흔적이 없다'는 의미로써 규정된 것이다.

청통허체(淸通虛體)의 '신'이 바로 "고요히 움직이지 않으나 감응하면 나아가 천하의 모든 일에 완전히 통하게 되는 것"[寂然不動, 感而遂通][76]이지만, 이는 오로지 참된 실체[眞體]의 측면에서 말한 형이상학적 진술로서, '참된 실체' 자체가 이와 같다는 의미이다. 그러나 만약 개체 생명에 드러나 성(性)이 되면, 사물과 접하게 될 때 감응[감성]이 있게 되고, 형구(形軀)의 제한으로 말미암아 사욕(私欲)의 감성이 섞이게 되기 때문에 이 때의 감응도 필연적으로 '감이수통'(感而遂通)하는 것은 아니다. 즉 필연적으로 맑고 밝아 막힘이 없지는 않다는 것이다. 그렇다면 '성체'(性體)는 감추어져 항상 막힘없이 잘 통하게 되는 것은 아니다. 따라서 도덕창조와 수양 실천의 대용(大用)도 필연적으로 이루어지는 것은 아니다. 이 때문에 자각적으로 도덕실천하여 그 참된 실체[眞體]를 회복해야 하는데, 이것이 이른바 '진성'(盡性)이라는 공부이다. '진성'이란 '성체'가 충분하게 실천되거나 드러나게 됨을 일컫는 말이다. 진성의 공부를 통하여 청통허체(淸通虛體)의 신과 기가 변화하여 일시적으로 형태를 이룬 객형 그리고 사물과 접하여 일시적으로 자각하는 객감은 완전히 관통되어 하나가 될 수 있다. '청통허체의 신'은 객감과 객형에 완전히 작용하여, 신묘

---

76 역주 : '寂然不動, 感而遂通'은 논의의 맥락에 따라 번역하기도 하겠지만, 번역하지 않는 것이 읽기 편하다고 생각될 때는 그대로 번역하지 않고 음만 쓰겠다.

하게 운행하면서 '끊임없이 낳고 낳는'(生生) 변화를 이룬다. 그리고 '생생의 변화' 가운데 객감과 객형은 '청통허체의 신' 속으로 완전히 융화되어 조리와 진실함을 얻는데, 이것이 바로 도덕 창생의 자기 완성과 기질 생명의 완성이다.[77] 그러므로 장재는 "객감과 객형 그리고 감응이 없음과 형체가 없음은 성을 완전히 실천할 수 있는 사람만이 하나로 할 수 있다"(客感客形與無感無形, 惟盡性者一也)고 말한 것이다. 여기에서 '일야'(一也)라는 말은 마땅히 '일지야'(一之也) 또는 곧장 '일지'(一之)라고 해야 한다.

그러므로 유학자들이 깊은 사유를 통해 말한 천도(天道) · 태극(太極) · 성체(誠體) · 태화(太和) · 태허(太虛) 그리고 적감지신(寂感之神)은 모두 우주의 근본에 통철한 것이자 우리의 '성체'에 통철한 것이며, 이것으로써 도덕창조와 자기완성 및 기질생명 완성을 가능케 하는 초월적 근거를 밝히는 것에 불과하다. 그러나 그것의 실제 의미는 모두 '성'(性)에서 구체화되고 드러난다. 이는 '성체'의 '주재'(主宰)와 '창생'의 의미로써 규정된 것이다. 결코 아무 내용 없이 수사적으로만 화려하게 꾸민 용어도 아니며, 또한 자연주의나 유기론에서처럼 기의 증발로써 규정된 것도 아니다.

『정몽(正蒙)』「건칭편(乾稱篇)」에서는 다음과 같이 말하였다.

대개 하늘이 가진 덕성은 비어 있으면서도 갖가지 사물에 잘 응하는 것이다. 그 감응이란 사려나 총명함으로도 구할 수 없는 것이므로, 그것을 일컬어 신(神)이라 한다. 노자는 이러한 것을 곡신(谷神)[78]에 비유하였다.

---

77 역주 : 이곳에서 모종삼은 潤身과 踐形으로써 도덕창생의 모습을 표현하였다. 潤身과 踐形은 동일한 의미이다. 潤身과 踐形은 모두 기질 생명이 청통허체인 신의 작용으로 말미암아 청통허체의 신의 가치를 드러냄과 동시에 자신의 가치마저 온전하게 표현한다는 의미이다. 따라서 번역자는 자기 완성과 기질 생명 완성으로 번역하였다.
78 역주 : 여기서 '곡'은 『老子』 6장에서 "곡신은 죽지 않으니, 이를 일컬어 현빈이라 한다"(谷神不死, 是謂玄牝)는 것을 가리킨다.

大率天之爲德, 虛而善應. 其應非思慮聰明可求, 故謂之神. 老氏況諸谷以此.

『正蒙』「乾稱」

또 이 말을 이어서 다음과 같이 말하였다.

태허란 기의 본체이다. 기에는 음과 양·굽힘과 펼침 그리고 서로 감응함이 무궁하게 있으므로 신의 응함도 헤아릴 수 없다. 그 흩어짐이 무수하므로 신의 응함도 무수한 것이다. 비록 무궁하지만 그 실제는 무거운 듯 고요하다. 비록 무수하지만 그 실제는 하나일 따름이다. 음과 양의 기가 흩어져 만 가지로 나눠지면 사람들은 그것이 하나인 줄 모르게 된다. 그것이 합하여 있으면 혼연하여 하나인 것 같기 때문에 사람들은 그것이 갖가지로 나누어짐을 보지 못한다. 형태로 모이면 사물이 되고, 그 형태가 사라지면 근원으로 돌아간다. 이것은 유혼(遊魂)이 이렇게 변하게 한다는 것인가?[79] 이른바 '변한다'는 것이란 모임과 흩어짐 그리고 간직됨과 소멸을 글로 말한 것이지, 반딧불이나 참새처럼 시간적 전후의 몸이 바뀌는 것[80]을 가리켜 말하는 것이 아니다.

太虛者, 氣之體. 氣有陰陽·屈伸·相感之無窮, 故神之應也無窮. 其散無數, 故神之應也無數. 雖無窮, 其實湛然. 雖無數, 其實一而已. 陰陽之氣, 散則萬殊,

---

[79] 역주 : 遊魂爲變은 『周易』「繫辭上」에 "精氣는 사물이 되고 遊魂은 그것을 변화시킨다"[精氣爲物, 遊魂爲變]는 말에서 온 것이다. 여기에서 대립되는 말은 '物'과 '變'인데, '물'은 氣가 凝聚하여 된 것이지만, 장재에 따르면 모이기만 하고 흩어지지 않는 것은 없다. 따라서 變이라는 좁게는 흩어짐 혹은 消散의 의미이지만 크게는 聚散이라 볼 수 있다. 따라서 '유혼'은 기가 흩어져 무형으로 돌아가는 의미와 취산이 반복됨을 나타내는 것이다. 『정몽』의 설명도 이와 같다.

[80] 역주 : 옛날에는 썩은 풀에서 반딧불이 생겨나며, 참새가 큰 물에 들어가 큰 조개가 된다고 생각하였다. 『禮記』「月令」에는 "썩은 풀이 반딧불이 되며 …… 참새가 큰 물속으로 들어가 대합이 된다"[腐草爲螢 …… 爵入大水爲蛤]라고 하였다. 또한 장재는 '變'과 '化'에 대해 변하는 것은 동일한데 변화하는 속도가 다르다고 생각하였다. 즉 장재는 급하게 변화하는 것을 '變'이라 하였고 천천히 변화하는 것을 '化'라 하였다. 이와 대비하여 주희는 늦게 변화하는 것을 '변'이라고 하였고 급하게 변화하는 것을 '화'라고 하였다.

人莫知其一也. 合則混然, 人不見其殊也. 形聚爲物, 形潰反原. 其遊魂爲變與?
所謂變者, 對聚散存亡爲文, 非如螢雀之化, 指前後身而爲說也.

『正蒙』「乾稱」

해설 이 「건칭편」의 글과 여기에서 말한 의미는 서로 비슷하기 때문에 이것에 근거하여 해석을 도울 수 있다. 「건칭편」의 내용 및 규모는 「태화편」과 비슷하다. 내가 이 두 편을 자세히 비교하면서 읽었는데, 장재는 아마 먼저 「건칭편」을 짓고 이후 다시 이를 소화시켜 새롭게 「태화편」을 지은 것 같다. 「태화편」은 구조나 용어의 취사선택에 있어서 모두 비교적 성숙한 것이며, 또한 매우 순수하고 올바르다. 이것은 분명 단련하고 연마하는 과정을 거쳐 이루어진 것이다. 「건칭편」은 아마 초고본 그대로일 것인데, 말하는 것은 매우 정미하지만 구조의 엄밀성은 「태화편」에 미치지 못하며, 어휘의 선택에 있어서도 노자의 흔적이 남아 있다. 그런데 장재가 「태화편」을 쓸 때에는 이러한 것을 걸러서 다시금 엄밀하게 하였으므로 비교적 순수하고 바르게 된 것이다. 그러나 「건칭편」역시 그다지 막힌 것이 없으므로 이 두 편을 모두 기재하고 있는데, 우리는 이에 근거하여 서로의 뜻을 밝힐 수 있다.

3) 모여도 기의 본체, 흩어져도 기의 본체 — '양체(兩體)를 겸하면서도 어느 한 면에 치우치지 않는다'[兼體無累]는 뜻을 함께 논함

천지의 기는 비록 모이고 흩어지고 배척하고 화합하는 갖가지 과정이 있지만, 그 속에 담긴 리(理)[81]는 순조롭기만 하여 망령되지 아니한다. 기의 물질적 특성이 흩어져 형체가 없는 상태가 되면 기의 본체[82]로 돌아가고, 모여서 형상이

---

[81] 역주 : 여기에서 '리'는 기의 운동 변화의 법칙을 말하는 것이지, 리 일원론에서 말하는 리가 아니다.

있어도 기의 항상된 변화 법칙을 잃지 않는다. 태허는 기가 없을 수 없고, 기는 모여서 만물이 되지 않을 수 없으며, 만물은 흩어져 태허의 본체로 돌아가지 않을 수 없다. 이러한 법칙에 따라 나가고 듦은 모두 부득이하여 그러한 것이다. 이러한 까닭에 성인은 그 사이에 도를 온전히 실천하여 음양(陰陽)·동정(動靜)·취산(聚散)·왕래(往來)의 양면을 모두 체득하여[83] 어느 한 면에 치우치지 않는 사람이니 신(神)을 보존함이 지극하다. 저렇게 적멸(寂滅)을 말하는 자[84]들은 가면 돌아올 줄 모르고, 삶만을 쫓아 유(有)에만 집착하는 자[85]들은 사물은 있으나 그것이 변화하는 줄 모른다. 이 두 무리들은 비록 약간의 차이가 있더라도 도를 잃은 채 말하는 것은 같다. 모인 것 역시 기의 본체이고 흩어진 것 역시 기의 본체이다. 죽어도 기가 완전히 사라지지 않는다는 것을 아는 사람과는 함께 '성'을 논할 수 있다.

天地之氣, 雖聚散攻取百塗, 然其爲理也, 順而不妄. 氣之爲物, 散入無形, 適得吾體, 聚爲有象, 不失吾常. 太虛不能無氣, 氣不能不聚而爲萬物, 萬物不能不散而爲太虛. 循是出入, 是皆不得已而然也. 然則聖人盡道其間, 兼體而不累者, 存神其至矣. 彼語寂滅者, 往而不反, 徇生執有者, 物而不化. 二者雖有間矣, 以言乎失道, 則均焉. 聚亦吾體, 散亦吾體. 知死之不亡者, 可與言性矣.

『正蒙』「太和」

해설 이 글은 앞의 단락, 즉 제2단을 이어서 말한 것이다. 태허는 이미 기의 본체이고, 기의 취산은 단지 변화의 객형일 따름이다. 즉 기가 "흩어져 형체가 없는 상태가 되면 기의 본체로 돌아가고, 모여서 형상이 있

82　역주 : 『正蒙』「太和」에 나오는 '吾體' 혹은 '吾常'에서 '吾'는 모두 '氣'를 가리켜 한 말이다. 따라서 '吾體'는 '기의 본체'라는 의미이며, '吾常'은 '기의 항상된 법칙'을 말한다. 이 말은 이 단락의 제목에도 쓰인 말이다.

83　역주 : 위의 '兼體而不累'에서 體은 陰陽·動靜 등 兩體를 가리키는 것인데, 주어가 聖人이므로 體得으로 해석하였다.

84　역주 : 불교도들을 가리키는 말이다. '적멸'이란 涅槃과 같은 의미를 지닌 말이다.

85　역주 : '삶에만 따라 유에 집착한다'는 것은 도교의 長生不死를 이야기한 것이다. 즉 삶에만 집착하는 사람들은 도교의 무리를 가리킨다.

어도 기의 항상된 변화 법칙을 잃지 않는다"는 위의 말은 필연적으로 반드시 있어야 할 지극한 리(理)이다.

　기의 본체가 되는 태허는 추상적이면서 어느 하나에 고정된 정태적 본체가 아니라, 그 기 자체가 사물에 두루두루 운행하여 신묘하게 감응의 작용을 일으키는 활발하면서도 구체적인 신묘한 작용[神用]을 일으키는 본체이다. 그러므로 기가 모이거나 흩어지거나, 밀어내거나 끌어당기거나 하는 것에 비록 수많은 방식이 있지만, 이 모두는 '청통신용(清通神用)의 본체'가 오묘하게 운행하는 것이다. 따라서 "순조롭기만 하여 망령되지 아니하다"는 것은 우연하게 그렇게 된 것이 아니다. "기 속에 담긴 리(理)는 순조롭기만 하여 망령되지 아니하다"는 말은 그것이 모이는 것에는 모여야 하는 이치가 있고, 흩어지는 것에는 흩어져야 하는 까닭이 있으며, 배척하는 것에는 배척하는 까닭이 있고, 화합하는 것에는 화합하는 까닭이 있는 것으로, 여기에 형이상학적인 필연적 도리가 있음을 말한 것이다. 그러므로 순조롭게 기의 운동이 진행되어 허망하지 않게 된다. '리가 됨'[為理]이란 말은 하나의 일에는 반드시 이 일이 되게 하는 리가 있다는 것으로 '이러한 까닭 때문에 이와 같이 된다'는 의미이다. 여기에서 '리'(理)라는 글자는 형식적인 용어[虛說][86]인데, 그 실재적인 내용은 '태허'의 신묘함에 통한다는 것이다. 신체(神體)가 있어 오묘하게 운행하므로 일[事]은 모두 실재적인 일인 것이지 덧없는 것이 아니다. 이러한 까닭에 기가 흩어져 무형으로 들어가는 것은 결코 '허무'로 돌아가는 것이 아니다. 이것으로써 기에 맑게 통하는 허체(虛體·神體)를 증명할 수 있는 것이다. 기는 비록 흩어지지만 허체는 상존하므로 장재는 '기의 본체로 되돌아간다'[適得吾體]고 말한 것이다. 이것이 바로 아래에서 말한

---

[86]　역주 : '虛說'은 '實說'과 대비되는 말이지만, 반대의 의미를 지닌 말이 아니다. 본문에서는 '虛說' 다음에 '實處'라고 말하였는데, 비어 있는 말 혹은 공허한 말로 번역을 하면 글의 맥락에 맞지 않는다. 모종삼이 말하는 '허설'은 형식적인 말 또는 언어이고, 實說 혹은 實處는 그 형식이 담고 있는 내용을 말한다. 이에 '虛說'을 '형식적인 용어'라 번역하였다.

'죽어도 사라지지 않는다[死之不亡]는 것이다. 또 '모여서 형상이 있을 때'
도 기(氣)의 응취로 말미암아 하나의 형상으로 굳어지는 것도 아니고, 또
허체(虛體)와 어긋나거나 조화를 잃는 것도 아니다. 기가 비록 모여 있어
도 상체(常體)는 잃지 않으므로, 장재는 '기의 항상된 변화 법칙을 잃지
않는다[不失吾常]고 말한 것이다. 이는 바로 이 책 아래 제6)에서 말한
"기가 모이면 밝음[離明]이 베풀어져 형체가 있게 된다"[87]는 것이다. 여기
에서 '리명'(離明)[88]은 태허 상체(常體)의 밝음을 말한 것이다.

이상은 '본체우주론적'으로 말한 것이다. 본체우주론적인 실리(實理)가
이와 같다는 것이다. 이것은 대중지정(大中至正)[89]의 도리이기 때문에 성
인 역시 이 도를 온전히 실천하는 것에 불과할 따름이다. 이른바 '이 도
를 온전하게 실천한다'는 것은 기가 모여 있는 것에만 치우쳐 막혀 있는
것도 아니고, 흩어져 있는 것에만 치우쳐 막혀 있는 것도 아니다. 즉 이
모두를 하나로 관통하여 '신'을 보존할 수 있다는 것이다. 그러므로 장재
는 여기에서 "성인은 그 사이에 도를 온전히 실천하여 음양·동정·취
산·왕래의 양면을 모두 체득하여 어느 한 면에 치우치지 않는 사람이
니 신(神)을 보존함이 지극하다"라고 말한 것이다. 이것은 성인이 기의
취산 과정 가운데에서 도를 온전히 실천하여 '음양·동정·취산·왕래
의 양면을 모두 체득하여 어느 한 면에 치우치지 않는 사람임'을 말한

---

87 『正蒙』「太和」, "氣聚則離明得施而有形."
88 역주 : 離와 明은 모두 밝음을 의미한다. 특히 '離'는 『주역』의 卦義를 가지고 온 것
　　이다. 『주역』의 괘에서 리괘(☲)는 태양 또는 불[火]을 상징한다. 즉 卦名은 離이고,
　　卦義는 明인 것이다. 또한 離卦는 태양이 떠서 세상을 밝게 비추는 것을 의미한다.
　　『周易』「說卦傳」에서는 "리라는 것은 밝음을 의미한다"[離也者, 明也]고 설명하였다.
　　'離明'이란 곧 『주역』의 괘명과 괘의를 합쳐서 설명한 것이다.
89 역주 : 大中至正이란 원래 『주역』을 象學的으로 해석한 말이다. 보통 『주역』 6획괘
　　는 아래에서부터 初, 二, 三, 四, 五, 上으로 자리가 구별되는데, 홀수의 자리에는 양
　　효-가 오고 짝수의 자리에 음효--가 오는 것을 '中'이라 한다. 아울러 초, 삼, 오의
　　자리에 양효가 오는 것과 이, 사, 상의 자리에 음효가 오는 것을 또한 '正'이라고도
　　한다. '中正'이란 한 효가 中의 자리에서 正位하고 있는 것을 가리킨다. 이 의미가
　　일반 학술 용어로 쓰여 매우 '적절하고도 바른 것'을 지칭하는 용어가 되었다.

것이다. 성인이 이렇게 할 수 있는 것은 바로 '신'을 보존(存神)할 수 있기 때문이다. '존신'(存神)이란 지극한 공부이다. 맹자는 "군자가 보존하는 것은 신(神)이고, 군자가 지나가는 곳마다 교화가 된다"[90]고 하였다. '음양·동정·취산·왕래의 양면을 겸하면서도 어느 한 면에 치우지지 않는다[兼體不累]는 것 역시 맹자가 말한 '지나가는 곳마다 교화가 된다는 것이다. '신'을 보존할 수 있으면 '허'(虛-기가 흩어져 완전히 허가 된 것)에 빠지지 않을 수 있다. 장재가 말한 "적멸(寂滅)을 말하는 자들은 가면 돌아올 줄 모른다"는 것은 흩어지는 것에만 매달려 '허'에 빠진 것이다. 이것은 불교를 가리켜 말한 것이다. 동시에 신을 보존할 수 있으면 또한 '실'(實-기가 모여서 실질을 이룬 것)에 집착하지 않는다. 장재가 말한 "삶만을 따라 유(有)에만 집착하는 자들은 사물은 있으나 그것이 변화하는 줄 모른다"는 것은 모임에만 매달려 '실'에 집착하는 것이다. 이것은 도가를 가리켜 말한 것이다.[도가에서 養生을 함으로써 長生을 기원하는 것이 바로 '삶만을 따라 유에 집착하고, 사물이 있되 그것이 변화하는 줄 모른다'는 것이다.] 이 두 부류들은 원래 성향이 다르지만 모두 '대중지정'의 도를 실천하는 것이 아니므로, 장재는 "도를 잃은 것으로 말하자면 모두 똑같다"고 말한 것이다. 음양과 동정 등의 양면을 겸하면서도 어느 한 면에 치우치지 않고 '신'을 보존하는 것이 곧 "죽음이 완전히 사라짐이 아닌 것을 아는 것"이다. 즉 죽음은 죽음이 아니라 바로 크게 가서[大往] 그윽함에 들어가는 것이다. 죽음이 '크게 감[大往]이라면 삶은 곧 '크게 옮[大來]이다. 즉 삶은 그윽한 것에서부터 밝아지는 것이다. 이와 같으면 생사의 문제는 곧 유명(幽明)의 문제이다. 즉 "살아 있으면 나는 순리에 따라 일을 할 것이고, 죽으면 나는 편안할 것이다."[91] 죽지만 사라지지 않는다면 우리의

---

90 역주 : 원래의 『孟子』「盡心上」의 구절은 "君子所過者化, 所存者神"이다. 이때 '所存'은 '살고 계신 곳' 혹은 '머무는 곳'으로 해석할 수 있다. 그런데 이 책에서는 "君子所存者神, 所過者化"로 바뀌어 있다. 이러하면 '所存'은 '마음 속에 보존하고 있는 바라는 의미를 가지게 된다. 즉 모종삼이 설명하려는 '공부'의 뜻을 가지는 것이다.

91 『正蒙』「乾稱」, "存吾順事, 歿吾寧也."

진실한 생명이 어찌 진실로 항상 존재하여 우뚝하고 웅장하게 천지와
함께 수를 누리지 않겠는가? 이것을 안다면 "그와 더불어 성을 논할 수
있는 것이다." 이러한 의미는 「성명편(誠明篇)」에 자세하게 나온다. 또한
이 책 2의 4)에서 이를 자세히 설명해 놓았다.

'음양·동정·취산·왕래의 양면을 겸하면서도 어느 한 면에 치우치
지 않는다'는 '겸체불루'(兼體不累)에서 '겸체'라는 용어에는 많은 뜻이 감
추어져 있다. 이것은 다른 곳의 문장에 근거하여 해석해 볼 수 있다.

> 체(體)는 한쪽으로 치우치거나 막힘이 없어야만 비로소 '방소도 없고 형체도
> 없다'고 할 수 있다. 낮과 밤, 음과 양의 어느 한쪽에 치우치거나 막힘이 있는
> 것은 사물이다. '도'는 이렇게 주야와 음양의 양면을 겸하면서도 어느 한 쪽에
> 치우침이 없다. 양면을 겸하였으므로 '한번 음이 되고 한번 양이 된다'고 말하
> 며, 또한 '음과 양의 변화를 헤아릴 수 없다'고 말하며, 또한 '한번 닫히고 한번
> 열린다'고 말한 것이며, 또한 '밤과 낮을 관통한다'고 말한 것이다. 이것은 그 미
> 루어 행함을 말하였으므로 도(道)라 하였다. 이것은 헤아릴 수 없는 것을 말하
> 였으므로 신(神)이라 하였다. 이것은 낳고 낳음을 말하였으므로 역(易)이라 말
> 하였다. 그것은 실제로 하나의 사물이지만 각각의 일에 따라서 이름이 다를 뿐
> 이다.[92]
>
> 體不偏滯, 乃可謂無方無體. 偏滯於晝夜陰陽者物也. 若道則兼體而無累也. 以
> 其兼體, 故曰一陰一陽, 又曰陰陽不測, 又曰一闔一闢, 又曰通乎晝夜. 語其推行,
> 故曰道. 語其不測, 故曰神. 語其生生, 故曰易. 其實一物, 指事異名爾.
>
> 『正蒙』「乾稱」

이 글은 겸체(兼體)의 뜻을 이해하는데 도움이 될 수 있다. 이를 자세

---

92   역주 : 이곳에서 작은따옴표를 쓴 부분『주역』「계사전」의 말을 인용한 것이다. 그것
    을 차례대로 살펴보면 '神無方而易無體', '一陰一陽之謂道', '陰陽不測之謂神', '一闔一
    闢謂之變', '通乎晝夜之道而知', '生生之謂易'이다.

히 살펴보면 '겸체'의 '겸'(兼)은 치우치거나 막히지 않는다[不偏滯]는 뜻이
고, '체'(體)는 특정한 의미가 없는데 당연히 본체의 체가 아니다.[93] '겸
체'라는 것은 각종의 현상들을 모두 겸하고 합하여 어느 한 구석에 치우
치거나 막히지 않음을 말한 것이다. 「성명편(誠明篇)」에서는 "하늘은 본
래 잘 조화를 이루어[參和][94] 치우침이 없다"[95]고 하였다. 이 '겸체'의 '겸'
은 '잘 조화를 이루어 치우치지 않는다는 뜻이다. 잘 조화를 이루는 '체'
란 주야·음양·동정·취산 등의 현상과 작용[96]의 '체'이므로, 이 '체'
자는 실제적인 의미가 없는 것으로, 그냥 끌고 들어 온 말이다. 또 「태화
편」의 아랫글에서 "양체(兩體)란 허실이고, 동정이며, 취산이고, 청탁이
다. 그 궁극은 결국 하나일 따름이다"[97]라고 하였다. 이것은 서로 짝을
이루면서 대립하고 있는 허실·동정·취산·청탁의 성질을 양체라고 말
한 것이다. 이를 간단히 하여 '양(兩)이라고 말할 수도 있다. 그러므로
이 '체'라는 글자에 실재 의미가 없음을 알 수 있다. 각종을 체[각각의 일,
각각의 현상, 각각의 형태]를 겸하고 합하면서도 어떤 하나의 현상에 치우치
거나 막히지 않기 때문에 현상이나 흔적에 얽매이지 않을 수 있는 것이
다. 이것이 현상과 흔적에 얽매이지 않는다는 것이다. 현상과 흔적에 얽

93　역주:『정몽』원문에서 말하는 '方'이나 '體'는 모두 형체를 가진 것이다. '無體'라는
　　것은 오히려 모든 것의 체가 된다는 의미이다. '易無體'라는 말은『주역』의 역리가
　　모든 사물과 일에 하나하나 적용된다는 의미이다. 그러므로 온갖 사물의 체가 될 수
　　있는 것이다. 이 글에서도 마찬가지로 어떠한 일정한 '체' 또는 어떤 한 사물의 '체'
　　가 되는 것이 아니라, 晝夜, 陰陽, 動靜, 淸濁이 양립된 것을 '체'라고 하고 있어서 이
　　'체'에는 실제적인 의미가 없다고 하고 있다.
94　역주:'參和'에 대해서는 여러 가지로 해석할 수 있다. 일반적으로는 '셋'으로 해석하
　　는 경우이다. 이 경우 태극과 음·양을 '셋'이라 한다. 또한 '참여함'으로 해석하는
　　경우이다. 이럴 경우 조화에 참여한다는 말이 된다. 그리고 '參究하다'는 의미로 해
　　석할 수 있으나, 여기에서는 이 의미는 아니다.
95　『正蒙』「誠明」, "天本參和不偏."
96　역주:이 말은 '相體'와 '事體'를 번역한 말이다. 이 각 단어에서 중심이 되는 글자는
　　'體'가 아니라 각기 '相과 '事'이므로 현상과 작용이라 번역하였다. 즉 체가 형식적이
　　고 실재의 내용은 현상과 작용이기에 또한 '체'에는 實義가 없다고 한 것이다.
97　『正蒙』「太和」, "兩體者, 虛實也, 動靜也, 聚散也, 淸濁也. 其究一而已."

매이지 않으면 맑게 통하면서도 비어 있는 체의 신(神)이 보존되는 것이다. 하나의 현상에 치우치고 막혀 있으면 이는 '사물에 얽매여 변화하지 않는 것'[物而不化]이기 때문에 어떻게 하더라도 '사물'일 따름이다. 그러므로 장재는 "낮과 밤, 음과 양의 어느 한쪽에 치우치거나 막힘이 있는 것은 사물이다"라고 말한 것이다. 이것은 주돈이가 "동(動)하면 정(靜)의 형상이 없고, 정(靜)하면 동(動)의 형상이 없는 것은 사물이다. 동하지만 동의 형상이 없고, 정하지만 정의 형상이 없는 것은 신이다"[98]라고 한 것과 같은 말이다. '동하면 정의 형상이 없다'는 것은 '움직임'[動]에 치우치고 막혀 있는 것이고, '정하면 동의 형상이 없다'는 것은 멈춤[靜]에만 치우치고 막혀 있는 것이다. 이것이 바로 사물에 얽매여 변화할 줄 모른다는 것이다. 신(神)은 그 자체가 움직이되 움직임이 없고, 멈추어 있되 멈춤이 없는 것이다. 그리고 '신'은 장소와 상관없이 원만하게 응하여 흔적도 없이 오묘하게 운행하므로 기의 동정·취산·허실·유무(有無)를 잘 조화시켜 막히지 않는다. 주돈이가 말한 '동하지만 동의 형상이 없고, 정하지만 정의 형상이 없다'는 것은 '성체(誠體)의 신(神)' 그 자체에 대해 말한 것이고, 장재가 말한 '음양·동정·취산·왕래의 양면을 겸하면서도 어느 한 면에 치우치지 않는다'는 것은 현상과 흔적을 잘 조화시키면서도 치우치거나 막힘이 없다는 말이다. '양(兩)'이란 말의 뜻은 실재의 현상과 통한다는 것이다. 움직이되 움직임이 없고, 멈추어 있되 멈춤이 없는 신체(神體)가 있으므로 '음양·동정·취산·왕래의 양면을 겸하면서도 어느 한 면에 치우치지 않고', '만물을 잘 조화시키되 치우치지 않는' 묘용(妙用)이 있을 수 있는 것이다. "체는 한쪽으로 치우치거나 막힘이 없어야 비로소 '방소도 없고 형체도 없다'[無方無體]고 할 수 있다"는 「건칭편」의 말은 짝[對偶]을 이루는 일[事體] 혹은 형상이 치우치거나 막힘이 없는 것을 말한 것으로, 이것이 바로 "신(神)은 없는 곳이 없고, 역(易)

---

98   『通書』「務實」, "動而無靜, 靜而無動, 物也. 動而無動, 靜而無靜, 神也." 역주 : '動而無靜' 부분에 대해 자세한 것은 주돈이 부분을 살펴주기 바란다.

에는 일정한 체(體)가 없다"[99]는 말의 의미이다. '무방'(無方)이라는 것은 특정한 장소가 없다는 것으로, 공간적인 측면의 제한을 받지 않는다는 말이다. '무체'(無體)라는 것은 정해진 형체가 없다는 것으로, 동정이나 취산에 구애받지 않는다는 말이다. 이것은 바로 신(神)이자 역(易)이고 또한 도(道)이다. 그러므로 아랫글에서 이를 이어서 '치우치고 막힌 것이 있으면 이것이 사물[낮과 밤, 음과 양의 어느 한쪽에 치우치거나 막힘이 있는 것은 사물이다]'[100]이다'라고 하였고, '치우치고 막힌 것이 없이 어느 하나에도 얽매임이 없는 것을 도[도라는 것은 만물의 양체를 겸하면서도 어느 한 면에 치우치지 않는다]'[101]라고 한 것이다. '음양·동정·취산·왕래의 양면을 겸하면서도 어느 한 면에 치우치지 않으므로' 「계사전」에서 "한번 음이 되고 한번 양이 되는 것을 도라 한다"[102]고 하였고, 또 "음양의 변화를 헤아릴 수 없는 것을 신이라 한다"[103]고 하였으며, "한번 닫히고 한번 열리는 것을 일컬어 도라 한다"[104]고 하였으며, "밤과 낮이 바뀌는 도를 관통하여 자세히 안다"[105]고 한 것이다. 도(道)·신(神)·역(易)은 "기실 하나의 사물이지만 각각의 일에 따라서 이름이 다를 뿐인 것"이다. '한번 음이 되고 한번 양이 되는 것을 도라 한다'는 것은 정태적으로 음양을 겸하고 합한 것이 도가 된다는 것이 아니라, 음이 되었다가 양이 되고 양이 되었다가 다시 음이 되는 것을 말하는 것이다. 이렇게 움직이고 변화하면서 음양을 잘 조화시키면서 음 혹은 양에 치우치거나 막히지 않아야만 비로소 '도'의 묘용을 볼 수 있다. 즉 음과 양에 오묘하게 운행하면서 기의 변화를 이루는 것이다. 음이면서 양이 되고, 양이면서 음이 되는 기의

---

99   『周易』「繫辭上」, "神無方而易無體."
100 『正蒙』「乾稱」, "偏滯於晝夜陰陽者物也."
101 『正蒙』「乾稱」, "若道則兼體而無累也."
102 『周易』「繫辭上」, "一陰一陽之謂道."
103 『周易』「繫辭上」, "陰陽不測之謂神."
104 『周易』「繫辭上」, "一闔一闢之謂變."
105 『周易』「繫辭上」, "通乎晝夜之道而知."

변화를 헤아릴 수 없는 것이 '신'이다. 만약 음 혹은 양에 치우쳐 막히게 되면 사물에 얽매여 변화하지 않게 되고, 방소도 있게 되며 형체도 있게 되어 헤아릴 수 없는 것이 아니기에 '신' 역시 드러날 수 없다. 그러므로 반드시 활발하게 음양을 조화시켜 기의 변화를 보아야 비로소 '헤아릴 수 없다고 말할 수 있으며, 또한 비로소 '신'을 볼 수 있게 된다. 이 역시 겸체불루(兼體不累)의 의미이다. '한번 닫히고 한번 열리는 것을 일컬어 도라 한다'는 것은 활발하게 닫힘과 열림을 조화롭게 하여 닫힘 또는 열림의 어느 한쪽에 치우쳐 막힘이 없다는 것이다. 이것이 바로 '변화'라는 것이다. 이 말을 확대하면 '끊임없이 낳고 낳음을 역이라 한다'[生生之 謂易]는 말이 된다. '역'이란 변역(變易)이다.[106] 하나의 생함에 막혀 있는 것을 '역'이라고 할 수는 없다.[107] 생성하고 또 생성하면서 한 번의 생성에만 막혀 있지 않게 되면 역체(易體)를 볼 수 있다. 역체는 곧 신체(神體)이고, 신체는 곧 도체(道體)이다. 생성하고 또 생성하는 일의 흔적 자체가 곧 '역'이고 '신'인 것은 아니다. 하나의 생성에서부터 다시 생성되어 한 번만 생성되는 일의 흔적에 치우쳐 막히지 않아야만 역체와 신체를 볼 수 있다. '그것을 일컬어 도라 한다', '그것을 일컬어 신이라 한다'·'그것을 일컬어 변화라 한다'는 것 등의 말들은 엄격히 말해 사태를 가리키는 '정의어'가 아니라 '체'를 드러내는 '지시어'이다.[108] '밤과 낮이 바뀌

---

106 역주 : 易의 의미를 해석하는 것은 易學에서 매우 중요하다. 『乾鑿度』에서는 "易이라는 것은 하나의 이름이지만 세 가지 뜻을 함유하고 있다. …… 孔子는 易이란 바뀐다는 것으로, 變易이며 不易이다. 이 세 가지를 겸비하여 도덕의 강령이 되었다. …… 易이라는 이름에는 네 가지 뜻이 있으니, 본래는 해와 달이 서로 계속 이어지는 것이다"(원문생략)라고 하였으며, 『周易參同契』에서는 "해와 달이 易자가 되었다"(日月爲易)고 하였다. 이천의 경우 變易으로 '역'을 규정했으며, 주희는 음양의 '交易'과 '變易'으로 '역'을 규정하였다. 하지만 모종삼이 설명하는 주관적 계통의 학자들은 '역'을 '심'으로 규정하는 경우도 있지만, 특별하게 '역'을 규정하는 경우는 드물다.

107 역주 : '生生'이란 우주와 만물의 연속적인 생성을 말한다. 이에 반해 하나의 생함이란 단절된 생성을 말한다. 『주역』은 끊임없는 생성의 철학이다. 그러므로 하나의 生은 易理 또는 易道에서 완전히 벗어난 것이나.

108 역주 : 이곳에서 말한 '정의어'와 '지시어'는 각기 '定語'와 '指點語'를 번역한 것이다.

는 도를 관통하여 자세히 알면서도' 낮 혹은 밤에 치우쳐 막히지 않는 그 '앎' 역시 '음양·동정·취산·왕래의 양면을 겸하면서도 어느 한 면에 치우치지 않는' 신지(神知)이다. 이후 정이와 주희는 '음양이 도가 아니라 음이 되게 하고 양이 되게 하는 까닭이 도이다'라는 방식으로 도(道)를 표현하였다. 이것은 '까닭'[所以]이라는 곳으로부터 도를 표현한 것이다. 장재는 '겸체불루'(兼體不累)로써 도를 표시하였다. '까닭' 즉 '소이'(所以)라는 곳으로부터 도를 표현하는 것은 '겸체불루'로써 도를 표시하는 것보다 더욱 형식적 진술이다. 그리고 그것이 직접적으로 추론하여 증명하는 것은 '리'(理) 자의 의미에 편중되어 있다. 그러나 '겸체불루'로써 도를 표시하면, 그것으로부터 직접 신(神)과 허(虛)를 깨우쳐 얻을 수 있다. 이는 신체와 허체를 '도'와 '역'으로 삼는 것이다. 이렇게 하면 도가 지닌 '창생'의 의미와 도의 '적감진기'(寂感眞幾), 그리고 도가 심[天心]과 本心]이 된다는 의미에 더욱 쉽게 접근할 수 있다. 그리고 '리'는 원래 그 속에 있는 것이다. 이러한 표현 방식의 차이는 도체에 대한 체득에도 분기점을 제공하고, 또 심과 리가 하나인지[心卽理] 둘인지[性卽理] 나뉘게 되는 관건이 되기도 한다.

「건칭편」에서는 "도는 음양·동정·취산·왕래의 양면을 겸하면서도 어느 한 면에 치우지지 않는다"고 하였고, 「성명편」에서는 "하늘은 본래 잘 조화를 이루어 치우침이 없다"고 하였다. 이것은 객관적으로 말한 것이다. 「태화편」에서 말한 "성인은 그 사이에 도를 온전히 실천하여 음양·동정·취산·왕래의 양면을 모두 체득하여 어느 한 면에 치우치지 않는 사람이니 신을 보존함이 지극하다"고 한 것은 주관적으로 '도를 온전히 실천함'[盡道]에서 말한 것이다. 주관적으로 말하든 객관적으로 말하

중국어에서 '定語'란 명사 앞에서 수식을 하며 제한하는 역할을 하는 문장 성분을 말하는 것이다. 그런데 여기에서는 무엇무엇을 정의하고 그것을 언어로 제한하여 道·神·變라는 것이 아니라는 뜻이어서 '정의어'로 번역하였다. '指點語'는 우리의 형용사와 같이 어떠한 상황을 아주 적절하게 가리키고 묘사하여 풀이한 말이다. 이에 '지시어'라 번역하였다.

든 그 뜻은 동일하다. '겸체무루'(兼體無累) 혹은 '겸체불루'(兼體不累)는 곧 '잘 조화되어 치우치지 않는다'[參和不偏]는 뜻이다. 장재가 말한 '겸체'는 이 '삼화'(參和)의 '삼(參) 자를 근거로 하여 말한 것이다. '삼 자는 원래 「설괘전」의 "하늘의 수를 3(參)으로 정하고 땅의 수를 2[兩]로 정함에 따라 기수(奇數)와 우수(偶數)의 체계가 생겨났다"[109]는 '삼(參)에서 온 것이다. 『정몽』「삼량편(參兩篇)」에서는 다음과 같이 말하였다.

> 땅의 숫자가 2인 까닭은 강유(剛柔)와 남녀가 나뉜 것을 본받은 법상(法相) 때문이다. 하늘의 숫자가 3인 까닭은 태극과 양의가 합일되는 것을 형상화한 성[性象] 때문이다.
> 地所以兩, 分剛柔男女而效之法也. 天所以參, 一太極兩儀而象之性也.
>
> 『正蒙』「參兩」

주희는 「설괘전」의 이 말에 대해 다음과 같은 주석을 달았다.

> 하늘은 둥글고 땅은 네모나다. 둥근 것의 직경이 1이면 둘레는 3인데, 3은 각각 하나의 홀수이므로[110] 이 셋으로 하늘을 상징하여 3이 되었다. 네모나다는

---

109 역주 : 『주역』「설괘전」에서 "參天兩地而倚數"라는 말은 본문처럼 번역될 수 있다. 그런데 이 가운데 '參兩'이란 용어를 따로 추려보면 고대에는 원래 '합쳐져 서로 섞인다', '살펴서 잘 비교해 본다'는 뜻이 있어 조금은 다의적인 말이다. 본문에서도 '삼량'은 다의적 용어로 쓰인다. 그리고 '倚'라는 글자 역시 두 가지 의미로 쓰이는데, 하나는 '의지한다'(依也)는 뜻이고, 다른 하나는 '세운다'(立也)는 뜻이다. 특히 '세운다라고 할 때는 발음을 '기'라고도 한다. 『주역』에 근거한 원래의 뜻은 天數와 地數를 합하여 大衍之數 55를 형성한다는 것이다.

110 역주 : 이는 '三各一奇'라는 말을 해석한 것이다. 매우 다의적으로 해석될 수 있는 글자인데, 글자 그대로 번역을 하면 '셋은 각기 하나의 기수이다', 그런데 모종삼은 三을 태극·음·양으로, 一을 통일이라는 것으로 해석하였다. 따라서 모종삼은 '奇'를 '하나로 귀설된다'는 의미에 더 중점을 두고 보았다. 원전의 번역을 모종삼이 더 중점을 둔 것에 따라야 하지만, 그것을 따르면 빈여이 너무 애둘러져 역주로 설명한다.

것은 한 변이 1이면 네 변은 4인데, 4는 2의 짝수를 합한 것이므로 이 둘로 땅을 상징하여 2가 되었다. 수는 모두 여기에 의거하여 생겨난다. 그러므로 시초(蓍草)로 점을 칠 때 삼변(三變)[111]을 다 거친 후 그 나머지 수가 세 개의 홀수[112]이면 3을 세 번 곱하여 9가 되며, 짝수가 셋이면 2를 세 번 곱하여 6이 되고, 2가 두 개이고 3이 하나이면 7이 되고, 3이 두 개이고 2가 하나이면 8이 된다.

天圓地方. 圓者一而圍三, 三各一奇, 故參天而爲三. 方者一而圍四, 四合二耦, 故兩地而爲二. 數皆倚此而起. 故揲蓍三變之末, 其餘三奇, 則三三而九, 三耦則三二而六, 兩二一三則爲七, 兩三一二則爲八.

『周易本義』「說卦傳」

숫자 9·6·7·8[113]은 삼천양지(參天兩地)[114]에 의거하여 확립된 것이며, '삼천양지' 역시 2와 3의 숫자에 의거하여 '삼량(參兩)'으로 성립된 것이다. 그러므로 「설괘전」에서 "하늘의 수를 삼(參)으로 정하고 땅의 수를

---

111 역주 : 시초는 점을 치는 산가지이다. 이 시초로 점을 칠 때 하나의 爻를 도출하기 위해서는 세 번의 과정(三變)을 거친다. 좀더 정확히 말하자면 하나의 효가 세 번의 과정을 거쳐 도출되므로, 6효의 成卦를 얻기 위해서는 18번의 과정을 거쳐야 한다.

112 역주 : 엄밀히 말하면 점을 칠 때 산가지의 남는 수는 제1변에서는 5(양) 또는 9(음), 제2변과 제3변에서는 4(양) 또는 8(음)이기에 끝수는 홀수 짝수가 아닌 음과 양으로 대별된다. 여기에서는 양으로 나오는 수(5 또는 4)를 홀수 3으로 계산한다. 그리고 음으로 나오는 수(9 또는 8)는 짝수 2로 계산한다. 이렇게 보면 원전의 문구가 해석이 된다.

113 역주 : 『주역』으로 점을 칠 때 기본적으로 도출되는 숫자이면서, 노음과 노양을 구분하는 숫자이다. 9는 老陽, 6은 老陰, 7은 少陽, 8은 少陰으로 대변된다.

114 역주 : 參天兩地는 『주역』 「설괘전」 첫 문장에 나오는 말로, 『주역』이 가지는 수리성은 모두 여기에서 비롯되었다고 여긴다. 參天兩地는 의리역과 상수역에서 모두 중요시되는 말인데, 의리역에서는 특히 '參'과 '兩'을 이중적으로 해석한다. 예를 들어 '參'은 참여하다·궁구하다는 의미로 보고, '兩'은 대비적 혹은 對代인 용어로 사용된다. 특히 중요한 것은 '삼천양지'가 '천원지방설'과 연관되어 있다는 점이다. 하늘이 둥근 것이 3인데 둥글다는 뜻에서 '圓'은 다시 원만하여 모든 것에 통한다는 의미를 가진다. 또한 '方'은 원래 땅이 사각형의 형태를 지녔다는 의미이지만, 이것이 확장되어 바르다(正, 貞)는 의미로 사용되었다. 모종삼은 '參兩'과 '方圓'이 가지는 이중적 의미를 모두 동원하여 설명을 하고 있다.

둘[兩]로 정함에 따라 수(數)가 확립되었다"고 한 것이다. 이것은 숫자 3에서 '삼천'을 설명한 것이다. 이것은 둥그런 하늘을 상징한 것이며 한 걸음 더 나아가 천덕(天德)의 '원만하면서도 신묘함'[圓而神]을 상징한 것이다. 또한 숫자 2에서 '양지'(兩地)를 설명하였는데, 이는 땅의 네모남[方]을 상징하고 더 나아가 지덕(地德)의 '바르고도 예지가 있음'[方以智-剛柔에 정해진 체가 있음]을 상징한 것이다. 장재는 이 '양지'의 2로부터 이 '양체'(兩體-예를 들어 剛柔·男女에서 미루어 간 虛實, 動靜, 淸濁, 聚散 등)의 '곧은 덕'[方德]을 말하였고, '삼천'의 3으로부터 '겸체무루'의 원만한 덕[圓德]을 설명하였다. 원만한 덕은 하늘에 속한 것이고 도에 속한 것이다. '삼천'의 3은 곧 하나인데, '3이 각각 하나의 홀수'라는 것에서 천덕의 원만하고 신묘함이 하나인 것을 상징하였다. 천덕의 원신(圓神)은 순일하여 나눌 수 없는 것인데, 이것은 천덕의 체(體)에서 말한 것이다. '겸체무루'(兼體無累)·'삼화불편'(參和不偏)은 곧 그 용(用)을 말한 것인데, '겸체무루'와 '삼화불편'의 용에서부터 '원만하면서도 신묘함이 됨을 드러낸 것이다. 장재는 '3이 각각 하나의 홀수가 된다', 즉 하나가 된다는 삼(參) 자에서부터 곧장 '삼화불편'의 '삼' 자를 이끌어내고, 여기에서 다시 '겸체무루'의 '겸' 자로 그 의미를 확장하여 천덕신체(天德神體)의 원일(圓一)[115]함을 밝혔다. 그러므로 장재는 "성인은 그 사이에 도를 완전히 실천하여 음양·동정·취산·왕래의 양면을 모두 체득하여 어느 한 면에 치우치지 않는 사람이니 '신'을 보존함이 지극하다"고 말한 것이다. 이것은 '삼화불편', '겸체무루'로써 천덕신체가 원일하다는 것을 밝힌 것이다. 이 천덕신체의 원만하고 한결같은 것 역시 우리의 '성체'(性體)이다. 이에 의거하여 "땅의 숫자가 2인 까닭은 강유와 남녀가 나뉜 것을 본받은 것으로, 이는 법(法)이다"고 하였는데, 이는 땅이 둘이 되는 것은 바로 강유(剛柔)와 남녀(男女)가 나뉘어야만 드러나는 법상(法相)으로 확립된 체[定體]이다. '효

---

[115] 역주 : '圓一'에서 圓은 원만의 의미이고, 一은 '한결같다'로 해석할 수 있지만 그것보다는 앞의 '하나가 된다'는 參의 의미로 이해해야 한다.

지법'(效之法)이란 말은 「계사전」의 "본받는 것을 일컬어 곤이라 한다"(效法之謂坤)라는 말에서 온 것이다. 주희는 이에 대해 "효(效)란 드러남[呈]이다"라고 주석을 하였다. 즉 드러나다·나타나다는 의미이다. 주희는 또 '법'에 대해서는 "법은 조화가 매우 상세하고 조밀하여 드러날 수 있는 것이다"[116]라고 하였는데, 사실 이는 '정해지고 확립된 체'[定體]의 의미이며, 강유와 남녀의 형상에 모두 정해진 체가 있다는 말이다. 땅은 기(氣)와 질(質)로써 말한 것이므로 강유·남녀 내지는 허실·동정·청탁·취산의 양체(兩體)가 있다. 이것이 바로 그것이 드러내는 '정체'[定體]이다. 하늘은 덕(德)과 신(神)으로써 말한 것이어서 원만하고 한결같다. 때문에 장재는 "하늘의 숫자가 3인 까닭은 태극과 양의(兩儀)가 합일되는 것을 형상화한 성[性象]이다"라고 말한 것이다. 이는 곧 하늘이 '삼이 되어 '셋이 각각 하나로 귀결'되는 까닭 역시 '원만하면서도 신묘한 일자(一者)가 바로 태극과 양의의 통일이라는 것을 잘 표현하고 있으며, 그 하나의 전체를 구성한 것이 '성'(性)으로 충분히 형상화되어 표현됨을 말한 것이다. '상지성'(象之性=성으로 형상화 된 것)은 「계사전」의 "상을 이루는 것을 일컬어 건이라 한다"[成象之謂乾]는 말에 근거하여 나온 것이다. 「계사전」에서는 또한 "상을 본받는 것에서 천지보다 큰 것은 없다"[法象莫大乎天地]고도 말하였다. 즉 하늘은 '상을 이루는 것'[成象]이므로 '상을 이루는 것을 일컬어 건이라 한다고 하였고, 땅은 '본받는 것'[效法]이므로 '본받는 것을 일컬어 곤이라 한다'고 한 것이다. 또한 「계사전」에서는 "드러내 보이는 것[見]을 상(象)이라 하고, 형상지어진 것[形]을 기(器)라 한다"[117]라고 하였다. 여기에서 '현'(見)은 하늘이 '상'을 이루어 그것을 현시하는 것이고, '형'(形)은 땅이 본받아 강유와 남녀의 정해진 체가 있는데 그것이 곧 형기(形器)라는 것이다. 또 "하늘이 상을 드러내어[垂象] 길함과 흉함을 나타내니 성인이 이를 형상화하였다"[118]라고 하였다. 여기에서 '수상(垂象)은

---

116 『周易本義』「繫辭上」, "法, 謂造化之詳密而可見者."
117 『周易』「繫辭上」, "見乃謂之象, 形乃謂之器."

상을 현시하는 것이 또한 하늘에서 말미암는다는 말이다. 「계사전」에서 말한 '성상'(成象)과 '수상'(垂象)은 단지 구체적인 것을 지시하여 말한 것인데, 장재는 이것을 근거로 비교적 착실하게 하늘이 상을 이루고 상을 드리워, 그 드러낸 상으로서 보여주는 것은 곧 천덕의 신체(神體)의 원만함과 한결같음이라고 말하였다. 이것 역시 '성체'(性體)의 참된 의미이다. '성지상'(成之象)이란 '태극과 양의가 하나로 통일되어' '상'이 '성체'의 구체적이고도 진실된 의미를 드러내는 것이다. 이것 역시 하늘이 '셋'이 되어 '셋이 각각 하나로 귀결하는' 까닭으로서 역시 '원만하면서도 신묘한 하나[一]'가 '상'으로 드러나는 것이다. '땅이 둘이 되는 까닭'[地所以兩]은 '법상'(法相)과 '형기'(形器)의 '정해진 체'[定體]를 말한 것이고, '하늘이 셋이 되는 까닭'[天所以參]은 만사와 만물이 원일(圓一)한 '성체'임을 말한 것이다. 천덕신체(天德神體)의 원만함과 한결같음, 그리고 '성체'의 원만함과 한결같음은 곧 태극(太極)을 말함이다. 태극에서 말하자면, 태극은 양의와 떨어지지 않는데, 이는 곧 태허신체가 기와 떨어지지 않는 것이다. 이 또한 "하늘은 본래 잘 조화를 이루어 어느 한 쪽으로 치우치지 않는다" · "도는 음양 · 동정 · 취산 · 왕래의 양면을 모두 겸하면서도 어느 한 면에 치우치지 않는다"는 뜻이다. 그리고 「성명편」에서 말한 "성(性)은 그것을 총괄한 것이고 둘을 합한 것이다"[119]는 뜻이며, 「건칭편」에서 말한 "유와 무, 허와 실이 하나로 통하여 하나의 사물이 되는 것이 성이다"[120]는 뜻이다. 이와 같이 관통하여 보는 장재의 사유는 참으로 일관되고 분명하다. 이러한 까닭에 「삼량편」에서는 '지소이량'(地所以兩)과 '천소이삼'(天所以參)의 문장을 이어서 다음과 같이 말하였다.

하나의 사물[一物]이면서 두 가지 체[兩體]를 모두 지닌 것은 '기'이다. 하나인

---

118 『周易』「繫辭上」, "天垂象, 見吉凶, 聖人象之."
119 『正蒙』「誠明」, "性其總, 合兩也."
120 『正蒙』「乾稱」, "有無虛失通爲一物者性也."

까닭에 신묘하고(둘이 있기 때문에 헤아릴 수 없다)[121], 둘인 까닭에 변화한다.
(하나로 미루어 나간다) 이것이 하늘이 셋이 되는 까닭이다.

　一物而兩體氣也. 一故神(兩在故不測), 兩故化(推行於一). 此天之所以參也.

『正蒙』「乾稱」

이 말의 첫 문장을 해석해보면 '일물'(一物)이란 태극 및 태허 신체가
원만하고 한결같다는 것이며, '양체'(兩體)는 주야・음양・허실・동정 등
으로서 기에 속한 것이라는 의미이다. 그리고 '하나의 사물이면서 두 가
지 체를 모두 지닌 것은 기이다는 것은 전체적인 측면에서 말한 것으로
'조화를 잘 이루어 치우침이 없다[參和不偏]는 방식에서 말한 것이다. 이
것은 태극과 태허가 기를 떠나지 않는다는 것으로, 태극과 양의의 통일,
즉 '용(用)에서 체(體)를 보는 것'이다. 즉 기의 관통을 통하여 천덕 신체
의 '삼화불편'(參和不偏)과 '겸체무루'(兼體無累)를 본다는 것이지, 태허와
태극 그리고 천덕의 신체가 '기'라는 말이 아니다. 그러므로 "하나인 까
닭에 신묘하다"[一故神]고 하였는데 여기에서 '하나'[一]는 천덕신체의
'일'(一)이다. 그러므로 장재는 자주(自注)에서 "둘이 있으므로 헤아릴 수
없다"고 말한 것이다. 이는 '일'이 신묘한 까닭은 바로 '양체'가 존재하
기 때문에 조화를 잘 이루되 치우치지 아니하고, 음양・동정・취산・왕
래의 각 체를 겸하면서도 어느 한 면에 치우치지 않으며, 만물이 생성과
변화를 이루되 헤아릴 수 없고, 이러한 헤아릴 수 없음으로 말미암아 신
체(神體)의 묘용을 드러낸다는 것이다. 그러므로 장재는 이어서 "둘인 까
닭에 변화한다"고 한 것이다. 이 말은 바로 양체(兩體)가 있으므로 만물
이 생성되고 변화할 수 있다는 것이다. 그리고 다시 스스로 주석을 붙여
"하나로 미루어 나간다"고 하였다. 이는 '둘'[兩]이 죽어 버린 '둘'이 아니
라 양체를 지니고 있어 '하나로 미루어 나가고' 잘 조화를 이루어 치우

121　역주 : 괄호 속의 말은 장재 자신의 주이다.

치지 않으며, 모든 만물의 양면을 겸하되 어느 하나에도 얽매이지 않기 때문에 비로소 그 변화를 이룰 수 있다는 것이다. 이는 곧 생화의 헤아릴 수 없음을 이룬다는 것이다. '하나인 까닭에 신묘하다'고 하였다. 반드시 '하나'에서부터 '둘'을 말해야 한다. '둘인 까닭에 변화한다'고 하였다. 반드시 둘에서부터 '하나'를 말해야 한다. 통틀어 보면 조화를 잘 이루어 치우치지 않으며 음양과 동정 등의 양면을 겸하면서도 어느 한 면에 치우치지 않는 '용'(用)의 관통에서 '체'(體)의 실질을 보는 것이다. 그러므로 위 인용문의 결어에서 '이것은 하늘이 셋이 되는 까닭이다'라고 한 것이다. 이것은 여전히 "3은 각기 하나의 기수(奇數)이다"[三各一奇]는 숫자 3으로써 말한 천(天), 즉 '원만하면서도 신묘한 원일(圓一)로 귀결되는 것이다. 그러므로 잘 조화되어 한 쪽으로 치우치지 않고, 음양과 동정 등의 양면을 겸하면서도 어느 한 면에 치우치치 않으며, 기의 양체를 관통하여 생성과 변화의 위대한 작용을 이루고, 이것으로써 천덕의 신체[太極, 太虛, 道體]와 '성체'의 실질을 드러내는 것이다. 이것이 어찌 도체(道體)와 '성체'를 형이하의 기(氣)로 여기는 것이겠는가? 기를 떠나지 않고서 그 실체를 드러내는 것은 그 자체가 곧 기, 또는 곧 형이하자임을 말한 것이 아니다. 그러므로 「대역편(大易篇)」에서는 다음과 같이 말하였다.

한 사물이면서 두 가지 체를 모두 지닌 것은 태극을 일컫는 것인가? 음양의 천도는 상을 이루는 것이다. 강유의 지도는 법을 본받는 것이다. 인의의 인도는 '성'을 세우는 것이다. 삼재(三才)를 둘로 함[122]에 건곤의 도가 없는 것은 없다.

一物而兩體, 其太極之謂歟! 陰陽天道, 象之成也. 剛柔地道, 法之效也. 仁義人

---

122 역주 : 易卦는 3획으로 이루어진 8괘와 6획으로 이루어진 64괘가 있다. 3획괘는 제일 아래의 爻를 地道, 중간의 효를 人道, 제일 위의 효를 天道로 여긴다. 또 6획괘는 제일 아래의 초효와 이효를 지도, 삼효와 사효를 인도, 그리고 오효와 상효를 천도로 여긴다. 『주역』 「계사전하」에서도 "三才를 두루 갖추고 있으면서 이를 두 괘로 겹쳐 놓았으므로 六이 되었다. 六이란 것은 다른 것이 아니라 삼재의 도일 따름이다"[兼三才而兩之, 故六. 六者非他也, 三才之道也]라고 하였다.

道, 性之立也. 三才兩之, 莫不有乾坤之道.

『正蒙』「大易」

이 인용문은 "땅이 둘이 되는 까닭 …… 하늘이 셋이 되는 까닭"과 다른 말이 아니다. 그리고 "한 사물이면서 두 가지 체를 모두 지닌 것은 태극을 일컫는 것인가"라는 것은 태극의 '조화가 잘 이루어져서 어느 한쪽으로 치우침이 없다'는 것에서 큰 요점을 간추려 말한 것이다. 이는 "한 사물이면서 두 체를 겸하고 있는 것은 기이다"라는 말, 즉 용에서 체를 보는[卽用見體] 주장과도 다른 말이 아니다. "음양의 천도는 상을 이루는 것이다"라는 말은 음양에서부터 천도의 삼화불편(參和不偏)과 겸체무루(兼體無累)를 말한 것이다. '상(象)이 이루어진다는 것'은 바로 '삼화불편'이고, '겸체무루'의 상이 이루어진다는 것이다. '강유의 지도는 법을 본받는 것이다'라는 말은 강유와 남녀로 이루어진 지도가 드러내는 법상(法相)과 형기(形氣)에 정해진 체[定體]가 있다는 것이다. 『역전』은 다만 구체적(만화적 방식)[123]으로 상황에 딱 들어맞게 지적하여 말한 것[즉 成象]인데, 예를 들면 효법(效法)·삼천양지(參天兩地)·겸삼재이양지(兼三才而兩之)가 그것이다. 그런데 장재는 곧바로 '삼(參)'에서 천덕의 신체와 성체의 원만하고 한결같음을 설명하였고, '양(兩)'에서부터 형기의 양체와 그것에 정해진 체가 있음을 말하였다. '삼'과 '양'이 통하여 하나가 되는 것이 곧 도체와 '성체'의 '삼화불편'이며 '겸체무루'이다. 장재의 사리(思理)는 매우 깊다고 할 수 있다. 그것을 설명하는 것은 쉽지 않지만, 이 어찌 형이상과 형이하를 구분하지 않은 것이겠는가? 장재는 이처럼 '음양·동정·취산·왕래의 양면을 겸하면서도 어느 한 면에 치우치지 않는다'[兼體無累]는 말과 '태허신체'를 중요시 하였는데, 주희는 그 점을 이해하지 못하고서 형이상의 것을 형이하로 만들었다고 생각하였다. 이는

---

123 역주 : 구체적 형상이나 모습으로 형용한 것을 '만화식'이라고 한다. 즉 한 컷 한 컷 (한 구절 한 구절)이 실재의 일을 직접 가리키고 있는 것이다.

주희의 오해이다. 장재는 '태극'이라는 용어를 그다지 자주 언급하지 않았지만, 그가 말한 '천덕신체'와 '태허신체'의 원일(圓一)함이 곧 태극이다. 이것이 어찌 형이상자가 아니겠는가? 주희가 도(道)와 성(性)은 단지 리(理)일 따름이라 보았기[只是理] 때문에 심(心)과 신(神)을 기(氣)로 본 것이다. 주희는 성체(誠體)와 신체(神體)의 실재 의미를 정확히 알지 못하였다. 주돈이·장재·정호는 모두 '성체'와 신체 그리고 적감진기(寂感眞幾)를 논하였는데, 어찌 이 모두가 형이하자란 말인가? 주희는 "신화(神化)라는 두 글자는 비록 정자(정이)도 그다지 분명하게 말하지 않았는데, 오직 횡거(장재)만이 그것을 분명하게 추론하여 나아갔다"[124]라고 하였다. 장재가 분명하게 추론하여 나아갔다고 하더라도 이는 단순히 '신'과 '화'의 글자 뜻을 분명하게 연구하고자 한 것은 결코 아니다. 이것은 바로 '신'이 체가 되고 형이상이 되며, '화'가 용이 되고, 기에서 말하자면 형이하가 되는 것을 연구하여 밝힌 것이다. 주희가 말한 정자(程子)란 사실 정이(程頤)이다. 정이는 다만 '리기'만을 말했고 '신화'에 대해서는 매우 적게 언급했다. 그러나 정호가 '신화'를 많이 언급했다는 것은 분명한 사실이다. 주희는 비록 장재를 높이려고 하였으나, 장재가 말한 '신화'의 실질을 알지 못했다. 『주자어류』에는 다음과 같은 말이 있다.

> 물었다. "횡거에게는 청·허·일·대의 학설이 있었는데, 또한 이것으로 청탁과 허실을 겸하려고 하였습니다."
>
> 問 : "橫渠有淸虛一大之說, 又要兼淸濁虛實."

대답하였다. "횡거가 처음 청·허·일·대를 말하였을 때 이천에게 비판을 받고서[이는 '명도에게 비판을 받았다'로 되어야 한다] 청(淸)은 탁(濁)을 겸하고, 허(虛)는 실(實)을 겸하며, 일(一)은 이(二)를 겸하고, 대(大)는 소(小)를 겸한다

---

[124] 『朱子語類』 卷98 「張子之書1」, "神化二字雖程子說得亦不甚分明, 惟是橫渠推出來."

고 하였다. 횡거는 본래 형이상을 말하려고 하였으나 오히려 형이하가 되어 버렸다. 여기에서 그의 주장이 가장 불분명하다. 예컨대 「삼량편」에서는 삼(參)을 양(陽)이라 하고 양(兩)을 음(陰)이라 하였으며, 양에는 태극이 있고, 음에는 태극이 없다고 하였다. 그는 억지로 정묘한 사리(思理)를 찾아 반드시 자신의 몸으로 체득하려고 하였으니, 그 학설의 잘못됨이 이와 같구나!"

曰 : "渠初云淸虛一大, 爲伊川詰難,(當作'爲明道詰難') 乃云淸兼濁, 虛兼實, 一兼二, 大兼小. 渠本要說形而上, 反成形而下. 最是於此處不分明. 如「參兩」云, 以參爲陽, 兩爲陰, 陽有太極, 陰無太極. 他要強索精思, 必得於已, 而其差如此!"

또 물었다. "횡거가 말하기를 '태허는 곧 기이다'라고 하였는데 리를 가리켜 허라고 한 것은 아마 형이하가 아닌지요."

又問 : "橫渠云, '太虛卽氣', 乃是指理爲虛, 似非形而下."

대답하였다. "설령 리를 가리켜 허라고 했을지라도 어떻게 기를 한 곳에 뒤섞는가?"

曰 : "縱指理爲虛, 亦如何夾氣作一處?"

『朱子語類』 卷99 「張子之書2」

해설 주희의 이 말은 잘못되어도 한참 잘못되었다. 주희는 장재가 말한 '삼량(參兩)의 뜻을 완전하게 이해하지 못하였다. "양에는 태극이 있고 음에는 태극이 없다"는 주희의 말은 '삼량의 뜻을 너무 심하게 오해한 것이다. 설령 장재가 '청·허·일·대'를 말했더라도 이를『정몽』에 따라 이해하면, 이는 '천덕신체' 혹은 '태허신체'를 말한 것이다. 장재가 말한 청탁·허실·강유·동정 내지 음양·주야는 곧 기의 양체를 말한 것이다. "청은 탁을 겸하고, 허는 실을 겸하며, 일은 이를 겸하고, 대는 소를 겸한다"는 것은 '태허신체'의 청·허·일·대가 기의 두 측면에 해당하는 탁(濁)·실(實)·이(二)·소(小)를 겸한다는 것이지, 동일 층차에 있는 기의 청자(清者)·허자(虛者)·일자(一者)·대자(大者)가 기의 탁자(濁者)·허자(虛者)·이자(二者)·소자(小者)를 겸한다는 의미가 아니다. 장재의 뜻은 참으로 분명한데, 주희는 왜 이리 혼란스럽게 이해하는지 모르겠다. 주희는 이때에 『정몽』 원문을 가지고 있었는데, 왜 이정(二程)이 오해했던 것만 본받고 『정몽』의 실재 의미는 궁구하지 않았단 말인가!

'겸체'(兼體)의 의미가 이처럼 분명하다면 '겸체불루'(兼體不累)의 의미는 체를 드러내는 것일 뿐만 아니라 그것에는 '체용원융'(體用圓融)의 의미도 반드시 포함되어 있다. 이는 '도' 혹은 '성인'의 측면에서 도를 온전히 실천함[盡道]을 말할 때도 그렇다. '태허에는 기가 없을 수 없다'[太虛不能無氣]는 것은 '태허신체'가 기를 떠나서 드러날 수 없다는 것이다. 신(神)이 신으로 될 수 있는 까닭은 바로 잘 조화된 기가 취산하되 한 쪽으로 치우치거나 막히지 않기 때문이다. 이는 곧 '체'가 '용'을 떠나지 않은 것이고 '신'이 기를 통해서 드러난다는 것이다. 그리고 기가 모이고 흩어지면서 낳고 낳는 것[生生] 역시 바로 신의 오묘한 운행이 그렇게 한 것이다. 그러므로 그 '순조롭되 망령되지 않는다'[順而不妄]는 것은 모두 실사(實事)이자 모두 신리(神理)에 의해서 이루어지는 것으로, 이것은 곧 '용'이 '체'를 떠나지 않는다는 것이며, 기가 '신'에 의거하여 그렇게 된다는 것이다. 성인이 도를 온전히 실천하고 자신을 완성함에 있어 어디를 가더라도 '신체'(神體)의 현현이 아닌 것이 없고 또한 '덕업'(德業)이 아닌 것이 없다. 이것이 곧 '체용의 원융(圓融)'이다. "저렇게 '적멸'을 말하는 자들은 가면 돌아올 줄 모른다'[彼語寂滅者, 往而不反]고 장재가 말한 것은 불교를 가리켜 말한 것이다. 마음속으로 항상 '적멸'만을 바라고 있으므로 되돌아와 '취산과 동정'의 실사(實事)를 이룰 수 없기 때문에 불교는 '체'는 있으되 '용'은 없다고 한 것이다. 이러한 비평은 원래 불가 대승(大乘)의 보살도(菩薩道)와 원교(圓敎)[125]의 의미를 충분히 파악하고서 한

125　역주 : '菩薩道'란 간단히 말하여 부처의 경지에 오르기 위해서 수행하는 길 혹은 방법을 나타내는데, 대승불교에서는 중생이 모두 불성을 갖추고 있어 누구나 부처가

것은 아니지만, 송명(宋明) 시대 유가의 불교 비판의 중점은 대승과 소승의 차이를 온전하게 이해하여 차별적으로 비판하는 곳에 있지 않았다. 설령 불가에서 가고서 돌아온다고 했을지라도 이는 성인이 도를 온전히 실천하는 '원융'은 아니다. 유가의 불교 비판을 요약하자면 '연기성공'(緣起成空)의 궁극적인 귀결인 '공적'(空寂)과 '적멸'(寂滅)을 긍정하지 않았다는 점이다.[126] 비록 불교에서 "하나의 색이나 하나의 냄새도 중도(中道)가 아닌 것은 없다"[127](智者-智顗의 말)라고 하여 '원융'을 궁극적으로 추구하고 있으나 유교의 입장에서 보면 이것 역시 여전히 가면 돌아오지 않는 것이다. 유교와 불교에는 본질적으로 서로의 입장을 살피지 않는다. 그러므로 육구연은 다음과 같이 말하였다.

> 유학은 크게 중도를 지키는 것이고, 불가는 크게 치우친 것이다. …… 불가는 그 처음을 궁구하고 그 마침을 요약해보아도 사사로움과 이익만 추구할 따름이다. …… 유학자들은 비록 소리도 없고 냄새도 없으며 방소도 없고 체도 없는 경지에 이르렀어도 모두 경세(經世)를 위주로 한다. 그러나 석씨는 비록 미래에 널리 민중을 구제한다고 애를 쓴다고 해도 모두 출세(出世)를 위주로 한 것이다.
> 儒爲大中, 釋爲大偏. …… 原其始, 要其終, 則私與利而已. …… 儒者雖至於無聲無臭, 無方無體, 皆主於經世. 釋氏雖盡未來際普渡之, 皆主於出世.
>
> 『象山全集』卷2 「與王順伯書」

육구연의 말에는 확실히 본질적인 차이가 드러나 있는데, 이는 단순

될 수 있다는 점을 긍정한다. 그리고 '圓敎'란 원만하여 모든 것 혹은 모든 사람을 포괄하는 불교 최고 가르침이라는 뜻이다.

126 역주 : 불교에서는 어떠한 존재이건 인연에 의해 생겨난 것[因緣生起]이라고 주장한다. 이는 모든 有가 다른 것에 의지하여 생겨난다는 것인데, 이러한 '의지'가 사라지면 有는 결국 空 또는 無로 귀결되어 다시 有가 되는 않는다는 것이다. 이를 空寂 또는 寂滅이라 한 것이다.

127 『宋高僧傳』卷15, "一色一香無非中道."

히 '대승의 보살도'와 '원교'의 의미로 논할 수 없는 것이다. 장재[심지어 전체의 송명 유학자들]의 말이 비록 불교를 완벽하게 비평하지 못했지만, 유가와 불가의 본질적 차이를 드러내어 불교가 성인의 도가 아님을 밝힌 것은 잘못되지 않았다. 이것은 송명 유학자들의 공통된 의식으로써 그들의 비평이 완벽한가의 여부와는 관계가 없다. 때문에 장재는 「태화편」의 이 단락에서 다음과 같이 말하였다.

> 저렇게 적멸(寂滅)을 말하는 자들은 가면 돌아올 줄 모른다. 삶만을 따라 유(有)에만 집착하는 자들은 사물은 있으나 그것이 변화하는 줄 모른다.[이것은 도가가 養生에만 빠져 있음을 말한 것이다.][128] 이 두 무리들은 비록 약간의 차이가 있더라도 도를 잃은 채 말하는 것은 같다.
>
> 彼語寂滅者, 往而不反. 徇生執有者, 物而不化. 二者雖有間矣, 以言乎失道, 則均焉.
>
> 『正蒙』「太和」

즉 도가나 불가나 모두 도덕창조의 '대중지정'(大中至正)한 도(道)를 온전히 실천할 수 없다는 것이다. 삶을 쫓아 유(有)에만 집착하고, 또 기의 모임에만 치우치고 응체되어 있으면 '겸체무루'(兼體無累)하여 '신'을 보존할 수 없다. 또한 적멸을 말하는 자들, 즉 세상을 꿈이자 환상이라고 말하는 자들은 '공적'(空寂)에만 치우쳐 막힌 것이기 때문에 이 또한 '겸체무루'하여 '신'을 보존할 수 없다. 이 모두는 '창생의 도'를 잃어버린 것이다.

개체생명에서 말하자면, '음양·동정·취산·왕래의 양면을 겸하면서도 어느 한 면에 치우치지 않고[兼體無累] '신'을 보존할 수 있는 사람만이 기가 모여서 형체가 있게 되는 것이 진실로 내 신체(神體)의 묘용이고,

---

128 역주 : 이 말은 모종삼의 평가어이다.

그것이 흩어져 무형에 들어가는 것 역시 내 '신체'의 묘용임을 알 수 있다. 그러므로 모이거나 흩어지거나 '신체'는 항상 존재한다. 유형의 생(生)은 다만 '객형'일 따름이며, 그 모이고 흩어짐은 '신화'(神化)의 필연적인 것이기 때문에 억지로 붙들어서 막을 수 없다. 그 핵심은 음양·동정·취산·왕래의 양면을 겸하면서도 어느 한 면에 치우치지 않고 '신'을 보존하는 것인데, 이것이야말로 그것의 진실함을 얻는 것이다. 그러므로 장재는 "모인 것 역시 기의 본체[吾之體]이고 흩어진 것 역시 기의 본체이다. 죽어도 기가 완전히 사라지지 않는다는 것을 아는 사람과는 함께 '성'(性)을 논할 수 있다"고 말한 것이다. 모여도 나의 체를 얻고 흩어져도 나의 체를 얻는다고 할 때의 '체'란 '신체'(神體)이다. 이것은 곧 나의 '성'인 것이다. 도를 온전히 실천함[盡道]이 곧 나의 '성'을 온전히 실천하는 것이다. 그러므로 『서명』에서는 "살아 있으면 나는 순리에 따라 일을 할 것이고, 죽으면 나는 편안할 것이다"[129]라고 한 것이다. 군자는 마침은 있되 죽음은 없다. 다시 말해 형체는 무너져서 죽게 되지만 '형체가 무너지는 것은 본원으로 돌아가는 것'이다. 따라서 신체(神體)는 늘 존재하고 있는데, 어찌 사라진다[亡]고 말할 수 있겠는가? 망(亡)은 흘러가서 더 이상 없다는 말이다. 기에는 존재함과 존재하지 않음이 있지만, '신체'는 '존재한다' 혹은 '존재하지 않는다'고 말할 수 없다. 이것은 유학자의 종교가 매우 심원하고 광대하며, 매우 중정하고 장엄한 성덕(成德)의 종교이지, 일반의 편파적인 종교가 아님을 나타내고 있다. 유학자들은 개체의 영혼이 불멸한다고는 말하지 않았지만 이 신체(神體)는 항상 존재하고 있음을 인정하였다. 이 '신체'는 보편적이며, 영원한 것이자 한결같은 것이다. 이것이 바로 나의 '성'이다. 우리의 막연한 몸은 '천지가

---

129 역주: 본문에서는 『서명』의 문장을 "生吾順事, 歿無寧也"라고 인용하였다. 이는 잘못 인쇄되었거나 모종삼이 잘못 쓴 것 같다. 앞에서도 이 문장이 나오는데, 그 부분에서는 "生吾順事, 歿吾寧也"라고 쓰여 있다. 번역은 『張子全書』본을 따라 "生吾順事, 歿吾寧也"로 하였다.

이끄는 것'[神體]을 '성'으로 삼고, '천지에 가득 채운 것'[氣]을 체[形體]로 삼는다. 이는 곧바로 우리의 생명이 곧 우주의 생명임을 인정한 것이다. 유형의 몸이 모이거나 혹은 흩어지는 것은 다만 천지의 이끎과 천지에 가득 채운 것이 크게 오고 크게 가는 것에 불과할 따름이다. 이러한 '나의 생명이 곧 우주 생명이다'는 의식을 항상 간직하고 있는 것이 바로 진정으로 덕을 완성하는 종교의 '원교'(圓敎)이다.

4) 태허는 곧 기이다—장재의 체용불이론(體用不二論)과 도가·불가의 체용론

허공이 곧 기라는 것을 안다면 유무(有無)·은현(隱顯)·신화(神化)·성명(性命)이 하나로 통하여 둘이 아님을 깨닫게 된다. 모임과 흩어짐[聚散]·나감과 들어옴[出入]·형체 있음과 형체가 없음에 대해 소종래(所從來)[130]의 근본을 미루어 알 수 있다면 『주역』에 조예가 깊은 사람이다. 만약 허가 기를 낳을 수 있다고 말한다면 허는 무궁하지만 기는 유한하여 체(體)와 용(用)은 완전히 나누어지게 되어 노자의 '유는 무에서 생겨났다'[131]는 도법자연론(道法自然論)[132]으로 빠지게 되는데, 이는 이른바 유와 무가 하나로 혼융되어 있다는 항상된 이치를 모르는 것이다. 만약 삼라만상을 태허에서 생겨나는 사물이라고 말한다면 사물과 허는 서로에게 상관없는 것으로, 형체는 형체대로 본성은 본성대로 각기 떨어져 형체와 본성, 하늘과 사람은 서로를 필요로 하지 않기에 산하(山河)와 대지(大地)를 허망한 것으로 여기는 불가의 학설에 빠지게 된다. 이 도가 밝혀지지 않은 것은 어리석은 자들이 대략 허공이 '성'이 되는 것은 체득할 줄 알

---

130 역주: 所從來란 장재 이후 하나의 특수 용어가 되었다. '소종래'는 어떠한 것이 말미암는 근원이라는 뜻이다. 예를 들어 '사단의 소종래가 '리'인지 '기'인지 따지는 것이 조선철학의 중심이었다.
131 역주: 『道德經』 「40장」에 나오는 말이다.
132 역주: 道法自然은 원래 『道德經』 「25장」, "人法地, 地法天, 天法道, 道法自然"에 나오는 말이나, 여기에서는 노자 이론의 '虛無' 이론을 지칭하는 것이다.

면서도 천도에 근본하여 용(用)이 되는 것을 알지 못하기 때문이고, 그러면서도
오히려 사람들은 견해가 보잘 것 없어 천지가 인연으로 생한다고 하기 때문이
며, 또한 지혜가 미치지도 못하면서 세계와 건곤이 환상으로 드러난 것이라 함
부로 떠들고 있기 때문이고, 그윽함과 밝음에 요점을 들어내지 못하면서 단계
를 뛰어 넘어 망령된 뜻으로 그리하였기 때문이며, 또한 한 번 음이 되고 한 번
양이 되는 것이 치우침 없이 천지를 포괄하고 낮과 밤을 관통하며, 이에 삼극
(三極)[133]의 위대한 중정(中正)의 법도를 깨닫지 못하고 마침내 유가·불가·노
자·장자를 한 데 뒤섞었기 때문이다.[134] 이 때문에 천도와 성명을 말하는 자
들 중에 불가에서 말하는 황홀(恍惚)과 몽환(夢幻)에 미혹되지 않은 자들은 다
시 '유는 무에서 생겨난다'는 노장의 이론을 매우 높고 오묘한 논의로 삼아 버
린다.[135] 덕으로 들어가는 길에 방법을 택하여 구할 줄 모르고 그 치우친 이론
에 가려서 음사한 학문에 빠지는 것을 많이 보았다.

知虛空卽氣, 則有無隱顯神化性命, 通一無二. 顧聚散出入形無形, 能推本所從
來, 則深於『易』者也. 若謂虛能生氣, 則虛無窮, 氣有限, 體用殊絶, 入老氏'有生
於無'自然之論, 不識所謂有無混一之常. 若謂萬象爲太虛中所見之物, 則物與虛
不相資, 形自形, 性自性, 形性天人不相待, 而有陷於浮屠以山河大地爲見病之說.
此道不明, 正由懦者略知體虛空爲性, 不知本天道爲用. 反以人見之小, 因緣天地.
明有不盡, 則誣世界乾坤爲幻化. 幽明不能擧其要, 遂躐等妄意而然. 不悟一陰一
陽, 範圍天地, 通乎晝夜, [乃]三極大中之矩, 遂使儒佛老莊混然一途. 語天道性命
者, 不罔於恍惚夢幻, 則定以有生於無爲窮高極微之論. 入德之途, 不知擇術而求,
多見其蔽於詖而陷於淫矣.

해설 이것은 「태화편」 네 번째 단락으로, 주 내용은 불가와 도가를 비판한 것이다. 장재는 '음양·동정·취산·왕래의 양면을 겸하면서도 어느 한 면에 치우치지 않고'[兼體無累] 신(神)을 보존하는 '체용원융'(體用圓融-인용문의 通一無二)에 의거하여 불가와 도가의 체용 관계가 옳지 않다고 비판하였다. 체용원융(體用圓融)에서 원(圓)은 원만하여 하나도 빠뜨리지 않는다는 뜻이고, 융(融)은 하나로 통하여 어느 것에도 막힘이 없다는 뜻이다. '체용'은 일반적인 용어인데, 그것이 응용되는 것을 보면 내용이 약간씩 다르다. 예를 들어 '본체'와 '현상'으로 체용을 말하는 것이 그것이다. 장재의 생각에 따르면, '체용원융'은 신체(神體)와 기화(氣化)가 완전히 붙어 있지도 않고 또한 떨어지지도 않는 부즉불리(不卽不離)의 관계이다. '허공이 곧 기이다'[虛空卽氣]는 것은 이 단락의 앞 단락에서 말한 '태허에는 기가 없을 수 없다'[太虛不能無氣]는 말과 같은 의미이다. 여기서 '기가 없을 수 없다'는 말은 바로 기를 떠날 수 없다는 의미이다. '기를 떠날 수 없는 것'은 '기화의 막히지 않음'에서 신체(神體)와 허체(虛體)의 묘용을 볼 수 있다는 것이다. 맑게 통하는 '신'은 기화가 막히지 않는 곳에서 드러나고, 기의 취산(聚散)과 동정(動靜)이 관통하는 곳에서 드러난다. 이것이 바로 '허공이 곧 기이다'는 말의 의미이다. 그러나 일반 유가철학의 우주론에서 우주론의 용어[혹은 우주론과 유사한 어투]로써 체용원융의 의미를 말할 때는 기화가 막히지 않음을 말한 것이 아니다. 즉 아무런 내용도 없이 자연적인 사실이 이러한 것처럼 기의 '취산'과 '동정'이 모든 것에 관통된다는 것을 의미하는 것이 아니라 기화의 과정이 곧 천도의 창생 과정임을 의미하는 것이다. 그리고 천도의 창생 과정은 바로 인체(仁體)가 만물에 감응하고 윤택하게 하는[感潤]¹³⁶ 과정이고, 혹은 신

---

136 역주 : 感潤에서 '감'은 만물이 처음 생겨날 때 음양이 교삼하는 섯이고, '윤'은 만물이 생겨난 후 윤택하게 한다는 의미이다. 『주역』「咸卦」에서는 "천지가 감응하여 만

체(神體)가 신묘하게 운행하는[妙運] 과정이다. 도덕을 창조하는 '성체'의 인과(因果)와 심체(心體)의 인과,[137] 그리고 칸트의 용어를 빌려 표현하자면 '의지인과'가 우주 창조의 참된 의의를 그렇게 올바르게 결정하였다고 말할 수 있다. 간단히 말하면, 기화가 응체되어 막혀 있지 않은 것은 '성체'의 인과를 조건으로 한 것인데, 이는 도덕창조의 '성체인과'가 기화의 초월적 근거임을 이미 예정한 것이다. '성체인과의 과정'이라는 의미는 이 인과 과정이 곧 '성체' 스스로가 주동이 되어 만물에 관통한다는 것이다. '기화가 막히지 않는다는 것은 자연적으로 이미 이루어진 사실을 가리키는 것이 아니라 성체인과를 근거로 하는 것인데, 이 기화가 막히거나 치우치지 않는 그 속에 자연스레 '신체'(神體)와 '허체'[性體]가 관통되어 있음을 말한 것이다. 따라서 이 기화가 막히지 않는 곳에서 신체(神體)가 드러난다고 말할 수 있다. '허공이 곧 기이다라고 표현한 신체·기화의 우주론적 원융 용어는 도덕이상주의의 원융 용어이지 자연주의적 유기론의 사실적 진술이 아니다. 항상 이러한 의미를 자각하고서 잊지 않아야만 '천도'와 '성명'을 말하는 유학자들의 우주론적 심경을 오해하지 않을 수 있다.

장재의 표현에 따라서 '허공이 곧 기이다[虛空卽氣]는 것을 해설하면, '허체(虛體)가 곧 기이다' 또는 '맑게 통하는 신(神)이 곧 기이다'라고 해야 한다. '허공'이라고 말한 것은 이 말이 불교 및 도교와 구별하기에 적절하였기 때문이다. '허체가 곧 기이다는 것은 '모든 체가 용'[全體是用]이라는 의미[虛體 모두가 用이라는 의미]이고, '용(用)'에서 말하자면 체(體)는

물이 화생한다[天地感而萬物化生]고 하였고, 「설괘전」에서는 "물보다 만물을 윤택하게 하는 것은 없다[潤萬物者, 莫潤乎水]고 하였다. 간단히 말해 '감윤'이란 만물을 낳고 기르는 것이다. 그러나 이곳에서는 仁體에서 感潤을 말하였다. 때문에 만물에 감응하고 윤택하게 한다로 번역하였다. 이후에 가능하면 풀어서 사용하겠으나, 다른 개념과 혼용되어 사용되었을 때는 '감윤'이라 그대로 사용하겠다.

137 역주 : 性體와 心體가 因果가 된다는 것은 심체와 성체의 자율성이 바로 원인과 결과가 된다는 것이다. '의지인과' 역시 마찬가지이다.

용에 있다는 의미이다. 이미 '허체가 곧 기이다'라고 말할 수 있다면 '기가 곧 허체이다'라고도 말할 수 있다. '기가 곧 허체이다'는 것은 '모든 용이 체이다'[全用是體]는 의미이며, '체에서 말하자면 용은 체에 있다'는 의미이다. 이러한 까닭에 여기에서 '즉'(卽) 자는 원융(圓融)함의 '즉'(卽)이고, 떠나지 않음[不離]138의 '즉'이며, '하나로 통하여 둘이 없다'는 '즉'이다. 이는 결코 동등함을 의미하는 '즉' 자가 아니며, 또한 술어적 의미도 아니다. 분명 신체(神體)와 '기'는 동등한 지위에 있지 않다. 동등하지 않은 측면에서 말하면, 신(神)이 곧 기(氣)인 것은 아니다.[神不卽是氣] 여기에서 '부즉'(不卽)이라는 것은 바로 '동등하지 않음'[不等]의 의미이다. 분명히 신(神)은 기(氣)의 특성[質性]을 서술하는 말이 아니다. 만약 주희가 해석한 것처럼 '신'이 '기'에 속하고 '심'(心)이 기의 영명(靈明)함이라면, '신'은 기를 서술하는 말이 되고, 심은 기의 특성이 된다. 이것은 실제 상황에 대한 진술이지, '체용원융'(體用圓融)의 의미가 아니다. 이러한 까닭에 '즉'(卽)에는 두 가지 의미가 있다. 첫째는 '부즉'(不卽)인데, 이는 신과 기가 동등하지 않다는 것이며, 서술어가 나타내는 특성의 의미가 아님을 표시한다. 둘째는 '즉'(卽)인데, 이는 신과 기가 서로 원융한다는 것이고, 떠나지 않는다는 것이며, 하나로 통하여 둘이 없다는 뜻이다.[유종주(劉宗周-蕺山)는 하나로 통하여 둘은 없다는 것을 주장하면서 주희가 리와 기를 둘로 나누는 것에 반대하였다. 그는 "천지의 사이는 하나의 기일 따름이다. 리가 먼저 있고 나중에 기가 있는 것은 아니라 기가 세워지고 나면 리는 거기에 인하여 깃들어 있는 것이다"139고 하였다. 이러한 말140은 문제가 없을 수 없다. 만약 장재가 말한 원융이라는 뜻에 비추어 말하자면, 리[神體]가 있은 후 기가 있는 것이고, 또한 기가

---

138 역주 : 떠나지 않음은 '理不離氣'와 같이 어떠한 하나가 다른 어떠한 하나를 배제할 수 없다는 뜻이다. 엄밀히 말해 이는 '포괄한다'는 의미가 강하고 '이별한다'는 의미는 매우 약하다.

139 『劉子遺書』卷1「聖學宗要」, "天地之間, 一氣而已. 非有理而後有氣, 乃氣立而理因之寓也."

140 기를 높이고 리를 낮추는 것.

확립되어 리가 거기에 인하여 깃들어 있는 것이다. 그러나 '기가 세워진다'는 것을 결코 편협하게 보아서는 안 된다. 만약 기가 정말로 근본 없이 스스로 확립된다면 천지간의 모든 것은 진실로 자연적으로 이루어진 일기(一氣)일 뿐이어서 오묘한 운행으로 인하여 그렇게 된다는 것을 말할 필요가 없게 된다. 따라서 '기가 세워지면 리가 거기에 인하여 깃들게 된다'는 말은 '리'가 '기'를 서술하는 말이 되고 또한 그것의 성질을 표현하는 말이 될 가능성이 크므로 이는 옳지 않다. 유종주가 이렇게 생각하지는 않았을 것이지만 그의 말은 문제가 없는 것이 아니다. 이에 대해서는 '주돈이 철학' 2의 4)를 보라.]

　노자는 '무'(無)를 말하였고, 석가는 '공'(空)을 말하였는데, 장재는 여기에서 '허'(虛) 자를 제시하여 불가와 도가의 '공'과 '무'를 판단하는 기준으로 삼았다. '허' 자는 비교적 구체적인 것으로, '공'과 '무'처럼 전문화되거나 개념화되지는 않았다. '허' 자는 중국인들이 일상적으로 쓰는 글자이며, 철저하게 중국인들의 정신세계[心靈]를 대변하고 있다. '허'는 비록 정해진 것은 없지만 오히려 의미를 표현하고 드러내는 글자[表詮字]이지, '공'과 '무'처럼 의미를 가리고 숨기는 글자[遮詮字]가 아니다. '공'은 연기법(緣起法)의 자성(自性)을 가려버림으로써 드러나고, '무'는 조작이나 유위(有爲)를 차단함으로써 드러난다. 그런데 '허'는 오히려 거리낌이 없으면서 유유하고도 여유 있게 완전히 최고의 절정을 표현하는 말이다. 그러므로 장재는 '청통(淸通)의 신(神)'으로써 '허'를 설명하였다. 따라서 '허'하므로 신묘하고, '허'하므로 오묘하며, '허'하므로 영명(靈明)하고, '허'하므로 변화하며, '허'하므로 순일(純一)하여 잡스럽지 않고 또한 하나에만 치우치거나 막혀 있지 않은 것이다. 많은 것을 두루 표시하면서도 많은 것에 막혀 있지 않은 것이 바로 '허'인 것이다. 그러므로 허체가 곧 기이며, 기가 곧 허체이어서 "유무(有無)・은현(隱顯)・신화(神化)・성명(性命)이 하나로 통하여 둘이 없게 된다." 기가 모이면 유(有)가 되고 '드러남'이 되며, 기가 흩어지면 무(無)가 되고 '숨겨짐'이 된다. 있음과 없음・숨겨짐과 드러남의 양면 가운데 어느 한 면으로 치우치지 않고 맑게 통하여 막힘이 없는 것을 신(神)이라 한다. 기가 "미루어 행하되 점차적인 과정이 있는 것을 화(化)라 하고, 하나로 합하되 헤아릴 수 없는 것을 신(神)이라 한다."[141] 신체(神體)가 곧 '성체'이며, '성체'의 유행[주재적 用]이 곧 명(命)이 된다. 이러한 까닭에 모두 '하나로 통하여 둘이 없다는 것이다. 또 이 단락에서 다음과 같이 말하였다.

> 만약 '허'가 기를 낳을 수 있다고 말한다면, '허'는 무궁하지만 기는 유한하여 체와 용은 완전히 나누어지게 되어 노자의 '유는 무에서 생겨났다'[142]는 주장으로 들어가게 되는데, 이는 이른바 유와 무가 하나로 혼용되어 있다는 항상된 이치를 모르는 것이다.
>
> 若謂虛能生氣, 則虛無窮, 氣有限, 體用殊絶, 入老氏有生於無之論, 不識所謂有無混一之常.
>
> 『正蒙』「太和」

이것은 노자를 비판한 말이다. 내 생각에 이 비판은 완전히 타당하지는 않은 것 같다. 비판의 결론은 비록 노자의 '유가 무에서 생겨난다[有生於無]는 주장이 잘못되었다는 것이지만, 실제의 취지는 '허공이 곧 기'이기에 '허'가 '기'를 생할 수 없다는 데 있다. 그러므로 장재는 "만약 허가 기를 낳을 수 있다고 말한다면"이라고 말한 것이다. 사실 이러한 반박은 바로 정이가 말한 "뜻은 자주 치우치고 말은 많이 막힌다"[143]는 것의 한 예이다. 『중용』에서 "천지의 도는 한마디 말로써 다할 수 있다. 만

---

141 『正蒙』「神化」, "推行有漸爲化, 合一不測謂神."
142 역주 : 모종삼이 「태화편」 네 번째 단락을 인용할 때 "入老氏有生於無自然之論"이라고 하였는데, 여기에서는 '自然'이라는 말을 빼버렸다. 노자의 이론을 '자연론'이라고 많이 칭하기는 하지만, 여기에서 쓰인 '自然'은 有가 無에서 생겨나는 道가 있고, 그 도를 자연에서 본받았다[道法自然]는 그 '자연'이므로, 역자가 생각하기에도 '自然'이라는 말을 빼면 군더더기가 없어질 것 같다.
143 역주 : 이 책 '들어가는 말'에 이 부분이 설명되어 있다.

물을 이루면서 순일하니, 만물을 생성하지만 그 원리를 짐작하기 어렵다'[144]고 하였는데 어찌 '허가 기를 낳는다[生]'고 말할 수 없다는 말인가? 여기서 '생'(生)이란 오묘한 운행이자 오묘한 감응이라는 뜻을 지닌다. 맑게 통하는 '신'(神)과 어느 한 면에도 치우치지 않는 '허'가 기를 오묘하게 운행하게 하여 끊임없이 낳고 낳게 하며, '동정'과 '취산'이 막혀 있지 않도록 하는 것이 바로 생(生)이다. 인체(仁體)가 감응하고 윤택하게 하여[感潤] 만물을 끊임없이 낳고 기르는 것이 바로 생인 것이다.

천도는 사시를 운행하게 하고 온갖 만물을 생겨나게 하니 지극한 가르침이 아닌 것이 없다. 성인의 움직임은 지극한 덕이 아닌 것이 없다. 여기에 무슨 말을 더 하겠는가? 하늘이 만물을 이루면서 하나의 사물도 빠뜨리지 않는 것은 마치 인(仁)이 일을 이루면서 있지 않은 곳이 없는 것과 같다. 예의(禮儀) 삼백 가지와 위의(威儀) 삼천 가지[145]에 하나의 일이라도 '인'이 아닌 것은 없다. 하늘의 오직 밝으심이야 사물의 나가고 듦을 모두 살피시고, 하늘의 오직 밝으심이야 만물과 함께 오래 행하실 것이니, 하나의 사물도 이루지 않음이 없다.

天道四時行, 百物生, 無非至教. 聖人之動, 無非至德. 夫何言哉? 天體物不遺, 猶仁體事無不在也. 禮儀三百, 威儀三千, 無一物而非仁也. 昊天曰明, 及爾出王(往), 昊天曰旦, 及爾遊衍, 無一物之不體也.

『正蒙』「天道」

하늘이 '만물을 이루면서 하나의 사물도 빠뜨리지 않는 것'[體物不遺]과 인(仁)이 '일을 이루면서 있지 않은 곳이 없는 것'을 어떻게 만물과 일을 열거만 해놓고 그 '체'(體)가 될 따름이라는 정태적인 사고로 이해할 수 있겠는가?[146] '예의 삼백 가지'[禮儀三百]과 '위의 삼천 가지'[威儀三千]는 모

---

144   『中庸』, "天地之道, 可一言而盡也, 其爲物不貳, 則其生物不測."
145   역주 : '禮儀三百'과 '威儀三千'은 『中庸』에 나오는 말로, '禮儀'란 예의 근간이 되는 예이고, '威儀'란 실제에 적용되는 각 항목들의 예이다.

두 인심(仁心)에서 생겨난 것이고, 모두 인체(仁體)로 관통되어 있는 것이다. 이와 같아야만 비로소 '하나의 사물이라도 인(仁)이 아닌 것이 없다고 말할 수 있다. '호천왈명'(昊天曰明)이란 일체의 모든 것을 두루 비추시고 일체의 모든 것에 임하고 있다는 것으로, 사람이 나가거나 들어오거나 혹은 돌아다니거나 할 것 없이 모두 하늘의 비춤과 임함 속에 있다는 것이다. 따라서 경계하고 신중함[戒愼]이 늦춰지지 않고 인도(人道)가 폐해지지 않는 것이다. '하나의 사물도 이루지 않음이 없다'[無一物之不體]는 것은 실제로 '하나의 사물이라도 낳지 않음이 없다'[無一物之不生]는 것과 같다. '생'(生)이란 '실현된다'는 뜻이자, '사물로 하여금 그렇게 되게 한다'[使然者然]는 뜻이다. 그러므로 천도(天道)·인체(仁體) 및 허체(虛體)·신체(神體)는 모두 '실현원리'이자 존재하는 것으로 하여금 그렇게 존재하게 하는 리(理)이다. '생'이란 확대한다는 뜻이자 더욱 널리 생한다는 뜻이다. 즉 천도(天道)의 성(誠)·인체(仁體)의 윤(潤)·허체(虛體)의 청통(淸通)·신체(神體)의 묘응(妙應)으로 인하여 넓고 크게 생한다는 것이다. 천도(天道)·인체(仁體)·허체(虛體)·신체(神體)가 어찌 작용을 일으키지 않는다는 말인가? 이러한 까닭에 '이룬다'[體之]는 것은 곧 '일으킨다'[起之]는 말이다. 맹자가 말한 "그것이 빛으로 발현하면 윤택한 모양으로 얼굴에 나타나고, 등에 넘쳐흐른다"[147]는 것도 바로 '생'이다. 그것이 일으키는 것은 기(氣)에 낙착(落著)하여 비록 한 걸음씩 한계가 생기고 각기 나뉘어져 정해진 분수가 있지만, 일으키는 것은 끊임이 없으며 통하여 막힘이 없으므로 그 무궁(無窮)함과 같은 것이다. 어찌 단지 '허'만 무궁하고 '기'는 한계가 있겠는가? 이것을 종적으로 표현하면 '허는 기를 생할 수 있다'[虛能生氣]고 해야 하고, 횡적으로 말하자면 체용은 '상즉'(相卽)하

---

146 역주: 이 말은 본체 즉 성리를 정태적인 사물의 리로써만 이해하는 주희의 사유 방식을 비판한 말이다.

147 역주: 모종삼은 『孟子』「盡心上」의 중요 글자만 쓰고 있는데, 그 원문은 다음과 같다. "其生色也, 睟然見於面, 盎於背, 施於四體, 四體不言而喩."

고 있다고 해야 한다. 장재는 단지 '허공이 곧 기'라는 상즉적 관계에 중점을 두고 있는데, 이는 그 정태적인 횡적인 것만을 알고 동태적이고 종관적(縱貫的)인 창생의 의미를 잊은 것이다. 동태적 종관(縱貫)의 창생은 엄마가 자식을 낳을 때 자식을 낳으면 모체를 떠나게 되어 자식과 엄마는 이체(異體)가 되는 것과 다르다. 신체(神體)는 무한하면서도 보편적으로 존재하여 영원히 그것이 생하고 일으킨 것과 그윽이 합체하여 하나가 된다. 이러한 까닭에 '종관'에서는 또한 모든 '신'이 '기'이며, 모든 기가 신인 것이다. 어찌 무한한 신과 한 걸음 정도의 한계를 가진 기를 서로 마주시켜 논의할 수 있겠는가? 만약 이와 같다면 무한한 신은 허공을 디디고 있는데 어찌 보편적으로 존재한다고 할 수 있겠는가? 이렇게 되면 용이 단절된 것이 아닌가! 신체가 보편적으로 존재한다는 것은 추상적으로 공중에 매달려 보편적으로 존재하는 것이 아니라 곧 구체적이면서 원융적으로 편재(遍在)하는 것이다. 이 때문에 '허는 무궁하고', 기의 생함 역시 그것과 함께 반드시 무궁한 것이다. 이 둘은 모두 가득 차 있어 '허'에 생성과 일으킴의 '용'이 있음에 장애가 되지 않는다.

노자의 '유생어무(有生於無)도 '체(體)와 용(用)이 완전히 단절된 것이 아니다.' 도가에서 말하는 체용의 의미는 원래 유가와 다르다. 노자는 다음과 같이 말하였다.

> 천하의 만물은 유에서 생겨나며, 유는 무에서 생겨난다.
> 天下萬物生於有, 有生於無
>
> 『老子』「40장」

> 무는 천지의 시작을 이름한 것이고, 유는 만물의 어미를 이름한 것이다.
> 無名天地之始, 有名萬物之母.
>
> 『老子』「1장」

도는 생성하고, 덕은 기른다.

道生之, 德畜之.

『老子』「51장」

생하고 기른다. 만물을 생성하되 소유하지 않으며, 베풀어 만물이 되게 하되 뽐내지 않으며, 만물을 키우되 주재하지 않으니 이를 현덕이라 한다.

生之, 畜之. 生而不有, 爲而不恃, 長而不宰, 是謂玄德.

『老子』「10장」

도는 하나를 낳고, 하나는 둘을 낳으며, 둘은 셋을 낳고, 셋은 만물을 낳는다.

道生一, 一生二, 二生三, 三生萬物.

『老子』「42장」

여기에서 말하는 '생'(生) 자는 우선 도가 근본이 된다는 의미임을 인정한 것이다. 즉 천지만물은 '도' 혹은 '무'를 근본으로 하고 근거로 삼는다는 것이다. '-에서 생한다[生於] 또는 '생한다'[生]는 것은 우선 해석의 의미 측면에서 보면 '-에서 나온다'[出自]는 뜻 혹은 '추동하여 이르다'[推到]는 의미이다. 즉 '도'를 근본·근거로 여기는 것으로써, 의미상 '도에서 나온다' 혹은 '도에 말미암는다'는 것이며 또한 의미상 어떠어떠한 것에 '추동하여 이른다'는 것인데, 이는 모두 형식 언어이다. 그렇다면 노자가 상당히 많은 '생'을 말하였는데, 이는 형이상의 실제적 의의를 갖는가? 그렇지 않는가? 또 실제적 작용은 있는가? 없는가? 이에 대한 대답은 '저절로 있다[自然有]이다. 그러나 노자가 말한 형이상의 실제적 의의와 실제적 작용은 특별한 의미를 가진다. '도가 생하고 덕이 기른다는 것 역시 천지만물이 실제 존재하면서 '무'에 근거하여 생겨났다고 말할 수 있다. '무'에서 생겨났다는 것은 사실 '무'에서 열려 나왔다[開出]는 것이다. 그러나 이렇게 실제로 존재하면서 '무'에서 생겨나거나 열려 나온 것이 결국 어떠한 의미와 형태인지에 대해서는 확실하게 규정할 필요가 있다. 아마 이것에는 어떤 특수한 의미가 분명히 있을 것이다.

노자는 우주론적 측면에서 무(無)가 천지만물의 시작과 근본이 된다고 말하였는데, '도'는 분명 객관성·실체성·실현성을 지닌 것 같다. 그러나 이 세 가지 성질을 까놓고 말하자면 다만 일종의 자태(姿態-형식적으로 드러나는 모습)일 뿐이다. 사실 여기에는 어떤 실체성의 성격을 갖는 '무'라는 것이 객관적으로[存有論的으로] 천지만물을 생하였다는 것도 없고, 또 천지만물 역시 존유론적으로 '무'에서부터 생겨났다는 의미도 없다. 대개 '무'는 숨기는 표현인데, 인위적 조작과 유위(有爲)를 부정하는 것에서부터 드러난다. 그 원초의 의미는 여전히 생활에서부터 체험하여 나온 것이다. 도가는 '인위'와 '조작'의 고통에 대해 분명히 실감하고 있었다. 그러므로 이러한 '유위'(有爲)를 막으면 '무위'(無爲)가 드러나고, '조작'을 가리면 '자연'(自然)이 나타난다. 그러므로 '무'라는 용어가 표현하는 긍정적인 의미는 다만 '자연'일 따름이다. 그런데 자연은 일종의 '경지'로, 실재의 사물을 가리킬만한 것이 없고 설명을 하려고 해도 말할 수가 없다. 즉 이름[名]으로 정할 수 있는 것이 아니며 지칭함[稱]으로 말할 수 있는 것이 아니다. 그러므로 왕필(王弼)은 "자연이란 지칭하는 것이 없는 말이며, 궁극(窮極)의 말이다"[148]고 한 것이다. '도'와 '무'의 객관성과 실체성은 다만 일종의 자태일 뿐이며, '근본한다'·'근거한다'는 의미에서부터 드러나는 것이고, 주체의 자재(自在)·자연(自然)·자적(自適)·자득(自得)에서 소화해야 할 일종의 경지인 것이다. 그러므로 도가의 형이상학은 철저한 '경지 형태'[境界形態]의 형이상학이지, '실유 형태'(實有形態)의 형이상학이 아니다.

객관성과 실체성이 이와 같다면 '도'의 '실현성'도 확정해 볼 수 있다. 도의 실현성은 '생'(生) 자에서 확장되어 나온 것으로 본래 '창생성'(創生

---

[148] 『王弼老子注』 25장 「道法自然注」, "自然者, 無稱之言, 窮極之辭也."

性) 혹은 '생화성'(生化性)으로 말할 수 있다. 그런데 이 두 용어는 유가에 사용하기는 합당하지만, 도가에 사용하기에는 너무 무겁고 강렬한 감이 있어 그리 합당하지가 않다. 그러므로 일반적 의미의 '실현성'으로만 말해야 한다. '도'는 당연히 실현성의 의미가 있기 때문에 '실현 원리'가 될 수 있다. 실현 원리는 곧 '만물이 그렇게 되도록 하는' 리(理)이다. 노자는 다음과 같이 말하였다.

> 옛날부터 오늘날까지 그 이름은 사라지지 않으니 이것으로 뭇 만물들의 시작을 살펴볼 수 있다. 내가 어찌 뭇 만물들이 시작하는 모습을 알겠는가? 바로 이것 때문이다.
> 自古及今, 其名不去, 以閱衆甫. 吾何以知衆甫之狀哉? 以此.
>
> 『老子』「21장」

> 하늘은 하나를 얻어 맑고, 땅은 하나를 얻어 평안하고, 신은 하나를 얻어 영험하며, 골짜기는 하나를 얻어 가득차고, 만물은 하나를 얻어 생겨나고, 후왕은 하나를 얻어 천하의 으뜸이 되니, 그것은 하나를 얻어 이루었기 때문이다.
> 天得一以淸, 地得一以寧, 神得一以靈, 穀得一以盈, 萬物得一以生, 侯王得一以爲天下貞, 其致之一也.[149]
>
> 『老子』「39장」

이것은 모두 도가 '사물로 하여금 그렇게 되도록 하는'[使然者然] 리(理)임을 표현하는 말이다. '도가 생한다'[道生之]고 하는 말은 도가 '사물로 하여금 그렇게 되도록 한다'[使之然]는 말보다 좋은 표현이 아니다. '사연자연'(使然者然)은 곧 '이것으로 하여금 이와 같이 되게 한다'는 의미이다.

---

[149] 역주 : 판본에 따라 원문이 다른 경우가 있다. 『河上公老子注』에 근거하면 '貞'은 '正'으로 되어 있고, 또 가장 뒤에 나오는 '其致之一也'는 '其致之'로만 되어 있다. 『王弼老子注』에는 '貞'은 그대로이지만 역시 '其致之'로 되어 있다.

그러나 이 '사연자연'[生之]은 오히려 경지 형태이지, 실유(實有) 형태가 아니다. 왕필은 『노자』 제10장의 '생지'(生之)에 대해서는 "그 근원을 막지 않는다"[不塞其源也]라고 주석을 하였고, '축지'(畜之)에 대해서는 "그 본성을 금하지 않는다"라고 주석하였다. 또 '생이불유'(生而不有)에 대해서는 "그 근원을 막지 않으면 만물을 저절로 생하니 무슨 공이 있겠는가"[150] 라고 주석하였다. '베풀어 만물이 되게 하되 뽐내지 않는다'[爲而不恃]에 대해서 왕필은 "그 본성대로 함을 금하지 않으면 사물은 저절로 구제될 것인데 어찌 뽐낼 것이 있겠는가"[151]라고 해석하였다. 그러므로 '도가 생겨나게 한다'[道之生]는 말은 이른바 '무에 근본한다'는 뜻이지만, '도' 혹은 '무'가 존유론적으로 생성하게 한다는 것이 아니라, '무위'(無爲)와 '무집'(無執)이라는 일종의 '무적 경지'(無的 境地)와 통한다는 것이다. 즉 한 걸음 비켜서서 만물이 저절로 생하는 근원을 막지 않고, 사물이 스스로 구제하는 본성을 금하지 않으면, 사물은 스스로 생할 수 있고 스스로 구제할 수 있다는 말이다. 이는 여전히 사물이 스스로 생하는 것이고, 사물이 스스로 구제하는 것이다. 오직 한 걸음 비켜서서 그 근원을 막지 않고 그 본성을 금하지 않음으로써 스스로 생하고 스스로 구제하게 하는 것이다. '그 근원을 막지 않는다'는 것은 조작·간섭·소요·난동의 수작들이 그 생명을 막는 것을 차단한다는 것이다. 또한 '그 본성대로 하는 것을 금하지 않는다'는 것은 잘못이 있다고 바로 잡거나, 그 사물이 어떻게 될 것이라 추측하거나, 마음대로 독단하거나, 질곡(桎梏)에 얽매이게 하여 그 본성을 구금하는 일[그 본성을 해치는 일]을 차단한다는 것이다. 절대적인 공부는 바로 이 '막아서 없애는'[遮撥] 것에서 이루어지며, 여기에서 '도'와 '무'가 드러난다. 사람이 이와 같이 '무'의 과정을 체득할 수 있다면 만물의 근원을 열고 그 유행을 통하게 하여 사물이 스스로 생하게 된다. 이것은 '무'를 근본으로 하여 '도'가 생하게 하는 것으로,

---

150 『王弼老子注』「10장」, "不塞其源, 則物自生, 何功之有?"
151 『王弼老子注』「10장」, "不禁其成, 則物自濟, 何爲之恃?"

이것 또한 '사연자연'(使然者然)이다. 이것은 생하지 않는 생함이고, 의지함이 없는 생함이며, 경지 형태의 생함인데, 천지만물 역시 분명 이러한 무의 경지와 비켜서는 마음에서부터 생겨나 실제로 존재하게 된다. 이른바 이러한 '무'의 경지와 비켜서는 마음에서 만물이 창조되어 생겨난다는 것은 바로 이것 때문에 만물이 비로소 그 유행을 통하여 펼칠 수 있고, 그 본성을 완성할 수 있으며, 스스로 자신의 생을 이룬다는 의미이다. 이는 소극적 의미의 '생'이다. 이러한 작용을 도(道)에 대해 말하자면, 바로 도의 형이상적 실재 의의이며, 실재 작용이다. 도가의 말에 근거하면, 이것이 바로 막대한 작용이자 막대한 지혜이다. 그러므로 노자는 "무위하지만 하지 못하는 것도 없다"[無爲而無不爲] · '무위로 다스린다'[無爲而治]라고 말한 것이다. 이것이 곧 "천하만물은 유에서 생겨나고, 유는 무에서 생겨난다"는 의미이다. '유에서 생겨난다'[生於有]는 것은 '유'(有) 가운데에서 그 실제적인 생장이 드러난다는 것이고, '유가 무에서 생겨난다'[有生於無]는 것은 무의 경지[그 본성을 막히지 않게 하고 금하지 않는 것] 가운데 각기 그 유행이 막힘없이 잘 펼쳐져 각기 그 '유위'(有爲)를 이룬다는 것이다. 이런 까닭에 도의 실현성은 비켜서서 조작하지 않는 경지 형태의 실현성이다. '도가 생한다'[道生之]는 것은 경지 형태에서 근원을 막지 않고 본성을 금하지 않는 '생하지 않음의 생함'[不生之生]으로 스스로 생함을 이룬다는 것이다. 스스로 생함을 이루는 것이 그 스스로 생함의 도를 열어내는 것이다. 이 역시 '생하게 한다'는 것이자 '조작하지 않는 생함이다. 그리고 만물이 실제로 존재하는 데, 이 막지 않고 금하지 않는 '무'에서부터 열려나왔다는 것 역시 이 '무'가 비로소 그 생함의 유행을 원활하게 잘 펼쳤기 때문에 존재하는 것이다. 그렇지 않으면 질곡에 막혀 죽게 되니 어찌 생할 수 있고 존재할 수 있겠는가? '죽음'에 대비해서 말하여 사물로 하여금 그렇게 되도록 하는 것[使然者然] 역시 '생지'(生之)의 의미이다. 만약 이 역시 일종의 '존유론'(存有論)이라면 경지 형태의 존유론이자 주관적 작용의 존유론이지, 실유 형태의 존재론은 아니다. 이것이 도가에서 말하는 체용의 의미이다.

이러한 '체용'의 의미는 유가와 다르다. 유가의 체용론은 도덕적 창조 실체의 '체용'이다. 이는 칸트가 말한 '의지인과성'[이는 일종의 특별한 인과 성인데, 자연인과성과는 다르다][152]의 체용이다. 이는 성체인과성(性體因果性)과 심체인과성(心體因果性)이 방향을 결정하는 창생적 체용이다. 그러므로 이 창조 실체는 분명 능생(能生)·생기(生起)·인발(引發)·감윤(感潤)·묘운(妙運)의 의미를 갖고 있다. 이 창생 실체의 객관성·실체성·현실성[創生性과 生化性]은 단순히 일종의 자태가 아니라, 일종의 객관적 실체이자 실유(實有)가 갖추고 있는 의미이다. 이 실체·실유는 플라톤형이 아니며, 지혜로 이를 수 있는 정태적 형식도 아니다. 실체와 실유는 의지와 덕성의 동태적 성체(性體)·심체(心體)·허체(虛體)·신체(神體)·성체(誠體) 그리고 천도(天道)·천명(天命) 및 태극(太極)이다. 이 창조적 실체 역시 실유이자 신용(神用-활동)이며, 주관이자 객관으로 곧 초월적인 위대한 주재자다. 이러한 형이상학을 '도덕형이상학'이라 한다. 만약 이 가운데 우주론이 포함되어 있다면 이는 곧 도덕창생의 우주론이다. 유가의 특별함은 이와 같이 보아야 한다. 장재가 말한 "만약 허가 기를 낳을 수 있다고 말한다면 허는 무궁하지만 기는 유한하여 체와 용은 완전히 나누어지게 되어 노자의 '유는 무에서 생겨났다'는 주장으로 들어가게 되는데, 이는 이른바 유와 무가 하나로 혼용되어 있다는 항상된 이치를 모르는 것이다"라는 말은 모두 적절한 비평이 아니다. '허'와 '기'는 원융하여 '허' 역시 기를 생할 수 있다. '허가 기를 생할 수 있다'는 것 때문에 '체용이 완전히 단절되는 것'은 아니다. 노자의 '유무' 또는 '유생어무'(有生於無)는 유가와 다른 계통이다. 그 역시 '유가 무에서 생한다'고 할 수 있으며 '유와 무가 혼일(混一)되어 있다'고 말할 수 있다. 이른바 "이 두 가지는

---

[152] 역주 : 칸트가 말한 '의지인과성'은 스스로의 '의지'로 정한 도덕법칙[因]에 따를 수 있다[果]는 것이다. 즉 의지는 외재하는 원인에 의존하지 않고 독립적으로 작용할 수 있는 인과성인데, 이는 자연법칙의 제한을 초월할 수 있는 인과성이다.

같은 곳에서 나왔으나 이름이 다른데, 함께 부르자면 현(玄)이라 한다"는 것이 이것이다.[도가의 玄理에 관해서는 『才性與玄理』·『王弼玄理之易學』·『王弼之老學』 및 『向·郭之注莊』 3장을 상세히 살펴주기 바란다.]

이상이 장재가 노자를 비평한 말이다.

"만약 삼라만상을 태허에서 생겨나는 사물이라고 말한다면 사물과 허는 서로에게 상관없는 것으로, 형체는 형체대로 본성은 본성대로 각기 떨어져 형체와 본성, 하늘과 사람은 서로를 필요로 하지 않기에 산하(山河)와 대지(大地)를 허망한 것으로 여기는 불가의 학설에 빠지게 된다"는 장재의 말은 불가를 비평한 것이다. 장재가 말한 '허'와 '기'·'성'과 '기'·'하늘'과 '사람'은 원래부터가 '자성'(自性)이 없으므로 공(空)이 된다는 것과 연기법(緣起法)에 의해 사물이 있게 된다는 '공유'(空有)의 불가 이론과는 근본적으로 다른 것이다. 그리고 불가의 '공유'는 본래 '체용'으로는 논할 수 없다. 불가의 '공유설'에 대해 장재가 '서로에게 근거하지 않는다[不相資]·'서로를 필요로 하지 않는다[不相待]라고 말한 것은 분명 타당한 점이 있다. 그러나 어떤 때는 '서로 근거한다·'서로 필요로 한다'라는 말을 할 수도 있다. 그런데 '서로 근거한다'와 '서로 필요로 한다'는 것이 도대체 무슨 의미인가? 그것은 궁극적으로 보면 서로 근거하고 서로 필요한 것이 아닌가? 이는 상세히 고찰하여 논의해야 하지, 한 두 마디의 말로 할 수 있는 것이 아니다. 말이 너무 많고 또 글의 흐름이 단절되는 것을 피하기 위해, 이 주제만을 전문적으로 논할 것이다. 이 책의 부록 「불가 체용론의 본의」를 따로 자세히 살펴주기 바란다.

이상은 장재가 '허공이 곧 기이다'[虛空卽氣]를 근거로 하여 불가와 도가를 비판한 것인데, 비록 간략하여 완벽하게 비평하지는 못했고 또한 타당하지 않은 곳도 많지만,[그러나 장재가 불가를 비평한 것은 대체로 온당하다.] 긍정적 측면에서 유가의 의미를 표현한 것은 잘못되지 않았다. 이에 나는 그 긍정적 의미에 따라서 해설하였다.

5) '체용불이론'(體用不二論)에서 '가르침이 아닌 것이 없다'의 의미

끝없이 아득한 태허의 기는 오르고 내리며 날아 솟구치면서 멈춘 적이 없었다. 이것이 『주역』에서 말한 '기가 서로 얽혀 교감하는 것'[絪縕]이고, 장자가 말한 생물이 숨을 쉬면서 서로를 바람으로 불어주는 '야마'(아지랑이)가 아니겠는가? 이것이 허와 실, 움직임과 멈춤의 기틀이며, 음양과 강유의 시작이다. 떠올라 위로 오르는 것은 양의 맑음이고, 가라앉아 내려가는 것은 음의 탁함이다. 그것이 감응하여 모임과 흩어짐을 만나 바람과 비가 되는 것이나 서리와 눈이 되는 것에서든, 만물이 각각 품수를 받아 기의 유행으로 형태를 이루는 것에서든, 산천의 풀리거나 얼거나 하는 것에서든, 또 쌀겨를 태운 재에서든 '가르침이 아닌 것은 없다.'

氣坱然太虛, 升降飛揚, 未嘗止息. 『易』所謂絪縕, 莊生所謂生物以息相吹野馬者與? 此虛實動靜之機, 陰陽剛柔之始. 浮而上者陽之淸, 降而下者陰之濁. 其感遇聚散, 爲風雨, 爲霜雪, 萬品之流形, 山川之融結, 糟粕煨燼, 無非敎也.

『正蒙』「太和」

해설 『정몽』의 이 다섯 째 단락은 대체로 첫 번째 단락의 의미를 벗어나지 않고 있다. 오직 '가르침이 아닌 것은 없다'[無非敎也]는 구절만이 새로운 의미를 드러내고 있다. 비록 허(虛)를 말하든 신(神)을 말하든 허와 신은 기(氣)를 떠나지 못한다. 그러므로 장재는 여전히 기에서 말하고 있다. "끝없이 아득한 태허의 기는 오르고 내리며 날아 솟구치면서 멈춘 적이 없었다"는 세 구절의 문장은 기의 측면에서 허와 신으로 말미암아 생성하고 변화하는[生化] 대용(大用)이 있을 수 있음을 총괄적으로 말한 것이다. 인용단락 원문 첫 구절의 '기앙연'(氣坱然)에서 '앙'(坱)이라는 글자에 대해 『설문해자(說文解字)』에서는 "먼지가 안개처럼 자욱하여 어둑한 것"[霧昧塵埃也]이라고 해설하였다. 이는 기가 얽혀 교감하는 것[絪縕]이 매우 성대한 모습을 형상화한 것으로, 구름이 뭉게뭉게 피거나 노을이

온 하늘을 물들이는 것처럼 충실하게 가득 찬 형상을 표현한 것이다. 비록 끝없이 아득하여 실제로 지극히 '허'하지만, '허'는 곧 '신'(神)이다. '허'하면서 신묘하기 때문에 '오르고 내리며 솟구치면서 멈춘 적'이 없을 수 있는 것이다. '앙연'(块然)이란 울창하여 성대하고 가득 찬 것인데, 안으로 한 걸음 더 들어가 살펴보면, 이것이 곧 '태화'(太和)임을 알 수 있다. 『주역』에서 말한 기가 서로 얽혀 교감하는 것은 태화를 표시한다. 장자(莊子)는 "가물가물 올라오는 아지랑이와 먼지는 생물이 숨을 쉬면서 서로를 바람으로 불어주는 것이다"[153]라고 말하였다. 이 말 역시 태화의 기운이 서로 얽혀 교감하는 것을 표시한 것이므로, 기식(氣息)으로 서로 불어줄 수 있다는 것이다. 기식으로 서로 불어주므로 구름이 뭉게뭉게 피어오르는 울창한 '기'가 있을 수 있는 것이다. 그러므로 「태화편」첫 번째 단락에서 "야마나 인온의 상태와 같지 않다면 그것을 태화라고 일컫기에 부족하다"고 말한 것이다. 이 단락에서 '이것이 곧 허와 실, 움직임과 멈춤의 기틀이며, 음양과 강유의 시작이다[154]는 말은 「태화편」첫 단락의 첫 문장[155]의 의미와 같다. '그 감응함이 모임과 흩어짐을 만나면 바람과 비가 되고, 서리와 눈이 된다'는 것에서 '가르침이 아닌 것이 없다'는 말까지는 첫 단락의 "그것이 오는 것에는 '기미'가 쉬우면서도 간단하지만, 그 궁극은 광대하며 견고하다"[156]는 말을 달리 표현한 것이며, 이것으로 말미암아 '가르침이 아닌 것이 없다'는 새로운 의미가 도출되는 것이다. 『예기』「공자한거편」에서는 다음과 같이 말하였다.

하늘에는 사시가 있으니, 봄과 가을 겨울과 여름이다. 바람과 비, 서리와 이

153　『莊子』「逍遙遊」, "野馬也, 塵埃也, 生物之以息相吹也."
154　역주 : 이 원문은 "此虛實動靜之機, 陰陽剛柔之始"인데, 모종삼은 '此'라는 글자 아래 '乃'자가 보충되어야 한다고 보았다.
155　역주 : 이에 해당하는 문장은 "太和所謂道. 中函浮沉升降動靜相感之性, 是生絪縕相盪勝負屈伸之始"이다.
156　역주 : 『正蒙』「太和」, "其來也, 幾微易簡, 其窮也, 廣大堅固."

슬은 하늘의 가르침이 아닌 것이 없다. 땅은 신기(神氣)를 싣고 있는데, 신기는 바람과 천둥이며, 바람과 천둥이 형체를 일깨워[157] 뭇 사물들이 서서히 나타나 생겨나니 땅의 가르침이 아닌 것이 없다.

天有四時, 春秋冬夏. 風雨霜露, 無非敎也. 地載神氣, 神氣風霆, 風霆流形, 庶物路生, 無非敎也.

『禮記』「孔子閒居」

장재가 이 단락에서 한 말은 『예기』의 이 인용문에 근거하여 말한 것이며, '태화인온'(太和絪縕)은 바로 도가 사물을 낳음에 헤아릴 수 없다는 것이다. 그리고 '바람과 비, 서리와 이슬', '바람과 천둥이 형태를 이룬다'는 것 역시 허체(虛體)와 신체(神體)의 드러남이 아닌 것이 없다는 것이다. 그러므로 충실하고 가득 찬 우주는 어디든 실리(實理)와 실사(實事)가 아닌 것이 없다. 즉 어디서건 '가르침이 아닌 것은 없다'는 것이다. 이미 모든 곳이 가르침이 있는 곳이므로 '도'는 바로 우리 눈앞에 있는 것이다. 도는 사람에서 떨어지지 않고, 도는 기(器)에서 떨어지지 않는다. '바람과 천둥이 형체를 일깨워 뭇 사물들이 서서히 나타나 생겨난다'는 것이 바로 '도'이다. '허'를 말하든 '신'을 말하든 이것이 바로 '허'이고 '신'이다. '체용불이'(體用不二)와 '충실하며 원만하고 가득 차 있다는 가르침'은 곧 초월하면서 내재하고, 가장 구체적이며, 가장 심원하고, 가장 원융하며, 가장 진실한 지혜가 있는 곳이다. 이는 중국의 자고이래로 늘 그러했던 것으로서 유가에 본래 담겨 있는 사상이다. 정호는 이러한 의미를 곧잘 말하였으며, 장재도 이러한 의미를 드러내었다. 그런데 이것이 어찌 불교의 '선'(禪)에서 유래한 것이겠는가? 선가(禪家)에서도 "물을 긷고

---

157   역주 : 옛날에는 사물을 처음 발아시키는 것이 천둥이라고 생각하였다. 천둥이 울리면 각 사물이 천둥의 고무를 받아 딱딱한 씨앗이 터지며, 이것에서 처음 생성이 시작되는 것이라고 여겼다. 『주역』에서는 천둥을 상징하는 '震卦'(☳)에 이러한 형상이 있다.

장작을 패는 것 모두 오묘한 도가 아님이 없다"[挑水砍柴, 無非妙道]고 하였고, 또 "작용하는 것이 바로 성이다"[作用是性]라는 말을 하였지만, 이는 불가에서 표현된 지혜에 불과하다. 세속의 비류한 사람들은 이를 선학으로 몰고 가는데, 이는 문헌만 나열하다가 그 근원을 잃어버린 것이다.

6) 밝음이 베풀어지고 베풀어지지 않는 본체우주론적 의의

기가 모이면 밝음[離明]이 베풀어져 형체가 있게 된다. 기가 모이지 않으면 밝음이 베풀어지지 않아 형체가 없다. 기가 모이려 할 때 어찌 그것을 객형(客形-일시적 형태)이라 이르지 않을 수 있겠는가? 기가 흩어지려 할 때 어찌 갑자기 그것을 '무'라 할 수 있겠는가? 그러므로 성인은 우러러 하늘을 살피고 굽어 땅을 살피되 다만 '유명'(幽明-형체 없음과 형체 있음)의 이치만 안다고 하고, 유무(有無)의 이치는 안다고 말하지 않는다. 천지간을 가득 채운 것은 법상(法象)일 따름이다. 문리(文理)를 살피되 밝음이 아니면 서로 보지 못한다. 형체를 이루려 할 때는 유(幽)의 원인을 이로써 알게 되고, 형체를 이루지 않으려 할 때는 명(明)이 되는 까닭을 이로써 알게 된다.

氣聚, 則離明得施而有形. 不聚, 則離明不得施而無形. 方其聚也, 安得不謂之客? 方其散也, 安得遽謂之無? 故聖人仰觀俯察, 但雲知幽明之故, 不雲知有無之故. 盈天地之間者, 法象而已. 文理之察, 非離不相親也. 方其形也, 有以知幽之因. 方其不形也, 有以知明之故.

『正蒙』「太和」

해설 「태화편」두 번째 단락에서는 "태허는 형체가 없는 것으로 기(氣)의 본체이다. 그 기가 흩어지고 모이는 것은 변화의 객형(客形)일 따름이다"[158]라고 하였다. 이 단락은 이것을 이어 허체(虛體)와 신체(神體)에서부터 '리명'(離明)을 논한 것이다. 「신화편」에서는 "허명(虛明)이 밝게 비추

는 것이 바로 '신'의 밝음이다"¹⁵⁹라고 하였다. 이 단락에서 '리명'이라고
한 것은 '신체'(神體)의 허명이 밝게 비추는 것을 말한 것이다. '리'(離)란
곧 감(坎☵)·리(離☲)의 '리'¹⁶⁰이다. 괘를 보면 감괘는 물을 상징하고 리
괘는 불을 상징한다. 불은 또 광명(光明)을 상징한다. '리명'이란 같은 의
미를 지닌 글자를 반복해 놓은 것이다. 「설괘전」에서는 또 "리는 눈[目]
이다"¹⁶¹라고 하였다. 불[火]이나 눈은 모두 상(象)을 취하고 비유를 취했
다는 의미이다. 그러나 여기에서 말한 '리명'은 실제로 불을 가리켜 한
말이 아니고, 눈을 가리켜 한 말도 아니다. 이것은 곧장 '신체'의 허명이
'밝게 비춤'을 말한 것이다. 「신화편」에서는 '신의 밝음이다'라는 말을 이
어 "멀거나 가깝거나 그윽하거나 깊거나 이롭게 하거나 쓰이게 하거나 나
가거나 들거나 할 것 없이 모두 신(神)이 가득하여 틈이 없다는 것이다"¹⁶²
라고 하였다. '신'이 가득 차 틈이 없는 것은 곧 '밝음'이 가득 차 틈이 없
는 것이다. 여기에서 말한 '리명'은 '본체-우주론적'(Onto-cosmologically)¹⁶³으
로 말한 것이다. 여기에서 말한 '심'은 본체-우주론적 근거이며, 이 '신
체'의 밝음 역시 '우주심'(宇宙心)이라고 할 수 있다.

　허체(虛體)와 신체(神體)가 일체의 모든 것을 오묘하게 운행하게 하여
틈이 없이 가득 차게 하는 것이 곧 밝음이 모든 사물을 두루 비춰 틈이

158　『正蒙』「太和」, "太虛無形, 氣之本體. 其聚其散, 變化之客形爾."
159　『正蒙』「神化」, "虛明照鑑, 神之明也."
160　역주 : 『주역』의 離卦에는 離는 불[火]과 태양[日]을 상징한다. 따라서 '離'에는 원래
　　　　'밝다[明]'는 뜻이 있다.
161　『周易』「說卦傳」, "離爲目."
162　『正蒙』「神化」, "無遠近幽深, 利用出入, 神之充塞無間也."
163　역주 : '본체-우주론'에서 본체는 천도와 심성의 실체적 의미를 나타내고, 우주론은
　　　　본체로부터 현상까지의 역정을 설명한 이론이다. 그러나 모종삼은 본체와 우주론을
　　　　합성시켜 본체의 자기실현, 즉 자기에게 갖추어진 역동성에 의하여 천지만물이 현
　　　　현됨을 설명한다. 따라서 모종삼이 말한 본체우주론은 한편으로는 본체의 역동성을
　　　　표현한 것이고, 다른 한편으로는 본체와 현상의 不離를 표현한 것이다. 여기에서는
　　　　'본체-우주론'이라 하였지만, 다른 곳에서는 '본체우주론'이라 그대로 붙여 쓰기도 한
　　　　다.

없이 가득 차 있게 하는 것이다. 이는 기의 취산을 통해서 드러날 따름이다. 세 번째 단락에서는 "기의 물질적 특성은 흩어져 형체가 없는 상태가 되면 기의 본체[164]로 돌아가고, 모여서 형상이 있어도 기의 항상된 변화 법칙을 잃지 않는다"[165]라고 하였다. 이는 '허체'와 '신체'가 한편으로 숨겨지고 한편으로 드러난다는 것이다. 비록 숨겨짐과 드러남의 차이는 있으나 '허체'는 항상 존재한다. '흩어져 형체 없음에 들어가면 기의 본체를 회복한 것'이라는 말은 이때에 나의 '허체'와 '신체'의 스스로 존재함을 얻었다는 의미이다. '모여서 형상이 있는 것이 되어도 기의 항상된 변화 법칙을 잃지 않는다'는 것은 이때에 비록 기가 모여 형상이 있으나 허체와 신체는 그것을 주재하는 가운데 깃들어 있다는 것이며, 이것은 곧 나의 항상된 체[常體]라는 것이다. 즉 기가 흩어져도 공무(空無) 속으로 빠지지 않고, 모여도 형상에 치우쳐 응체되지 않는다는 것이다. 형상에 치우쳐 응체되지 않는다는 것은 내가 허체와 신체가 주관하는 가운데에서 나의 상도(常度)와 상칙(常則)을 얻어 나의 생명을 바르게 한다는 것이다. 이것이 곧 '항상된 변화 법칙을 잃지 않는다'는 것이다. 허체와 신체로 말해도 이와 같은 것이고, '신의 밝음'으로 말하여도 이와 같은 것이다.

이 단락에서 장재는 "기가 모이면 밝음이 베풀어져 형체가 있게 된다"[氣聚, 則離明得施而有形]고 하였다. 여기에서 '시'(施)는 '베풀다'는 의미인 시포(施布), '펼쳐 보이다'는 '시전'(施展)의 '시' 자이다. 이는 '본체-우주론적인' 베풂[施]이지, 인식론적인 베풂이 아니며, 또 직관(直貫)적인 베풂이지 그냥 나열만하는 횡렬식의 베풂이 아니다. 그러므로 그 다음의 문구들은 모두 '본체-우주론적' 용어이지 인식론적 용어가 아니다. '밝음

---

164 역주 : 『정몽』「태화」에 나오는 '吾體' 혹은 '吾常'에서 '吾'는 모두 '氣'를 가리켜 한 말이다. 따라서 '吾體'는 '기의 본체'라는 의미이며, '吾常'은 '기의 항상된 법칙'을 말한다. 이 말은 이 단락의 제목에도 쓰인 말이다.

165 『正蒙』「太和」, "氣之爲物, 散入無形, 適得吾體, 聚爲有象, 不失吾常."

이 베풀어져 형체가 있게 된다는 것은 기가 모였기 때문에 드러났다는 의미이다. '밝음이 베풀어지지 않아 형체가 없다'는 것은 기가 모이지 않아 숨겨졌다는 의미이다. 그러나 숨든 나타나든 '신체'의 밝음은 진실로 항상 존재하면서 막힘없이 자유롭다. 숨겨짐과 드러남[隱現]은 '신'의 밝음으로써 말한 것이다. 모임과 흩어짐[聚散]은 '기'로써 말한 것이다. 그러므로 "기가 모이려 할 때 어찌 그것을 객형[客]이라 이르지 않을 수 있겠는가"라고 장재가 말하였는데, 여기에서 '객'(客)이란 '객형'(客形)의 '객'이다. 기가 모여서 형태를 가지는 것은 기화(氣化)의 '객형'이다. 그러나 '신의 밝음'에 대해서는 '객'이라고 이를 만한 것이 없다. '신의 밝음'은 곧 항상 존재하는 대주체이며, 기가 모임으로 말미암아 구체적인 드러남을 가질 수 있을 뿐이다. 또 이 단락에서 장재는 "기가 흩어지려 할 때 어찌 갑자기 그것을 무(無)라 할 수 있겠는가"라고 하였다. 기가 흩어져 형체가 없게 되는 것은 단순히 무형일 따름이지, 어떠한 것이라도 '무'가 되는 것은 아니다. 그리고 '신체의 밝음'은 여전히 막힘없이 존재하는 것이다. 다만 기의 흩어짐 때문에 형체로 드러날만한 것이 없을 따름인데, 이 역시 숨겨짐[隱] 또는 그윽함[幽]이라고 말할 수 있다. 그러므로 『역전』에서는 다만 "그윽하여 형체가 없음과 밝게 형체가 드러나는 이치를 안다"[知幽明之故]고 하였지 '있음과 없음을 이치를 안다'고 하지 않은 것이다. '유'(幽)의 미래는 곧 밝음이다. 그러므로 밝음의 이치는 곧 과거에 형체를 가지지 않은 '유'(幽)였다. 밝음의 미래는 그윽함인데, 그러므로 그윽함의 원인은 곧 과거에 이미 형체를 가진 밝음이었다. 그러므로 장재는 "형체를 이루려 할 때는 '유'(幽)의 원인을 이로써 알게 된다.['幽'의 원인은 눈앞에 이미 형체를 지닌 밝음이다.] 형체를 이루지 않으려 할 때는 '명'(明)이 되는 까닭을 이로써 알게 된다.[밝음의 원인은 형체를 지니지 않은 그윽함이다]"고 말한 것이다. 통틀어 보면 그윽함의 원인은 밝음이며, 밝음의 원인은 그윽함이다. 장재의 용어는 눈앞의 '유'(幽-不形)와 '명'(明-形)으로 미래의 '명' 혹은 '유'의 까닭을 설명한 것이다. 만일 눈앞의 '유명'

(幽明)으로써 이전의 '명유'(明幽)가 되는 까닭을 거슬러 올라가고자 한다면, 그렇게 해도 된다. 결국 그윽함의 원인은 밝음이고, 밝음의 까닭은 그윽함인 것이다. '유명지고'(幽明之故)는 분명 '본체-우주론적' 용어이다.

"천지간을 가득 채운 것은 법상(法象)일 따름이다. 문리(文理)를 살피되 밝음이 아니면 서로 보지 못한다"는 장재의 말 역시 '본체-우주론적'인 용어이다. 『역전』에서는 "상(象)을 이루는 것을 '건'(乾)이라 하며, 이루어진 상을 본받는 것을 '곤'(坤)이라 한다"[166]고 하였다. 장재가 말한 '법상'은 바로 『역전』의 이 말을 근거로 한 것이다. 오직 건곤에서 음양의 기로 전환하여 한꺼번에 말한 것일 뿐이다. '법상'이 있으면 곧 '문리'가 있다. '법상'의 '문리'는 모두 '리명'이 드러내는 것이다. '리명'이 드러내는 것 역시 리명의 밝음으로 서로 볼 수 있게 된다. 그러므로 장재는 "문리를 살피되 밝음이 아니면 서로 보지 못한다[相覩]"고 말한 것이다. 여기에서 '상도'(相覩)란 '리명'이 두루 존재하고 두루 비추기 때문에 서로 딱 들어맞게 된다는 것이다. 장재의 이 문장에 비록 '찰'(察) 자와 '도'(覩) 자가 있지만 그 근거는 오히려 '본체-우주론적' 신명(神明)이 충만하여 틈이 없는 곳에 있다. '찰'과 '도'는 모두 인식론적 용어이지만 그 근거는 오히려 '본체-우주론적' 진술이다. 그러므로 이 '찰' 자와 '도' 자 때문에 '밝음이 베풀어지고 베풀어지지 않는다'는 두 구절을 인식론적 용어로 볼 필요는 없다. 장재가 말한 이 단락 전체 진술은 '본체-우주론적' 진술이지, 인식론적 진술은 아니다.

『주자어류』에는 다음과 같은 말이 있다.

물었다. "기가 모이면 '리명'이 베풀어져 형체가 있고, 기가 모이지 않으면 리명이 베풀어지지가 않아 형체가 없습니다. 리명이란 무엇을 일컫는 것입니까?" 대답하였다. "이 말은 깨닫기 어려운 것 같다. 어떤 곳에서는 일광(日光)이라고

---

166 『周易』「繫辭上」, "成象之謂乾, 效法之謂坤."

말하였고, 어떤 곳에서는 '눈'[目]이라고 하였다. 이를 보아 하니 다만 기가 모이면 눈으로 볼 수 있고 모이지 않으면 볼 수 없는 것이다. 『주역』에서 말한 '리는 눈이 된다'[167]는 것이 바로 이것이다."

　問, "氣聚則離明得施而有形, 氣不聚則離明不得施而無形. 離明何謂也?" 曰, "此說似難曉. 有作日光說, 有作目說. 看來只是氣聚, 則目得而見, 不聚則不得而見. 『易』所謂'離爲目'是也."

『朱子語類』卷99

이 해석은 옳지 않다. 주희는 '리'를 '눈'[目]으로 해석하여 '리명이 베풀어지는 것'을 '눈으로 볼 수 있다'고 해석하였고, '베풀어지지 않는다'는 것을 '볼 수 없다'는 것으로 해석하였다. 이것은 바로 '리'를 인식론적 용어로 간주한 것인데, 모두 틀렸다. 주희는 장재가 말한 이 단락에 대해 완전히 상응한 이해를 하지 못하였다. 주희는 위 인용문에서 "이 말은 깨닫기 어려운 것 같다"고 하였는데, 결국 주희는 자신의 말처럼 깨닫지 못했다. 이는 본래 매우 분명한 의리(義理)인데도, 주희에게는 왜 이 같은 간격이 존재한다는 말인가? 이는 주희의 능력이 부족해서가 아니다. 그렇게 된 까닭이 있다. 『주자어류』 권98과 권99는 모두 장재에 대해 논의한 것인데, 그곳에 실려 있는 말들은 대체로 장재와 관련이 없다. 여기에서 그가 장재를 올바르게 해석하지 못한 모습을 볼 수 있다. 그 까닭에 대해서는 마지막 부분에서 총괄적으로 해석하겠다.

7) 태화가 곧 기라는 체용원융과 청기(淸氣)의 특성[質性]에 대한 분별

　기는 태허에서 모이고 흩어지는데, 이는 마치 물이 얼어 얼음이 되거나 녹아

167　역주: 『주역』 「설괘전」에서는 "離爲目"(9장)이라는 말도 있지만 "離, 爲火, 爲日"(11장)이라는 말도 있다.

서 물이 되는 것과 같다. 태허가 곧 기라는 것을 안다면 무(無)란 없다. 그러므로 성인은 성(性)과 천도(天道)의 지극한 이치를 말하며 기가 뒤섞이는 신묘한 변역[168]을 온전히 다할 따름이다. 그런데 노자나 장자 같은 사람들은 천박하고 망령되이 유(有)와 무(無)를 구분함이 있으니 이치를 궁구하는 학문이 아니다.

氣之聚散於太虛, 猶氷凝釋於水. 知太虛卽氣, 則無無. 故聖人語性與天道之極, 盡於參伍之神變易而已. 諸子淺妄, 有有無之分, 非窮理之學也.

태허는 맑은 것인데, 맑으면 막힘이 없고, 막힘이 없으므로 신묘하다. 맑은 것이 반대로 움직여 탁한 것이 되는데, 탁하면 막힘이 있고, 막히면 형체가 있다.

太虛爲淸, 淸則無礙, 無礙故神. 反淸爲濁, 濁則礙, 礙則形.

무릇 기가 맑으면 통하게 되고, 흐리면 막히게 된다. 맑음이 지극함에 이르면 신묘하다. 그러므로 기가 모여 사물이 되되 거기에 틈이 있으면 바람이 불어 그 속에 이르는 소리를 들을 수 있는데, 이는 맑음의 징험이 아니겠는가? 행하지 않고서도 다다르게 되는 것[169]은 맑음의 지극함인가?

凡氣淸則通, 昏則壅. 淸極則神. 故聚而有間, 則風行而聽聞具達, 淸之驗與? 不行之至, 淸之極與?

태허로 말미암아 '하늘'의 이름이 있게 되었고, 기화로 말미암아 '도'의 이름이 있게 되었으며, 허와 기가 합쳐져 '성'(性)의 이름이 있게 되었으며, 성과 지각이

---

168 역주 : 이 말은 원래 『周易』「繫辭上」(10章)에 나오는 말인데, 원문은 "3과 5로 변하여 그 數를 모아 뒤섞는다"[參伍以變, 錯綜其數]이다. 이 말은 원래 점치는 방법을 말한 것이다. 즉 49개의 시초를 둘로 나누는 分二, 하나를 걸어 三才를 상징하는 掛一, 네 개씩 시초를 헤아리는 揲四, 나머지를 계산하는 歸奇를 말한 것이다. 3과 5로 변한다는 것은 이 과정을 통틀어 말하는 것인데, 『정몽』에서는 氣의 변화를 말한 것이다. 점치는 방법이 원래 신묘하므로 기가 섞이는 이치가 신묘하다는 뜻이다.

169 역주 : 이 말 역시 『周易』「繫辭上」에 나오는 말이다. 원문은 "오직 신묘한 까닭에 서두르지 않는데도 빠르고 가지 않는데도 이른다"[唯神也, 故不疾而速, 不行而至]이다. 不行而至는 '神'을 설명한 것이다.

합쳐져서 '심'이라는 이름이 있게 되었다.

由太虛有天之名, 由氣化有道之名, 合虛與氣有性之名, 合性與知覺有心之名.

『正蒙』「太和」

해설 이상의 네 개 작은 단락 전체가 하나의 단락이다. 소단락 가운데 네 번째 단락의 '태허로 말미암아 하늘의 이름이 있게 되었다'는 것 등의 네 문구는 다시 두 절로 만들어서 전문적으로 논할 수 있다. 즉 한 절은 「성명편(誠明篇)」의 내용을 흡수하여 '성'(性)을 밝혔고, 다른 한 절은 「대심편(大心篇)」의 내용을 흡수하여 '심'(心)을 밝힌 것이다. 나머지 세 개의 소단락은 '일기'(一氣)를 말한 것으로 모두가 "태허는 곧 기이다"는 의미를 총괄적으로 기술한 것이다. 그러므로 이 세 단락은 하나로 묶어 총괄적으로 해설할 것이다. 그러나 세 번째 소단락은 말이 막히고 뜻이 잘 통하지 않는 부분이 있어서 아래에서 따로 논하겠다.

장재는 「태화편」 첫 번째 단락에서 "흩어져서 형상이 있는 것은 기이고, 맑게 통하여서 형상이 없는 것은 신이다"[170]라고 하였다. 또 두 번째 단락에서는 다시 "태허는 형체가 없는 것으로 기의 본체이다"[171]고 말하면서 다시 "허공이 곧 기라는 것을 안다면 유무(有無)·은현(隱顯)·신화(神化)·성명(性命)이 하나로 통하여 둘이 없게 된다"[172]고 하였고, "태허가 곧 기라는 사실을 안다면 무란 없다"[173]라고도 하였다. 무릇 이것은 모두 '허'가 기를 떠나지 않고, 기를 통하여 신(神)을 드러냄을 밝힌 것이다. 이것은 본래 '체용불이'(體用不二)의 논의로 이미 초월적이면서 내재하는 원융(圓融)의 이론이다. 그러나 원융의 이치는 높고도 깊어 사람들로 하여금 자주 오해를 사게 한다. 그리고 장재가 선택한 용어들도 사람

---

170 『正蒙』「太和」, "散殊而可象爲氣, 淸通而不可象爲神."
171 『正蒙』「太和」, "太虛無形, 氣之本體."
172 『正蒙』「太和」, "知虛空卽氣, 則有無隱顯神化性命, 通一無二."
173 『正蒙』「太和」, "知太虛則氣, 則無無."

들이 오해하게 할 수 있다. 당시 이정(二程)의 오해가 있었고, 조금 후 주희 역시 오해를 하였으며, 근래의 사람들도 또한 '유기론'이라고 오해하기도 한다. 그러나 그 의미를 세세하게 이해하고, 아울러 '천도'와 '성명'을 논한 당시 유학자들의 엄밀한 논의를 함께 잘 따져보면, 장재의 이론을 유기론이라고 오해하지 않을 것이고, 또 장재가 형이하자를 형이상자로 삼았다는 오해도 하지 않을 것이다. 오해는 오해일 따름이므로 잘 이해하여 그 뜻을 확정하면 될 것이다.

나는 앞의 글 네 번째 단락에서 "허공이 곧 기이다"[虛空卽氣]라는 것을 해석할 때, 이는 '체용불이'(體用不二)의 의미이고, '즉'(卽) 자는 '등위적' 의미가 아니며, '허'와 '신'은 기의 술어적 서술(predicates)이 아니고, 기의 특성(properties) 역시 아니라는 점을 밝혔다. '허공이 곧 기'라는 것은 '사실적[實然] 진술어'(factual statement)가 아니고, '단정적 지시어'(predicative proposition)도 아니다. 그것은 형이상적 의도가 담긴 말이고, 그것을 상황에 맞게 구체적으로 지시하는 말[指點語]이며, '체용불이'의 변증적 융합을 말한 것이다. '허'와 '신'은 비록 격리된 독립적 사물(independent entity)은 아니지만 하나의 독립적 의미(an independent meaning)를 가지고 있다. 하나의 독립된 의미를 지적하여 '체'라 하였으므로 '태허는 형체가 없으며, 기의 본체'라고 한 것이다. '체'는 '본체'의 체이지 '물체'의 체가 아니다. 즉 하나의 독립된 물체로 간주할 수 없지만 오히려 독립적 의미가 있는 본체로는 볼 수 있다. 본체의 '체'는 원래 그 '용'(用)을 벗어나지 않을 수 있기 때문에 상융(相融)·상즉(相卽)이라는 이론이 있을 수 있고, 또 벗어나지도 않고 둘도 아니라는 논리가 있을 수 있다. 거듭 말하면 이 '체'는 한결같으며[一], 온전하며[全], 보편적[遍]이다. 만약 기의 사실적 특성[174]이 갖가지로 흩어진 한정된 '기'에만 닫혀 있다면 이러한 기는 양적으로 제한이 있으며, 제한이 있는 기는 제한된 기의 강도를 가지게 된다. 이렇게

---

174 역주 : '사실적 특성'이란 현상화된 사물이 가지는 구체적인 기의 성질을 말하는 것이다. 따라서 이러한 기는 측정과 규정이 가능하기에 한계를 지닌 기가 된다.

제한된 강도를 가진 기가 증발하여 드러낸 광채는 어떤 때는 화려하게 드러나기도 하고, 어떤 때는 소실되기도 한다. 그렇기 때문에 흩어지고 한정된 기는 한결같고, 온전하며, 보편적인 기라고 할 수 없다. 이것은 여전히 '기'의 관념과 재질(material) 관념에 속한 것이기 때문에 신(神)이 라고 말할 수 없다. 유가에서 말하는 '신'은 인격신의 의미가 아니다. 이 '신'은 독립물이나 독립체의 관념을 통해 이해해야 하는 것이 아니라, '작용'(作用)이라는 관념을 통해 이해해야 한다. 그런데 이 작용은 무한히 오묘한 작용이며, 온전하고, 한결같으며, 보편적인 것이다. 그러므로 『역 전』에서는 "신이란 만물을 오묘하게 이루는 것을 말한 것이다"[175] · "음 과 양의 변화를 헤아릴 수 없는 것을 '신'이라 한다"[176]고 하였다. 또한 『역전』에서는 "고요히 움직이지 않으나 감응하면 나아가 천하의 모든 일에 완전히 통하게 된다. 천하에서 지극히 신묘한 것이 아니라면 그 누 가 이와 같이 할 수 있겠는가"[177]라고 하였다. 만약 기가 특성을 나타내 는 것이라면 '고요히 움직이지 않다가 감응하여 천하의 모든 일에 완전 히 통할 수 없게 된다.' 설령 기가 감응하여 통한다고 하더라도 역시 한 정이 있고 범위가 있다면 이것 역시 보편적이라고 할 수 없다. 그리고 또 "오직 신묘한 까닭에 서두르지 않은데도 빠르고 가지 않는데도 이른 다"[178]고 하였다. 만약 기의 특성이라면 '서두르지 않은데도 빠르고, 가 지 않는데도 이를 수 없다.' 여전히 서두르기 때문에 빠르고 가기 때문 에 이른다면 속도가 있고 과정이 있다는 것이다. '신'은 속도로 논할 수 없고 또한 과정으로도 논할 수 없다. 이것이 곧 온전하며, 한결같으며, 보편적인 것이다. 또 『역전』에서는 "신은 없는 곳이 없고, '역'(易)은 일 정한 체가 없다"[179]고 하였다. 이 역시 기의 특성이라면 '없는 곳이 없다'

---

175 『周易』「說卦傳」, "神也者妙萬物而爲言."
176 『周易』「繫辭上」, "陰陽不測之爲神."
177 『周易』「繫辭上」, "寂然不動, 感而遂通天下之故. 非天下之至神, 其孰能與於此?"
178 『周易』「繫辭上」, "唯神也, 故不疾而速, 不行而至."
179 『周易』「繫辭上」, "神無方而易無體."

고 말할 수 없다. 오직 방소도 없고 체도 없는 '신'이어야만 비로소 '지허(至虛)의 체'라고 말할 수 있다. 그러나 이는 홀로 있는 독립 물체가 아니다. 그곳에는 만물을 오묘하게 이루어지도록 하는 원리가 있기 때문에 만물은 그것으로 인하여 끊임없이 낳고 낳으며 만물의 생성과 변화(生化)를 헤아릴 수 없게 된다. 그리고 여기에서 '신'이 됨을 볼 수 있고 '체'가 됨을 볼 수 있다. 이것이 바로 '허'는 '기'를 떠나지 않고 기에 상즉(卽)하여 '신'을 드러낸다는 '체용불이'(體用不二)의 원융론(圓融論)이다. 이러한 의미는 반드시 잘 체득하여 확인해야 한다. 신은 기를 떠날 수도 없고, 기 역시 막혀서는 안 된다. '떠난다'는 의미의 '리'(離)는 하나의 독립물로서 체용이 원융하지 않는다는 것이다. '막히게 된다'는 의미인 '체'(滯)는 기의 특성이 된다는 것으로, 유기론(유물론)이 되는 것이다.[180] 이 '신'의 의미는 초월적인 도덕본심에서 최종적으로 올바르고 합리적이며 충분하고 완벽하게 정립된다. 선진유가의『중용』과『역전』경지는 본래 공자의 '인'(仁)과 맹자의 '심성'(心性)에서 발전해 이른 것이다. 주돈이·장재를 시작으로, 송대의 유학자들이 비록『중용』과『역전』을 근거로 선진 유학자들이 발전시켜 이룬 최고봉을 곧바로 이어받았지만, 그들이 말한 천도와 성명은 실제로 그들이 자각하였든 혹은 자각하지 않았든 『논어』·『맹자』의 도덕심성으로써 공통적으로 인정하거나 묵인하는 근거를 삼았다. 초월적 도덕본심은 분명 심리학의 '심'이 아니다. 도덕본심은 비록 하나의 독립물이 아니지만 오히려 하나의 독립적 의미를 지니면서 우리의 도덕실천의 선천적 근거가 되며, 우리 도덕생명의 본체가 된다. 이것은 본체로서의 본심으로, 결코 기의 특성의 밝음(明)이 아니다. 심리학의 '심'은 '기'이지만, 도덕본심은 결코 '기'로 간주할 수 없다. '본체-우주론'에 있어서 '허'와 '기'의 '체용불이'도 이와 같은 것이다.

---

180 역주 : 滯는 기가 특수한 형태로 한정된다는 의미인데, 각 기의 특성에 따라 개별 사물을 이룬다는 것이나. 이글 모종삼은 '기의 특성(質性)이다는 밀로 자주 표현하였다.

이상은 이 곳 첫 번째 소단락 가운데 "태허가 곧 기임을 안다면 무란 없다"라는 문구가 네 번째 단락의 "허공(虛空)이 곧 기(氣)라는 것을 안다면 유무(有無)·은현(隱顯)·신화(神化)·성명(性命)이 하나로 통하여 둘이 없게 된다"는 문구와 완전히 동일한 의미임을 말한 것이다. '무란 없다는 것은 '무라고 이야기할 만한 것이 없다는 것이다. '무는 다만 기가 흩어져 무형인 상태이다. 형체가 없다고 해서 '신'이 없는 것은 아니다. '신체'는 보편적이며 영원하고 한결같은 것이지만, 기의 취산은 단지 변화의 객형일 따름이다. '신묘하기'[神] 때문에 기는 모이기만 하는 것이 아니라, 모였다 흩어지고 흩어졌다 다시 모여 변화를 이룰 수 있고, 변화하기 때문에 '신'을 드러낼 수 있다. 그러므로 비록 '허'가 기를 떠나지 않지만 기에 상즉(相卽)하여 '신'을 드러내고, 신은 초연히 보편적이고 영원하며 한결같아 '체'가 된다는 것을 분명하게 알 수 있다. 그러므로 장재는 이 단락에서 "기는 태허에서 모이고 흩어지는데, 이는 마치 물이 얼어 얼음이 되거나 녹아서 물이 되는 것과 같다"고 말한 것이다. '물의 본체'[水體]는 보편적이며 영원하고 한결같은 것이다. 얼음으로 얼고 녹는 것은 다만 '일시적인 형태'[客形]일 따름이다. 물의 보편성·영원성·단일성에서 '허체'를 볼 수 있고, 얼음의 얼고 녹음에서 '기화(氣化)'를 볼 수 있다. 이러한 비유는 일반적으로 사용되는 것인데, 여기에는 합당한 점이 있다. 그러나 이 역시 다만 하나의 비유일 따름이기에 비유에 집착하여 그 본뜻을 잃어서는 안 된다. 이와 같이 '허'와 '기'의 '체용불이'를 말하는 것은 유가에서 말한 '성명'과 '천도'에 '본체-우주론적 창생'의 충실·원융의 가득함이 있음을 나타내는 것이다. 이는 곧 원만하고도 충실한 가르침이지, 불교나 도교와 같은 반쪽짜리 가르침이 아니다. 이에 장재는 "그러므로 성인은 성(性)과 천도(天道)의 지극한 이치를 말하며, 기가 뒤섞이는 신묘한[參伍之神] 변역(變易)을 온전히 다할 따름이다"라고 하였다. 여기서 '삼오지신'(參伍之神)이란 '음양의 변화를 헤아릴 수 없는 것을 신이라 한다[陰陽不測之謂神]는 의미이다. '변역'이란 곧 '끊임없이 낳고 낳는 것을 일컬어 역(易)이라 한다[生生不息之謂易]는 의미이다. 천도와 성명은 바로 이 '신'과 '역'에서 도덕창생의 실제적인 의미를 완전하게 이룬다. 이것은 불교에서 말하는 '공'도 아니고 노자가 주장하는 '무'도 아니다. 그러므로 '천도'는 다른 것이 아니라 '허체의 신용(神用)'일 따름이다. 또한 '성명'은 다른 것이 아니라 허체의 신용이 주체가 되는 것일 따름이다. 장재가 불교와 노자에 대해 반드시 그 의미를 완전하게 밝힐 필요는 없지만, 그 경계선을 구분하는 데 있어서는 결코 틀리지 않았다. 그러므로 네 번째 단락에서 "이 도(道)가 밝혀지지 않은 것은 어리석은 자들이 대략 허공이 성(性)이 되는 것은 체득할 줄 알면서도 천도에 근본하여 '용'이 되는 것을 알지 못하기 때문이다"라고도 하였고, 또 "한번 음이 되고 한번 양이 되는 것이 치우침 없이 천지를 포괄하고 낮과 밤을 관통하며, 이에 삼극(三極)의 위대한 중정(中正)의 법도를 깨닫지 못하고 마침내 유가·불가·노자·장자를 한 데 뒤섞은 것이기 때문이다. 천도와 성명을 말하는 자 중에서 불가에서 말하는 황홀(恍惚)과 몽환(夢幻)에 미혹되지 않은 자는 다시 '유는 무에서 생겨난다'는 노장의 이론을 매우 높고 오묘한 논의로 삼아 버린다"라고 한 것이다.[181] 이러한 말들은 참으로 그 이치가 깊고도 웅장하며, 여기 역시 굳세고 크다. "어리석은 자는 대략 '허공'이 성(性)이 되는 것을 체득할 줄은 안다." 그러나 유학자들이 말한 '태허신체'는 불교에서 말한 '공'이 아니며, 또한 노자가 말한 '무'도 아니다. 그들이 말한 '공'은 원래가 '공'이고, '무'는 원래가 '무'이어서 유가에서 말하고 있는 '허'와는 다르다.[182] 유학자들이 '태허신체'(太虛神體)와 '천도성명'(天道性命)을 말한 목적은 우주의 생화가 곧 도덕의 창조임을 밝히는 데 있다. 그러므로 '허'를 말하고 '신'을 말하면

---

181 역주 : 이에 대해서 자세한 것은 4)를 살펴주기 바란다.
182 역주 : 空과 無는 우주론적 측면에서 말한 것이다. 또한 이 우주론적 측면에서도 이는 활동이 전혀 없는 본체이다. 이와 달리 '허'는 비어 있다는 의미가 아니다. 이 허는 神의 본래 상태, 즉 무형의 상태를 지칭하는 것으로 언제든지 實事와 實形을 나타낼 수 있는 것이다. 그러므로 '허'는 창생, 특히 도덕적 창생의 기반이 될 수 있다.

서도 기화를 벗어나지 않는 것이다. '기화는 실제의 일이기 때문에 환망(幻妄)으로 논해서는 안 된다. 이는 실리(實理)가 실사(實事)를 주관하여 입체적(立體的)¹⁸³이면서 직관적으로 도덕창조를 이루는 경지이지, 결코 주관에 치우쳐 균형을 상실한 경지가 아니다. 그러므로 "치우침 없이 천지만물의 모든 변화를 포괄하고"¹⁸⁴, "낮과 밤이 바뀌는 도를 자세히 아는"¹⁸⁵ 그 "한번 음이 되고 한번 양이 되는 도"¹⁸⁶가 바로 천·지·인 삼극(三極)의 대중지정(大中至正)의 표준이다. 즉 하늘은 이것으로 하늘이 됨을 이루고, 땅은 이것으로 땅이 됨을 이루며, 사람은 이것으로 사람이 됨을 이룬다. 이는 도덕적 창조가 아닌 것이 없기 때문에 '삼극의 대중지정한 표준'이라고 한 것이다. 만약 이러한 의미를 모른다면 다만 '공'·'무가 '허'와 그다지 차이가 나지 않기 때문에 "마침내 유가·불가·노자·장자를 한 데 뒤섞어 버리는" 오류에 빠지게 된다.

「신화편」에서는 다음과 같이 말하였다.

기에는 음양이 있다. 이 음양이 미루어 행하되 점차적인 것을 화(化)라 하고, 하나로 합하여 헤아릴 수 없는 것을 신(神)이라 한다. '화'와 '신'이 사람에게 있어서는 지(智)와 의(義)로 사용된다면 신화의 일은 모두 갖추어진다. 성대한 덕을 지닌 사람이 '신'을 궁구하면 '지'에 대해서 말하기 부족하고, '화'를 알면 '의'에 대해 말하기에 부족하다. 하늘의 '화'는 기에서 운행되는 것이다. 사람의 '화'는 그 때를 따르는 것이다. 기가 아니고 때가 아니라면 '화'라는 이름이 어떻게 있겠는가? 또 '화'의 실재는 어디에 시행되겠는가? 『중용』에서는 "지극한 성(誠)

---

183 역주 : '입체적'이라는 말은 모종삼의 글에서 자주 나오는 용어이다. 이 용어는 3차원적 입방체를 뜻하는 것이 아니라, 말 그대로 '본체를 세운다'[立體]는 의미이다. '입체', '직관' 등의 용어가 쌍으로 나올 경우 그대로 '입체적'이라고 쓰겠다.
184 『周易』「繫辭上」, "範圍天地之化而不過."
185 『周易』「繫辭上」, "通乎晝夜之道而知."
186 『周易』「繫辭上」, "一陰一陽之謂道." 역주 : 이곳에서 연속되어 나오는 말은 『주역』「계사상」 4장과 5장의 마지막 구문이자 첫 구문이다.

만이 '화'할 수 있다"[187]고 하였다. 맹자는 "위대하면서도 저절로 변화한다"[188]고 하였다. 이는 모두 그 덕을 음양과 합하여 천지와 함께 유행하여 통하지 않음이 없다는 것이다. 이른바 기라는 것은 그것이 빽빽이 모여 응취함을 기다려 눈으로 본 후에 비로소 알게 되는 것은 아니다. 진실로 강건하고 유순하며, 움직이고 멈추며, 넓으며 고요한 것을 말로 표현하면 모두 이름을 붙일 수 있는 상(象)일 따름이다. 그런데 '상'은 기가 아니라면 무엇을 가리켜 상이라 할 수 있겠는가? 때는 상이 아니라면 무엇을 가리켜 때[時]라 할 수 있겠는가? 세상 사람들은 석씨의 막힌 것을 풀어 공(空)에 들어간다는 것을 취하고, 배우는 이들은 악을 버리고 선으로 나아감을 화(化)라고 여기는데, 이것은 다만 처음 배울 때 누가 됨을 버리고자 하는 것일 따름으로 실제로는 천박한 것인데, 어찌 천도와 신화에 대해 같은 날에 말할 수 있겠는가?

氣有陰陽. 推行有漸爲化, 合一不測爲神. 其在人也, 知(智)義用利, 則神化之事備矣. 德盛者, 窮神則知不足道, 知化則義不足云. 天之化也, 運諸氣. 人之化也, 順夫時. 非氣非時, 則化之名何有? 化之實何施?『中庸』曰, "至誠爲能化." 孟子曰, "大而化之." 皆以其德合陰陽, 與天地同流, 而無不通也. 所謂氣也者, 非待其鬱蒸凝聚, 接於目以後知之. 苟健順動止, 浩然湛然之得言, 皆可名之象爾. 然則象若非氣. 指何爲象? 時若非象, 指何爲時? 世人取釋氏銷礙入空, 學者舍惡趨善以爲化, 此直可爲始學遣累者薄乎云爾, 豈天道神化所同日[189]語哉?

『正蒙』「神化」

이 「신화편」의 문장은 「태화편」의 "허공이 곧 기임을 안다면 ……" · "태허가 곧 기임을 안다면 ……"이라는 두 문단과 의미가 같다. 이것은 '본체우주론적' 도덕창생의 '체용불이'와 초월적이면서 내재적인 충실

---

187 역주 : 이 장은『中庸』「22장」에 나오는 말이다.
188 역주 :『孟子』「盡心下」에 "충실하면서도 빛이 드러나는 것을 일컬어 大라 하고, 위대하면서 저절로 化함을 聖이라 한다"[充實而有光輝之謂大, 大而化之之謂聖]이라고 하였다.
189 역주 :『정몽』의 대부분 판본에서는 '所同日'에 '日'이라는 글자는 없다.

원만의 의미를 동일하게 표현하고 있다. '화의 실재'[化之實]·'화의 일'[化之事]은 비록 '기'에 근거하여 말한 것이지만, 반드시 기의 허실(虛實)·동정(動靜)·취산(聚散)·유무(有無)·겸체무루(兼體無累)·'조화를 잘 이루어 치우침이 없으면서'[參和而不偏] '신'을 드러내야만 비로소 '화'를 이룰 수 있다. 그러므로 『주역』에서는 '궁신지화'(窮神知化)[190]라고 말하였는데, 이를 간략히 말하면 '신화'이다. '기화'라는 것은 단지 '화의 실재'와 '화의 일'에서 말한 것일 뿐이다. '신화'는 '용'(用)에 상즉하여 '체'(體)를 밝히고, '체'에 완전히 통하여 '용'에 이르는 것이다. 본체우주론적으로 말하면, "기의 허실·동정·취산·유무가 조화를 잘 이루고,"[191] "음양·동정·취산·왕래의 양면을 겸하면서도 어느 한 면에 치우치지 않고"[192] 신을 드러내기 때문에 신이 본체가 된다고 말한 것이다. 그러므로 장재는 이곳에서 "하나로 합하여[合一] 헤아릴 수 없는 것을 신이라 한다"고 말한 것이다. 합일(合一)이란 조화를 잘 이루어 치우치지 않고, 음양·동정·취산·왕래의 양면을 겸하면서도 어느 한 면에 치우치지 않는 것을 간략하게 말한 것이다. 합일하여 치우치지 않고 어느 한 면에만 치우치지 않으면서 '생화'(生化)의 헤아릴 수 없음을 이루는 것이 바로 '신'이다. 도덕실천적인 측면에서 말하면, 초월적 본심을 드러낼 수 있어 참으로 '겸체불루'(兼體不累)에 이른다면 이 역시 본심의 신용(神用)인 것이다. 이는 '성인이 도를 온전히 실천하는 것'에서 '신'이 체가 됨을 보는 것이다. 그러므로 「태화편」 세 번째 단락에서 "성인은 그 사이에 음양·동정·취산·왕래의 양면을 체득하여 어느 한 면에 치우치지 않으면서 신을 보존함이 지극하다"라고 말한 것이다. 이 역시 맹자가 말한 "군자가 보존하는 것은 신이고 지나가는 곳마다 조화를 이룬다"는 것이다. '겸체불루'는 곧 '지나는 곳마다 조화를 이룬다'는 의미이다. 그러나 성인이 '본

---

190 역주 : 이 말은 『주역』「계사하」에 나온다.
191 『正蒙』「誠明篇」, "天本參化不偏."
192 『正蒙』「乾稱篇」, "兼體不累."

심의 신'을 간직하지 않는다면 어떻게 이와 같을 수 있겠는가?

본심의 실질적인 덕[實德]을 인의예지(仁義禮智)라고 한다. 사람이 표현하는 인의의 마음이 궁극에 이른 것을 '의정인숙'(義精仁熟)이라고 하고, '정의입신'(精義入神)[193]이라고 한다. 그러므로 「신화편」의 마지막 문장에서는 다음과 같이 말하였다.

> 의(義)는 상도(常道)에 되돌아감을 근본으로 삼는데, 상도가 바르게 되는 것이 곧 정미하다는 것이다. 인(仁)은 돈후하게 변화함을 깊은 이치로 삼는데, 변화가 행해지면 드러나게 된다. 의가 신의 경지에 들어가면 움직임은 고요함과 하나가 된다. 인이 돈후하게 변화하면 고요함은 움직임과 하나가 된다. 인이 돈후하면 체가 없고, 의가 신에 들어가면 방소가 없다.
>
> 義以反經爲本, 經正則精. 仁以敦化爲深, 化行則顯. 義入神, 動一靜也. 仁敦化. 靜一動也. 仁敦化, 則無體, 義入神, 則無方.
>
> 『正蒙』「神化」

이 말은 참으로 아름답다. 이는 '인의'의 정미함과 완숙으로 말미암아 '신화'에 이름을 말한 것이다. 또한 앞서 기록한 「신화편」에서 "지(智)와 의(義)로 사용된다면 신화의 일은 모두 갖추어진다"라고 하였는데, 지(智)와 의(義)의 쓰임은 이롭지 않은 것이 없다. 또한 위아래로 천지와 함께 유행하여 어디를 가더라도 통하지 않음이 없으니, 비록 '지'와 '의'라고 하더라도 이미 '신화'에 이른 것이다. '신'의 경지에서는 '지'의 옳고 그름은 함께 사라진다. 또 '화'의 경지에서는 '의'의 좋아하고 싫어함이 함께 사라진다. 그러므로 「신화편」에서는 바로 앞의 말을 이어 "성대한 덕

---

193 역주 : 義를 정미하게 하고 仁을 완숙하게 한다는 '義精仁熟'과 뜻을 정미하게 하여 신에 들어간다는 '精義入神'은 『論語』와 『中庸』을 해석할 때 많이 나오는 주석어이다. 물론 이 두 숙어가 가장 많이 딸린 곳은 『주역』이다. 그리고 '精義入神'은 『정몽』에도 나온다.

을 지닌 사람이 신을 궁구하면 지에 대해서 말하기 부족하고, 화를 알면 의에 대해 말하기에 부족하다"라고 한 것이다. '지에 대해서 말하기 부족하다'는 것은 지혜가 없다는 것이 아니라, 지혜롭고도 신묘하다는 것이다. 지혜롭고도 신묘하면 오로지 '신'의 밝음만이 있어 '허명이 밝게 비추게 된다.'[虛明照鑑] '의에 대해 말하기에 부족하다'는 것도 의가 없다는 것이 아니라, 의롭게 변화한다는 것이다. 의롭게 변화하면 오로지 '신체'의 '동하지만 동의 형상이 없다'[動而無動]만이 있게 되어 [이것이 이른바 '움직임이 멈춤과 하나가 된다'는 것이다.] 방소가 없게 된다. 그러므로 인의예지가 그 궁극에 이르게 되면 오직 하나의 신체(神體)가 두루 유행하여 '체용'이 둘이 아니게 된다. 때문에 장재는 "하늘의 화는 기에서 운행되는 것이다. 사람의 화는 그 때를 따르는 것이다"라고 말하였고, 또 "이른바 기라는 것은 그것이 빽빽이 모여 응취함을 기다려 눈으로 본 후에 비로소 알게 되는 것은 아니다. 진실로 강건하고 유순하며, 움직이고 멈추며, 넓으며 고요한 것을 말로 표현하면 모두 이름을 붙일 수 있는 상(象)일 따름이다"라고 한 것이다. 이름붙일 수 있는 상은 바로 '기'이다. 그러나 기라는 것도 '신'의 작용이 있어 오묘하게 된 것이기 때문에 넓고도 깊숙하다고 표현할 수 있다. 따라서 기의 넓음과 깊음에서 신의 작용을 볼 수 있는 것이다. 사람이 인의예지를 표현하여 신화의 경지에 이르는 것도 반드시 '그 때를 따라야' 한다. '그 때를 따라야만'[順夫時] 비로소 구체적이고 진실하게 된다. '신화'란 구체적이고 진실하며, 충실하면서도 원만하게 가득 찬 것을 일컫는 말이다. '그 때를 따른다'는 것은 상이 있되 그것이 기를 벗어나지 않는다는 것이다. 전체가 기인 것이 전체가 허이며, 전체가 허인 것이 전체가 기인 것이다. 그리고 전체가 '상'인 것이 전체가 '신'이며, 전체가 '신'인 것이 전체가 '상'인 것이다. 이것을 가리켜 '신화'라고 말한다. 이것을 일컬어 '본체-우주론적' 도덕창생의 '체용불이'라고 말하고, 초월적이면서 내재적인 충실하고도 가득 찬 가르침[充實圓盈之教]이라고 한다.

이상은 "태허가 곧 기임을 안다면 '무'란 없다"라는 소단락에 대한 설명이다. 이 의미가 확정되면 나머지는 이것을 근거로 하여 해석할 수 있다. 그러나 장재의 말에 조금 불분명한 점이 있기 때문에 반드시 '체용불이'에 근거하여 소통시켜야 한다. 표현의 막힘과 불분명으로 말미암아 오해를 불러일으켜서는 안 된다.

두 번째 소단락의 "태허는 맑은 것인데, 맑으면 막힘이 없고, 막힘이 없으므로 신묘하다"라는 것은 「태화편」첫 단락의 "갖가지로 흩어져 형상 지을 수 있는 것은 기(氣)이고, 맑게 통하여 형상 지을 수 없는 것은 신(神)이다"라는 문구를 이어 말한 것이기 때문에 문제가 없다. 태허의 청(淸)·통(通)·신(神)은 기의 술어로 간주해서는 안 되고, 또 기의 특성으로 간주해서도 안 된다.

세 번째 소단락에서는 "무릇 기가 맑으면 통하게 되고, 흐리면 막히게 된다. 맑음이 지극함에 이르면 신묘하다. 그러므로 기가 모여 사물이 되지만 거기에 틈이 있으면 바람이 불어 그 속에 이르는 소리를 들을 수 있는데, 이는 맑음의 징험이 아니겠는가? 행하지 않고서도 다다르게 되는 것은 맑음의 지극함인가"라고 말하였다. 이 소단락에서 기의 맑음과 흐림[탁함]으로 말한 것은 '기'를 하나로 묶어 통괄적으로 말한 것이다. 이러한 표현은 사람들로 하여금 '신'을 기의 특성으로 여기게 하여 신을 기에 속한 것으로 간주하게 할 수 있다. 그러나 자세히 이해해보면, 이것은 본래 기의 특성을 말한 것이다. 기의 특성에는 본래 맑음과 탁함이 있다. 맑음과 탁함 역시 취산과 마찬가지로 기의 양체(兩體)를 말한 것이다.[「태화편」에서는 "兩體란 虛實이자 動靜이며, 聚散이자 淸濁인데, 그 궁극은 하나일 따름이다"라고 하였다.] 천지간에는 본래 청기(淸氣)가 있다. 청기를 따르면 물론 '통'(通)을 말할 수 있고, 청(淸)함과 통(通)함의 궁극에 이르면 신(神)을 말할 수 있다. 그러나 이것은 청기의 특성으로서의 '통'과 '신'이다. 이것은 청기를 따라 직선적으로 말한 것으로, 청탁 어느 쪽으로도 치우치지 않게 조화하여 음양과 동정 등을 겸하면서도 어느 한 면에 치우치지 않는 이른바 '하나로 합하여 헤아릴 수 없는 것을 신이라 한다라고 할 때의 '신'이 아니다. 이렇게 청기의 특성에 따라 '통'과 '신'을 말하는 것은 단지 우리에게 태허신체를 깨닫게 하는 '안내길'이라고 할 수는 있다. 그러나 장재가 말한 태허신체를 기의 특성으로, 또 기가 증발한 정화로 이해하여 장재철학을 유기론철학이라고 해서는 안 된다. 엄격하게 말하면, 비록 청기의 특성에 따라 기를 하나로 묶어 통괄적으로 말하여도 통(通)을 말할 수 있지만, 이때의 '통'은 강도를 지닌 유한적인 '통'이지, 결코 '감응하면 천하의 모든 이치에 완전히 통하는' 통이 아니다. 통함의 극단에 이르면 비록 신과 비슷한 것이 있을 수 있으나, 이 역시 강도를 지닌 유한적인 신이어서 만물을 오묘하게 하는 '신'은 아니다. 비록 "가지 않아도 도달하고, 빠르지 않아도 빠른[不行而至, 不疾而速] 것과 비슷한 측면이 있지만, 그러한 '신'은 이미 강도를 지닌 유한적인 것이어서 어느 때에 이르면 소진해지는 신채(神彩)[194]의 신(神)이다. 모든 것이 이와 같다면, 이는 거짓의 무한이지, 참된 무한이 아니다. 소진되기도 한다면 이는 행함과 빠름의 과정이 있는 것이기 때문에 만물을 두루 신묘하게 하여 각 사물의 '체'가 되는 '신체'가 아니다. 즉 "가지 않아도 이르고, 빠르지 않아도 빠른" 신이 아닌 것이다. 신체(神體)는 보편적이고 영원하며 한결같은 것[遍·常·一]이기 때문에 '동하여도 동의 형상이 없고, 정하여도 정의 형상이 없는 것'[動而無動, 靜而無靜]이고, 과정도 없고 소진되지도 않는 것이다. 엄격히 말하면, 실제로 '이르다[至·行과 不行에 관계없이]라고 할 것도 없고, 또한 '빠르다[疾·疾과 不疾에 관계없이]라고 할 것도 없다. 이것은 기의 특성으로 간주할 수 없다. 그러므로 장재가 여기에서 '청기'를 따라 곧바로 '통'을 말하고 '신'을 말한 것은 다만 '태허신체'를 깨닫도록 안내하는 것일 뿐이다. 청기의 특성은 '태허신체'의 맑음과 통함에 대한 하나의 경험적인 체험에 불과하다. 그러나 경험적 체험은 궁

---

194 역주 : 신채는 득의양양하면서 잘난체하는 개인적 기질의 신이다. 이러한 신은 곧 소진하기도 하고 또 나타나기도 하는 유한적 신이다.

극적으로 '태허신체' 그 자체는 아니다. 이 '태허신체'에 대한 선천적·초월적 경험은 오직 초월적 도덕본심의 '신'에서 해야 한다. 여기에 이르면 '태허신체'를 기의 특성으로 보아서는 안 된다는 것이 분명하게 드러난다. 만일 청기의 특성인 '통'과 '신'을 '태허신체'와 구분하지 못한다면 기의 관념은 의미상 직선적으로 연결되고 한꺼번에 하나로 묶여 태허신체의 '신'과 곧장 통하게 된다. 그렇게 되면 '신'은 기에 속하게 되며, '심' 역시 기에 속하게 된다. 신과 기를 한 통속으로 묶는 생각을 가장 분명하게 표현한 사람이 바로 주희이다. 장재 역시 이곳에서 이점을 자각적으로 구분하지 못했는데, 이것이 바로 사람들로 하여금 헷갈리게 하여 그의 철학을 유기론으로 생각하게 한 것이다. 왜냐하면 이렇게 분명하지 않고 헷갈리게 하는 요소가 있었기 때문에 네 번째 소단락에서 "허와 기가 합쳐져 성(性)의 이름이 있게 되었다"는 의미가 잘 소통되지 않는 말이 있게 된 것이다. 그러나 우리는 '태허신체'에 대한 장재의 깨달음과 그 '체용불이'의 이론을 잘 살펴보면서 이를 반드시 구분해야 한다. 이러한 혼란을 피하기 위해 '기'의 바깥에 반드시 '신'(神)이라는 관념을 정식으로 확립해야 한다. 이에 주돈이는 "동하지만 동의 형상이 없고, 정하지만 정의 형상이 없는 것이 신이다"[195]라는 말로써 '신' 관념을 확정하였다. 이는 기의 관념으로는 설명할 수도 없고 통할 수도 없다. '신'의 의미는 어떤 때는 '신기'(神氣) 혹은 '신채'(神采)처럼 기의 특성에 속할 때가 있다. 그러나 '태허신체'는 기의 특성으로 보아서도 안 되고, 기에 속한 것이라고 인정해서도 안 된다. 전대의 학자들은 대부분 이를 그다지 분명하게 구분하지 않았고, 또 어떤 때는 '체용불이'의 원융론과 서로 혼란을 일으키기도 하였다. 때문에 나는 여기에서 상세히 분석하여 의리의 나누어짐을 분명히 밝힌 것이다. 독자들이 이것을 분명히 인식한다면 전대 학자들의 글을 문장에 따라 잘 이해하면서 오해하지 않을 것이다.

195 　『通書』「動靜」, "動而無動, 靜而無靜, 神也."

8) '귀신의 신'과 '태허신체 신'의 차이

귀신(鬼神)이란 음양 이기(二氣)가 본래 갖춘 능력이다. 성(聖)이란 지극히 성(誠)하여 하늘을 얻었음을 일컫는 것이다. 신(神)이란 태허가 오묘하게 감응하는 것의 이름이다. 무릇 천지의 법상은 모두 신화가 이루어낸 구체적인 사물일 따름이다.[196] 천도의 순환은 멈춤이 없으니 추위와 더위가 그것이다. 모든 움직임은 그침이 없으니 굽히고 펼침이 그것이다. 귀신의 실질은 음양 이기의 두 측면을 넘지 않는다. 둘[兩]이 서지 않으면 하나[一]는 볼 수가 없다. 하나가 보이지 않으면 둘의 작용은 멈추게 된다. 양체(兩體)란 허함과 실함, 움직임과 고요함, 모임과 흩어짐, 맑음과 흐림인데, 그 궁극은 하나일 따름이다.

鬼神者二氣之良能也. 聖者至誠得天之謂. 神者太虛妙應之目. 凡天地法象皆神化之糟粕爾. 天道不窮, 寒暑也. 衆動不窮, 屈伸也. 鬼神之實, 不越二端而已矣. 兩不立, 則一不可見. 一不可見, 則兩之用息. 兩體者, 虛實也, 動靜也, 聚散也, 淸濁也, 其究一而已.

『正蒙』「太和」

해설 이 단락에 출현하는 신(神)·태허(太虛)·양(兩)·일(一)에 대해서는 이미 앞에서 해설하였다. 이는 모두 '신화'(神化)에 관한 일을 표현한 것이다. 그런데 이 가운데 아직도 잘 소통되지 않는 말이 있는데, 그것은 "귀신이란 음양 이기가 본래 갖춘 능력이다"라는 말이다. 이것은 '귀신'(鬼神)에 관한 문제이다. '귀신'의 '신'은 과연 '태허신체'(太虛神體)의 '신'과 같은 것인가? 다른 것인가? '귀신이란 음양 이기(二氣)가 본래 갖춘 능력[良能]이다'라는 것은 현상계에 대한 진술어이다. 이 현상계에 대한 진술에서 '귀신'은 음양 이기(二氣)의 특성[質性]이자 성능(性能)[197]이다. 그러

---

[196] 역주 : '구체적인 사물'이란 『정몽』 「태화」의 원문 '糟粕'을 번역한 말이다. 만약 글자 그대로 신화의 찌꺼기라고 한다면 신화가 이룬 것이 곧 찌꺼기가 된다. '조박'은 신화가 남긴 결과 혹은 신화가 이루어낸 구체적인 사물을 뜻한다.

므로 '본래 갖춘 능력'이라고 말하고, '귀신의 실질은 음양 이기(二氣)의 두 측면[二端]을 넘지 않는다'고 말한 것이다. '이단(二端)'이란 앞 문장의 '추위와 더위, 굽힘과 펼침'이며, 또한 뒷 문장에서 말한 '양체'(兩體)이다. '귀신의 실질은 음양 이기(二氣)의 두 측면을 넘지 않는다'는 것은 기의 굽힘과 펼침을 넘어서지 않는다는 것이며, 이것은 바로 기화의 사실적 현상을 말한 것이다. 이는 귀신을 기화로 귀결시키는 것으로, 우주론적 측면에서 해석한 것이다. '귀'(鬼)란 돌아간다는 '귀'(歸)이며, '신'(神)이란 펼친다는 '신'(伸)이다. 기의 굽힘[돌아감]이 바로 '귀'(鬼)이며, 기의 펼침이 바로 '신'(神)인 것이다. 기의 굽힘은 음(陰)이며, 기의 펼침은 양(陽)이다. 그러므로 '음양 이기(二氣)의 두 측면을 넘지 않는 것'이 바로 '음양 이기가 본래 갖춘 능력'이다. 이상과 같이 해석하면 귀신의 '신'은 태허신체의 신으로는 볼 수 없다.

그런데 「건칭편」에서는 다음과 같이 말하였다.

무릇 형상할 수 있는 것은 모두 유(有)이다. 유는 모두 형체가 있다. 형체가 있는 것은 모두 기로 이루어져 있다.[이 세 문구는 「태화편」의 첫 단락인 "갖가지로 흩어져서 형상 지을 수 있는 것은 기이다"[198]라는 말이다.] 기의 성[氣之性]은 본래 비어 있으면서도 신묘하니[虛而神], 신(神)과 성(性)은 곧 기가 원래부터 지니고 있는 것이다. 이것은 기의 작용인 귀신이 온갖 사물을 이루면서 하나도 빠뜨리지 않는 까닭이다.[원주: 氣를 버리고서 象이 있겠는가? 象이 아니면 意가 있겠는가?]

凡可狀皆有也. 凡有皆象也, 凡象皆氣也. 氣之性本虛而神, 則神與性乃氣所固有. 此鬼神所以體物而不遺也.[原注: 舍氣有象否? 非象有意否?]

---

197   역주 : 특성[質性]과 性能은 모두 기의 고유한 특성 혹은 성격을 나타내는 말이다. 특성이란 그 근원적인 성질을 말하고, 성능이란 성이 도덕창조를 일으킬 수 있는 능력을 말한다.
198   『正蒙』「太和」, "散殊而可象爲氣."

이 문단의 첫 세 문장은 문제가 없다. 그러나 "기의 성(性)은 본래 비어 있으면서 신묘하다"는 말의 다음은 조금 문제가 있다. "기의 성은 본래 비어 있으면서도 신묘하다"는 말은 본래 「태화편」 첫 단락인 "맑게 통하여 형상이 없는 것을 신이라 한다"[199]는 말과 두 번째 단락의 "태허는 형체가 없는 것으로 기의 본체이다"[200]는 두 구절의 말과 같은 의미이다. 「태화편」의 말들은 비교적 장재가 성숙했을 때 쓴 글인데, '기의 성(性)은 본래 비어 있으면서도 신묘하니, 신과 성은 곧 기가 원래부터 지니고 있는 것이다'라고 말한 것은 조금은 낯설고 말이 잘 소통되지 않는다는 느낌이 있다. '기의 성'이란 곧 기의 체(體)이다. 「건칭편」의 아래 문장에서는 "태허란 기의 체이다"[太虛者氣之體]라고 말하였다. 여기에서 '성' 자는 실제로는 체(體) 자이다. 그러나 여기에서 '체' 자를 말하는 것이 실제로 '성' 자를 말하는 것보다 자연스럽고 순조롭다. 그래서 나는 앞글 두 번째 단락에서 "태허는 무형이니, 기의 본체이다"라는 말을 해설할 때 이 말을 함께 인용하여 해설하였는데, 이 '성' 자를 '체성'(體性)이라 설명하고 뜻은 '체'와 같으며 또한 초월적 '체성'임을 밝혔다. 즉 이 말은 결코 현상으로 드러난 특성[質性]을 가리키는 말이 아니다. 그러나 '기의 성(性)'이라고 말하면 사람들로 하여금 쉽게 '기의 특성'으로 생각하게 하여 오해를 불러일으킬 수 있다. 내가 잘 소통되지 않는다고 한 것도 바로 이 때문이다. "신과 성(性)은 기가 곧 본래부터 지니고 있는 것이다"는 말은 더 순조롭지 않아 사람들로 하여금 더욱 쉽게 기의 특성으로 생각하게 한다. 그러므로 이 두 말은 마땅히 「태화편」의 말과 「건칭편」의 뒷 문장[이미 두 번째 단락에서 인용하였음]을 기준으로 하여 해석해야 한다. 그렇다면 「건칭편」의 앞 세 문장은 기를 말한 것이고, 이 두 문장

199 『正蒙』「太和」, "淸通不可象爲神."
200 『正蒙』「太和」, "太虛無形, 氣之本體."

은 '태허신체'를 말한 것이다. 그리고 '태허신체'를 기의 특성이라고 간주해서는 안 된다. 그런데 「건칭편」의 결어에서 또 "이것은 기의 작용인 귀신이 온갖 사물을 이루면서 하나도 빠뜨리지 않는 까닭이다"라고 말하였다. 이 말은 더욱 해석을 번잡스럽게 만든다. 이것은 '귀신'과 '태허신체'를 하나로 통하게 한다. 이것은 가볍게 연상한 것이지 결코 정밀하게 사려하고 고민하여 생각한 말이라고 할 수 없다. 예를 들어 위의 "귀신이란 음양 이기가 본래 갖춘 능력이다"와 "귀신의 실질은 음양 이기의 두 측면을 넘지 않는다"라는 해석에 근거해 보면, 귀신의 '신'은 태허신체의 '신'과 하나로 볼 수 없다.

장재가 「건칭편」에서 '태허신체'가 '체'가 되는 것에서부터 '귀신은 온갖 사물을 이루면서 어느 하나라도 빠뜨리지 않는다'라고 한 것은 『중용』에 근거하여 말한 것이다. 『중용』에서는 다음과 같이 말하였다.

> 공자가 말하였다. "귀신의 공용과 효험은 지극하다. 보려고 해도 보이지 않으며, 들으려고 해도 들리지 않는다. 만물을 이루면서 하나도 빠뜨리지 않는다. 천하의 사람들로 하여금 심신을 재계하게 하고, 의복을 가지런히 하여 제사를 받들게 하고, 그 위에 꽉 차 있는 듯 하며, 좌우에 있는 것 같다. 『시경』[201]에서 말하기를 '신의 강림은 예측할 수 없으니 하물며 신을 싫어하여 불경할 수 있겠는가'라고 하였다. 은미한 것이 드러나니 성(誠)을 가릴 수 없음이 이와 같다."
>
> 子曰, 鬼神之爲德, 其盛矣乎? 視之而弗見, 聽之而弗聞, 體物而不可遺, 使天下之人齊明盛服以承祭祀, 洋洋乎如在其上, 如在其左右. 『詩』曰, "神之格思, 不可度思, 矧可射思?" 夫微之顯, 誠之不可揜如此夫!
>
> 『中庸』「16章」

이것은 제사에서 성(誠)과 경(敬)으로 신을 맞이함을 말한 것이다. 제사

---

201   역주: 이 말은 『詩經』「小雅·抑」에 나온다.

를 지낼 때, 주관적으로 성(誠)과 경(敬)의 마음을 갖고 제사를 지내면, 객관적인 신이 '넓고 크게 그 위에 있는 듯하고 좌우에 있는 것 같이' 되어 두루 유행하여 충만하고 있지 않은 곳이 없음을 깨닫게 된다. '넓고 크게[洋洋乎] 있지 않는 곳이 없는 것을 일컬어 '각 사물을 이루면서 어느 하나라도 빠뜨리지 않는다고 한다. 주희는 이 대목에 주석을 달아 "이는 각각의 사물의 본체가 되기에 어떠한 사물이라도 그것을 빠뜨릴 수 없다"[202]고 하였다. 즉 신이 각 사물을 이루기 때문에[이 말은 곧 신은 있지 않은 곳이 없다는 말이다.] 사물 역시 그것을 빠뜨리거나 떠날 수 없다는 것이다. 그러므로 비록 보려고 해도 보이지 않고 들으려고 해도 들리지 않는 것이다. 그러나 또한 넓고 커서 있지 않은 곳이 없다. 이것이 바로 '귀신'의 성덕(盛德)이다. 그러나 반드시 성(誠)과 경(敬)의 마음이 있어야만 비로소 신이 오는 것을 느낄 수 있다. 그러므로 『중용』 윗부분 마지막에서 "은미한 것이 드러나니 성(誠)을 가릴 수 없음이 이와 같다"라고 말한 것이다. 이는 비록 '각 사물을 이루면서 어느 한 사물이라도 빠뜨리지 않는 것'을 깨닫는 것이지만, 여전히 제사와 관련된 말이자 여전히 귀신의 의미이므로 '본체우주론적' 태허신체의 의미는 아니다.

대체로 귀신에 대한 경험은 옛날부터 있었다. 『좌전(左傳)』에는 귀신에 대한 기록이 많다. 그 기록은 주로 제사에 관한 것이다. 제사에 대해 말하자면 '귀신'은 이미 존재하던 생명이 유명(幽冥)으로 돌아간 것이다. 이것은 귀신을 유명 세계의 사실적 존재로 보는 것이다. 즉 귀신은 한 개체생명[203]의 정령(精靈)이 흩어지지 않은 것으로 보아도 되고, 기가 굽히고 펼쳐지는 것으로 보아 우주론적 해설을 하여도 된다. 그러나 어떠한 해석을 하던 결국 정기(精氣)의 사실적 현상으로 귀결된다. 즉 정기의 사

---

202 『中庸集註』, "是其爲物之體, 而物所不能遺也."
203 역주 : 개체 생명은 두 가지로 나누어 볼 수 있다. 첫째는 자연으로부터 부여 받은 생명 즉 생물학적 생명이다. 둘째는 인간이라면 누구나가 심체와 성체를 지니고 있다. 이러한 생명을 덕성 생명이라 한다. 여기에서 말한 개체 생명을 이 둘을 모두 포괄하고 있다.

실적 현상이라면 앞의 해석으로 보아도 영원히 흩어지지 않는 것은 없다. 이것은 유와 무의 사이에 있는 것이다. 그러므로 공자는 『논어』에서 귀신에 대하여 "귀신을 공경히 하되 멀리 한다"[204] · "사람을 섬기는 일도 다 못하는데 어찌 귀신을 섬길 수 있겠는가?"[205] · "공자께서는 괴이한 일이나 용력을 쓰는 일이나 어지러운 일이나 귀신에 관한 일은 말하지 않았다"[206] · "신에게 제사를 지낼 때 마치 신이 있으신 듯하였다"[207] 라고 하였다. 위에서 인용한 『중용』의 말이 정말 공자의 말이라면 이 역시 제사에 관해 말한 것으로, 성(誠)과 경(敬)을 위주로 하여 "신에게 제사를 지낼 때 마치 신이 있으신 듯하였다"는 것과 같은 것이다. 사실 공자는 귀신을 학문의 중심 개념으로 삼지 않았다. 공자가 중시한 것은 천인(天人)의 강령이 되는 것으로서, 이를 주관적으로 말하면 '인'(仁)이고 객관적으로 말하면 '천'(天) · '천도'(天道) · '천명'(天命)이다. 공자에게서 귀신의 지위는 결코 높지 않으며, 이는 인(仁)과 천도 · 천명 사이의 현상적 존재이다. 공자의 초월적이면서 내재적인 정신은 인(仁)과 천도에 있다. 일반적으로 귀신에 대한 태도를 가지고 공자의 종교 정신을 판단하는데, 이는 옳지 않다. 예를 들어 고급 종교를 말한다면, 그 종교 정신을 판단하는 데 있어 반드시 인(仁)과 천도 · 천명을 기준으로 말해야지, '귀신'으로는 말할 수 없다. 왜냐하면 중국에서 귀신이란 진실로 종교적 지위를 가지지도 못할뿐더러 귀신은 초월적 실체도 보지도 않기 때문이다. 기독교의 신(하나님)은 귀신의 '신'이 결코 아니다. 기독교의 방식으로 귀신을 가지고서 공자의 종교 정신을 판단하는 것은 바로 기독교의 종교적 가치를 떨어뜨리는 일이다. 이것은 졸렬하고 속된 사람들이 하는 말이지, 지혜로운 사람이 할 수 있는 말이 아니다. 서양의 종교 정신을 인

---

204 『論語』「雍也」, "敬鬼神而遠之."
205 『論語』「先進」, "未能事人, 焉能事鬼."
206 『論語』「述而」, "子不言怪力亂神."
207 『論語』「八佾」, "祭神如神在."

도와 비교하자면 '범천'(梵天)[208]과 비교할 수는 있어도, 인도에 나오는 수많은 신들과는 비교할 수 없다. 마찬가지로 중국과 비교를 하자면 '천'·'제'(帝)·'천명'·'천도'와 비교할 수는 있어도, 귀신과 비교할 수는 없다. 천·제·천명·천도는 공자 이전부터 내려온 오랜 전통으로서 진정한 초월자를 의미한다. 공자는 이를 계승하되 다시 인(仁)의 관념을 제시함으로써 구체화시켰다. 이러한 전환으로 말미암아 중국에는 일반적인 종교가 없게 되었지만, 그렇다고 해서 종교 정신과 종교적 경지마저도 없는 것은 아니었다. 즉 중국에 종교성이 없다고 말할 수는 없다. 그러나 이 종교성은 바로 '천'·'제'·'천명'·'천도'로 말해야 하지, '귀신'으로는 말할 수 없다. 설령 귀신으로 종교를 말한다고 해도 천·제·천명·천도를 강령으로 삼기 때문에 종교성의 용량이 확대되었을 뿐만 아니라 종교 정신의 지극함도 이루었다.[오랜 친구인 唐君毅 선생의 말처럼] 귀신을 말해도 천·제·천명·천도가 귀신과 함께 따라 나오기 때문에[209] 유가에서는 하늘에 제사지내는 것[祭天]·조상에 제사지내는 것[祭祖]·성인에 제사지내는 것[祭聖人]을 인정한다. 이것이 일반적 종교와는 다른 점이다. 하늘은 귀신으로는 논할 수 없다. 귀신의 관념은 다만 조상과 성인에게만 적용될 수 있다. 조상이라 해서 반드시 지고한 덕성(德性)이 있어야 할 필요는 없지만, 제사를 드리는 까닭은 시조를 중시하고 근본에 보답한다는 뜻이 있다. 조상이 죽어서 신이 되던, 정령이 되어 여전

---

208 역주 : 梵天이란 우주 최고의 원리이자 모든 만물의 근본을 의미하는 말이다. 또한 우주의 일체를 창조하고 지배하는 창조의 원리이며, 아울러 최고의 정신적 경지라는 뜻도 함께 있다. 엄밀히 말하면 '梵'과 '梵天'은 구분이 된다. '梵'은 Brahman의 번역어이고, '梵天'은 Brahman-deva의 번역어이다. '범'은 우주 총체의 원리라는 뜻이 좀 더 강하고, '범천'은 인도의 다신교 사상에서 인격적 신의 의미가 약하게 내재되어 있다.

209 역주 : 중국의 종교 정신은 천과 천도·천명으로 대표되고, 귀신으로 말할 수 없다. 그렇다고 할지라도 종교성을 표현할 때 '귀신'으로도 표현할 수 있는데, 만일 귀신으로 종교성을 말한다면 천과 천도 그리고 천명의 의미가 붙어서 따라온다. 즉 여기에서 귀신은 '혼령'의 의미가 아니라 종교성의 천도와 천 그리고 천명의 의미로 여전히 사용된다.

히 흩어지지 않던, 이러한 것은 결코 중요한 문제가 아니다. 그러므로 자신에게 인덕(仁德)과 성경(誠敬)이 있는 것이 중요하지, 조상의 존재 유무가 중요한 것은 아니다. 성인에게 제사를 지내는 것은 성인의 덕성생명을 중시하고, 그 덕성 인격을 높이며 공경한다는 것이다. 성인이 죽은 후 신이 되던 정령으로 흩어지지 않던, 이것 역시 중요하지 않다. 그러므로 제사를 지낼 때 여전히 신이 있는 것처럼 해야 하는 것이다. 그러나 하늘에 제사를 지낼 때는 다르다. 하늘은 귀신으로 논할 수 없다. 하늘은 진정한 초월체이기 때문에 반드시 적극적으로 긍정해야 한다. 인(仁)을 실천하여 하늘과 합치해야만 '인'(仁)과 '천'(天)이 하나의 도덕실체로서 모든 사물에 편재(遍在)하게 된다. 이것이 유가 종교정신의 가장 정미하면서도 특출한 곳이다. 이것에서부터 또한 귀신이 바로 틈 사이에 존재하는 것임을 보여주는데, 이때 귀신은 '덕성'에 수반된 것이기 때문에 반드시 성(誠)과 경(敬)의 태도를 지니고서 대해야 한다. 이는 귀신 자체가 있고 없음과는 아무런 관계가 없다. 귀신 자체를 말한다면, 여전히 현상적 정기(精氣)의 일이다. 그러므로 송대 유학자들은 음양 이기(二氣)의 굴신(屈伸)으로써 귀신을 설명한 것이다. 음양 이기의 굴신으로써 귀신을 설명하면 유명(幽冥) 세계에 하나의 개체 방식으로 존재한다는 귀신의 의미는 모두 융화되어 없어지게 된다. 이것 역시 귀신이 있고 없음이 결코 중요한 문제가 아님을 나타내고 있다. 이는 귀신에 대한 우주론적 해석이다.

'귀신'이 비록 현실계의 정기(精氣)에서 일어나는 일이지만, 성(誠)과 경(敬)의 마음을 가지고서 귀신이 오는 것을 느꼈을 때는 그것이 넓고 커서 없는 곳이 없으며 두루 흘러 충만하여 무한히 펼쳐져 있음을 깨닫게 된다. 사실 귀신이란 원래 유한한 것이다. 이것은 주관적인 성(誠)과 경(敬)의 마음이 감통하여 그것을 확대화·무한화하여 결국 귀신의 성덕(盛德)으로 여기게 되는 것이다. 그러므로 귀신의 성덕에서부터 오히려 주체의 성경(誠敬)과 마음의 신용(神用)을 증명할 수 있다. 객관적으로 귀신은 유한하지만, 주체의 성경지심(誠敬之心)의 신용(神用)은 무한하다. 이것은 도덕적이고 초월적인 본심의 성덕(誠德)에서 말한 것이지, 현상적 정기에서 말한 것이 아니다. 때문에 성체(誠體)에서 신(神)의 의미를 말할수 있는 것이다. 제사를 지낼 때의 성(誠)이든, 점을 칠 때의 성(誠)이든, 또한 사람을 대하고 사물을 접할 때의 성(誠)이든, 관련된 대상과 관계없이 도덕적인 성경(誠敬)의 마음은 헤아릴 수 없는 신묘한 작용[神用]을 드러낸다. 맹자는 "위대하면서도 저절로 화(化)함을 성(聖)이라고 하고, 성스러우면서도 그 작용을 알 수 없음을 신(神)이라고 한다"[210]고 말하였는데, 이것은 신이 완전히 '성덕'(誠德) 상의 일임을 말한 것이다. 또한 맹자는 "만물이 모두 내게 갖추어져 있으니, 몸을 돌이켜보아 진실무망하면즐거움이 이보다 더 클 수 없다"[211]고 말하였다. 이것은 본심이 바깥의경계가 없으며[無外], 성체(誠體) 역시 바깥의 경계가 없음을 말한 것이다.또 맹자는 "군자가 보존하는 것은 신이니 군자가 지나가는 곳은 교화가되며, 상하가 천지와 더불어 함께 유행하니 어찌 적은 보탬이라 하겠는가?"[212]라고도 말하였다. 이 역시 '성체'(誠體)의 바깥이 없는 것이 곧 성체(誠體)의 '신'이 바깥이 없다는 것을 밝힌 것이다. 이로부터 『중용』에이르러서는 성체(誠體)로부터 천도가 만물을 생성함에 있어 순일(純一)하니 그 생성하는 작용을 헤아릴 수 없다고 말하였고, 『역전』에 이르러서는 '궁신지화'(窮神知化)를 말하였다. 이것은 모두 성체(誠體)로부터 '신'을말한 것이지, 귀신의 '신'을 말한 것이 아니다. 도덕적 성체(誠體)의 '신'을 모두 천명·천도에 융화시켜 천도·천명과 하나로 합일하자, 천명과천도는 마침내 구체적이고 진실한 내용을 가지게 되었다. 이로 말미암아천도·천명은 단순히 하나의 형식적 실체가 아니게 되었을 뿐만 아니라,천도·천명이 지니고 있던 생화의 리·존재의 리 역시 그것에 따라서

---

210 『孟子』「盡心下」, "大而化之之謂聖, 聖而不可知之謂神."
211 『孟子』「盡心上」, "萬物皆備於我, 反身而誠, 樂莫大焉."
212 『孟子』「盡心上」, "君子所存者神, 所過者化, 上下與天地同流, 豈曰小補之哉?"

구체적인 실질 내용을 갖게 되었다. 이러한 일련의 과정을 통하여 『중용』과 『역전』에서 드러낸 '본체우주론적' 도덕창생과 우주생화의 '체용불이'가 있게 된 것이고, 초월적이면서도 내재적인 충실하고 원만한 '신화론'(神化論)이 있게 된 것이다. 이 성체(誠體)의 '신'은 비록 '본체우주론'적인 실체이지만, 음양의 기를 떠나지 않으므로 '체용불이'(體用不二)인 것이다. 그러나 이러한 원융의 의미는 '기를 떠나지 않는다'는 것 때문에 기의 특성으로 간주해서도 안 되고, 또한 귀신의 '신'이라고 보아서도 안 된다.

　송명유학이 흥기하자, 주돈이는 『통서』에서 완전히 성체(誠體)의 '적감지신'(寂感之神)으로부터 '천도'를 말하였는데, 성체(誠體)의 '적감지신'을 근거로 그가 말한 태극을 해설해도 당연히 그렇게 할 수 있는 것이기 때문에 어떤 문제가 있지 않을 것이다. 다만 주희가 이점을 잘 이해하지 못한 점이 아쉽다. 장재가 '태허신체'(太虛神體)로써 '천도'를 해석한 것 역시 주돈이의 학설을 계승한 것이다. 그는 체용불이(體用不二)의 신화(神化)로써 불교와 도교 학설을 반박하는 것에 힘을 기울였다. 이를 보면 『중용』과 『역전』에서 드러낸 '신화'에 대한 장재의 깨달음이 결코 잘못되지 않았음을 알 수 있다. 아쉬운 점은 장재에게 잘 소통되지 않는 말이 많았다는 점이다. 장재는 귀신의 '신'과 태허신체의 '신'을 나누어 설명할 수 없었다. 이는 본래 체용불이의 원융론(圓融論)인데, 오히려 사람들로 하여금 '신'을 '기의 특성'으로 이해하게 하였다. 이 때문에 결국 이정(二程)이 오해하였고, 아울러 근대 사람들도 그것을 유기론(唯氣論)이라고 오해하였으며, 주희 역시 심(心)과 신(神)을 모두 리(理)에서 탈락시켜 기의 영역에 놓았다. 그러나 사실 이것은 모두 장재의 본의가 아니다. 또한 선진 시기 『중용』과 『역전』의 원의도 아니다. 그러므로 나는 여기에서 그 막힌 부분을 소통시키고 '기'와 '신'을 구분하여 확립하였다. 기와 신은 하나로 꿰어진 것이 아니기 때문에 기라는 관념은 '신체'에 통할 수 없는 것이고, '태허신체' 역시 '기의 특성'으로 간주할 수 없음을 밝혔다. 또한 귀신의 '신'과 태허신체의 '신'도 하나로 뭉뚱그려 놓을 수 없는 것이고, 청기(淸氣)가 통(通)하는 것은 '신'과 유사하지만, 이는 단지 태허신체를 깨닫게 하는 안내길로 보아야 한다는 것에 대해서도 밝혔다. 귀신이 '넓고 크게 그 위에 있는 것 같고, 그 좌우에 있는 것 같다'는 것 역시 태허신체를 깨닫게 하는 안내길로 보아야 한다. 이렇게 하면 장재의 '본체우주론' 가운데 잘 소통되지 않는 부분을 말끔히 정리할 수 있으며, 그 정대(正大)한 의리 역시 분명하게 확립할 수 있다. '유기론'이라는 잘못된 해석도 함부로 해서는 안 된다. 뿐만 아니라 심과 신을 본체로부터 탈락시킨 주희의 분석적 표현도 그 유래를 밝힐 수 있다. 주희는 '성'(性)과 '태극'을 '단지 리'[只是理]로 이해하여 '심'과 '신'을 모두 '기'의 영역에 놓았다. 이는 곧 성체(誠體)로부터 건립한 신(神)의 의미를 이해하지 못한 것이고, 또한 초월적 본심에 대해서도 이해하지 못한 것이다. 이처럼 귀신의 '신'과 성체(誠體)의 '신'을 구분하지 못하고, 체용불이의 원융론과 기의 특성에 대한 사실적 진술을 구분하지 못한 것은 주희의 계통에서 필연적으로 있을 수밖에 없는 결론이다. 이에 대한 주희계통의 분석은 일관되고 있다. 그러나 이렇게 분석하면, 심과 성은 합일하지 못하여 진정한 자율도덕을 논할 수 없으며, '소이연'(所以然·그렇게 되는 까닭)으로서 추론된 '형식적인 리'의 존유마저도 탄탄히 확립되지 못하고 무너지게 될 것이다. 그 폐해를 말로 다할 수 없다. 이것이 주희철학의 문제점이다.

『정몽』「태화편」의 해석과 풀이는 여기까지이다. 아직 나머지 단락이 조금 남아 있으나 이는 모두 반복되는 말일 뿐이다. 그 의미는 이미 다 밝혔으므로 더 이상 번거롭게 해석하지 않겠다.

부록_ 주희의 평론

『주자어류』 권99 「장자지서(張子之書)2」의 각 조목들[213]

1. 『정몽』에서 논한 '도체'는 근원적인 것에서부터 잘못이 있다고 생각된다. 그러므로 이천(정이)은 "잘못이 있는 곳은 바로 『정몽』이다"라고 말하였다. (정이가 장재에게) 답하는 편지에서 이르기를 "밝고 깊은 지혜로 비추어 고찰하고 탐색하여 여기에 이른 것은 아니다"라고 하였다. 대개 횡거(장재)는 줄곧 고민하고 생각하여 앞으로 나아가기만을 추구하였다. 그러나 오히려 함양이 결여된 채로 그 의리가 스스로 드러나기를 기다렸다. 예를 들어 (장재는) "기화에서 도라는 이름이 있게 되었다"고 말하였는데, 말한 것은 좋아 보이지만 결국에는 천신만고의 생고생만 하였다. 성현들은 이와 같이 말하지 않았다. 명도(정호)가 한 말을 보면 이와 다르다. 만약 태허와 태화를 도체라고 한다면 오히려 이는 형이하자를 말하는 것으로, 모두 "(기가) 발하여 절도에 딱 들어맞는 것을 일컬어 '화'라고 한다"는 것일 따름이다.

『正蒙』所論道體, 覺得源頭有未是處. 故伊川雲, "過處乃在『正蒙』." 答書之中雲 "非明睿所照, 而考索至此." 蓋橫渠卻只是一向苦思, 求將向前去. 卻欠涵泳, 以待其義理自形見處. 如雲, "由氣化有道之名", 說得是好, 終是生受辛苦. 聖賢便不如此說. 試敎明道說, 便不同. 如以太虛, 太和爲道體, 卻只是說得形而下者, 皆是"發而皆中節謂之和"處.

2. 『정몽』에서 태화·태허·허공과 같이 도체를 말한 곳은 단순히 기를 말한 것이다. 모이고 흩어짐을 말한 곳에서, 그 유행은 곧 하나의 대윤회(大輪廻)일 따름이다. 이는 대개 (장재가) 생각하고 고찰한 끝에 이른 것이지, 성(性)의 본분으로 자연스럽게 안 것이 아니다. 도리를 말한 것에서는 오직 주돈이가 말한

---

213 역주 : 아래의 인용문에 대해서는 이미 본문에서 출전을 밝혔으므로 원문 아래 출전을 밝히지 않겠다.

"무극이면서 태극이다"는 말이 가장 좋다. 예를 들어 "태허로 말미암아 천(天)이라는 이름이 있게 되고, 기화로 말미암아 '도'라는 이름이 있게 되었으며, 허와기를 합하여 '성'이라는 이름이 있게 되었다"는 것도 일리는 있다. '기화로 말미암아 도의 이름이 있게 되었다'는 것은 이른바 "본성에 따르는 것을 도라고 한다"와 같은 것이다. 그러나 명도(정호)로 하여금 이 리를 형용하도록 한다면 반드시 이렇게 말하지 않았을 것이다. 이천(정이)이 말한 "횡거의 말에서 진실로허물이 있는 곳은 바로 『정몽』이다"·"청허일대(淸虛一大)로 만물의 근원을 삼은 것은 타당하지 않다"[이 말은 마땅히 명도(정호)의 말이다.] 등의 말에서 이를 알 수 있다.

『正蒙』說道體處, 如太和太虛虛空雲者, 止是說氣. 說聚散處, 其流乃是個大輪廻. 蓋其思慮考索所至, 非性分自然之知. 若語道理, 惟是周子說"無極而太極"最好. 如"由太虛有天之名, 由氣化有道之名, 合虛與氣有性之名, 合性與知覺有心之名", 亦說得有理. "由氣化有道之名", 如所謂"率性之謂道"是也. 然使明道形容此理, 必不如此說. 伊川所謂"橫渠之言誠有過者, 乃在『正蒙』", "以淸虛一大爲萬物之源, 有未安"[此當係明道言]等語, 槪可見矣.

3. 물었다. "횡거(장재)의 '태허지설'은 본래 무극(無極)을 말한 것인데, 오히려단지 무(無) 자만 말한 것 같습니다." 대답하였다. "무극은 허·실·청·탁을 관통하여 말한 것이다. 무극이란 글자는 가운데에 정확히 놓여진 것이고, 태허라는 글자는 한 쪽에 치우쳐 놓여진 것이다. 때문에 말하기가 어렵다. 성인은 완전하게 이해하여 말하기 때문에 균형이 맞고 치우치지 않는다. 그런데 지금 자신의 뜻으로 그것을 형용하려고 하기 때문에 오히려 때때로 치우침이 있다. 명도(정호)는 '기 외에 신이 없고, 신 외에 기가 없는데, 청한 것은 신이고, 탁한것은 신이 아니란 말인가'라고 하였다. 이후 어떤 사람이 횡거(장재)와 말을 할때 횡거는 오히려 '청한 것은 탁한 것을 포괄할 수 있고, 빈 것은 꽉 찬 것을 포괄할 수 있다'고 말하였다. 이는 형이상자가 리이고 형이하자가 기(器)라는 사실을 모르는 것이다. 이는 이미 '허'를 말하고서 바로 '실'(實)과 대비한 것이다.

또 이미 청(淸)을 말하고서 바로 탁(濁)과 대비한 것이다. 이는 마치 좌승상이 크게 얻은 것이 있으나, 우승상은 많지 않은 것과 같다."

問: "橫渠太虛之說, 本是說無極, 卻只說得無字." 曰: "無極是該貫虛實淸濁而言. 無極字落在中間, 太虛字落在一邊了. 便是難說. 聖人熟了, 說出便恁地平平. 而今把意思去形容他, 卻有時偏了. 明道說'氣外無神, 神外無氣. 謂淸者爲神, 則濁者非神乎?' 後來亦有人與橫渠說, 橫渠卻雲, '淸者可以賅濁, 虛者可以賅實.' 卻不知形而上者還他是理, 形而下者還他是器. 旣說是虛, 便是與實對了. 旣說是淸, 便是與濁對了. 如左丞相大得右丞相不多.

물었다. "무극인데 또한 '무형'과 '무상'을 말해야 하는 것입니까?"
問曰: "無極且得做無形無象說?"

말하였다. "비록 무형이지만 오히려 리는 있다."
曰: "雖無形, 卻有理."

또 물었다. "무극이나 태극은 다만 하나의 사물일 따름입니다."
又問: "無極太極只是一物."

말하였다. "본래는 하나의 사물이지만, 장재처럼 그렇게 말하면 오히려 두 가지 사물처럼 보인다."
曰: "本是一物, 被他恁地說, 卻似兩物."

4. 횡거(장재)가 도를 말한 것은 형기 가운데 좋은 것을 가려 뽑은 것인데, 청[淸氣]을 도라 일컬으면 탁[濁氣] 가운데 있는 기는 과연 도가 아니란 말인가? 객감·객형과 무감(無感)·무형(無形)이 둘로 나눠지게 되는 병폐를 면하지 못한다. 성인은 이렇게 말하지 않는다. 예를 들어 (『주역』에서는) "형이상의 것을 일컬어 도라 한다"고 하였고, 또한 "한번 음이 되고 한번 양이 되는 것을 일컬어

도라 한다"고 하였다.

橫渠說道, 止於形器中揀個好底說了, 謂淸爲道, 則濁之中果非道乎? 客感客形與無感無形, 未免有兩截之病. 聖人不如此說. 如曰, "形而上者謂之道", 又曰, "一陰一陽之謂道."

5. 물었다. "횡거(장재)는 '태허가 곧 기'라고 말하였는데, '태허'는 무엇을 가리키는 것입니까?" 대답하였다. "태허는 역시 리를 가리키는 것이지만, 말한 것이 분명하지가 않다." 물었다. "태화란 무엇입니까?" 대답하였다. "역시 기를 가리키는 것이다." 물었다. "횡거(장재)는 또 '어리석은 자가 허공을 가리켜 성(性)이라고 하는데, 이는 천도에 근본하지 않은 것이다'라고 한 것은 어떠한 말인가?" 대답하였다. "이미 도라고 말했다면 이는 무(無)가 아니다. 석씨는 곧바로 공(空)을 가리켜 말하였다. 대강의 요점은 그 사람이 당초에 말한 이 도리는 대부분 틀렸다는 것이다."

問, "橫渠雲, '太虛卽氣', 太虛何所指?" 曰, "他亦指理, 但說得不分曉." 曰, "太和如何?" 曰, "亦指氣." 曰, "他又雲, '由昧者指虛空爲性, 而不本天道', 如何?" 曰, "旣曰道, 則不是無. 釋氏便直指空了. 大要渠當初說出此道理多誤."

6. 물었다. "횡거(장재)는 '천성은 사람에게 있으니 이는 마치 물의 본성이 얼음에 있으며, 얼고 녹는 것은 비록 다르지만 리는 하나이다'[「誠明篇」을 살펴주기 바란다]라고 말하였습니다. 또한 '일찍이 없은 적이 없었던 것을 체(體)라고 하고, 그것을 드러낸 것을 성(性)이라고 한다'[이 역시 「誠明篇」을 살펴주기 바란다]라고 하였습니다. 선생이 말한 모든 것은 석씨의 말과 비슷합니다. 얼음과 물의 비유는 환원하여 근본으로 돌아간다는 병폐가 있는데, 석씨와 비슷하다고 해도 되는 것입니까? '일찍이 없었던 적이 없었던 것을 체라고 하고, 그것을 드러낸 것을 성이라고 한다'고 하였는데, 이는 대개 성이 체가 되지만 본래 허하다는 것을 일컬은 것인데, '리'는 실제로 존재하지 않음이 없습니다. 이는 석씨와 다른 것 같습니다."

問："橫渠說'天性在人, 猶水性之在冰, 凝釋雖異, 爲理一也.'[案見「誠明篇」] 又言, '未嘗無之謂體, 體之謂性.'[案亦見「誠明篇」] 先生皆以其言爲近釋氏. 冰水之喩有還元反本之病, 雲近釋氏則可? '未嘗無之謂體, 體之謂性', 蓋謂性之爲體本虛, 而理未嘗不實. 若與釋氏不同."

대답하였다. "장재의 뜻은 이와 같지 않다. 또한 죽어도 사라지지 않는다고 말했을 뿐이다."

曰："他意不是如此. 亦謂死而不亡耳."

7. 물었다. "횡거(장재)는 '감응함이 없을 수 없는 것을 성(性)이라 한다[이것은 「성명편」의 말이다]고 하였습니다. 성은 단지 리(理)일 뿐인데, 어찌 감응할 수 있겠습니까? 아마 이 말은 다만 '심'(心)에 대해 이름붙일 수 있는 것이 아니겠습니까?"

問："橫渠謂'所不能無感者爲性.' [案此「誠明篇」語] 性只是理, 安能感? 恐此言只可名心否?"

대답하였다. "횡거(장재)의 이 말은 비록 완전히 딱 들어맞는 것은 아니지만 그래도 본받을 것이 있다. 대개 감응하는 것은 원래 '심'이지만 감응하게 하는 것 또한 이 심(心) 속에 '리'가 있어야만 비로소 감응할 수 있는 것이다. 리는 곧 성이다. 그러나 횡거의 이 말로 '성'을 해석하려고 하면 완전하게 바르지는 않은 것 같다. 예컨대 이천(정이)은 '인(仁)은 천하의 정리(正理)다'라고 하였고, 또한 '인이란 천하의 공통된 것이자 선의 근본이다'고 하였다. 이천의 이 말을 가지고 '인'을 칭송하는 것은 가(可)하다. 만약 '정'(正)으로 '인'을 해석하려고 한다면 완전히 정확하지는 않은 것 같다. '의'(義)와 같은 것이 어찌 천하의 '정리'가 아니겠는가?

曰："橫渠此言雖未親切, 然亦有個模樣. 蓋感固是心, 然所以感者亦是此心中有此理方能感. 理便是性. 但將此句要來解性, 便未端的. 如伊川說, '仁者天下之正理', 又曰, '仁者天下之公, 善之本也.' 將此語來贊詠仁, 則可. 要來正解仁, 則未親切. 如義豈不是天下之正理?

8. 횡거(장재)가 석씨의 윤회설을 물리쳤으나, 횡거가 말한 취산과 굴신의 그 폐단은 오히려 대윤회(大輪回)이다. 대개 석씨는 각각의 사람이 각자 윤회한다고 하였는데, 횡거는 한꺼번에 발하고 합한다[214]고 하였으니, 여전히 하나의 '대윤회'인 것이다. 여여숙(여대림)이 집중했던 것에도 이러한 뜻이 상당히 많다.

　横渠闢釋氏輪回之說, 然其說聚散屈伸處, 其弊卻是大輪回. 蓋釋氏是個個各自輪回, 横渠是一發和了, 依舊一大輪回. 呂與叔集中亦多有此義.

9. 물었다. "허(虛)는 인(仁)의 근원입니까."[215] 대답하였다. "허는 다만 무욕한 까닭에 허한 것이다. 허령하고 밝아 욕망이 없으니, 이것이 인(仁)이 말미암아 생하는 바이다." 또 물었다. "이 '허' 자와 '일(一)·대(大)·청(淸)·허(虛)'의 '허'는 무엇입니까?" 대답하였다. "이 '허' 역시 무욕이다. 횡거(장재)는 이것을 '도체'라고 불렀다. 그러나 '허'는 '실'(實)에 대비하여 말한 것이지만 형이상자 같지는 않다."

　問 : "虛者仁之原." 曰 : "虛只是無欲故虛. 虛明無欲, 此仁之所由生也." 又問 : "此虛字與一大淸虛之虛如何?" 曰 : "這虛也只是無欲. 渠便將這個喚做道體? 然虛對實而言, 卻不似形而上者."

10. 물었다. "횡거(장재)에게는 청(淸)·허(虛)·일(一)·대(大)의 학설이 있

214　역주 : 이 부분은 '一發和了'를 해석한 부분이다. 이 책 2장 '들어가는 말'에도 이 원문이 인용되어 있다. 모종삼은 '一發和' 뒤에 괄호를 쳐 '和'자는 당연히 合자가 되어야 한다'[當作合]고 말하였다. 사실 '一發和了'로 번역하여 '한꺼번에 발하고 또 조화되어 태허로 끝이 난다'고 하여도 되지만 앞부분에서 모종삼이 설명한 것에 근거하여 이렇게 번역하였다.

215　『정몽』에는 이 말이 없다. 『性理拾遺』의 「孟子說」 가운데 "허함과 고요함을 돈독히 하는 것이 인의 근본이다[敦篤虛靜者仁之本]라는 말이 있다. 이는 이 말에 근거하여 간략히 말한 것이다.

고, 또 청탁과 허실을 겸하려고 하였습니다." 대답하였다. "횡거가 처음 청·허·일·대에 대하여 이천이 비난을 하재이상의 제3조목과 아래의 16조에 근거하면 "명도에게서 힐난을 받았다"[216]로 해야 한다.] 이에 맑은 것은 흐린 것을 겸해야 하고, 허는 실을 겸해야 하고, 하나는 둘을 겸해야 하며, 큰 것은 작은 것을 겸해야 한다고 말하였다. 횡거는 본래 형이상을 말하려고 하였으나 오히려 형이하가 되었다. 이곳이 가장 분불명하다. 예를 들어 「삼량편」에서는 3은 양이 되고 2는 음이 되며, 양에는 태극이 있지만, 음에는 태극이 없다고 하였다. 그는 억지로 정미하게 생각하면서 자기 스스로 체득하려고 하였지만, 그 잘못됨이 이와 같이 되었다." 또 물었다. "횡거는 '태허가 곧 기'라고 말하였는데 이는 곧 '리'를 가리켜 '허'라고 한 것으로 형이하는 아닌 듯합니다." 대답하였다. "설령 리를 가리켜 허라 한다고 할지라도 어찌 기와 함께 한 곳에 뒤섞는가?"

問: "橫渠有淸虛一大之說, 又要兼淸濁虛實." 曰: "渠初雲淸虛一大, 爲伊川詰難, 乃雲淸兼濁, 虛兼實, 一兼二, 大兼小. 渠本要說形而上, 反成形而下. 最是於此處不分明. 如「參兩」雲, 以參爲陽, 兩爲陰, 陽有太極, 陰無太極. 他要强索精思, 必得於已, 而其差如此." 又問: "橫渠雲太虛卽氣, 乃是指理爲虛, 似非形而下." 曰: "縱指理爲虛, 亦如何夾氣作一處?"

11. 누군가 물었다. "횡거 선생의 청·허·일·대의 학설은 어떠합니까?" 대답하였다. "횡거는 크게 말한 것을 선택해서 작은 것을 통섭하였다. 그러나 이렇게 하면 오히려 치우치게 된다는 것을 알지 못했다. 이는 형이하자이지 형이상자가 아니다. 모름지기 청탁(淸濁)·허실(虛實)·일만(一萬)·소대(小大)를 겸해서 보아야만 형이상자가 그 사이에서 유행함을 볼 수 있다."

或問: "橫渠先生淸虛一大之說如何?" 曰: "他是揀那大底說話, 來該攝那小底. 卻不知道纔是恁說, 便偏了. 便是形而下者, 不是形而上者. 須是兼淸濁虛實一萬小大來看, 方見得形而上者行乎其間."

---

[216] "爲明道詰難." 이는 모종삼의 평가어이다.

12. 횡거(장재)가 말한 '청·허·일·대'(淸虛一大)는 치우친 것이다. 그는 이후에 또한 청탁과 허실을 겸하여 말하려고 하였다. 그러나 이 모두는 형이하의 것이다. 이 '리'가 있어야만 청탁과 허실이 모두 그 가운데 있는 것이다.

橫渠淸虛一大卻是偏. 他後來又要兼淸濁虛實言. 然皆是形而下. 蓋有此理, 則淸濁虛實皆在其中.

13. 횡거(장재)는 '청·허·일·대'(淸虛一大)를 말하였는데, 이는 마치 도가 있는 곳도 있고, 없는 곳도 있다고 말한 것 같다. 모름지기 청탁·허실·일이(一二)·대소는 모두 그 사이에 운행하는데, 이것이 곧 도이다. 횡거는 크게 하려고 하였으나 오히려 작게 되었다.

橫渠說氣淸虛一大, 恰似道有有處, 有無處. 須是淸濁虛實一二大小, 皆行乎其間, 乃是道也. 其欲大之, 乃反小之.

14. 진후지(진신)가 물었다. "횡거(장재)의 청·허·일·대는 '공'에 들어간 것이 아닙니까?" 이에 주희가 대답하였다. "공으로 들어간 것은 아니다. 그는 늘 한 쪽으로 향하였다. 이 도리라는 것은 본래 평평하고 바른 것이다. 맑은 것에도 이 '리'가 있고, 흐린 것에도 이 리가 있으며, 텅 빈 것에도 이 리가 있고, 가득 찬 것에도 이 리가 있는데, 이는 모두 이 리가 그렇게 한 것이다. 그는 이쪽에서는 '유'를 말하고 저쪽에서는 '무'를 말하였다. 이 한쪽으로써 저쪽까지 관여하려고 하였다."

陳後之問: "橫渠淸虛一大, 恐入空去否?" 曰: "也不是入空. 他都向一邊了. 這道理本平正. 淸也有是理, 濁也有是理, 虛也有是理, 實也有是理, 皆此理之所爲也. 他說成這一邊有, 那一邊無. 要將這一邊去管那一邊."

15. 청·허·일·대는 도체가 이와 같음을 형용한 것이다. '도'는 허와 실을 겸하여 말한 것이나, '허'는 다만 한쪽만을 말할 따름이다.

淸虛一大, 形容道體如此. 道兼虛實言, 虛只說得一邊.

16. 횡거(장재)는 청·허·일·대를 '도체'라고 말하였는데, 이는 형기(形器) 가운데 좋은 것을 간추려 말한 것이다. 『이정유서』에서 명도(정호)는 일찍이 이를 변론한 적이 있다.

橫渠言淸虛一大爲道體, 是於形器中揀出好底來說了. 『遺書』中明道嘗辨之.

해설 이상에서 주희가 장재를 평가한 것은 모두 옳지 않다. 내가 앞에서 풀이하고 해석한 것[疏解]을 보면 장재가 말한 실제적 의미를 알 수 있을 것이다.

2. 허(虛)와 기(氣)가 합하여 성(性)이라는 이름이 있다─성체(性體)에 대한 풀이

1) 허(虛)와 도(道)는 성(性)으로 귀결되다

앞의 글, 제1 『정몽』 「태화편」 해설[疏解] 제7)에서는 "태허로 말미암아 하늘이라는 이름이 생기게 되었다"는 등 네 구절을 해설하였다.[217] 이 절에서는 앞의 세 구절을 근거하여 '성'(性)의 의미를 밝히려고 하는데, 그 중에서도 세 번째 구절을 중심으로 삼겠다. '천도와 성명은 서로를 관통한다'[天道性命相貫通]. 이는 '천'(天)·'도'(道)·'허'(虛)·'신'(神) 그리

---

217 역주: 여기에서 말한 네 구절이란 다음과 같다. "태허로 말미암아 하늘이라는 이름이 있게 되었고,(첫 번째 구절) 기화로 말미암아 道라는 이름이 있게 되었으며,(두 번째 구절) 허와 기가 합쳐져 性이라는 이름이 있게 되었으며,(세 번째 구절) 성과 지각이 합쳐져서 '心'이라는 이름이 있게 되었다.(네 번째 구절)"[由太虛有天之名, 由氣化有道之名, 合虛與氣有性之名, 合性與知覺有心之名.]

고 '태극'(太極)을 말한 목적이 모두 '성체'(性體)를 건립하는 데 있으며,
또한 이 모두가 성(性)으로 귀결됨을 말한 것이다. 아래의 제3에서는 네
번째 구절에 근거하여 '심'을 밝힐 것이다. 첫 번째 구절이다.

> 태허에 말미암아 하늘이라는 이름이 있게 되었다.
> 由太虛有天之名.
>
> 『正蒙』「太和」

『정몽』「건칭편(乾稱篇)」에서는 다음과 같이 말하였다.

> 대개 하늘이 가진 덕성은 비어 있으면서도[虛] 갖가지 사물에 잘 응하는 것[善
> 應]이다. 그 감응이란 사려나 총명함으로도 구할 수 없는 것이므로 그것을 일컬
> 어 신(神)이라고 한다. 노자는 이러한 것을 곡신(谷神)에 비유하였다.
> 大率天之爲德, 虛而善應. 其應非思慮聰明可求, 故謂之神. 老氏況諸谷以此.
>
> 『正蒙』「乾稱」

해설 '허'(虛)란 지극히 적막한 것으로, 고요하여 아무런 움직임이 없는
'적연부동'(寂然不動)이다. '선응'(善應)이란 신(神)이 감응하여 갖가지 사물
에 모두 통하는 '감이수통'(感而遂通)이다. 이것이 바로 '태허에 말미암아
하늘이라는 이름이 있게 되었다'고 말한 까닭이다. 천(天)이란 '천덕'(天
德)의 '천'이다. 하늘은 강건하게 운행하여 '창생'(創生)함을 '덕'으로 삼는
다. 강건하게 운행하여 창생하는 '덕'의 실질적인 곳이 바로 '비어 있으
면서도 갖가지 사물에 잘 응하는 것'[虛而善應]이다. 이것은 곧 하늘의 덕
이자, 하늘 그 자체이다. 하늘에는 자연천(自然天)의 의미가 있는데, 이는
인위(人爲)에 대비하여 말한 것이다. 이와 함께 당연하여 이렇게 되지 않
으면 안 되며 완전히 정해져서 달리 옮길 수 없다는 의미가 있는데, 이
는 하늘의 법칙 즉 '천칙의 의미'[天則義]이다. 앞의 「태화편」 3)에서 "이

러한 법칙에 따라 나가고 듦은 모두 부득이하여 그러한 것이다"²¹⁸라고 말한 것 역시 하늘의 법칙이라는 의미를 담고 있다. 이는 태허신체(太虛神體)가 강건하게 운행하여 창생하는 덕으로써 기화(氣化)를 운행함에 따라 '기화(出入과 聚散이 곧 기화의 필연성'이 있음을 말한 것이다. 이러한 필연성은 형이상적 필연성이지, 논리적 필연성이 아니다. '당연하면서도 끊임이 없고, 완전히 정해져 달리 바꿀 수 없는 것'이 바로 '형이상적 필연'이다. 다음은 두 번째 구절이다.

> 기화로 말미암아 도(道)라는 이름이 있게 되었다.
> 由氣化有道之名.
>
> 『正蒙』「太和」

『정몽』「신화편(神化篇)」에서는 다음과 같이 말하였다.²¹⁹

> 신(神)은 천덕이고, 화(化)는 천도이다. 덕은 그 체(體)이고, 도는 그 용(用)인데, 기(氣)에서 하나가 될 따름이다.
> 神天德, 化天道. 德其體, 道其用, 一於氣而已.

> 허명(虛明)이 밝게 비추는 것은 바로 신(神)의 밝음이다. 멀거나 가깝거나 그윽하거나 깊거나 이롭게 하거나 쓰이게 하거나 나가거나 들거나 할 것 없이 모두 '신'이 가득하여 틈이 없는 것이다. 천하의 움직임은 신이 고무하는 것이다. 말이 고무되지 않으면 신을 완전히 표현하기에는 부족하다.
> 虛明照鑒, 神之明也. 無遠近幽深, 利用出入, 神之充塞無間也. 天下之動, 神鼓之也. 辭不鼓舞, 則不足以盡神.

---

210 『正蒙』「太和」, "循是出入, 是皆不得已而然也."
219 역주 : 이하 연속된 인용문은 모두 『정몽』「神化」에서 나온 것으로, 인용문 아래에 출전을 밝히지 않겠다.

기에는 음양이 있다. 이 음양이 미루어 행하되 점차적으로 변화하는 것을 화
(化)라 하고, 하나로 합하여 헤아릴 수 없는 것을 신(神)이라 한다.

氣有陰陽. 推行有漸爲化, 合一不測爲神.

신화란 하늘이 본래부터 가진 양능일 뿐, 사람이 지닌 능력이 아니다.

神化者天之良能, 非人能.

사물을 따르되 심을 잃어버리면 사람이 사물에 따라 변화하니 천리(天理)를
없애는 것인가? 신을 보존하면 지나가는 곳마다 교화되어 사물에 얽매임을 잊
고서 성명을 따르는 것인가? 돈후하지만 변화하지 않으면 체는 있지만 용이 없
는 것이다. 변화하되 스스로 잃어버리면 사물을 따르다가 자신을 잃는 것이다.
대덕(大德)은 두텁게 변화한 연후에야 '인'과 '지'가 하나가 되며 성인의 일이 갖
추어진다. 성(性)을 '성'답게 하면 신을 보존할 수 있고, 사물을 사물답게 하면
지나가는 곳마다 교화될 수 있다.

徇物喪心, 人化物而滅天理者乎? 存神過化, 忘物累而順性命者乎? 敦厚而不化,
有體而無用也. 化而自失焉, 徇物而喪己也. 大德敦化, 然後仁智一, 而聖人之事
備. 性性爲能存神, 物物爲能過化.

의(義)는 상도(常道)에 되돌아감을 근본으로 삼는데, 상도가 바르게 되는 것
이 곧 정미하다는 것이다. '인'(仁)은 돈후하게 변화함을 깊은 이치로 삼는데, 변
화가 행해지면 드러나게 된다. '의'가 신의 경지에 들어가면 움직임은 멈춤과 하
나가 된다. '인'이 돈후하게 변화하면 멈춤은 움직임과 하나가 된다. 인이 돈후
하면 '체'가 없고, 의가 신에 들어가면 '방소'가 없다.

義以反經爲本, 經正則精. 仁以敦化爲深, 化行則顯. 義入神, 動一靜也. 仁敦
化. 靜一動也. 仁敦化, 則無體, 義入神, 則無方.

이상을 통틀어 보면 '신'의 '고무'로 말미암아 기의 변화가 생기게 됨

을 알 수 있다. 체(體)와 통하여 용(用)에 완전히 이르는 것은 기화의 용에서 말한 것으로서 이를 '도'라고 한다. 그러므로 "기화에 말미암아 '도'라는 이름이 있게 되었다"고 한 것이다. 이러한 방식으로 도를 말한 것은 동태적으로 말하는 것인데, 동태적으로 말하려면 반드시 기화의 과정[氣化之行程]과 함께 말해야 한다. 그러나 이것은 단순히 현상계의 기화에 착안을 둔 것이 아니라 기화의 용이 반드시 '허덕의 체'[虛德之體]를 통해야만 비로소 그렇게 된다는 것이다. '허덕의 체'가 없다면 기화라고 말할 것도 없다. 그러므로 장재는 "신(神)은 천덕이고, 화(化)는 천도이다. 덕은 그 체이고 도는 그 용인데, 기에서 하나가 될 따름이다"라고 하였다. 여기서 '기에서 하나가 된다'[一於氣]는 것은 덕(德)·도(道)·체(體)·용(用)이 모두 기에서 통일되어 기를 떠날 수 없음을 말한 것이다.

또 "태화가 이른바 도이다"[太和所謂道]라고 할 때, '도'는 종합어[綜和詞][220]이다. 이미 '태화'라면 당연히 기가 두텁게 얽혀 교감하는 것[絪縕]을 벗어나지 않는다. 그러나 이는 단순히 사실적 기의 얽힘과 교감이 아니라 반드시 '허체'로 오묘하게 해야 하는 것이다. 이렇게 정태적으로 나누거나 합하는 것을 "허와 기가 합쳐져서 도라는 이름이 있게 되었다"라고 말할 수 있다. 허와 기가 합쳐져 화(化)를 이룬다면 '도'라는 이름이 확립된다. 도의 명칭은 여기에서 확립될 수 있고, 도의 의미는 여기에서 드러날 수 있다.

그러나 세 번째 문구의 "허와 기가 합쳐져 성(性)이라는 이름이 있게 되었다"는 것은 제대로 소통되지 않는 말이다. '하늘'을 말하고 '도'를 말하고 '허'를 말하고 '신'을 말하는 것은 모두가 성(性)으로 귀결된다. 이러한 까닭에 '성체'라는 용어는 반드시 이것과는 따로 기술해야 한다. '허와 기가 합해졌다'는 것으로 '성체'를 말하는 것은 타당하지 않다.

---

220 역주 : 綜和[종화]라는 것은 각가 흩어진 것들을 모아 조화롭게 이룬다는 말이다. 예를 들어 천도·천명·性 등의 의미를 모으고 조화를 이루어 송합적으로 표현한 말이란 것이다. 이 단어는 모종삼이 즐겨 사용한 말인데, '종합어'로 번역하였다.

2) 성(性)의 명칭이 확립된 까닭

허와 기가 합쳐져 '성'(性)이라는 이름이 있게 되었다.

合虛與氣有性之名.

『正蒙』「太和」

여기에서는 이 말을 근거로 '성체'의 의미를 해설하겠다.

도(道)는 종합인데, 이를 '허'와 '기'로 나눌 수 있다. 움직이고 변화하는 모습으로 논하자면 '기화'에서 말해야 한다. 허로 말미암아 '체'가 확립되고, 기화로 말미암아 '용'에 이를 수 있다. 그러므로 "신은 천덕이고, 화는 천도이다. 덕은 그 체(體)이고 도는 그 용(用)이다"라고 말한 것이다. '도'는 비록 종합어이지만 기화의 과정에 더욱 중점을 두고서 말할 수 있다. 그러나 성(性)은 반드시 초월적 분석을 통하여 허체(虛體)에서 말해야 한다. '체'의 신묘한 덕인 태허는 개체에 대응하거나 천지만물 모두에 대응하여 그 체가 됨을 말한 것인데, 이것을 바로 성(性)이라고 한다. 그러므로 「건칭편」에서는 다음과 같이 말하였다.

만물을 오묘하게 하는 것을 일컬어 신(神)이라 하고, 만물에 모두 통하는 것을 일컬어 도(道)라 하며, 만물을 드러내는 것을 일컬어 성(性)이라 한다.

妙萬物而謂之神, 通萬物而謂之道, 體萬物而謂之性.

『正蒙』「乾稱」

이 세 구절의 말은 참으로 훌륭하다. 신(神)과 도(道)는 만물을 오묘하게 하고 막힘없이 펼쳐지도록 하여 만물을 드러낸다. 또 만물은 신과 도를 근본으로 삼고, 근거로 삼기 때문에 '성'과 '신'은 곧 만물의 '체'가 되는데, 그것을 일러 성(性)이라고 한다. '성'(性)과 '신'(神)은 하나이며 모두 '허체'에서 말한 것이다. 그리고 도는 '허체'(虛體)를 근본으로 하고서 만물에 관통하여 변화를 이루는 것이다. 이것은 곧 기화의 관통에 치중하여 말한 것이다. '성'(性)은 '태허'의 신묘한 덕[神德]에서 말한 것이다. 태허의 신묘한 덕이 '체'가 되는 것이 바로 천지만물의 성(性)인 것이다. 그러므로 장재는 「성명편」에서 다음과 같이 말하였다.[221]

성(性)이란 만물이 모두 근원하는 곳이니 내가 사사롭게 얻은 것이 아니다.
性者, 萬物之一源, 非有我之得私也.

일찍이 없었던 적이 없는 것을 '체'라고 하고, 그것을 드러낸 것을 '성'이라고 한다.
未嘗無之謂體, 體之謂性.

또한 곧장 '천지지성'(天地之性)을 말한 곳도 있다.

형체가 생긴 후에 '기질지성'(氣質之性)이 있고, 이를 잘 되돌이켜 살펴보면 '천지지성'(天地之性)이 보존되어 있음을 알 수 있다.
形而後有氣質之性, 善反之, 則天地之性存焉.

이 '성체'는 건곤(乾坤)까지 포괄하여 말한 것으로, 절대적이고 보편적인 것이다. 비록 성(性)이 개체 혹은 개인에게 갖추어져 있지만, 이 역시 절대적이고 보편적인 것이기 때문에 "내가 사사롭게 얻은 것이 아니다"라고 말한 것이다. 이 성(性)이란 나의 '성'이자 동시에 천지만물의 '성'이다. 따라서 '도'를 말하고 '허'를 말하지만, 그 궁극적인 귀결점은 '성'(性)에 있다. '성'을 말하는 것은 도덕창조의 근원을 건립하기 위한 것이지, 공연스레 넓디 넓은 우주를 논하기 위한 것이 아니다. '기화'의 도는

---

221 역주 : 이하 연속된 세 문구는 모두 『正蒙』 「誠明」에서 나오므로 출전을 기재하지 않겠다.

반드시 '도덕창조'에서 정립되고 실증된다. 그러므로 '성'이라는 글자는 반드시 '허체'(虛體)에서 말해야 근본을 세울 수 있다. 이러한 까닭에 '만물을 드러낸다는 것'을 통해 '성'을 말하는 것이 '허와 기를 합한다는 것'을 통해 '성'을 말하는 것보다 훨씬 낫고, 또 더욱 풍부하게 '성'의 의미를 표현할 수 있다. 장재는 또 다음과 같이 말하였다.

> 천지에 가득 채운 것을 나의 '체'로 삼으며, 천지가 이끄는 것을 나의 '성'으로 삼는다.
>
> 天地之塞, 吾其體, 天地之帥, 吾其性.
>
> 『西銘』

맹자는 "뜻(志)이란 기를 이끄는 것이다"[222]라고 말하였다. 그러므로 '천지가 이끄는 것'은 바로 천지의 뜻이며, 이 뜻으로 기를 통솔하는 것이다. 뜻(志)의 실체는 바로 태허신체(太虛神體)이며, 이것이 바로 나의 성(性)인 것이다. 이 역시 '태허신체'로서 '성'을 말한 것이지, '허와 기를 합한 것'을 근거로 '성'을 말한 것은 아니다.

장재는 또 「성명편」에서 다음과 같이 말하였다.

> 하늘이 부여한 성(性)은 도에 완전하게 통한 것이다. 이 성은 타고난 기(氣)의 어둠과 밝음으로도 가릴 수 없는 것이다. 하늘이 부여한 '명'은 '성'에 완전하게 통한 것이다. 이것은 길흉과 조우하더라도 해칠 수 없는 것이다. 여전히 가리어지고 해쳐지는 것을 면하지 못한 것은 아직 배움에 나가지 못했기 때문이다. '성'은 기의 바깥으로 통하고, '명'은 기의 안에서 행한다. 기는 안과 밖이 없으나 형체가 있는 것을 빌어 말하는 것일 따름이다.
>
> 天所性者, 通極於道, 氣之昏明不足以蔽之. 天所命者, 通極於性, 遇之吉凶不

---

[222] 『孟子』「公孫醜上」, "志, 氣之帥也."

足以戕之. 不免乎蔽之戕之者, 未之學也. 性通乎氣之外, 命行乎氣之內. 氣無內
外, 假有形而言爾.

『正蒙』「誠明」

'성'은 도에 근본하지 않음이 없으며 '명'은 하늘에 근본하지 않음이 없다.[이
문장이 속한 전체 단락은 아래 5)를 보기 바람.]

　莫不性諸道, 命諸天.

『正蒙』「誠明」

해설 '도에 완전히 통한다'·'성은 도에 근본한다'에서 '도'란 기화의
'허체신덕'(虛體神德)으로서, 이는 근본을 중시한다는 의미이다. '도'는 비
록 필연적으로 '기화'를 수반하지만, 현상계의 기화가 곧 도는 아니다.
'체'에 통하여 '용'을 이루는 것은 마치 큰 도로와 같기 때문에 '도'라고
하였다. '도'는 결국 도일 따름이다. 도를 '기'라고 할 수 없고, 심지어
'기화'라고도 할 수 없다. '성은 도에 근본한다'는 것에서 '도'는 '통체달
용'(通體達用)의 '체'를 중시한다는 의미이며, 이것으로써 '성'의 근원을
말한 것이다. '하늘이 부여한 성이란 도에 완전히 통한 것이다'에서의
'도' 역시 같은 의미이다. '천지지성'(天地之性)을 말할 때는 오로지 '도'에
만 뿌리를 두어야지 기에 뿌리를 둘 수 없다. '도'가 '통체달용'(通體達用)
에서 드러난다는 것은 '성'이 도에 완전히 통한다는 것이며, '통체달용'
에 완전히 통하면서 그 '체'를 중시하는 것은 바로 '달용의 체'[達用之體]
에 완전히 통한다는 것이다. 이것에서 '성체'가 도덕창조의 의미를 포함
하고 있음을 볼 수 있다. 그러므로 『중용』에서는 "성에 따라 행위하는
것을 도라고 한다"[率性之謂道]라고 한 것이다. 그러므로 어떨 때는 '성'은
'도'와 같다. '성의 본래적 의미'와 '초월적으로 분석한 입체적 측면'에서
말하자면 '성'은 '태허신덕'(太虛神德)과 같은 것이다. '성'에 필연적으로
포함되어 있는 도덕창조의 의미에서 말하자면, 이것은 종합적으로 '통체

달용'에서 변화를 이루어 '도'를 드러내 보이는 것과 같다. 따라서 '성'
은 '도'와 같은 것이다. 이것이 이른바 '성 외에 도가 없으며, 도 외에 성
이 없다는 것이다.[이 곳에서는 「성명편」의 단락에서 "하늘이 부여한 성은 도에
완전하게 통한 것이다"는 말에만 중점을 두었다. "하늘이 내린 명이란 성에 완전히 통
한다"는 말과 "성을 온전히 실천하여 명에 이른다"[223] 그리고 "음양과 귀신은 모두 나
의 직분 안에 있는 것이다" 등의 말들은 이후 문장에 따라 해설할 것이다.]
　「건칭편」에서는 또한 다음과 같이 말하였다.

　　'성'은 무에도 완전히 통하고, 기는 하나의 사물일 따름이다. '명'은 '성'과 함께
　　품수받은 것이며, (길함을) 조우한다는 것이란 우연히 그렇게 된다는 것이다.
　　남이 한 번에 하게 되면 자기는 백 번을 하고, 남이 열 번에 하게 되면 자기는
　　천 번을 해야 한다. 그런데도 할 수 없으면 '성'이라고 말하기는 어렵고 오히려
　　기라고 말할 수 있다. 행동은 같은데 반응이 다를 경우 오히려 '명'이라 말하기
　　는 어렵고 '우연'이라고 말할 수 있다.

　　性通極於無, 氣其一物爾. 命稟同於性, 遇乃適然焉. 人一己百, 人十己千, 然有
　　不至, 猶難語性, 可以言氣. 行同報異, 猶難語命, 可以言遇.

　　　　　　　　　　　　　　　　　　　　　　　　　　　　『正蒙』「乾稱」

　이것은 완전히 「성명편」에서 말한 것과 동일하다. 단지 「성명편」에서
말한 것보다 더 정밀할 뿐이다. '무에도 완전히 통한다'[通極於無]고 할 때
의 '무'는 '허체'(虛體)이다. 이 역시 허체에서 '성'이 확립되는 근거를 말
한 것이지, 허와 기를 합하여 말한 것이 아니다. '명은 성과 동시에 품수
된다'[命稟同於性]고 할 때의 '명'은 '천명'의 '명'이자 '명령'의 '명'이지,
조우하는 운명의 '명'이 아니다. 이 '명'은 사람이 품수 받은 것이며, 또

한 '성'과 동일한 것이다. 하늘의 명은 '오목불이'(於穆不已)하기 때문에 천명은 유행하고, 천도는 생화 작용을 부단히 한다. 사람이 '성'과 동일하게 품수 받은 '명' 역시 끊임없이 그 명령을 유행시킨다. 성의 명[性之命]은 끊임없이 도덕창조를 이루며, 도덕행위를 끊이지 않게 하면서 '순역불이'(純亦不已)한다. '하늘이 명한 것을 성이라 한다'[天命之謂性]는 것은 '성'이 확립된 근원을 거슬러 올라가 살피는 것이다. '명은 성과 함께 품수 받은 것이다'는 것은 앞서 살핀 '성의 명이 끊임없음'으로써 도덕창조를 말하여, 그것으로써 우리의 큰 분수[大分]를 정한다는 것이다. 앞의 「성명편」에서 "하늘이 내린 명은 성과 완전히 통한다"고 하였는데 이 역시 같은 것으로 해석할 수 있다.

이러한 까닭에 '성'이라는 것으로써 '도'와 '허'의 귀결점을 말한 것의 의미는 우선 두 가지로써 살펴볼 수 있다. 하나는 '성능'(性能)의 의미이며, 다른 하나는 '성분'(性分)의 의미이다. '성능'(性能)이란 이 '성'이 도덕창조의 대용(大用)을 일으킬 수 있다[能]는 것이다. '성분'(性分)이란 도덕창조의 모든 도덕행위가 모두 나의 '성체' 안에 있는 본분[分]이라는 것이다. 이 본분은 대가없이 책임을 지며 그렇게 되지 않으면 안 되는 본래의 의무로서, 이른바 필연적인 의무라는 것이며, 무조건적으로 이렇게 하지 않으면 안 되는 의무이다. 이것이 바로 나의 대분(大分)이다.

3) 성체(性體)의 구체적 의미와 내용

'성체'(性體)는 어떻게 성능(性能)과 성분(性分)의 두 의미를 가질 수 있는가? 아래에서는 한 걸음 더 나아가 '성체'의 구체적 의미와 내용을 살펴보도록 하겠다.

'성체'의 구체적 의미와 구체적 내용은 여전히 '태허신체'(太虛神體)에 근거하여 말해야 한다. 『정몽』「태화편」에서는 "지극히 고요하여 감응

함이 없는 것이 성의 연원(淵源)이다"²²⁴라고만 말했을 뿐이다. 이것 말고
는 그리 많은 말을 하지 않았다. 지극히 고요하여 감응함이 없다는 '지
정무감'(至靜無感)은 곧 고요하여 움직임이 없는 '적연부동'(寂然不動)이고,
지극히 적막하면서 지극히 고요한 '지적지정'(至寂至靜)이며, 있음과 없음
이 잔잔히 그대로 있는 '묵연유무'(默然有無)이다. 이것이 '성체'(性體)의
가장 깊은[淵] 근원[源]이다. 지극히 은밀하고 지극히 그윽한 것 역시 이곳
으로부터 말한 것이다.[이후 호굉은 "성(性)이란 천지와 귀신의 깊고 그윽한 것이
다"²²⁵라고 말하였는데, 이 말 역시 이 의미를 계승하여 말한 것이다.] 그러나 '태
허신덕'의 지극한 적막함과 지극한 고요함은 결코 '감응하여 모든 것에
통하는 것'[感而遂通]과 대립되는 것이 아니다.²²⁶ 이는 곧 적연함이자 감
응함으로[即寂即感] 적연함과 감응이 하나인 적감일여(寂感一如)의 적과 감
이다. 그렇지 않으면 '신덕'(神德)을 드러내지 못한다. 이렇게 적연함과
감응함이 하나인 것이 비로소 '성체'의 가장 깊은 근원이다. 「태화편」은
이에 대하여 '지극히 고요하여 감응함이 없다'만을 말했을 뿐 '감응하여
모든 것에 통하는 것'에 대해서는 생략하였다. 이는 「태화편」 아래의
"의식하는 것이 있고 알게 되는 것이 있는 것은 사물과 서로 교감한 객
감(客感)일 따름이다"²²⁷라고 할 때 이 '객감'이라는 말과 대비시키려고
하였기 때문이다. 사실대로 말하면, '성체'가 감응이 없는 존재는 아니지
만, 모든 감응은 사물과 교감하여 일어난 객감(客感)²²⁸이다. '객감'은 경
험적인 것이자 현상적인 것으로, 바깥 사물과 접촉해야만 비로소 객감이
이루어진다. 그러나 적막하면서도 감응하는 '감이수통'(感而遂通)의 감(感)

---

224 『正蒙』「太和」, "至靜無感, 性之淵源."
225 胡宏, 『知言』卷4, "性也者, 天地鬼神之奧也."
226 역주 : "寂然不動, 感而遂通"은 원래 한 문장으로 『주역』 「계사상」의 말이다.
227 『正蒙』「太和」, "有識有知, 物交之客感爾."
228 역주 : 性體가 無感의 존재가 아니라는 말은 性體에 感而遂通의 작용이 있다는 의미
     이고, '모든 감응은 사물과의 교감하여 일어난 객감이다'는 말은 현상의 감응은 모두
     氣의 감응으로서 일시적인 것이라는 의미이다. 다시 말하면 전자는 초월적 실체의
     寂然不動과 感而遂通을 말한 것이고, 후자는 사실적 현상의 감응을 말한 것이다.

은 초월적인 감응이다. 이것은 신감(神感)과 신응(神應)의 상감(常感)이지만, '항상 감응'[常感]하면서 '항상 고요한 것'[常寂]이다.[229] '객감'(客感)과 '객형'(客形)은 서로 상응하면서 기의 모임과 흩어짐, 움직임과 멈춤, 나감과 듦, 생함과 멸함이 있게 된다. 그러나 '상적'(常寂)과 '상감'(常感)의 신묘한 감응에는 이러한 모임과 흩어짐, 움직임과 고요함,[動하지만 동의 형상이 없고, 靜하지만 정의 형상이 없는 동정] 나감과 듦, 생함과 멸함이 없다. '객감'은 기에 속한 것이고, '적막함과 하나인 상감(常感)은 신(神)에 속한 것이다. 이것이 바로 '허체의 신덕'[虛體之神德]이다. 그러므로 '성체'의 구체적인 의미는 여전히 '태허신덕'의 '적감'(寂感)으로 말할 필요가 있다. 즉 '적막하면서도 감응함'[卽寂卽感], '적막함과 감응함이 하나인 것'[寂感一如], 이것이 바로 그것이 신묘하게 되는 까닭이자 변화를 이룰 수 있는 까닭이다. 또한 이것이 바로 '도덕적 창조'를 일으킬 수 있는 이유이기도 하다.

「성명편」에서는 다음과 같이 말하였다.

> 하늘에 의해 스스로도 멈출 수 없는 것을 일컬어 명(命)이라 한다. 감응함이 없을 수 없는 것을 일컬어 성이라고 한다.
>
> 天所自不能已者謂命. 不能無感者謂性.
>
> 『正蒙』「誠明」

이 인용문의 첫 문장은 하늘의 '명'이 그윽하여 끊임이 없음을 말한 것이다. 하늘이 '스스로도 멈추게 할 수 없는 것'은 바로 하늘의 명이다.

---

229 역주 : 이 말은 『주역』「계사상」의 "고요히 움직이지 않으나 감응하면 나아가 천하의 모든 일에 완전히 통하게 된다. 천하에서 지극히 신묘한 것[神]이 아니라면 그 누가 이와 같이 할 수 있겠는가[寂然不動, 感而遂通天下之故. 非天下之至神, 其孰能與於此]라는 말을 알면 쉽게 이해할 수 있다. 장재가 설명하는 '神'은 氣的 작용이자 동시에 理的 작용이다. 기적 감응은 한 가지 일에 하나의 감응을 가진다. 그러나 리적 감응은 감응함이 없으면서도 항상 감응하는 원리적 의미를 담고 있다.

이는 '태허신덕'이 끊임없이 멈추지 않고 만물을 생화(生化)하여 우주론
적 창조를 이루는 것이다. '태허신덕'이 신묘할 수 있고 생화할 수 있는
것은 바로 '고요하면서 곧 감응하는 작용'[卽寂卽感] 때문인데, 고요함과
감응함이 하나라는 것에서부터 이것이 드러난다. 이러한 '태허신덕'이
만물의 체(體)가 되고 만물의 성(性)이 되기 때문에, 이 성(性)도 '적감'(寂
感)을 신묘한 용[神用]으로 삼지 않을 수 없다. 따라서 위 원문의 '불능무
감'(不能無感·감응함이 없을 수 없다)은 마땅히 '불능무적감'(不能無寂感·적막함
과 감응함이 없을 수 없다)이라고 말해야 한다. 또한 이는 하늘도 멈추게 할
수 없다는 '자불능이'(自不能已)라는 말을 이어받아 '성체'를 설명한 것이
다. 성(性)·명(命)·천(天)은 하나이다. 따라서 하늘을 말하고, 명을 말하
는 것은 결국 '성'으로 귀결된다. 그렇다면 '성'은 말라버린 죽은 '체'가
아니고, 추상적인 죽은 '리'(理)도 아닌 '우주론적 창조' 또는 '도덕적 창
조'를 일으킬 수 있는 실체이다. 그러므로 적막함과 감응함이 하나인
'신'은 곧 '성체'의 구체적 의미이자 구체적 내용인 것이다.

『정몽』「건칭편」에서는 다음과 같이 말하였다.

> 지극한 성(誠)은 하늘의 성(性)이다. 멈추지 않는 것은 하늘의 명(命)이다. 사
> 람이 지극한 성(誠)에 이를 수 있다면 성(性)은 완전히 실천되고 신(神)을 궁구
> 할 수 있다. 멈추지 않으면 명이 행하여져 변화[化]를 알 수 있다. 배움이 아직
> 변화를 아는 것에 이르지 않았다면 참으로 앎을 얻은 것이 아니다.
>
> 至誠, 天性也. 不息, 天命也. 人能至誠, 則性盡而神可窮矣. 不息, 則命行而化
> 可知矣. 學未至知化, 非眞得也.
>
> 『正蒙』「乾稱」

이 말은 '지성'(至誠)으로 '천성'(天性)을 밝힌 것이다. 지극한 성(誠)은
필연적으로 끊임없는[不已·不息] 창생작용을 일으킨다. '끊임없다'는 것은
천명이 그윽하여 끊임이 없다는 것이다. 그러므로 "멈추지 않는 것은 하

늘의 명이다'라고 말한 것이다. 그러나 '지극한 성'[至誠]은 추상적으로 뭉뚱그려 성(誠)을 말한 것이 아니라, 실제로는 '적감의 신'[寂感之神]을 말한 것이다. 그러므로 주돈이 역시 '적감진기'(寂感眞幾)로 성체(誠體)를 말한 것이다. 그리고 장재 역시 여기에서 "사람이 지극한 성(誠)에 이를 수 있다면 성(性)은 완전히 실천되고 신(神)을 궁구할 수 있다"고 말한 것이다. 이것은 성(性)과 신(神)이 모두 '지극한 성'[至誠] 가운데 있음을 밝힌 것이다. '지극한 성(誠)'에서부터 성(性)을 온전히 실천하고 '신'을 궁구할 수 있으며, '멈추지 않음'에서부터 천명이 행하여지고 변화를 아는 것이다. "신은 천덕이고, 화(化)는 천도이며, 덕은 그 '체'이고, 도는 그 '용'이다."[230] 이 말은 「신화편」에서 이미 말한 것이다. 즉 '신덕의 체'에서부터 성(性)을 세운 것이다.

「건칭편」에서는 또 다음과 같이 말하였다.

감(感)이란 성(性)의 신(神)이고, 성(性)이란 감(感)의 체(體)이다.[원주 : 사람에 있어서나 하늘에 있어서 그 궁극은 하나이다.] 오직 굽힘과 폄, 움직임과 멈춤, 마침과 시작이 하나가 될 수 있다. 그러므로 만물을 오묘하게 하는 것을 일컬어 '신'이라 하고, 만물에 통하는 것을 일컬어 '도'라 하고, 만물의 체가 되는 것을 일컬어 '성'이라 한다.

感者性之神, 性者感之體.[原注 : 在人在天, 其窮一也.] 惟屈伸動靜終始之能一也, 故所以妙萬物而謂之神, 通萬物而謂之道, 體萬物而謂之性.

『正蒙』「乾稱」

이 곳에서 말한 감(感)이란 '감이수통'(感而遂通)의 '감'이지, 사물이 교감한 '객감'(客感)이 아니다. 때문에 '신'이라고 한 것이다. 이것이 '성체'의 신묘한 작용이다. 이러한 '신묘한 작용'이 있는 까닭은 그것이 비어

---

230   『正蒙』「神化」, "神天德, 化天道, 德其體, 道其用."

있기 때문이다. 그러므로 신묘한 작용은 곧 "비어 있으면서도 잘 감응함"[虛而善應]231을 일컫는 것이다. 비록 잘 감응하지만 그 실질은 지극히 적막하고 지극히 고요하다. 이는 "동하지만 동의 형상이 없고, 정하지만 정의 형상이 없기" 때문이다. 이것이 바로 적(寂)과 감(感)이 하나인 진기(眞幾)이다. 억지로 이를 분리시켜 말해도 지극히 적막한 '허'가 바로 '감의 체'[感之體]이며, 신묘하게 감(感)하고 잘 응(應)하는 것이 '적의 용'[寂之用]이다. 그리고 이 '적감진기'가 곧 성(性)이므로, 감(感)은 '성체'의 신묘한 작용이며, '성체'는 곧 이 '신묘한 감응'을 발현하는 체인 것이다. 이러한 '체용'은 상대적인 용어로서 표현한 것이지만, 실제로는 '체'가 곧 '신'이고 '신'이 곧 '체'인 체용이다.

4) 겸체(兼體)와 합량(合兩)으로 성체(性體)의 적감지신(寂感之神)을 밝히다

이상은 '적감지신'(寂感之神)에서부터 '성체'의 구체적 의미와 내용을 밝힌 것이다.

여기에서는 다시 한 걸음 더 나아가 '겸체'(兼體)와 '합량'(合兩)으로 적감지신(寂感之神)의 뜻을 밝혀 보려고 한다. 그것의 구체적인 의미는 초월적 신체(神體)가 반드시 경험적 형상을 겸(兼)하고 합(合)하여 하나로 해야만 비로소 구체적이면서 진실한 '신체'(神體)가 될 수 있으며, 이에 따라 우주적 창조 혹은 도덕적 창조를 이룰 수 있다는 것이다. 이는 '성체'의 신묘한 작용이 천도(天道)와 동일하다는 것이다.

「성명편」에서는 다음과 같이 말하였다.

'성'은 그 총괄적인 것이고 둘을 합한 것[合兩]이다. '명'은 사람이 받는 것으로

---

231 이 역시 「건칭편」의 말이다.

법칙이 있다. 총괄적인 것의 요점을 궁구하지 못하면 부여받은 본분에도 이르지 못한다. '성'을 온전히 실천하고 리를 궁구해도 변할 수 없는 것이 곧 나의 법칙이다.

性其總, 合兩也. 命其受, 有則也. 不極總之要, 則不至受之分. 盡性窮理, 而不可變, 乃吾則也.

『正蒙』「誠命」

'성'의 총괄적인 의미는 둘을 합하는 것[合兩]에서부터 드러난다. '총'(總)이란 허실·동정·취산·청탁의 양체(兩體)를 총합하여 어느 한 쪽(또는 하나의 象)에 치우치거나 막히지 않으면서 '변화[化]'를 이루는 것이다. 즉 이렇게 치우치거나 막히지 않으면서 '변화'를 이루는 것에서부터 '성체'의 적감지신(寂感之神)이 드러난다. 이는 '성체'가 반드시 형기(形氣)를 관통하여 '변화'를 이룸으로써 [變化를 이룬다는 것은 곧 도덕창조 혹은 도덕의 실제적일 일을 이룬다는 것이다.] '성'이 '성'으로 됨을 볼 수 있기 때문이다. '성'은 추상적으로 허공에 매달려 있는 것이 아니라, 반드시 작용[用]을 일으켜 도덕행위라는 실재적인 일을 이루어야 한다. 둘을 합하여 '변화'를 이루되 한 쪽으로 치우치거나 막히지 않는 것이 바로 그렇게 되지 않으면 안 되는 '창조'의 부단(不斷)함이다. 만약 치우치거나 막히게 되면 곧 멈추게 되어 끝이 있게 된다. 「태화편」에서는 "성인은 그 사이에 도를 온전히 실천하여 음양·동정·취산·왕래의 양면을 겸하면서도 어느 한 면에 치우치지 않는 사람이니 신(神)을 보존함이 지극하다"[232]고 하였는데, 바로 이것을 말함이다. 「성명편」에서는 '둘을 합한다'[合兩]고 하였는데, 「태화편」에서는 '음양·동정·취산·왕래의 양면을 겸한다'[兼體]고 하였다. '둘이 합하여' 치우치거나 막히지 않는 것이 바로 '겸체불루'(兼體不累)이다. 음양·동정·취산·왕래의 양면을 겸하면서도 어느 한

---

[232]　『正蒙』「太和」, "聖人盡道其間, 兼體而不累者, 存神其至矣."

면에 치우치지 않을 수 있는 것은 바로 '비어 있으면서 신묘하기'[虛而神]
때문이다. 또한 잘 보존하는 것이 신(神)이므로 지나가는 곳마다 교화가
된다. 그러므로 '성은 그 총괄적인 것이고 둘을 합한 것[合兩]이다'라는
말은 결코 '허실(虛實)을 합하고 동정(動靜)을 합하며, 혹은 취산(聚散)을
합하고 청탁(淸濁)의 각각 둘을 합하여' '성'이 이루어졌음을 말한 것이
아니다. 만약 이와 같이 합해서만 말한다면 '큰 모음'이 되는데, 어찌
'성'이라고 부를 수 있겠는가? 이는 허실・동정・취산・청탁 등의 양체
(兩體)를 관통하고 종합하여 치우치거나 막히지 않는 것에서 '성체'의 '적
감지신'을 볼 수 있다는 것이다. 또한 장재가 비록 "허(虛)와 기(氣)를 합
한 것에서 성(性)의 이름이 있게 되었다"고 말하였지만, 이곳에서 말한
'둘을 합한다'[合兩]는 것은 결코 '허'와 '기' 둘을 합한다는 것이 아니다.
이곳에서 '둘을 합한다'는 것이란 기의 동정・취산・허실・청탁・음
양・강유 등의 '둘'을 말하는 것이다. 그러므로 여기에서 '둘을 합한다
고 한 것에 근거하여 '허와 기를 합하여 성(性)이라는 이름이 있게 되었
다'는 말을 해석할 수 없다. '허와 기를 합한 것'에서부터 '성'이라는 이
름이 세워진 까닭을 말함 자체가 원래가 잘 소통되지 않는 말이다. 이처
럼 잘 소통되지 않는 표현이 나오게 된 까닭은 '기'와 '신'을 분명하게
구분하지 못하였기 때문이다. 장재는 이 말을 할 때 아마 "지극히 고요
하여 감응이 없는 것이 '성'의 연원이다"라는 말은 비록 '성'은 감응함이
없지만 결코 무감(無感)의 성능(性能)이 아니며, 감응하는 성능(性能)은 '기'
이며, '신'은 곧 기의 특성이라고 생각한 것 같다. 그러므로 장재는 "허
와 기가 합하여 성(性)이라는 이름이 있게 되었다"고 말한 것이다. 이렇
게 되면 장재가 생각한 방향과 그 실재의 의미는 어긋나게 되기 때문에
이렇게 해석해서는 안 된다. 앞의 '제1'의 마지막 부분에서 해석한 것처
럼, '태허신체'는 근본적으로 '기'로 말할 수 없다. '귀신'의 '신' 역시 '태
허신체'와 뒤섞을 수 없다. "태허는 무형이며, 기의 본체이다"[太虛無形, 氣
之本體]라고 할 때, 기의 본체라는 것은 결코 기의 특성이 아니다. 또한

"태허가 곧 기이다"[太虛卽氣]라는 것은 '체용'이 원만하게 융섭(融攝)한다는 의미이지 결코 태허가 기의 특성이라는 말은 아니다. "맑게 통하여 형상 지을 수 없는 것이 신이다"[淸通而不可象爲神]라고 할 때 '청통지신' 역시 기의 특성으로 간주해서는 안 되며, 신의 청통(淸通)과 청기(淸氣)의 '청통'을 섞어서 같이 보아서도 안 된다. 태허가 기의 본체라는 것은 신이 기의 본체라는 말과 같은 것이고, '태허'·'신체'는 같은 의미이기 때문에 '신'과 '기'를 섞어 이해해서는 안 된다. 그렇다면 '성'이라는 이름은 오로지 태허신체가 만물을 드러내는 곳에서 확립할 수 있는 것이지, '허와 기가 합쳐진 것'으로써 확립할 수 없는 것임을 알 수 있다. '허와 기가 합쳐진 것'에서 '성'이라는 이름이 붙여졌다면 '성'은 하나의 혼합체 또는 조합체가 될 것이기 때문에 올바른 '성'이 아니다. 주희는 다음과 같이 말하였다.

> 허와 기가 합쳐져서 '성'이라는 이름이 있다는 것은 이 기가 있으면 '도리'가 곳곳마다 그 속에 있다는 것이다. 이 기가 없으면 도리가 도리답게 편히 있을 곳이 없다.
>
> 合虛與氣有性之名, 有這氣, 道理便隨在裡面. 無此氣, 則道理無安頓處.
>
> 『正蒙初義』

주희는 단지 '리기'(理氣)의 관계만을 말했을 뿐, '성이라는 이름'이 붙게 된 까닭에 대해서는 말하지 않았다. 만약 주희처럼 말했다고 해서 성(性)을 '리기의 합이라고 이해할 수 있는가? 만일 '성'을 리기의 합으로 이해하면 주희 자신의 학설과 위배된다. 그러므로 장재의 이 말 역시 결코 타당한 말이라고 할 수 없다. 만약 '태허신체'와 기의 취산·동정 등을 하나로 합해야만 '성체'(性體)의 진실한 의미와 창생의 묘용을 볼 수 있다고 말한다면, 그것은 빈이들일 수 있다. 그러나 이것은 다른 측면에서의 의미이지,[즉 이곳에서 둘을 합하되 치우치지 않으며, 음양과 동정 등 두 측면을 겸하되 어느 하나에도 치우치지 않음으로써 '성체의 신'의 의미를 볼 수 있다는 것.] '성(性)이라는 이름'이 확립된 까닭은 아니다. 이는 앞서 말한 것과 같다.[혹 장재가 "하늘은 본래 조화를 잘 이루어 치우치지 않는다" · "도는 음양 · 동정 · 취산 · 왕래의 양면을 겸하면서도 어느 한 면에 치우치지 않는다" · "성은 그 총체적인 것으로 둘을 합한 것이다"는 것 등 여러 말을 근거로 "허와 기를 합하여 성(性)이라는 이름이 있게 되었다"는 말을 했을 수도 있다. 만일 이처럼 이해한다면 그리 잘못되었다고 할 수는 없을 것이다. 그러나 '성의 이름'이 붙여지게 된 까닭과 '성'의 실질이 '조화를 잘 이루어 치우치지 않고' · '음양 · 동정 · 취산 · 왕래의 양면을 겸하면서도 어느 한 면에 치우치지 않는다'는 것에서부터 드러난다는 것은 결코 같은 의미가 아니다.]

이왕 '성'을 논의한 김에 "명은 사람이 받는 것으로 법칙이 있다"[命其受, 有則也]는 것에 대해서도 논의해보고자 한다. '명'(命)이란 하늘이 내린 '명' 혹은 '성'이 내린 '명'이다. '명'이 있다면 '받음'이 있다. 내가 이 명을 품수 받음에 대하여 말하자면, 그곳에는 마음대로 바꿀 수 없는 일정한 법칙이 있다. 그러므로 "명은 사람이 받는 것으로, 법칙이 있다"고 말한 것이다. 우리가 부여받은 '명'의 본분에 이르는 것은 바로 "총괄적인 것의 요점을 궁구하고자 함이다."[極總之要] 이 '총괄적인 것의 요점을 궁구하는 것'이 바로 '자신의 성을 온전히 실천하는 것'[盡性之極]이다. '성'의 실질은 두 측면을 합한 '총괄적인 것'을 요점으로 삼기 때문에 '성'을 온전히 실천하는 것이 바로 '성'의 총괄적인 요점을 궁구하는 것이다. '성'을 온전히 실천하는 것이란 추상적으로 이 '성체'의 순수한 보편성을 단순히 드러내는 것이 아니라, 바로 '음양 · 동정 · 취산 · 왕래의 양면을 겸하면서도 어느 한 면에 치우치지 않는 것을'[兼體無累] 구체적으로 실천하는 것이다. 이것을 우주론적으로 말하면, '기화'(氣化)를 완전히 실천하는 가운데 우주의 생성과 변화[生化]를 이룬다고 할 수 있다. 또한 도덕실천 측면에서 말하면, 강유(剛柔)와 청탁(淸濁)을 극진히 하여 치우치거나 막히지 않음으로써 도덕의 실사(實事)를 이루고, 도덕창조와 도덕행위의 '순역불이'(純亦不已)를 이룬다고 할 수 있다. 이렇게 온전히 실천할 수 있으면 진정으로 품수 받은 명의 본분(分)에 이르게 된다. 여기에서 분(分)이라고 하는 것은 '정해졌다'는 것인데, 이는 곧 본분이 정해졌다는 것이다. 이것이 바로 '성의 본분이 정해졌다'는 말의 의미이다. 도덕창조 가운데 모든 도덕행위는 하늘이 내린 '명'이자 '성'이 내린 명으로, 모두 필연적인 의무이자 반드시 자신이 무조건적으로 책임을 져야 하는 것이다. '명'을 이어 받아 이를 완전히 실천하는 것이 우리의 큰 직분(大分)이다. 그러므로 장재는 "총괄적인 것의 요점을 궁구하지 못하면 부여받은 본분에도 이르지 못한다"고 말한 것이다. 이것은 '성을 온전히 실천하고 이치를 궁구하는 것'(盡性窮理)으로 말미암아 '명'의 직분에 이르고, 한결같으면서 변하지 않는 것이 곧 나의 도덕생명의 궁극적인 법칙에 이르는 것이다. 그러므로 장재는 "성을 온전히 실천하고 리를 궁구해도 변할 수가 없는 것이 곧 나의 법칙이다"(盡性窮理, 而不可變, 乃吾則也)고 말한 것이다.

『주역』「설괘전(說卦傳)」에서도 "리를 궁구하고 성을 온전히 실천하여 천명에 이르렀다"[233]고 말하였다. 장재가 이곳에서 말한 것을 근거로 말하면, '궁리'는 도덕실천적으로 '성'의 본분 속에 있는 '리'를 궁구하고 실천하는 것이다. 그리고 '명의 본분'은 '성의 본분' 가운데 있는 리가 결정한 것이다. 이러한 리를 궁구하고 실천하여 그것으로 하여금 구체적으로 드러내는 것이 바로 '진성'(盡性)이다. 그러므로 '궁리'(窮理)가 곧 진성(盡性)이며, '궁리진성'이 바로 '명'에 이르는 것(至命)이다. 정호는 "궁리하고 진성하여 명에 이르는 이 세 가지 일은 일시에 모두 함께 완성된다"[234]고 말하였다. 정이 역시 이 세 가지 일(窮理・盡性・至命)은 "단지 하나의 일일뿐이다"[235]라고 하였다. 장재가 여기에서 말한 것 역시 궁리(窮理)・진성(盡性)・지명(至命)은 일시에 완성되는 일이다. 만약 이 세 가지가 일시에 완성되는 것이라면, 궁리는 결코 바깥 사물의

---

233 『周易』「說卦傳」, "窮理盡性以至於命."
234 『二程遺書』卷2「二先生語2上」, "窮理盡性至於命, 三事一時並了."
235 『二程遺書』卷18「伊川先生語4」, "(窮理盡性至命,) 只是一事."

리를 탐구하는 인식 활동으로 이해할 수 없다. '궁'(窮)은 '궁진'(窮盡)의 '궁'이지 '궁구'(窮究)의 '궁'이 아니다.[236] 그러나 장재는 어떨 때는 이 세 가지 일이 일시에 완성되지 않는다고 표현하기도 하였다. 정호와 정이가 이 말을 할 때 그는 반박을 하였는데, 이는 장재가 너무 조급하게 대답한 것이다. 그 과정에는 매우 복잡하게 설명해야하는 것들이 있다.[아래 '정호철학'의 一本 부분과 '정이철학'의 格物窮理 부분을 살펴주기 바란다.] 만일 '궁리'와 '진성' 그리고 '지명'이 일시에 완성되는 것이 아니라면, 이 세 가지 일은 세 가지 단계로 떼어 놓을 수 있다. 그러나 장재가 이곳에서 말한 '품수받은 명의 본분에 이른다'는 것이 곧 '성(性)의 본분이 명령한 것에 이른 것'이라면, '명'에 이르는 지명(至命)과 '성'을 온전히 실천하는 진성(盡性)은 이미 내재적으로 하나로 연관되어 있어서 '궁리'를 끌어내 독립적으로 실행한다는 것은 불가능하다. 따라서 궁리는 성(性) 본분의 리[보편적 규율]를 온전히 실천하는 것이고, '지명'은 이러한 리가 결정한 본분에 이른다는 것이다. 이 세 가지 용어는 동일한 의미의 말이다. 따라서 세 가지 일이 곧 하나의 일이다. 결코 세 단계로 구성할 수 없는 것이다. 만약 궁리(窮理)·진성(盡性)·지명(至命)이 각기 지향하는 바가 다르다면 세 가지 일은 일시에 완성될 수 없다. '궁리'와 '진성'에 대한 다른 이해는 그들 사상을 이해함에 있어 핵심적인 영향을 미친다. 장재가 이정(二程)의 학설을 반박할 때, 그는 궁리를 '앎에 관한 일'[知之事]로 보았는데, 이는 '지명'이 '천도에 이르는 것'이라고 생각하였기 때문이다. 그러나 이때의 '명'은 마땅히 '천명지위성'(天命之謂性)의 '명'이지, 여기에서 말한 '성(性)의 명'·성(性) 본분의 명'은 아니다. 그러나 이것은 그다지 중요한 문제는 아니다. 왜냐하면 궁리에 대하여 다르게 이해하지 않고 (정이와 주희처럼 이해하지 않는다면) 단지 순서상의 선후라고 이해한다면 명은 '성(性)의 명' 혹은 '천명의 명'을 막론하고 '이 세 가지가 일시에 병행한다'는 것에 영향을 주지 않기 때문이다. 즉 '성(性)의 명'이나 '천명의 명'이나 모두 '리'로서 말하는 명령의 '명'이기 때문이다. 하나는 '성'(性)의 작용 측면에서 본 것[向前看]이고, 다른 하나는 '성'(性)의 본원 측면에서 본

---

236 역주 : 이상의 '窮盡' 혹은 '盡'을 번역할 때 '다한다' 혹은 '극진히 한다'는 번역 보다는 '온전히 실천한다'는 의미로 번역하였다. 그러나 '窮理'를 번역할 때는 '궁진'이란 번역어가 적합하지 않기 때문에 '궁리' 또는 '리를 궁구하다'는 말로 번역하였다.

것[向後看]이다. 리(理)·성(性)·명(命) 세 용어의 내용적 의미는 완전히 동일하다. '궁리'는 이 '성명의 리'를 궁구하는 것이고, '진성'은 '하늘이 부여한 성(性)이 도에 완전히 통한다'는 이 '성'을 온전히 실천하는 것이며, '지명'은 곧 '하늘이 명한 것은 성(性)에 완전히 통한다'는 이 명에 이르는 것이다. 그렇다면 '궁리'·'진성'·'지명'은 비록 수평적으로 나열시켜 말할 수 있으나, 그것이 본질상 하나의 일이 되어 일시에 완성될 수 있다는 것에 장애가 되지 않는다. 그러나 '지명'의 '명' 역시 '기'로서 말하는 명우(命遇)·명운(命運)·명한(命限)[237]의 명일 수도 있다. 이것은 '진성', 즉 '성'의 작용을 실현할 때 있을 수 있는 제한 측면에서 말한 것이다. 그렇다면 '지명'은 비록 '궁리'·'진성'과 하나의 일이 아니지만, 공부를 하는 과정에서 동시에 완성될 수는 있다. 대개 이와 같이 말하는 '지명'(至命)은 곧 '사명'(俟命-명을 기다림)인데, 이 역시 일반적으로 말하는 진인사(盡人事) 이후에 천명을 듣는 '청명'(聽命)이다. 여기에 나오는 '지'(至)·'사'(俟)·'청'(聽) 자는 결코 공부라고 말할 수 없다. 그러므로 진실하게 '리'를 궁구하고 '성'(性)을 온전히 실천하면 자연스럽게 '명'에 이르는 것이다. 따라서 '지명'은 성지명(性之命) 혹은 '천지명'(天之命)의 '명'에 이르든, 기(氣)로 말하는 제한된 '명'에 이르든, 다만 궁리의 앎에 대하여 다르게 이해하지만 않는다면 이 세 가지일이 일시에 병행된다. 내 생각에 장재의 철학적 사유는 이와 같았을 것이다. 그러므로 장재가 이정을 반박할 때는 아마 그의 생각이 일시적으로 분명하지 않았던 같다. 그러나 그의 점교적(漸敎的) 태도는 '일시에 완성된다'는 돈교(頓敎)를 방해하지는 않는다. 정이 역시 이 세 가지 일이 '단지 하나의 일일뿐이다'라고 하였지만, 오히려 정이의 이 말에는 문제가 있다고 생각한다. 아마 정이는 자신의 형이 그렇게 말한 것에 따라 그렇게 말했을 수도 있다. 만약 정이가 말한 '격물궁리(格物窮理)하여 치지한다'는 것으로써 궁리와 진성 그리고 지명을 가늠해 본다면, 정이는 '다만 한 가지 일이다'라고는 말할 수 없을 것이다. 이것에 관해서는 '정이철학' 제8에서 자세히 해설해 놓았다. 정호에 관한 것은 '정호철학' 제4에서 자세히 설명하였다. 이 두 곳을 자세히 살펴본다면 장재·정호·정이가 말한 의미와 차이를 명확히 알 수 있을 것이다. 여기에서는

---

237   역주 : 이 세 용어는 모두 '운명'이란 의미이다. '명우'란 우연히 닥치는 길흉이고, '명운'은 말 그대로 운명이며, '명한'은 어쩔 수 없는 운명을 말한다.

다만 장재의 「성명편」을 설명하고 주해(註解)를 할 것이므로 상세한 설명을 하지 않겠다.]

이것은 둘을 합하여 치우치지 않음으로써[合兩不偏] '성체의 신'을 드러내는 것이다. 『정몽』「건칭편」에서는 이와 관련하여 다음과 같이 말하였다.

> 감응하지 않음이 없는 것은 '허'이다. 감응하면 합해지니, 이는 함괘(咸卦)의 모습이다. 만물은 하나에 근본하므로 하나는 다른 것을 합할 수 있다. 그것이 다른 것을 합할 수 있으므로 '감응'이라 일컫는다. 만약 다른 것이 없다면 합할 것도 없다. 하늘의 '성'은 건곤과 음양이다. 두 가지 단서가 있기 때문에 감응함이 있고, 하나에 근본하므로 합할 수 있다. 천지가 만물을 낳을 때 각 사물이 받는 것은 비록 다르다 하더라도 모두가 잠시라도 감응하지 않음이 없으니, '성'이 곧 천도라고 하는 것이다.
>
> 無所不感者虛也. 感卽合也, 咸也. 以萬物本一, 故一能合異. 以其能合異, 故謂之感. 若非有異, 則無合. 天性, 乾坤陰陽也. 二端故有感, 本一故能合. 天地生萬物, 所受雖不同, 皆無須臾之不感, 所謂性卽天道也.
>
> 『正蒙』「乾稱」

해설 '감응하지 않음이 없다'[無所不感]는 것은 '감이수통'(感而遂通)의 의미이다. 바로 여기에서 허(虛)와 신(神)을 볼 수 있다. '감응하지 않음이 없는' 통(通)은 여러 가지 각기 흩어져 있는 것을 하나로 합할 수 있다. 그러므로 '감응'으로 말미암아 '허'와 '신'을 볼 수 있다는 것은 곧 '감응'으로 말미암아 신묘하게 하나로 함[妙一]을 보는 것이다. 이것이 바로 만물의 '체'이다. '체'가 하나이므로 '만물은 하나에 근본한다'고 말한 것이다. 체가 하나이므로 갖가지로 흩어져 있는 여러 가지의 다른 사물들을 오묘하게 하나로 합할 수 있는 것이다. 갖가지로 흩어져 다르게 있는 것은 '기화가 형상을 지은 것으로, 이는 기의 일[氣邊事]에 속한 것이다.

'체'(體)가 하나이므로 오묘하게 합하게 되고, 또한 다른 것 사이에서도 하나를 보게 되는 것이다. 만약 다름이 없다면 '하나'는 다만 추상적 '일자'(一者)이지, 구체적인 묘합(妙合)의 하나가 아니며 감통으로 말미암아 보여지는 '하나'도 아니다. 그러므로 '성체'의 신묘한 감응인 '하나'는 '건곤'과 '음양'이라는 양단 가운데서 드러나는 것이다. 기의 형태에는 두 가지가 있는데, 동정(動靜)·취산(聚散)·승강(升降)·출입(出入) 등이 그것이다. 이러한 기의 두 형태가 있어야만 비로소 '성체'(性體)가 구체적인 묘감(妙感)을 드러낼 수 있다. 그러므로 장재는 '하늘의 성(性)은 건곤과 음양이다'라고 말하였다. 이것은 '기'에서 '성'(性)을 말한 것이 아니라, 기에서 성(性)을 볼 수 있음을 말한 것이다. 또한 이것은 음양의 기가 응결하여 성(性)이 된다고 말한 것이 아니라, 음양의 양단을 떠나서는 '성체'가 묘합하여 하나가 됨을 보지 못함을 말한 것이다. 기의 양단은 서로 감응하지만, 감응에 한계가 있기 때문에 '객감'(客感)과 '물감'(物感) 및 '기감'(氣感)은 '신감'(神感)이 아니다. 어디에나 모두 통하는 것이 바로 '신감'이다. 한 번 감응하면 전체에 통하기 때문에 '신'(神)인 것이다. 즉 전체에 통하는 것이 바로 '하나'인 것이다. 그러므로 장재는 '두 가지 단서가 있으므로 감응함이 있으면 하나에 근본하므로 합할 수 있다'·'그것이 다른 것을 합할 수 있으므로[合異] 감응이라 일컫는다'고 말한 것이다. 여기에서 '다른 것을 합함'[合異]은 제한된 범위 내에서 다른 것을 합하는 것이 아니라, 하나에 근본하여 다른 것을 합하는 것이며, 전체에 통하여 다른 것을 합하는 것이다. 그러므로 전체를 통하여서 다른 것을 합하는 감응은 초월적 '신감'(神感)이라고 표현할 수 있다. 때문에 그 '합함' 역시 초월적인 묘합이지, 사물에 감응하여 기가 합해지는 폐쇄적이고 제한된 '합함'이 아니다. 천지만물은 모두 '신감'이 묘합하는 가운데 드러난 것이며, 이것이 '성체'의 오묘한 감통이고, '성체'의 창생이다. 이것으로부터 말하면 '싱이 곧 천도'이다. '천도'는 '허'를 근본으로 하여 '용'을 이룬다. '성체' 역시 마찬가지이다. '천도'는 종합적으로 말한 것이기 때문에 '허와 기를 합하여' 도(道)라는 이름이 확립되는 까닭으로 적용할 수 있으나, '성체'는 한 곳으로 치우쳐서 말한 것이므로 또 다시 '허와 기를 합쳐 성(性)이라는 이름이 있게 되었다'고 말할 수 없다. '성'을 말하는 까닭은 창조의 체를 세우기 위함이다. '체'를 계승하여 '용'을 일으키는 것이 곧 '솔성지위도'(率性之謂道)이다. '용'에 따라서 일어난 창조에서도 '성이 곧 천도이다'라고 말할 수 있다. 이 '성체'(性體)가 일으키는 '작용'을 떠나서는 천도라고 부를만한 다른 것은 없다. 그러므로 '성 외에 도가 없다'[性外無道]라고 말한 것이다. 이것이 바로 정호가 말한 "다만 이것이 천지지화(天地之化)일 뿐이다. 이것에 마주 하여 따로 천지지화가 있다고 할 수 없다"[238]는 것이다.[천도에서 '성'으로 귀결을 말한 것도 '도 외에 성이 없다'고 할 수 있다.] 그러나 이것은 '성체'(性體)라는 이름이 세워지게 된 까닭은 아니다. 그러므로 "허와 기를 합하여 '성'이라는 이름이 있게 되었다"는 말은 타당하지 않다.

「건칭편」에서는 또 다음과 같이 말하였다.

　　유(有)와 무(無), 허(虛)와 실(實)을 관통하여 하나의 사물이 되는 것이 '성'이다. 하나로 할 수 없다면 '성'을 온전히 실천한 것은 아니다. 음식을 먹는 것과 넘녀간의 일은 모두 '성'이다. 이것을 어찌 없애겠는가? 그러한 까닭에 유와 무도 모두 '성'이다. 이것에 어찌 상대가 없겠는가? 장자와 노자 그리고 불교에서는 이렇게 한 지가 오래 되었다. 그런데 과연 그들이 참된 이치에 통하였는가?

　　有無虛實通爲一物者性也. 不能爲一, 非盡性也. 飲食男女皆性也. 是烏可滅? 然則有無皆性也. 是豈無對? 莊·老·浮屠爲此說久矣. 果暢眞理乎?

『正蒙』「乾稱」

해설 이 역시 둘을 합하되 어느 쪽으로 치우치지 않으며, '음양·동

---

238 『二程遺書』卷2上, "只此便是天地之化. 不可對此箇, 別有天地之化."

정·취산·왕래의 양면을 겸하면서도 어느 한 면에 치우지지 않는다'는 뜻이다. '유와 무, 허와 실을 관통하여 하나의 사물이 되는 것'이란 모두 '성체'(性體)에 의해 관통되어 있음을 표시한 것이다. '성'은 '허'와 '무'에 대해서만 말한 것이 아니라 '유'와 '실'(實) 역시 '성'(性)의 본분 가운데 있는 일임을 말한 것이다. 음식과 남녀에 관한 일상적인 일이 바로 이것이다. 이 말은 결코 음식·남녀의 일이 곧 '성'이라고 말한 것이 아니라, 그것들이 '성의 직분 가운데 있는 일을 말한 것이며, 이것은 '성체'가 관통하고 있는 '실재의 일'[實事]이란 것이다. 이것은 '성체'가 일으키는 도덕행위 중의 실재 일이며, 도덕행위에서 긍정되어지는 것이다. 호굉(호오봉)은 "부부의 도리를 사람이 추하게 여기는데 이는 그것을 음욕으로 보았기 때문이다. 성인은 그것을 편안하게 여기는 사람이니 (부부의 도리를) 보존하고 합하는 것을 의(義)로 삼았다"[239]고 말하였다. 이것은 도덕행위 중에서 긍정된 실재의 의미이다. 이 때문에 진성(盡性)으로써 도덕행위를 완성하고, 또 도덕창조를 일으키는 일을 허탈 또는 환멸 등의 일로 삼을 수 없다. 따라서 '성체'는 반드시 양단을 합하는 가운데서 드러난다. '진성'은 반드시 "유와 무, 허와 실이 관통하여 하나의 사물이 되는데", 이곳에서 비로소 도덕의 '성체' 및 도덕 '성체'의 창조가 드러난다. 반드시 이렇게 해야만 진(盡)은 구체적인 '진'이 되고, 성(性) 역시 비로소 구체적이고 진실한 '성'이 되는 것이다. 이렇게 하면 진실로 '성을 온전히 실천하여 명에 이르게'[盡性而至於命] 된다. 이 때문에 유학자들은 단지 '허'와 '무'에 머물면서 '유'와 '실'을 단절하고 환멸하는 것을 '성 혹은 진성(盡性)'으로 삼지 않았다. '성'은 반드시 유·무 그리고 허·실의 양단을 합하여 어느 한쪽으로 치우치거나 막히지 않아야만 드러나며, '진성' 역시 반드시 유·무, 허·실의 양단을 관통하여 하나의 사물이 되어야만 온전하고 극진하다고 말할 수 있다.

---

239 『知言』 卷1, "夫婦之道, 人醜之矣, 以淫欲爲事也. 聖人則安之者, 以保合爲義也."

'양(兩)이란 곧 짝이 있다(對)는 것이다. 만약 하나가 빠진다면 양(兩)이라고 할 수 없으며 또한 대(對)가 있다고도 할 수 없다. 하나가 없으면 '양'도 없고 '대'도 없다. 이렇게 되면 묘합의 통합을 드러낼 수가 없다. 이렇게 되면 '성체'가 치우치고 막히게 되어 구체적이며 진실한 '성체'가 아니게 된다. 앞의 인용문에서 "어찌 상대가 없겠는가"라고 하였는데, 이 의문문은 다음의 내용을 표현한 것이다. 즉 '성'이 어찌 동정·취산·출입·허실·유무의 둘 혹은 짝을 버리고서 전체에 관통하지 않는다는 말인가? 또 단지 '허' 또는 '무'의 한 측면에 치우쳐 짝이 없는 것을 어찌 '성'으로 여길 수 있다는 말인가? 단순히 '허'의 한 측면에만 치우치면 허실을 모두 관통하여 하나가 될 수 없으며, 또한 단순히 '무'의 한 측면에 치우치면 유무를 관통하여 하나가 될 수 없다. 이는 이 '성'이 둘을 합하여 어느 쪽으로도 치우지지 않는 '성'이 아니며, 또한 음양·동정·취산·왕래의 양면을 겸하면서도 어느 한 면에 치우지지 않는 '성'이 아닌 치우쳐 말라버린 '성'일 따름이란 것이다. 치우치고 말라버린 '성'은 사물에 얽매인 것이다. 때문에 "이것에 어찌 상대가 없겠는가"라는 말은 '어찌 양체(兩體)의 상대됨이 없겠는가'라는 의미이다. 만약 양체의 상대됨이 없다면 양체의 합(合)·총괄함·겸함으로부터 '성체'의 묘합을 드러낼 수 없다. 이것은 어떤 사물을 가지고서 '성체'와 상대지어야 함을 말한 것이 아니다. 장재의 이 말은 너무나도 간략하여 제대로 그 의미를 드러내지 못하고 있다. 만약 장재의 합량(合兩)과 겸체(兼體)의 학설을 철저히 파악하지 못하고서 단순히 이 단락만을 본다면, 문구를 읽으면서도 소통되거나 해석되지 않는다고 느낄 것이다.

위 인용문의 아래에 있는 "장자와 노자 그리고 불교에서는 이렇게 한지가 오래 되었다"는 말은 불가와 도가가 '허'와 '무'에 치우쳤고, 또 이를 '성'으로 삼았다는 것이다.[도가는 '무(無)'를 체로 삼았으며, 불가는 '공'(空)을 성으로 삼았다.] 즉 그들은 '허실'과 '유무'를 관통하는 하나로서의 '성'을 드러내지 못했다는 것이다. 이에 대한 장재 평가의 타당성에 관해서는 논하지 않겠다. 중요한 것은 불가와 도가에서 논하는 '성'과 '체'가 도덕 창조를 일으키는 '성'이 아니라는 점만은 의심할 수 없다는 것이다. 도덕 창조를 일으키지 못하면, '유'와 '실'에 대해서도 [기화의 실(實)과 세간만상의 실(實), 이것도 유(有)이다.] 진실로 긍정을 할 수 없다는 점 역시 의심할 수 없다. 도가는 단지 만물의 변화에 순응할 뿐이고, 흔적에 무위로써 응대할 뿐이다. 그리고 불가는 다만 자성(自性)을 공(空)으로 이해하고, 모든 것은 허환(虛幻)으로 이해할 뿐이다. 비록 "실제 진리의 땅에는 하나의 먼지라도 받아들이지 않고, 일상의 갖가지 일을 하는 가운데 하나의 법이라도 버리지 않는다"[240]라고 말했지만, 환망(幻妄)은 환망일 따름이다. 어떻게 해도 입체적이고 진실하게 관통하여 하나가 되어 그것이 '실재의 일'임을 긍정하는 것이라고는 간주할 수 없다. 유학자의 입장에서 보자면, 이것은 진리의 창달이 아니다. 그러므로 장재는 '과연 참된 이치에 통하고 있는가'라고 한 것이다. 이것은 여전히 치우치고 말라버린 가르침이지 '보존하는 것은 신(神)이고, 지나가는 곳마다 교화된다'는 겸체무루(兼體無累)의 원만한 가르침이 아니다. 불가의 원교(圓敎)가 '어떤 형태의 원만인가'와 관계없이 유가에서는 '허와 실' 그리고 '유와 무'를 하나로 관통하였다. 이에 대해서는 이 책의 부록인 「불교 체용론의 본의」를 살펴주기 바란다.

또한 장재는 여기에서 '유와 무, 허와 실을 관통하여 하나의 사물이 되는 것'이 '성' 또는 '진성'(盡性)이라고 말하였는데, 이는 고의로 도가와 불가의 치우침과 메마름을 비판한 것이다. 장재가 말한 허와 무는 불가와 도가에서 말한 공과 무이다. 그러나 장재의 본래 의도는 '허'와 '실'을 대비시켜 '양체'(兩體)를 말한 것이고, '무'와 '유'를 대비시켜 '양체'를

240　역주 : 이 말은 원문 "實際理地不受一塵, 佛事門中不捨一法"이다. 이 말은 禪에 입각한 말이다. 여기에서 참된 '리'는 어느 하나의 티끌도 섞여 있지 않지만, '佛事門中'이란 모든 일상적인 행동이 부처의 행동임을 인정하는 禪家에서는 어느 하나의 법(진리 또는 행위)도 버리지 않는다는 의미이다. 이는 완전한 '리'가 일상이고 그 속에는 모든 것이 통괄적으로 佛法으로 합일되어 있다는 말이다.

말하고자 함에 있다. 이 '허'와 '무'는 장재가 말한 '태허신체'가 아니라, 기가 흩어지면 '허'가 되고 '무'가 되며, 기가 모이면 '유'가 되고 '실'이 된다는 것을 말한 것이다. 허와 실, 유와 무는 모두 기화의 객형일 따름이다. 기가 흩어져 허가 되고 무가 되는 것은 단지 형태가 없거나 비어 있다는 것이지, 어떠한 사물도 '없다'는 것이 아니다. 그리고 기가 흩어져 허가 되고 무가 될 때 나의 '태허신체'(太虛神體)를 볼 수 있다. 그러므로 「태화편」에서는 "기의 물질적 특성은 흩어져 형체 없음에 들어가면 기의 본체를 회복한 것이다"[241]라고 말한 것이다. 기가 모이게 되면 '유'가 되고 '실'이 되는데, 태허신체의 영원함은 그 가운데서 주체가 된다. 그러므로 「태허편」에서는 또 "모여서 형상이 있는 것이 되어도 기의 항상된 변화 법칙을 잃지 않는다"[242]라고 말한 것이다. '성'은 '허'와 '무'를 가리켜 말하는 것이 아니라, '태허신체'를 가리켜 말한 것이다. 기의 형태인 허와 무에서 '태허신체'를 볼 수 있지만, 기 형태의 허와 무 자체는 태허신체가 아니다. '성'은 기화의 허실 두 측면을 모두 관통한 것이자, 유·무 양단을 하나로 한 것이다. '성을 온전히 실천하는 것' 역시 이와 같은 것으로, 음양·동정·취산·왕래의 양면을 겸하면서도 어느 한 면에 치우지지 않는다. 천도와 성명이 하나로 통하여 '본체우주론적' 생화를 말하고, 또 도덕창조를 말하는 이 형태의 의리(義理)는 '무명'(無名)과 '무형'(無形)으로부터 '무'를 말한 노자의 형태와 다르고, 또 '모든 법은 자성이 없다는 법무자성'(法無自性)으로부터 '공'(空)을 말한 불가의 형태와도 분명하게 다르다. 즉 도가의 무와 유의 관계, 그리고 공과 연기(緣起)의 관계는 장재와 다르다. 그러므로 장재는 도가와 불가를 치우치고 메말라버렸다고 한 것이다.[그러나 노자의 무·불가의 공을 장재가 말한 '유와 무'의 '무' 또는 '허와 실'의 '허'라고 이해한다면 이는 잘못된 것이다.]

---

[241] 『正蒙』「太和」, "散入無形, 適得吾體."
[242] 『正蒙』「太和」, "聚爲有象, 不失吾常."

5) 성은 선하고, 명은 바르다[性善命正]―의(義)와 명(命)이 합일되어 리(理)에 보존되어 있다

이상에서는 '성체'(性體)의 구체적 의미와 내용을 밝히고, 그것에 따라서 '성체'의 성능(性能) 의미와 성분(性分) 의미도 밝힐 수 있었다. 다음에는 다시 이 '성능'과 '성분'의 의미를 따라서 '성은 선하며, 명은 바르다[性善命正]는 것과 '의와 명이 합일되어 리에 보존되어 있다는 의미를 밝히려고 한다.

「성명편」에서는 다음과 같이 말하였다.

> 자신의 '성'을 온전히 실천하는 사람만이 다른 사람과 사물의 '성'을 온전히 실천할 수 있다. '명'에 이른 사람이라야 다른 사람과 사물의 '명'에 이를 수 있다. '성'은 도에 근본하지 않음 없고 '명'은 하늘에 근본하지 않음이 없다. 나는 사물을 이루면서 어느 하나라도 빠뜨리지 않는다. 그러면 사물이 나를 드러내어 하나도 빠뜨리지 않았음을 안다. '명'에 이른 연후에야 자기를 이루고 사물을 이루게 되어 그 도를 잃지 않게 된다.
>
> 盡其性, 能盡人物之性. 至於命者, 亦能至人物之命. 莫不性諸道, 命諸天. 我體物, 未嘗遺. 物體我, 知其不遺也. 至於命, 然後能成己成物, 而不失其道.
>
> 『正蒙』「誠明」

해설 이 글은 앞에서 말했던 '진성지명'(盡性至命)의 의미를 총괄하여 말한 것으로 볼 수 있다. 지극히 성(誠)함으로써 성(性)을 온전히 실천하며, 부단히 실천함으로써 명(命)에 이르는 것이다. 성(性)을 온전히 실천한다는 것은 자신의 성(性)만을 온전히 실천하는 것이 아니라, 동시에 다른 사람과 사물의 성(性)도 온전히 실천한다는 것이다. '명'에 이르는 것 역시 자신의 '명'[性體가 명령한 본분]에만 이르는 것이 아니라 동시에 다른 사람과 사물의 '명'에도 이르는 것이다. 이것이 "성은 도에 근본하지 않

음이 없고 명은 하늘에 근본하지 않음이 없다"는 의미이다. 즉 사람과 사물이 동일한 '성체'라는 것이다.[이에 『정몽』「성명(誠明)」에서는 "성이란 만물이 모두 근원하는 곳이니 내가 사사롭게 얻은 것이 아니다"[243]라고 말한 것이다.] 사람과 사물은 동일한 '성체'이므로 내가 '성'을 온전히 실천하여 사물을 이루면서 하나라도 빠뜨리지 않으면 다른 사람과 사물의 '성'도 온전히 할 수 있으며, 다른 사람과 사물의 '명'에도 이를 수 있다. 사물의 측면에서 말해도, 사물 역시 나를 드러내 빠뜨리지 않을 수 있다. 그러나 여기에는 반드시 구분해야 할 것이 있다. 내가 다른 사람과 사물의 '성'을 온전히 실천하면, 다른 사람 역시 사람과 사물의 '성'을 온전히 실천할 수 있어 자연히 나를 드러내어 빠뜨리지 않을 수 있다. 그러나 '사물이 나를 드러내 빠뜨리지 않음을 안다'는 말은 본체론적·잠재론적으로 그렇다는 것일 뿐이다. 즉 동일한 본체이기 때문이다. 그러나 실천적이고 현상적으로는 이렇게 말할 수 없다. 정호는 다음과 같이 말하였다.

> 만물은 모두 나에게 갖추어져 있으니, 유독 사람만이 그러한 것이 아니라 사물 모두 그러하다. 모두가 단지 여기에서 나온 것일 뿐이다. 다만 사물은 그것을 미루어 드러낼 수 없고 사람은 그것을 미루어 드러낼 수 있을 뿐이다.
> 萬物皆備於我, 不獨人爾, 物皆然. 都自這裏出去. 只是物不能推, 人則能推之.
> 『二程遺書』 卷2上

정호의 이 말이 오히려 타당하다. 이것으로써 사람과 사물이 '동체'(同體)임을 말할 수 있고, 또 사람과 사물 사이에 미루어 드러낼 수 있음과 드러낼 수 없음의 차이도 살필 수 있다. 나는 '성'을 온전히 실천할 수 있기 때문에 다른 사람과 사물의 '성'을 온전히 실천할 수 있고, 다른 사람과 사물의 '명'에 이르며, 또 사물을 이루면서 하나도 빠뜨리지 않을

---

243 『正蒙』「誠明」, "性者萬物之一源, 非有我之得私也."

수 있다. 이는 본체론적 측면에서도 이렇게 말할 수 있고, 또 실천적 측면에서도 이렇게 말할 수 있다. '진'(盡)이란 말의 시의(時義)[244]는 참으로 크도다! 극진하고 온전히 실천한다는 '진'(盡)은 자신뿐만 아니라, 그것을 다른 것에까지 미루어 실천한다는 것이다. 이것이 실천적·현상학적으로 모든 사물을 이루면서 하나도 빠뜨리지 않을 수 있는 관건이다. 그러나 사물은 심의 활동을 통하여 자신을 '성'을 온전히 실천할 수 없으므로 미루어 실천하거나 확충해 나갈 수 없다. 사물은 단지 사물의 물질적 성질 또는 물질적 구조에 갇혀 있기 때문에 동일한 근원인 '성체'(性體)는 그 안에서 드러날 수 없으며, 어떤 작용도 일으킬 수 없다. 그렇기 때문에 '사물이 나를 드러낸다는 것은 다만 본체론적·잠재론적으로 사물이 나를 드러내 빠뜨리지 않는다는 것이지, 실제로 사물이 실천·현상적으로는 나를 드러내고 빠뜨리지 않는다는 것이 아니다. 이점은 사람과 사물이 비록 동체(同體)이지만 또한 반드시 구별해야 할 점이다. 이것이 바로 인극(人極)[245]을 세우는 까닭이고, '인극'의 의미가 위대한 까닭이다. 장재는 다만 '성은 도에 근거하지 않음이 없고, 명은 하늘에 근거하지 않음이 없다'는 것에 근거하여 '내가 사물을 이루면서 빠뜨리지 않으면 사물이 나를 드러내 빠뜨리지 않음을 안다'고만 말하였는데, 이는 아직 사람과 사물의 차별성을 통찰하지 못한 것이다.

앞서 인용한 『정몽』 「성명편」의 말은 그 전에 말했던 여러 의미를 총괄한 것이므로 여기에 덧붙여 논의해보았다. 아래에서는 '성'이 '선'한

---

244 역주 : 원래 '時義'란 말은 『주역』에서 사용되는 말이다. 여기에서 '時'는 상황과 때에 맞는 變通을 의미한다. 그러므로 『주역』 64괘 각 효는 모두 그 상황과 때에 맞는 '시의'를 말한 것이라 할 수 있다. 여기에서도 '盡'은 쓰이는 곳마다 다른 의미로 사용할 수 있다는 것이다.

245 역주 : '人極'이란 원래 周敦頤의 말이다. 주돈이는 『太極圖說』에서 "성인은 중정과 인의로써 (자신의 인생 방향을) 정해 놓고, 靜을 수양의 주로 삼아 인도의 지극함을 세운다"[聖人定之以中正仁義, 而主靜, 立人極焉]고 말하였다. 이는 수양론에 있어서는 '靜'을 성인이 되는 최고의 법칙으로 삼은 것이다. 여기에서도 물론 도덕적 의미로 '인극'을 말하였지만 心覺의 발현을 위주로 말한 것이다.

것과 '명'이 '바른 것'에 대해 논의할 것이다.

「성명편」에서는 위의 문장을 이어 다음과 같이 말하였다.

> '성'은 사람에게 있어서 '선'하지 않음이 없는데, 원래의 '성'을 잘 회복하는지
> 아니면 잘 회복하지 않는지에 달려 있을 따름이다. 천지의 변화를 넘어선 것은
> 잘 회복하는 것이 아니다. '명'은 사람에게 있어서 바르지 않음이 없는데, 원래
> 의 정명(正命)을 잘 따르는지 아니면 잘 따르지 않는지에 달려 있을 따름이다.
> 위험하고 나쁜 일을 하면서도 요행을 바라는 심은 정명을 따르는 것이 아니다.
>
> 性於人無不善, 繫其善反不善反而已. 過天地之化, 不善反者也. 命於人無不正,
> 繫其順與不順而已. 行險以僥倖, 不順命者也.
>
> 『正蒙』「誠明」

해설 '성체'는 순수하고 지극히 선한 것으로 사람마다 원래 지니고 있
는 것이다. 차이는 단지 그것을 드러내는가 그렇지 않은가에만 있을 뿐
이다. 잘 되돌이켜 회복시킨다면 '성체'(性體)가 드러나서 작용을 일으킨
다. 그렇지 않고 돌이켜서 회복시키지 않는다면 '성'은 스스로 존유하지
만 숨어 있어 은미하다. 이른바 '드러나서 작용한다'는 것을 우주론적으
로 말한다면, 이는 우주의 생화(生化-天地之化)를 이루었다는 것이다. 만약
이를 실천적으로 말한다면 도덕창조를 이루어 도덕행위가 순수하여 끊
임없게 된다는 것이다. 위에서 "천지의 변화를 넘어선 것은 잘 회복하는
것이 아니다"라고 말하였다. 『주역』「계사상」에서는 "역(易)은 천지와 동
일한 도식을 가지므로 천지의 도를 그 속에 포괄하고(彌綸) 있다"[246]고도
말하였고, 또 "천지의 변화를 범위로 하여 이를 지나치지 않으며, 만물
을 하나하나 완성하되 빠뜨림이 없다"[247]고 하였다. 여기에서 '미륜'(彌
綸)이란 천지를 범위로 하여 하나하나 만물을 이루되 도를 벗어나 넘어

---

[246] 『周易』「繫辭上」, "易與天地準, 故能彌綸天地之道."
[247] 『周易』「繫辭上」, "範圍天地之化而不過, 曲成萬物而不遺."

서지도 않고 사물을 이루면서 빠뜨림이 없다는 것이다. 도를 벗어나 넘어서게 되면[過] 지극히 높아 모든 것을 뒤덮어 포괄할 것 같지만, 실상은 천지의 변화를 범위로 한 것이 아니다. 천지의 변화를 범위로 할 수 없다면 만물을 하나하나 이루어내면서 하나라도 빠뜨리지 않을 수 없다. '범위'(範圍)란 초월적으로 말하는 것으로, 하나하나 모두 천지의 변화에 상응하여 모범을 드러낸다는 것이다. '곡성'(曲成-만물을 하나하나 완성함)은 내재적으로 말한 것이다. 이는 구체적이자 분별적으로 사물과 하나하나 상응하여 이루어낸다는 것이다. '곡성'이란 초월적이지만 지나치지 않고, 내재적이지만 함몰되지 않는다는 뜻이다. 이러한 까닭에 초월이 곧 내재이고, 내재가 곧 초월인 것이다. 이 모두가 하나하나 관련되고 상응하여 지나치지도 않고 빠뜨리지도 않는 것이다. 지나친다[過]는 것은 빠뜨림[遺]이 있다는 것이다. 지나쳐 빠뜨리면 천지의 변화를 이룰 수 없다. 이와 같으면 '성체'는 '허탈'(虛脫)하게 되고 만물은 '환망'(幻妄)이 되어 '성체'가 우주의 생화로 드러날 수가 없고 도덕창조의 '성체'를 실천하지도 못한다. 그러므로 또한 도덕적 '선함'을 드러낼 수 없는데, 이것이 되돌이켜 회복하지 못하는 것이다. 때문에 장재는 "천지의 변화를 넘어선 것은 잘 회복하는 것이 아니다"라고 한 것이다. 회복을 잘 하느냐 못하느냐 하는 것이 도덕창조를 이룰 수 있는지를 결정한다.

'성이 명한 것'[性之所命]이란 모두 우리의 본분이다. 그러므로 장재는 "명은 사람에게 있어서 바르지 않음이 없다"고 말하였는데, 이는 다만 명을 '따르고 따르지 않는 것'의 문제일 따름이다. 본분을 따르지 않고 행하면 그것이 곧 '바르지 않음'[不正]이 되는 것이다. "위험하고 나쁜 일을 하면서도 요행을 바라는 마음"은 '성이 명한 것'을 따르지 않는 것이다. 이는 다른 방식으로 이해할 수도 있을 것이다.

앞의 '4)'에서 인용한 "성은 그 총괄적인 것이고 둘을 합한 것이다. 명은 사람이 받는 것으로 법칙이 있다"라는 글을 따라 말해본다면 '궁리'(窮理)·'진성'(盡性)·'지명'(至命)은 한 가지 일이며, 이 '명'은 '성'이 내린 '명'이다. 여기에서 "명은 사람에게 있어서 바르지 않음이 없다"고 말하였는데, 이는 윗글의 "자신의 성을 온전히 실천하는 사람만이 다른 사람과 사물의 성을 온전히 실천할 수 있다. 명에 이른 사람이라야 다른 사람과 사물이 명에 이르게 할 수 있다"는 말을 이어서 한 말이다. 그러므로 이곳의 '명' 역시 '성'이 명한 명이다. 앞에서 인용한 「성명편」의 "하늘이 부여한 명은 성에 완전하게 통한 것이다. 이것은 길흉과 조우하더라도 해칠 수 없는 것이다"는 것 역시 '성'이 명령한 '명'이다. 이것은 '명'의 적극적 의미이다. 「성명편」에서는 또 "하늘에 의해 스스로도 멈출 수 없는 것을 일컬어 '명'이라 한다. 감응함이 없을 수 없는 것을 일컬어 '성'이라 한다"고 하였는데, 이 역시 적극적 의미에서의 '명'이다. 대체로 『정몽』 각 편의 주된 의미는 '본체우주론적'인 체(體)를 확립하여 직관적인 창조를 말하고 있다. 그러므로 주로 이 적극적인 의미의 '명'을 위주로 설명하고 있다. 따라서 내가 여기에서 "명은 사람에게 있어서 바르지 않음이 없다"는 것을 설명한 것 역시 이 의미로 해석한 것이다. 그리고 장재 역시 아마 이 의미로 말하였을 것이다. 「성명편」 시작 부분에 다음의 몇 마디 말이 있는데, 매우 정미하게 표현되어 있다.

> '의'와 '명'이 합일하여 리에 보존되어 있고, '인'과 '지'가 합일하여 성(聖)에 보존되어 있으며, 동과 정이 합일하여 신에 보존되어 있고, 음과 양이 합일하여 도에 보존되어 있으며, '성'과 천도가 합일하여 성(誠)에 보존되어 있다.
>
> 義命合一存乎理, 仁智合一存乎聖, 動靜合一存乎神, 陰陽合一存乎道, 性與天道合一存乎誠.
>
> 『正蒙』 「誠明」

해설 이것은 모두 긍정적 측면에서 말한 것이다. "의와 명이 합일하여 리에 보존되어 있다"는 말 가운데 '명'이란 역시 긍정적 측면에서부터 말한 명이자, 이른바 적극적 의미의 명이다. '의'(義)는 성 본분(性分)의 당연함이고, '명'은 '성' 본분의 당연함이다. 이것은 모두 리(理)로서 말한 것이다.

그러나 여기에서 "명은 사람에게 있어서 바르지 않음이 없는데, 원래의 정명(正命)을 잘 따르는지 아니면 잘 따르지 않는지[順與不順]에 달려 있을 따름이다"라고 하여 '순'(順)을 말하고 '정'(正)을 말한 것은 분명 맹자의 말을 근거로 한 것이다. 그런데 맹자가 말한 '명'은 오히려 운명의 명 혹은 살면서 닥치는 명을 말한 것이다. 예를 들어 삶과 죽음·요절과 장수·길과 흉·화(禍)와 복(福)이 이에 해당한다. 이것은 오히려 장재가 말한 '기'(氣)로 말한 '명'이다. 『맹자』「진심」에서는 "수명의 길고 짧음에 따라 심을 달리하지 않고, 자신의 덕성을 수양하면서 운명을 기다리는 것이 명을 올바르게 세우는 방법이다"[248]라고 하였다. 또 이 말을 이어서 "명이 아닌 것이 없으니 그 올바름을 따라서 받는다.[順受其正] 이러한 까닭에 '명'을 아는 사람은 허물어져가는 담장 아래에는 서 있지 않는다. 그 도를 온전히 실천하다 죽은 사람은 정명(正命)이다. 질곡(桎梏)에 빠져 죽은 사람은 '정명'이 아니다"[249]라고 말하였다. 맹자는 여기에서 '따름'[順]과 '올바름'[正]을 밝혀 말하였다. 그러나 여기에서 말한 '순수기정'(順受其正)은 오히려 "그 도를 온전히 실천한다"[盡其道]와 관련되어야만 뜻이 드러나고, 그렇게 드러난 뜻은 바로 길흉과 조우하는 '명'이지, '도' 자체가 명한 '명'이 아니다. 이것은 소극적 의미의 '명'이다. "명은 사람에게 있어서 바르지 않음이 없다"는 말을 완전히 다른 것과 분리하여 독립적으로 본다면 이 문장을 소극적 의미의 '명'으로 해석하는 것 역시 가능하다. 그러나 「성명편」의 상하 문맥을 통해서 본다면 이러한 뜻으로 말한 것이 아닌 것 같다. 위에서 인용한 글 아래에는 다시 "성과 명은 기에 속한다"[性命於氣]·"성명은 덕에 속한다"[性命於德]·"성은 천덕이고,

---

248　『孟子』「盡心上」, "妖壽不貳, 修身以俟之, 所以立命也."
249　『孟子』「盡心上」, "莫非命也, 順受其正. 是故知命者, 不立乎巖牆之下, 盡其道而死者, 正命也. 桎梏死者, 非正命也."

명은 천리이다"[性天德, 命天理]라는 말이 있다.[이에 대해서는 아래 '8)'을 살펴 주기 바란다.] 일반적으로 '성명'이 연이어 말해지는 것은 모두 적극적 의 미에서의 '명'이다. 아래의 글에서는 다시 "삶과 죽음·장수와 요절"[死生 修夭]의 '명'을 정식적으로 해석하여 구별해 낼 것이다.[이 역시 아래 '8)'을 살펴주기 바란다.] 그렇다면 이곳에서는 적극적인 의미의 '명'으로 해석하 는 것이 옳다.

6) 천지지성(天地之性)과 기질지성(氣質之性)

「성명편」에서는 윗 단락을 이어 다음과 같이 말하였다.

> 형체가 있은 후에 '기질지성'이 있다. 이를 잘 되돌이켜 살펴보면 '천지지성'이 보존되어 있음을 알 수 있다. 그러므로 군자는 기질지성을 '성'으로 여기지 않는 다.
>
> 形而後有氣質之性. 善反之, 則天地之性存焉. 故氣質之性, 君子有弗性者焉.
>
> 『正蒙』「誠明」

'성체'(性體)는 순수하면서도 지극히 선하며 사람마다 원래 지니고 있 는 것인데, 어찌하여 그것을 회복해야 하는가? 이것은 바로 '성체'가 드 러나기도 하고 드러나지 않기도 하기 때문이다. '성체'는 오묘하게 운행 하여 갖가지 사물의 '체'(體)가 되는데, 어찌 드러나지 않을 때가 있을 수 있다는 말인가? 우주론적인 측면에서 말하면, '성체'는 드러나지 않을 때 가 없지만, 사람의 도덕실천에서 말하자면 드러나지 않을 때가 있다. 사 람은 형체의 제한을 받기 때문에 기질(氣質)의 치우침이 없을 수 없다. '성체'가 드러날 수 없거나, 어떤 때에 약간은 드러나지만 완전히 드러날 수 없는 것은 모두 '기질'의 치우침과 제한 때문이다. 그렇기 때문에 '기질지성'(氣質之性)이라는 의미가 있는 것이다.

'기질지성'은 형체가 있은 후의 일이다. '기질지성'과 '천지지성'(天地之性)의 구분도 장재로부터 시작되었다. 주돈이는 기질지성을 언급한 적이 없다. '천지지성'의 의미는 천지가 변화하고 생화하여 그렇게 되는 까닭(소이연-초월적이면서 동태적인 소이연)의 초월적이면서도 보편적인 '성능'(性能)이다. 천지지성은 "성이란 만물이 모두 근원하는 곳이니 내가 사사롭게 얻은 것이 아니다"는 말을 계승하여 한 말이며, 그 초월적 보편성을 극단적으로 말한 것이다. 후대의 정이와 주희는 이를 '의리지성'(義理之性)이라고도 이름하였는데, 이후 학자들은 대체로 의리지성이란 말을 사용하였지, 천지지성이란 말은 그다지 자주 사용하지 않았다. 도덕실천을 말하는 데 있어서는 이러한 구별을 없앨 수 없다. 기질지성은 도덕실천에서 '성체'가 순조롭게 실천되지 않음으로 말미암아 그것의 존재를 긍정하게 된 것이다. '성체'는 비록 쉽게 깨우칠 수 있고, 쉽게 실현할 수 있지만[易知簡能] 막힌 적이 없는 것은 아니다. 이 때문에 「계사전」에서는 "무릇 건(乾)이란 천하에서 가장 강건한 것인데, 그 덕행은 항상 평이함으로 험한 것을 안다. 무릇 곤(坤)이란 천하에서 가장 유순한 것인데, 그 덕행은 항상 간단함으로 막힌 것을 안다"[250]라고 말한 것이다. 우주론적으로 말한 건곤의 앎과 실현의 능력을 실천론적으로 말하면, 그것은 '성체'의 앎과 실현의 능력이다. '성체'의 앎과 실현의 능력이 막혀 있다는 것은 바로 기질이 치우치고 섞여 있다는 것이다. '성체'의 지(知)는 맹자가 말한 양지(良知)이고, '성체'의 실현 능력은 맹자가 말한 양능(良能)이며, 또 맹자가 말한 "재질의 죄가 아니다"[251] · "그 재질을 다할 수 없다"[252] · "하늘이 내린 재질이 달라서가 아니다"[253]라는 말 속의 재(才)이

---

250 『周易』「繫辭下」, "夫乾, 天下之至健也, 德行恒易以知險. 夫坤, 天下之至順也, 德行恒簡以知阻."

251 『孟子』「告子上」, "非才之罪."

252 『孟子』「告子上」, "不能盡其才."

253 『孟子』「告子上」, "非天之降才爾殊."

다. 이 '재'(才)는 일반적으로 쓰는 재능의 '재'가 아니라, '성체'가 갖추고 있는 양능의 '재'이다. 이러한 '재'는 도덕적 의미를 갖추고 있는 것이고, 또한 누구에게나 동일하게 갖추어져 있는 보편적인 '재'로서 오로지 양지가 자각한 것을 실현한다는 측면에서 말한 것이다. '성체'의 지(知)·능(能)을 본체우주론적으로 말하면, 이는 곧 허명조감(虛明照鑑)의 신묘한 밝음이다. 즉 '신'의 밝음이 곧 '지'이며, 신의 오묘함과 통함이 바로 '능'이기 때문에 '지'와 '능'은 모두 '신'으로부터 말한 것이다. 도덕 실천적으로 말하면, '지'와 '능'은 본심이다. 심이 깨달으면 곧 실천할 수 있다. "어린아이라 할지라도 자신의 어버이를 사랑할 줄 모르지 않으며, 장성하여서는 자신의 형을 공경할 줄 모르지 않는다."[254] 그 어버이를 사랑할 줄 아는 것이 그 어버이를 사랑할 수 있는 것이며, 그 형을 공경할 줄 아는 것이 그 형을 공경할 수 있는 것이다. '지'·'능'은 모두 도덕적 본심에서 말한 것이다. 이 본심이 곧 우리의 도덕 창생이 가능한 선천적 근거(선천적이면서도 고유한 性能)이다. 그러므로 심체의 '지'·'능'이 곧 '성체'의 지·능이다. 이는 심체와 '성체'가 선천적으로 사랑을 알고 공경을 알며, 옳음을 알고 그름을 알며, 선을 알고 악을 아는데, 이렇게 아는 것을 법칙으로 삼는다는 것이다. 그리고 이러한 심체와 '성체'의 작용은 선천적으로 당연하면서도 멈출 수 없는 것이고, 확연하게 결정되어 있어 옮길 수도 없이 자연스럽게 '앎'을 표현한다. 이러한 작용 때문에 도덕창조가 있게 되고, 도덕행위가 '순역불이'(純亦不已)할 수 있는 것이다. 『주역』「계사하」에서는 '지'·'능'을 '건'과 '곤'으로 나누어 말하였다. 만약 여기에서 건곤으로 나누어 말한 것처럼 그렇게 나누어서 본다면 '신의 밝음'[神之明]이 곧 '건덕'(健德)이고, '신의 오묘함과 통함'[神之妙通]이 곧 '순덕'(順德)이다. 이 모두는 '덕'의 측면에서 말한 것으로, 이곳에는 음양 이기(二氣)의 의미가 없다. 도덕본심에서 말하자면, 마음의 양지가 곧 '건

---

[254]　『孟子』「盡心上」, "孩提之童, 無不知愛其親者, 及其長也, 無不知敬其兄也."

의 강건함이고, 마음의 양능은 '곤의 유순함'이다. 이것 역시 모두 '덕'의 측면에서 말한 것으로, 이곳에도 음양 이기(二氣)의 의미는 없다. 만약 신체(神體)의 '건의 강건함'과 '곤의 유순함'이 반드시 기화 가운데 표현되어 생화(生化)를 이룬다는 것을 말하려면 반드시 '기'에서 말해야 하고, 또 기라는 관념이 있어야 한다. 그러나 신은 기가 아니다.[體用圓融의 측면에서 말하자면, '모든 神이 氣이며, 모든 氣가 神이다'라고 말할 수는 있다.] 본심의 '강건함과 '유순함'은 반드시 사지(四肢)와 백체(百體)의 동정 가운데 활동이 이루어진다. 이것이 이른바 '천형'(天形)이라는 것인데, '천형'은 반드시 기에서 말해야 하기 때문에 반드시 기라는 관념이 있어야 한다. 그러나 본심의 '지'와 '능'은 기(氣)가 아니다.[體用圓融의 측면에서 말하자면 모든 마음이 形이고, 모든 형태가 心이다. 맹자는 '얼굴에 밝게 드러나고 등에 가득 넘치며 四體에 베풀어져 말하지 않아도 깨닫게 된다'고 하였는데, 바로 이것을 말함이다.][255]

장재에 의하면, 기질지성은 사람 기질의 치우침 혹은 순수하지 못함을 말한 것인데, 이는 기질의 특수성이고, 또한 일종의 성(性)이다. 중국 사상의 전통에는 '생지위성'(生之謂性)의 입장에서 말하는 기성(氣性)·재성(才性)과 같은 것이 줄곧 있어왔는데, 이 모두는 기질지성과 같은 것이다. 송대 유학자들은 이를 '기질지성'이라는 말로서 총괄하였다. 서양에서 논해지는 인성[인간적 자연] 역시 이러한 성격의 성(性)이다. 칸트가 말한 성격·기호·성향·인성의 특수 구조와 사람의 특수한 자연적 특징 등도 이러한 '성'을 가리키는 것이다. 그러나 이러한 '기질의 성'은 실제로 형이하적인 것으로, 심리·생리·생물의 세 가지가 모두 결집되어 있다. 이를 종합적으로 표현하면, '생지위성'(生之謂性)과 '성자생야'(性者生也)라는 두 단어로 표현할 수 있다. 기질지성으로써는 진정한 도덕행위를 건립할 수 없으며, 도덕창조의 근원도 열 수 없다. 그러나 정통 유가,

---

255 역주 : 저자 모종삼은 여기에서 『맹자』원문을 약간 간략화 했는데, 이와 관련된 『맹자』 문구('盡心上')는 다음과 같다. "睟然見於面, 盎於背, 施於四體, 四體不言而喩."

예를 들어 맹자가 말한 '성'이나 『중용』에서 말한 '천명지위성'(天命之謂
性)은 '생지위성'(生之謂性)과 '성자생야(生者性也)에서부터 한 걸음 더 나
아가 진정한 도덕행위를 건립할 수 있는 측면에서 말한 도덕창조 근원
인 '성'이다. 이 '성'은 도덕창조의 근원이자, 동시에 우주 창조의 근원이
며, 절대적인 보편성과 초월성을 지니고 있는 형이상자이다. 그러므로
'성'은 곧장 '천명'과 '천도'에 통하여 하나가 된다. 송대 유학자들은 이
를 올바르게 계승하였고, 그것을 '올바른 성'[正性]으로 삼았다. 주돈이는
비록 송명유학의 단서를 열어 천도(天道)·태극(太極)·성체(誠體)에 대한
명확한 깨달음은 가졌지만, 이러한 '성'에 대해서는 올바르게 파악하지
못하였다. 그리고 그가 말한 천도·태극·성체(誠體) 등은 아직 이러한
'성'으로 귀결되지 못하였다. 그는 단지 "인간의 성이란 강한 것과 부드
러운 것, 좋은 것과 나쁜 것의 중(中)256일 뿐이다"라고만 말하였다. 이러
한 주돈이의 표현은 그가 단지 기질 측면에서만 '성'을 말하였다는 지적
을 면하기 어렵다.257 하지만 이는 주돈이가 일시적으로 깨닫지 못하고
서 한 말이지, 주돈이가 천도와 '성체'를 관통하는 절대적이고도 보편적
인 '성'을 인정하지 않았다는 말은 아니다. 장재는 성명과 천도의 관통함
을 아주 정확히 파악하고서, 다시 이를 '성'으로 귀결시켰다. 장재는 "성
이란 만물이 모두 근원하는 곳이니 내가 사사롭게 얻은 것이 아니다"라
고 말했는데, 이는 직접 이러한 '성'이 '천지지성'이고, 천지 변화의 근원
임을 말한 것이다. 후대의 학자들은 모두 이를 계승하였고, 여기에서 벗
어나지 않았다. 이러한 '성'은 이미 만물의 근원이자 절대적 보편이기에
원래 기성(氣性)·재성(才性)·성격·기호·성향·인성의 특수 구조나 사
람의 특수한 자연적 기상의 '성'과는 다른 것이다. 그러나 후자[기질지성]

---

256 역주 : 모종삼에 의하면 中은 仁義와 中正의 도리를 표현할 수 있는 자질 혹은 능력
     이다. 『중용』의 中和와는 다른 中이다.
257 역주 : 주돈이는 초월적인 본성의 의미는 적극적으로 드러내지 못하고, 단지 剛柔와
     善惡이 혼재되어 있는 기질의 측면에서만 性을 말하였다. 그러나 이는 주돈이가 초
     월적인 본성을 부정하였다는 의미는 결코 아니다. '주렴계철학'을 참고하기 바란다.

에 속한 것들도 소홀히 취급해서는 안 되고, 없애서도 안 된다. 그러므로 할 수 없이 그 역시 일종의 '성'으로 말할 수밖에 없었는데, 이것이 곧 '기질지성'이라는 이름이 붙게 된 까닭이다. 원래 사람이란 완전히 순수하거나 신령스럽지만은 않은 하나의 조합체로서의 유한적인 존재이다. 비록 도덕창조를 통하여 '성인'의 인격을 이룬다는 측면에서 말하면, 반드시 초월적 '천지지성'을 본체로 삼는다는 것을 인정해야 하지만, 사람은 형체를 지닌 현실적 존재이기 때문에 자신의 자연생명에 맴돌 수밖에 없으며, 또 자연생명의 측면에서 나타나는 여러 특징들과 모습들을 갖추지 않을 수 없다. 이것이 바로 사람의 자연적 본성인데, 이른바 '기성'·'재성'·'기질지성' 등이 바로 이것에 해당한다. '천지지성'은 사람의 '당연한 성이자 도덕창조의 성'이며, 성인(聖人)의 인격을 이루는 '성'이다. 이것을 간단히 말하면 '성성'(聖性)이라고 하는데, 불가에서 말한 '불성'(佛性)과 비슷하다. 이것이 바로 천지지성과 기질지성을 반드시 구분하여 확립해야 하는 까닭이다.

그러나 후대 주희의 해석을 보면, 주희는 기질의 편잡(偏雜)만을 인정하고 오히려 기질의 편잡이라는 측면에서 말하는 일종의 '성'(性-장재가 말한 기질지성)에 대해서는 그렇게 깊게 자각하지는 못한 것 같다. 주희는 '기질지성'을 '기질 안의 성'이라고 해설하였다. 주희에게서 '성'은 단지 '의리지성' 하나뿐인데, '기질지성'은 이 의리지성이 기질 안에서 여과된 것이다. 그러므로 의리지성은 여러 특수한 색깔에 물들어 원래 '성'의 순수함과 본연을 지키지 못하여 온전한 모습이 아니다. 이것은 또한 다음과 같은 의미를 가진다. 즉 기질이 비록 치우치고 섞여서 있지만 그 위에서 약간의 의리지성을 표현할 수 있다는 것이다. 예를 들어 기질이 굳센 사람이라도 반드시 좋지는 않고, 심지어 아예 매우 나쁘더라도 약간의 의로움은 드러낼 수는 있다. 그러나 이것은 '의리지성' 자체의 '의성'(義性)의 순수함과 본연 그리고 온전한 모습에 속한 것은 아니다. 마찬가지로 부드러움에 치우친 사람, 느리거나 급한 것에 치우친 사람, 기질이 맑거나 흐린 사람 모두가 그러하다. 이것은 다만 하나의 '성'을 '기질'과 대비시켜 말한 것이지, 두 종류의 '성'을 대비하여 말한 것이 아니다. 당연히 '기질'을 말하는 것과 기질 측면에서 일종의 '자연적 본성'을 말하는 것은 관념상 결코 많은 차이가 없다. 그러나 주희처럼 '기질지성'을 해석하는 것은 일반적으로 사용하는 의미와도 통하지 않을 뿐만 아니라 '생지위성'의 전통에서 내려온 '기성'··'재성' 등의 독립적 의미를 경시한 것이다. 만약 '기질지성'을 기질 속에서 여과된 그 '의리지성'이라고 해석한다면, '의리지성'은 또 어떻게 해석해야 하는가? 어찌 일률적으로 의리 속에서 여과된 그런 어떠어떠한 '성'이라고 해야 하지 않겠는가? 사실 '의리지성'과 '기질지성'의 두 '지'(之) 자는 허계자(虛繫字)[258]이다. '기질지성'은 기질의 각기 다른 성질을 말하는 일종의 '자연적 본성'이다. '의리지성'은 도덕이성으로 말하는 일종의 도덕창조의 '성'이다. 그리고 '천지지성'은 천지의 변화로 말하는 일종의 우주 생화 또는 도덕창조의 '성'이다. 의리지성은 결코 의리 속에서 여과된 '성'이라고 할 수 없으며, 천지지성은 더욱 천지 속에서 여과된 '성'이라고 말할 수 없다. 이러한 까닭에 비록 '성체'가 기질 혹은 기질지성의 제한을 받는다는 의미도 있지만, 이러한 의미로써 '기질지성'이라는 말을 해석할 필요는 없다. 장재가 '기질지성'이라는 용어를 쓴 의도는 기질의 차이에서 일종의 '성'을 말하려는 것이다. 이것이 기질지성에 대한 통상적인 이해이다. 따라서 이 책에서 기질지성을 말할 때는 이 의미를 따르겠다.

'기질지성'이 비록 '천지지성'을 막고 가릴 수는 있지만, "이를 잘 되돌이켜 보면 천지지성이 보존되어 있음을 알 수 있다." 잘 되돌이켜 보는 것과 그렇지 않은 것에 대한 의미는 이미 앞에서 설명하였다. 잘 되

---

[258] 역주 : '허계자'란 아무런 의미나 품사적 역할이 없이 '句'를 맞추기 위해서 넣은 말이다. 예를 들어 '義理之性'은 의리에서 발하거나 의리에 속한 성(性)이라는 뜻 또는 매우 단순히 '의'라는 것으로 '之'를 해석할 수 있는데, 이것이 허계자라면 '之'는 품사적 역할이나 아무런 의미 없이 단순히 '義理性'이라는 말이 된다.

돌이켜 보는 과정 속에는 또한 기질을 변화시키는 공부가 포함되어 있다. 유가에서 말하는 '천지지성'은 오직 도덕적 창조 측면에서 말한 것이기 때문에 이 성(性)을 본(本)·체(體)·절대적 표준으로 삼을 수 있다. 기질지성에 비록 독립성이 있고, 또한 독립된 의미가 있어 하나의 독립된 학술적 틀을 이루기는 하지만, 도덕실천 측면에서 말하자면, 결코 기질지성을 표준으로 삼을 수 없다. 이에 장재는 "그러므로 군자는 기질지성을 성으로 여기지 않는다[弗性]"고 말한 것이다. '성으로 여기지 않는다는 것은 그것을 근본·본체·표준으로 삼지 않는다는 것이지, 이러한 종류의 '성'이 있다는 것을 부정한다는 것은 결코 아니다.

'기질지성'에 비록 독자적인 의미가 있지만 결국은 이를 교화시켜 근본을 따르게 해야 한다. 기질지성은 한 편으로는 교화할 수 있는 것이고, 다른 한 편으로는 일종의 제한이다. 교화할 수 있다는 것에서부터 말하자면, "군자는 이를 성으로 삼지 않는다"는 것이 이에 해당한다. 제한에서부터 말하자면, 기질지성은 도덕실천 과정에서 일종의 '제한원칙'이다. 제한 원칙은 기질지성의 소극적 의미이다. 그러나 기질 역시 적극적인 의미가 있다. 설령 그것을 교화시켜 '중'(中)에 맞도록 한다고 하더라도 '중' 역시 일종의 기질이다. 이른바 성인이 지닌 중화(中和)의 자질이 이것이다. '성체'의 구체적 표현은 개체생명의 자질과 기질을 벗어나지 않는다. 설령 기질이 순수하여 완전히 교화되어 '성'을 따른다고 하더라도 '성체'는 여전히 '기질' 가운데서 유행하고 표현된다. 이점에서 말하자면 '기질' 또는 '기질지성'은 표현 원칙이며, 적극적인 의의를 가진다고 할 수 있다. 그러나 적극적인 것과 소극적인 것의 두 '용'(用)은 영원히 동시에 존재한다. 즉 표현하는 것이 곧 제한하는 것이다. 이러한 까닭에 "하늘의 운행은 강건하니 군자는 이를 본받아 스스로 강건하여 쉼이 없다"[259]라고 하여 공부를 그만 둘 수 없음을 강조하였다. 비록 성인이라도

---

259 여주 : 이 말은 『주역』「건괘·상전」에 나오는 말로 원문은 "天行健, 君子以自强不息"이다.

스스로 그만 둘 수 없다. 그러므로 맹자는 "성인이 천도를 실천하는 것은 운명이기는 하지만, 그곳에는 인간의 본성이 내재되어 있기 때문에 군자는 운명이라고 하지 않는다"[260]고 하였다. '명이라고 한다[命也]는 것은 바로 성인이 천도와 합치하는 것 역시 제한과 한계가 있음을 표시한 것이다. 그렇지 않으면 어찌 예수의 형태가 있고, 공자의 형태가 있으며, 석가의 형태가 있을 수 있겠는가? 유가의 '성'(聖)으로 말하자면 어찌 또한 요(堯)·순(舜)과 공자의 차이가 있다는 말인가? 그러나 성인이 도를 온전히 실천함에 있어 이러한 한계가 있다고 해서 다른 이에게 책임을 미룰 수 없다. 오로지 '성'에 따라 스스로 몸소 실행하고 애써 부단히 노력할 뿐이다. 그러므로 비록 '명'이라고 하더라도 '성이 있으므로 군자는 명이라고 하지 않는 것'이다. 이 '명'은 운명 또는 운명으로 제한의 '명'이지 '오목불이'(於穆不已)한 천명의 '명' 또는 명령의 '명'이 아니다. 이는 바로 기질·자질에서 말하는 명이다. 개체생명으로 축소시켜 말해도 이러한 '명'은 기질·자질에서 말한 것이다. 만약 기질·자질을 갖춘 개체생명이 천시(天時)·지리(地理)·인화(人和) 속에서 조우(遭遇)하는 것으로부터 '명'을 말하면, 이러한 명은 운명의 '명'이다. 기질을 소극적으로 말하면 이미 하나의 제한 원칙인데, 여기에서 말하는 '명' 역시 하나의 '제한원칙'이다. '명'이 제한 원칙이 된다는 것은 입이 맛있는 음식을 추구하고, 귀는 고운 소리를 추구하며, 눈은 아름다운 색을 추구하고, 사지는 편안함을 추구하는 곳에 이 원칙이 적용된다는 것이다. 이는 적극적인 것이기 때문에 똑 바로 살펴 중시해야 한다. 입과 몸 그리고 귀와 눈의 욕구도 일종의 성(性-자연지성, 생리·생물의 성)이라고 생각하여 아무런 제한을 받지 않고 함부로 추구해도 된다고 생각해서는 안 된다. 그러므로 맹자는 "본성이기는 하지만 그곳에는 운명적인 요소가 있기 때문에 군자는 '성'이라고 하지 않는다"[261]고 한 것이다. 그러나 부자간의 인(仁)이

---

260 『孟子』「盡心下」, "聖人之於天道也, 命也, 有性焉, 君子不謂命也."
261 『孟子』「盡心下」, "性也, 有命焉, 君子不謂性也."

있어야 하고, 군신간에는 의(義)가 있어야 하며, 주인과 손님간의 예(禮)가 있어야 하고, 현명한 사람은 지혜가 있어야 하며, 성인은 천도를 실천해야 한다는 곳에서 '명'은 소극적인 것이다. 비록 이것을 올바르게 살펴야 하지만, 지나치게 이 제한을 중시하여 스스로 책임을 그것에 전가해서는 안 된다. 오로지 '성'(性-천지지성, 도덕창조의 성)에 따라서 '성'을 온전히 실천하면서 이 제한을 돌파하고, 도덕생명이 무한하기를 기대해야 한다. 그러므로 맹자는 "운명이기는 하지만, 그곳에는 인간의 본성이 내재되어 있기 때문에 군자는 운명이라고 하지 않는다"고 한 것이다. 이것은 맹자가 이미 두 가지 '성'이 있음을 분명하게 암시한 것이다. 동물성과 기질지성이 한 쪽을 이루고, 도덕성의 성(性)과 천지지성 또는 의리지성이 다른 한 쪽을 이룬다. 맹자가 말한 것은 동물성과 도덕성의 상대적 대립이지만, 맹자는 아직 동물성으로부터 기질지성을 말하지는 않았다.

아래에서는 '잘 회복함'[善反]의 공부를 말하겠다.

7) 기를 변화시켜 선을 계승함으로써 성(性)을 완성한다

「성명편」에서는 앞 단에서 한 말을 이어 다음과 같이 말하였다.

사람의 굳셈과 부드러움, 느릿함과 급함, 재능이 있음과 재능이 없음은 기가 치우친 것이다. 하늘은 본래 잘 조화를 이루어 어느 쪽으로도 치우치지 않는다. 그 기[262]를 잘 길러서 본(本)[263]을 회복하여 치우치지 않으면 '성'을 온전히 실천하여 하늘과 합일할 수 있다.

人之剛柔緩急, 有才與不才, 氣之偏也. 天本參和不偏. 養其氣, 反之本而不偏, 則盡性而天矣.

---

262 역주 : 이는 기질지성을 가리킨다.
263 역주 : 이는 천지지성을 가리킨다.

'성'이 완성되지 않으면 선악이 섞이게 된다. 그러므로 힘을 쓰고 또 힘을 써서 선을 계승하는 것이 바로 '선'이다. 악을 완전히 제거하면 상대적인 선은 이것으로 말미암아 사라진다. 그러므로 『주역』에서 '계지자선'(繼之者善)을 이어 더 이상 '선'을 말하지 않고 '성지자성'(成之者性)이라고 말한 것이다.[264]

性未成, 則善惡混. 故曹曹而繼善者, 斯爲善矣. 惡盡去, 則善因以亡. 故舍曰善, 而曰成之者性.

『正蒙』「誠明」

해설 이상의 것은 기질을 변화시키는 것과 '성'을 완성하는 방법을 말한 것이다. "하늘은 본래 잘 조화를 이루어 어느 쪽으로도 치우치지 않는다"(天本參和不偏)는 말은 「건칭편」의 "도는 음양·동정·취산·왕래의 양면을 겸하면서도 어느 한 면에 치우치지 않는다"(道則兼體而無累)는 말과 같은 의미의 말이며, 또한 「성명편」의 앞 단락에서 인용한 "성은 그 총괄적인 것이고 둘을 합한 것이다"(性其總, 合兩也)라는 말 역시 같은 의미의 말이다. '천' 혹은 '도'란 '천덕신체'(天德神體) 또는 '태허신체'(太虛神體)이다. 그리고 '신'(神)이 신으로 될 수 있는 것은 바로 그것이 기의 취산·동정 등의 양체(兩體)를 겸하여 관통하고 있기 때문이다. 그러므로 또 '본래 잘 조화를 이루어 어느 한 쪽으로도 치우치지 않는다'고 말한 것이다. '성체'의 총괄적인 것과 둘을 합하는 것 역시 이와 같다. '성체'는 본래 기질의 굳셈과 부드러움, 느림과 급함을 총괄적으로 합하여 어느 쪽으로도 치우침이 없으며, 그 어떤 것에도 얽매임이 없이 유행의 실질과 현현[呈用][265]의 실질을 드러낸다. 즉 구체적이면서 진실한 '성체'의

---

[264] 역주 : 본래 『정몽』의 이 문단은 이어진 한 문단이다. 모종삼은 이를 나누어 설명하기 위해 문단을 구분하였다. 그리고 위의 두 번째 인용문에 나오는 『주역』의 원문은 「계사상」 5장으로 全文은 "한번 음이 되고 한번 양이 되는 것을 道라 하며, 도를 계승하는 것을 善이라 하고, 도를 완성한 것을 性이라 한다"(一陰一陽之謂道, 繼之者善也, 成之者性也)이다.

[265] 역주 : '呈用'이란 말을 엄격히 번역하면 유행에 대비하여 '작용을 드러내는 것'이다.

실(實)은 단순히 분석적으로 말하는 추상적인 '성체'가 아닌 것이다. 이에 장재는 "성인은 그 사이에 도를 완전히 실천하여[盡道] 음양·동정·취산·왕래의 양면을 체득하면서도 어느 한 면에 치우치지 않는 사람이니 신(神)을 보존함이 지극하다"[266]라고 말한 것이다. 여기에서의 '진도'(盡道)를 구체적으로 말하자면 곧 '진성'(盡性)이다. 성인은 '진성'할 수 있기에 '신'을 보존할 수 있으며, 따라서 음양과 동정 등 양면을 체득하면서도 어느 한 면에 얽매이지 않고 잘 조화를 이루어 어느 한 편으로 치우치지 않는 것이다. 그러나 일반인들은 늘 이러할 수는 없고, 항상 기질의 제한을 받아 어느 하나에 얽매이게 된다. '기질'에는 여러 가지 색깔들이 있어 '성체'가 드러나는 것을 막을 수 있다. 이 때문에 사람의 도덕 실천에는 반드시 기질 변화의 공부가 필요하다. 그리고 이 단락에서 장재는 맹자의 '양기설'(養氣說)을 따르고 있다. 즉 자신의 기를 잘 길러서 변화시켜 천지에 통하게 하되, 어느 한 쪽으로 막히지 않게 하며, 또 '성체'가 드러내는 본연을 회복하되 치우치지 않도록 해야 한다는 것이다. 이와 같으면 '성을 온전히 실천하여 하늘과 하나가 되며', '하늘이 잘 조화를 이루어 어느 한 쪽으로 치우치지 않는 것'과 같이 된다. '성체'의 드러남이 조화를 잘 이루어 어느 한 쪽으로 치우치지 않는 본연의 상태 역시 천(天)이다. 외롭게 공중에 홀로 걸린 '성체'는 없다. '양기'의 공부를 통하면 이 본연의 것을 여실하게 드러낼 수 있는데, 이것이 바로 '진성'이다. 양기 공부란 기질이 뭉쳐 있고 치우친 것을 부드럽게 하거나 통하게 하는 것이다. 이것은 진실로 직접 기에 구체화시켜 길러야 하므로 '기른다'고 하는 것이고, 그 목적은 '성체'가 드러나 통창(通暢)하는 것이지 단순히 기를 기르는 데 지향점을 둔 것이 아니다. 이 때문에 양기

그런데 유행은 한 단어로 번역이 되지만, 작용이 드러나는 것은 한 단어로 번역이 되지 않고 '작용의 드러남'이라고 하여도 다른 문구와 어울리지 않아 '현현'이라는 말로 이를 번역하였다.

266 『正蒙』「太和」, "聖人盡道其間, 兼體而不累者, 存神其至矣."

공부는 한 편으로 기질을 부드럽고 통창하게 하는 것이며, 다른 한 편으로 '근본을 회복하여 치우치지 않게 하는 것'인데,[이는 곧 '성체'가 드러내는 본연함을 회복하여 치우치지 않는 것이다.] 이것이 '성을 온전히 실천하는 것'[盡性]이다. '성체'가 순조롭게 드러나는 것을 일컬어 '진'(盡)이라 한다. 굳세야 할 때 굳세고, 부드러워야 할 때 부드러운 것이다. '성체'가 순조롭게 드러나 막힘이 없고, '기질'이 막히지 않고 체를 따른다면 '성체'의 유행이 곧 '천행'(天行)이 된다. 이것이 이른바 '지극히 성실하여 쉼이 없게 된다[至誠無息]는 것이다. 그리하여 재능이 없는 사람도 재능이 있는 사람으로 바뀔 수 있다. 그러므로 여기에서 "성을 온전히 실천하여 하늘과 합일할 수 있다"고 말한 것이다.

장재가 해석한 「계사상」의 "계승하는 것을 선이라 하고, 완성한 것을 성이라 한다"[繼之者善也, 成之者性也]라는 두 마디 말에 근거하여 본다면, 이 '성(性)을 온전히 실천하여 하늘과 합일할 수 있다는 것은 바로 '성을 완성하는 것'[成性]이다. '성'을 본체론적으로 말하면, 본래 고유하게 존재하고 있으며 스스로 이루며 스스로 존재하는데, 왜 우리들의 '완성'을 필요로 하는가? 그러나 인간의 실천에서 보면, 완성의 의미를 말할 수 있다. 이러한 까닭에 이 '성'(成)은 공부의 완성이자 드러남의 성(成)이지, 존유의 성(成)이나 '본래는 없었는데 지금 있게 한다'는 의미로서의 성(成)이 아니다. 이 '성성'(成性)은 양기(養氣)에 힘쓰거나 기질을 변화시켜 '성체'의 본연을 회복함을 말한 것이다. 즉 기질의 치우침을 변화시키는 과정에서 점차 그 성(性)을 완성하는 것이다. '기의 치우침' 가운데 불선한 것 또는 나쁜 표현들을 변화시켜 그것을 치우치지 않는 '선'으로 바꾸어 표현하는 것이다. 연속하여 끊임없이 이 선의 표현을 이루는 것이 바로 '계선'(繼善)이다. 이렇게 되면 '성'은 구체적으로 온전한 선이 된다. 그러므로 장재는 "힘을 쓰고 또 힘을 써서 선을 계승하는 것이 바로 선이다"라고 말한 것이다. '성'은 본래 스스로 선한 것이지만, 이것은 본체론적으로 말할 때이다. 지금 선을 계승하는 입장에서 '선'을 말하는 것은

'기의 치우침'을 변화시켜 그것이 드러나게 한다는 의미로서 말한 것이다. 그것을 드러나게 하여 구체적인 선으로 되게 하는 것도 드러난다는 측면에서 성(成)을 말한 것 같다. 현저하게 드러나게 한다는 것으로부터 '성(性)의 완성'을 말하는 것은 곧 그 현현하는 것으로부터 구체적이면서 순수한 '지선'(至善)을 말한 것이다.

위의 인용 원문에서 '미미'(亹亹)는 권면(勸勉)이라는 뜻이자, 자강불식(自强不息)이라는 뜻이다. 조금이라도 치우침이 없는 곳에 이르면 악 혹은 불선의 표현이 없게 되고, 오로지 선한 표현만이 있게 된다. 표현으로부터 말하면, 선악은 상대적으로 베풀어 진 것이다. 악이 전혀 없고 완전한 선만이 있는 경지에 이르면, 이는 악이 완전히 제거된 상태이기 때문에 '악'이라는 이름도 사라지게 된다. 악이라는 이름이 없으면 '선'이라고 할 것도 없다. 이에 "상대적인 선은 이 때문에 사라진다"고 말한 것이다. '상대적인 선은 이 때문에 사라진다'는 것은 '선'이라는 이름을 세우지 않아도 된다는 것이지 선의 실질이 없다는 것이 아니다. '선'의 이름을 세우지 않아도 되기 때문에 여기에서 "계지자선(繼之者善)을 이어 더 이상 '선'을 말하지 않고 성지자성(成之者性)이라고 말하였다"[舍曰善, 而曰成之者性]라고 한 것이다. 여기에서 원문 '사왈선'(舍曰善)은 '불왈선'(不曰善-선을 말하지 않는다)의 의미이다. '사'(舍)의 의미는 '사거'(捨去-버리다)의 의미이다. 여기에서는 반드시 '선'이라고 말할 필요 없이 단지 '완성해야할 것이 성(性)이다'라고 하면 된다. 이는 곧 '기의 치우침'을 변화시키는 과정에서 끊임없이 그 '선'의 표현을 드러나게 하여 '성'을 완성한다는 것이다. 즉 이곳에서는 '완성한다'는 측면에서 '성'을 말하기 때문에 '완성한다는 것은 성이다'[成之者性]라고 한 것이다. '성'(成)은 본체론적으로 말한 '성체'의 본연함과 자존(自存)에 대해서 말한 것이다. 기를 변화시키는 공부를 거치지 않고 '성'을 온전히 실천한다고 말하면, '성'은 단지 본체론적으로 본래 그렇게 스스로 존재할 뿐이다. '성성'(成性)은 곧 '진성'(盡性)이다. '진'(盡)의 공부 과정에서 '성'(性)을 완성하는 것이다. 기를 변화시키는 공부를 통하여 '성'을 완성하면, '성'은 구체적으로 드러나고, 완전히 현현하게 된다. 그러므로 '성'(成)은 구체적인 드러남의 성(成)이자, 현저하게 드러난다는 성(成)이지, '본래는 없다가 지금 있게 되는' 그러한 의미의 성(成)이 아니다. '완성한다는 것은 성(性)이다는 말을 장재의 이 해석에 근거하여 보면, 이는 현저하게 드러나게 하는 '성'(成)과 '진'(盡)에서 구체적으로 드러나는 '성'(性)을 말한 것이다.

이러한 해석은 「계사전」의 원래 의미와는 부합하지 않는다. 원문은 "한번 음이 되고 한번 양이 되는 것을 도(道)라 하며, 도를 계승하는 것을 선(善)이라 하고, 도를 완성한 것을 성(性)이라 한다"267이다. 여기에 나오는 '지'(之) 자는 모두 '도'(道)를 가리키는 것이다. 이 '도'를 끊임없이 계승하는 것을 일컬어 '선'이라 하고, 이 '도'를 완성 혹은 성취할 수 있는 것은 '성체(性體)의 성능(性能)이다. 이 '성체'(性體)를 온전히 실천한다면 '도'는 이곳에서 구체적으로 다시 드러난다. 이것은 "본성에 따라 행위하는 것을 도라고 한다"[率性之謂道]는 의미이다. "한 번 음이 되고 한 번 양이 되는 것을 일컬어 도라 한다"[一陰一陽之謂道]는 것은 우주론적으로 말한 것이고, '본성에 따라 행위하는 것을 도라고 한다'는 것은 개체의 도덕실천에서 말한 것이다. '성'(性)으로써 '도'를 완성하는 것 역시 개체의 도덕실천에서 말한 것이다. 그러므로 「계사전」의 아래글에서 "인자(仁者)가 보고서는 그것을 인(仁)이라 하고, 지자(知者)가 보고서는 그것을 지(知)라 하는데, 보통 사람들은 날마다 도를 쓰면서도 알지 못하므로 군자의 도를 아는 이가 드물다"268라고 하였다. 이것은 모두 아직 충분하게 그 '성'을 온전히 실천하여 '도'를 이루지 못한 상태이다. '보통 사람들은 날마다 도를 쓰면서도 알지 못한다'는 것은 분명한 사실이다. 그런데 '인자'와 '지자' 역시 한 쪽으로 치우쳐 있기 때문에 '성'의 전체를 온전

---

267 『周易』「繫辭上」, "一陰一陽之謂道, 繼之者善也, 成之者性也."
268 『周易』「繫辭上」, "仁者見之謂之仁, 知者見之謂之知, 百姓日用不知, 故君子之道鮮矣."

하게 실천하지 못하고, 도를 완성하지 못하기도 한다. '인자'는 성(性)의 인(仁) 한 면만을 온전하게 실천하는데, 이것에 의거하여 '도는 곧 인이다'고 한다. '지자'는 성(性)의 지(智) 한 면만을 온전하게 실천하는데, 이것에 의거하여 '도는 곧 의이다'고 한다. 그러나 사실 이는 '군자의 도'의 '전체'가 아니다. 이것이 「계사전」에 나온 말의 원래 의미이다. 장재는 오히려 이를 '성을 완성한다'[成性]로 해석하였는데, 그렇게 해석하면 '도를 완성하는 것'[成道]은 아니다. 주희는 이에 대해서 "성(成)이란 갖춘다는 것을 말한 것이다. 성(性)이란 사물이 품수 받은 것을 말한다. 사물이 생하면 성(性)이 있는데 각기 이 도를 갖추고 있음을 말한 것이다"[269] 라고 주석하였다. 주희는 단지 '성(性)이 이 도를 갖추고 있다'는 것으로써 성(成)을 해석하였다. 그러나 이는 '성'(性)으로써 도를 완성한 것이 아니므로 이것 역시 『주역』의 원래 의미를 잃은 것이다.

장재의 해석이 비록 「계사전」의 원래 의미를 따른 것은 아니지만, 그 자체로서 하나의 의리를 이룰 수 있고, 또 그 자체로서 하나의 의리를 말할 수도 있다. 장재가 이 단락에서 말한 것은 실제로 『역전』과는 다른 자신의 의리이다. 그러나 그가 사용한 용어에는 타당하지 않은 곳도 있으며, 의미가 명확치 않은 곳도 있다. 예를 들어 첫 번째 구절의 "성이 완성되지 않으면 선악이 섞이게 된다"[性未成, 則善惡混]는 말은 그리 타당한 표현이 아니다. '성(性)이 아직 완성되지 않았다'는 말은 아랫 글의 성(成) 자에 대해서 말한 것이다.[여기에서 완성하는 것은 성(性)이지 도(道)가 아니다. 이점은 분명하다.] 이 '성'(性)은 원래 '천지지성'을 가리켜 한 말이다. '완성'이란 이미 현저하게 이루어졌다는 것이지 '본래는 없었지만 지금은 있다는 '완성'의 의미가 아니다. '완성'한 후는 분명 구체적으로 온전한 선이다. 그렇다고 아직 완성하기 전에는 '선악이 섞여 있는 것이다'고 말할 수는 없다. 완성하기 이전의 선을 '존유론적으로 본래 스스로

---

269 『周易本義』「繫辭上」, "成, 言其具也. 性, 謂物之所受. 言物生則有性, 而各具斯道也."

그렇게 존재하는 선이다라고 말할 수는 있지만, '선과 악이 섞여 있다고는 말할 수 없다. 이 말은 너무나 불분명하고, 투철하지 않은 표현이다. 만약 '기의 치우침'을 변화시키기 이전에 '성체'의 표현이 선으로도 될 수 있고, 악으로도 될 수 있다면 '선악이 섞여 있다고 해도 된다.[장재는 아마 이 의미로 말했을 것인데, 용어의 선택이 이점을 잘 드러내지 못하였다.] 만약 "성(性)이 아직 완성되기 전에 선과 악이 섞여 있다"고 하고서, '성체' 자체가 그렇다고 말한다면 이는 크게 잘못된 것이다. 그렇다면 성(性)의 선함 혹은 지선의 '성'은 곧 '본래는 없었는데도 지금은 있는 것'으로 된다. 그러나 실상은 결코 이와 같지 않기 때문에 장재가 이렇게 말해서는 안 된다. 장재가 쓴 문장에도 이러한 뜻은 없다. 때문에 '단지 존유론적으로 본래 그렇게 스스로 존재한다'는 의미와 '분명하고 확연하게 드러내어 완성한다'는 의미는 서로 다른 것이다. 장재는 후자를 말하였다. 그러나 후자를 말했다고 해서 '본래 그렇게 스스로 존재하고 있다'는 전자의 의미를 말살할 수는 없다. '본래 그렇게 스스로 존재하는 성'은 '선과 악이 섞인 것'이 아니다. 만약 그렇지 않다면 어떻게 '하늘은 본래 만물을 잘 조화하여 어느 한 쪽으로 치우치지 않는다'라고 하고, 또 '근본을 회복하여 치우치지 않는다'고 말할 수 있겠는가? 그러므로 "성(性)이 완성되지 않으면 선과 악이 섞이게 된다"는 표현은 장재의 일시적인 불분명한 말이거나, 일시적으로 제대로 살피지 않은 말임이 분명하다. 이 '성'은 틀림없이 '천지지성'을 가리켜 말한 것이지 절대 '기질지성'을 가리켜 말한 것이 아닐 것이다. 그렇다면 단지 다음과 같이 말 할 수 있을 뿐이다.

이 성(性)이 아직 드러나는 상태로 완성되지 않았을 때, 그 기질의 치우침 가운데 표현되는 것은 선과 악이 혼재되어 있거나 혹은 선도 될 수 있고 악도 될 수 있으며, 어떤 때는 선하다가 어떤 때는 악하기도 한다. 그러나 '성체' 자체는 결코 선악이 섞여 있다고는 말할 수 없다.

장재가 비록 일시적으로 타당하지 않은 용어를 사용하고 있지만, '성(性)을 완성한다'는 의미는 오히려 분명하며, 또한 그 자체적으로 성립될 수 있는 의미이다. 장재는 여러 차례 이러한 의미를 말했는데, 『정몽』 각 편 및 『경학리굴(經學理窟)』에 흩어져 있다. 이것을 통하여 장재가 이러한 의미에 대하여 정중한 태도를 취하고 있음을 발견할 수 있다. 즉 성성(成性)은 결코 장재가 일시적으로 우연히 한 말이 아니다. 그것의 근거를 소개하면 다음과 같다.

1. 『정몽』「신화」[270]

1-1. 나라는 사사로움이 없은 이후에야 큼이 있고, 큼이 '성'을 완성한 이후에야 성(聖)이 된다. 성(聖)이 천덕에 자리하여 지혜로도 구할 수 없는 것을 신(神)이라 한다. 그러므로 '신'이란 '성(聖)'으로도 알 수 없는 것이다.

無我而後大, 大成性而後聖. 聖位天德不可致知謂神. 故神也者聖而不可知.

1-2. 신(神)은 생각한다고 해서 알 수 없는 것이며, 다만 보존해야 할 따름이다. 화(化)는 조장해서는 안 되는 것이니, 다만 그것을 따라야 할 따름이다. '허명'을 보존하고, 지극한 덕을 오래하며, 변화에 따르고, '시중'에 도달하는 것이 '인'(仁)의 지극함이자 '의'를 온전히 실천하는 것이다. 미미한 것을 알고 드러난 것을 알며, 끊임없이 그 선을 계승한 연후에야 사람의 '성'을 완성할 수 있다.

神不可致思, 存焉可也. 化不可助長, 順焉可也. 存虛明, 久至德, 順變化, 達時中, 仁之至, 義之盡也. 知微知彰, 不舍而繼其善, 然後可以成人性矣.

2. 『정몽』「성명」

---

270 역수 : 이하의 원문은 이미 본문에서 출전을 밝히고 있으므로, 원문 뒤에 출전 인용을 하지 않고, 필요시 출전을 밝히겠다.

2-1. 미세한 악이라도 반드시 제거해야만 '선'이 '성'을 완성하게 된다. 악을 살피는 것이 완전하지 못하다면 비록 선이라고 할지라도 반드시 거칠게 된다.
纖惡必除, 善斯成性矣. 察惡未盡, 雖善必粗矣.

2-2. 『시경』에서 "의식하지 못하든 알지 못하든 상제의 법칙을 따른다"고 하였다. 만약 그것을 사려하고 의식하려고 한다면 천도를 잃는 것이다. 군자가 '성'으로 삼은 것은 천지와 함께 흐르면서도 행함이 다를 따름이다.
不識不知, 順帝之則. 有思慮識知, 則喪其天矣. 君子所性與天地同流異行而已焉.

해설 이 단락에서 "의식하지 못하든 알지 못하든 상제의 법칙을 따른다"고 한 것은 초월적 자각의 의미에서 말한 것이다. 이 단락에서는 비록 '성을 완성한다[成性]'이라는 용어가 없지만, "의식하지 못하든 알지 못하든 상제의 법칙을 따른다"와 "군자가 '성'으로 삼은 것은 천지와 함께 흐르면서도 행함이 다를 따름이다"라는 것은 '성을 완성하는' 극치이다.

2-3. 하늘에서 말미암지 않은 것은 없다. 양의 밝음이 성대하면 덕성이 작용을 한다. 음의 탁함이 성대하면 물욕이 행해진다. 악을 다스려서 선을 온전히 하는 것은 반드시 배움에서 말미암지 않는가?
莫非天也. 陽明勝, 則德性用. 陰濁勝, 則物欲行. 領惡而全好者, 其必由學乎?

해설 이에 대해 유종주(劉宗周)는 안어(案語)를 지어 "만약 좋아함(선)을 제거하여 악을 사용한다면 손놀림만 빠르게 될 따름이다. 그러나 배우는 사람의 직분에서는 다만 이와 반대로 해야 한다"[271]고 말하였다. 선을 좋아하고 악을 미워하는 것은, 유종주에게 있어서는 의체(意體)의 독지(獨

---

[271] 『宋元學案』「橫渠學案上」, "若領好以用惡, 手勢更捷. 然在學者分上, 只得倒做."

知)²⁷²가 발한 것[앎은 意에 감추어져 있다]이고, 장재에게 있어서는 '성체'의 신용(神用)이 발한 것이다. '악을 미워하는 용'을 있게 하거나 혹은 '악을 미워하는 용'으로 이끌어[領惡] '선을 좋아하는 용'을 온전히 하는 것[全妍]이 바로 '성'을 완성하는 것이다. '성을 완성한다'는 뜻은 이 '배움'의 공부 가운데 간직되어 있다.

3. 『정몽』「중정(中正)」

3-1. 덕을 바랄 수 있는 것을 일컬어 선이라 하고, 인(仁)에 뜻을 두는 것은 악함이 없는 것이다. 성(誠)과 선을 마음에 두는 것을 일컬어 신(信)이라 하고, 안을 가득 채워 바깥으로 형체가 드러나는 것을 일컬어 미(美)라 하며, 천지를 가득 채우는 것을 일컬어 대(大)라 하고, 이 '대'로 성(性)을 완성하는 것을 일컬어 성(聖)이라 하며, 천지의 법칙과 함께 유행하고 음양을 헤아릴 수 없는 것을 신(神)이라 한다.

可欲之謂善, 志仁則無惡也. 誠善於心之謂信, 充內形外之謂美, 塞乎天地之謂大, 大能成性之謂聖, 天地同流陰陽不測之謂神.

3-2. 군자의 도는 몸을 이루고 '성'을 완성하는 것을 자신의 임무[功]로 삼는다. 성(聖)에 이르지 못하고서는 아무리 행하여도 완성되지 못할 것이다.

君子之道, 成身成性以爲功者也. 未至於聖, 皆行而未成之地爾.

4. 『정몽』「지당(至當)」

4-1. 다른 사람을 사랑한 후에야 자신의 몸을 보존할 수 있다.[도움을 적게 주

---

272 역주 : 獨知는 '다른 사람은 모르고 자신만 아는 것'이지만, 이곳에서 유즙산이 사용하는 獨知는 知善知惡과 好善惡惡의 작용을 모두 갖추고 있는 義體의 작용이다. 때문에 모종삼은 '앎은 意에 감추어져 있다'고 한 것이다.

면 친척마저 배반한다.] 자신을 몸을 보존할 수 있으면 땅을 가릴 것도 없이 편안하게 된다.[자신의 몸을 보존할 수 없다면 편안한 곳을 찾아서 의탁하게 된다.] 땅을 가릴 것도 없이 편안한 것은 대개 도달한 경지가 크기 때문이다. 하늘에까지 크게 이르게 되면 '성'을 완성하고 몸을 이루게 된다.

愛人然後能保其身. (寡助則親戚畔之) 能保其身, 則不擇地而安. (不能有其身, 則資安處以置之) 不擇地而安, 蓋所達者大矣. 大達於天, 則成性成身矣.

4-2. 앎이 그것에 이르더라도 본성의 예로 행하지 않으면 '성'으로 삼은 것은 자기가 가지고 있는 것이 아니다. 그러므로 예를 알고 '성'을 완성하여야 도의가 나오는 것이니, 이는 마치 천지가 바른 위치를 잡고서 역이 행해지는 것과 같다.

知及之而不以禮, 性之非己有也. 故知禮成性而道義出, 如天地位而易行.

5. 『정몽』「대역(大易)」

5-1. 건괘(乾卦)의 구삼효(九三爻)와 구사효(九四爻)는 중(中)을 지나쳤을 뿐만 아니라 두 효가 모두 양효로 겹쳐 있다.[273] 이 효가 점괘로 나오게 되면 일상적인 말과 일상적인 행동으로는 일을 헤쳐나가기에 부족하다. 비록 대인(大人)의 크나큰 덕으로도 불안한 바가 있다. 바깥으로는 변화를 따르고 안으로는 성명(性命)을 바르게 해야 한다.[274] 그러므로 이들 효는 위태롭고 의심스러워 덕을 드러내기가 어렵지만, 때는 멈추지 않고 계속 운행한다. 건괘 구오효는 대인의 교화를 나타낸 것이자, 천덕(天德)의 자리인데, 이는 성(性)을 완성한 성

---

[273] 역주: 『주역』의 괘에서 효 이름은 아래에서부터 初·二·三·四·五·上이라고 부르는데, 二·三·四·五효의 경우 양효이면 앞에 九를 붙이고 음효이면 앞에 六을 붙이지만, 초효와 상효는 뒤에 구와 육을 붙인다. 그리고 '中'은 이효와 오효의 자리를 일컫는다.

[274] 역주: 이 말은 또 달리 해석할 수 있다. 64괘의 괘는 아랫괘를 內卦라 하고 윗괘를 外卦라고도 한다. 건괘 구삼효는 내괘의 자리에 있으므로 바르게 있어야 하고, 구사효는 외괘에 있으므로 바깥의 변화를 따른다.

(誠)이다. 그러므로 건괘의 괘사에서 "대인이 나타나는 데 이롭다"고도 하였고, 「문언전」에서는 "성인이 나타나니 온 누리의 사람이 이를 바라본다"라고도 하였다. 건괘 상구에서 '너무 높게 올라간 용'[亢龍]이라고 말한 것은 괘그림에 나타난 위치를 보고서 한 말이다. 만약 성인이라면 그 올바름을 잃지 않는데, 어찌 극단으로 치우침이 있겠는가?

乾三四位, 過中重剛. 庸言庸行, 不足以濟之. 雖大人之盛, 有所不安. 外趨變化, 內正性命. 故其危其疑, 艱於見德者, 時不得舍也. 九五大人化矣, 天德位矣, 成性聖矣. 故旣曰利見大人, 又曰聖人作而萬物睹. 亢龍以位畫爲言. 若聖人則不失其正, 何亢之有?

5-2. 건괘 구오에서 "날아오른 용이 하늘에 있으니, 대인이 나타나는 데 이롭다"라고 말하였다. 이는 대인이 덕을 이루어서 천덕에 자리하였다는 것으로, 성(性)을 완성하여 성(聖)의 경지에 올랐다는 것이다. 명(命)을 받아 처음으로 나타나는 경우에는 성(性)으로 삼는 바가 아직 존재하지 않는다. 그러므로 건괘 「문언전」에서 "군왕의 지위에 자리하였다"라고 말하지 않고, "천덕에 자리하였다"라고 말하였다. 그리고 구오의 「상전(象傳)」에서 "대인이 군왕이다"라고 하지 않고, "대인이 이루었다"라고 말한 것이다.

乾之九五曰, 飛龍在天, 利見大人. 乃大人造位天德, 成性躋聖者爾. 若夫受命首出, 則所性不存焉. 故不曰位乎君位, 而曰位乎天德, 不曰大人君矣, 而曰大人造也.

5-3. 성(性)을 완성하는 것은 성(聖)의 경지에 올라 천덕(天德)에 자리한 것이다. 건괘 '구이'는 비록 아랫 괘의 중(中)의 자리에 있어 군왕의 덕이 있지만 위에서 다스리는 자가 아니다. 건괘 '구오'는 위에서 다스리는 자이기에 하늘의 덕을 말하였으니, 성인의 성(性)이다. 그러므로 군왕이라고는 말하지 않고 '하늘'이라고 말하였으며, 대인이 나타나 덕과 자리를 모두 이루었다고 한 것이다.

成性則躋聖而位天德. 乾九二正位於內卦之中, 有君德矣, 而非上治也. 九五言上治者, 言乎天之德, 聖人之性. 故舍曰君而謂之天, 見大人德與位之皆造也.

해설 위 인용문 5-3의 "군왕이라고는 말하지 않고 하늘이라고 말하였다"[舍曰君而謂之天]에서 '사왈'(舍曰)은 '불왈'(不曰)과 같은 뜻으로, 앞서 설명한 원문의 "더 이상 선을 말하지 않고 '성지자성'(成之者性)이라고 말하였다"[舍曰善而曰成之者性]와 같은 어법으로 쓰인 것이다.

6. 『경학리굴(經學理窟)』「기질(氣質)」

6-1. 사람의 기질이 아름답고 악한 것과 귀하고 천한 것, 요절하고 장수하는 리는 모두 품수 받은 분수이다. 예컨대 기질이 악한 사람이 배운다면 악한 기질을 바꿀 수 있다. 지금 사람들이 기에 부림을 많이 받아 현명하게 될 수 없는 것은 대개 배움을 모르기 때문이다. 옛날 사람들은 마을의 거리에서도 어른과 친구들을 스승으로 삼아 날마다 서로 가르쳐서 저절로 현명한 이가 많았다. 그러나 배움이 '성(性)'을 완성한 데' 이르면 기가 이길 방도가 없다. 맹자는 "기가 하나로 집중되면 뜻을 움직인다"[275]고 하였는데, 여기서 움직임이란 옮겨져 바뀔 수 있음을 말한 것이다. 만약 뜻이 한결같다면 역시 기를 움직일 수 있다. 배움이 천덕과 같은 경지에 이르러야 성을 완성할 수 있을 것[成性]이다.

人之氣質美惡與貴賤夭壽之理皆是所受分. 如氣質惡者, 學卽能移. 今人所以多爲氣所使, 而不得爲賢者, 蓋爲不知學. 古之人在鄕閭之中, 其師長朋友日相教訓, 則自然賢者多. 但學至於成性, 則氣無由勝. 孟子謂"氣壹則動志", 動猶言移易. 若志壹, 亦能動氣. 必學至於如天, 則能成性.

『張子全書·卷5』『經學理窟·二』

6-2. 이른바 끊임없이 힘을 쓴다는 것은 선을 계승함을 일컫는 것이다. '성'을

---

275 역주 : 이 말은 『맹자』「공손추상」에 나오는 말이다.

완성한다는 것은 끊임없이 지속함으로써 선해져서 '성'을 완성함에 이를 수 있다는 것이다.

所謂勉勉者, 謂繼之者善也. 成之者性也, 繼繼不已, 乃善而能至於成性也.

『張子全書·卷5』『經學理窟·二』

해설 이상의 14개 조목은 모두 '성을 완성함[成性]의 의미에 대해 말한 것이다. 비록 『주역』의 "계승하는 것을 선이라 하고, 완성하는 것을 '성'이라 한다"는 측면에서 말하였지만, 이것이 『주역』「계사전」의 원의와 반드시 합치한 것은 아니다. 그러나 공부와 배움으로써 '성을 완성한다'는 의미는 그 자체적으로 의리에 통하기 때문에 결코 문제가 되지 않는다. 주희는 이점을 이해하지 못하였다. 『주자어류』 권99 「장자지서(張子之書) 2」에는 다음과 같은 말이 있다.

물었다. "『정몽』에서 문제가 있는 것은 그가 표현한 것이 잘못되었다는 것입니까,[276] 아니면 잘못 이해하였다는 것입니까?" 대답하였다. "그것은 잘못 이해한 것에 있다. 예를 들어 '계승하는 것은 성(性)이다'라고 하면서 곧장 선과 악이 혼재되어 있다고 말한 것 등이 그것이다.[277] '완성하는 것은 성이다'는 성인의 경지에 이르러야 비로소 성을 완성하였다고 할 수 있다. 그러므로 '예를 알고 성을 완성하여야 도의가 나오는 것이다'고 말한 것이다. 그러나 이곳에서 말한 것은 모두 잘못 이해한 것 같다."

或問 : "『正蒙』中說得有病處, 謂是他命辭不出有差, 還是見得差?" 曰 : "他是見得差. 如曰, 繼之者善也, 方是善惡混, 雲雲. 成之者性, 是到得聖人處方是成得性. 所以說'知禮成性而道義出.' 似這處都見得差了."

---

276 역주 : 이곳 7)『정몽』「성명」인용문에는 '命'이라는 말이 나오지 않는다.
277 역주 : 모종삼은 '여기에서 장재의 말을 인용한 것은 타당하지 않은데, 그 중에서도 '方'자가 특히 잘못되었다'고 하였다. 장재가 한 원래의 말은 "性未成, 則善惡混. 故亹亹而繼善者, 斯爲善矣"이다.

해설 장재는 "성(性)이 완성되지 않으면 선과 악이 섞여 있다"고 말하였을 뿐, 결코 '선을 계승하는 것'[繼善]이 선악이 혼재된 것이라고 말하지 않았다. 장재는 힘쓰고 힘을 써서 선을 계승하는 것이 바로 '성'을 완성하는 것이라고 하였다. 앞의 6-2조목을 보면 알 수 있다. "성이 완성되지 않으면 선과 악이 섞여 있다"고 한 것은 비록 어감상 잘 통하는 말은 아니지만, '공부'를 통하여 현저하고도 뚜렷하게 '성을 완성한다는 의미를 말하면 막히거나 소통되지 않는 곳이 없다. "예를 알고 '성'을 완성하여야 도의가 나오는 것이다"[4-2조목]는 말은 특히나 의미가 분명하고도 타당한데, 어떻게 "모두가 잘못 이해한 것이다"라고 말할 수 있는가? 장재의 말이 잘못되지 않았는데도 주희가 이해하는 못한 것은 무슨 연유인가? "완성하는 것이 성이다"[成之者性也]라는 문구에 대한 주희의 해석 역시 「계사전」의 원래 의미와 반드시 합치한 것은 아니다. '갖추고 있다'[具]는 의미로 해석한다면, 이는 '성'이 존유한다는 의미로서, '천명지위성'(天命之謂性)이라는 것과 유비할 수 있다. 원래 의미는 '이 도를 성취할 수 있는 것이 성이다'라는 것인데, 이는 '본성에 따라 행위하는 것을 성이라고 한다'는 솔성지위도'(率性之謂道)와 유비할 수 있다. 그리고 장재는 공부에서부터 뚜렷하게 이 '성'을 성취한다고 하였다. 이 두 가지는 서로 독립적인 의미이다. 성성(成性)의 의미를 『주역』과 분리하여 장재가 말한 것으로써 이해해도 성립할 수 있다.

이 '성을 완성한다'[成性]는 의리는 후대 호굉(胡宏)에게 큰 영향을 끼쳤다. 호굉은 『지언(知言)』에서 '진심'(盡心)으로 '성(性)'을 완성하고' '천하의 큰 근본을 세운다'고 말하였다. 『지언』에서는 장재를 언급하지 않았고, 주돈이와 정호에 대해서도 언급하지 않았다. 그러나 호굉이 주돈이 · 장재 · 정호의 책을 자세히 읽지 않았다고 말할 수는 없다. 그가 말한 '성을 완성하다'[成性]는 말은 분명 장재를 근본으로 한 것이다. 위의 기록을 근거로 장재가 말한 '성(性)을 완성하다'는 말을 보면, 이는 '기질을 변화시키는 것'과 양기설(養氣說)에서 말한 것이지, '심'으로부터 그것을 말한 것 같지는 않다. 그러나 기질을 변화시키는 것과 양기의 관건은 본심을 드러내는 것에 달려 있다. 맹자가 말한 '호연지기'는 "그와 같은 기(氣)는 의(義)와 도(道)에 함께 어울린다. 호연지기가 없으면 위축된다. 이러한 호연지기는 '의'가 축적되어서 생긴 것이지, 의가 갑자기 엄습해 와서 갖추게 된 것이 아니다. 행하여 마음에 만족감을 느끼지 못하면 위축된다"[278]에서의 호연지기이다. 이것은 '본심'의 현현과 무엇으로도 막을 수 없는 성대한 유행으로부터 '호연지기의 기름'을 말한 것이다. 장재도 "그 기(기질지성)를 잘 길러서 본(本-천지지성)으로 회복하여 치우치지 않으면 '성'을 온전히 실천하여 하늘과 합일할 수 있다"고 말하였다. 이 말이 비록 기질의 치우침에서 '양기'를 말한 것이고, 응결되고 치우치고 막힌 기를 부드럽게 하고 통하게 한다는 것이지만, '호연지기를 기른다'는 것을 말한 것은 아니다. 그러나 기를 길러서 부드럽게 하고 통하게 하여 기질을 변화시키는 효과를 거둘 수 있는 본질적 관건은 본심의 현현에 있다. 위에서 기록한 6-1조목에서 장재는 "뜻이 하나로 집중되면 기를 움직이고, 기가 하나로 집중되면 뜻을 움직인다"는 맹자의 말을 인용하여 "움직임이란 옮겨져 바뀔 수 있음을 말한 것이다. 만약 뜻이 한결같다면 역시 기를 움직일 수 있다"라고 말하였다. 뜻(志)이란 심지(心志)인데, 이는 마음에서 기질을 변화시킴을 말한 것이다. '심지'가 드러나면 '기의 치우침'을 바꾸어 그것을 부드럽게 하고 통하게 할 수 있다. 이것이 바로 장재가 말한 '배움'[學]의 공부이다. "반드시 배움이 천덕과 같은 경지에 이르러야 '성'을 완성할 수 있을 것이다"라는 장재의 말은 '심을 온전히 드러내어 기를 바꿈으로써 성(性)을 완성한다'는 말과 다르지 않다. '성'을 완성하는 관건은 심지(心志)를 극진히 하는 것에 달려 있다. 그러므로

---

[278] 『孟子』「公孫丑上」, "其爲氣也配義與道. 無是餒也. 是集義所生者, 非義襲而取之也. 行有不慊於心則餒矣."

「성명편」에서 다음과 같이 말하였다.

> 심은 성을 온전히 실천할 수 있고, 사람은 도를 넓힐 수 있다. 성은 그 심을 살필 줄 모르고, 도가 사람을 넓히는 것이 아니다.
> 心能盡性, 人能宏道也. 性不知檢其心, 非道宏人也.
>
> 『正蒙』「誠明」

'진심'(盡心)이 곧 '성성'(成性)이다. '심이 온전히 성을 실천할 수 있다'는 것은 곧 진심(盡心)함으로써 '성'을 완성한다는 것이다. 심이 어떻게 '진성'(盡性)하고 '성성'(成性)할 수 있는가? 심의 영각(靈覺)과 묘용(妙用), 그리고 자주·자율은 충분히 '성'의 실체를 드러낼 수 있다. '성'의 실체는 온전히 '심'에서 드러난다. 이러한 까닭에 '진심'(盡心)이 곧 '진성'이자 '성성'이라는 것이다. 후대의 호굉은 이에 근거하여 다음과 같이 말하였다.

> 심(心)이라는 것은 천지의 원리를 알아 만물을 주재함으로서 성을 완성하는 것이다. 여섯명의 군자[堯·舜·禹·湯·文王·孔子]는 심을 다한 사람이다. 그렇기 때문에 천하의 대본을 세울 수 있었다.
> 心也者知天地宰萬物以成性者也. 六君子盡心者也, 故能立天下之大本.
>
> 『知言』 卷1

여기에서 말한 '성을 완성한다[成性]의 성(成) 역시 장재와 마찬가지로 실천을 통하여 드러낸다는 의미의 완성이다. '진심'하여 '천하의 근본을 세운다'라고 할 때의 '세운다[立]'는 말 역시 분명 실천을 통한 드러낸다는 의미의 립(立)이지 '본래는 없다가 지금 있다'는 의미의 '세운다'는 의미가 아니다. 유종주도 이러한 의미를 자주 말하였는데, 이는 그들의 의리가 동일 계통에 속한 것이기 때문이다. 그런데 주희는 왜 이를 이해할 수 없었는가? 그것은 주희의 의리계통에서는 이러한 의리를 받아들일수 없었기 때문에 주희의 의식 속으로 들어가지 못한 것이다.

주돈이가 성체(誠體)·신체(神體)·적감진기(寂感眞幾)를 말한 것에서부터, 장재가 천덕신체(天德神體)·태허신체(太虛神體)·'하늘은 본래 잘 조화를 이루어 치우치지 아니 한다'·'도는 음양·동정·취산·왕래의 양면을 겸하면서도 어느 한 면에 치우치지 않는다'·'성은 그 총괄적인 것이고 둘을 합한 것이다'고 말한 것과 정호가 '오목불이'(於穆不已)의 체를 말하고 더 나아가 역체(易體)·리체(理體)·신체(神體)·성체(誠體)·인체(仁體)·심체(心體)·경체(敬體)·충체(忠體)를 말한 것은 모두 동일한 계통 속의 한 가지 실체에 관한 설명과 규정이다. 도체(道體)와 '성체'에 대한 이러한 깨달음[즉 활동이면서 존유하는 실체를 깨닫는 것]은 모두 주희와 상응할수 없었다. 주희는 다만 정이의 '성즉리'(性卽理)에 근거하여 도체·'성체'그리고 태극을 '다만 존유만 할 뿐 활동하지 않는'[只存有而不活動] '단지리'[只是理]로 이해하였다. 그리고 심(心)·신(神)·적감(寂感)을 리에서 빼내어 기에 속하게 하였다. 또한 '격물궁리'(格物窮理)라는 대상에 따라 지식을 획득하는 '순취의 길'[順取之路]을 따라 이 도체와 '성체' 그리고 태극을 파악하였다. 주희가 이렇게 한 것은 그가 '진심(盡心)함으로써 성(性)을 완성한다'는 의미를 받아들일 수 없고, 또 그것이 그의 의식 세계로들어가기 어려웠기 때문이다. 정이는 일찍이 "성에 형체가 있는 것을 일컬어 심이라 한다"[279]고 말하였다. 이 말에는 비록 분명하지는 않지만'드러낸다'는 형저(形著)의 의미가 포함되어 있다. 그러나 정이의 논의 방식에 따라서 착실하게 '형저' 의미를 말하면, 이는 심지의 밝음[心知之明]이 '격물궁리'의 과정에서 드러난다는 것이고, 또 심기(心氣)가 함양의 공부를 거친 후에 현상세계에서 드러난다는 것이다. 이것은 장재와 호굉이말한 '진심성성'(盡心成性)의 의미가 아니다. 또한 정이의 의리에는 '진심

---

279 『二程遺書』卷25, "性之有形者謂之心."

성성'의 의리가 갖고 있는 경책성(警策性)과 엄숙성 그리고 진실성이 포함되어 있지 않다. 그러므로 정이의 말은 주희의 주목을 그다지 받지 못하였다. 때문에 주희는 "이천에게는 심(心) 자를 말한 부분이 많은데 이는 모두 분명하지만, 이 단락은 오히려 분명하지가 않다. '유형'(有形)이라는 두 글자가 합하여 무엇을 말하는 것인지 모르겠다"[280]고 하였다. 정이와 주희의 논의 방식에서 '드러낸다는 형저 의미'는 사실 중요하지도 않고, 본질적인 것도 아니기 때문에 있어도 되고 없어도 되는 것이다. 그러므로 주희는 이러한 의식이 없었던 것이다.[정이의 이 말에 대해서는 '정이 철학에 자세히 해석해 놓았으니 살펴보기 바란다.] 그러나 도체와 '성체'를 '활동하면서 존유하는 실체'로 이해하는 계통에서 '진심성성'(盡心成性)은 본질성과 진실성을 갖고 있다. 왜냐하면 '성체'의 실질 내용은 모두 심에서 볼 수 있고, 심의 영각(靈覺)과 묘용(妙用)을 통하여 자주·자율적으로 '성'의 실질을 드러내기 때문이다. 또한 이곳에서 '성'이 '성'으로 되는 까닭이 이루어지고 확립되기 때문이다. 즉 진심(盡心)을 통하여 구체적이고도 진실한 '성'을 이루며, 또한 구체적이면서도 진실한 '성'을 확립하여 '심과 성이 하나가 된다. 무릇 '오목불이'의 실체에서부터 '성'을 말하는 것은 원래 『논어』·『맹자』의 '인'(仁)과 '심'으로 회귀하여 말한 것이기 때문에 반드시 '성'의 동태적 활동 의미를 말해야 한다. 그래야만 비로소 구체적이면서 진실하게 되고, 심과 성이 비로소 하나가 된다. 그리고 이는 '성체'를 이해할 때 가장 쉽게 떠오르는 의미이고, 의리적으로 필연적인 것이기 때문에 장재·호굉·유종주가 모두 그것을 말한 것이다. 비록 정호는 이를 언급하지 않았지만 원교(圓敎)와 돈교(頓敎)가 하나의 근본임을 자주 말하였다. 이는 이미 이러한 의미를 넘어선 것이고, 또 정호의 말에 이 말이 포함되지 않은 적도 없었다. 주돈이가 이를 언급하지 않은 것은 그가 초창기에 있었기 때문에 아직은 이와 같이 넓게 말할

---

[280] 『晦庵集』卷73, "伊川有數語說心字皆分明, 此一段卻難曉. 不知有形二字合如何說."

수가 없었던 것이다. 정이와 주희는 이를 말하지 않았는데, 주희가 특히 이를 이해하지 못한 것은 그 학술적 계통이 달랐기 때문이다. 육구연과 왕수인이 이에 대해 말하지 않은 것은 그들은 순전히 맹자학에서부터 들어가 단지 일심(一心)의 펼침만을 논했기 때문에 말할 필요가 없었던 것이다. 그러나 주돈이·장재·정호의 말을 계승하여 도체와 '성체'를 말한다면 반드시 이 의미를 논의해야 한다. 이것이 바로 '진심성성'(盡心 成性)의 의미가 이 계통에서 본질성과 진실성 그리고 경책성을 갖는 까닭이고, 호굉과 유종주가 북송 삼가(三家-주돈이·장재·정호)의 적통이 되는 까닭이다. 주희는 정이의 적통이므로 이점을 이해할 수 없었다. 그러나 주희의 부족은 이것에만 그치지 않는다.

'오목불이'(於穆不已)의 실체에 따라서 '성'[性-이 '성'은 誠體와 神體를 그 안에 포괄하고 있다]을 말하는 것은 모두 '성체'를 초월적 실체로 보는 것이고, 선과 악의 양상이 없는 절대 지선(至善)의 오체(奧體)·밀체(密體)·적감진기·창조의 진기[創造眞幾]로 보는 것이며, 활동하면서 존유하는 진체(眞體)로 이해하는 것이다. 장재가 "성이 아직 완성되지 않으면 선악이 섞이게 된다"고 말한 것은 언어상 잘 소통되지 않는 말이다. 그러나 그 말의 실재 의미는 마땅히 다음과 같이 이해해야 한다. 즉 '성체가 진심(盡心)하여 기를 변화시키는 과정을 통하지 않고 드러날 때는 단지 순연 지선(純然至善)하고 무선무악(無善無惡)의 진체(眞體) 자신일 뿐이다.'[281] 때문에 힘을 쓰고 힘을 써서[亹亹-勉勉] 선을 계승하고, 진심(盡心)으로써 기를 바꾸는 공부를 통과할 때 비로소 구체적이면서도 진실한 '성체'의 온전한 모습이 이루어진다. 이것이 바로 '성을 완성한다'는 것이다.[장재는 "악을 완전히 제거하면 선이라는 이름은 악과 상대되는 것이기에 선마저도 없어지게 된다. 그러므로 선이라 말하지 않고 나날이 이루는 것을 '성'이라 한다"고 하였다.[282]

---

281 역주 : 앞에서 모종삼은 성의 본래 모습을 '존유론적으로 본래 스스로 그렇게 존재하는 선이다'라고 말할 수 있다고 하였다.

282 『正蒙』「誠明」, "惡盡去, 則善因以亡. 故舍曰善, 而未日成之者性."

이때의 '성'(性)은 이미 뚜렷하게 드러나 성취 혹은 완성한 것이며, 비록 '선'이라고 말하지 않더라도 구체적이면서도 진실하게 드러난 완전한 선이다.] 정호 역시 "사람이 태어나 처음 고요할 때 그 이상은 말할 수 없다. '성'이라고 말하면 이는 이미 '성'이 아니다"[283]라고 하였다. 여기에서 '성이 아니다'는 것은 사람이 태어난 이후에는 기의 품수가 섞여 함께 흐리기 때문에 '오목불이'한 실체 자체의 본연이 아님을 말한 것이다. 그러므로 정호는 또 "무릇 사람이 성을 말하는 것은 다만 선을 계승한다고만 말하는 것이다"[284]라고 하였다. 정호의 이 말과 장재가 말한 것의 의미는 같은 것이며, 또한 '성' 자체가 아직 선을 계승하지 못하였을 때는 단지 선도 없고 악도 없는 순연(純然)하고 지선(至善)함만을 간직하고 있다는 의미도 포함하고 있다. 주희는 비록 그가 이해한 '성'과 정호가 체득한 것이 다르다 할지라도 정호의 의미를 수용할 수 있을 것이다. 그러나 호굉이 "성이란 천지와 귀신의 오묘함이어서 선으로도 그것을 다 말할 수 없는데 하물며 악에 있어서랴"[285]라고 말하자 참지 못하고서, 이를 고자(告子)의 '성무선악(性無善惡)이라고 극력 반대하였다. 이것은 분명 오해이자 냉정하고 공평한 논의가 아니다. 호굉의 주장은 정호의 주장과 같은 것이다. 마지막으로 유종주에 이르러, 주희가 호굉을 극력 반대하는 것과는 상관없이 "무릇 성(性)은 성(性)이 아닌데, 어찌 선악을 말할 수 있겠는가"[286]라고 하였다. 이러한 까닭에 '성을 밝힌다'[明性]라고 하지 않고 '성을 보존한다'[存性]이라 하였다.[자공이 말하기를 "선생님께서는 '성'과 천도에 대해 말하였지만, 이해할 수 없었다"[287]라고 하였다. '성'은 본래 '성'이 아니라고 해도 안 될 것은 없

---

[283] 『二程遺書』卷1, "人生而靜以上不容說, 才說性, 便已不是性." 역주 : 이에 대한 출전은 『二程遺書』가 확실하지만 『二程遺書』에는 '才說成時'라고 되어 있다. 후대의 정호의 말을 기록한 것에는 '時'자가 빠져 있다.

[284] 『二程遺書』卷1, "凡人說性只是說繼之者善也."

[285] 『知言』卷4, "性也者天地鬼神之奧也, 善不足以言之, 況惡乎哉!"

[286] 『明儒學案』卷62, "夫性無性也, 況可以善惡言?"

[287] 『論語』「工冶長」, "夫子之言性與天道, 不可得而聞也."

다. 비록 그렇다고 할지라도 나는 존성(存性)에 근거할 것이다. 이에 대해서는『劉子全書』卷7 原旨 7편,「原性」을 살펴주기 바란다. 또 자세한 해석은 '호굉철학'을 보기 바란다.] 유종주는 어떻게 '성(性)'을 보존하는가?' 사실 그가 말한 '성의신독'(誠意愼獨)으로 보존하는 것이다. '보존하면 밝아진다'는 것은 사실 그가 말한 '의지독체'(意知獨體)가 철저하게 '오목불이'의 '성체'를 다함으로서 보존하고 밝히는 것이다. 이것도 '심'(心·意知獨體)으로서 '성'(性)을 드러내는 것이고, 또 진심함으로써 성(性)을 완성한다의 뜻이다. 그러나 그가 '밝힌다'[明性]는 것을 반대한 것은 다만 바깥의 심으로서 밝히는 것을 반대한 것이다. 그러므로 유종주는 다음과 같이 말하였다.

> 무릇 '성'은 어떤 사물이기에 밝힐 수 있다고 하는가? 그러나 아마 '성'을 온전히 밝혔다고 할지라도 그것은 이미 성의 본연이 아닐 것이다. 이렇게 말하는 사람은 모두 심 밖에서 성을 말한 것이다. 심 밖에서 성을 말하면 단지 성에만 문제가 있는 것이 아니라 심에도 문제가 있게 된다. 심과 성 둘에 모두 문제가 있으면 우리 유가의 도는 천하에 분열되기 시작한다.
>
> 夫性何物也, 而可以明之? 只恐明之盡時, 已不是性矣. 爲此說者, 皆外心言性者也. 外心言性, 非徒病在性, 亦病在心. 心與性兩病, 而吾道始爲天下裂.
>
> 『明儒學案』卷62「原性」

이곳에서 말한 '밝음'[明]이라는 것은 주희에 대해 말한 것이다. 여기에서 비록 '계지자선'(繼之者善)을 언급하지 않았지만, 장재·정호·호굉이 말한 것과 같은 의리이다. 그중에서도 특히 호굉에 가깝다. 무릇 이러한 것들은 주희가 해석할 수 있는 것이 아니었으므로, 당연히 배척당할 수밖에 없었다. 이는 주희가 '오목불이'의 실체에 대하여 상응한 이해가 없었기 때문이다. 그렇다고 한다면 장재가 말한 '성을 완성한다'[成性]는 것을 어찌 홀시할 수 있겠는가?

이상은 장재가 말한 '성성'(成性)에 포함된 뜻이다. 나는 이상과 같이 자세히 이를 해설해보았다.

8) 리(理)로 말하는 명(命)과 기(氣)로 말하는 명(命)

「성명편」에서는 일곱 번째 단락에 이어 다음과 같이 말하였다.

덕이 기를 이기지 못하면 '성'이 명한 것은 기에 달려 있고, 덕이 기를 이기면 '성'이 명한 것은 덕에 속한다. 이치를 궁구하여 자신의 '성'을 온전히 실천하면 성은 천덕(天德)이고 명은 천리(天理)이다. 사람의 몸에 있어서 기가 변하지 않는 것은 오직 죽음과 삶 그리고 장수함과 요절함일 따름이다. 그러므로 죽음과 삶을 말할 때 '명'이 있다고 한 것은 '기'로 말한 것이다. 부유함과 귀함을 말하는 것은 하늘에 달려 있으므로 이는 '리'로 말하는 것이다. 이 대덕(大德)은 반드시 '명'으로 받는 것이므로 쉽고 간단한 리를 얻어 천지의 가운데 자리하는 것이다.

德不勝氣, 性命於氣, 德勝其氣, 性命於德. 窮理盡性, 則性天德, 命天理. 氣之不可變者, 獨死生修夭而已. 故言死生則曰有命, 以言其氣也. 語富貴則曰在天, 以言其理也. 此大德所以必受命, 易簡理得而成位乎天地之中也.

이른바 천리란 심을 기쁘게 할 수 있는 것으로 천하의 뜻에 통할 수 있는 '리'이다. 천하를 기쁘게 하고 또한 통하게 할 수 있다면 천하는 모두 그에게로 돌아간다. 그런데도 천하가 그에게로 돌아가지 않는 것은 때를 타거나 만나는 것이 다르기 때문인데, 공자와 대를 이어 군왕을 하는 사람이 그 예이다. 우임금과 순임금은 천하를 소유하였으나 자신의 지위에 상관하지 않았다고 한 것[288]은 바로 천리에 자연스럽게 따른다는 것이지 품수된 기의 당연함도 아니고 지

---

[288] 역주 : 이 말은 『孟子』「滕文公上」에 나오는 말로 원문은 "君哉舜也! 巍巍乎有天下而不與焉"이다.

(志)와 의(意)로 함께 했다는 것도 아니다. 반드시 요임금과 순임금을 말하는 자라면 따로 세력을 얻으려는 것이 아니라 바로 천리를 구하는 사람이다.

所謂天理也者, 能悅諸心, 能通天下之志之理也. 能使天下悅且通, 則天下必歸焉. 不歸焉者, 所乘所遇之不同, 如仲尼與繼世之君也. 舜禹有天下而不與焉者, 正謂天理馴致, 非氣稟當然, 非志意所與也. 必曰舜禹云者, 餘非乘勢, 則求焉者也.

『正蒙』「誠明」

해설 이것은 '리로 말하는 명'[以理言之命]과 '기로 말하는 명'[以氣言之命]을 총괄하여 말한 것이다. 잘 회복하고 '성'을 완성하는 공부를 하여 "덕이 기를 이기면 성이 명한 것은 덕에 속하게 된다." 만약 "덕이 기를 이기지 못하면 성이 명한 것은 기에 달려 있게 된다." '덕'이란 덕행의 덕이다. 잘 회복하여 기를 변화시키는 공부를 하는 것이 곧 덕행이요, 힘쓰고 또 힘을 써서 '선'을 계승하고 실천하는 것 역시 덕행이다. 위의 원문 '성명어기'(性命於氣)와 '성명어덕'(性命於德)의 두 문구에서 처음 보이는 '성'(性) 자는 주어이고, '명'(命) 자는 동사이다. 통상적인 문법에 따라서 읽으면 이와 같은데, 주희는 처음에는 이와 같이 해석했다가 조금 깊이 생각하더니 '성'과 '명'을 모두 명사로 해석하였다. 그러나 그렇게 해석하면 이 두 문구는 동사가 없게 되어 일상적인 문법적 습관에 맞지 않게 된다. 장재는 이를 생략해도 된다고 생각했을 따름이다. 장재의 용어 사용은 약간 부자연스러워 확실하게 말이 소통되지 않는 경우가 있는데, 이 역시 그러한 예라고 할 수 있다. 주희의 방식에 따라 '성'과 '명'을 모두 명사로 해석하면 이 두 문구의 의미는 다음과 같다. 만약 우리의 덕행이 그 기를 이길 수 없다면 '성'과 '명'은 모두 기 속에 있는 것[모두가 기이자 모두 기에서 확산되어 움직이는 것]이며, 만약 우리의 덕행이 그 기를 이길 수 있다면 '성'과 '명'은 모두 덕에 있는 것[모두가 덕이자 모두 덕으로 움식이는 것]이다. 덕이 기를 이기지 못하면 모든 것을 기질의 결정에 맡겨야 한다. 맹자가 "지가 한결같으면 기가 (그것에 따라) 움직인다"[氣壹則

動志]라고 말하였지만, 덕이 기를 이기지 못하면, 우리의 '성체'와 '성체가 명한 것'은 주동적일 수 없으며 또한 완전히 드러날 수도 없다. 이에 '성'은 오로지 '기질지성'(氣質之性) 마음대로 결정되며, '명' 역시 오로지 기질에 따라 결정된다. 이것이 이른바 성명(性命)이 오로지 기에만 있으며 모두가 이 기이며 혹은 오로지 기에서만 확산되고 유포된다는 것이다. 만약 덕이 기를 이기면 기의 치우침을 변화시켜 리를 따르게 하고, 우리의 '성체' 및 '성체가 명한 것'은 주동적이게 되고 밝게 되는데, 이때 '성명'의 밝게 드러남은 덕행의 순역불이(純亦不已)이다. 이것이 이른바 '성명'이 오로지 덕에만 있고 완전히 덕이며 혹은 덕에서만 확산되고 유포된다는 것이다. 그러므로 양기(養氣)의 과정을 거쳐 기질의 치우침을 변화시켜서 '궁리진성'(窮理盡性)에 이르면, 이때 나의 '성'은 곧 천덕이며, 나의 '명'은 곧 천리이다. 즉 성덕(性德)이 명한 것과 '따르는 것'[馴致]은 우리의 당연하면서도 그렇게 되지 않으면 안 되고, 필연적이어서 바꿀 수 없는 본분(필연적 의무)과 본분의 '따름'이 된다. 이때 남아 있는 것은 기에 속해 있으면서 변할 수 없는 '죽음과 삶 그리고 장수함과 요절함뿐이다.[이 말의 원문은 "獨死生修夭而已"이다. 이때 '修'는 '壽'로 되어야 하는데, 修라고 해도 의미는 통한다. 修는 오래 산다는 것이고 夭는 단명한다는 것이다.] 이러한 '명'은 '기로 말하는 것'[以氣言]이다. 이것은 기가 명하여 정해진 것이고, '운명'의 '명'이지, 명령 또는 본분의 '명'이 아니라는 것이다. 이것은 덕행이 바꾸어낼 수 없는 것이지만, 도를 온전히 실천함으로써 순조롭게 그 올바름을 얻게 할 수는 있다.

삶과 죽음 그리고 장수함과 요절함의 '명'을 '기'로 말한 것은 틀리지 않았다. 장재가 '부귀재천'(富貴在天)을 해석할 때 '리'로 말하였는데, 이는 반드시 옳다고 말할 수는 없다. 장재가 이렇게 말한 근거는 "이 대덕(大德)은 반드시 명으로 받는 것"과 "쉽고 간단한 리를 얻어 천지의 가운데 자리하는 것이다"라는 두 구절이다. 사실 대덕이라고 해서 반드시 '명'으로 정해진 것은 아니다. 공자나 석가 그리고 예수는 일찍이 '명'을 부여받은 적이 없다. 아마 '명'을 받을 수 있다고 할지라도 받지 않았을 것이다. 요·순·우·탕·문무와 같은 옛 성왕을 보더라도 대덕은 반드시 '명'으로 품수 받는다고 말할 수는 있으나, 원리적인 측면에서 보면 대덕이 반드시 모두 '명'으로 부여 받은 것은 아니다. 왕충(王充)은 '부귀재천'을 해석하면서, 위로 하늘 별자리의 정기(精氣)와 관련이 있다고 하였는데, 이것 역시 '기로 말한 명'이다. 왕충은 완전히 '기'에서부터 '성'과 '명'을 말하였다. 그러므로 그는 "기가 '성'이 되고, '성'이 이루어지면 명이 정해진다"[289]고 말한 것이다. '성'은 기성(氣性)이고 재성(才性)이며, '명'은 기명(氣命)이다.[290] 문왕은 어머니 뱃속에서 이미 대명(大命)을 품수 받았다. 이것은 완전히 생물학적 선천(先天)의 기에 의해 결정된 것이다. 자연생명의 강도에는 원래 그 자체적으로 광채와 부귀가 있다. 요·순·우·탕·문·무는 진실로 덕을 갖추고 있었다. 이것은 이상적인 측면에서 말한 것이다. 지금까지 '대덕'이라고 말한 것들을 사실적인 측면에서 보면, 비록 덕을 갖추고 있었을지라도 그것이 반드시 대덕인 것은 아니었다. 적어도 그들이 품수 받은 '명'은 완전히 덕에 의해 결정된 것은 아니었고, 또한 완전히 리(理)로써 말할 수 있는 것도 아니었다. 총괄적으로 말하면, '대덕'은 반드시 '명'을 받는 것이 아니고, '명'을 받은 사람 역시 모두 대덕을 갖춘 것은 아니었다. 이는 오로지 '리'에 관한 일만은 아니다. 그곳에는 필경 영웅의 기품이 다수 있어야 하고, 또 거기에 객관적인 상황과 기회가 주어져야 한다. 내적인 것에 속하는 그 개인 생명의 강도와 외적인 요소인 객관적인 상황과 기회는 모두 '기'에 관한 일이다. 그러므로 "부유함과 귀함을 말하는 것은 하늘에 달려 있으므로[在天] 이는 리로 말하는 것이다"라는 장재의 해석은 완전히 타당하다고 할 수 없다. '하늘에 달려 있다[在天]는 말은 반드시 리의 측면에서 말할

---

289   『論衡』卷2「無形篇」, "用氣爲性, 性成命定."
270   역주. 이에 관해서 모종삼의 저서 『재성과 현리』(才性與玄理) 1장 「왕충의 성명론」, (王充之性命論)에 자세히 설명되어 있다.

필요도 없고, 또한 기의 측면에서 말할 필요도 없다. 리의 측면에서 말하는 '천명', 그리고 천도의 생화와 '성체'의 도덕창조의 지성불식(至誠不息)는 동일한 의미이다. 그러므로 정호는 "이것은 다만 천지의 변화이다. 이것과 대립하여 따로 천지의 변화가 있다고 해서는 안 된다"[291][여기서 원문의 '此'는 심성의 도덕창조가 흘러넘쳐 막지 못하는 '순역불이'를 가리켜 말한 것이다]라고 말한 것이다. 그리고 대인이 천지와 덕을 합하는 것 역시 리의 측면에서 말한 덕과 합일한 것이다. 이것은 초월적 '의미'가 서로 같으며, 맹자가 말한 "위대하면서도 저절로 화함을 성(聖)이라고 한다"[大而化之之謂聖][292]에서의 화경(化境)과 같으며, 심지어 그 '신'(神) 역시 서로 같다고 말할 수 있다. 그러나 개체 생명의 기(氣)는 천지의 기와 결코 동일하게 볼 수 없다. '기의 운행과 변화에서 리를 드러내는' 질(質)은 같지만, 그 양은 다르다. 또한 그 '무궁·복잡한' '질'은 같으나 무궁·복잡한 '양은 다르다.[무궁함과 복잡함은 기에서 말할 수 있는 것이다.] 즉 이러한 차이가 있기 때문에 개체 생명의 '기명'(氣命)과 천지 기화의 운행 및 역사 기운(氣運)의 운행 간에 거리와 차이가 생기고, 또 객관적이 상황과 기회가 다르게 된 것이다. 이것은 우리가 제어할 수 있는 것이 아니다. 그것은 우리의 개체 생명을 넘어 있는 것이다. 이 역시 '천리' 가운데의 일이며, '천명' 가운데의 일이자 '천도' 가운데의 일이다. 이를 간단히 말해서 '천'(天)이라 한다. 이는 천리·천명·천도를 기화 측면에서 말한 것이지만, 또한 그것은 '신'과 '리'에 의해 관통되어 있기 때문에 모든 기는 '신'이며 모든 '신'은 기라고 할 수 있다. 모든 신이 기라면, 무한의 무궁·복잡한 기는 천리·천명·천도의 일이 된다. 여기에서 말하는 천리·천명·천도는 기의 측면에서 말한 천리·천명·천도이다. 이것은 개체 생명에 대한 일종의 초월적 한계이다. 나의 개체 생명을 이러한 초

---

291 『二程遺書』卷2上, "只此便是天地之化. 不可對此箇, 別有天地之化."
292 역주 : 이 말은 『정몽』 「신화」에서 『맹자』를 인용하여 한 말인데, 『맹자』의 원문은 「盡心下」에 있다.

월적 한계에 대해서 말하면, 조우함에 있어 거리가 있고 들쑥날쑥함이 있으며, 그것에 따라 객관적인 상황과 기회가 다르다. 이것이 나라는 개체생명의 '운명'을 형성한다. 이것이 바로 '기'로 말하는 '기명'이다. 이 역시 '재천'(在天)인 것이다. 그러므로 '부귀재천'(富貴在天)은 오로지 '리'로서만 말할 수는 없다. 무릇 공자가 말한 '천명을 안다'[知天命]·'천명을 경외한다'[畏天命]·"명을 알 수 없다면 군자라 할 수 없다"[293]는 것과 탄식의 의미로서 말한 '하늘이시여'[天也]·'운명이구나'[命也]라고 한 말, 그리고 맹자가 말한 "명을 세운 까닭이다"[所以立命也]·"명이 아닌 것이 없다"[莫非命也]·"본성이기는 하나, 그곳에는 운명적인 요소가 있다"[性也有命焉]·"그것을 추구함에는 정당한 방법이 있고, 얻음에는 명이 있다"[求之有道, 得之有命] 등에서 말한 '명'은 모두 기로 말하는 운명이다. 그러나 이러한 '명'이 비록 '기로 말한 것'이지만 오히려 그것의 '신리(神理)의 체'를 떠나지 못한다. '기명'의 기는 홀로 우뚝 솟은 순수한 기가 아니라, '모든 신이 기이고 모든 기가 신' 중의 '기'이다. 때문에 개체생명의 초월적 한계로 형성된 명에 장엄하고도 엄숙한 의미가 있게 된 것이다. 그러므로 경외할 가치가 있는 것이다. 또한 모든 개체 생명은 이것과 조우하여 무한의 개탄을 하지 않을 수 없는데, 비록 성인이라도 임종할 때는 이러한 한탄을 하지 않을 수 없다.[羅近溪의 말] 따라서 '명을 안다'는 지명(知命)과 '천명을 안다'는 지천명(知天命)이 인생에서 가장 중대한 일로 된 것이다. 공자는 "인을 실천함으로써 하늘을 안다"[踐仁以知天]고 하였고, 맹자는 "심을 온전히 실천하여 성을 알고 하늘을 안다"[盡心知性以知天]고 하였는데, 이 말에서 '그들이 깨달은 하늘'은 인(仁)과 같은 것이고, 심성이라는 '리'로서 말할 때의 하늘과 같은 것이다. 그러나 결코 여기에만 멈추어 있는 것이 아니라 반드시 '신리의 체'[神理之體]와 떨어지지 않는 무궁하고 복잡한 기에 통해야 한다. 이 두 측면의 의미가 하나로 융합되

---

293 『論語』「堯曰」, "不知命無以爲君子."

는 것이 바로 전체의 하늘이 엄숙하고 초월적이라는 의미의 소재이다. 이것은 순전히 내재화시켜 말할 수 있는 것이 아니다. 완전히 내재화된 것은 '리'로써 말한 하늘인데, 이때의 하늘은 '성체'와 의미가 같은 하늘이고, 질적으로도 같은 하늘이며, 변화의 경지가 같은 하늘이다. 이곳에는 다만 '성'의 직분으로서 명만이 있고, '성'이 명령하고 그 명령에 복종하는[자연적이면서 필연적인 결과] '명'만이 있다. 맹자는 "구하면 얻게 되고, 버리면 잃게 된다. 이는 구하는 것이 무엇을 얻음에 도움이 되는데, 나에게 본래 갖추어져 있는 것을 추구하기 때문이다"[294]고 하였는데, 이는 바로 이것을 말한 것이다. 그리고 또 "구하는데 정당한 방법이 있고, 얻는데 제한[命]이 있을 수 있다. 이는 구하는 것이 무엇을 얻음에 도움을 주지 못하는데, 나 밖에 있는 것을 구하기 때문이다"[295]라고 하였는데, 이때의 '명'은 '기의 명'이다.

『주역』「계사전」의 "쉽고 간단하지만 천하의 이치를 알 수가 있으며, 천하의 이치를 알게 되면 천지 가운데에 그 지위를 확립할 수 있다"[296]는 말은 '부귀'와 '수명'(受命)의 근거가 되기에 더더욱 부족하다. '천지 가운데에 그 지위를 확립할 수 있다'[成位乎天地之中矣]에서 '지위를 확립하다'[成位]는 것은 반드시 '수명'의 지위일 필요는 없고 또한 반드시 부귀가 있는 것도 아니다. 『주역』이 말의 윗글은 "쉽다면 쉽사리 알고, 간단하면 쉽사리 따른다. 쉽게 알면 친하게 되고 쉽게 따르면 공(功)을 이룬다. 친함이 있으면 오랠 수 있고, 공이 있으면 클 수 있다. 오랠 수 있는 것은 현인의 덕이고, 클 수 있는 것은 현인의 업(業)이다"[297]이다. 여기에서 말하는 '친함'·'공'·'현인의 덕'·'현인의 업'은 물론 모두 리에서 말한 것으로, 장재가 말한 "천리가 자연스럽게 따른다는 것이지 품

---

294 『孟子』「盡心下」, "求則得之, 舍則失之, 是求有益於得也, 是求在我者也."
295 『孟子』「盡心下」, "求之有道, 得之有命, 是求無益於得也, 是求在外者也."
296 『周易』「繫辭上」, "易簡而天下之理得矣, 天下之理得, 而成位乎其天地之中矣."
297 『周易』「繫辭上」, "易則易知, 簡則易從. 易知則有親, 易從則有功. 有親則可久, 有功則可大. 可久則賢人之德, 可大則賢人之業."

수된 기의 당연함도 아니고 지(志)와 의(意)로 함께 했다는 것도 아니다'와 같은 것이다. 그러나 이 역시 반드시 명으로 품수된 부귀인 것은 아니다. 『주역』에서는 다만 이를 이어 "쉽고 간단하지만 천하의 이치를 알수가 있으며, 천하의 이치를 알게 되면 천지 가운데에 그 지위를 확립할수 있다"고 하였을 뿐이다. '쉽고 간단히 천하의 리를 알 수 있는 것'으로 말미암아 저절로 천지 가운데 '지위를 확립할 수 있는 것'이다. 그러나 이것이 반드시 '명'으로 품수된 지위는 아니다. 천리는 "심을 기쁘게할 수 있는 것으로, 천하의 뜻에 통할 수 있는 리이다." 그러므로 천리를드러낼 수 있고, 필연적으로 모든 것이 천리로 '귀결'되는 것이다. 그러나 이것은 느슨하게 말한 것으로 어떠한 한 방식의 귀결일 필요는 없다. 따라서 수명(受命)의 귀결로 표시할 필요도 없다. 예를 들어 공자는 천리를 드러낼 수 있었으므로 삼천의 제자가 그에게 모인 것이다. 이 역시귀결이며, 천지 가운데 지위를 확립한 것이다. 그러나 이는 오히려 성인의 지위를 확립한 것이지 결코 군왕의 지위를 이룬 것이 아니다. 이러한까닭에 '성'을 온전히 실천하여 작용을 일으키는 것에는 그 자체로 따라오는 귀결이 있다. 그러나 자연적이면서도 필연적인 귀결은 '성'의 직분이 결정한 것이다. 이는 '나에게서 구한다는 것'으로서, 분석적인 것이라고는 말할 수 있어도 종합적이라고는 할 수 없다. 그러나 부귀와 수명(受命)의 얻고 얻지 못함은 종합적인 것이지 분석적인 것이 아니다. 이 가운데는 '기의 명'이 존재하고 있다. 따라서 장재는 "그런데도 천하가 그에게로 돌아가지 않는 것은 때를 타거나 만나는 것이 다르기 때문인데, 공자와 대를 이어 군왕을 하는 사람이 그 예이다"라고 말한 것이다. '때를타거나 만나는 것'이 다르다는 것은 곧 '구해도 얻음에 무익한' 명이 존재한다는 것을 의미한다. 타고 있는 세력과 맞닥뜨린 기회란 바로 '기명의 일'[氣命之事]이지 '리명의 일'[理命之事]이 아니다. 탈만한 세력이 없을수도 있고, 맞닥뜨릴 기회가 없을 수도 있다. 설령 있다고 할지라도 내가탈 수 있는지, 내가 얻을 수 있는지는 모두 '명'에 달린 것이지 결코 억지로 이룰 수 있는 것이 아니다. 이 가운데 바로 초월적 한계가 있는 것이다. 이처럼 신(神)·리(理)를 통괄하면서도 '기'에 치우쳐서 말한 '기명'이 이룬 초월적 한계 역시 천(天)이다. 또한 천리·천명·천도 역시 이와 같다. 어떤 사람은 좋은 기회를 만나 그 기회를 잡을 수 있고(有勢可乘), 어떤 사람은 좋은 기회도 없거니와 있다하여도 기회를 잡지 못하는데, 이 모두는 흡사 '하늘이 명한 것'과 비슷하다. 구체적으로 말하여 이것은 세(勢)이고, 기회를 잡고 잡지 못함의 기의 명이다. 신과 리를 통괄하여 말하는 것은 '천명'이다. 즉 이 신과 리를 통괄하면서 기에 치우쳐 말하는 '기의 명'에서는 개체생명을 천리·천명·천도와 조금 멀리 끌어냈지만, 하늘의 기운을 예측할 수 없음과 하늘의 기화가 끝이 없음을 드러내고 있다. 그러므로 "무릇 대인은 천지가 지닌 대덕과 그 덕이 일치하며, 일월이 지닌 밝음과 그 밝음이 일치하며, 사시(四時)가 드러낸 차례와 그 순서가 일치하며, 귀신이어야 알 수 있는 길흉(吉凶)에 정통하며, 하늘을 앞지른다 하더라도 천리가 이에 어긋나지 않는 것"[298]은 '리'로 말한 것이다. 이때 하늘은 모두 내재화되어 나의 '성체'가 곧 하늘이며, 천지 역시 우리의 '성체'를 어긋날 수 없다. 이때 하늘과 사람은 매우 가까이 끌어당겨졌을 뿐만 아니라 근본적으로는 동일한 것이며, '성체'에서 하나가 된 것이다. 이것이 바로 "사물에 대한 지혜를 깨치게 하여 일을 성취하며, 천하의 도를 하나로 포괄하는 것이다."(開物成務, 冒天下之道) 그리하여 장재도 "성(性)을 알고 하늘을 알면 음양과 귀신은 내 직분 안에 있을 따름이다"[299]라고 말한 것이다. 이때는 '기의 명'이라고 말할만한 것이 없으며, 다만 본체에 의지해서 작용을 일으키는(承體起用) 본체의 직관만이 있을 뿐이다. 그러나 "하늘을 뒤따르면서 천시(天時)를 받드는 것"[300]

298　역주 : 모종삼은 여기에서 『주역』「건괘·문언」을 축약해서 인용하였는데, 번역은 원래의 본문에 근거하여 다 번역하였으며, 그 원문 전체는 다음과 같다. "夫大人者, 與天地合其德, 與日月合其明, 與四時合其序, 與鬼神合其吉凶, 先天下而天弗違."

299　역주 : 이 부분은 2의 2)에서 설명되고 있는 부분이다. 원문은 『正蒙』「誠明」, "知性知天, 則陰陽鬼神皆吾分內爾"이다.

은 기로 말한 것이다. 비록 대인이라 하더라도 '천시'를 받들지 않을 수는 없다. 하늘의 운행은 이와 같아서 이를 위배할 수 없다. 그러므로 군자는 '명을 아는 것'[知命]을 중시하는데, 여기에도 '명을 세우는 까닭'이라는 의미가 갖추어져 있다. 이때에는 하늘과 사람이 조금 떨어져 있다. 이 '선천'(先天) · '후천'(後天)[301]의 두 의미는 바로 맹자가 말한 '진심(盡心) · 지성(知性) · 지천(知天)' · '존심(存心) · 양성(養性) · 사천(事天)', 그리고 "수명의 길고 짧음에 따라 마음을 달리하지 않고, 자신의 덕성을 수양하면서 운명을 기다리는 것이 운명을 올바르게 세우는 방법이다"[302]라는 세 의미이다. 진심 · 지성 · 지천은 '선천'의 의미이고, 뒤의 두 의미는 '후천'의 의미이다. '선천'의 의미는 도덕창조의 끊임없음을 견지하는 것이다. '후천'의 의미는 종교적 정감의 경외를 견지하는 것이다. 또한 '선천'의 의미는 도덕적 자아의 무한성을 견지하는 것이고, '후천'의 의미는 개채 존재의 유한성을 견지하는 것이다. 이 두 의미는 동시에 유가의 '도덕형이상학' 속에서 완성되었다. 그리고 유가철학의 극치인 '도덕형이상학'은 완전히 '도덕적 신학'과 동일하다. 이를 제외하면 달리 '도덕적 신학'이라고 말할만한 것이 없다.

칸트는 다음과 같이 말하였다.

하늘 위에서 별들이 늘어선 천체와 내 마음 속 내면의 도덕 법칙, 이 둘을 나는 더욱 자주 그리고 고요하게 그것에 대해 반성하며, 내 마음 속에는 더욱 새

300　『周易』「乾卦 · 文言」, "後天而奉天時."
301　역주 : 본문의 내용이나 원문의 내용을 번역할 때는 문장의 흐름상 先天과 後天을 '하늘에 앞서다 혹은 뒤따르다'로 번역하거나 그대로 '선천' '후천'으로 번역하였다. 선천과 후천을 지금 이 내용에 한정시켜 본다면 '선천'은 하늘과 사람의 근본적인 동일성, 즉 '리로 말하는 것'을 설명하고, '후천'은 하늘과 사람이 조금 떨어져 있는, 즉 '기로 말한 것'을 설명한 것이다.
302　역주 : 여기에서 모종삼이 설명하고 있는 맹자의 말은 모두 「盡心上」 1장에 나오는 내용이다. 맹자의 원문은 다음과 같다. "盡其心者, 知其性也, 知其性, 則知天矣. 存其心, 養其性, 所以事天也. 殀壽不貳, 修身以俟之, 所以立命也."

롭게 늘어나는 숭고한 찬미와 전율이 충만하다. 나는 마치 그것들이 어둠에 싸여 있거나 나의 시선 바깥의 초월적인 영역에 있는 것으로 그것을 찾거나 그것을 추측하지 않는다. 나는 실제로 그것들을 내 눈앞에서 보고, 아울러 내 존재의 의식과 그것들을 직접적으로 서로 연결한다. 전자[303]에 대해 나는 외부 감각 세계에서 내가 점유하고 있는 곳에서 시작하고 아울러 여기에서부터 내가 연계하고 있는 세계 위의 세계와 천체 중의 천체의 무한한 영역으로 확대한다. 아울러 나의 연계점을 그것들의 주기와 운행의 무한 횟수로 확대시켜 들어간다. 후자[304]는 눈으로 볼 수 없는 자아 및 자아의 인격에서 시작하여 자아를 진정하고도 무한한 세계 가운데 현시하지만, 이 세계는 다만 지성에 근거하여야 찾을 수 있으며, 아울러 이 세계에 근원하여 나는 내가 단순한 우연의 상태에서가 아니라 보편적이고 필연적인 연계 가운데 마치 나와 함께하고 있는 모든 볼 수 있는 세계처럼 나를 인식한다. 전자는 무궁한 세계에서 보는 것으로 마치 나의 중요성을 없애어 나로 하여금 한 번은 같거나 한 번은 그렇지 않은 중요한 동물로 만들지만 아주 짧은 시간 내에서는 일종의 생명력을 포함하고 있는데 누구도 왜 이러한지 알 수 없다. 그러나 이후에는 여전히 다시 그것이 말미암아 조성된 물질이 그가 거주하는 별(다만 우주 가운데 한 점이다.)에 돌려주어야만 한다. 그러나 후자는 이와 반대로 나의 인격에 근거하여 무한하게 나의 가치를 올려 버려, 나를 예지체(睿智體)로 만들어 나의 인격 가운데에서 도덕율은 나에게 일종의 생명을 부여하는 것이 동물성에 의지하고 않고 독립해 있으며, 심지어는 그 전체의 감각 세계에 의지하지 않고 독립해 있는 것으로 만든다. 적어도 이 도덕율이 지정하여 나에게 준 존재의 사명을 여기에서 추단할 수 있으며, 이 사명은 지금 삶의 범위와 조건에 제한을 받지 않고 게다가 이를 확장시켜 무한에 이를 수 있다.

『실천이성비판』「순수실천이성의 방법학」결론 중의 말

---

303 역주 : 별들이 늘어선 천체이다.
304 역주 : 도덕 법칙이다.

칸트의 이 말은 '선천'과 '후천'의 두 의미를 암시하고 있다. 칸트는 의지자유와 자유의지가 스스로 확립한 도덕법칙을 우리의 인간의 '성체' 또는 '만물의 유일한 근원'인 '성체'로 보지 않았다. 또한 별들이 늘어선 천체를 '성체'의 '신과 '리'에 통합하여 '성체'와 허체(虛體)가 오묘하게 운행하는 기화(氣化)로도 보지 않았다.[최소한 칸트의 이러한 작업에 대하여 충분하고도 투철하게 하지 못하였다고 평할 수 있다.] 이는 칸트가 아주 완벽한 '도덕형이상학'을 세우지 못했음을 의미한다. 그에게는 '신'과 '리'를 총괄하여 기화에 치우쳐 말하는 '기명'의 관념도 없었고, 아울러 '기명'에서부터 말하는 천·천리·천명·천도의 관념도 없었다. 그가 훌륭하게 완성한 것은 기독교 전통에 의거한 '도덕적 신학'이다. 그러나 그의 3대 비판서[305] 자체에 갖추어져 있는 '도덕형이상학'에 대해서는 오히려 충분한 성과를 이루지 못했다. 이 때문에 그 '도덕적 신학'과 그의 3대 비판서에 원래 갖추어져 있었던 '도덕형이상학'은 두 부분으로 나뉘어져 완전히 구분되었다. 그러나 만약 그의 3대 비판서 자체가 갖추고 있는 '도덕형이상학'이 충분히 완성될 수 있었다면, 그것이 '원만한 갖추어짐' 이기 때문에 그의 '도덕적 신학'은 비록 필요하지 않은 것은 아니지만 '도덕형이상학'과 중복되는 것이다. 선진유학자들은 이 모든 것을 일찍이 철저하게 간파하였고, 송명유학자들은 그것을 더욱 발전시키고 확대하였다. 칸트는 18세기에 태어났는데, 이는 송명유학자들보다 매우 늦다고 할 수 있다. 만일 그가 유학 전통의 전모를 살펴다는 것을 가정한다면 그의 도덕철학은 틀림없이 더욱 철저해졌을 것이다. 그러나 그는 사변력에만 의지하여 이 경지에 이르렀다. 나는 장재가 말한 '성체'의 의미를 여기까지만 설명하겠는데, 여기에는 또한 학술의 길을 안내하려는 의도가 있다. 칸트의 부족한 점에 관해서는 「총론」의 제3을 상세히 참조하기 바란다.

---

305   역주 : 칸트의 3대 비판서는 『순수이성비판(Kritik der reinen Vernunft)』, 『실천이성비
       판(Kritik der praktischen Vernunft)』, 『판단력비판(Kritik der Urteilskraft)』이다.

3. 성(性)과 지각(知覺)이 합하여 심(心)이라는 이름이 있다–심체(心體)의 의미에 대한 풀이

1) 심(心)의 이름이 확립된 까닭

여기에서 제목으로 쓴 말은 적당하지가 않다. '성(性)과 지각(知覺)을 합한다'는 것은 '성체' 가운데는 본래 지각 작용이 없다고 말한 것 같다. 즉 '성'은 '성'이고, 거기에 '지각'이 더해져야 비로소 '심'이라는 이름이 있게 된다는 말과 같다. 이곳에서는 '합한다[合]'는 것으로써 '심'을 표시한 것과 앞의 제2 제목의 '허(虛)'와 기(氣)가 합하여 '성'이라는 이름이 있다라고 한 것은 모두 정밀하지도 못하고 성숙되지 못한 막힌 표현이다. 이는 '성'과 심이 있게 된 까닭을 모르는 것으로, 이런 식으로 표현해서는 안 된다.

앞의 절을 관통하고 있는 해석과 풀이에 근거하면, '성'은 '태극적감지신'(太極寂感之神)이다. 성이라고 이름한 것은 개체 혹은 천지만물에 총체적으로 대응하여 그것을 '체'(體)로 삼는다는 것이다. 이것이 바로 '성체'의 의미이다. 또한 스스로 도덕창조 혹은 우주의 생화를 일으키는 측면에서 말하자면, 이는 성능(性能)의 의미이다. 또한 스스로 갖추고 있는 도덕창조에서부터 '음양귀신'(陰陽鬼神)의 조화까지 모두 이 '성체'가 명한 본분이자 당연하여 그렇게 되지 않으면 안 되는 것이다. 또한 필연적이어서 바꿀 수 없다는 입장에서 말하면 이는 '성분'(性分)의 뜻이다. 우주론적으로 총괄해서 말하면, 단지 하나의 허체(虛體)·신체(神體)일 뿐이다. 개체 혹은 천지만물과 대응하여 '체'가 된다는 것으로부터 말하면, 이 성체와 성능(性能) 그리고 성분(性分)의 의미를 갖게 되는데, 이것이 바로 '성이라는 이름'[性之名]이 세워질 수 있는 까닭이다. 때문에 '허(虛)'와 기(氣)가 합하여 '성'이라는 이름이 있다'는 말은 올바른 표현이 아니다.

'성'이라는 이름이 태허의 적감지신[寂感之神]이 역시 虛體라고 하는데 虛가 곧 체인 것이다. 또한 神體라고도 하는데, 神이 곧 체인 것이다]으로 말한 것이기 때문에 '심'이라는 것도 이것 외에 달리 무엇과 합하여 세울 수 있는 것이 아니다. 심은 '적감지신'에서 말한 것이다. 고요히 있다가 감응하는 것[寂感]은 필연적으로 '심'이라는 의미를 포괄하고 있으며, '신묘함'[神] 역시 필연적으로 '심'이라는 의미를 포괄하고 있다. '지각'(知覺)은 곧 '적감지신'의 영묘한 앎이자 분명한 깨달음이지, 오늘날 우리들이 말하는 '감각적 지각'(Sensible perception)이 아니다. 때문에 장재는 "의식하는 것이 있고, 알게 되는 것이 있는 것은 사물과 서로 교감한 객감(客感)일 따름이다"[306]라고 하였다. '객감에 관한 앎도 '영묘한 앎이자 분명한 깨달음'이 발한 것이라고 말할 수 있다. 주돈이가 『태극도설』에서 말한 "형체가 이미 생겨났으니 정신이 앎의 작용을 발현한다"[307]라고 말한 것이 바로 이 것이다. '정신이 앎의 작용을 발현한다'는 것은 '성체의 신'[誠體之神]이 발하여 앎이 된다는 것이다. 이러한 앎[識知]이 영묘한 앎[靈知]과 명각(明覺)의 발용이라면, 그 근거가 바로 우주론적인 영지(靈知)와 명각의 신(神)이라는 점 역시 분명해진다.

『정몽』「신화편(神化篇)」에서는 다음과 같이 말하였다.

> 허명이 밝게 비추는 것은 바로 신의 밝음이다. 멀거나 가깝거나 그윽하거나 깊거나 이롭게 하거나 쓰이게 하거나 나가거나 들거나 할 것 없이 모두 신이 가득하여 틈이 없는 것이다.
>
> 虛明照鑒, 神之明也. 無遠近幽深, 利用出入, 神之充塞無間也.
>
> 『正蒙』「神化」

---

306 『正蒙』「太和」, "有識有知, 物交之客感爾."
307 『太極圖說』, "形旣生矣, 神發知矣."

'신의 밝음'[神之明]이란 '신'이 영묘하게 알고 분명하게 깨닫는다는 것이고, '신이 가득하여 틈이 없다'는 것은 영묘한 앎[靈知]과 명각이 가득차서 어떠한 틈도 없다는 의미이다. 영묘한 앎과 명각은 신체(神體)가 밝게 비추는 것[이는 虛明이 밝게 비추는 것이대]이다.

『정몽』「태화편(太和篇)」에서는 다음과 같이 말하였다.

> 기가 모이면 밝음[離明]이 베풀어져 형체가 있게 되고, 기가 모이지 않으면 밝음이 베풀어지지 않아 형체가 없다.
>
> 氣聚則離明得施而有形, 不聚則離明不得施而無形.
>
> 『正蒙』「太和」

여기에서 말한 '밝음'[離明]이라는 것 또한 신체(神體)가 '비어 있는 밝음이 두루 비추는 것'인데, 이것으로부터 말한 것이 바로 심이다.

'심'은 "형체가 이미 생겨나니 정신이 앎의 작용을 발현한다"는 형체 형성 이후의 지(知)만 가리켜 말한 것이 아니다. 또 객감에 관한 지(知)만을 가리켜 말한 것이 아니다.[308] 주돈이는 "정신이 앎의 작용을 발현한다"고 한 후에 다음 구절에서 "오성이 발동하면 선악의 분별이 생겨나고 만사가 출현한다"[309]고 하였다. 만약 형체가 생겨난 이후 발한 앎만을 심으로 삼는다면, 이 심은 반드시 정결하고 순수하다고 할 수 없을 것이다. 이러한 심은 심리학적인 심·인식심·경험심·습관심·성심(成心)이기 때문에 순수하고 한결같으며 정결한 심은 아닐 것이고, 또 '동하여도 동의 형상이 없고, 정하여도 정의 형상이 없는'[動而無動, 靜而無靜] 동과 정이

---

308 역주 : 이곳에서 모종삼은 표현을 약간 복잡하게 하였는데, 그 의미는 다음과 같다. 비록 心이 형체가 형성된 이후에 작용을 발현하고, 또 客感의 일도 주관하지만, 그렇다고 해서 心을 형체 형성 이후의 형이하의 작용으로만 보아서는 안 된다는 것이다. 心의 본래적 의미는 마땅히 신체의 영묘한 작용에서 이해해야 한다는 것이 모종삼의 입장이다.

309 『太極圖說』, "五性感動, 而善惡分, 萬事出矣."

하나인 신심(神心)・진심(眞心)・본심(本心)・초월심(超越心)도 아닐 것이다. 장재가 「대심편(大心篇)」에서 말한 것[이 글 아래에서 이를 논하였으니 자세히 살펴보기 바란대을 근거로 말하면, 이 '객감의 앎'에 정결하고 한결같은 의미를 더하지 않으면 이는 "사물을 따르되 심을 잃어버린다"・"상(象)을 보존하는 심 역시 상일 뿐이다"[310]는 것과 같을 수 있기 때문에 이미 심이 아닌 것이다. 「태화편」의 마지막 부분에 "심이 만 갈래로 나뉘는 까닭은 바깥 사물에 감응함이 한결같지 않기 때문이다"[311]라고 말하였다. 이는 '객감의 앎은 상(象)을 보존하는 심이지 진정한 심이 아님을 밝힌 것이다. 만일 상(象)을 보존하는 심이 아니라면, '심'이 어떻게 만 갈래로 나뉜다고 말할 수 있겠는가? 그러나 그것으로부터 한 단계 끌어올려 본심의 순수함과 정결함을 온전히 보존할 수 있다면 '갖가지로 나뉘어져 하나가 되지 않은 것'은 심이 그 기미를 따라 변화에 응하는 형태가 하나가 아니라는 것을 의미할 뿐이다. 즉 그 본심 자체는 여전히 순일함을 잃지 않는다. 이것은 객감의 앎만을 주관하는 심이 할 수 있는 것이 아니다. 이러한 까닭에 '심'이라는 이름은 결코 이러한 경험적 차원[감각적 차원]에서 확립될 수 있는 것이 아니다. 그렇다면 먼저 '본체우주론적'으로 심을 말해보자. '심'의 본래 의미・가장 깊은 의미・근원적 의미 등은 반드시 '신체의 허명이 밝게 비추는 것'에서 말해야 한다. 또한 영묘한 앎과 명각의 지각도 반드시 이 '신체'의 밝음으로부터 말해야 한다. 이러한 까닭에 '성과 지각이 합하여 심이라는 이름이 있는 것'이 아니라, '성체'가 지닌 적감지신(寂感之神)의 영묘한 앎과 명각 혹은 허(虛)의 밝음이 두루 비추는 것에서 '심'을 말해야 한다. 이것이 심이라는 이름이 세워지게 된 까닭이다.

이상의 해설에 의거하면, '성체'의 전체적이면서 구체적인 내용[진실된

---

310 역주 : 앞의 인용문은 『正蒙』「神化」의 "循物喪心"이며, 뒤의 인용문은 「大心」의 "存象之心, 亦象而已"이다.
311 『正蒙』「太和」, "心所以萬殊者, 感外物爲不一也."

의미]이 바로 '심'이며, '성체'의 전체가 드러나는 것이 심이다. 심체의 전체적이고도 객관적인 내용[형식적 의미]이 바로 '성'이며, 심체의 전체가 정립되는 것이 '성'이다. '성'은 성체(性體)·성능(性能)·성분(性分)의 세 가지 의미를 가진다. '심' 역시 '성'과 같은 세 가지 의미를 가지고 있다. 첫째 심체(心體)의 의미이다. 이는 '심'이 곧 '체'(體)라는 것이다. 둘째 심능(心能)의 의미이다. 이는 심이 창생할 수 있으며, 드러낼 수 있다는 의미이다. 셋째 심재(心宰)의 의미이다. 이는 심이 몸을 주재하면서 자율적으로 우리에게 명령하는 것이 모두 본분에 원래 정해져 있어 "크게 행하여도 더해질 것도 없고 곤궁하게 거한다고 해서 줄어들 것도 없다는 의미이다. 왜냐하면 본분이 정해져 있기 때문이다."[312] 이것으로 보면, '심'(心)과 '성'(性)은 완전히 합일된 것이다. 사실 합일되었다고 말할 필요도 없이 본래 심과 '성'은 완전히 하나이다. 만약 '성'을 기준으로 말해보면, 위의 세 가지 의미 외에 또 두 가지 의미를 더할 수 있어 '성'의 의미는 다섯 가지가 된다. 하나는 '성분'의 근거로서의 성리(性理)의 의미이다. 이 '성리'는 '성체'가 원래 가진 보편 법칙이다. 이 보편 법칙이 바로 '리'(理)이다. 이 밖에 '성각'(性覺)의 의미가 있다. '성체'의 '신묘한 밝음'이 바로 각(覺)이다. 이처럼 성체(性體)·성능(性能)·성리(性理)·성분(性分)·성각(性覺) 다섯 의미가 갖추어져 '성'의 전체가 밝아지면 '심'의 전체 역시 밝아진다. 이것이 '심성'이 하나인 우주론적 모형이다.

그러나 이 우주론적 모형은 반드시 도덕실천으로써 실증하고 확고히 규정해야 한다. '심성'이 하나라는 우주론적 모형은 '성'을 위주로 해야 하지만, 도덕실천으로 실증하고 확고히 규정하는 모형은 반드시 '심'을 위주로 해야 한다. 우주론적 모형에서부터 '객관성의 원칙'을 확립하는 것은 곧 천지만물의 자성(自性)을 확립하는 것이다. 비록 '성'에 성각(性

---

312 역주 : 이 말 자체는 『맹자』에 근거하고 있으며 『주역』의 해석에도 많이 인용되는 말이다. 『孟子』「盡心上」에는 "雖大行不加焉, 雖窮居不損焉, 分定故也"라고 되어 있는데, 이곳에서는 雖자와 焉자 둘이 빠져 있다.

覺)의 의미가 있지만 역시 객관적으로 말하는 것이다. 즉 '성각' 역시 '객관성의 원칙'인 것이다. 도덕실천의 실증과 확고한 규정에서부터 주관성의 원칙을 건립하는 것은 드러남의 원칙이자 구체화의 원칙이다.

2) '심은 성을 온전하게 실천할 수 있다[心能盡性]'는 의미

「성명편」에서 다음과 같이 말하였다.

> 심은 '성'을 온전히 실천할 수 있고, 사람은 도를 넓힐 수 있다. '성'은 그 심을 살필 줄 모르고, 도가 사람을 넓히는 것이 아니다.
> 心能盡性, 人能弘道也. 性不知檢其心, 非道宏人也.[313]
>
> 『正蒙』「誠明」

해설 이 두 문구의 말은 '주관성의 원칙'과 '객관성의 원칙'을 아주 분명하게 표현하고 있다. '심이 성을 온전하게 실천한다[心能盡性]'는 것은 도덕실천적인 측면에서 말한 것인데, 이는 도덕실천을 통하여 객관적이면서 우주론적으로 말한 '심성'이 하나라는 모형을 확실하게 실증하는 것이다. 구체적으로 말하면, 이는 곧 도덕심[예를 들어 惻隱・羞惡・辭讓・是非 등의 심]으로써 주관적・존재적으로 진실하고도 절실하게 객관적으로 말한 '성'을 충분히 실천할 수 있고, 드러낼 수 있다는 것이다. 따라서 도덕실천적으로 말한 도덕심은 주관성의 원칙이고, 드러남의 원칙이며, 구체화의 원칙이다. '성은 그 심을 살필 줄 모른다[性不知檢其心]'에서의 '성'은 객관적・본체우주론적으로 말한 '성'이다. 이 '성'(性)은 성체(性

---

313 역주 : 이 말 가운데 '人能弘道'와 '非道弘(宏)人'은 『論語』「衛靈公」에 나오는 말이다. 또한 '檢'을 '살피다'라고 번역한 것은 모종산이 아래에서 이를 定・察로 해석했기 때문이다.

體)·성능(性能)·성리(性理)·성분(性分)·성각(性覺)의 다섯 의미를 모두 구비한 '성'이다. 만약 주관적이고 존재론으로 말한 도덕본심의 진실한 깨달음 또는 진실한 현현이 없다면 '성'은 단지 스스로 존유하고, 잠재적으로 존유할 뿐 어떠한 작용도 일으킬 수 없게 된다. 이것이 바로 "성은 그 마음을 살필 줄 모른다"는 말의 의미이다. 이는 또한 공자가 말한 "도가 사람을 넓힐 수 있는 것이 아니다"라는 말과 같다. '검'(檢)이란 '정(定)한다' 또는 '살핀다[察]는 의미이다. 심이 '성'을 온전하게 실천할 수 있다면 '성'은 자연스레 자신의 심을 살필 수 있다. 심이 '성'을 온전하게 실천할 수 없다면 '성'이 비록 원래부터 존유하더라도 그 힘을 전혀 발휘할 수 없다. 그러므로 도덕실천에서는 '심'으로써 결정 요인을 삼는다. 사람이 도를 넓히면 도는 저절로 사람을 넓힌다. 사람이 '도를 넓힐 수 없다면 '도가 비록 요임금 때문에 존재하고 걸왕 때문에 사라지는 것은 아니지만 역시 스스로 드러날 수는 없다. 드러날 수 없다면 작용도 일으킬 수 없다. 그러므로 도덕실천 측면에서 말하면, 사람이 도를 넓히는 주체가 된다. '성'은 객관성의 원칙이자 자성(自性) 원칙이다. '성체' 자체의 측면에서 보면, '성체' 자체는 성체의 객관성이지만, 그 자체에 대한 성체는 성체의 주관성이다. '성체'가 그렇게 존재하는 것은 자기 스스로를 유지하고 보존하며 그 자신이 그 체를 굳건하게 유지하는 것이다. 그 자신에 대한 '성체'는 성체의 자각이고, 이 자각의 작용이 바로 심이다. 이것이 바로 도덕적 본심이 세워지게 된 까닭이다. 도덕적 본심은 다른 것이 아니라 '성체'의 자각이는 자기가 그 자신을 자각한다는 것이다. 이것은 객관적으로 말한 것이다. 만약 주관적이고 존재론으로 말하면, 심이 '성'을 온전히 실천할 수 있다고 해야 한다. 즉 바로 그 자리에서 즉각적으로 본심의 진실한 자각 작용으로써 이 '성'을 온전히 실천하고 또 충분히 드러내는 것이다. 이 진실한 깨달음이 한 단계 상승하여 전폭적으로 밝아지게 되면, '성체'의 내용은 모두가 '심'에 있게 되고, 심역시 그 전체가 '성'과 융화된다. 이것이 바로 심성이 합일되는 것이자 주관과 객관이 진실로 통일되는 것이다. 그리고 심성이 하나라는 사실을 우주론적으로 말한 모형을 다시 한 번 돌이켜보고서 철저하게 실증하는 것이다. 이것이 바로 '심이 성을 온전히 실천할 수 있다'는 핵심적 의미이다.

아래에서는 『정몽』 「대심편」의 내용을 근거로 이 의미를 논하겠다.

3) '인심(仁心)은 만물을 이루면서 하나도 빠뜨리지 않는다—천과 성 및 심은 밖이 없다[天無外·性無外·心無外]

『정몽』 「대심편」에서 다음과 같이 말하였다.

> 그 심을 크게 하면 천하의 사물을 드러낼 수 있다. 드러내지 않는 사물이 있다면 심은 바깥이 있는 것이다. 세상 사람들의 심은 견문의 협소함 갇혀 있다. 성인은 본성을 잘 실천하여 견문으로 자신의 심을 묶지 않는다. 성인이 천하를 봄에 하나의 사물이라도 내가 아닌 것이 없다. 맹자가 심을 실천하면 본성을 알고 천도를 깨닫는다고 말한 것은 이 때문이다. 하늘은 커서 바깥이 없으므로 바깥이 있는 심은 천심과 합하기에는 부족하다.
>
> 大其心, 則能體天下之物. 物有未體, 則心爲有外. 世人之心止於聞見之狹. 聖人盡性, 不以見聞梏其心. 其視天下, 無一物非我. 孟子謂盡心則知性知天, 以此天大無外, 故有外之心, 不足以合天心.
>
> 『正蒙』 「大心」

해설 '그 심을 크게 한다[大其心]는 것에서 '크게 한다'는 것은 결코 아무 내용 없이 그저 대범하게 한 말이 아니다. 심을 크게 하는 근본적인 관건은 바로 '심을 온전히 실천하고[盡心]하고 '성을 온전히 실천하여'(盡性) '견문의 협소한의 한계에 묶이지 않는 것이다. 그러므로 장재는 이미 "세상 사람들의 심은 견문의 협소함에 갇혀 있다"고 말하였고, 또 "성인은 본성을 잘 실천하여 견문으로 자신의 심을 묶지 않는다"고 말한 것이다. '성인이 본성을 잘 실천한다'에서 진성(盡性)은 진심(盡心)을 포함하고 있다. 견문의 협소함에 제한을 받는 것은 '작음'(小)이고, 견문에 속박을 당하지 않는 것이 '큼'(大)이다. 여기에서 말하는 대소(大小)는 분명 맹자가 말한 대체(大體)와 소체(小體)의 구분에서 온 것이다. 좁은 견문에 제한되고 속박되지 않는다는 것에는 도덕실천 공부가 포함되어 있다. 도덕실천의 정의는 도덕행위의 본성 그리고 아무 것도 섞이지 않은 도덕적 정신을 충분히 표현하여 그 자신의 천리[즉 칸트가 말한 자율적 도덕법칙과 정언적 명령]를 체현하는 것에 대응하여 말한 것이다. 이른바 '심을 크게 한다'는 것은 근본적으로 '견문의 협소함'으로부터 해방된다는 것이다. 견문의 협소함으로부터 해방된 도덕적 심이야말로 바로 초월적 심이자 맹자가 말한 '본심'이다. 견문의 협소함에 갇혀 있고 견문에 묶이거나 구속을 받는 것은 총괄적으로 보면 제한을 받는 것이다. 이러한 심은 경험심·감성심이자 심리학에서 말하는 심이며, 장자가 말하는 '성심'(成心)이자 불가에서 말하는 식심(識心)·습심(習心)이다.[314] 이러한 심은 조건의 제약 속에서, 그리고 변동하고 움직이는 와중에서 당연히 진정한 도덕행위를 건립할 수도 없고 표현할 수도 없다. 이러한 심은 눈과 귀의 감각적 기관에 제한을 받아 자연스럽게 작아지게 된다. 심이 작으면 사람도 작아진다. 이것이 바로 맹자가 말한 "그 소체를 따르는 사람은 소인이다"[315]라고 한 것이다. 이러한 것을 '소'(小)라고 한다면 해탈 혹은 해방된 초월적 심은 자연히 대(大)가 된다. 심이 크면 사람 역시 커진다. 그러므로 맹자는 또 "그 대체를 따르는 사람은 대인이다"[316]라고 말하였다.

---

314 역주 : 장자가 말한 '成心'은 바른 판단의 기준이 서지 않은 선입견을 의미한다. 그리고, 불가에서 말한 識心은 우리에게 존재하는 유일한 것은 識(존재 의식)일 뿐이며 그 이외에 어떠한 것도 없다는 것이다. 그리고 우리의 일상은 청정하지 못한 오염된 것을 받아들이는데 이를 '習心'이라 한다.

315 『孟子』「告子上」, "從其小體爲小人."

'견문의 협소함에서부터 해방되어 나온 초월적 도덕본심은 바깥의 경계가 없다. 이것은 도덕본심의 보편성과 편재성을 말한 것이다. 이 보편성은 '천하의 사물을 드러내고' 또 '천하의 어떠한 사물도 내가 아닌 것이 없음을 보는 것'에서 규정한 것으로, 이것은 바로 '인심'(仁心)은 바깥의 경계가 없다는 의미이다. 그러므로 이 보편성은 절대적이며 구체적인 보편성이지, 추상적으로 유비하여 이름 붙인 보편성이 아니다. '성인은 성을 온전히 실천한다'[聖人盡性]는 것은 바로 '인성'(仁性)을 온전히 실천한다는 것이다. 인성(仁性)을 온전히 실천하는 것은 바로 '인심'(仁心)을 온전히 실천하는 것이다. 그러므로 장재는 "맹자가 심을 실천하면 본성을 알고 천도를 깨닫는다고 말한 것은 이 때문이다"라고 말한 것이다. '하늘은 커서 바깥이 없으며', '성' 역시 커서 바깥이 없으며, '심' 역시 커서 바깥이 없는 것이다. 이 바깥의 경계가 없는 심이 바로 '천심'(天心)이다. 하늘은 바깥이 없고[天無外] 성은 바깥이 없다[性無外]는 것이 객관적 측면에서 한 말이라면, '심은 바깥이 없다[心無外]는 것은 주관적으로 말한 것이다. 그리고 '천과 성이 바깥이 없다'는 것은 바로 '심이 바깥이 없다'는 것을 통하여 그 진실한 의미와 구체적 의미를 갖게 된다. 이것이 바로 주관과 객관의 통일 혹은 합일이다. 맹자가 "만물은 모두 나에게 갖추어져 있다"[317]고 말한 것은 바로 이 '인심이 바깥 경계가 없음'[仁心無外]을 말한 것이다.

'인심(仁心)은 바깥이 없다'는 것은 단지 형식적으로만 말한 것이 아니다. 실제로 '인심무외'(仁心無外)는 '천하 사물을 체현한다'[體天下之物]는 '체'(體) 자에서 말한 것이다. 이 '체' 자는 '인심(仁心)은 바깥이 없다'는 것이 구체적이자 존재적인 사실임을 나타내고 있다. 이는 반드시 실천하는 가운데 순수하고도 초월적인 도덕본심이 진실하게 드러나 천하의 사물에 대해 진실로 아픔이나 가려움을 느껴야만 비로소 '천심(天心)의 바

---

316 『孟子』 「告子上」, "從其大體爲大人."
317 『孟子』 「告子上」, "萬物皆備於我."

깥이 없음'을 알게 된다는 것이다.

『정몽』「천도편」에서는 이렇게 말하였다.

천도는 사시를 운행하고 온갖 사물을 낳으니 지극한 '교'(敎)가 아님이 없다. 성인의 움직임은 지극한 덕이 아님이 없다. 어떤 말을 더 하겠는가? 하늘은 모든 만물을 이루면서 어느 하나도 빠뜨리지 않으니, 이는 마치 '인'(仁)이 일을 이루면서 있지 않은 곳이 없다는 것과 같다. 예의 삼백 가지와 위의 삼천 가지는 '인'이 아닌 것이 없다. 넓은 하늘 밝으시어 그대와 함께 나가시고, 넓은 하늘 훤하시어 그대와 함께 유행하시도다! 하나의 사물이라도 이루지 않음이 없다.

天道四時行, 百物生, 無非至敎. 聖人之動無非至德. 夫何言哉? 天體物不遺, 猶仁體事無不在也. 禮儀三百, 威儀三千, 無一物而非仁也. 昊天曰明, 及爾出王 (同往), 昊天曰旦, 及爾遊衍! 無一物之不體也.

『正蒙』「天道」

주희는 이 문단을 매우 좋아하였다. 그는 "여기의 몇 구절은 어린 아이의 마음(赤心)에서 절절하게 말한 것이다. 순자나 양주가 어찌 여기에 이를 수 있겠는가"[318]라고 하였다. '어린 아이의 마음에서 절절히 말한 것이다'는 말은 이 몇 구절의 말이 진실로 옳고, 참으로 절실하다는 것이다. "순자나 양주가 어찌 여기에 이를 수 있겠는가"라고 한 것은 그들의 말은 이것과 다르다는 것이다. 이 인용문과 앞의 "그 심을 크게 하면 천하의 사물을 체현할 수 있다"는 의미가 완전히 같다. 위 인용문에서 "천도는 사시를 운행하고 온갖 사물을 낳으니 교(敎)가 아닌 것이 없다"고 한 것과 『시경(詩經)』「대아(大雅)·판(板)」을 인용하여 "넓은 하늘 밝으시며, 넓은 하늘 훤하시니"라고 말한 것은 모두 객관적인 측면에서 말

---

318 『朱子語類』 卷98 「張子之書」, "此數句從赤心片片說出來. 荀揚豈能到?"

한 것이다. 그런데 "성인의 움직임은 지극한 덕이 아닌 것이 없다"와 "예의 삼백 가지와 위의 삼천 가지는 하나의 사물이라도 인이 아닌 것이 없다"라는 것은 주관적인 측면에서 말한 것이다. 이 두 가지는 성인이 인(仁)을 실천하고 본성을 실천하는 과정 또는 '인을 실천하고 천도를 깨닫는 과정'에서 완전히 합일되는 것이다. 그러므로 장재는 "하늘은 모든 만물을 이루면서 어느 하나도 빠뜨리지 않으니, 이는 마치 인(仁)이 일을 이루면서 있지 않은 곳이 없는 것과 같다"고 말한 것이다. 인심(仁心)이 곧 천심(天心)이며, 인덕(仁德)이 곧 천도(天道)이다. "인(仁)은 일을 이루면서 있지 않은 곳이 없다"라는 것은 인(仁)이라는 개념이 일을 이루면서 있지 않는 곳이 없다는 의미가 아니라, 인심(仁心)과 인성(仁性)을 실현하고 실천하는 가운데 일을 이루고 그 속에 있지 않음이 없다는 것이다. 장재가 '그 심을 크게 한다'고 말한 것 등은 분명 공자의 인(仁)과 맹자의 본심(本心)에 근거하여 말한 것이다. 그러나 주희는 극도로 '대기심'(大其心)이라는 말을 싫어하였는데, 이 때문에 이 단락을 해석할 때 문장에 그리 신경을 써서 해석하지도 않았고, 때로는 완곡하게나마 비판도 하였다. 왜냐하면 주희의 심중에 그러한 것을 꺼리는 의식이 있었고, 또 아울러 중화설(中和說·中和新說)을 확정한 이후 그의 의리 형태가 이미 완성되어버렸기 때문이다.

주희는 다음과 같이 말하였다.

그 심을 크게 하면 천하 사물을 이룰 수 있다. 세상 사람들의 심은 견문의 협소함에 갇혀 있으므로 천하의 사물을 이룰 수 없다. 오직 성인만이 본성을 온전히 실천하므로 견문에 의하여 그 심을 묶이지 않기에 커서 바깥이 없는 것이다. 성인이 천하를 봄에 하나의 사물도 내가 아닌 것이 없다. 장재는 단지 하나의 대(大)와 소(小)를 말했을 따름이다. 맹자가 심을 온전히 실천하면 본성을 알게 되며 천도를 깨닫게 된다고 일컬은 것은 이것 때문이다. 대개 진심(盡心)이란 다만 그 큼을 극진히 한 것이다. 심이 그 큼을 극진히 한다면 본성을 알고 천도를 깨달아 바깥의 경계가 있는 심이 없게 된다.

大其心則能體天下之物. 世人之心止於見聞之狹, 故不能體天下之物. 唯聖人盡
性, 故不以所見所聞梏其心, 故大而無外. 其視天下無一物非我. 他只是說一個大
與小. 孟子謂盡心則知性知天以此. 蓋盡心則只是極其大. 心極其大, 則知性知天,
而無有外之心矣.

『朱子語類』 卷98

해설 주희의 이 해석은 다만 장재가 쓴 글자에 따라 말한 것일 뿐 깊은 고민을 통해 나온 말은 아니다. 이것을 근거로 주희의 심중이 유쾌하지 않았음을 알 수 있다. 주희는 "장재는 단지 하나의 대(大)와 소(小)를 말했을 따름이다" · "대개 '진심'이란 다만 그 큼을 극진히 한 것이다"라고 하였는데, 이러한 말은 주희의 불만스러운 심정을 표현하고 있는 것이다.

때문에 이 말을 이어서 다음과 같이 말하였다.

도부(양도부)가 물었다. "지금 성인의 진심처(盡心處)에 이르지 못했다면 또한 미루어 나가지 못하는 것입니까?" 대답하였다. "진심처에 이르지 못했더라도 반드시 견문을 말하는 것 이외에 여전히 내가 듣지 못하고 보지 못한 도리가 있음을 알아야 한다. 만약 견문 이외에 아직 도리가 있음을 알지 못한다면 어떻게 미루나 갈 수 있는가? 요약하자면 이것 역시 횡거(장재)의 뜻이다. 그러나 맹자의 의도는 그렇지 않았을 것이다."

道夫問, 今未到聖人盡心處, 則亦莫當推去否? 曰, 未到那裏, 也須知說聞見之
外, 猶有我不聞不見底道理在. 若不知聞見之外, 猶有道理, 則亦如何推得? 要之,
此亦是橫渠之意. 然孟子之意, 則未必然.

『朱子語類』 卷98

해설 주희의 이 말은 장재의 생각이 옳지 않다는 것이다. 장재가 '견문의 협소함에 갇히느냐 갇히지 않느냐를 말한 것은 본심(本心)과 인심(仁心)이 모든 사물을 이루면서 어느 하나라도 빠뜨리지 않는 편재성을 드러내야 한다는 것이지, '견문의 바깥에 여전히 듣지 못하고 보지 못한 도리가 있다고 말한 것이 아니다. 주희의 이 해석은 바로 '격물궁리'(格物窮理)에서부터 '진심'을 해야 한다고 주장하고 있는 것이다. 그러나 주희의 뜻은 맹자의 뜻도 아니고 장재의 뜻도 아니다. 장재가 맹자를 인용하여 논증으로 삼은 것은 단지 장재의 뜻만이 아니라 사실 맹자의 본의였던 것이다. 주희가 "맹자의 의도는 그렇지 않았을 것이다"라고 말한 것은 주희가 맹자의 '진심지성'(盡心知性)의 의미에 대해 따로 해설하고 있기 때문이다.

이 말을 이어 또 다음과 같이 말하였다.

도부(양도부)가 물었다. "맹자의 본래 뜻은 마땅히 『대학혹문』에서 인용하는 것을 기준으로 삼아야 하는 것입니까?" 대답하였다. "그렇다. 맹자의 의도는 단지 궁리가 지극하게 되면, 심이 저절로 전체를 다하여 남음이 없음을 말한 것일 뿐이다. 그 심을 크게 한 이후에 '성'을 알고 천을 알려는 것이 아니다."

道夫曰: "孟子本意當以『大學或問』所引爲正?" 曰: "然. 孟子之意只是說窮理之至, 則心自然極其全體而無餘. 非是要大其心而後知性知天也."

『朱子語類』 卷98

해설 이것은 주희가 맹자의 「진심장(盡心章)」을 따로 해석하고 있음을 보여준 것이다. 이러한 주희의 맹자 해석은 완전히 틀린 것이다. 이것은 진실로 맹자의 원래 의미와 어긋난 해석이고, 또한 오해이다. 주희는 "그 심을 다하는 것이 그 성을 아는 것이다"[盡其心者, 知其性也]고 생각하였다. 그 의미는 그 심을 다할 수 있는 까닭은 그 성을 알았기 때문이라는 것이다. 이것은 인과가 전도된 것이다. 그리고 주희는 '그 성을 안다'는 것을 '격물궁리'로 해석하였다. 궁리가 지극하다면 심의 전체대용(全

體大用)은 밝혀지지 않음이 없는데, 이것이 바로 '진심'이라는 것이다. 이렇게 하면 '진심'(盡心)의 '진'(盡) 자는 '인지적'(認知的) 의미의 '진'이 되어버린다. 또 '성이 곧 리'[性卽理也]이기 때문에 '격물궁리'가 바로 '지성'(知性)이 된다. 즉 '지성'의 지(知)가 최고조에 이르렀을 때 비로소 심을 다했다고 할 수 있다. 그러므로 주희는 『맹자집주』에서 다음과 같이 말하였다.

> 사람은 이 심을 지니고 있는데, 그 전체가 아닌 것이 없다. 그러나 리를 궁구하지 않으면 가리어지게 되어 이 심의 양을 다하지 못한다. 그러므로 심의 전체를 지극히 하여 다하지 않음이 없는 사람은 천리를 궁구하여 알지 못하는 것이 없을 수 있다. 이미 그 리를 알았다면 그것에 따라 나오는 천리 역시 이를 벗어나지 않는다. 『대학』의 순서로 말하자면 지성(知性)은 물격(物格)을 일컫는 것이고, 진심은 지지(知至)를 일컫는 것이다.[319]
>
> 人有是心, 莫非全體. 然不窮理, 則有所蔽, 而無以盡乎此心之量. 故能極其心之全體而無不盡者, 必其能窮天理而無不知者也. 旣知其理, 則其所從出, 亦不外是矣. 以『大學』之序言之, 知性則物格之謂, 盡心則知至之謂也.
>
> 『孟子集註』「盡心上」

이 주석은 완전히 틀린 것이며, 결코 맹자의 본의라 할 수 없다. 장재·정호·정이가 맹자의 「진심장」을 언급한 것은 모두 주희가 이해한 것과 다르다. '그 심을 다하는 것이 그 성을 아는 것이다'는 구성 방식은 상하 문맥 속에서 '진심은 지성으로 결정된다'[盡心由於知性]는 뜻으로 해석하게 만든다.[320] 이는 '그 백성을 얻는 자 그 심을 얻는다'와 비슷한 방

---

[319] 역주 : 원문의 번역 방식을 기존의 원문 번역 방식에서 약간 달리 하였다. 즉 모종삼의 방식이 아닌 주희의 해석 방식에 따르려 하였다.

[320] 역주 : 이렇게 해석하면 盡은 실천의 盡이 아니라 性理를 완전하게 알았다는 완료의 盡이 된다.

식의 말이다. 그러나 맹자의 어맥은 이러한 뜻이 아니며, 맹자의 의리로 따져보아도 이러한 뜻일 수도 없다. 맹자가 말한 '진'(盡)은 '충분히 실현한다는 의미이고, 또한 '확충'(擴充)한다는 의미이다. '진심'이란 곧 측은·수오 등의 초월적인 도덕본심을 충분히 실현한다는 것이지, 그 '인지적' 전체대용(全體大用)이 밝지 않음이 없다는 식의 지혜의 양을 다한다는 것이 아니다. 맹자가 말한 '실천을 통하여 본심을 충분히 드러낸다는 것은 "(본심을) 확충하면 사해를 보존할 수 있다"[321]는 의미이고, 인(仁)과 의(義)의 쓰임을 이루 다 할 수 없다는 의미이다. 또한 "학문의 길은 다른 것이 아니라 잃어버린 심을 되찾는 것일 뿐이다"[322]는 의미이고, "사람이라면 모두 이러한 심이 있지만, 현명한 사람만이 이를 잃지 않을 수 있다"[323]는 의미이다. 맹자에 대한 주희의 해석은 매우 잘못되었으며, 그 오류 역시 심하다. 만약 충분히 이 심을 실현하고 실천하여 잃지 않을 수 있다면 나의 본성과 마주하여 분명하게 이해하였다고 할 수 있다. 맹자에서 초월적 도덕본심은 바로 '성'(性)이고, 사람이 진정한 사람으로서 확립될 수 있는 초월적 성능(性能)이며, 사람이 자신의 도덕인격을 향상시킬 수 있는 근거이고, 자신의 도덕행위의 '순역불이'(純亦不已)하게 완성할 수 있는 선천적 근거이다. 그러므로 진심(盡心)이 곧 지성(知性)이며, '지'(知)는 '실현하는 과정'[盡]에서의 '지'이다. 그리고 '지성'(知性)이 곧 진성(盡性)인데, '지'(知)라는 것은 결코 복잡한 공부가 아니다. 공부는 모두 '진'(盡) 자에 달려 있다. 이른바 '지'라는 것은 '진심'의 과정 중에서 더욱 구체적이고 진실하게 이 '성체'를 이해하는 것이다. 진심을 통하여 이 '성체'는 우리 앞에서 더욱 분명하게 드러난다. '진심'의 과정 중에서 사람의 진정한 본원(性體)과 진정한 주체를 이해했다면 '천도를 깨달을

321　역주 : 이 말은 『맹자』 「공손추상」의 두 마디를 딴 것인데, 전체 원문은 다음과 같다. "知皆擴而充之矣, 若火之始然, 泉之始達, 苟能充之, 足以保四海."

322　『孟子』 「告子上」, "學問之道無他, 求其放心而已矣."

323　『孟子』 「告子上」, "人皆有斯心也, 賢者能勿喪耳."

수 있다.'[知天] 왜냐하면 하늘 역시 '오목불이'(於穆不已)의 도덕적 창조를
하는 것에 지나지 않고, 이것이 곧 '생화'(生化)의 리이기 때문이다. 그러
므로 『중용』에서는 "천지의 도는 한마디 말로써 다할 수 있다. 만물을
이루면서 순일하니, 만물을 생성하지만 그 원리를 짐작하기 어렵다"[324]
고 한 것이다. '천'에 있어서는 '만물을 생성하지만 그 원리를 짐작하기
어렵다'고 하고, '성'에 있어서는 도덕창조[도덕행위의 純亦不已]가 '성대하
게 흘러 무엇으로도 막을 수 없다'고 한다. '천'의 긍정적인 함의와 '심
성'의 함의는 동일하다. 그러므로 '진심'이 곧 '지성'이고 '지성'이 곧
'지천'인 것이다. 이것은 모두 '입체적 직관(立體的 直貫)의 의미로 우주
본체론적 창조의 의미를 지니고 있는 것이지, 주희처럼 '진'(盡)을 인지
적인 것으로 바꾸어 횡적으로 나열하는 의미가 아니다. 이것이 맹자의
'진심'을 통상적이고 오해 없이 이해하는 것이다. 이곳에서 장재는 '진
심'을 언급하면서 비록 '만물을 이루면서 어느 하나도 빠뜨림이 없다'는
것에 치중하였지만, 만물을 이루면서 어느 하나도 빠뜨림이 없는 '체'에
는 만물을 실현하면서 오묘하게 운행한다는 의미를 함유하고 있기 때
문에 이것 역시 입체적 직관의 의미이자 '본체우주론적' 오묘함과 통달
함의 의미이다. 결코 주희처럼 인지적으로 평평히 나열한다는 것이 아니
다. 정이가 이를 언급할 때도 통상적인 읽기의 방법에 근거하고 있을 뿐,
결코 '격물궁리'로써 '진심'을 말하지는 않았다. 정이는 적어도 주희처럼
인과를 전도시키지는 않았다. 나는 주희가 여기에서 왜 이처럼 해석했는
지 모르겠다. '격물궁리'의 구조와 짜임새가 마음속에 가득 차 있었기 때
문에 맹자를 곡해하여 이를 자신의 뜻에 맞추려고 한 것은 아닌가? 그러
나 중요한 것은 확충의 '진'을 인지의 '진'으로 구성한 데 있다. 이러한
해석의 뒤틀림은 주희로 하여금 평생토록 맹자를 이해하지 못하도록 하
였고, 주관성의 원칙을 바로 볼 수 없게 하였기 때문에 도덕실천은 옆길

---

[324] 『中庸』「26章」, "天地之道可一言而盡也. 其爲物不貳, 則其生物不測."

로 나가 엄숙한 도덕의식[敬]과 하학상달(下學上達)의 경험적 공부론을 취하지 않을 수 없게 되었다. 그러므로 주희는 장재가 말한 '심은 성을 온전히 실천할 수 있다'와 정호의 '일본론'(一本論) 그리고 호굉이 강조한 '심을 온전히 실천하여 성을 완성한다[盡心成性]'와 육구연의 맹자학 의리를 끝내 이해하지 못하였다.

『주자어류』에는 위의 말을 이어 다음과 같이 기록하고 있다.

　　도부(양도부)가 물었다. "횡거(장재)처럼 말하면 스스로 시작하기가 어렵습니다." 대답하였다. "바로 횡거는 때로 자기 마음대로 이와 같이 말하였을 따름이다. 이는 마치 다만 허공에 매어 놓고 생각을 하면 심이 저절로 커지는 것과 같은 것이다. 이러한 것은 원래 격물을 많이 하면 자연스럽게 툭 트여 관통되는 곳이 있게 되는 것이다. 이것이 바로 아래에서 배워 위로 이르는 공부이다. 맹자의 의도도 단지 이와 같을 따름이다."
　　道夫曰:"只如橫渠所說, 亦自難下手." 曰:"便是橫渠有時自要恁地說. 似乎只是懸空想像, 而心自然大. 這般處, 元只是格物多後, 自然豁然有個貫通處. 這便是下學而上達也. 孟子之意只是如此."

『朱子語類』 卷98

해설 이 단락의 말은 장재의 본의와 차이가 너무나 큰데, 이처럼 동떨어진 이해를 해서는 안 된다. 진정한 도덕행위 자체에 대응하여 말하면, 마땅히 '진심'(盡心)과 '진성'(盡性)에서 시작해야 한다. 즉 견문의 협소함에 갇히거나 제한되지 않고 초월적 도덕 본심을 철저하게 드러내 순수하게 자신의 뜻으로 본심에서 스스로 발하는 천리와 정언명령에 따라서 인심(仁心)·본심(本心)·천심(天心)을 두루 실천하여 하나도 빠뜨림이 없게 해야 한다. 이것이 가장 진실하고 긴밀하며 가장 정확하게 시작하는 곳인데, 어찌 '시작하기 어렵다'고 하는가? 양도부의 이 말은 도덕행위가 무엇인지를 올바르게 이해하지 못함을 표시하고 있다. 원래 본심에 따라서 실천하는 공부는 한 권의 책을 읽거나 하나의 일을 열심히 하여 이해하고 파악하는 것보다 쉽지는 않지만, 독서를 통한 이해 방법은 옆길로 나가는 것일 뿐 진정한 도덕실천과는 본질적 관련이 없다. 즉 도덕실천에 대응하여 말하자면 독서와 같은 방법은 모두 본질적으로 상관이 없는 것이다. 주희는 양도부의 말을 지적하여 깨우쳐 주지 못하고 오히려 "횡거는 때로 자기 마음대로 이와 같이 말하였을 따름이다. 이는 마치 다만 허공에 매어 놓고 생각을 하면 심이 저절로 커지는 것과 같은 것이다"라고 말하였다. 이것 역시 근본적으로 장재가 말한 '대'(大)의 온전한 의미와 실재 의미를 파악하지 못한 것이다. 그리고 맹자의 의리도 아예 주희의 생명 안으로 진입하지 못하였다. 주희의 말에 따르면, 장재가 말한 것은 고집스레 허공에 대고 마음대로 한 말인 것 같다. 그렇다면 맹자가 말한 '대체소체'(大體小體) · '잃어버린 마음을 되찾는다'(求放心) · '만물은 모두 나에게 갖추어져 있다' · '성대하게 흘러 무엇으로도 막을 수 없다[沛然莫之能禦]는 것도 모두 헛되게 상상한 것이란 말인가? 주희는 이 계통의 의리를 이해할 수 없었기에 억지로 이를 "이러한 것은 원래 격물을 많이 하면 자연스럽게 툭 트여 관통되는 곳이 있게 되는 것이다"라고 하면서 그것이 "맹자의 의도도 단지 이와 같을 따름이다"고 이해하였다. 이것이야 말로 주희가 "자기 마음대로 이와 같이 말한 것"이기 때문에 어찌할 도리가 없다.

이상에서 인용한 『주자어류』는 전체가 하나의 문단이었다. 나는 이를 각기 구분하고 지적함으로써 주희의 잘못을 밝혔다.

『주자어류』에는 이를 이어 또 다음과 같은 언급이 있다.

그 심을 크게 한다면 천하의 사물을 두루 이룰 수 있다. '체'(體)는 마치 '인'(仁)이 사물을 이루면서 있지 않은 곳이 없는 것과 같다. 이는 심과 리가 유행하여 맥락이 관통하여 이르지 않는 곳이 없음을 말한 것이다. 진실로 하나의 사물이라도 이루지 않음이 있다면 바로 이르지 못한 곳이 있게 되어 모두 포괄하지 못하게 되니 이것은 심에 바깥의 경계가 있는 것이다. 대개 사사로운 뜻이 그 사이에 끼게 되어 사물과 내가 대립되면 비록 지극히 친밀한 것이라도 바깥의 경계가 없을 수 없다. 그러므로 바깥의 경계가 있는 심은 '천심'과 합치하기에 부족하다.

大其心則能遍體天下之物. 體猶仁體事而無不在. 言心理流行, 脈絡貫通, 無有不到. 苟一物有未體, 則便有不到處, 包括不盡, 是心爲有外. 蓋私意間隔, 而物我對立, 則雖至親且未必能無外矣. 故有外之心, 不足以合天心.

『朱子語類』 卷98

해설 주희의 이 해석은 문제가 없다. 이렇게 이해했는데도 왜 장재가 말한 '대'(大)를 단지 "허공에 매어 놓고 생각을 한 것"이라고 말하였는지 모르겠다.

이 말을 이어서 다음과 같이 말하였다.

물었다. "하나의 사물이라도 이루지 않음이 있다면 심은 바깥의 경계가 있다고 할 때, 이 '체' 자는 '체찰'(體察)의 '체'입니까?" 대답하였다. "모름지기 어떻게 이것이 '체찰'이라 불리는지를 알아야 한다. 지금 관청에서 문서를 시행할 때 이른바 '체량'(體量)·'체구'(體究)라고 하는데, 이는 이와 같은 '체' 자이다." 다른 이가 물었다. "이는 스스로 몸소 그 사물 속으로 들어가 '체인'(體認)해야 하는 것입니까?" 대답하였다. "그렇다. 마치 여러 신하들을 몸소 살핀다고 말하는 것과 같다. 이천[案: 마땅히 정호라고 해야 한다)은 '천리'라는 두 글자는 오히려 스스로 '체첩'(體貼)해야 한다고 말하였다. 이는 이러한 의미의 '체' 자이다."

問: "物有未體, 則心爲有外, 此體字是體察之體否?" 曰: "須認得如何喚做體察. 今官司文書行移, 所謂體量體究, 是這樣體字." 或曰: "是將自家這身入那事物裏面去體認否?" 曰: "然. 猶雲體羣臣也. 伊川(案當爲明道)曰, 天理二字卻是自家體貼出來. 是這樣體字."

『朱子語類』 卷98

해설 여기에서는 '체'(體) 자를 해석하였다. '체'에는 비록 체찰(體察)·체인(體認)·체구(體究)·체량(體諒)·체서(體恕)[325] 등의 여러 의미가 있지만, 이 모두는 딱 들어맞게 안으로 들어가 본체와 만물이 서로 간격이 없다는 의미를 표시한다. 그러나 원래 '하늘은 만물을 이루면서 어느 하나라도 빠뜨리지 않는다[天體物不遺]와 '인(仁)은 사물을 이루면서 있지 않는 곳이 없다'는 것은 인심(仁心)의 '감통(感通)과 '친밀' 그리고 '아픔과 가려움을 아는 것'과 '마비되지 않는다'는 것으로부터 말한 것이다. 즉 이 '체' 자는 인지적 의미의 '체찰·체인·체구'가 아니라, 도덕적 의미의 입체적으로 직관하는 '체량·체서'의 의미이다. 먼저 '체찰의 의미인가라고 물었는데, 이는 이미 장재가 말한 '체'의 의미로부터 이미 멀어진 것이다. 그리고 인용문 '혹문'(或問)에서 물었던 "이는…… 그 사물 속으로 들어가 '체인'(體認)해야 하는 것인가'라는 물음도 틀린 것이다. 그런데도 불구하고 주희는 이러한 '체' 자의 의미를 모두 수긍하였는데, 이는 주희가 '체' 자에 대한 착안점을 인지적 의미에 두고 있기 때문이다. 주희는 계속하여 "마치 여러 신하들을 몸소 살핀다고 말하는 것과 같다"라고 하였다. 그러나 주희는 '체찰'과 '체인' 및 '체구'가 모두 '여러 신하들을 이해하고 헤아린다'[體群臣]는 체량·체서의 의미가 아님을 반드시 알아야 한다. '체첩'(體貼)은 어떤 때는 도덕적 마음과 정감을 느낀다는 것을 말하기도 하여 '체량·'체서'와 같은 의미로 사용되기도 하고, 또 어떤 때는 인지적 이해의 의미로 사용되기도 한다. 정호가 말한 "천리라는 두 글자는 오히려 스스로 체첩(體貼)해야 한다"고 했을 때, '체

---

325 역주 : 體察·體認·體究·體諒·體恕는 모두 직접 몸소 안다는 의미가 있다. 그런데 이 다섯 단어는 두 가지로 구분할 수 있는데 體察·體認·體究는 몸소 세세하게 살피고 인식하며 궁구한다는 뜻이 강하다. 즉 '體'의 의미가 강하다. 그러나 體諒·體恕는 '몸소' 혹은 '세세히'라는 뜻보다는 이해하다·'미루어 헤아리다'는 '諒'·'恕'의 의미가 더 강하다. 그리고 程顥가 사용한 '體貼'이라는 말이 속한 문장은 보통 '깨닫다'·'체득한다'라고 번역이 되지만, 여기에서는 '체첩' 그대로 사용하였다. 마찬가지로 여기에서 각 단어를 풀어서 번역하면 독자들이 더욱 혼란할 수 있어 이 용어를 그대로 사용하겠다.

첩'은 깨닫는다는 의미로서 체인·체득과 같은 것이다. 그런데 주희는
이를 두루뭉술하게 함께 말하면서, 또 인지적 의미의 체인·체구·체찰
에 무게를 두고 있다. 이 때문에 주희는 '만물을 이루면서 어느 하나도
빠뜨리지 않는다'는 체물불유(體物不遺)의 진실한 의미를 확실히 밝힐 수
없게 된 것이다. '만물을 이루면서 어느 하나도 빠뜨리지 않는다'는 것은
인심의 감통(感通)을 말한 것으로, 이는 도덕적 의미이지, 인지적 의미가
아니다. '하늘은 모든 사물을 이루면서 어느 하나라도 빠뜨리지 않으니,
마치 인(仁)이 모든 일을 이루면서 있지 않는 곳이 없다'라는 말에서 앞
의 문장은 『주역』의 "만물을 하나하나 완성하되 어느 하나도 빠뜨림이
없다"[326]와 『중용』의 "귀신은 만물을 이루면서 어느 하나도 빠뜨리지 않
는다"[327]는 뜻이다. 그리고 뒤의 문장은 인심(仁心)이 감통하여 두루 모든
것을 윤택하게 하여 하나도 빠뜨리지 않으며, 인도(仁道)가 현현하여 두
루 모든 것을 이루면서도 하나도 빠뜨리지 않는다는 뜻이다. 동사인 '체
가 된다'[體之]는 것이 명사로 전환되어 만사만물의 체가 됨을 볼 수 있
다. 그러므로 장재는 "만물의 체가 되는 것을 일컬어 '성'이라 한다"[328]
고 하였고, 또 "일찍이 없었던 적이 없는 것을 일컬어 '체'라 하고, 그것
을 드러내는 것을 일컬어 '성'이라 한다"[329]고 하였다. 이것이 어찌 체
구·체찰·체인이라는 말이 표현하는 '심의 전체대용이 밝혀지지 않음
이 없다'는 의미로서의 무외(無外)이겠는가? 주희의 도덕의식은 결국 횡
적으로 나열하는 인지적 정함형태(靜涵形態-靜攝形態)로 바뀌어져 있었기
때문에 입체적 직관의 형태로 전향하지 않으려고 하였다.

주희는 또 말하였다.

---

326 『周易』「繫辭上」, "曲成萬物而不遺."
327 역주 : 본문에서는 "鬼神體物而不可遺"이지만 『中庸』「16장」의 전문은 "子曰, 鬼神之
爲德, 其盛矣乎! 視之而弗見, 聽之而弗聞, 體物而不可遺"이다.
328 『正蒙』「乾稱」, "體萬物而謂之性."
329 『正蒙』「誠明」, "未嘗無之謂體, 體之謂性."

물었다. "사물을 이루지 않은 것이 있다면 심에 바깥 경계가 있게 된다고 하였습니다. 이때 '체'의 의미는 어떤 것입니까?" 대답하였다. "이것은 마음을 사물에 두고 그 이치를 궁구하여 살피는 것인데, '격물치지'와 같은 의미이다. 이것은 '체용'의 체와 다른 것이다."

間: "物有未體, 則心爲有外. 體之義如何? 曰, 此是置心在物中究見其理, 如格物致知之意. 與體用之體不同."

『朱子語類』 卷98

해설 여기에서는 정식적으로 '체' 자를 '궁구하다'는 '체'로 구성하고, '격물치지'의 뜻으로 구성하였는데, 이러한 구성은 완전히 틀린 것이다. '체' 자는 원래 동사이지만 오히려 본체우주론적으로 오묘하게 운행하고, 윤택하게 감통한다는 '체지'(體之)이지, 인지적 의미인 궁구함의 '체지'가 아니다. 이 본체우주론적으로 체가 되는 것은 동사가 명사로 바뀌어 만사만물의 체가 됨을 드러내면서 '체용(體用)의 체'로 된다. '체'가 동사로 사용될 때는 '체용의 체'가 아니다. 그렇다고 해서 "그 이치를 궁구하여 살핀다"는 의미도 아니다. 이처럼 선명한 의리에 대하여 주희는 왜 이처럼 오해를 했다는 말인가?

윗글을 이어 다음과 같이 말하였다.

물었다. "왜 이렇게 바깥 경계가 있는 심이 있는 것입니까?" 대답하였다. "다만 사사로운 뜻이 있어 안과 밖이 서로를 용납하지 못하고 단지 스스로 자신만을 살피게 되니, 모든 사물은 자기와 상관없게 되어 바로 바깥 경계가 있는 심이 있게 된 것이다. 횡거(장재)의 이 말은 참으로 좋지만 단지 이렇게만 말할 수 있을 뿐이어서, 사물과 심이 서로 법도가 없고, 귀착되는 곳이 없어 사둔지설(邪遁之說)에 들어가는 것이다. 또한 공자와 같이 만세 도덕의 큰 스승이 되는 사람들은 말의 뜻이 평이하다. 공자의 말씀에 따라 얻은 바가 있다면 이것이 바로 바깥이 없는 것의 참됨인 것이다. 만약 하늘은 커서 바깥이 없다고 말하려고 한다면 이 마음은 별안간 허공 속으로 빠져버리게 된다."

或問如何是有外之心? 曰 : "只是有私意, 便內外扞格, 只見得自家身已, 凡物皆
不與已相關, 便是有外之心. 橫渠此說固好, 然只管如此說, 相將便無規矩, 無歸
著, 入於邪遁之說. 且如夫子爲萬世道德之宗, 都說得語意平易. 從得夫子之言,
便是無外之實. 若便要說天大無外, 則此心便瞥入虛空裡去了."

『朱子語類』 卷98

해설 이는 주희가 마음속으로 금기시하고 있는 것을 종합적으로 표시
한 것이다. 시작 몇 문구의 말은 괜찮다. 즉 사람이 사사로운 뜻을 제거
하여 초월적 도덕본심을 회복함으로써 자율적으로 법칙에 따라 행하여
모든 것을 느끼고 통하여 어느 것도 포용하지 않음이 없는 것이 바로 가
장 진실하고도 정대한 도덕실천이다. 그런데 이것이 왜 "법도가 없고 귀
착되는 곳이 없어 사둔지설에 들어가는" 병폐에 이른다고 하는가? 주희
가 말한 '사둔지설'이란 불교의 '선'(禪)을 일컫는 것이다. 주희는 마음속
으로 이러한 금기를 놓지 못했으므로 비록 바르고 큰 의리가 있어도 말
하지 못했던 것이다. 그는 '심을 크게 한다'[大其心]와 '하늘은 커서 바깥
이 없다'[天大無外]는 '대'(大)를 근본적으로 싫어하였다. 그러므로 비록 진
리와 마주하고 있어도 똑바로 보려고 하지 않았으며, 단지 "허공에 매달
아 놓고 생각하는 것이다" · "심은 별안간 허공 속으로 빠져버린다"고
말할 뿐이었다. 이것은 그가 금기시한 것과는 전혀 상관이 없다. 주희는
이러한 금기로 형성된 폐쇄적인 심경 하에서 인지적 횡열의 정함형태[정
섭형태]로 방향을 바꾸었다. 그리고 이렇게 바꾸어야만 "법도가 없고 귀
착되는 곳이 없어 사둔지설(邪遁之說)에 들어가는" 폐단을 막을 수 있다
고 생각하였다. 그러나 그는 이러한 학술적 방향의 전환이 오히려 공자
의 '인'(仁)과 맹자의 '심성'이라는 큰 틀에서 멀어진다는 것을 몰랐다.
이러한 까닭에 장개이 "ㄱ 심을 크게 하면 천하의 사물을 체현할 수 있
다"는 말이 근거로 삼은 공자의 '인'(仁)과 맹자의 진심(盡心) · 지성(知

性)·지천(知天)의 의미에 대해 온전하게 해석할 수 없었으며, '체'(體) 자의 해석에 대해서도 완전히 오해를 한 것이다. 내가 번쇄함을 무릅 쓰고서 조목조목 지적한 것은 선진 유가의 원의와 북송 제유들의 깨달음이 틀리지 않았음을 밝히는 데 목적이 있다. 또한 주자학 형태가 무엇인지를 선진유가 그리고 북송 제유의 형태와 대비시켜 밝히고, 그것으로써 차이가 난 까닭을 밝히면 그 경계선이 확실하게 되고, 그 의리 맥락이 분명하게 된다. 그러나 사람들은 용어의 유사함 때문에 주희와 선진유가 및 북송 제유의 형태가 비슷하다고 생각한다. 이것이 바로 선진유가와 북송 제유 그리고 주희의 학문에 들어가 학문의 진면목을 분명하게 하는 사람이 드문 까닭이다.[노자는 "탁한 물을 고요히 놓아두면 서서히 맑아지고, 밝지 않았던 이치를 조리로 따져보면 서서히 분명해진다"고 하였다.]³³⁰ 내가 만일 주희를 기준으로 하여 선진유가의 원래 의리와 북송 제유들의 깨달음을 해설하려고 했다면, 어떻게 말해도 결국 손대는 것마다 막히어 통하기 어려웠을 것이다. 나는 이곳에서 아주 오래 생각하다보니 결국 순리대로 뚫려 그 진상이 환하게 드러나게 되었다.[주희는 북송 제유가 해석한 유가의 의리를 계승하였고, 나아가 한당 시기의 경학자들의 경문을 다룬 것도 많았으니 그 공로는 크다고 할 수 있다. 그러나 사서(四書)와 『역전(易傳)』을 주석한 것과 북송 제유의 학설을 말한 것 가운데 중요하고 관건이 있는 부분은 확실히 문제가 있다. 그 정함형태(靜涵形態)가 조성한 얽매임과 갈등을 제거하고 분명하게 하는 것은 참으로 쉽지 않은 작업이다. 때문에 나는 주돈이에 대한 해설을 시작으로 수시로 주희가 달리 이해한 것(주희가 달리 이해하였다는 것은 표준이 다르고 오해하였다는 의미이다)과 부족함을 살펴서 이 가운데 문제점이 있는 곳을 밝혔다. 이렇게 문제점을 제거하여 밝히면 주희 본인의 철학을 강술할 때 사유형태의 차이가 전부 드러나게 될 것이다.]

---

330 역주 : "濁以靜之徐淸, 晦以理之徐明." 이 말 가운데 앞 부분 즉 '濁以靜之徐淸'은 『노자』 15장에서 나오는 말이지만, '晦以理之徐明'은 『王弼老子注』에 나오는 말이다.

4) 덕성지식[德性之知]과 견문지식[見聞之知]

『정몽』「대심편」에서 장재는 다음과 같이 말하였다.

> 보고 들어서 아는 것은 사물과 교감하여 아는 것이지, 덕성으로 아는 것이 아니다. 덕성으로 아는 것은 견문에서 생기는 것이 아니다.
>
> 見聞之知乃物交而知, 非德性所知. 德性所知, 不萌於見聞.
>
> 『正蒙』「大心」

해설 앞의 단락에서 말한 "심은 만물을 이루면서 하나도 빠뜨리지 않는다"는 것은 초월적 도덕심이 '체'가 된다는 의미에 중점을 두고서 말한 것인데, 이 단락에서부터는 심의 '지용'(知用)[331]이라는 의미에 중점을 두고 있다. 견문지식과 덕성지식의 구별은 장재로부터 시작되었다. 앞의 단락에서는 견문(見聞)에 '갇히느냐 갇히지 않느냐'를 말하였는데, 이는 맹자의 '대체·소체'의 구분에 근거하여 심이 '견문에 빠지는가' 혹은 '그렇지 않는가'라는 도덕적 의미에 중점을 둔 것이다. 그러나 견문에 갇히거나 갇히지 않는 것을 지용(知用)의 측면에서 말하면, 두 가지 지식의 구분을 이끌어낼 수 있는데, 이는 심이 지식에 갇히느냐 갇히지 않느냐는 의미에 무게를 둔 것이다. 견문의 지식적 의미에 갇혀 있지 않은 심의 '지용'은 덕성의 심이 '체'가 됨을 더욱 잘 드러낼 수 있기 때문에 비록 지식적 의미의 '지용'을 말하더라도 실제로는 덕성심의 바깥 경계가 없음을 완성하는 것이기 때문에 '덕성지식'이라고 말한 것이다. 덕성지식은 오늘날 말하는 지식적 의미를 갖고 있지 않다. 이런 까닭에 비록 견문지식과 덕성지식을 대비시켜 '지용'을 말하였지만, 이는 여전히 도덕심의 현현을 지향하는 것이지, 순수한 인지적 활동의 탐구가 아니다.

---

331 역주 : 여기에서 '知'는 맹자가 말한 良知 혹은 德性이 知를 뜻하고, 用은 그러한 '知'의 작용을 의미한다. 도덕성찰과 자각 등의 작용을 의미한다.

견문지식은 '지식'이라는 의미에 속한 것으로, 이른바 경험지식이 바로 그것이다. 거칠고 투박한 재료를 가지고 지식을 획득했든, 한 걸음 더 나아가 바깥 사물의 질·양·관계를 연구했든 결국은 모두 경험지식이다. 인지활동이라는 측면에서 말하자면, 견문지식이 표현하고 있는 심의 활동은 '견문에서 생겨난 것'이고, 이것은 감촉이나 지각하는 가운데 드러난 것이며, 경험 속에 갇혀서 경험의 제약을 받는 것이다. 만약 경험에 의하여 지식이 성립된 것을 말하면, 심의 인지적 활동은 반드시 경험에 갇혀 있으며 경험의 범위에 제한되어 있어야만 비로소 진정한 지식 혹은 적극적 지식[또는 실증적 지식]을 가지게 된다. 칸트가 말한 선험적 지식은 사실 경험적 지식의 '지식' 의미가 아니라, 그가 말한 경험적 지식을 이루는 선험적 원칙이고, 수학·기하학과 같은 순수 형식의 지식이다. 이 선험적 지식 역시 '견문에서 생긴 것'이 아니지만, 장재가 말한 덕성지식과는 다르다. 칸트가 말한 선험적 지식에는 덕성의 의미가 없으며, 그것이 표현하는 정신의 활동 역시 덕성이 아닌 순수한 인지적 활동이다. 단지 순수한 형식이라는 점이 경험지식과 다를 뿐이다. 장재가 비록 견문지식을 제시하였지만, 그는 결코 적극적으로 경험지식의 구성을 탐구하지는 않았다. 견문지식의 목적은 결코 적극적인 지식론을 이루는 것에 있지 않다. 견문지식은 '견문에서 생긴 것'을 중시하지만 견문에 제한을 받는 것이므로, 사물의 체가 되어 바깥 경계가 없는 것에까지는 이를 수 없다.

장재에 의하면, 덕성지식은 '성체'의 '앎[知]'에서 발현하는 것이다. 이를 나누어서 말한다면, '사랑함을 알고 경(敬)을 알고'·'옳음을 알고 그름을 아는 것'이며, '마땅히 측은해야 할 때는 스스로 측은하고, 마땅히 부끄러워해야 할 때는 스스로 부끄러워하며, 마땅히 사양해야 할 때는 스스로 사양하는 앎이다. 이는 본래 견문과 관련이 없기 때문에 이러한 덕성지식은 '견문'으로부터 생기는 것이 아니다. 덕성의 '지용'(知用) 활동도 실제로 특정한 경험적 대상에 따라 적응되는 것이 아니며, 단지 초월적 도덕본심의 무외(無外)를 드러내는 것에 불과하다. '드러남' 역시 자주(自主)·자결(自決)의 드러남이고, 본래부터 갖추고 있는 천도의 법칙이 밝고 윤택함을 저절로 드러내는 것이며, 이것으로써 두루 비추고 하나하나 곡진하게 이루므로 이 역시 견문과는 상관이 없는 것이고, 또한 '견문에서 생긴 것도 아니다. 객관적으로 말하는 성(性)·천(天)의 무외(無外)는 사실 주관적으로 말하는 본심 지용(知用)의 무외(無外) 활동으로 말미암아 실증되는 것인데, 이것 역시 본심 자신의 지용(知用)이 무외(無外)함을 의미하는 것이다. 그러므로 덕성지식의 의미는 오로지 초월적 도덕본심의 지용(知用)으로써 덕성을 지닌 심의 무외(無外)함을 드러내, 이것이 곧 '심체'·'성체'의 무외(無外)이고, '성체'·'도체'의 무외(無外)임을 표시하는 것에 있다. 따라서 덕성지식에는 지적 의미가 없다. 주희가 말한 '심의 전체대용(全體大用)이 밝혀지지 않음이 없다'는 것은 바로 '사물에 나아가 그 리를 궁구하는 것'에서 드러나는 것이다. 이곳에서 앎의 대상[所知]은 객관적이고 본체론적인 정태적 '존유의 리'이다. 이 리는 비록 견문을 통하여 드러나고 견문을 통하여 접한 것이지만, 견문과 견문을 통하여 접한 것을 초월하여 있는 존유이다. 비록 견문을 초월하여 있지만 심의 허령지각(虛靈知覺)으로 알 수 있는 대상이다. 주희철학에서 리는 단지 초월적 대상일 뿐이다.[332] 이 때문에 주희가 말한 '심의 전체대용'이란 실은 인지적인 전체대용이므로, 그곳에는 인지적 의미가 있다. 따라서 심의 입체 직관적인 의미를 표현할 수 없고, '체를 이어받아 작용을 일으켜'[承體起用] 사물을 이루면서 어느 하나도 빠뜨림이 없는 무외(無外)의 본심을 표현하지 못한다. 객관적 측면에서 말하자면, 이를 통해 알아내는 리는 '태극'으로 종합되는데, 이러한 태극은 본체론적이고 정태적인 존유의 리이지, 동태적인 창생의 리가 아니다. 이것은 '생화'(生化)

---

[332] 여주·무종삼은 '性은 단지 理로서' '단지 존유만 할 뿐 활동하지 않는 실체'이기 때문에 초월성의 의미만 가질 뿐 無外의 활동을 실현할 수 없다는 뜻에서 이렇게 말하였다.

의 리가 무의식적으로 본체론적 존유의 형태로 바뀐 것이다. 다시 말하면 '본체우주론적으로 존유하면서 활동하는 입체 직관적인 형태가 아니다. 그리고 주관적 측면에서 말하면, 하나의 인지적 횡열의 정함형태 또는 정섭형태로 총괄한 것이다. 이러한 주희철학의 특색은 정이를 계승하여 나온 것이지, 결코 선진 유가의 원의가 아니며, 북송의 주돈이·장재·정호가 깨달은 것도 아니다.[주돈이에게는 비록 덕성지식[德性之知]이라는 용어가 없지만 『통서』「사(思)」에서는 "(의식적으로) 자각하려고 함이 없는 것이 근본이다. 사려하여 감통하는 것은 작용이다"[333]라고 말하였고, 또 "(의식적으로) 자각하려고 하지 않아도 감통하지 않음이 없는 사람이 성인이다"[334]이라고 말하였는데, 이는 성체(誠體)와 합하여 말한 것으로, 이 역시 '덕성지식'이다. 또한 정호는 '격물'에 대하여 간략하게 말하였지만, 그 의미는 정이와 다르다. 이에 관해서는 '이천철학' 8)을 자세히 살펴보기 바란다.]

장재는 「성명편」의 첫 머리에서 다음과 같이 말하였다.

성(誠)과 명(明)으로 아는 것은 바로 '천덕의 양지(良知)'로써 아는 것으로, 견문의 작은 지식이 아니다. 하늘과 사람이 용(用)을 다르게 하면 성(誠)을 말하기에 부족하다. 하늘과 사람이 지(知)를 달리하면 명(明)을 드러내기에 부족하다. 이른바 성명이라고 하는 것은 성(性)과 천도인데 작고 큼의 구별이 드러나지 않는다.

誠明所知, 乃天德良知, 非聞見小知而已. 天人異用, 不足以言誠. 天人異知, 不足以盡明. 所謂誠明者, 性與天道不見乎小大之別也.

『正蒙』「誠明」

해설 이 인용문은 「성명편」의 첫 구절인데, 이것 역시 '천덕의 양지'와 '견문의 작은 지식'의 분별로써 본체론적 의미의 성(誠)과 명(明)을 드러

---

333   『通書』「思」, "無思本也. 思通用也."
334   『通書』「思」, "無思而無不通爲聖人."

내고 있다. 이 몇 마디 말은 견문지식과 덕성지식의 확실한 의미를 이해하는데 지도(指導) 원칙으로 삼을 수 있다. 『중용』에서는 "진실무망하면 밝아지고, 밝아지면 진실무망해진다"[335]고 하였다. 또 "진실무망하면 어떤 표현이 있고, 어떤 표현이 있으면 드러나고, 드러나면 빛을 발현하고, 빛을 발현하면 (타인을) 감동시킬 수가 있고, 감동시킬 수가 있으면 변화시킬 수가 있으며, 변화시키는 것이 바로 교화이다. 오로지 천하의 지극히 진실무망한 사람만이 교화할 수 있다"[336]고도 하였다. 이 모두는 '체'를 이어 받아 작용을 일으키는 입체직관적인 '본체우주론적'인 표현이다. '성체'(誠體)가 작용을 일으키면 모든 것이 '성'(誠)으로 철저히 통괄된다. 그러므로 '명'(明)이란 '성체'(誠體)의 윤택과 두루 비춤이다. '성명'(誠明)이 하나의 체가 되면 곧 본심과 '성체'의 모든 깊은 이치[全蘊]를 궁진(窮盡)할 수 있으며, 또한 '성'(性)과 천도의 깊은 이치를 궁진할 수도 있다. '성명'(誠明)이 일으킨 지(知)는 바로 '천덕의 양지'이다. 양지의 지용(知用) 역시 성명(誠明) 자신이 하늘과 사람을 하나로 하고 안과 밖을 합하여 '작고 큼의 구별이 드러나지 않는 것'일 뿐이다. 분석적으로 말하면, '천덕의 양지'는 대(大)이고 '견문지식'은 소(小)이다. 그러나 '천덕의 양지'는 격리된 추상적인 체가 아니라 바로 반드시 하늘과 사람을 통하고, 안과 밖을 합하며, 대와 소를 하나로 하면서 구체적이고도 진실한 '성명'(誠明)의 '지용'(知用)을 드러내는 체이다. 천덕의 양지가 구체화되어 유행하게 되면 비록 견문에 갇혀 있지는 않지만 그렇다고 견문을 떠나서 활동하지도 않는다. 그렇게 되면 견문지식도 '천덕의 양지'가 발용한 것이 되기 때문에 견문지식은 작은 것(小)이 아니게 된다. 견문지식이 작은 까닭은 천덕의 양지에 통하지 못하고 견문에만 갇혀 있기 때문이다. 결국 '식심'(識心)이 되어 작게 되는 것이다. 작은 것은 사람[사람은 원

---

335 『中庸』「21章」, "誠則明矣, 明則誠矣."
336 『中庸』「23章」, "誠則形, 形則著, 著則明, 明則動, 動則變, 變則化. 惟天下至誠爲能化."

래 제한됨이 있기에 작은 것이대이며, 큰 것은 하늘이다. 장재는 "하늘과 사람이 용(用)을 다르게 하면 성(誠)을 말하기에 부족하다"고 말하였는데, 성(誠)하면 하늘과 사람이 통하여 사람 역시 하늘이 된다. 또한 모든 사람들의 일은 천행(天行)이다. '용이 다르다[異用]는 것은 하늘은 하늘이고 사람은 사람이라는 것이다. 그렇게 되면 성체(誠體)는 단절되어 추상적 '체'가 되어버려 구체적이고도 진실한 참된 성(誠)이 아니게 된다. 장재는 또 "하늘과 사람이 지(知)를 달리하면 명(明)을 드러내기에 부족하다"고 하였다. 밝아지면 하늘과 사람이 통하기 때문에 사람의 견문지식 역시 커져 천덕의 양지와 같아진다. '앎이 다르다[異智]는 것은 하늘은 하늘이고 사람은 사람이라는 것이다. 그렇게 되면 '성체'(誠體)의 밝음은 고립 혹은 제한된 밝음이 되기 때문에 구체적이고도 진실한 '전체대용'을 온전히 실현할 수 없게 된다. 하늘과 사람을 통하게 하고, 안과 밖을 합하고서 성명(誠明)의 체에 대한 실재 의미를 완전히 실현한다면, 작음도 없고 큼도 없게 되기 때문에 작고 큼의 구별은 사라지게 되어 결국에는 하나로 융화되어 일체(一體)로 유행하게 된다. 그러므로 장재는 "이른바 '성명'(誠明)이라고 하는 것은 '성'(性)과 천도인데 작고 큼의 구별이 드러나지 않는다"라고 말한 것이다. '성'(性)과 천도는 '성명의 체'[誠明之體]와 다른 것이 아니다. 하나의 체가 되어 변화하는 것으로 말하면[體用不二] 작음과 큼의 구별이 보이지 않는다. 때문에 여기에서 말하는 '지용'(知用)은 그것이 견문지식이건 혹은 양지의 덕성지식이건 관계없이 '성명'(誠明)으로부터 말하면 모두 '성명의 체'[誠明之體]가 관통[체를 확립한 입체적 관통이지 횡열적 관통이 아닌]하고 있음을 보여주는 것이다. 즉 이곳에는 일반적으로 말하는 인지의 의미가 없다.[이 단락에서 말한 것은 '이천철학' 제8)을 함께 보아야만 한다.]

5) 허명순일(虛明純一)한 심과 '상을 보존하는 심'[存象之心]

『정몽』「대심편」에서 장재는 다음과 같이 말하였다.

상(象)으로 말미암아 심을 알게 되나, 상을 따르기만 하면 심을 잃게 된다. 상
을 아는 것은 심이다. 상을 보존하는 것은 심이지만 그것 또한 상일 따름이다.
이를 일컬어 심이라 할 수 있는가?

由象識心, 徇象喪心. 知象者心. 存象之心, 亦象而已. 謂之心可乎?

『正蒙』「大心」

해설 이 단락에서는 한 걸음 더 나아가 심의 '지용'(知用)으로써 초월적
본심의 허명순일(虛明純一)함을 밝히고 있다. '견문'(見聞)에 막혀 있는 것
이 곧 '상을 보존하고 있는 심'[存象之心]이며, 견문에 막혀 있지 않은 것
이 바로 '허명순일'의 심이다. '상(象)'을 장재가 쓴 용어에 근거해 보면,
「태화편」의 "갖가지로 흩어져 형상 지을 수 있는 것은 기(氣)이고, 맑게
통하여 형상 지을 수 없는 것은 신(神)이다"[337] · "천지간을 가득 채운 것
은 법상(法象)일 따름이다"[338] · "무릇 천지의 법상은 모두 신화가 이루어
낸 구체적인 사물일 따름이다"[339]는 것에 있는 '상 혹은 '법상, 즉 여러
가지로 흩어져 있는 물상(物象)을 가리킨다. "상으로 말미암아 심을 알게
된다"는 것은 '물상을 통해서 심을 인식한다는 것이다. 어떻게 물상을
통해서 심을 인식할 수 있는가? 이것은 마땅히 "보고 들어서 아는 것은
곧 사물과 교감하여 아는 것이다"[340]라는 말과 관련시켜 해석해야 한다.
즉 '사물과 교감한 것'을 통해 이해하는 것이지, 단순히 '사물'만을 통해

---

337 『正蒙』「太和」, "散殊而可象爲氣, 淸通而不可象爲神."
338 『正蒙』「太和」, "盈天地之間者, 法象而已."
339 『正蒙』「太和」, "凡天地法象皆神化之糟粕爾."
340 역주 : 이는 이 단락의 앞단인 4)에서 해석했던 말이다. 원문은 "見聞之知乃物交而知"
     이다.

이해하는 것은 아니다. 「태화편」에서는 또 "지극히 멈추어 있어 감응(感應)함이 없는 것이 '성'(性)의 연원(淵源)이다. 의식하는 것이 있고 알게 되는 것이 있는 것은 사물이 서로 교감한 객감(客感)일 따름이다"[341]라고 말하였다. 이것은 사물과 교감하여 이루어진 '객감'으로써 인식[識]과 앎[知]을 표현한 것이다. '인식'과 '앎'은 곧 심의 작용이다. 나는 사물과 교감을 하여 사물을 알게 되고, 또 사물과의 교감을 통하여 '사물을 알게 되는' 관계로부터 심을 활동을 드러내기도 한다. 심은 감각경험 활동을 하면서, 항상 사물을 쫓아 그 사물의 영상을 마음속에 간직하고 있다. 이때 심은 완전히 물상으로 가득하다. 사물의 영상은 물상인데, 이것을 오늘날의 말로 하면 마음속의 관념 혹은 이미지(image)이다. 이때 마음속에는 관념과 이미지가 집적된다. 만약 이렇게 쌓여 집적된 관념과 이미지로써 심을 인식한다면 반드시 "상을 따르기만 하여 심을 잃는 것"이 된다. 즉 심은 '상'의 변동[혹은 생멸]에 따라 변동하고 '상'의 갈래에 따라 나눠진다. 이렇게 되면 심의 자주성은 완전히 상실되고, 심은 완전히 물화(物化)되어, 비록 마음이 있다고 할지라도 실은 마음을 잃은 것이나 마찬가지다. 그러므로 장재는 "상으로 말미암아 심을 알게 되나, 상을 따르기만 하면 심을 잃게 된다"고 한 것이다. 또한 그는 "상을 보존하는 것은 심이지만 그것 또한 상일 따름이다"라고 하였다. 불가 유식종(唯識宗)에서는 심에 '집취'(集聚)의 의미가 있다고 말하였는데, 이것이 바로 '상을 보존하는 심'인 것이다. 이것은 식심(識心)이지 결코 진심(眞心)이 아니다. 그러나 실제로 '상을 아는 것은 심'이다. '상을 아는 것이 심이라면 이 상을 안다는 것에서 '심의 앎'[心知]은 상을 초월하여 위에 있고, 상은 아래에 있음을 알 수 있다. 따라서 '심의 앎'은 인식의 주체이자 주관이고, '상'은 인식의 대상이자 객관이다. 이와 같이 뒤집어서 드러낼 수 있다면 심이 나타난다. 그러나 이처럼 뒤집어서 드러낼 수 없다면 견문 때문에

---

341 『正蒙』「太和」, "至靜無感, 性之淵源. 有識有知, 物交之客感爾."

견문에 갇히게 되고, '상'을 보존하여 상만을 쫓게 된다. 그렇게 되면 심은 사물과 같아지기 때문에 심이 아닌 것이다. '상을 보존하는 심'은 심리학적인 심이며, 경험적인 심으로, 식심(識心)·습심(習心)·성심(成心)인 것이다. 후에 황도주(黃道周)는 "의(意)·식(識)·정(情)·욕(欲)은 심 주변의 사물이지 애초에 심은 아니었다"[342]고 말하였다. 그런데 장재는 황도주 이전에 이미 "상을 보존하는 것은 심이지만 그것 또한 상일 따름이다. 이를 일컬어 심이라 할 수 있는가"라고 말하였다. 이곳에서 장재와 황도주가 앞뒤로 같은 인식을 하고 있음을 볼 수 있다. 또한 송명 유학자(정이와 주희를 제외하고)들이 말한 '심'이 결코 심리학적인 '심'이 아니라 초월적 도덕본심이라는 것도 알 수 있다. 반드시 그것의 주동성·순일성·허명성(虛明性)을 보아야만 비로소 '심'을 안다고 할 수 있다. 심이 상을 아는 것은 물론 사물과 교감하는 견문에서 드러나는 것이지만, 견문에 막히느냐 그렇지 않느냐에 따라 오히려 성인과 범부로 나눠진다. 이러한 관건에 바로 '진심'(盡心)과 '지성'(知性)의 공부가 있는 것이다. 이것은 많이 알고 적게 알고, 넓게 알고 좁게 알고의 문제가 아니다. 총괄하자면 이것은 지식의 문제가 아니라 도덕적 심이 도약할 수 있는가의 문제이다. 장재가 비록 '상을 안다'는 '지'(知)로부터 심을 말하였지만, 그 목적은 결코 지식을 말하는 데 있지 않고, 초월적 도덕본심이 모든 사물을 이루면서 어느 하나도 빠뜨리지 않음을 말하는 데 있었다. 그러므로 장재는 반드시 견문지식과 덕성지식을 구별해야만 했던 것이다.

6) 귀와 눈의 바깥에서 안과 밖을 합함[合內外於耳目之外]

「대심편」에서는 앞의 단락을 이어 다시 또 말하였다.

---

342 『榕壇問業』卷12, "意識情欲是心邊物, 初不是心."

사람들은 자기에게 앎이 있다고 말하는데, 이는 귀와 눈으로 받아들인 것이 있기 때문이다. 사람은 받아들인 것이 있다고 하는데 이는 안과 밖을 합하는 것에서 말미암은 것이다. 귀와 눈의 바깥 경계를 넘어 안과 밖을 합할 줄 알면 그 앎이란 보통 사람보다 매우 뛰어난 것이다.

人謂己有知, 由耳目有受也. 人之有受, 由內外之合也. 知合內外於耳目之外, 則其知也過人遠矣.

『正蒙』「大心」

해설 견문지식[見聞之知]은 귀와 눈이 바깥 사물과 접하는 것에서 생기는데, 사물과 접하게 되면 받아들이는 것이 있다. 이 역시 안과 밖을 합하는 것이다. 그러나 이렇게 안과 밖을 합하는 것은 주체적 심이 눈과 귀 등의 감관기관을 거쳐 바깥 사물과 합치하는 것으로, 평열적(平列的)이고 대립적인 합일이다. 이 역시 관련적인 합함이므로 반드시 생리적 기관과 바깥 사물의 제한을 받게 된다. 이러한 제한을 초월하여 '귀와 눈의 바깥 경계를 넘어 안과 밖을 합한다'면 이는 덕성지식이 안과 밖을 합한 것이다. 그러므로 장재는 "귀와 눈의 바깥 경계를 넘어 안과 밖을 합할 줄 알면 그 앎이란 보통 사람보다 매우 뛰어난 것이다"고 말한 것이다. 여기에서 앎이란 덕성지식이다. 그러나 덕성에 의한 안과 밖의 합(合)은 결코 평열적·대립적·관련적인 합(合)이 아니라, 초월적 도덕본심이 '두루 천하의 사물을 이루면서 어느 하나도 빠뜨리지 않는' 일체[心體性體]의 관통이며, 일심(一心)의 밝은 비춤이다. 이는 심이 사물을 통섭하여 심에 귀속시키는 절대적·입체적·무외(無外)적인 '합'이다. 맹자가 말한 '만물은 모두 나에게 갖추어져 있다'가 바로 이러한 '합'이다. 이것은 연관된 방식 가운데에서의 합함이 아니다. 따라서 엄격히 말하자면 '합한다'라고 말할 필요도 없다. 단지 형체의 제한을 초월하여 나온 인심(仁心)의 감통이 사물과 격리되지 않는 것일 뿐이다. 만약 정호의 어조로 말한다면, '합'은 두 가지 근본이 있는 것 같은 느낌이 있으니, 오히려 단지 일본(一本)의 무외(無外)라고 하는 것이 좋을 것 같다. 여기에서 '합'이란 형식적 언어[虛說]이다. 즉 양단(兩端)의 관계적 합이라는 실제적 의미가 없다. 따라서 이러한 '합'은 소극적 의미의 합이라고 할 수 있다. 그러나 '도덕형이상학'에서 말한다면, 이러한 소극적 의미의 '합'은 오히려 진실하고 막힘이 없는 합이고, 진정 '하나'[一]의 경지에 이를 수 있는 합이기 때문에 적극적인 합이라고도 할 수 있다. 그러나 이 합 역시 양단의 관계적 합이 아니라 '일체'(一體)가 널리 윤택하게 작용하는 무외(無外)의 '하나'일 뿐이다. 덕성지식은 '인체'(仁體)의 윤택함과 '앎'인 것이다. 그러므로 이 '앎'은 주관과 객관의 관계에서 드러나는 것이 아니다. 그것은 특정한 사물이 대상이 되지 않기 때문에 '심지'의 주체 역시 특정한 사물에 의해 제한 받지 않는다. 그것은 주관과 객관의 관계 형식을 초월하여 주관과 객관이 대립하는 주관상(主觀相)과 객관상(客觀相)을 소화한 것이다. 그것은 대립함 없이 밝게 드러나는 심체라는 큰 주인[大主]의 환한 비춤과 윤택함이다. 앞의 네 번째 단락에서는 「성명편」에서 말한 "하늘과 사람이 '지'(知)를 달리하면 '명'(明)을 드러내기에 부족하다"는 것을 인용하여, 하늘과 사람이 통하고 안과 밖이 합하며 작고 큼의 구별이 드러나지 않음이 '성명'(誠明)의 앎이라는 것을 설명하였다.

7) 심의 부곽(郛廓)과 형저(形著) 의미 그리고 '이목은 누를 끼치지 않고 심지(心知)가 발현하는 통로[發竅]³⁴³가 된다

「대심편」에서는 앞의 단락을 이어 다음과 같이 말하였다.

　하늘의 밝음 가운데 해보다 더 밝은 것은 없으므로 눈으로 그것을 보더라도

343　역주 : 竅는 통로의 의미이다. 發竅는 心知가 발현하는 통로이다.

그것이 몇 만리 높은 곳에 있는지 알지 못한다. 하늘의 소리 가운데 천둥보다 더 큰 소리는 없으므로 귀를 세워 듣더라도 몇 만리나 떨어진 곳에서 나는지 알지 못한다. 하늘에서 막히지 않는 것 가운데 태허보다 더 큰 것이 없으므로 아무리 심의 앎을 넓혀 보더라도 그 끝을 궁구하지 못한다. 사람들은 귀로 듣고 눈으로 보고 하는 것이 그 심에 누가 됨을 병폐로 여기지만 그 심을 온전히 실천하는 데 힘을 쓰지 않는다. 그러므로 그 심을 온전히 실천하려고 생각하는 사람은 반드시 심의 소종래(所從來)를 알고서야 가능하다. 귀와 눈이 비록 '성'에 누가 되지만 안과 밖의 덕을 합하면, 그것을 열어주는 요점임을 알게 된다.

天之明莫大於日, 故有目接之, 不知其幾萬裏之高也. 天之聲莫大於雷霆, 故有耳屬之, 莫知其幾萬裏之遠也. 天之不禦莫大於太虛, 故心知廓之, 莫究其極也. 人病其以耳目見聞累其心, 而不務盡其心. 故思盡其心者, 必知心所從來而能能. 耳目雖爲性累, 然合內外之德, 知其爲啓之之要也.

『正蒙』「大心」

해설 이 단락은 먼저 귀와 눈이 하늘의 밝음을 보는 것과 하늘의 소리를 듣는 것으로 이 '심의 앎'[心知]이 천도생화(天道生化)까지 확대되는 것을 유비하고, 그것으로써 심이 본성을 온전히 실천할 수 있으며, 심이 '드러남의 원칙'[形著原則]임을 밝히고 있다. 다음, 이로부터 더 나아가 심이 '성'을 온전히 실천하여 하늘과 사람이 통하고, 안과 밖을 합하며, 작음과 큼의 구별이 보이지 않으면 '귀와 눈이 받아들이는 것'은 오히려 적극적으로 '귀와 눈이 사물과 접하는 것'을 보게 된다는 점을 밝히고 있다. 이렇게 되면 귀와 눈은 누를 끼치지 않고 오히려 천덕양지(天德良知)를 열어주는 틀이 된다. 이것이 바로 후대 왕수인(王守仁)이 말한 "양지는 모든 것을 발현하는 통로이다"[良知之發竅]는 말의 의미이다.

햇볕이 두루 비추는 것은 하늘의 밝음을 상징하는데, 이것은 객관적인 측면에서 말한 것이다. "눈으로 그것을 보더라도 그것이 몇 만리 높은 곳에 있는지 알지 못한다"는 것은 주관적인 측면에서 말한 것이다.

즉 주관적으로 '눈의 접촉'으로써 하늘의 밝음과 높음을 실증한다는 것이다. 천둥소리가 천하를 뒤흔든다는 것은 하늘의 소리를 상징하는 것으로, 이는 객관적인 측면에서 말한 것이다. "귀를 세워 듣더라도 몇 만리나 떨어진 곳에서 나는지 알지 못한다"는 것은 주관적으로 말한 것인데, 이는 귀로 듣는 것으로써 하늘의 소리가 멀리 있음을 실증하는 것이다. 천도에 대한 '심지'(心知)도 이와 같다. "하늘에서 막히지 않는 것[不禦] 가운데 태허보다 더 큰 것이 없다"고 한 것은 객관적으로 말한 것이다. 여기에서 '불어'(不禦)는 『주역』의 "무릇 『주역』의 내용은 넓고 크다! 먼 데 있는 것을 말하는데도 막히는 것이 없다[不禦]"[344]고 할 때의 '막힘이 없음'이고, 맹자의 "성대하게 흘러 무엇으로도 막을 수 없다"[沛然莫之能禦]의 뜻이다. 장재의 이 말은 천도의 생화는 무궁무진하기 때문에 그것을 막아 제한할 수 있는 것이 없다는 의미이다. '천도'는 어떻게 이와 같을 수 있는가? 그것은 바로 맑게 통하여 지극히 허[淸通而至虛]하기 때문이다. 하늘은 '태허'이기 때문에 그 생화 작용을 막을 수 없다. 이것은 객관적인 측면에서 말한 것이다. 그리고 "심의 앎을 넓혀 보더라도 그 끝을 궁구하지 못한다"라는 말은 '심지'(心知)의 '성명'(誠明)이 이 끊임없는 생화와 합치하여 끊임없음[無盡]을 인증하고 실증하며, 또한 이 끊임없음을 진실화하여 정말 눈으로 해의 밝음을 보는 것처럼 그 높음을 실증하고, 정말 귀로 천둥을 듣고 그 멀리 있음을 실증하는 것이다. 이것은 주관적으로 말한 것이다.

위 인용문에서 '심지곽지'(心知廓之)의 '곽'(廓)은 정호가 말한 "군자의 학문은 심을 확 트이게[廓然] 하여 크게 공평하여 사물이 오면 순응하게 하는 것 만한 것이 없다"[345]에서의 '곽'인데, 이는 '확 트인다'는 의미이다. 또한 소옹(邵雍)이 말한 "심이란 성(性)의 성(城)이며 성의 외곽[廓]이다"[心者性之郛廓]의 '곽'이다. 여기에서는 '곽'은 범위를 나타내며 또한 드

---

344 『周易』「繫辭上」, "夫易, 廣矣大矣! 以言乎遠則不禦."
345 『二程文集』卷2「明道先生文」, "君子之學莫若廓然而大公, 物來而順應."

러남을 나타낸다. 이러한 까닭에 '곽'은 세 가지 의미를 가진다. 즉 하나는 '확 트인다'이고, 다음은 '범위'이며, 마지막으로 '드러남[形著]이다. 성(城)에는 성벽을 둘러싼 외곽이 있는데, '곽'은 '성'(城)을 둘러싸고 있는 것에 대비하여 말한 것으로 '확 트여 있다'는 의미를 가진다. 그러나 성곽을 말하고 성곽을 벗어난 교외를 말하면, 그 자체는 범위를 갖게 된다. 이는 범위로써 '드러남'을 말한 것이다. 장재가 말한 "심의 앎을 넓혀 보더라도 그 끝을 궁구하지 못한다"는 것의 '곽'에는 이 세 가지 의미가 모두 갖추어져 있다고 할 수 있다. 견문의 '심지'(心知)를 넘어서서 두루 천하 사물을 이루면서 어느 하나라도 빠뜨림이 없는 것은 자연히 툭 트여서 바깥 경계가 없다. 뚝 트여 바깥 경계가 없으므로 '하늘이 막지 못하는 것'에 상응하여 그것의 무궁무진함을 알게 되는 것이다. '막지 못함'에 상응하는 무궁무진은 성과 성곽을 지우듯이 범위를 지우는 것이다. '곽지'(廓之)는 '상응함'으로 규정할 수 있다. 이것은 마치 "천지의 변화를 범위로 하여 그것을 넘어서지 않는다"[346]는 범위이며, 이 범위 역시 천지의 변화에 '상응'한다는 의미이다. 그러므로 '범위'란 비유적으로 말한 것이지, 유형적으로 일정한 범위가 있다는 것이 결코 아니다. 그 실재 의미는 '드러남[形著]이며, 심의 앎이 그 무궁무진에 상응하여 실증하고, 실증하여 드러낸다는 것이다. 객관적으로 그렇게 있는 것은 반드시 주관적인 드러냄이 있은 후에 진실하고 구체적인 의미가 나타난다. 그러므로 '심지곽지'(心知廓之)의 '곽'은 초월적 도덕본심의 무외(無外)에 근본하고 있으며, 천도를 드러내는 것에서 구체화된다. 심의 작용은 드러내는 것에 있다. 그러므로 장재는 "심이 본성을 온전히 실천할 수 있다"고 말하였고, 맹자 역시 "본심을 온전히 실천하면 본성을 알 수 있고, 천도를 알 수 있다"[盡心知性知天]고 한 것이다. 형식적으로 말한 성곽과 그 범위의 의미는 '드러남'이라는 실재 의미를 이끌어 낸다. 정이 역시 "성이 형체

---

346   『周易』「繫辭上」, "範圍天地之化而不過."

를 이루는 것을 심이라 한다"³⁴⁷[이 말은 사실 별도의 해설이 필요하다고 하였다. 후에 호굉은 "심을 온전히 실현함으로써 본성을 완성한다"[盡心以成性]고 하였고, 명말의 유종주는 "성(性)은 성(性)이 아니다"·"성(性)은 심에 근원하여 이름 붙인 것이다"·"이 성(性)은 형이상이 되는 까닭이지만, 심은 그것을 형체로 드러내는 것이 아닌가"³⁴⁸라고 말하였다.[이에 대해서는 유종주의 「原性」「原學」 등의 글을 살펴주기 바란다.] 이 모두는 심의 형저(形著) 의미를 설명한 것이다. 그러나 주희는 오히려 이 의미를 받아들이지 못했다. 주희는 부곽(郭廓)·범위(範圍)라는 의미를 장재의 '심통성정'(心統性情)의 말에 근거하여, 심이 '통섭한다'[統-이 '統' 자는 '관련되어 있다'는 의미의 統이지 장재가 말한 원래 의미는 아니다]는 의미와 '갖추다'[具-이는 심이 衆理를 갖추고 있다는 것인데, 이 具 자 역시 관련되어 있다는 의미에서의 '구'이지 심즉리를 근거로 한 창조적 의미의 '구'는 아니다]는 의미로 해설하였을 뿐 형저의 의미에 대해서는 이해하지 못하였다. 이것은 뒷부분에서 정이·주희·호굉·유종주를 논할 때 저절로 밝혀질 것이다.

소옹은 "성(性)이란 도의 형체이고, 심이란 성의 성곽이며, 몸이란 심의 광야이며, 사물이란 몸의 배와 수레이다"³⁴⁹라고 말하였다. 주희는 이네 구절의 말을 매우 좋아했지만, 이 말의 뜻을 완전하게 이해하지는 못하였다. 이 네 구절은 실제로 도가 점차 형체로 드러나고 내재화됨을 표현하고 있다. 이 말은 추상적이고 객관적이며 형식적으로 말한 것이다. '도'는 반드시 '성'에 안착되어야 하는데, 이른바 '성'으로 귀결된다는 것은 '성'을 그 '체'로 삼는다는 것이다. 이 '체'가 곧 내용이고 본질의 의미이다. 도에 대한 덕도 마찬가지이다. 그러므로 "성이란 도의 형체"라고 말한 것이다. 여기에서 '형체'는 형식적인 비유어[虛說之比擬詞]이다. 어

347　『二程遺書』卷25, "性之有形者謂之心."
348　역주 : 이 세 구절의 말은 모두 『明儒學案』 卷62에 나와 있다. 차례대로 그 원문을 기록하면, "性無性", "性因心而名", "此性之所以爲上, 而心其形之者與"이다.
349　『朱子語類』卷60, "性者道之形體, 心者性之廓郛, 身者心之區宇, 物者身之舟車."

찌 '성'이면서 형체가 있을 수 있겠는가? 그러므로 이 '형체'를 안다는 것은 단지 체성(體性)·본질·내용의 의미를 안다는 것이다. '성'을 말하면 이는 객관적·형식적으로 표현하는 것 같다. 그것의 주관적·구체적인 표현은 심의 드러남[形著]에 있다. 그러므로 "심이란 성의 성곽"이라고 말한 것이다. 즉 '성'이 심에 융화되면 '성'은 비로소 진실한 의미와 구체적 의미를 얻게 된다. 그러므로 심은 '성'의 성곽이 되는 것인데, 비록 여기에 '범위'의 의미가 있다고 할지라도, 그것의 목적은 드러남[形著]의 의미를 이끌어 내는 것에 있다. 본심을 실천하여 본성을 깨닫거나 지극히 '성'(誠)하여 본성을 실천하는 과정 중에서 심은 '성체'를 드러내는데, '드러낸다'는 것에는 '한정된다'는 의미가 포함되어 있다. 그러나 심체와 성체의 전부가 확 트여 드러낼 때는 무한정의 드러남이기 때문에 오로지 일심(一心)만이 성대하게 흐르며, 또한 오로자 일성(一性)만이 환히 드러난다고 말 할 수 있을 뿐이다. 이 의미는 『맹자』와 『중용』·『역전』을 회통하여 말하는 것이다. 만약 단순히 맹자에서 말한다면, 즉각 심이 곧 '성'이고, 일심(一心)이 성대하다고 할 수 있다. 하지만 '심성이 하나이다' 라는 것을 통해 '천도를 안다'고 하면, 천도의 의미는 비교적 복잡하게 된다. 여기에서 심성은 하늘의 성곽이라고 말할 수 있다. 도(道)·성(性)·심(心)이 구체화되려면 『중용』과 『역전』이 맹자와 회통해야 한다. 북송 제유의 다음 학자인 호굉과 유종주는 모두 『중용』과 『역전』을 『맹자』와 회통시키는 길로 나아갔다. 오로지 육구연과 왕수인만이 맹자로부터 말했을 뿐이다. 선진 유학의 발전 측면에서 말하자면, 먼저 『맹자』를 이해하고서 다음에 『중용』과 『역전』의 경지에 이르러야 한다. 그리고 『중용』과 『역전』의 경지에 완벽하게 이르고서야 비로소 객관적으로 천도로부터 '성체'(性體)의 의미를 확립할 수 있다. 북송의 유학자들은 이 의미를 계승하였는데, 그들은 맹자와 통하고서 비로소 '심을 다하여 성을 온전히 실천한다'는 의미와 '심을 실천하여 성을 완성한다'는 의미 그리고 '심과 '성'을 함께 드러내는 심의 형저(形著) 의미'를 갖게 되었다.

그러나 이것 역시 궁극적으로 말하면 심성의 합일이다. 육구연과 왕수인에 이르러서는 단지 맹자의 학문으로만 들어가 심성을 함께 드러내는 심의 형저(形著) 의미를 표현하지 않고 곧장 '심성은 하나이다'와 '일심(一心)'의 성대함 그리고 '심체의 무외(無外)'와 '성체'의 환함'을 말하였다. 이 두 갈래의 길은 원래 하나의 원 안에 있는 것이다. 오직 학술의 발전상에서 이 두 갈래의 길이 있을 따름이다. 따라서 두 가지는 궁극적으로 하나이다. 공자의 '인을 실천하여 천도를 깨닫는다'[踐仁知天]는 것과 맹자의 '본심을 온전히 실천하면 본성을 알 수 있고, 천도를 알 수 있다'는 것이 없었다면 『중용』·『역전』과 같이 객관적으로 천도에서부터 '성체'의 의미를 확립하는 것 또한 있을 수 없다. 그리고 이 의미가 없다면 공자의 '인을 실천하여 천도를 깨닫는다'와 맹자의 '심을 실천하여 본성을 알고 천도를 깨닫는다'는 것은 철저한 원만함에 이를 수 없으며, 맹자의 심성 역시 그 절대 보편성에 완전하게 이를 수 없을 것이다. 『맹자』와 『중용』 및 『역전』이 회통되지 못하면 사람들은 한계가 있다고 생각하여, 심성을 사람의 도덕적 심에만 한정시켜 이해할 수도 있을 것이다. 그러나 맹자는 "만물은 모두 나에게 갖추어져 있다"[萬物皆備於我]고 말하였는데, 이는 그 심성의 절대 보편성에 조금의 부족함이 없음을 의미한다. 또 맹자가 말한 '본심을 온전히 실천하면 본성을 알 수 있고, 천도를 알 수 있다'는 것은 아득하게 천도를 안다는 것이 아니라, 실제로 하늘이 하늘로서 되는 까닭을 실증하여 심성이 천도와 본질상 동일하다는 것을 말한 것이다. 이러한 문은 맹자에 의하여 이미 열렸지만, 『중용』과 『역전』에 이르러 비로소 정식적이고 객관적으로 말했을 따름이다. 정식적이고 객관적으로 이 의미를 말했다면, 맹자가 말한 '심성'은 곧장 천도의 깊은 곳까지 철저하게 이르게 되어 천도에서부터 객관적으로 '성체'(性體)의 의미를 확립할 수 있게 된다. 그러나 이 의미가 확립되면, 그것에는 필연적으로 주관적으로 말하는 것과 객관적으로 말하는 두 측면이 함께 포함되고, 필연적으로 심과 성을 함께 높이는 것이 포함되며, 필연적으로 심의 형저(形著) 의미가 포함되기 때문에 마지막으로 그것을 다시 합일하기를 바라게 된다. 심성이 합일되면 곧 심과 성·천이 합일하는데, 이때 성과 천은 같은 측면의 것이며, 객관적으로 말한 것이다. 이러한 '합일'은 공자의 '천인지천'(踐仁知天)과 맹자의 '진심지성지천'(盡心知性知天)이 열어 놓은 합일의 문을 정식으로 확립하여 철저하게 원만한 궁극의 경지에 다다른 것이다. 이처럼 원만하고 궁극적인 경지에 이를 수 있으면 육구연과 왕수인은 이것을 계승하여 오로지 맹자의 길만 따라서도 원만한 궁극의 경지에 이를 수 있다. 그러므로 학술 발전이라는 측면에서 말하자면, 북송 유학의 다음 학자인 호굉은 이 원만함의 전(前) 1단계로서, 그의 학문은 『중용』과 『역전』을 계승하여 다시 맹자로 돌아가 심의 형저(形著) 의미를 건립한 것이다. 그리고 육구연과 왕수인은 후(後) 1단계로서, 그들의 학문은 곧장 맹자를 계승하여 『중용』과 『역전』의 경지에 철저하게 이른 것이기 때문에 심과 성을 함께 높일 필요도 없었고, 심의 형저 의미를 드러낼 필요도 없었다. 육왕의 측면에서 말하자면, 심성을 함께 높일 필요도 없고, 심의 '형저' 의미를 드러낼 필요도 없지만, 호굉의 측면에서 말하면, 심성을 함께 높이고 심의 형저 의미를 드러내 진행해야 한다. 이러한 발전에서 이 두 가지 길은 마치 하나의 원을 형성하는 것 같다. 이는 발전 중의 원으로, 이 원으로부터 심·성·천이 하나임을 밝힌다. 그리고 원론적인 입장에서 말하든지, 아니면 곧장 '심성천은 하나이다'라고 말하든지, 어떻게 말해도 결국은 '하나'(一)이다. 징호의 '일본론'(一本論)은 이 점을 매우 잘 드러내주고 있다. 육구연과 왕수인 역시 '곧장 심성천은 하나이다'는 일본론(一本論)이지만, 육구연과 왕수인의 일본론은 송명유학의 발전 과정 중에서 나온 것이기 때문에 나는 발전이라는 측면에서부터 육왕철학의 원만을 말할 수밖에 없었다. 원으로 구성된 '일본'(一本)이든, 아니면 곧장 '심성천은 하나이다'고 말한 '일본'이든, 주희는 이 모든 것에 대해 불만을 가지지 않을 수 없었다. 그러나 주희가 이에 대해 불만을 가졌기 때문에 육구연과 왕수인의 '일본'(一本)이 우뚝 드러나게 되었다. 정호는 육왕처럼 빛나고 창통한 경지 [光暢之境]에는 이르지 못하였다. 정호철학을 육왕과 비교해 보면, 정호는 단지 원만하고 오묘하게 깨달은 모형일 뿐이다.

"몸이란 심의 광야이며, 사물이란 몸의 배와 수레이다"라는 것은 도 (道)·성(性)·심(心)을 내재화하여 '실천'[踐形]을 완전히 이루는 체용불이 (體用不二)의 원융론을 말한 것이다. '몸'[身]이란 심이 거처하는 곳이다. 심은 비록 몸을 초월하고 있지만, 또한 몸을 벗어나 있지는 않다. 초월하 지만 내재하지 않는 것은 추상적으로 말하는 '심'이다. 실천이 완전하다 면 온 몸이 '도'이며, 도의 모든 것이 바로 몸이다. 온 몸이 도라는 것은 몸이 비록 유한하지만 실은 무한하다는 의미를 가지고 있어 몸이 심성 에 누를 끼치지 않는다는 것이다. 모든 도가 몸이라는 것은 윤택하게 얼 굴에 나타나고, 등에 넘치며, 우리의 몸 전체에 두루 퍼져, '도'[性心]가 구 체적으로 나타난다는 것이지 '성심'(性心)이 그냥 추상적으로 공중에 매 달려 있다는 것이 아니다. 몸과 사물은 함께 속해 있는 것인데, 몸은 사 물을 빌어서 행하므로 "사물이란 몸의 배와 수레이다"라고 한 것이다. 가(家)·국(國)·천하(天下)는 물론 심지어 만사와 만물조차도 하나의 몸 에 속하는데, 몸의 배와 수레는 곧 도·성·심의 오묘함과 감응을 통하 여 일체(一體)가 되는 것이다. 이것으로 말미암아 도·성·심이 사물을 이루면서 하나도 빠뜨리지 않아 바깥이 없다는 의미가 드러나며, 실천을 완전히 이루는 '체용불이'의 원융론도 함께 완전하게 이루어진다. 이러 한 의미가 이루어졌다면, 귀와 눈은 심성에 누를 끼치지 않고, 오히려 도·성·심이 발현하는 통로가 되어 '안과 밖의 덕을 합하는 문을 열어 주는 요점'이 된다는 점에 대해서도 번거로운 해석을 거치지 않고도 명 확하게 알 수 있다. 이것은 완전히 본체우주론적인 입체 직관의 성물(成 物)과 성신(成身)[350]이다. 여기에서 사물과 몸은 곧장 도·성·심의 근본

---

350 여주·成物이라는 말은 경전에 출현하지만, 成身이라는 말은 출현하지 않는다. 그러 나 그 의미는 成己이기 때문에 경전에 근거한 것이 아니라고 할 수 없다. 成物은 도

에까지 통하게 되는데, 이를 뿌리도 없고 형체도 없는 헛된 망상(幻妄)이라고 보아서는 안 된다. 그리고 사물과 몸을 통하여 발현하는 모든 것은 도·성·심에 근본하여 나온 것이기 때문에 모두 도·성·심이 이룬 것이다. 사물과 몸이라는 한 자아의 작음에 국한해서는 안 되고 사물과 몸이 원래 지니고 있는 특질(質性)으로 간주해야 한다. 이 두 가지 의미에 대해서는 아래 두 단락에서 말하겠다.

8) 성으로써 몸을 완성하는 것[以性成身]과 몸으로써 지혜를 발현한다는 것[因身發智]

「대심편」에서는 앞의 단락을 이어 다음과 같이 말하였다.

나의 몸을 완성하는 것은 하늘의 신이다. 본성이 몸을 완성한다는 것을 모르고서 자기 몸에서 지혜가 계발된다고 스스로 말하는 것은 하늘의 공을 탐하여 자신의 힘으로 여기는 것이니, 나는 그 지혜가 어떠한 것인지 모르겠다. 백성들이 어찌 알겠는가? 사물의 같고 다름이 서로 드러나고 온갖 변화가 서로 감응하며 귀와 눈, 안과 밖이 합해지는 하늘의 공을 탐하여 스스로 자신의 앎이라고 말할 따름이다.

成吾身者, 天之神也. 不知以性成身, 而自謂因身發智, 貪天功爲己力, 吾不知其知(智)也. 民何知哉? 因物同異相形, 萬變相感, 耳目內外之合, 貪天功而自謂己知爾.

『正蒙』「大心」

사물의 체가 되고 몸의 체가 되는 것이 도의 근본이다. 몸으로써 도를 체득하

덕실천을 통하여 만물의 존재가치를 완성하는 것이고, 成身은 成己로서 자신의 인격을 완성하는 것이다. 따라서 成物과 成身은 바로 내외합일을 의미한다.

면 그 사람됨이 큰 것이다. 도는 사물과 몸을 하나로 할 수 있으므로 크다. 사물과 몸을 하나로 할 수 없어 몸에 누가 된다면 매우 비천한 것이다. 천도가 몸의 체가 될 수 있다면 사물의 체가 될 수 있다는 것도 의심할 바 없다.

體物體身, 道之本也. 身而體道, 其爲人也大矣. 道能物身, 故大. 不能物身, 而累於身, 則貌乎其卑矣. 能以天體身, 則能體物也不疑.[351]

『正蒙』「大心」

선입견을 잊어버린 연후에야 더불어 도에 나아갈 수 있다. 그것을 화(化)하면 선입견이 없어진다. 선입견이란 의(意)를 말하는 것인가? 선입견이 없는 사람은 시중(時中)할 뿐이다. 선입견을 갖고 있으면서 본성을 온전히 실천한다는 도리는 없다. 그러므로 성스러워 알 수 없는 것을 일컬어 '신'이라 한다.

成心忘, 然後可與進於道. 化則無成心矣. 成心者, 意之謂與? 無成心者, 時中而已矣. 心存心存은 '成心存'이다, 無盡性之理. 故聖不可知謂神.

『正蒙』「大心」

나를 기준으로 사물을 보면 내가 크다. 도로써 사물과 나를 체득하면 도가 크다. 그러므로 군자의 큼이란 도에서 크다는 것이다. 자기에게서 크다고 하는 사람은 끝내 미친 사람이 됨을 면하지 못할 것이다.

以我觀物, 則我大. 以道體物我, 則道大. 故君子之大也, 大於道. 大於我者, 容不免狂而已.

『正蒙』「大心」

해설 이 네 개의 단락은 전체적인 하나의 단락을 구성하며, 모두 우주

---

[351] 역주 : '體' 자는 일반적으로 體會 즉 깨달음으로도 번역될 수 있는데, 모종삼은 이 體를 사물의 체가 된다고 해석을 하였기에 여기에서 體를 '체가 됨'이라 번역하였다. 그러나 깨달음이라고 번역하더라도 이 깨달음은 심체·성체·신체를 깨닫는 것이므로 별 무리는 없다. 따라서 본문에서 상황에 따라서 '體'를 '체득'이라 번역하셨나.

본체론적인 입체 직관의 성물(成物)과 성신(成身)의 의미를 말한 것이다. "나의 몸을 이뤄주는 것은 하늘의 신이다"는 말은 본체우주론적으로 말한 것이다. 천도는 태허의 신으로써 생화할 수 있기 때문에 사물과 자기의 몸은 모두 '신'이 이룬 것이다. 원문의 '신'(身)은 자기 몸을 의미하는 것이지, 반드시 신체로 이해할 필요는 없다. 천(天)을 말하고·도(道)를 말하며·허(虛)를 말하고·신(神)을 말하는 것은 모두 '성'(性)으로 귀결된다. 그러므로 태허신체가 이미 나의 몸을 이루었다면, 나는 나의 본성을 온전히 실천하여 나의 몸을 완성해야 한다. 즉 본성을 온전히 실천함으로써 자기를 완성해야 하는 것이다. 본성을 온전히 실천하여 자기를 완성한다면 내 몸에서 발현하는 것은 모두 '성체'가 한 것이다. 결코 사소한 것에 구애되어 그것을 내 몸이 발한 것이라고 말해서는 안 된다. 만일 내 몸에서 발현하는 것을 본성이 그렇게 한 것이라고 생각하지 않고 내 몸이 그렇게 한 것이라고 생각한다면, 이것이 곧 하늘의 공을 탐하여 자기의 힘으로 여기는 것이다. 또 발현한 지혜 측면에서 말할 때, 이것이 한 사람의 사사로운 지혜라고 생각한다면, 어찌 그것을 하늘의 지혜라고 말할 수 있겠는가? 그러므로 장재는 "나의 몸을 완성하는 것은 하늘의 신이다. 본성이 몸을 완성한다는 것을 모르고서 자기 몸에서 지혜가 계발된다고 스스로 말하는 것은 하늘의 공을 탐하여 자신의 힘으로 여기는 것이니, 나는 그 지혜가 어떠한 것인지 모르겠다"고 말한 것이다. 지혜의 쓰임은 지식이다. 무릇 사람은 무엇에 연유하여 지식이 있게 되는가? 단지 "사물의 같고 다름이 서로 드러나고 온갖 변화가 서로 감응하며 귀와 눈, 안과 밖이 합하지는 것"으로 말미암아 '지식'이라는 것이 있게 될 뿐이다. 이것은 비록 사물과 교감하는 '객감'(客感)으로서 「태화편」에서 말한 "의식하는 것이 있고 알게 되는 것이 있는 것은 사물이 서로 교감한 객감일 따름"이지만 실은 '태허신체'가 발용하여 '귀와 눈, 안과 밖이 합해져' 발현하는 것일 뿐이다. "사물의 같고 다름이 서로 드러나고 온갖 변화가 서로 감응한다"는 것 역시 '태허신체'의 오묘한 감통으로 말미암아 그렇게 된 것이다. 그러므로 지혜의 '지용'(知用)은 모두 자잘한 일신(一身)의 작용이 아니라 모두 '성명'(誠明)의 '성체'(性體)와 '심체'가 발한 것이다. 철저하게 귀와 눈에 통하고, 또 귀와 눈을 초월하면, '천덕의 양지'[天德之良知]가 발하지 않은 것이 없다. 만약 이러한 의미를 모르고 자기의 지혜로써 이루었다고 말하면, 이것이 바로 하늘의 공을 탐한 것이다. 하늘의 공을 탐하여 근본을 잊는다면, 지혜는 사사로운 지혜일 뿐이고, 지식 역시 사사로운 지식일 뿐이다.

위의 첫 단락에서 장재는 "나의 몸을 완성하는 것이 하늘의 신"임을 알고, 또 "본성이 몸을 완성한다"는 것을 알았다고 말하였다. 이것을 실천적인 측면에서는 "사물의 체가 되고 몸의 체가 되는 것이 도의 근본이다"라고 말할 수 있다. '체물체신'(體物體身)에서 '체'는 사물을 이루면서 하나라도 빠뜨리지 않는다는 체물불유(體物不遺)의 '체'이다. '도의 근본이다'는 말의 어의(語義)는 공자가 말한 "효제(孝悌)는 인(仁)을 실천하는 근본이다"[352]의 문구와 동일하다. 실천적인 입장에서 말하면, '본성으로 몸을 완성하는 것'은 본성을 '몸의 체로 삼아' 자기를 완성하는 것이며, '사물의 체가 됨'은 본성으로써 '사물의 체가 되어' 사물을 완성하는 것이다. 그러므로 '체물'(體物)과 '체신'(體身)은 도를 행하는 기본이며, 이는 도의 본질을 표현하는 관건이다. 본성으로써 몸의 체를 삼아 몸을 완성한다는 것은 반대로 몸이 '도를 체득하는'[體道] 몸이라고 말할 수 있다. '도를 체득한다'는 것은 '체'가 되어 그것을 갖추고 있음을 일컫는 것이고, 또 도가 자신의 몸에서 표현된다는 것을 일컫는 말이다. 몸으로써 도를 체득하면 대인(大人)이 된다. 하지만 도를 체득하지 못하면 몸은 단지 몸뚱아리일 따름이다. '도'의 측면에서 말해보자. 만일 그 도가 사물과 몸을 하나로 하고서, 몸을 주로 하여 몸을 완성한다면, 그 도는 크고도 바른 것이다. 만약 도가 사물과 몸을 하나로 하지 못하고 몸에 누를 끼

---

[352] 『論語』「學而」, "孝弟也者, 其爲仁之本與!"

치게 되면 그 도는 구차하고 비루하며 협소하며 치우친 도일 뿐이다. "천도가 몸의 체가 될 수 있다면, 사물의 체가 될 수 있다는 것도 의심할 바 없다"라는 말은 하늘이 곧 도(道)·허(虛)·신(神)이며, 또한 우리의 본성이라는 것이다. '천도로써 몸의 체를 삼는다'는 것은 본성을 온전히 실천하여 자기를 완성하는 것이다. 본성을 온전히 실천하여 자기를 완성하면 스스로 사물의 가치를 드러내어 그 사물을 완성할 수 있다. 이것은 『중용』의 자신의 본성을 온전히 실천하고서 다른 사람의 본성을 온전히 하고, 또 사물의 본성을 온전히 실천하여 천지의 화육을 돕는다는 의미와 같다.[353]

본성을 온전히 실천함으로써 자신을 완성하고 사물을 완성하는 관건은 바로 '진심'(盡心)에 달려 있다. '진심'은 견문(見聞)의 협소함에 갇혀 있지 않고 충분히 초월적 도덕 본심을 체현한다는 의미를 갖고 있다. '본심'(本心)은 '성심'(成心)과 대비시켜 한 말이다. '성심'이라는 말은 『장자(莊子)』「제물론(齊物論)」에 나오는 말인데, "무릇 그 선입견[成心]에 따라서 모범과 기준로 삼는다면 누군들 또한 그들만의 모범과 기준이 없겠는가"[354]라는 문구 가운데에서의 '성심'(成心)이다. 성심이란 습심(習心)·식심(識心)이다. 장재는 이것을 내세움·기필함·고집스러움·아집[意必固我]의 뜻으로 해석하였다. 사람이 견문의 얽매임에서 초탈하여 본심의 허명순일(虛明純一)을 보존할 수 있다면 선입견과 편견은 변화될 수 있다. 변화되면 '내세워 기필코 그렇게 하고자 고집하는 아집'의 사사로움이 없게 되며, 오로지 '심체'의 유행으로서 시중(時中)할 뿐이다. 그러므로 장재는 "사사로운 뜻이 없는 사람은 시중할 뿐이다"라고 말한 것이다.

네 번째의 작은 단락은 이해하기가 쉽기 때문에 해석하지 않겠다.

---

353 역주 : 모종삼은 『중용』을 인용하지 않고 줄여서 말하였는데, 이에 해당하는 『중용』의 원문 전체는 다음과 같다. "唯天下至誠, 爲能盡其性. 能盡其性, 則能盡人之性. 能盡人之性, 則能盡物之性. 能盡物之性, 則可以贊天地之化育. 可以贊天地之化育, 則可以與天地參矣."

354 『莊子』「齊物論」, "夫隨其成心而師之, 誰獨且無師乎?"

9) 불가에 대한 반박

「대심편」에서는 앞의 단락을 이어 다시 말하였다.

석씨는 천명을 알지 못하고 심의 법으로써 천지를 일으켰다 소멸시켰다 하고, 작은 것에서 큰 것이 연유하게 하며, 말단에서 근본을 연유하게 하였다. 그래서 천지의 참된 모습을 궁구하지 못하고 그것을 '환망'(幻妄)이라 말하니, (여름에만 사는 벌레처럼) 얼음을 의심한다는 말인가? [원주: 여름만 사는 벌레는 얼음을 의심한다.]

釋氏不知天命, 而以心法起滅天地, 以小緣大, 以末緣本. 其不能窮, 而謂之幻妄, 所謂疑氷者與? [原註: 夏蟲疑氷]

『正蒙』「大心」

석씨는 천성(天性)을 망령되이 생각하고 하늘이 작용하는 범위를 알지 못하고는 오히려 육근(六根)[355]의 미세함이 천지를 인연하여 만들어낸 것이라고 여겼다. 그리고 밝은 이치를 다 밝히지 못하고 천지와 일원을 환망이라 우겼다. 이것은 천지의 작용을 자신의 작은 몸으로 가리려 한 것이며, 자신의 뜻을 허공의 큼에 빠뜨린 것이다. 이것은 큰 것을 말하든 작은 것을 말하든 은둔으로 흘러 중도를 잃어버린 것이다. 그 잘못은 큰 것에 있어서 육합(六合)[356]을 먼지와 티끌로 본 것이다. 그 병폐는 작은 것에 있어서 인간 세상을 꿈처럼 헛된 것으로 본 것이다. 이를 일컬어 이치를 궁구한다고 할 수 있겠는가? 이치를 궁구할 줄도 모르는데 본성을 온전히 실천한다고 할 수 있겠는가? 또 알지 못하는 것이 없다고 할 수 있겠는가? 육합을 먼지와 티끌이라 한 것은 천지에 끝의 경계가 있다고 여기는 것이다. 인간 세상을 꿈처럼 헛된 것을 보는 것은 지혜가 인간 세상의 근원을 궁구할 수 없는 것이다.

---

355 역주: 六根은 眼·耳·鼻·舌·身·意를 가리킨다.
356 역주: 上下와 四方을 六合이라 한다.

釋氏妄意天性, 而不知範圍天用, 反以六根之微, 因緣天地. 明不能盡, 則誣天
地日月爲幻妄. 蔽其用於一身之小, 溺其志於虛空之大. 此所以語大語小, 流遁失
中. 其過於大也, 塵芥六合. 其蔽於小也, 夢幻人世. 謂之窮理可乎? 不知窮理, 而
謂盡性可乎? 謂之無不知可乎? 塵芥六合, 謂天地爲有窮也. 夢幻人世, 明不能究
所從也.

『正蒙』「大心」

해설『정몽』「대심편」은 여기에서 끝난다. 이 단락은 불가에 대해 변
론한 것으로 「태화편」에서 불가를 비평한 것에서 벗어나지 않는다. 이에
대한 상세한 내용은 이 책의 부록 「불가 체용론의 본의」를 자세히 살펴
주기 바란다.

4. 심성합일(心性合一) 모형에 대한 종합적 논의

『정몽』「대심편」에서 논한 '심'을 종합적으로 보면, 장재가 말한 본심
은 분명 '성'에서 말하는 초월적이고 형이상학적인 보편적 본심인 공자
의 '인'(仁)과 맹자의 '본심'(本心)을 근본으로 하고 있다. 이 본심은 견문
[귀와 눈의 감관처럼 가리어지는 것이 아니라 스스로 천하의 사물을 이루
면서 어느 하나라도 빠뜨리지 않고, 또 그 사물의 '체'가 된다. 이것은
절대 보편적인 '본체'이다. 심이 곧 '체'이므로 심체라고 말한다. 이것은
주관적·존재론적으로 말한 것으로, '만물을 이루면서 어느 하나라도 빠
뜨림이 없다'는 것에서 그것이 '체'가 됨을 드러내는 것이다. 『정몽』「천
도편」에서는 "하늘은 모든 만물을 이루면서 어느 하나도 빠뜨리지 않으
니, 이는 마치 인(仁)이 일을 이루면서 있지 않은 곳이 없다는 것과 같

다"³⁵⁷고 하였는데, 이는 모두 만물을 완성하고, 일을 완성하는 것에서부 터 그 '체'가 됨을 드러내는 것이다. 천도의 '만물을 이루면서 하나라도 빠뜨리지 않는다[體物不遺]는 것은 객관적・본체우주론적인 측면에서 말한 것이다. 그리고 인(仁)이 "일을 이루면서 있지 않은 곳이 없다"는 말은 주관적・실천론적인 측면에서 말한 것이다. 주관적이며 실천적으로 말한 것은 곧 '심이 본성을 온전히 실천할 수 있다[心能盡性]는 초월적이면서 형이상학적인 보편적 본심의 의미를 밝히는 것이다. 그러므로 '하늘은 커서 바깥의 경계가 없고[天大無外]³⁵⁸ '성은 커서 바깥의 경계가 없으며', '심 역시 커서 바깥의 경계가 없는 것이다. 이것은 바로 심(心)・성(性)・천(天)을 포괄하면서 주관적・실천적으로 말하는 '합일'(合一)인데, 이 역시 결국에는 이 셋이 하나임을 말한 것이다. 문자적으로 비록 장재가 여기까지 표현하지는 못하였지만, 이러한 뜻을 실제로 포함하고 있다는 것은 분명한 사실이다. 그러므로 "맹자는 본심을 온전히 실천하면 본성을 알 수 있고 천도를 알 수 있다"³⁵⁹는 말로 논증한 것이다. '본심이 본성을 온전히 실천할 수 있다는 것은 이 '본심'을 온전히 실천하면 본성은 저절로 실현될 수 있는 것과 같은 것이다. 맹자는 본심을 온전히 실천하면 본성을 알고 천도를 안다[知性知天]고 말하였는데, 여기에서의 '앎' 역시 실천하고 실현하는 가운데 '아는 것'이다. '진심'(盡心)과 '진성'(盡性) 그리고 '지천'(知天)은 한 가지 일이다. 맹자는 '진심'・'진성'・'지천'에 대해서 처음에는 한 가지 일이 아니라고 생각한 것 같다. 그것들 사이에는 여전히 일종의 초월적인 거리가 있다고 생각한 것 같다. 이른바 '천도'는 멀리 있다는 것이 바로 그것이다. 그러나 "위대하면서도 저절로 변화한다"³⁶⁰・"만물은 모두 나에게 갖추어져 있다"³⁶¹라고

---

357 『正蒙』「天道」, "天體物不遺, 猶仁體事無不在也."
358 역주 : 이 말은 『正蒙』「大心」에 나오는 말이다.
359 역주 : 이 말은 『正蒙』「大心」에 나오는 말로 원문은 "孟子謂盡心則知性知天"이며, 『맹자』의 원문은 「盡心上」의 "孟子曰, 盡其心者, 知其性也, 知其性, 則知天矣"이다.
360 『孟子』「盡心下」, "大而化之."

한 결론적인 말을 보면, 맹자는 그것들을 결국 '하나'로 보았음을 알 수 있다. '진심'과 '진성'이 곧 천도를 아는 것이자 천도를 실현하는 것으로, 이것은 심성이 성대하게 흘러 무엇으로도 막을 수 없는 것이 바로 '천도'라는 것이다.[이것은 적극적인 측면에서 순수하게 '오목불이한 천명 유행의 실체로써 천을 말한 것인데, 이는 바로 천덕신체(天德神體) 혹은 태허신체(太虛神體)로부터 천(天)을 말한 것이다. 기화(氣化)를 가지고 말한다 해도 여전히 초월적이라는 의미가 있다. 그렇기 때문에 기화에서부터 '명'(命)을 말하고, 또 "하늘에 하늘을 뒤따른다 하더라도 천시(天時)를 받든다"(後天而奉天時]고 말하는 것이다.] '본심은 본성을 온전히 실천할 수 있다'(心能盡性]에서 '심성'을 짝지어 말하는 것은 다만 진(盡)이라는 글자의 언어적 용법을 밝히려고 한 것이지만, 사실은 '진심'이 곧 '진성'이다. '성체'의 내용은 완전히 심체에서 드러난다. 이를 미루어 보면 '천덕신체'(天德神體)와 '오목불이의 실체'(於穆不已之體] 역시 완전히 '심체'에서 드러나는 것이다. 그러므로 정호는 "다만 심이 곧 하늘이다"[362]라고 말한 것이다. 이것은 정호에게 곧장 깨달음에 이르는 투철한 원돈(圓頓) 지혜가 갖추어져 있었기 때문이다. 장재는 문자적으로는 이러한 원돈의 경지를 표현하지 못하였다. 그러나 그러한 의도는 포함하고 있으며, 이러한 뜻도 분명히 갖추고 있다. 이러한 의리 규범은 공자의 '인'과 맹자의 '본심'이 곧 '성'이라는 것에 근거하여 확립된 것이다. 주희는 이러한 상세한 실정을 알 수 없었고 또한 맹자를 달리 해석하거나 오해하기도 하였으므로 "그 심을 크게 한다"(大其心][363]는 말을 보면 싫어하였던 것이다.

장재가 비록 『정몽』「태화편」에서 먼저 객관적이고 본체우주론적인 측면에서 『역전』을 가지고 학술의 길로 접어들었지만, 누차에 걸쳐 "유무(有無), 은현(隱顯), 신화(神化), 성명(性命)이 하나로 통하여 둘이 아님"[364]

---

361 『孟子』「盡心上」, "萬物皆備於我."
362 『二程遺書』卷2上, "只心便是天."
363 역주 : 이 말은 『正蒙』「大心」에 나오는 말이다.

을 밝힘으로서 불가와 도가를 비판하였다. 이러한 것은 마치 객관적 측면을 중시화고 주관적 측면을 경시하는 것과 같다. 그러나 장재는 또 "성인은 그 사이에 음양·동정·취산·왕래의 양면을 겸하면서도 어느 한 면에 치우치지 않는 사람이니 신(神)을 보존함이 지극하다"[365]라고 말하였다. 여기에서 새로운 면을 열어내어 '심은 성을 온전히 실천할 수 있다'[心能盡性]·'심을 온전히 실천함으로써 기(氣)를 바꾸어 '성'을 이룬다고 지극하게 말하여 『중용』과 『역전』에서부터 다시 논·맹으로 회귀하고 있다. 이것은 주관적인 측면을 결코 홀시한 것이 아니다. 객관적·본체우주론적으로 말하는 "유무·은현·신화·성명이 하나로 통하여 둘이 아니다"라는 것은 처음부터 단순히 빈말로 말한 것이 아니다. 원래부터 주관적인 측면과 꽉 물려 하나로 통하게 하여 말한 것이다. 그런데 사람들은 다만 대강대강 관점도 없이 「태화편」의 글들을 보고서는 거기에서 말한 '태화'와 '태극·신'(神)과 '기'(氣)가 담고 있는 핵심을 파악하지 못하였다. 더욱이 장재가 말한 '음양·동정·취산·왕래의 양면을 겸하면서도 어느 한 면에 치우치지 않는다'[兼體無累]와 '조화를 잘 이루어 어느 한 쪽으로도 치우치지 않는다'[參和不偏]는 말의 참되고 깊은 의미를 이해하지 못하고, 또 『정몽』「대심편」의 참되고 절실한 의미와 「성명편(誠明篇)」의 '심이 성을 온전히 실천할 수 있다'[心能盡性]와 '선을 계승하여 성을 완성한다'[繼善成性]는 의미를 이해하지 못하였다. 마침내 사람들은 장재가 객관적인 측면만 중시하고 주관적인 측면은 홀시하였으며, 심지어는 그것이 우주론을 허황되게 말하였다거나, 그것이 '유기론' (唯氣論)이라고 말하기도 한다. 이것은 모두 『정몽』은 읽었으되 그 학술세계로 들어가지 못한 것이거나, 심지어는 아예 읽지도 않고 함부로 그것이 이와 같을 따름이라 여긴 것이다. 이 모두 장재 학술의 핵심을 파악하지 못한 것이다.

---

364 『正蒙』「太和」, "有無隱顯神化性命, 通一無二."
365 『正蒙』「太和」, "聖人盡道其間, 兼體而不累者, 存神其至矣."

장재가 말한 '인'(仁)은 단지 「천도편」에서 말한 "하늘이 만물을 이루면서 하나의 사물도 빠뜨리지 않는 것은 마치 인(仁) 일을 이루면서 있지 않은 곳이 없는 것과 같다"[天體物不遺猶仁體事無不在]는 의미만을 표시한 것은 아닌 것 같다. 「신화편」에서는 다음과 같이 말하였다.

돈후하기만 하여 조화를 이루지 못하면 체(體)는 있지만 용(用)이 없는 것이다. 조화를 이루되 스스로를 잃어버리면 사물을 따라가다 자기를 잃게 된다. 큰 덕으로 두텁게 조화와 변화를 이룬 연후에야 인(仁)과 지(智)가 하나로 되어 성인의 모든 일이 갖추어진다. '본성'을 본성에 따라 이루면 '신'을 보존할 수 있고, '사물'을 사물의 이치대로 응하면 만나는 것마다 조화를 이룰 수 있다.

敦厚而不化, 有體而無用也. 化而自失焉, 徇物而喪己也. 大德敦化, 然後仁智一而聖人之事備. 性性爲能存神, 物物爲能過化.

『正蒙』「神化」

의(義)는 상도(常道)에 되돌아감을 근본으로 삼는데, 상도가 바르게 되는 것이 곧 정미하다는 것이다. 인(仁)은 돈후하게 변화함을 깊은 이치로 삼는데, 변화가 행해지면 드러나게 된다. 의가 신의 경지에 들어가면 움직임은 고요함과 하나가 된다. 인이 돈후하게 변화하면 고요함은 움직임과 하나가 된다. 인이 돈후하면 체가 없고, 의가 신에 들어가면 방소가 없다.

義以反經爲本, 經正則精. 仁以敦化爲深, 化行則顯. 義入神, 動一靜也. 仁敦化. 靜一動也. 仁敦化, 則無體, 義入神, 則無方.

『正蒙』「神化」

크게 하는 것은 할 수 있는 것이나, 큼으로써 변화할 수 있는 것은 할 수 없는 것이다. 이것은 능숙함에 달려 있을 따름이다. 『주역』에서 '신을 궁구하고 화를 안다'고 하였는데, 이는 바로 덕이 성대하고 인이 완숙할 때 이루어지는 것으로서, 지혜와 힘으로 억지로 할 수 있는 것이 아니다.

大可爲也, 大而化不可爲也. 在熟而已. 『易』謂窮神知化, 乃德盛仁熟之致, 非智力能强也.

『正蒙』「神化」

신은 생각으로 이를 수 있는 것이 아니니 보존하는 것이 옳다. 화(化)는 조장할 수 없으니 따르는 것이 옳다. 허명(虛明)을 보존하고 지극한 덕을 오래 유지하여 변화를 따르고 시중(時中)에 다다라야만 인이 지극하여지고 의가 완전하게 된다. 미미한 것도 알고 드러난 것도 알아 끊임없이 그 '선'을 계승한 연후에야 사람의 본성을 이룰 수 있다.

神不可致思, 存焉可也. 化不可助長, 順焉可也. 存虛明, 久至德, 順變化, 達時中, 仁之至, 義之盡也. 知微知彰, 不舍而繼其善, 然後可以成人性矣.

『正蒙』「神化」

이 「신화편」은 신(神)과 화(化)를 논했다고 해도 되고, 인(仁)을 논했다고 해도 된다. '큰 덕으로 화를 두텁게 한다'[大德敦化]는 것이 바로 '인이 화를 두텁게 한다'[仁敦化]는 말이다. 이는 '신화'가 바로 "덕이 성대하고 인이 완숙할 때 이루어지는 것"이라는 뜻이다.

『정몽』「지당편(至當篇)」에서는 아래와 같이 말하였다.

도가 사람에게서 멀어지면 그것은 '인'이 아니다.

道遠人則不仁.

『正蒙』「至當」

하늘의 법도를 성으로 삼은 연후에야 인의가 행해지므로, 아버지와 아들, 군주와 신하의 상하가 정해진 연후에 예의를 행할 수 있다.[366] '인'은 그 본성에

---

366 역주 : 이 말은 『주역』「序卦傳」에도 비슷하게 나오는데, 그곳에서는 "만물은 있은 후 남녀가 있고, 남녀가 있은 후 부부가 있으며, 부부가 있은 후 부자가 있고 부자가

완전히 통한 것이므로 본성을 길러내어 고요함으로 편안할 수 있다. '의'는 아는 것을 행하는 것이므로 예악(文)을 온전히 하여 움직임에 변화가 있을 수 있다.

性天經, 然後仁義行, 故曰有父子君臣上下, 然後禮義有所錯. 仁通極其性, 故能致養而靜以安. 義致行其知, 故能盡文而動以變.

『正蒙』「至當」

'하늘의 법도를 성으로 삼는다[性天經]는 말의 뜻은 '성'과 '천'이 그 올바름을 얻었다는 것이고, 올바른 자리에서 '체'를 거한다[正位居體]는 뜻이다. '성천'(性天) 역시 '성이 곧 하늘'이라고 말할 수 있기 때문에 '성천'(性天)이라고 한 것이다. '인은 그 본성에 완전히 통한 것'[人通極其性]이라는 말과 "하늘이 성으로 부여한 것은 도에 완전히 통한다"[天所性者通極於道]·"하늘이 명한 것은 성에 완전히 통한다"[天所命者通極於性]는 동일한 어법이다. '천도'(天道)와 '성명'(性命)이 통하여 하나가 되면 '인'과 '성' 역시 통하여 하나가 된다. "인은 그 본성에 완전히 통한 것이므로 본성을 길러내어 고요함으로 편안할 수 있다"는 말은 '인자는 인에 편안히 한다[仁者安仁]·'인자는 고요하다'[仁者靜]·'인자는 오래 산다[仁者壽], '인자는 산을 좋아한다'[仁者樂山]는 말과 '지혜가 미치고 인으로 지킨다'[智及仁守]는 등의 의미에 근거하여 말한 것이므로 '인'은 고요함을 '체'로 삼는다. 그러나 '인으로 두텁게 변화를 이룬다'는 것은 '고요함이 극에 이르면 한 번 움직인다[靜─動也]는 것이다. '고요함이 극에 이르면 한 번 움직인다'는 것은 마치 '고요하면서 움직인다'[靜而動]는 말과 같다. '고요하면서도 움직인다'는 것은 실제로는 '동하되 동의 형상이 없다'[動而無動]는 '신동'(神動)의 의미이다. "의는 아는 것을 행하는 것이므로 예악을 온

있은 후 군신이 있으며, 군신이 있은 후 상하가 있고, 상하가 있은 후 예의가 행해질 수 있다.'[有天地, 然後有萬物, 有萬物, 然後有男女, 有男女, 然後有夫婦, 有夫婦, 然後有父子, 有父子, 然後有君臣, 有君臣, 然後有上下, 有上下, 然後禮儀有所錯]고 하였다.

전히 하여 움직임에 변화가 있다는 것이다'라는 말은 바로 '의로써 바깥을 바르게 한다[義以方外]의 의미이다. '아는 것을 행한다'는 것은 "허명(虛明)이 밝게 비추는 것이 바로 '신'의 밝음이다"[367]라는 것의 '신지'(神知)이다. "예악을 온전히 하여 움직임에 변화가 있다"는 것은 바깥을 바르게 하여 예악을 실현하면서 잘 응하는 것이다. 그러므로 '의'(義)는 움직임의 '체'인 것이다. 그러고 나서 '뜻이 신의 경지에 들어가면'[義入神] '움직임이 지극해져 한 번 고요하게 된다.' '움직임이 지극해져 한 번 고요하게 된다'는 것은 '움직이되 고요하다'[動而靜]의 말과 같다. '움직이되 고요하다'는 것은 또한 '고요하되 고요함이 없는' '신정'(神靜)의 의미이다.

『정몽』「삼십편(三十篇)」에서는 다음과 같이 말하였다.

> 중유(仲由)[368]는 선을 즐거워하였으므로 수레와 말, 옷과 갖옷을 현명한 이와 함께 사용하는 것을 좋아하였다. 안회(顔回)[369]는 덕에 나아가는 것을 즐거워하였으므로[문의에 비추어볼 때 이 말은 樂進其德이라 해야 한다.] 선함을 자랑하거나 힘든 일을 하게 하는 것을 바라지 않았다. 성인은 하늘을 즐거워하였으므로 안과 밖을 합하여 인(仁)을 이루었다.
>
> 仲由樂善, 故車馬衣裘喜與賢者共敝. 顔子樂進(案意謂樂進其德), 故願無伐善施勞. 聖人樂天, 故合內外而成其仁.
>
> 『正蒙』「三十」

정이는 이에 대해 "먼저 자로와 안연의 말을 내보이고, 그 다음에 성

---

367 『正蒙』「神化」, "虛明照鑑, 神之明也."
368 역주 : 仲由는 공자 제자로, 자는 子路 또는 季路라 한다. 공자보다 9세가 적었으며, 용맹으로 유명하였다.
369 역주 : 顔回는 顔淵이라고도 칭해지며, 공자의 제자 중 仁에 가장 뛰어난 인물이었나. 그는 공자에 사랑을 많이 받았는데, 가난하게 살면서도 그 즐거움을 바꾸지 않았다고 하였다. 안연은 공자보다 일찍 죽었는데, 이때 공자는 "하늘이 나를 버리는구나"라고 탄식하였다고 한다.

인의 말을 드러내 보인 것은 성인이 천지의 기상임을 분명하게 밝힌 것이다"[370]라고 말하였다. 정이의 이러한 평가는 틀린 것이 아니기 때문에 장재 역시 '성인이 하늘을 즐거워한다'(聖人樂天)고 말한 것이다. 그러나 이것은 단지 논평에 있어서 '기상'에 대한 찬양일 뿐이다. 인(仁)의 핵심을 말하는 데 있어서는 정이와 주희의 이해는 장재와 정호의 이해와 다르다. 장재와 정호에 있어서 인은 '성(性)에 완전히 통하는 것'이면서, 인심(仁心)과 인체(仁體)가 바깥이 없는 것이므로, '인'은 '본심'(本心)이 곧 성(性)이자 또한 '오목불이'(於穆不已)・'순역불이'(純亦不已)의 체이다. '인'은 또한 '천덕신체'(天德神體)이자 '태허신체'(太虛神體)를 주관적이고도 실천적으로 말한 것이다. 그러므로 장재는 "성인은 하늘을 즐거워하였으므로 안과 밖을 합하여 '인'을 이루었다"고 하였는데, '인은 일의 체(體)가 되어 있지 않은 곳이 없으며' 원래 안과 밖이 없는 것이다. 그리고 정호가 역시 "혼연하게 만물과 일체를 이룬다"[371]・"천지만물을 하나의 체로 삼는다"[372]라고 하여 인을 설명하고 있다. 그런데 정이와 주희는 단순히 인을 '애지리'(愛之理)로 해석하였기 때문에 이것과 다르다. 그러므로 그들이 찬양한 성인의 기상과 그들이 이해한 '인'은 서로 잘 연결될 수 없다.

『정몽』「유덕편(有德篇)」에서는 다음과 같이 말하였다.

좀도둑질을 하지 않는 것도 '의'이고, 자기 것이 아닌데 몰래 가지는 것을 도둑이라 말하는 것도 '의'이다. 측은히 여기는 심은 '인'이며, 하늘과 같게 되는 것도 '인'이다. 그러므로 이를 늘리고 넓혀 보충하는 것은 이루 다 쓸 수 없다.

不穿窬義也, 謂非其有而取之曰盜, 亦義也. 惻隱仁也, 如天亦仁也. 故擴而充之, 不可勝用.

『正蒙』「有德」

---

370 『二程遺書』卷22上, "先觀子路顔淵之言, 後觀聖人之言, 分明聖人是天地氣象."
371 『二程遺書』卷2上, "渾然與物同體."
372 『二程遺書』卷2上, "以天地萬物爲一體."

해설 이것은 분명 정이와 주희가 말한 인과 그 의미가 다르다. 『성리습유』「맹자설」에서는 다음과 같이 말하였다.

돈독하면서 허정한 것이 인의 근본이다. 가볍게 함부로 행동하지 않는 것이 바로 돈후한 것이다. 얽매여 장애가 되거나 어두워 막힘이 없는 것이 바로 허정이다. 이것은 갑자기 깨닫기 어려운 것이다. 진실로 그것을 안다면 오랫동안 '도'를 수양하여 참으로 체현해야만 바야흐로 그 맛을 알 수 있다. 무릇 '인' 역시 완숙하게 하는 데 달려 있을 따름이다.

敦篤虛靜者仁之本. 不輕妄, 則是敦厚也. 無所繫閡昏塞, 則是虛靜也. 此難以頓悟. 苟知之, 須久於道, 實體之, 方知其味. 夫仁亦在乎熟之而已.

『性理拾遺』「孟子說」

해설 여기에서 "얽매여 장애가 되거나 어두워 막힘이 없다"는 말의 의리 근거는 장재의 '허정'(虛靜)[天德神體와 太虛神體의 허정]에 있고, 또 정호의 '감성의 능력과 온유함의 능력이 펼쳐지지 않는 곳이 없다'[覺潤無方]는 것에 있다. "돈독하면서 허정한 것이 인의 근본이다"이라는 것은 인(仁) 스스로가 지닌 체(體)의 성질을 말함이다. 정호는 '일체'(一體)에서 '인'(仁)을 말하였고 또 '각'(覺)[둔하거나 마비되지 않고, 감각이 있으며, 감응하여 통할 수 있는 것]에서 인을 말하였다. 장재 역시 '일체'에서부터 인을 말하였으나, 둔하지 않고 마비되지 않은 '각'에 대해서는 생각하지 못하였다. 그는 오히려 '허정'에서부터 인을 말하였는데, '허정' 역시 '맑고 또한 통하는 것'[清通]부터 말한 것이다. "얽매여 장애가 되거나 어두워 막힘이 없음"이 곧 청통(清通)이자 허정(虛靜)이다. 이것이 인심(仁心)이 아무 걸림 없이 감응하여 통한 것이 아니라면 무엇이란 말인가? 이것은 사람을 일깨워주는 말이다. 비록 장재가 '각' 혹은 '마비되지 않음' 등과 같은 세련된 언어를 사용하지 않았지만 실재 의미는 처음부터 다르지 않았다. '각'(覺)·'마비되지 않음'은 '인'과 부합하는 것이며, '돈독하면서 허정한 것'·맑고 또한 통하여 '얽매이거나 장애가 없는 것'·'혼미하거나 막힘이 없는 것' 역시 '인'에 절실하게 부합하는 것이다. 그리고 그것이 '안과 밖이 없게 되는 것'[無內外](이것은 渾然一體의 의미를 담고 있다)과 '일을 이루면서 있지 않는 곳이 없음'의 '인체'(仁體)는 하나이다. 그런데 주희는 이 '인체'라는 말을 극히 싫어하고 또 '일체'의 측면에서 '인'을 말하는 것에 찬성하지 않았으며, 더욱이 '각으로써 인을 해설하는 것'[以覺訓仁]을 배척하였다. 장재가 '인'을 말한 것에 대해서 주희는 더욱 관심도 두지 않았다.

이상에서 기록한 장재의 말을 한 곳에 모으면, 장재의 「화인편(化仁篇)」이라 제목을 붙일 수 있을 것이다. 이것으로 보건대 장재가 말한 '인'(仁)은 결코 가볍지 않으며 게다가 정호와 동일한 사상을 가지고 있었다. 장재가 이와 같이 말한 인(仁)에 대해서 장재가 살아 있을 때 그 제자인 여대림(여여숙)도 깨닫지 못한 것 같다. 장재가 죽은 후 여대림은 낙양(洛陽)으로 가서 정호를 만났는데, 이때 정호가 처음 그를 위해 "배우는 사람은 모름지기 먼저 인을 알아야 한다"[373]고 말해주었는데, 이것이 유명한 「식인편(識仁篇)」이다. 그러므로 정호의 「식인편」은 그 상황에 딱 알맞게 가르침을 편 것[當機之指點性][374]이며, 또한 이 말에는 큰 함축성이 담겨져 있다. 장재가 말한 '인'은 단지 『정몽』 각 편에서 말한 것인데, 상황에 따른 적절성[當機性]은 부족하였다. 그러므로 여대림 역시 이에 대한 장재의 말을 깨닫지 못한 것이다. 그러나 '의리의 핵심'은 정호와 차이가 없다. 정호의 「식인편」에서는 이미 "『정완(訂頑)』(西銘)의 뜻은 바로

---

[373] 『二程遺書』 卷2上 「識仁篇」, "學者須先識仁."
[374] 역주 : 이 말에 대해서는 앞에서도 설명을 하였는데, 다시 한 번 이 말을 언급하자면, 이용어는 모종삼의 특수 조어이다. 當機는 '상황에 즈음하여'라는 의미로서 當機指點은 그 상황에 적절하게 가르침을 펼친다는 의미이다. 즉 공자는 仁을 개념적으로 규정하지 않고 제자들이 처한 상황에 맞게 仁을 설명하였다. 이것이 바로 '당기지점'이다. '當機之指點性'은 바로 이러한 '당기지점'의 성질이 있다는 것이다. 즉 특수한 상황에서 누구를 가르치려는 표현 방법이라는 의미이다.

이러한 '체'를 갖추고서 말한 것이다"[375]라 하였다. 사실 『서명』의 뜻은 다만 이 체를 두드러지게 부각시킨 것이고, 진정으로 "이러한 체를 갖추고서 말한 것이다"라는 말은 아마 『정몽』 각 편의 위에 기록하였을 것이다. 소병(소계명)의 「정몽서(正蒙序)」와 여대림(呂大臨)의 「횡거선생행장(橫渠先生行狀)」의 기록에 근거하면, 『정몽』의 전체 글은 장재가 만년에 죽기 전에 사람들에게 보인 것인데, 이때 정호가 『정몽』의 전모를 살피지 못했을 수도 있다. 사람들은 장재의 책을 자세히 살펴 이해할 수 없었고, 정호의 사상 역시 주희가 정이를 계승한 것으로 말미암아 사람들은 정호와 정이 형제의 차이를 자세히 구별하지 못하였다. 이렇게 되자 사람들은 결국 이정(二程) 형제가 같은 길을 갔으며, 장재와는 완전히 차이가 난다고 생각하게 되었다. 그러나 사실은 정이·주희가 장재와 차이가 있고, 정호와 장재는 근본적인 측면에서 같은 길을 걸었으며 결코 차이가 있었던 적이 없었다. 정호가 장재의 '청허일대'(清虛一大)를 오해하였다고 해서 이 두 사람이 근본적으로 차이가 있다고 말해서는 안 된다.[「태화편」의 초고에는 더욱 많이 숨겨진 뜻이 많을 수 있으며, 또한 정호의 의론으로 수정했을 가능성도 있다. 그러나 오늘날 살펴보니 이는 정호가 오해한 것이다. 정이와 주희에 대해서는 더욱 말할 필요도 없다.] 정호가 장재를 비판한 것은 '청허일대'의 오해를 제외하면 대체로 소소한 잘못이며 이 모두 표현상의 원만 여부 문제였다. 이에 대해서는 '명도철학'을 자세히 살펴보기 바란다. 정이와 주희의 비난은 근본적인 의식 구조가 다르기 때문에 함축된 의리 계통 역시 차이가 있다. 사람들이 아무런 기준도 없이 이를 본다면 어떻게 그 참된 의미를 파악할 수 있겠는가?

총괄하여 보자면 '음양·동정·취산·왕래의 양면을 겸하면서도 어느

---

375 『二程遺書』 卷2上 「識仁篇」, "訂頑意思乃備言此體." 역주 : 『正蒙註解』에서는 "『동명』은 본래 『硬愚』라 하였고, 『서명』은 본래 『訂頑』이라 하였는데, 정자가 이를 고쳤다"(東銘本日硬愚, 西銘本日訂頑, 程子改之)라고 되어 있다. 『정완』은 곧 장재의 『서명』이다.

한 면에 치우치지 않는다[兼體無累]'·'잘 조화를 이루어 어느 한 쪽으로 치우치지 않는다[參和不偏]·'성은 그것을 총괄한 것이고 둘을 합한 것이다[性其總合兩也] 및 '심은 본성을 온전히 실천한다[心能盡性]'·'심을 온전히 실천함으로써 기를 바꾸어 그 본성을 완성한다' 및 '인은 사물을 이루면서 있지 않은 곳이 없다[仁體事無不在]·'인은 돈후하게 변화함을 깊은 이치로 삼는데, 변화가 행해지면 드러나게 된다[仁以敦化爲深, 化行則顯]·'허함과 고요함을 돈독하게 하는 것이 인의 근본이다[敦篤虛靜者仁之本]라고 한 이 계통의 의리는 모두 주관적인 측면을 드러내는 데 결코 소홀히 하지 않았으며, 모두 주관과 객관의 통일을 표현한 것이다. 이 역시 『중용』과 『역전』에서부터 『논어』와 『맹자』로 돌아갈 수 있는 것으로, 주돈이에 비해 더욱 원만한 것이라고 할 수 있다. 비록 장재가 정호의 분명함과 원숙함에는 이르지 못했으나 웅대하고 기상이 넘치는 것은 정호보다 더 크다. 정호 역시 비록 객관적인 측면에서 『중용』과 『역전』에 근거하여 '천도'와 '천리'를 말하였으나, 「식인편(識仁篇)」이나 「정성서(定性書)」에서는 모두 주관적인 측면에서 '심체'와 '성체'를 말하였고, 또한 그 원융한 지혜로 '일본'(一本)의 의미를 크게 논하였다. 그렇다면 주관적 측면과 객관적 측면이 모두 두루 갖추어져 어느 하나 빠진 것이 없다. 그러므로 마침내 '일본'(一本)으로써 궁극적인 의리를 삼은 것이다. 여기에 이르면 심(心)·성(性)·천(天)이 하나의 모형을 이루는데, 이것이 이른바 원돈지교(圓頓之敎)이다. 이것은 주돈이에서 시작하여 장재를 거쳐 체득한 '천도'와 '성명'이 필연적으로 이를 수밖에 없는 경지이다. 또한 선진 유가의 발전이라는 큰 틀을 잃지도 않았다. 그러나 정이와 주희에 이르러 점차 이러한 학술적 경향이 사라지고 다른 길로 나아가게 되었다. 이러한 각각의 사실들에 대해서는 아래의 각 장에 서술되어 있으니 살펴보기 바란다.

정이와 주희가 이러한 것을 놓치고 다른 길로 나아간 관건은 어디에 있겠는가? 이것은 여전히 '심이 본성을 온전히 실천한다[心能盡性]는 것과 심·성·천 합일의 모형에서 이점을 밝힐 수 있다.『정몽』「대심편(大心篇)」을 논의하기 전에 나는 이미 '성'에 다섯 가지 의미가 있음을 밝혔다.

1. 성체의(性體義) : 만물의 체가 되는 것을 일컬어 '성'이라 하며 '성이 곧 체이다.'[性卽是體]
2. 성능의(性能義) : '성체'는 우주의 생성과 변화 그리고 도덕의 창조즉 도덕행위의 純亦不已를 일으킬 수 있으므로 '성능'(性能)이라 한다. '성이 곧 능이다.'[性卽是能]
3. 성리의(性理義) : 성체는 원래 보편적 법칙을 갖추고 있으므로 '성이 곧 리이다.'[性卽是理]
4. 성분의(性分義) : 보편적 법칙이 명하고 정한 것은 모두 필연적인 본분이다. 우주론적 측면에서 말하자면 모든 성체가 생화(生化)하는 것은 모든 천명(天命)의 끊임없음이다. 도덕창조에서부터 말하자면 모든 도덕행위는 우리의 본분이며 이 역시 당연히 끊임이 없고 필연적이어서 바꿀 수가 없다. 우주의 본분으로 당연히 해야 하는 일이 바로 나의 본분으로 당연히 해야 하는 것이다. 나의 본분이 곧 우주의 본분인 것 역시 마찬가지이다. 성이 정한 위대한 본분을 성분(性分)이라 말한다.
5. 성각의(性覺義) : 태허의 적감지신(寂感之神)이 허명(虛明)하여 두루 비추는 것도 바로 '심'(心)이다. 이것에 근거하여 '성각의'를 말한 것이다. '성'의 전체가 '영묘하게 알고 밝게 지각하는 것'이다.[靈知明覺]

이러한 다섯 가지 의미에서 어떠한 한 의미도 '성체'의 전체를 온전히 실현하고 있다. 즉 성(性)의 전체가 체(體)이고, 전체가 능(能)이며, 전체가 리(理)이고, 전체가 분(分)이며, 전체가 각(覺)인 것이다. 어떠한 하나의 의미도 모두 다른 의미에 통한다. 즉 '성'이 '체'가 되는 것은 '능·리·분·각'을 통해서 '체'가 되는 것이며, 성이 '능'이 되는 것은 '체·

'리'·'분'·'각'을 통해서 '능'이 되는 것이다. 또한 성이 '리'가 되는 것은 '체'·'능'·'분'·'각'을 통해서 '리'가 되는 것이다. 성이 '분'이 되는 것은 '체'·'능'·'리'·'각'을 통해서 '분'이 되는 것이다. 성이 '각'이 되는 것은 '체'·'능'·'리'·'분'을 통하여 '각'이 되는 것이다. 그러므로 어떠한 하나의 의미라도 모두가 구체적 보편이지 추상적 보편은 아닌 것이다.

'성체'에 이러한 다섯 가지 의미가 있는 것은 객관적·형식적으로 말한 것이다. '심이 성을 온전히 실천할 수 있다'는 것에서, 주관적·실천적·실재론적으로 말하면 초월적·형이상학적·보편적인 본심(本心, 즉 天心)도 이 다섯 가지 의미를 갖추고 있다.

1. 심체의(心體義) : 심은 온갖 사물을 이루면서 어느 하나라도 빠뜨리지 않으니, 심이 곧 체이다.[心卽是體]

2. 심능의(心能義) : 심은 '동용'(動用 : 이 '動用'은 '움직이되 움직임이 없는 움직임'[動而無動之動]이다.)을 '성'으로 삼으며, 심의 영묘함은 우주의 창조 또는 도덕의 창조를 일으키므로 '심은 곧 능이다.'[心卽是能]

3. 심리의(心理義) : 심이 '의리'(義理)를 기뻐하는 것은 곧 의리를 일으키는 것이며, 활동하는 것이 곧 존유하는 것이므로 '심은 곧 리이다.'[心卽是理] 이것은 심의 '자율' 의미를 나타낸다.

4. 심재의(心宰義) : 심의 '자율'(自律)이 곧 '주재'(主宰)이며 이것이 우리 행위를 확고히 결정하는 것이다. 도덕행위는 모두가 심의 율법이 명한 것으로 당연하면서도 끝이 없으며 필연적이어서 바꿀 수 없는 것인데, 이것이 바로 우리의 위대한 직분이다. 이것은 심의 주재성으로 말미암아 이루어지는 것이므로 외물에 의해 한정되는 것이 아니다. 용어적 습관 때문에 심분(心分)이라는 말이 없으므로 '심분'이라고는 하지 않고 '심재'(心宰)라고 한다. '심재'가 곧 성분(性分)이다.

5. 심존유의(心存有義) : 심은 활동이면서 또한 존유하는 것이며 활동이 곧 존유

이다. 심은 곧 존유(實有)이며, 바로 존재의 존재성이자 존재원칙이다. 즉 도덕행위로 하여금 존재하게 하고, 천지 만물로 하여금 존재하도록 한다. 심은 곧 존유이고, 심이면서 성[心而性]이다.

이러한 다섯 가지 의미는 어느 하나의 의미라도 '심체'의 전체를 완전히 포용하고 있다. 즉 심의 전체가 '체'(體)이며, 전체가 '능'(能)이며, 전체가 '리'(理)이고, 전체가 '주재'(主宰)이며, 전체가 '존유'(실체성의 存有)이다. 또한 어떠한 하나의 의미라도 다른 여러 의미와 통하고 있다. 즉 심이 '체'(體)가 됨에는 '능'(能)·'리'(理)·'주재'(主宰)·'존유'를 통해서 '체'가 되는 것이다. 심이 '능'이 되는 것은 체·리·주재·존유를 통해 '능'이 되는 것이다. 심이 '리'가 되는 것은 체·능·주재·존유를 통해서 '리'가 되는 것이다. 심이 '주재'가 되는 것은 체·능·리·존유를 통해 '주재'가 되는 것이다. 그리고 심이 '존유'가 되는 것은 통·능·리·주재를 통해 '존유'가 되는 것이다. 그러므로 어떠한 하나의 의미라도 모두 구체적 보편이지 추상적 보편이 아니다.

'성'에서부터 말하자면 이 다섯 가지 의미를 종합한 것이 '성체'이다. '성체'의 전체를 종합적으로 말하자면 리(理)라고도 할 수 있다. 이것은 바로 태극(太極)의 '리'이다. 주희가 태극을 '지극한 리'라고 말한 것은 틀리지 않다. 그러나 주희가 말한 태극은 지극한 리이지만 오히려 '단지 리'[只是理] 혹은 '다만 리'[但理]가 되어 '능'(能)의 의미와 '각'(覺)의 의미는 탈락되어 버렸다. 즉 태허(太虛)의 적감지신(寂感之神)이라는 의미가 탈락되어 기(氣)에 속하게 된 것이다. 이것에 의하면 태극은 움직이지도 않고 고요하지도 않으며 게다가 동정(動靜)이라고 말할 것도 없는 죽은 사물이 되어버린다. 태극은 움직이는 사물에 대해서는 움직이는 소이연, 즉 움직임의 '리'가 되기 때문에 태극에 움직임의 리가 있다[태극은 종합적으로 밀하는 것인 까닭에]고 말할 수 있다. 태극은 고요한 사물에 대해서는 고요함의 소이연, 즉 고요함의 리가 되기 때문에 태극에 고요함의 '리'가 있다고 말할 수 있다. 그러나 '동정'이라는 일 그 자체는 '기'에 속한다. 태극 자체는 움직이지도 않고 고요하지도 않기에 또한 '동정'이라고 말할 것도 없다. 이것은 동정이라고 말할 것도 없을 뿐만 아니라 "움직이되 움직임이 없고, 고요하되 고요함이 없는" 신(神)도 아니다. 이는 태극이 리일 따름이며, 단지 형식적인 소이연[비록 초월적이라 할지라되]일 따름이다. 또한 이 태극은 정태적으로 존유하는 것일 따름이지, 활동임과 동시에 존유하는 동태적 존유가 아니다. 이것은 '도체'(道體)와 '성체'(性體)를 깨닫는 데 부족함이 있다. 그리고 이것은 이미 선진 유가의 "오! 하늘의 명이 심원하여 그침이 없구나"[維天之命於穆不已]라는 가장 원래적인 지혜에서 유래한 천명·천도관에 부합하지 않을 뿐만 아니라, 또한 주돈이가 성체(誠體)의 적감지신(寂感之神)으로부터 '천도'를 말한 것은 물론이고 장재가 '태허'의 '적감지신'으로부터 '천도'를 말하고 '성체'를 말한 것에도 부합하지 않는다. 이것이 이른바 올바른 길을 잃고서 다른 길로 빠진 것이다. 주희가 적감지신(寂感之神) 및 성능(性能)·성각(性覺)의 의미를 탈락시킨 것이 바로 다른 길로 빠진 것이다. '적감지신'과 '성능'·성각의 의미에서 이미 다른 길로 나아 가버렸다면 '태극'은 '단지 리일 뿐이고 '성' 역시 '리일 뿐인' 지시리(只是理)가 되어 버린다. 따라서 태극이 지극한 리가 되는 것은 완전히 '성'의 다섯 가지 의미 가운데 세 번째 의미일 뿐이다. 즉 보편적 법칙으로 말하는 '성리'의 의미이다. '성'과 '태극'은 모두가 정태적인 존유이며, 또한 모두가 다만 초월적·형식적·정태적인 소이연일 따름이지, 초월적·구체적·동태적 소이연은 아니다. 그러나 '태극'을 말하고 '성체'를 말하는 것은 종합적으로 말한 것이다. 즉 '리'를 말한다면 태극이 온갖 리[萬理]를 함유하고 있으며 '성'은 뭇 사물의 리[衆理]를 갖추고 있기에 이 역시 종합적이자 또한 분석적이다. '성'과 태극에서는 종합되지만, '기화'(氣化)에서는 분별적으로 표현된다. '성'과 태극에서 종합되는 것은 '일리'(一理)이고, 이것을 통체의 일태극(通體一太極)이라고도 부를 수 있다. '기화'에서 분별적으로 표현되면, 다양한 양상들이 있게 된다. 그러나 사사물물은 모두 하나의 태극을 갖추고 있기 때문에 사물마다 하나의 태극이라고도 말할 수 있다. 이것이 주희철학의 강령이자 핵심이다.

그러나 선진 유가 및 주돈이와 장재가 체득한 천도(天道)와 '성체'는 주희와 다르다. 우선 '성체'의 전체적 의미를 종합하여 '리'라고 하는데, 이 '리'와 앞서 설명한 세 번째 의미의 보편적 법칙으로 말하는 '리'는 층차가 다르다. 전자가 후자보다는 층차가 높다고 할 수 있는데, 전자는 '성체'의 모든 것을 '리'라고 하였고, 후자는 '성' 가운데 어떤 하나의 의미[어떤 하나의 측면]만을 '리'라고 하였다.

'성체'의 모든 것을 총괄하여 '리'(理)라고 말하는 것 역시 '초월적 소이연'에서부터 표현할 수 있다. 예를 들어 사람에 대해 말하면서 이 '성체'가 곧 우리가 사람일 수 있는 '초월적 소이연'[理]이자, 곧 우리가 도덕 인격을 발전시켜 '성'(聖)을 완성하는 '초월적 소이연'[理]이며, 도덕실천이 가능한 '초월적 소이연'[리, 또는 근거]이라고 할 수 있다. 총괄적으로 천지만물에 대해 말하자면 이 '성체'는 바로 천지 변화의 '초월적 소이연'[理, 지극한 理, 생성과 변화의 理]이다. 이 '소이연'의 형식적 진술에는 '일리'(一理)의 의미가 반드시 포함되어 있다. 그러나 이와 같이 말하는 '리'의 의미는 다만 형식적 진술에서 부여된 형식적 의미이므로, 그 실제의 내용과 구체적 의미를 표현하지 못한다. 이 '초월적 소이연'에서부터 그것이 실제로 가리키는 형식적 의미의 '리'는 '존재의 리'[존재 원칙, 존재의 존재성]이지 정의(定義)되는 가운데 드러나는 '내재적 묘사의 소이연'이 표현하는 형구의 리[形構之理-형구지리는 類名이고, 존재의 리는 類名이 아니다]가 아님을 알 수 있다. 그러나 또한 그것이 '존재의 리'가 됨을 알 수 있을 따름이지, 이 존재의 리가 실재로 가지고 있는 의미는 여전히 표현하지 못하고 있다. 이것은 결코 하나의 '초월적 소이연'이 모두 드러낼 수 있는 것이 결코 아니다. 이 때문에 그 실제의 의미를 밝히려면 여전히 한 걸음 더 나아가 구체적으로 깨닫고, 또 구체적으로 규정할 필요가 있다.

선진유가와 주돈이 및 장재가 깨닫고 규정한 이 '초월적 소이연'은 존재의 '리'임과 동시에 바로 창생할 수 있고, 작용할 수 있는 생화(生化)의 '리'이다. 심(心)과 성(性)이 합일된 것은 앞서 말한 다섯 가지 의미를 갖추고 있는 것이며, 이것이 바로 활동임과 동시에 존유하는 것이며, 초월적이자 동태적인 소이연인 것이다. 그러나 주희의 깨달음이나 규정에 따르면, 이것은 '단지 리일 뿐이다.' 결코 '심'과 '성'이 합일된 것은 아니다. 그리고 이러한 리는 단지 성체(性體)·성리(性理)·성분(性分)의 세 의미만을 갖추고 있을 뿐이다. 성능(性能)과 성각(性覺)의 의미는 그곳에 없다. 이 때문에 주희가 긍정한 성리는 단지 '존유만 할 뿐 활동하지 않는 실체'가 된 것이다. 또한 주희가 말한 초월적 정태적 '소이연'은 동정(動靜)이나 부동부정(不動不靜)이라고 말할 것이 없다. 또한 '동(動)하지만 동의 형상이 없고, 정(靜)하지만 정의 형상이 없다'[動而無動, 靜而無靜]는 동태적 소이연도 아니다. 이를 보면, 주희가 말한 '존재의 리'는 다만 정태적 '존재의 리'이지, '생화의 리'는 아니다. 설령 기가 생화하는 사실에서 보면, 그것의 '생화의 리'가 된다고 말할 수 있으나, 이 역시 다만 정태적으로 '생화의 리'가 되는 것일 따름이지, 창생할 수 있고 작용을 일으킬 수 있는[神用, 妙用]는 '동태적 생화의 리'는 아니다.

'성'의 다섯 가지 의미 가운데 세 번째 의미인 '성리'(性理)의 뜻으로서 리(理)를 말하면, 이는 보편적 법칙으로써 말한 것이다. 이것을 '단지 리'[只是理]라고 할 수는 있다. 그러나 이것은 다만 '성체'의 한 가지 의미 혹은 한 가지 측면만을 말한 것일 따름이다. 비록 이러한 측면에서 이 리는 "단지 리일 뿐이다"[只是理]라고 할 수 있지만, 이것으로 말미암아 '성' 역시 '단지 리일 뿐이다'라고 말해서는 안 된다. '성'의 의미 가운데 어떤 한 의미도 '성'에 포함되어 있는 다른 의미를 모두 관통하고 있기 때문에 '성리'는 반드시 성체(性體)·성능(性能)·성분(性分)·성각(性覺)을 통해서 이해해야 한다. 이렇게 보면 '성은 단지 리일 뿐이다'[性只是理]로 이해할 수 없다. 이는 오히려 '심'과 '성'이 합일되어 있음을 표시한다. 이는 활동임과 동시에 존유하는 것[即活動即存有]이지 단순히 존유하는 것이 아니다. 또 동태적인 소이연이지 정태적인 소이연이 아니다.

이러한 두 가지 층차[376]에서 '성이 곧 리'라고 말하는 것은 '성이 단지 리'[정태적인 단지 리]임을 표시하지 않는다. 주희는 리를 두 층차로 나누어 이해한다는 것을 알지 못했던 것 같다. 주희는 단지 '소이연'이 표시하고 있는 리를 보편 법칙의 리와 동일시한 것 같다. 주희처럼 이해하면 태극 성체 역시 단지 하나의 보편 법칙의 리일 뿐이고, 단지 하나의 정태적인 존유의 리일 뿐이며, 단지 존재의 정태적인 존재성일 뿐이다. 그렇지만 이 리에서 하나의 형상과 여러 가지 형상을 말할 수 있다. 총체적으로 말하면 '하나'[一·태극]이고, 기화에 따라서 구분하여 표현하면 많다[多]고 할 수 있다.

주희는 줄곧 [직선적으로] 표상을 분석하고 해석하였다. 이러한 주희의 표상을 분석하면서 이해하는 방식은 두 가지 결과를 발생시켰다.

첫째, 주희가 말한 '성' 혹은 '태극'의 리는 비록 '초월적 소이연'으로 말미암아 '존재지리'(存在之理)라는 지위는 유지하고 있지만, 그러나 그것은 정태적인 것이어서 생화(生化)라는 오묘한 작용을 일으킬 수 없다. 이러한 리는 단지 정태적인 존재의 '리'이지 동태적인 존재의 리가 아니다. 실재로 생하며 변화하며 움직이며 고요한 것은 '기'(氣)이고, '리'는 배후에서 생하고 변화하며 움직이며 고요한 일에 따라서 정태적 그것을 규율하고 있을 뿐이다. 따라서 그 리는 '존재의 리'만 될 수 있을 뿐이다. [주희는 태극을 말할 때 전통적 관습에 따라 그것이 만화의 근본이고(萬化根本), 만화의 근원(萬化之源)이라고 말하였다. 그러나 '태극'에 대해서만 이렇게 말하였을 뿐 '성'을 말할 때는 이와 유사한 표현을 사용하지 않는다. 따라서 '성체'의 창생이라는 의미는 아예 표현할 수도 없게 되었다. '태극'을 말할 때는 비록 온갖 변화의 근원이라는 의미를 가진 용어를 사용할 수 있지만 표상을 분석하고 해석하는 주희의 직선적인

---

376   역주 : 이곳에서 두 가지 층차는 바로 性의 선체로서의 理와 性의 다섯 가지 의미 중
        의 하나인 性理의 의미를 지칭한다.

사고에 따라서 이리저리 말을 해보면 태극은 단지 하나의 정태적인 존재의 리로서만 될 수 있을 뿐이다. 주희는 관습적 혹은 습관적으로 사용한 '만화근본'(萬化根本)이라는 말이 어떠한 의미인지 자각하지 못하였다.] 이것은 분명 『중용』에서 말한 "천지의 도는 한마디 말로써 다할 수 있다. 만물을 이루면서 순일하니, 만물을 생성하지만 그 원리를 짐작하기 어렵다"[377]는 의미가 아니며, 또한 '지극한 성(誠)이야 말로 쉼이 없다'·'성(誠)함이 있으면 어떤 표현이 있을 것이고, 어떤 표현이 있으면 바로 드러나며, 드러나면 빛을 발현하고, 빛을 발현하면 (타인을) 감동시킬 수 있으며, 감동시킬 수 있으면 변화시킬 수 있다[378]는 의미도 아니다. 이는 분명 선진유가처럼 "아! 하늘의 명령이 그윽하고도 끝이 없구나"[維天之命, 於穆不已]에 의거하여 천도(天道)와 '성체'를 깨달은 것이 아니다.

둘째, '성'(性) 혹은 '태극'이 '존재의 리'가 되는 것이 주희의 이해와 같다면, 심과 신은 모두 '존재의 리'에서 탈락되어 '기'에 속하게 된다. 이것을 근거로 우주론 측면에서 말하면, '리'와 '기'는 횡열적으로 상대된 둘[비록 理先氣後를 말한다 하더라도]이 된다. 또 도덕실천 측면에서 말하면, '심'과 '성'은 횡열적으로 상대된 둘이 된다. 이 때문에 태극과 '성체'의 '만물을 생하되 헤아릴 수 없다'는 것과 '도덕창조의 본체-우주론적인 입체적 직관(直貫)의 창생형(創生型)과 확충형(擴充型)'은 인식론적 횡렬의 정함형(靜涵型) 혹은 정섭형(靜攝型)으로 바뀌게 되었다.' 이렇게 되자 주희는 『맹자』·『중용』·『역전』에 있는 '본체-우주론적인 입체적이고 직관적이며 종관(縱貫)적인 용어들의 의미를 정확하게 볼 수 없게 되었고, 심지어 좋아하지도 않게 되었다. 또한 이것들을 해석할 수도 없었고, 심지어는 오해를 하거나 다르게 이해하기도 하였다. 주희는 주돈이의

---

377 『中庸』「26장」, "天地之道, 可一言而盡也. 其爲物不貳, 則其生物不測."

378 역주 : 이 부분 역시 『중용』의 말인데, "至誠無息" 이외에 모종삼은 이를 축약하여 한 글자씩 인용하였다. 그 인용한 원문은 다음과 같다. 『中庸』「23章」, "其次致曲, 曲能有誠, 誠則形, 形則著, 著則明, 明則動, 動則變, 變則化. 唯天下至誠, 爲能化."

『태극도설』을 비록 극도로 높이고 존숭했으나, 주돈이가 『통서』에서 말한 '성체적감지신'(誠體寂感之神)에 대해서 정확히 파악할 수 없었고, 그것을 '태극'으로 해석할 수도 없었다. 때문에 끝내 태극은 '단지 리'로 해석되었고, '신'(神)은 '기'(氣)에 속하게 되었다. 주희는 장재에 대해서도 비록 매우 추숭하였으나 천도(天道)와 '성체'에 대한 장재의 깨달음을 실제로는 해석하지 못하였고, 『정몽』「대심편(大心篇)」에서 논한 '심'에 대해서는 특히 불만을 터트렸다. 주희는 정호에 대해서 예의를 갖추고 그리 많은 말을 하지는 않았지만, 오히려 정호를 계승하였다고 말하는 것에 대해서는 불편한 속내를 표출하였다. 주희는 정호가 한 말에 대해서 '너무 높다'(太高)고 치부하고서 상대하지 않았지만, 정호의 계승자들에 대해서는 극력 배척하면서 공격하였다. 주희의 불만이 무엇인지 짐작할 수 있을 것 같다. 호굉의 『지언(知言)』에 대해서 주희는 여덟 가지 단서의 '성을 의심한다'는 의미를 내세워 의문을 표하였다.[379] 육구연에 대해서 선학(禪學)이라고 극력 비판한 것은 말할 필요도 없다. 이렇게 주희가 이해하지도 못하고 오해하고 또 다르게 이해한 것과 불만, 이것들의 총체적 관건과 문제점은 오직 본체-우주론적인 입체적·직관형과 주희의 인식론적 횡열(橫列)의 정함형(靜涵型)이 다르다는 것에 있다. 주희가 불만스럽게 여기고 이해하지 못하고 오해한 것, 그리고 다르게 이해한 것은 모두 '직관형'(直貫型)에 속한 것들이다. 그가 불만스럽게 여긴 사람들의 이해에 아무런 흠이 없다고는 말할 수 없으나, 그가 불만스럽게 여겼던

---

379 역주 : 주희는 호굉의 『지언』에 대해 여덟 가지 문제점을 명시하였다. 그 첫 번째가 '성에는 선악이 없다'[性無善惡]는 것이며, 두 번째가 '심은 이발이다'[心爲已發]는 것이며, 세 번째가 '仁을 用으로 말한 것'[仁以用言]이며, 네 번째가 '심으로써 쓰임을 다한다'[心以用盡]는 것이며, 다섯 번째가 '함양에 종사하지 않는 것'[不事涵養]이며, 여섯 번째가 '먼저 지식을 가지려고 힘쓰는 것'[先務知識]이며, 일곱 번째가 '기상이 편협하다'[氣象迫狹]는 것이며, 마지막 여덟 번째가 '논의한 내용들이 너무 고원하다'[語論過高]는 것이다. 이상은 『주자어류·101』에서 인용한 것이며, 그 내용은 다음과 같다. "知言疑議, 大端有八. 性無善惡, 心爲已發, 仁以用言, 心以用盡, 不事涵養, 先務知識, 氣象迫狹, 語論過高."

총체적 관건은 이 '직관형'과 '정함형'의 차이에 있다. 주희가 아무런 흠이 없고 또 이의가 없다고 여긴 사람은 오직 정이였을 따름이다. 그렇다면 정이를 제외하고는 그 많은 사람들의 견해가 모두 틀렸단 말인가? 이것을 미루어 주희의 말에 문제가 없을 수 없다는 사실은 알 수 있다. 그런데도 여태껏 그 핵심적인 의미를 밝히지 못했단 말인가!

'심통성정'(心統性情)이라는 말은 『정몽』에는 보이지 않고 다만 『성리습유(性理拾遺)』 가운데 고립된 하나의 문구인데, "심은 성과 정을 통섭한다"[心統性情者也]라는 말이 하나의 조목으로 이루어져 있다. 주희는 이 말을 대표성 혹은 원칙성을 띤 말로 생각하고서 중시하였다. 또한 단지 이것만을 근거로 하여 『정몽』을 해석하였기 때문에 『정몽』의 원래 뜻은 주희철학 계통의 해석과 동일하지는 않다. 주희는 다만 '심통성정'이란 말을 차용하여 자신의 뜻을 말했을 따름이다.

이상에서는 장재가 말한 천도(天道)와 성명(性命) 그리고 '심이 성을 온전히 실천할 수 있다[心能盡性]는 것에 근거하여 주희의 정섭형(靜攝型)이 일으킨 문제들을 총괄적으로 살펴보았고, 그것으로써 이 문제의 관건이 있는 곳을 밝히고 아울러 후대 발전의 맥락을 짚어 보았다. 비록 송·명(宋明) 600년 유학 발전 전통에 비록 두서가 많고 어지러워 매우 다루기가 어렵지만, 이 관건을 파악하고 있으면 손바닥 보듯 분명하여 눈앞에 분명하게 드러날 것이다. 그 관건은 단지 송명 시대의 유학자들이 말한 천도(天道)·천명(天命)·태극(太極)·태허(太虛)의 귀결이 다만 '성체'에 있음을 밝히는 것에 있다. '성체'에 갖춰진 다섯 가지 의미는 객관적으로 말한 것으로, 천도·천명·태극·태허에서부터 '성체'로 귀결되는 것인데, 이른바 '성'(性)과 '천도'(天道) 그리고 '성'(性)·'천'(天)의 뜻 역시 모두 객관적으로 말한 것이다. '심이 성'을 실천할 수 있다는 말의 심에 갖추어진 다섯 가지 의미는 주관적이자 실천적인 측면에서 말한 것이다. 문제는 다만 '심'과 '성'이 '합일'(合一)되는가 그렇지 않은가에 달려 있다. '성즉리'(性卽理)와 '심즉리'(心卽理)에서 발생되는 문제는 근원적인 문제가 아니다. 주희가 비록 '성즉리'만을 긍정하고 '심즉리'는 긍정하지 않았지만, 근본적인 문제는 '태극'과 '성체'가 '단지 리일 뿐이고' 또 '심'과 '성'이 하나로 합일되지 않는 것에 있다. 이것은 주희의 인식론이 횡열적 정함·정섭형(靜涵靜攝型)이라는 것에 반드시 나타날 수밖에 없는 문제이다. '성'에 다섯 가지 의미가 갖추어져 있고, 심(心)에도 다섯 가지 의미가 갖추어졌다고 말하는 것은 우주의 생화(生化)가 곧 '도덕의 창조'임을 밝히는 데 있다. 본체-우주론적 입체·직관의 '창생형'(創生型) 혹은 '확충형'(擴充型)은 바로 선진 유학자들이 말한 천도·성명(天道性命)이자 심성(心性)의 본래 모습이다. 송명유학이 흥기하면서 주돈이·장재 역시 이러한 의미에 근거하여 천도·성명을 말하였고, '심성'을 말하였다. 정호가 강조하여 말한 일본(一本)은 바로 이러한 의미를 원만하게 표시한 모형이다. 호굉·육구연·왕수인, 그리고 유종주는 모두 이러한 직관형을 계승하여 논의를 세웠다. 이것이 송명 유학의 가장 큰 학술 전통[大宗]이다. 오직 정이와 주희에서부터 갈리어 나와 인식론적 횡열의 정함·정섭형이 이루어졌다. 이것 역시 물론 위대하며 독자적인 형태를 세운 것이다.[정이와 주희의 학술문화적 작용과 의의는 매우 크다.] 그러나 이는 분명 선진 유학자들이 발전시켜 이루어낸 '내성'(內聖)과 '성덕'(成德) 학문[이것이 이른바 도덕철학, 도덕적 형이상학이다]의 본래적 의미와 원형은 아니다. 이것을 유가에 대해 말하자면 주자학은 진실로 유학의 정통[正宗]적 지위를 얻을 수 없다. 주자학의 전통은 공맹과 『중용』·『역전』의 전통과 동일하지 않다. 그것의 차이는 서양 철학의 플라톤 전통의 '본질윤리'와 칸트 전통의 '방향윤리'와 같고, 또한 불교의 유식종(唯識宗)과 중관종(中觀宗)의[如來藏을 논의한 것] 차이와도 같다. 최고 지혜의 큰 맥락은 출발점과 내용이 비록 다르더라도 그 발전의 형태는 항상 같은 것이다.

부록 불교 체용론의 본의

번역 : 김제란

장재는 다음과 같이 말하였다.

> 만약 삼라만상을 태허에서 생겨나는 사물이라고 말한다면 사물과 허는 서로
> 에게 상관없는 것으로, 형체는 형체대로 본성은 본성대로 각기 떨어져 형체와
> 본성, 하늘과 사람은 서로를 필요로 하지 않기에 산하(山河)와 대지(大地)를 눈
> 병에 걸려 잘못 본 허망한 것으로 여기는 불교 학설에 빠지게 된다.
>
> 若謂萬象爲太虛中所見之物, 則物與虛不相資, 形自形, 性自性, 形性天人不相
> 待, 而有陷放浮屠以山河大地爲見病之說.
>
> 『正夢』 권44

장재가 말하는 허(虛), 또는 태허(太虛)는 기의 초월적 본체이고, 허가
오묘하게 운용하는 기는 그 작용이다. 허의 신묘한 운용이 있어야만 비
로소 기화의 작용이 있을 수 있기 때문에 허와 기화는 창생의 의지인과

(意志因果)의 체용이다. 창생의 실체인 심체·신체(神體)·성체(誠體)의 인과(因果) 체용에서는 본래 '삼라만상을 태허에서 생겨난 사물'이라고 말할 수 없다. 사물과 허, 형체와 본성은 본래부터 서로 의지한다. 서로 의지할 뿐 아니라, 입체적인 직관(直貫) 관계로 놓여져 있다.

불교의 체용의 의미는 노자의 체용의 의미에 비하여 더욱 특별한데, 이는 불교의 공(空) 개념에 특수한 의미가 있기 때문이다. 장재는 이 '공' 개념을 자신이 쓴 '태허'라는 용어를 표준으로 삼아 평가하려고 하였지만, 그것에 깊은 이해는 없었다. 그 의미를 "만상을 태허 에서 생겨난 사물이다"라고 할 수 없기 때문에, '만약'이라는 가정도 의미가 없다. 불교 쪽에서 말하면, 불교에서 말하는 '공'과 장재가 말한 '허'는 완전히 다르기 때문에 "만약 삼라만상을 태허에서 생겨난 사물이라고 한다면"이라는 가정으로써 불교를 비난할 수 없다. "삼라만상을 태허에서 생겨난 사물이라고 할 수" 없지만, 불교에서 말하는 '공'의 어떤 측면의 의미에서 만상은 '공'에서 생겨난 사물이라고 할 수도 있다. 장재가 이처럼 가정한 것은 불교에서 체와 용이 서로 의지하지 않는다는 데 중점을 두고서, 체용의 의미가 근본적으로 성인의 삼극대중(三極大中)[1]의 도가 아님을 밝히는 것에 있을 뿐이다. 실제로 불교의 '공'의 측면에서는 만상을 '공'에서 생겨난 사물이라고 할 때도 있고, 이처럼 말하지 않을 때도 있다. 심지어 어떤 때는 근본적으로[2] 체와 용을 논하지 않을 때도 있다. 즉 어떤 경지까지 확대하여 체와 용을 설명할 수 있지만, 체와 용이 궁극적으로 서로 의지하는 것인가? 또 설사 서로 의지하는 것이라고 할지라도 서로 의지한다는 것이 어떤 의미의 의지인가에 대해서는 자세히 살펴보아야 한다.

---

1   역주 : 일반적으로 三極은 天·地·人을 말한다.
2   원초적인 근본적인 의미를 말한다.

1. 불교에서 말한 '공'(空)의 의미─'공'(空)과 연생(緣生)은 체용의 의미가 아니다

1. 불교의 '공'이 갖는 원초적이고 근본적인 의미는 공통되는데, 그것은 '제행무상(諸行無常)과 제법무아(諸法無我)'의 학설일 뿐이다.[3] 불교의 무명(無明)·고업(苦業)의 의식에 의거해 보면, 제행과 제법은 '무상'이며 '무아'라는 것이 바로 '공'의 의미이다. '공'은 제행과 제법의 자체(自體) 또는 자성(自性)이다.[4] '무상'과 '무아'는 나아가 '연생'(緣生)[5]으로 해석된다. 인연이 갖추어지면 생성되었다가, 인연이 사라지면 소멸한다. 생성되면 존재하고, 소멸되면 존재하지 않는다. 따라서 '연생'은 '항상되지 않다'는 무상의 뜻을 포함하고 있다. 항상된 것[常]에서는 존재한다는 것과 존재하지 않는다는 것을 말할 필요가 없다. 무상은 무아의 뜻을 포함한다. 사람은 무아(無我)이고 법 역시 무아이기 때문에, 제법은 무아인 것이다. 무아는 자체가 없고 자성이 없다는 말과 같으며, 이것이 바로 '공'의 의미이다. 그러므로 연생이 바로 공이다. 제행과 제법이 자체가 없고

---

3 역주 : 제행무상(諸行無常, anityāḥ sarva-saṃskārāḥ)과 제법무아(諸法無我, nirātmānaḥ sarva-dharmāḥ)는 삼법인(三法印)의 한 조목으로, 불교를 특징짓는 세 가지 법문에 속한다. 三法印은 제행무상(諸行無常), 제법무아(諸法無我), 열반적정(涅槃寂靜, śāntaṃ nirvāṇam)을 말한다. 일체개고(一切皆苦)를 더하여 사법인(四法印)이라고도 부른다. '제행무상'은 모든 物,心의 현상은 모두 생멸 변화하여 항상 불변하는 것이 아니지만 사람들이 이를 항상된 존재인 것처럼 생각하므로, 이 그릇된 견해를 없애기 위하여 무상하다고 말한 것이다. '제법무아'는 만유의 모든 법은 인연으로 생긴 것이어서 자아인 실체가 없지만, 사람들이 我에 집착하는 그릇된 견해를 일으키므로, 이를 없애기 위하여 無我라고 한 것이다. '열반적정'은 윤회하는 고통을 벗어난 이상 경지인 열반 적정의 참된 상을 말한 것이다.

4 역주 : '空이 諸法의 자체 혹은 자성이다'라는 말은 제법의 본질은 모두 空이기 때문에 제법은 無自性이라는 의미이다.

5 역주 : 연생(緣生)은 여러 인연에 의해 일어나는 것을 말한다. 유위법은 모두 인연의 화합에 의해 생겨난 것이므로, 연생의 법이라고 한다. 緣起와 같은 의미이다.

자성이 없으므로, 오직 공을 본성으로 삼는다고 말하는 것이다. 따라서 공성(空性), 또는 공리(空理)라고 하여, '공'이 만법의 공통된 성질이자 만법의 공통된 이치라고 말한다. 법은 자성이 없으며, 공을 본성으로 한다. 이로부터 유추하여 말하면 법은 자체가 없으므로, 공을 본체로 삼는다. 따라서 공의 체라고 유추하여 말하는데, 이는 공이 그 본체라는 말이다. 이렇게 말한 '공'이라는 글자는 무상·무아·연생의 뜻이지, 실제로 '아무 것도 없다'는 의미로서의 '공'이 아니다. 즉 한 사물이 텅 비었다는 긍정적 언표[表詮]⁶가 아니라 부정적 언표[遮詮]⁷이다. 공이 제법의 실상이라고 한다면, 이는 단지 제법의 실제 이치⁸가 이러한 의미를 가진다고 말하는 것뿐이다. 소위 '본래 면목'(本來面目)이 이와 같을 뿐이므로, 공은 제법의 '여여한'(如) 상(相)이다. 그 실상이 공하다는 것은 더하지도 덜하지도 않는다는 뜻이므로 '여여한 상'이라고 하고, 이와 같은 상은 참되므로 '진여'(眞如)라고도 부른다. 또한 이 '공'(空) 자와 '여'(如) 자는 애초에 신묘한 의미를 갖고 있지 않았다. '연생' 외에 어떤 실체를 가리켜서 공하다고 하거나 하나의 실체가 여기에 있다는 말이 결코 아니라, '공'(空)과 '무'(無) 그리고 묘(妙)라는 것은 형용하는 말이다. 설사 '공하다'와 '무하다·신묘하다'라고 할지라도 그것은 모두 그 뜻을 형용하는 글자로서 연생을 표현하는 말이지, 연생 밖의 실체를 표현하는 말이 아니다. 연생을 표현할 때 '공하다', 혹은 '없다', 혹은 '여여하다'고 하지만, 거기에 신묘하다는 뜻은 없다. 따라서 『중론(中論)』「관사제품(觀四諦品)」에서는 "인연에서 생겨난 법을 나는 공이라고 부르고, 임시 명칭(假名)이라고도

---

6 역주 : 표전(表詮)은 불교 논리학에서 긍정적 판단, 또는 긍정적 판단의 형태를 취한 주장 명제를 말한다. 여기에서는 '긍정적 언표'라고 표현하였다.

7 역주 : 차전(遮詮)은 불교 논리학에서 부정적 판단의 형태를 취한 주장 명제를 말한다. 부정적 표현을 말하기도 한다. 진여의 성품을 '不生不滅, 不增不減, 無因無果, 非凡非聖'이라고 표현하는 것과 같은 경우이다. 공종에서 흔히 이 차전의 방법을 활용한다. 여기에서는 '부정적 언표'라고 표현하였다.

8 '이치'라는 글자는 이치라고 빈말로 한 것이다.

한다. 이것이 중도의 의미이다"⁹라고 하였다. 이것이 바로 '연기성공'(緣起性空), 또는 '성공유명'(性空唯名)의 뜻이다.

연생은 자성이 없다는 무성(無性)의 뜻이다. '무성'이기 때문에 연생이다. '무성'은 자체가 없고 자성이 없다는 뜻이다. 이것이 '바로 공이다'. 만약 뒤집어서 정면적으로 말하면, 연생의 법은 공을 본성으로 하고 공을 본체로 하므로, 부정적 언표를 통해 해석해야 한다. 자성이 없는 공을 그 본성으로 하고, 자체가 없는 공을 그 본체로 삼는다. 이 '성'(性) 자와 체(體) 자는 모두 빈 말이므로, 그 '성'의 의미는 유학에서 실체로 말하는 '성리'(性理)의 성이 아니고, 그 체의 뜻 역시 유학에서 말하는 성리의 성체(性體)·심체(心體)·신체(神體)·성체(誠體)의 체가 아니다. 종합하면 도덕창생의 실체인 체가 아니다. 나는 공이 연생의 체(體)이고, 연생이 공의 용(用)이라고 말할 수 없다. 여기에서는 체용에 대해 서술하지 않겠다. 공을 체로 보고 공을 성으로 보기는 하지만, 이러한 의미의 공의 본성, 공의 본체는 실제로 결코 연생의 작용을 일으킬 수 없다. 이것은 공과 연생의 관계가 결코 체용의 관계가 아님을 나타낸 것이다. 그러므로 이전에 여추일(呂秋逸)은 '체용'은 유학적인 의미이고, 불교의 '진여 공성'은 결코 체용의 체가 아니라고 하였는데, 바로 이러한 뜻을 말한 것이다.

보통 '연생은 자성이 없고, 자성이 없어서 연생이다'는 말은 연생하므로 비로소 자성이 없고, 자성이 없으므로 비로소 연생한다는 의미이다. 여기에서 ' …… 하므로'라는 것이 체용의 인과 관계이다. 실제로는 표현상 그렇게 말한 것에 불과하고, 결코 존재의 측면에서 체용 인과가 객관적인 '원인'이 된 것은 아니다. 즉 논리적인 원인일 뿐 존재론적인 원인은 아니다. 연생하기 때문에 자성이 없게 되므로, 여기에서 우리는 연생이 존재적인 측면에서의 체나 원인이고 자성이 없는 것이 존재적인 측

---

9   역주 : 『中論』觀四諦品 第24(T30, 033b), "因緣所生法, 我說卽是空, 亦爲是假名, 亦是中道義." 이때 T30은 신수대장경 30경권을 의미하고, 033b는 그 경권의 33쪽 중간단이라는 의미이다. 이후 대장경 표기는 이에 준한다.

면에서의 용이나 결과라고 말할 수 없다. 자성이 없는 공이 체이고 연생이 용이라는 것은 유추처럼 보이지만, 실제로는 유추가 아니다. '연생하기 때문에 자성이 없다'는 것은 체용이라고 할 수 없으므로, '자성이 없으므로 비로소 연생이다'는 것도 당연히 체용이라고 말할 수 없다. 이 두 가지 원인은 동일차원의 어법인 것이다. 따라서 이것은 단지 표현상 논리적 원인을 말한 것이지, 존재론적인 측면에서 체용 인과의 존재론적 (객관적) 원인을 말한 것이 아니다.

보통『중론』「관사제품」의 "인연에서 생겨난 법을 나는 공이라고 부르고, 임시 명칭이라고도 한다. 이것이 중도의 의미다"라는 일송(一頌)은 적극적으로 보면 불교가 현상을 성취할 수 있음을 말한 것이다. 공하므로 비로소 연생을 말할 수 있고, 비로소 연생의 현상이 '있고', 비로소 연생의 만법을 '성취하고', 비로소 만법을 '세울 수 있다'는 것이다. 실제로 여기에서 말하는 '있다' · '성취하다' · '세우다'는 것은 언어로 표현한 내용으로서 위의 '원인'과 같은 뜻이지, 결코 존재론적인 측면에서 한 실체로서 이 연생의 위대한 작용이 있고 성취하며 세운다는 의미가 아니다. '있다' · '성취하다' · '세우다'는 것은 언어적인 측면에서 제행과 제법이 환상과 같이 무상하고 자아가 없다는 의미일 뿐이다. 어찌 존재론적인 측면에서 체용 인과의 성취하거나 세운다는 실제 의미가 있을 수 있겠는가?

이상은 '연기성공'의 일반적인 진술로서 불교에서 말한 '공'의 기본적 의미이고, 역시 모두 공통적으로 긍정하는 의미이다.

2. 그러나 불교에서 말하는 공은 단지 이 '연기성공'의 일반적 진술로 완전히 설명되는 것은 아니다. '연기성공'이라는 말은 공을 관찰하고 공을 깨달아서 해탈하기 위한 것이다. 이 해탈은 열반, 즉 적멸을 깨닫는 것이다. 여실하게 공을 관찰하고(修中觀)[10] 집착하지 않으면, 표면적으로

---

10 역주 : 중관(中觀)은 假가 空이고, 空이 곧 假임을 직관하는 것. 중도제일의관(中道第一義觀)이라고도 부른다. 三觀 가운데 空觀과 假觀이 각각인데 반하여, 이 二觀을

는 온갖 형상들이 생멸변화하여 복잡한 시장처럼 어지러운 듯해도 그 바닥은 지극히 적막하고 고요해서 어느 하나도 존재하지 않게 된다. 이 것이 '당체가 여여한'(當體卽如) 적멸이다. 하나가 일여(一如)하면 일체가 일여하고, 하나가 적막하면 일체가 적막하며, 하나가 소멸하면 일체가 소멸한다. 적막하다는 것은 정면적으로 말한 것이고, 소멸한다는 것은 반면적으로 말한 것이다. 집착을 소멸시키면 번뇌도 소멸한다. 적멸은 진여공성(眞如空性)에 의거해 이루어진다. 그러나 이것은 단지 공의 학설일 뿐만이 아니다. 하나의 생명이 해탈하여 열반을 증득하는 일을 어찌 쉽다고 말하겠는가? 번뇌는 나의 번뇌이고, 나의 실제 감정에 이 번뇌가 있다. 해탈은 나의 해탈이고, 나는 번뇌로부터 벗어나려는 요구가 있음을 실감한다. 내가 이 번뇌가 있다고 실감하는 것은 나의 자연 생명의 충동과 집착이 근본적으로 무명과 관련되어 있기 때문이다. 그러므로 수행하고 관찰하고 깨닫는다는 것은 결코 공의 학설을 대강 말하는 데 그치지 않고, 진정으로 자기 생명의 번뇌와 집착 속에서 관찰하고 깨닫는 것이다. 이것은 유식종(唯識宗)이 공종(空宗)의 '연기성공'의 일반적인 서술로부터 더 나아가 제행과 제법을 식(識)으로 통섭하여 말하기 때문이다.[11]

유식종에 따르면, 자연 생명의 번뇌와 집착 및 오염이 끌어내는 모든 현상들을 일식(一識)의 흐름으로 해부할 수 있다. 연기 제법은 모두 식의 흐름으로 종합되고, 본성이 공한 것도 식의 흐름 상에서 깨닫게 된다. 여기에서 삼성설[12]이 나온다. 이는 첫째, 변계소집성(遍計所執性), 둘째, 의타

포함하면서 그것에 속박되지 않는 최고의 진리를 말한다. 삼천제법이 하나하나 절대적이라고 관하는 것이다.

11 역주 : 유식종에서 말하는 唯識(vijñapti-mātratā)은 불교에서 識이 變現한 것 외에 어떠한 실재도 없다는 것, 즉 우리 자신의 心, 그 밖의 心物 제현상들이 모두 8식 자체가 변현한 주관(見分)과 객관(相分)이라고 보는 사고방식이다. 또한 인식 대상과 비슷한 형상이 心 내의 영상에 반영된 것을 실유라고 볼 뿐 아니라, 인식 대상 자체도 아라야식 중의 종자가 변화하여 생겨난 것이라고 본다. 따라서 오직 식 외에 다른 실재는 없다고 보며, 이를 '唯識無境'이라고 부른다.

기성(依他起性), 셋째, 원성실성(圓成實性)이다.

『성유식론(成唯識論)』 권8에서는 다음과 같이 말한다.

세 종류의 자성은 심, 심소법과 멀리 떨어져 있지 않다. 심과 심이 미치고 변현한 것들은 뭇 인연들에서 생겨난 것이므로, 환상의 일 등과 같다. 존재하지 않지만(非有) 존재하는 것 같아서(似有), 미혹하고 어리석은 사람들은 이것들을 모두 의타기성이라고 부른다. 어리석은 사람들은 여기에서 자아와 대상, 유와 무, 같은 것과 다른 것, 둘 다인 것과 둘 다 아닌 것 등에 미혹되어 집착하지만, 이것들은 모두 공중에 핀 꽃 등과 같아서 자성과 형상이 모두 존재하지 않는다. 따라서 이것들을 모두 변계소집성이라고 부른다. 의타기의 측면에서 허망하게 집착하는 자아와 대상이 모두 공하다고 보고 이렇게 나타난 식 등이 공한 참된 본성[眞性]을 원성실성이라고 부른다. 그러므로 이 세 가지는 심 등과 떨어져 있지 않다.

三種自性皆不遠離心心所法. 謂心心所及所變現, 衆緣生故, 如幻事等, 非有似有, 誑惑愚夫, 一切皆名依他起性. 愚夫於此橫執我法有無一異俱不俱等, 如空花等. 性相都無, 一切皆名遍計所執. 依他起上, 彼所妄執我法俱空, 此空所顯識等眞性, 名圓成實. 是故此三不離心等.

『成唯識論』 권8[13]

12 　역주 : 삼성설(三性說)은 인도 유식불교와 중국 법상종의 근본 교의이다. 모든 존재의 본성과 상태가 3가지 종류로 나누어진다고 보는 학설이다. 3가지 모두 '無自性空'의 이치를 따르므로 三無性이라고도 한다. 법상종에 따르면, ① 변계소집성(遍計所執性, parikalpita-svabhāva) : 虛妄分別相·分別性이라고 하고 무실체의 존재를 實我, 또는 實法이라고 생각한다. ② 의타기성(依他起性, para-tantra-svabhāva) : 因緣相·依他性이라고 하고, 他는 각종 연에 의거하여 생기한 법을 가리킨다. 因은 고정되고 영원불변한 실재가 아니므로 '如幻假有'·'假有實無'라고 한다. ③ 원성실성(圓成實性, pariniṣpanna-svabhāva) : 第一義相·眞實相이라고 하고, 의타기성의 진실한 체(眞如)로서 두루 원만하게 펼쳐지며 不生不滅·體性眞實한 것을 圓成實이라고 부른다. 진여는 모든 상을 떠나 있고 일체법의 본체는 모두 진실이므로 '진공묘유'(眞空妙有)이다. 새끼줄을 뱀으로 보고 깜짝 놀라는 것은 변계소집성이고, 새끼줄을 줄로 보는 것은 의타기성이며, 새끼줄을 마로 파악하는 것은 원성실성의 비유이다.

이 삼성설(三性說)은 실제로 '연기성공'이라는 말을 식의 측면에서 자세히 설명한 것이다.[14] "인연으로 생겨난 법을 나는 공하다고 말한다"는 구절은 '인연으로 생겨난 법'에 대해 집착하지 않는다는 뜻이다. 만약 이 '생겨난 법'을 헤아리고 집착한다면 자아·대상·유·무·같은 것·다른 것·둘 다인 것·둘 다 아닌 것·같으면서 다른 것·같지도 않고 다르지도 않은 것 등은 대상에 자체가 있고 자성이 있다고 집착하는 것이므로, '공하다'고 할 수 없고, 당체가 공하다고도 할 수 없다. 지금 '공하다'고 한 것은 변계소집을 막았다는 의미이다. 의타기(依他起) 상에서 헤아리고 집착하는 일을 막고, 나타난 식 등의 참된 본성이 바로 원성실성이다. '식 등의 참된 본성'은 식이 유전하고 변현(變現)한 진여 공성이다. 따라서 팔식의 유전으로 말하자면, 심은 식심(識心)이다. 이것은 무상·무아의 제행과 제법을 모두 식심으로 통합한 것이다. 식의 흐름의 뿌리는 아라야식(제8식)이므로, 이러한 체계를 아라야연기라고 부른다. 이것이 번뇌와 집착의 근원이다. 유식 상에서 공관(空觀)을 닦고 원성실을 깨닫는 것은 지극히 심원하며 장기적이고 어려운 공부이다. 이를 '식을 전환하여 지혜를 이룬다'[轉識成智]고 부른다. 그러므로 아라야연기의 식심은 더러운 마음(染汚心)이다. 이 체계의 그 밖의 내용은 논하지 않고 단지 공관을 닦고 원성실을 깨닫는다는 측면에서만 말하면, 그렇게 깨달아서 드러난 원성실(진여 공성)과 의타기(연생)의 관계는 여전히 존재론적인 측면에서의 체용 인과의 관계가 아니다. 진여 공성은 의타기가 그곳에서부터 일어난 본체, 즉 창생의 체가 아니고, 의타기도 진여 공성이 생성하여 일으킨 작용이 아니다. 유식의 체계에서 말하면 체용 인과는 단지 아라야식 중 '종자가 현행한'[種子現行] 측면에서 말하는 것이고, 종자가 현행한 것은 단지 식이 유전하고 변현한 측면에서의 일일 뿐이며, 또한 의타기 자체의 측면에서의 일일 뿐이다. 종자의 현행은 단지 식이 유전하고

---

13 역주 : 『成唯識論』 卷8(T31, 046c).
14 변계집을 더한 것이다.

변현하는 잠복과 현행일 뿐이므로 이것을 체용이라고 말할 수는 없다. 궁극의 체용은 단지 진여 공성과 의타기의 관계에서 말하는 것뿐이기 때문에 이러한 체계를 바로 체용설이라고 하면 안 된다. 여기에서는 온갖 형상(萬象)이 진여 공성 중에서 나타난 사물이라고 말할 수 없다. 유식종에서는 만법을 식심으로 통합하지만, 결국 연기 성공의 의미와 규범은 잃지 않는다.

3. 그러나 대승 불교 계열의 경전 중 여래장[15]을 주장하는 계통에서는 불성의 관념을 통해서 성불의 초월적 근거를 설명하려고 한다. 이로 인해 여래장 자성청정심을 말하고, 이 초월적 진심(眞心)[16]이 모든 더럽고 깨끗한 제법이 의지하는 근거가 된다고 말한다. 현장이 전한 유식종은 아라야연기를 주장할 뿐이지만, 이 체계에서는 다시 더 나아가 여래장연기를 말하기도 하고, 때로는 방편으로 진여연기라고 하기도 한다. 여기에서는 생멸과 불생멸이 모두 하나의 초월적 진심으로 통합된다. 이것은 불과(佛果)에서 불인(佛因)으로 소급해간 것으로,[17] 하나의 초월적 진심을 불성으로 긍정하고, 이것을 성불의 초월적 근거로 삼은 것이다. 오로지 이 불성을 체현하기만 하면 바로 그 자리에서 성불하게 된다.

이 불성은 진여 공리일 뿐 아니라 초월적 진심이다. 이는 연기성공의 공리와 공성을 진심의 측면에서 융합한 것이다. 즉 마음과 이치를 하나로 본 것이다.

---

15 역주 : 여래장(如來藏, tathāgata-garbha)은 여래의 태(胎)라는 뜻으로, 구조적으로 객진번뇌가 따라 다니는 상태이므로 부처와 같지는 않으나, 범부의 마음속에 존재하고 있는 如來(부처)가 될 수 있는 가능성을 가리킨다. 여래장에는 세 가지 의미가 있는데, 그것은 ① 여래의 絶對身은 모든 生類에 널리 존재하고 있다. ② 진실성(진여)인 여래는 무차별한 총체이다. ③ 모든 生類 중에는 여래의 배아가 존재하고 있다는 것이다. 『勝鬘經』, 『莊嚴經論』, 『寶性論』, 『楞伽經』 등에 나온다.

16 역주 : 이곳에서 진심(眞心)이라는 용어가 많이 출현하는데, 한글로 표기할 것이다. 기타 송명이학에 관한 부분에서 진심은 盡心을 가리키기 때문에 혼동하지 않기를 바란다.

17 역주 : 불인(佛因)은 부처가 되기 위한 원인, 즉 모든 선한 근기와 공덕을 말한다. 불과(佛果)는 불도 수행의 결과 얻어지는 부처가 된 상태, 즉 깨달음을 말한다.

현장이 전한 유식종에서는 아라야연기설을 말할 뿐이고, 아라야식은 애초부터 더러운 식일 뿐이다. 아라야식에서도 무복무기(無覆無記)를 말하기는 하지만,[18] 무기가 결코 청정함이 아니며 청정하지 않은 것이 더러움이다. 식을 전환하여 지혜를 이룬[轉識成智] 뒤에 지혜는 식의 현현에 의탁하는데, 이때의 식이 바로 깨끗한 식, 즉 팔정식(八淨識)이다. 이때에는 지혜와 깨끗한 식이 하나라고 할 수 있다. 지혜는 허설(虛說)이고, 식(깨끗한 식, 청정심의 작용)이 실설(實說)이다. 그러나 이는 점진적 단계의 수행을 거쳐 나타나고, 처음은 무기이고 더러움일 뿐이다. 그러므로 처음부터 하나의 초월적 진심을 불성으로 보는 것은 결코 아니다. 유식종에서 긍정하는 불성은 단지 이불성(理佛性)일 뿐이므로,[19] 자성 열반만 긍정하고 자성 보리, 또는 자성각과 본각을 긍정하지 않는다.[20] 보리는 수행으로 얻는 것이고 뒤에 일어나는 일이다. 이것이 사불성(事佛性)이다. 사

18　역주 : 무복무기(無覆無記)는 유복무기(有覆無記)의 반대로서, 聖道를 덮거나 방해하는 일이 없는 무기를 말한다. 번뇌에 싸여 있지 않고, 선이라고도 악이라고도 명기할 수 없는 순수한 무기이다. 유식설에 의하면, 아라야식은 意를 기반으로 하는 객진번뇌에 싸여 있지 않으므로 무복(無覆)이고, 선이라고도 악이라고도 기별되지 않으므로 무기(無記)라고 한다.

19　역주 : 이불성(理佛性)은 모든 중생이 구비하고 있는 부처가 될 종자(가능성)을 말한다. 행불성(行佛性), 또는 사불성(事佛性)과 대응한다. 법상유식종에서는 중생에게 본래 갖추어져 있는 불성을 말할 때 그 소의의 체인 진여법성의 이치를 말한다. 이 이불성을 개발하는 행업을 행불성이라고 한다.

20　역주 : 자성열반(自性涅槃, 즉 性寂)과 자성보리(自性菩提, 즉 性覺)는 인도 유식불교와 중국불교의 성격을 구분하는 중요한 근거이다. 자성열반은 새롭게 고치는 것(革新)이고, 자성보리는 근본으로 돌아가는 것(返本)이다. 유식 불교는 인간의 무명(無明)이라는 측면을 중시하고 외부의 절대적인 진리인 불성에 의지하여 훈습과 수행을 통해 끊임없이 수행해 나갈 것을 강조하는 반면에, 천태, 화엄, 선 불교 등 중국 불교에서는 인간 내면의 각성의 힘을 중시하여 번뇌가 바로 보리이고 생사가 바로 열반이라고 하면서 깨달음 자체를 강조한다. 유식 불교는 자신 속에 존재하는 더러운 것을 모두 깨끗한 것으로 바꾸어가야 하기 때문에 혁신이고, 중국 불교에서는 이미 자신 속에 존재하고 있는 불성, 즉 마음의 근원을 되돌아보고 심성을 되돌아봄으로써 깨달을 수 있으므로 반본(返本)이라고 할 수 있다. 중국 불교는 『大乘起信論』에서 시작하여 『占察』을 거쳐 『金剛三昧經』, 『圓覺經』, 『楞嚴經』까지 모두 자성보리, 즉 성각(性覺)의 관점을 취하고 있다.

불성은 본래적인 것이 아니다. 그 뿐 아니라 성불에도 종성이 있어서 일천제[21]에게는 불성이 없다고 보므로 숙명론이 되어, 모든 중생에게 불성이 있어서 성불할 수 있다는 종지에 위배된다. 그런데 지금 여래장 계열에서는 자성 열반을 긍정할 뿐 아니라 자성청정심을 긍정하고, 진여공성의 공리, 즉 적멸을 불성으로 볼 뿐 아니라 이치와 마음이 하나인, 초월적 진심을 불성이라고 여긴다. 이것은 유식종에서 분별한 이불성과 사불성이 이 체계에서 내적으로 하나로 통합된 것이다. 이로써 리와 사가 하나인 불성이 되고, 이것이 일어난 것은 모두 본래적인 것이 된다. 이 본래적인 불성은 심과 리가 둘이 아닐 뿐만 아니라[心理不二][22], '형상과 마음도 둘이 아니다[色心不二]. 이 체계에서는 체용을 말할 수 있을 것처럼 보인다. 불성 진심이 체이고, 여기에서부터 생겨나는 일체법은 용이다. 생각건대 이때의 진여 공성은 단지 연기무성의 학설에서 말하는 공성·공리일 뿐 아니라 한 걸음 더 나아가 진심과 하나이고, 이 마음이 가진 고유의 작용은 깨달음의 작용이다. 만약 공리일 뿐이라면 '단지 리일 뿐'으로 스스로 생기할 수 없겠지만, 진심과 하나이므로 생기한다고 말할 수 있을 듯하다. 이 체계에서는 체용을 말할 수 있을 뿐만 아니라, 어떤 계기 상에서는 온갖 형상이 허공, 즉 진여청정의 진심 중에 나타난 사물이라고 말할 수도 있을 것 같다. 그 참된 의미가 결국 무엇인가는 다음에 설명하겠다.

4. 이는 중국 불교에서 특히 좋아하는 체계이다. 불교 사상사에서 볼 때, 인도에는 원래 공종과 유종[23]이라는 두 전통이 있었다. 따라서 이 두 종파는 인도에 모두 있었지만, 여래장 자성청정심을 주장하는 체계는 대

21　역주: 일천제(一闡提)는 icchanantka의 음역으로서, 선근이 끊어져서 구원될 가망이 없는 사람, 성불할 수 없는 사람을 가리킨다. 불교의 올바른 법을 보지 못하고 깨달음을 구하는 마음이 없으며 성불의 소질, 인연이 결여된 사람을 말한다. 이 일천제의 성불 여부에 대한 논쟁은 동아시아 불교의 불성론에서 중요한 문제가 되었다.
22　지혜와 진여도 둘이 아님.
23　유식종.

체로 몇 가지 경전을 근거로 하여 설하여졌다. 인도에는 이 체계가 분명히 드러나는 주된 논의가 결코 없었다. 그러나 중국에서는 이 체계에 속한 몇 가지 경전들에 근거하여 『대승기신론』이 완성되었다. 이 종파는 중국 불교에서 가장 혁혁한 지위를 차지하고 있다. 살펴보면 지금 『대승기신론』은 중국인이 위조한 것으로 공인되고 있지만,[24] 인도인이 짓지 않는 것을 중국인이 지을 수도 있는데. 어찌 인도 승려만이 론(論)을 지어야 한다고 하는가? 사상에 근거가 있기만 하면 되는 것이고, 실제로 거짓이라고 할 내용도 없다. 단지 불교도들이 인도에서부터 왔기 때문에 마명(馬鳴)의 이름에 위탁하여 그 성세를 표현한 것일 뿐이다.

또한 인도에서 이루어진 불교승들의 연구에 따르면, 유식에서 말하는 아라야식은 애초에 여래장과 전혀 관계가 없다. 미륵(彌勒)의 『장엄론(莊嚴論)』과 『변중변론(辨中邊論)』에서는 여래장을 말한다. 견혜(堅慧)의 『보성론(寶性論)』과 『법계무차별론(法界無差別論)』에서도 여래장을 크게 주장한다. 중국의 진제(眞諦)가 전한 유식종에서는 더러운 아라야식을 말할 뿐 아니라 더 나아가 제9 아마라식[25]을 말함으로써 자성청정심을 주장하

---

24 역주 : 『대승기신론(大乘起信論)』은 현재 한역(漢譯)으로만 2종이 있다. 550년에 眞諦(Paramārtha, 499-569)가 번역했다는 1권본과 695-704년에 實叉難陀(Śikṣānanda, 652-710)가 번역했다는 2권본이다. 이 책의 저자에 대해서는 정론이 없다. 한역에는 馬鳴(Asvaghosa, 100-150년경에 활약했다고 추정)이 짓고 진제가 번역한 것으로 기록되어 있지만, 산스크리트어 원전도 티베트어 역도 남아 있지 않아서 인도에서 저작되었는지 여부는 의문시된다. ① 용수 이전의 마명의 저작이라는 설, ② 용수 이후 동명이인의 저작이라는 설, ③ 중국에서의 위작 등의 설이 있다. ① 설은 거의 부정되고 있다. ② 설을 대표하는 이는 常盤大定이다. 그는 한역의 서문과 수대 『歷代三寶記』를 근거로 하고 내용면에서 『능가경』과 밀접한 관계가 있으므로, 인도에서 저작된 것이라고 본다. ③ 설을 대표하는 이는 望月信亨이다. 그는 수대 『法經錄』에서 진제의 번역임을 의심하고 있는 점을 발단으로 삼고, 이 논이 위경인 『仁王經』・『瓔珞經』을 인용하고 같은 위경인 『占察經』과 유사한 점으로 보아 중국에서 저작된 것이라고 본다.

25 역주 : 아마라식은 무구식(無垢識), 청정식(淸淨識)이라고도 한다. 아라야식이 미혹을 버리고 깨달음의 모습으로 전환한 청정한 위(位)에 이른 것을 말한다. 진제 계열의 섭론종에서는 이 아마라식을 제8 아라야식 밖에 있는 제9식으로 삼는다. 반면에 현장 계열에서는 이를 아라야식이 가지고 있는 청정한 면에 불과하다고 보고 8식설

였는데, 이것은 이미 여래장의 논의에 근접한 것이다. 진제의 학문을 당시에는 '섭론종'이라고 불렀고, 무착(無着)의 『섭대승론』[26]이 주가 되었다. 『섭대승론』은 앞부분에서 『아비달마대승경』[27]의 송을 인용하여 "아득한 태초부터 원인(界)이었고, 모든 법이 평등히 의존하네. 이로 인하여 모든 윤회 세계(諸趣)가 존재하고, 열반을 증득하네"[28]라고 하였다. 『섭대승론』에서는 이 송의 '계'(界)를 가지고 아라야식을 증명하였지만, 세친(世親)은 이 '계'를 더러운 유루(有漏) 제법의 원인이라고 보았다. 이는 비교적 『섭대승론』의 본의에 부합한다. 그러나 아득한 태초의 때 이래 '계'는 윤회 세계[諸趣-육도중생]와 열반의 깨달음이 의존하는 것이므로, 진제가 이를 '해성'(解性), 즉 여래장으로 해석한 것이 의미면에서 꼭 잘못은 아니다. 그러나 『섭대승론』 자체에서는 결코 여래장 개념을 제기하지 않았다. 진제는 실제로 아라야식과 여래장심을 관통시키려는 의도를 가지고 있었고, 아라야식을 '해성뢰야(解性賴耶)라고 불렀다. 이것은 아라야식과 여래장심, 두 가지를 통일한 것이다. 즉 세친은 초기의 『십지경론』에서 제8 아라야식을 제일의심(第一義心), 즉 자성청정심이라고 하였다. 전5식이 식(識)이고, 제6식은 의(意)이며, 제7식이 심(心-오염심)이지만, 제8 아라야식은 심·의·식 이상의 진심이다. 아라야식은 본래 '성스러운'[聖] 의미를 가지고 있고, 이것은 후대의 전반적인 의미인 열등하다는 뜻과는 다르다. 남북조 시대 『지론종』의 남도파 혜광(慧光) 계열에서는

을 고수한다.

26 역주 : 『攝大乘論』(Mahāyānasaṃgraha)은 대승을 포괄한 논서라는 제목으로, 無着(Asaṅga, 약 310-390)의 저술이다. 漢譯에 佛陀扇多(Buddhaśānta)가 531년에 번역한 2권본, 眞諦(Paramārtha)가 563년에 번역한 3권본, 玄奘이 647-649년에 번역한 8권본 등 여러 종류가 있다. 이 책은 般若 불교를 계승하여 반야바라밀(無分別智)을 근본으로 삼고, 瑜伽 불교를 수용하여 대승 불교 전체를 하나의 정연한 조직으로 세우고 있다. 이 책에서는 三性說이 유식설의 기초가 되어, '境識俱泯'을 참된 唯識으로 본다. 이 책이 眞諦에 의해 중국에 전해지고난 뒤에 攝論宗이 일어났다.

27 이 경은 아직 번역되지 않았다.

28 역주 : 『攝大乘論釋』「攝大乘論釋所知依分第二之一」(T31, 324a), "無始時來界, 一切法等依, 由此有諸趣, 及涅槃證得."

세친의 『십지경론』의 원의에 근거하여 아라야식을 진심이자 불성이라고 보았다. 세친은 만년에 『해심밀경』을 주로 하여 비로소 더러운 아라야식의 체계를 형성하였다. 이것은 후대의 전환이다. 그러나 그 이전에 제8식에서 제9식으로 나아가거나 제7식에서 제8식으로 나아간 것에는 더러운 층과 깨끗한 층의 서로 다른 층이 있었다. 예를 들어 더러운 것이 제8식과 관계된다면 제9식은 깨끗한 것이고, 더러운 것이 제7 말나식과 관계된다면 제8식은 깨끗한 것이다. 지금 말로 표현하자면, 더러운 것은 경험심이고 깨끗한 것은 초월심이다. 모두 다른 층을 인정하였다. 예컨대 단지 한결같이 더러운 아라야식이라고 선을 그으면서 초월적인 진심을 말하지 않는다면, 성불에 초월적 근거가 없게 된다. 세친의 만년 유식학은 비록 정제되고 세밀하여 세련되었지만, 원시의 뛰어난 정신성과 이상주의의 기조는 이미 오래되어 사라져 버렸다. 오래되어 실질에 힘쓰는 것은 좋지만, 그러는 사이에 침잠하여 다시 생기하지 못하는 메커니즘이 생겨버렸다. 침잠이라고 하지 않고 단지 후천적인 경험의 측면에서 마모해버린다는 것이, 다시 생기하지 못하는 메커니즘이 생겨난다는 의미이다. 이것이 불교에서는 세친이 만년에 호법(護法) 내지 현장(玄奘)을 통해 완성한 유식종인데, 이를 유학에서 보면 주자 철학의 형태라고 할 수 있다. 그러나 이것들에는 확실히 철저하지 못한 점이 있지만, 평소 쉽게 말하지는 못한다. 따라서 유식학은 처음부터 여래장 자성청정심과 서로 관통하지 않은 적이 없었다. 현장이 전한 유식학은 후대에 변질되어 형성된 것이지, 꼭 처음부터 이같은 형태였던 것이 아니다. 그러므로 유식학이 처음 형태로 되돌아가고 신중하게 살펴보고 헤아려서 여래장 계통을 형성하였는데, 이는 경전에도 들어맞아 근거가 있을 뿐 아니라 논(論)에서도 전혀 근거가 없는 것이 아니다. 생각건대 인도에서는 유식종이 처음부터 분명하고 완정된 형태로 나타나지 않았고, 완정된 형태는 도리어 세친·호법이 간 길이었다. 그러나 중국의 『대승기신론』은 진제의 사유방식을 계승하여 여래장을 중심으로 조리가 정연하고 의미가 분명한 또 하나의 완정한 계열을 형성하였다. 따라서 이 논이 중국 불교에 미친 방대한 영향과 작용은 결코 우연이 아니다. 후대에 현장이 전한 유식학이 일시적으로 크게 세력을 떨쳤지만 끝내 그 자리를 되찾지 못했던 것이 결코 이유가 없는 것이 아니다. 이것은 고증학자가 잘못된 것을 바로잡는다고 해서 그 가치를 폄하할 수 있는 것이 아니다. 그러므로 규봉 종밀은 대승 불교를 공종과 유종 및 성종(性宗)으로 나누었던 것이다. 오늘날 불교계도 성공유명론(性空唯名論)·허망유식론(虛妄唯識論)·진상유심론(眞常唯心論)으로 분류한다.[29] 성종 또는 진상유심론은 중국 불교계에서 창조한 것일 뿐 아니라 대승불교 발전의 자연적인 추세라고 할 수 있다. 중국 불교는 이 높은 성취 위에서 논의하므로, 인도 원래의 불교 전통을 뛰어넘었다고 할 수 있다. 구양경무(歐陽竟無)와 여추일(呂秋逸) 등 현장이 전한 유식학을 위주로 하는 내학원 학자들은 오랜 인도 전통을 힘써 회복하려 하였고, 가치가 없지는 않지만 중국의 성종을 폄하하여 속학이라고 배척하였다. 이것은 서양을 숭상하고 자신을 폄하하는, 식견이 부족한 사람들의 잘못이다.

원래 중국 불교에서 성종을 특히 좋아하여 최고의 원교(圓敎)로 판단하는 이유는 본래 중국 민족의 지혜와 심령의 일반적 경향을 배경으로 한 것일 뿐 아니라, 실제로 유학·도가 두 학파의 학술이 그렇게 키워낸 것이기도 하다. 사람들은 모두 송명유학이 불교·도가의 영향을 받았으며, 겉은 유학이지만 속은 불교라거나 유학과 불교가 뒤섞인 것이라고 말한다. 실제로는 송명유학이 불교·도가를 이해한 내용은 매우 조악하며 그 영향은 대단히 적다. 그들에게는 유학의 의리와 지혜의 규범이 있었다. 그러나 위진 현학이 도가를 크게 발전시켜 불교가 이를 흡수하도록 미친 영향은 지극히 크다. 양진과 남북조 시대의 불교 대승들은 중국 책들을 읽지 않은 사람이 없었다. 송명유학이 불교·도가의 영향을 받았

---

29 역주: 내표석인 현내 불교학사 중 한 명인 인순(仁順)의 본류 방법이다.

기 때문에 유학과 불교가 섞였다고 하기보다는, 불교 대승들이 유학·도가의 이론과 지혜, 규범의 영향을 받아서 특히 여래장 자성청정심을 좋아하여 성종, 즉 진상심종을 창조하였고 이로써 인도 원래의 공종과 유종을 뛰어넘었다고 하는 편이 낫다. 최후에는 실제로 누가 누구의 영향을 받았다고 할 수 없고, 단지 중국 민족의 지혜와 심성의 일반적 경향이 그가 가장 중심으로 믿는 것을 따라서 도달한 곳을 표현한 것일 뿐이다. 육구연과 왕수인은 맹자의 영혼이 재현된 인물이고, 축도생·혜능도 맹자의 영혼이 불교에서 재현된 인물이다. 그러므로 유학은 유학이고, 도가는 도가이며 불교는 불교이지만, 그 공통된 형태가 있다고 하더라도 중심으로 삼는 이론의 특수성이 없어질 수는 없다. 따라서 걸핏하면 송명유학이 불교·도가의 영향을 받았다고 말하는 것은 말이 안 된다. 물론 그 자극을 받아서 각성했다는 말은 괜찮다.

2. 『대승기신론』의 대의

불교가 여래장의 진상심(眞常心-자성청정심) 사상으로 발전하고 나서는 그 진여 공성과 연생의 관계를 '체용' 개념으로 논의할 수 있는 것처럼 보인다. 그 형태가 비슷하기 때문이다. 그러나 그 사상의 특수성 때문에,[30] 그 체용의 의미를 분별해보지 않을 수 없다. 이하는 『대승기신론』에 의거하여 서술하였다.

1. 『기신론』에서 나타내는 대승의 바른 뜻은 무엇보다 한 마음에 두

30 그러나 여전히 불교에 속한다.

개의 문이 있다는 '일심개이문'(一心開二門)이다.

　　바른 뜻을 나타내 보이는 것에서, 일심법에 의거하면 문이 두 개 있다. 무엇이 둘인가? 첫째는 마음의 진여의 측면[心眞如門]이고, 둘째는 마음의 생멸의 측면[心生滅門]이다. 이 두 가지 문이 모두 각각 일체의 법을 총괄한다. 이것은 무슨 뜻인가? 이 두 문이 서로 떨어져 있지 않다는 뜻이다.

　　顯示正義者, 依一心有二種門. 云何爲二? 一者, 心眞如門. 二者, 心生滅門. 是二種門, 皆各總攝一切法. 此義云何? 以是二門不相離故.

『大乘起信論』권1

여기에서 말하는 '일심'은 유일하고 초월적인 진심(眞心)이다. 이는 아라야식이 경험적인 식심, 또는 심리적인 심인 것과 다르다.

　　2. 심진여란 바로 일법계인 대총상 법문의 '체'이다. 이것은 심성이 생성되지도 않고 소멸되지도 않는다는 말이다.

　　心眞如者, 卽是一法界大總相法門體, 所謂心性不生不滅.

『大乘起信論』권2

'심진여'(心眞如)란 이 마음이 바로 진여라는 의미이지, 오온(五蘊)[31]을 정시하는 중에 심법의 본성이 공한 것(性空)이 진여라는 뜻이 아니다. 이

31　역주 : 오온(五蘊)은 각 존재의 5가지 구성 요소, 또는 집합(skandha)을 말한다. 불교에서 물질과 정신을 5개의 카테고리로 분류한 것을 의미한다. 오온 중 色(rūpa)은 물질 일반, 또는 신체 및 물질성을 말하고, 受(vendanā)는 감수 작용으로 감각, 단순 감정에 해당한다. 想(saṃjña)은 마음에 떠오르는 像으로 표상 작용을 말하고, 行(saṃskāra)은 의지, 또는 충동적 욕구에 해당되는 마음 작용, 잠재적 형상력을 의미하고, 識(vijñāna)은 인식 작용, 식별 작용에 해당한다. 따라서 오온은 물질성, 감각, 표상, 의지적 형성력, 인식 작용의 5가지이다. 우리들 개인 존재는 물질 측면(色)과 정신 측면(受, 想, 行, 識)으로 이루어져 있고, 이 5개의 집합 외에 독립된 자아는 없다고 본다.

는 진심과 '진리에 맞는 것'[如理][32]이 하나라는 뜻이다. 진리에 맞는다는 측면에서 말하면 바로 이 마음의 자성이 되므로, "심성이 생성되지도 않고 소멸되지도 않는다"고 말한 것이다. 이때 마음이 하나의 온(蘊)으로서 연기법이 된다고 말한 것이 아니며, 그 공의 성품이 생성되지도 않고 소멸되지도 않는다는 것이 이 마음의 자체(自體)가 생성되지도 않고 소멸되지도 않는다는 말이 아니다. 마음으로 말하면 바로 진여의 마음, 즉 진상심(眞常心)이고, '심진여'가 바로 진여의 마음이다. 이 초월적 진여심이 일체법이 의존하고 그에게 말미암는 대상이 되므로, '일법계인 대총상 법문의 체'라고 한 것이다.

    2-1. 모든 법이 오직 망념(전도된 잘못된 생각)에 의거하여 차별이 있다. 망념을 벗어나면 일체의 대상 경계가 없을 것이다. 그러므로 모든 법(法-존재 현상)은 본래부터 말로 설명할 수 있는 것이 아니고, 명칭으로 나타낼 수 있는 것도 아니며, 마음으로 생각할 수 있는 것도 아니다. 모든 존재 현상은 결국 평등하고, 변화하지 않으며, 파괴할 수도 없다. 이는 오직 일심일 뿐이다. 따라서 진여라고 부른다.

    一切諸法唯依妄念而有差別. 若離心念, 則無一切境界之相. 是故一切法從本已來, 離言說相, 離名字相, 離心緣相, 畢竟平等. 無有變易, 不可破壞, 唯是一心, 故名眞如.

『大乘起信論』 권2

'오직 일심일 뿐이다'는 말은 오직 하나의 초월적인 진심이 바로 진여심이고 진상심이라는 뜻이다. 모든 법의 차별적인 모습·구별되는 모습·말로 설명할 수 있는 모습·명칭으로 나타낼 수 있는 모습·마음과 연관된 모습 등은 모두 망념에서 일어난 것이다. 모든 망념(念)은 허망하

---

[32]   역주 : '여리'(如理)는 뜻대로 설하다, 올바른, 진리에 맞는 것, 바른 실행 등의 의미이다.

고, 망념은 진심 자신이 아니다. 망념은 평지에서 일어난 풍파이고, 후천적이며, 경험적이고, 심리학적이다. 망념에서부터 생겨난 차별의 모습은 본질상 허망하고 실질이 없는 것이다. 그러므로 망념을 벗어나서 망념을 변화시켜 진심으로 되돌아가면, 모든 법은 본질적으로 공하고 평등하게 되고 단지 한 진심만 항상 존재하며 생성되지도 소멸되지도 않게 된다.

이렇게 볼 때, 이 진여심은 여여하고 또한 마음이므로, 단지 '연기성공'(緣起性空)이라는 일반적인 서술에 나오는 공의 이치가 아니다. 여여하다는 측면에서 말하면 여실공(如實空)이고, 마음이라는 측면에서 말하면 여실불공(如實不空)인 것이다.

2-2. 다시 이 진여는 말로 분별하면, 두 가지 뜻이 있다. 무엇이 두 가지인가? 첫째는 여실공의 뜻이다. 모든 번뇌가 사라져 결국 실체를 나타낼 수 있기 때문이다. 둘째는 여실불공의 뜻이다. 진여 그 자체에 번뇌없는 본성의 공덕을 모두 갖추고 있기 때문이다."

夫次, 此眞如者, 依言說分別, 有二種義. 云何爲二? 一者, 如實空, 以能究竟顯實故. 二者, 如實不空, 以有自體, 具足無漏性空德故.

『大乘起信論』 권2

이 진여가 바로 진여심이다. '여실공'은 망념을 공으로 하여 일심의 실질을 드러내는 것이다. '여실불공'은 그 '번뇌없는 본성의 공덕을 모두 갖추고 있다는 측면에서 말한 것이다. 이것은 단지 진심의 측면에서 그 가능한 공덕을 말한 것이다. 진여가 단지 연기성공의 공의 이치일 뿐이라면, 이러한 의미를 가질 수 없다.

2-3. (여실공이라 할 때) 공이라는 것은 본래부터 모든 더러운 법(染法)이 없다는 뜻이다. 이것은 모든 법의 차별상에서 벗어난 것을 말한다. 허망한 번뇌의 마음이 없기 때문이다. 그러므로 진여의 사상은 모상이 있는 것두 아니고, 모양

이 없는 것도 아니며, 모양이 있지 않은 것도 아니고, 모양이 없지 않은 것도 아니며, 모양이 있기도 하고 없기도 한 것도 아님을 알아야 한다. 또한 같은 모양도 아니고, 다른 모양도 아니며, 같은 모양이 아닌 것도 아니고, 다른 모양이 아닌 것도 아니며, 같고 다른 모양을 함께 갖춘 것도 아님을 알아야 한다. 그러므로 전체적으로 말하면, 모든 중생이 번뇌의 마음이 있어서 생각할 때마다 분별하여 다 진여와 상응하지 않으므로 공(空)이라고 말한다. 만약 번뇌의 마음을 벗어난다면 실로 공이라고 할 것도 없다.

所言空者, 從本已來, 一切染法不相應故, 謂離一切法差別之相, 以無虛妄心念故. 當知眞如自性非有相, 非無相, 非非有相, 非非無相, 非有無俱相. 非一相, 非異相, 非非一相, 非非異相, 非一異俱相. 乃至總說, 依一切衆生, 以有妄心, 念念分別, 皆不相應, 故 說爲空. 若離妄心, 實無可空故.

『大乘起信論』 권2

이 귀절의 의미는 번뇌의 마음(妄念)에서 생겨난 모든 분별은 이 진여심과 상응하지 않으므로, 어느 하나도 작용의 측면에서 자리를 차지할 수 없다는 것이다. 이 번뇌의 마음을 비우는 것이 바로 공이다. 진상심 자체는 공이 될 수 없다.

2-4. (여실불공이라 할 때) 불공(不空)이라는 것은 이미 진여법의 체가 공하여서 번뇌가 없음을 나타낸 것이므로, 이것이 바로 진심이다. 이 진심은 항상 변화하지 않고 깨끗한 법을 모두 갖추고 있으므로, 공하지 않다(不空)라고 한다. 또한 취할 만한 형상이 있는 것도 아니다. 번뇌의 망념에서 떠난 대상 세계는 오직 깨달음[33]으로써만 알 수 있기 때문이다.

所言不空者, 已顯法體空無妄故, 卽是眞心. 常恒不變, 淨法滿足, 則名不空. 亦無有相可取, 以離念境界, 唯證相應故.

---

[33] 역주 : 무분별지(無分別智)를 증득하는 것을 말한다.

진상심은 그 자체가 없을 뿐 아니라,[34] 번뇌 없는 무량의 공덕을 모두 갖추고 있다. 여기에서 말하는 '깨끗한 법'이 바로 번뇌 없는 본성의 공덕[無漏性功德]이다. 여기에서 '만족하다'고 하거나 '모두 갖추고 있다'고 한 것은 '원인으로서의 수행의 단계'[因地]에서 말한 것으로, 잠재적으로 갖추고 있다는 뜻이다. 수행을 통해 드러내면 전체가 분명히 나타나므로, 바로 '부처라는 결과'[佛果]를 증득한다. 원인의 자리에서 덜하지 않고, 부처의 자리에서 더하지 않는다. 이것은 "본성과 수행이 둘이 아니고, 원인과 결과가 둘이 아니다"[性修不二, 因果不二]는 의미를 내포한다. 이것이 유식학에서 말하는 '사불성'(事佛性)이다. 그러나 이 사불성도 진상심이 있으므로 '본래 갖추고 있다'[本具]고 말할 수 있는 것이지, 순전히 '뒤에 일어난 것'[後起]에 속하는 것은 아니다. 원인과 결과가 둘이 아니므로, 이불성(理佛性)과 사불성도 하나이다.

3. 진여심은 앞에서 서술한 내용과 같다. 그렇다면 더러운 생멸법은 어떻게 설명할 수 있는가? 이것은 생멸의 측면(생멸문)에서 설명하고 있다.

> 마음의 생멸이란 여래장에 의거하여 생멸하는 마음이 있는 것이다. 생성되지도 않고 소멸되지도 않는 것(여래장심)과 생멸하는 것(무명의 생멸심)이 서로 화합하여, (심체가 둘이 아니게 되어서) 같지도 않고 다르지도 않은 것을 아라야식이라고 부른다.
>
> 心生滅者, 依如來藏, 故有生滅心. 所謂不生不滅與生滅和合. 非一非異, 名爲阿黎耶識.
>
> 『大乘起信論』 권2

---

[34] 이 진심 자신이 바로 그 자체이다.

진상심이 어떻게 더러운 생멸심을 가질 수 있는가? 앞에서 언급하였듯이 이것은 단지 망념에서 연유한다. 망념은 깨닫지 못함, 즉 불각(不覺)에서 연유하는데, 갑자기 마음이 일어나서 망념이 있게 된다. 이 깨닫지 못함이 바로 무명이다. 이는 생멸심에 떨어진 것이다. 생멸심은 진심에 의거하여 일어나지만, 그 직접적인 근원은 오히려 무명에 있다. 이는 봄바람이 한번 불면 봄의 연못에 물결이 일어나는 것과 같다. 진상심이 바로 잔잔하고 고요한 봄의 물인데, 무명의 바람이 불면 물결이 일어난다. 이 물결이 바로 생멸심이다. 물결은 물과 떨어져 있지 않고 물에 의지하여 일어나지만, 그 직접적인 근원은 바람에 있다. 생멸심은 진심과 떨어져 있지 않고 진심에 의지하여 일어나지만, 그 직접적인 원인은 오히려 무명이다. 진심은 단지 의지하는 원인일 뿐이지 생기하게 하는 원인은 아니다. 망념이 진심에 의지하여 일어난다는 것은 깨끗한 법이 일심에 통합되어 있을 뿐 아니라 모든 더러운 법도 일심에 통합되어 있음을 나타낸다. 단지 더러운 법은 간접적으로 통합되어 있을 뿐이다. 깨끗한 법은 직접적으로 통일되어 있는 것인데, 이것이 바로 '본성에 의거한 공덕'(稱性功德)이라는 것이다. 본성에 의거한다는 것은 심성에 상응하여 일어나는 공덕이다. 간접적으로 통합되어 있다는 것은 의거한다는 뜻만 가지고 있고, 떨어져 있지는 않지만 실제로는 상응하지 않는 것이다. 『기신론』에서는 갑자기 깨닫지 못하는 사이에 있게 되는 망념, 즉 물결이 일어난 곳을 아라야식으로 수렴한다. 이것이 바로 아라야식이 진상심, 즉 여래장 자성청정심(如來藏自性清淨心)으로 통합된다는 말이다. 보통 말하는 여래장 연기나 진여 연기는 실제로 여래장청정심이나 진여심이 생멸법을 연기로 생성해낸다는 의미가 아니다. 만약 정말로 진여심이 생멸법을 연기로 생성해난다면 이는 깨끗한 것이 더러운 것을 생성해낸 것과 같아 그 자신이 깨끗하지 않음을 의미한다. 그러므로 여래장 연기라는 것은 단지 무명의 식념(識念)이 여래장에 의거하여 여래장에 통합된다는 것을 말하는 것일 뿐이다. 그러므로 여래장 연기를 말하는 경우에 실제로 연기(緣起)하는 것은 여전히 아라야식일 뿐이다. 『승만경』[35]에서는 "자성청정심에 더러움이 있는 것은 이해하기 어렵다"[36]고 하였다. 실제로 무명의 바람이 일어나서 물결을 일으키고 아라야식을 이끌어내는 것은 이해할 수 있다. 그 경에서는 또한 "그 마음이 번뇌에 더럽혀지는 것도 이해하기 어렵다"[37]고 하였다. 실제로는 번뇌에 더럽혀지더라도 상응하지 않으니, 더럽혀지지 않는다. 단지 무명의 식의 망념이 그 마음에 의거해 일어나는 것뿐이고, 이것이 일어나 나타나므로 자성청정심은 그에 따라 숨어들어 오염된 것처럼 보일 뿐이다. 무명이 사라지면 진심이 나타나므로, 아라야식도 소멸하고 물결도 사라져서 평정한 진상심으로 돌아간다. 이 물결이 일어난 곳 그 자신은 생멸하지만, 그가 의지한 대상은 생멸하지 않는다. 양자는 화합하여 하나가 아니고 다르지도 않으며, 서로 같지도 않고 분리되지도 않는다. 이것이 바로 아라야식이다. 따라서 한편으로는 아라야식이 일어나고 바람이 불어와서 생과 사의 유전(流轉)을 열게 되지만, 다른 한편으로는 여래장을 의지하는 대상으로 삼아서 의탁하게 된다. 이것은 천자에 의지하여 제후들을 부리는 것과 같다. 이러한 관통법은 분명히 진제(眞諦)의 사고방식이다.

3-1. 이 식(아라야식)에 두 가지 뜻이 있다. 모든 법을 포함하고, 모든 법을 생

---

35 역주 : 『勝鬘經』은 求那跋陀羅(Guṇabhadra, 394-468)가 436년에 번역한 『勝鬘獅子吼一乘大方廣方便經』(Śrīmālādevī-siṃhanāda-sūtra) 1권이다. 이 경전은 대승경전 중에서 如來藏 思想을 설하는 대표적 경전 중의 하나이다. 三乘의 가르침이 모두 大乘의 一乘에 귀일한다는 것, 중생이 모두 번뇌에 싸여 있지만 본성은 청정무구하여 여래의 성품(佛性, 如來藏)을 갖추고 있다는 이론을 제시한다. 이 경전의 一乘 사상은 『法華經』의 요지를 계승한 것인데, 在家의 부인으로 하여금 그 법을 설하게 하고 있다는 점에서 유마 거사가 설한 『維摩經』과 더불어 대승 불교의 재가주의를 표방하는 대표작으로 여겨져서 널리 보급되었다.

36 역주 : 『勝鬘師子吼一乘大方便方廣經』 自性淸淨章13(T12, 222c), "自性淸淨心而有染汚, 難可了知."

37 역주 : 『勝鬘師子吼一乘大方便方廣經』 自性淸淨章13(T12, 222c), "彼心爲煩惱所染, 亦難可了知."

성한다. 어떤 것이 두 가지인가? 첫째는 깨달음의 뜻이고, 둘째는 깨닫지 못함의 뜻이다.

此識有二種義, 能攝一切法, 生一切法. 云何爲二? 一者覺義, 二者不覺義.

『大乘起信論』 권2

아라야식은 여래장에 통합되므로, '심진여'의 측면에서 말하면 진여심이 모든 법을 통합할 수 있다. 이 식 자체에는 깨달음[覺]과 깨닫지 못함[不覺]이라는 두 가지 뜻이 있으므로, "모든 법을 포함하고, 모든 법을 생성한다"고 한 것이다. 이것은 앞에서 "이 두 가지 문은 모두 각각 일체의 법을 통섭하고 있다"고 한 말과 같다. 깨달음은 "심체가 망념을 벗어났다"는 것이고, 깨닫지 못함은 "홀연히 마음이 일어나 망념이 있게 된다"는 것이다. 두 가지 모두 아라야식에서 말할 수 있다.

이 식은 생멸하지 않는 것과 생멸하는 것, 두 가지의 화합이고, 두 가지가 화합하여 함께 있으니 완전히 하나는 아니지만 전적으로 둘인 것도 아니다. 즉 하나도 아니고 둘도 아닌 상태에서 아라야식이 출현한다.

양자의 화합은 하나도 아니고 다르지도 않으며 고요한 상태에서 이루어지는 가합(加合)이니, 좋은 표시는 아니다. 실제로는 단지 여래장, 즉 생멸하지 않는 심진여의 체에 의거하여 깨닫지 못하는 사이에 갑자기 망념이 일어난다는 의미일 뿐이다. '깨닫지 못함'은 심진여의 체를 여실하게 알지 못한다는 것이므로, 근본 무명[38]이자 무시무명(無始無明)[39] 주지(住地)이다. 마음이 한번 혼침(昏沈)에 빠지면 망념이 생멸하며 계속 이어져가게 되는데, 이것이 바로 아라야식이다. 그러나 비록 혼침에 빠져서 생멸의 상이 계속되더라도, 반드시 생멸하지 않는 심진여의 체에 의

---

38 역주 : 지말무명(枝末無明)의 반대어로서, 根本不覺이라고 하고, 無始無明이라고도 한다. 진여의 실상을 알지 못하는 불각(不覺) 미망(迷妄)의 마음을 가리킨다.
39 역주 : 무시무명(無始無明)은 무시(無始)의 시간 이래 존재하는 무명. 생사유전의 근원이 되는 무명은 항상 존재하고 있어 그 기원이 없음을 나타낸다.

거해 일어나는 것이다. 무명이 뚫고 들어오기 때문에 마음에 파장이 일어나서 그 자체에서 멀리 벗어나 '망념' 속에 떨어지게 된다. 이것은 봄 바람이 불어오면 연못물이 물결을 일으켜 흔들리고 안정되지 않는 것과 같다. 그러나 물결은 결국 물이라는 체와 떨어져 있지 않다. 물이라는 체에 의거하지 않는다면, 물결이 어디에 있겠는가? 물결은 결국 물의 물결에 속한 것이지, 보리의 보리결에 속하는 것이 아니다. 이것이 바로 '다르지도 않다不異'는 말의 의미이다. 그러나 물이라는 체 자신은 결코 물결을 포함하지 않고, 보리 자신도 결코 보리결을 포함하지 않는다. 바람이 불어야 비로소 물결이 일어나고, 바람이 그치면 물결도 사라진다. 물결은 체가 없고 뿌리가 없는 가상(假象)임을 알 수 있다. 그것이 일어나는 원인은 단지 바람이 불었기 때문이다. 그러나 물결이 일어나는 것은 물이라는 체에 의거하지 않으면 안 된다. 이것이 물이라는 체와 가상의 물결이 '같지도 않다不一'는 말의 의미이다. 이렇게 보면, 아라야식이 나타나는 것은 의지할 대상이 있기 때문이다. 이것은 나쁜 사람이 좋은 사람에게 의지하여 나쁜 일을 하는 것과 같고, 또한 탐관오리가 권위와 관직의 이름을 빌어서 궤변을 늘어놓으며 법을 농락하는 것과 같으며, 악한 종과 사악한 노예가 주인에 의지하여 평지풍파를 일으키는 것과 같다. 그 결과 나쁜 일들이 모두 좋은 주인의 신상에 기록되고 권위와 관직명에 쓰여지며 주인 이름으로 열거되지만, 실제로 주인·좋은 사람·권위와 관직명 자체가 결코 나쁜 것이 아니고, 그들이 이러한 나쁜 일들을 일으키는 것이 아니다. 단지 나쁜 사람이 이들에 의지해서 나쁜 일을 일으키는 것뿐이다. 그러나 이렇게 의지할 대상이 없으면, 나쁜 사람과 악한 종, 탐관오리도 바람을 일으켜 물결을 일으키지 못한다. 아라야식 생멸심이 여래장에 의거하는 방식도 이와 같다. 아라야식은 이렇게 의거하는 대상 외에 그 자신의 직접적인 근원이 있는데, 그것이 바로 무명이다. 이는 나쁜 사람이 좋은 사람에 의지하여 나쁜 일을 일으키지만, 결국 나쁜 사람이 나쁜 일을 일으키는 까닭은 그 악하고 저열한 근성 때문인 것과 같다. 이것이 나쁜 사람이 나쁜 일을 일으키는 직접적인 근원이자 생성 원인이다. 그가 의지하는 대상은 나쁜 일을 하는 형세를 돕거나 더할 뿐이지, 생성 원인은 아니다.

의지하는 대상인 심진여체(心眞如體)에 의거하여 '깨달음'을 말하고, 무명에 의해 생멸하는 망념에 의거하여 '깨닫지 못함'을 말한다. 그것은 그 초월의 체가 깨달음이고, 그 자신의 행위 작용이 깨닫지 못함이라는 말이다. 이렇게 깨달음과 깨닫지 못함은 생멸하지 않는 것과 생멸하는 것이라는 두 가지 측면에서 나누어 설명한 것이다. 나누어 설명한 데에서 깨달음은 심진여체 자신의 본래적 깨달음인 본각(本覺)이다. 이것은 심진여체 자신과 전적으로 관련되며, 본래적 깨달음이 자신에게 있다고 말하는 것이다. 그러나 우리는 이렇게 꼭 나누어 설명할 필요가 없으므로, 이 물결을 일으키는 식 자신의 측면에서 깨달음과 깨닫지 못함을 말한 것이다. 이것이 "이 식에 두 가지 뜻이 있다"는 의미에 비교적 합당할 것이다.

심진여체에 의지해서 일어나는 생멸심은 그와 동시에 심진여체 전체가 생멸하는 생각(心念) 속에 융합해 들어온 것이기도 하다. 생멸심은 깨닫지 못하지만, 결국 마음의 생멸하는 생각(心念)인 것이다. 마음의 체 전체가 생멸하는 생각(心念) 중에 있으므로 생각(念)은 본질적으로 생각이다. 따라서 '심념'이라고 한다. 엄밀히 말해서 생각은 깨닫지 못하지만, 마음은 깨닫는다. 그러므로 비록 깨닫지 못하는 생각 중에 있지만, 심성은 소멸하지 않는다. 즉 이 심성이 소멸하지 않는 것을 '깨달음'이라고 부른다. 이 깨달음은 생각 중에 끼어서 몰래 생각 중에 숨어 있고, 밖으로 분명히 드러나지 않지만, 그것이 밖으로 분명히 드러나서 나온 것이 생각이다. 따라서 마음 전체가 생각 속에 침잠하지만, 나는 그것을 생각이라고 부르지 마음이라고 하지 않으며, 또한 식이라고 지목하지 여래장진심이라고 하지 않는다. 실제로는 심성(心性)이 생각(念) 속에 있는 것이다. 그렇지 않다면 어떻게 심념(心念)이라고 부르겠는가? 심성이 식 중에 있는 것이다. 그렇지 않다면 어떻게 식[覺識 혹은 心識]이라고 부르겠는가? 심성이 생각 중에 있고 식 중에 있으므로, 생각 속에 각성(覺性)이 있고 식 속에 각성이 있다고 말할 수 있다. 진제가 말한 '해성뢰야(解性賴耶)가 바로 이것이다. 예컨대 바람이 불면 물 전체가 물결을 일으키는 것과 같다. 이때 물결이 밖으로 나와서 퍼지므로 우리는 물결에만 주의를 기울이지만, 물의 체가 있는 곳은 결코 사라지지 않는다. 그러나 우리는 이때 고요하고 평평한 물의 체에는 주의를 기울이지 않고 단지 물결에만 주의를 기울여서 물결을 주된 것으로 보고 물의 체는 주된 것이 아니라 아래로 내려가 숨어 있다고 본다. 그러나 사실은 물의 체 전체가 물결에 융합되어 있다. 물의 체는 내려가 숨어 있으면서 밖으로 드러나지 않지만, 그렇다고 어떻게 부수적이고 영원히 존재하지 않는 것이겠는가? 물결은 비록 주된 것이라고 해도 바람이 불어서 생긴 것이다. 바람이 그치면 물결도 멈추어서, 물의 체는 고요해지고 숨어 있던 것이 분명하게 드러나게 된다. 이것은 심진여체 전체가 나타나고 본래의 깨달음 전체가 드러나는 것이므로, 하나의 식 중에서 깨달음과 깨닫지 못함을 말할 수 있다. 일단 무명이 깨지고 생각이 그치면[40] 마음의 체가 분명히 나타나니, 이것이 바로 본래의 깨달음인 본각(本覺)이다. 무명이 점차 깨어지고 생각이 점차 그치면, 마음의 체인 각성(覺性)이 점차 드러난다. 그 전체가 나타난 것이 바로 생각 속의 각성이라고 할 수는 없고, 마음의 체가 나타낸 본래의 깨달음이라고 할 수 있다. 이는 비록 점진적인 수행을 통해 드러나지만, 실제로 본유적인 것[本有]이지 뒤에 일어나는 후천적인 것[後起]이 아니다. 따라서 이것은 늘지도 줄지도 않으며, 원인과 결과가 둘이 아니고, 한 생각의 틀이 바뀌면 전적으로 본래적인 것과 같아진다. 이것이 '본래의 깨달음'인 본각(本覺)의 뜻이 성립하는 이유이다. 어찌 원래 본래부터 있는 것이 아니고 순전히 뒤에 일어난 후천적인 깨달음이라고

---

[40] 생각을 떠난다.

할 수 있겠는가?

우리는 평소에 경험적인 것만 알고서 심리적인 생각이 일어나고 숨어들며 생멸하는 것을 마음이라고 여기면서 초월적인 마음의 체를 인정하지 않고 단지 하나의 추상으로만 생각한다. 논리적으로 말하면 추상이지만, 중심으로 삼는 것에 의거해 교설하고 교설에 의거해 수행하므로 이상적으로 말하면 추상이 아니다. 이것은 마음의 체와 각성이 영원히 두루 모든 곳에 존재하는 것이어서 본래적인 것임과 동시에 하나의 진실이고, 하나가 나타난 것이다. 논리적으로 말하면 이것은 무색(無色)인데, 이는 경험적 사실을 기초로 삼는 것이다. 이것으로 인생의 방향을 결정할 수 없다. 인생의 방향을 결정하고 인격을 이상적으로 발전시키는 사람들은 모두 이 초월적인 진심이 존재할 뿐 아니라 그것이 본래적이고 진실하며 밖으로 나타난 것임을 인정해야 한다.[41] 논리적이고 경험적인 심리적 사실이 유일한 표준이 아니며, 더욱이 가치의 표준은 아니다.

이상(理想)을 수증(修證)하는 차원에서 이 각성이나 본래의 깨달음을 긍정하는 것은 당연히 성불의 측면에서 그 초월적 근거를 설명하는 일이다. 부처가 이렇게 바른 깨달음인 정각(正覺)을 이루었다는 것은 이렇게 정각을 이룬 중에 각성 내지 본래적 깨달음이 자연히 나타났다는 것이고, 따라서 이렇게 본유(本有)하다는 것이다. 또는 이러한 까닭에 이렇게 나타나고 본유한 것이므로, 설명하거나 설명하지 않거나 인정하거나 인정하지 않거나 전혀 중요하지 않다. 이렇게 설명하거나 인정하지 않아도 이러한 수증 하에서라면 안 될 것이 없는데, 왜 먼저 이 초월적인 본래의 깨달음을 반드시 인정해야 하고, 또 이 생각 속의 각성을 반드시 승인할 필요가 있는가? 그 대답은 이러하다. 이러한 설명과 인정은 어떠한 내용을 덧붙이는 것이 아니라, 성불이 가능한 초월적 근거를 사람들에게 명확하게 알려주어 이를 분명히 인식하게 하려는 것과 깊게 관련되어

---

41 유학과 불교 및 도가 모두 이러한 입장이고, 기독교에서 신을 긍정하는 것도 이와 같은 입장이다.

있다. 모든 의리와 교설은 설명이다. 이렇게 모두 설명한다면 어떻게 명확하고 합당하게[42] 교설하지 않겠는가? 뿐만 아니라 이 초월 진심을 긍정하는 것은 공(空)에 의거한 긍정이 아니라, 바로 식념(識念) 중의 각성이라는 측면을 긍정하는 것이다. 만약 생멸하는 식념 중에서 이 각성을 정시하지 못하고 오직 이 생멸하는 식념에만 주의를 기울여서 이 생멸하는 식념은 식념일 뿐 소위 각성이란 없다고 한다면, 우리들은 단지 이 생멸하는 식념을 그대로 따라 한 걸음 한 걸음 전환해가고, 전환하여 깨달음을 성취하게 될 것이다. 이렇게 이루어진 깨달음은 전적으로 후천적이고 경험적이며 뒤에 얻은 것이 되므로, 우리는 다음과 같이 말할 수 있다. 이렇게 생멸하는 식념을 좇아서 전환해가는 것은 여전히 식념에서의 전환에 불과하고, 근본적으로 각성(覺性)을 얻어서 달성할 방법, 즉 깨달음을 이룰 방법이 없게 된다. 이것은 끝없이, 그리고 맹목적으로 추구해가는 것이어서 목표가 모호해지고, 결국에는 목표마저 점차 잃게 된다. 따라서 유식종에서 이 각성 내지 본래의 깨달음을 인정하지 않고 오직 후천적인 훈습과 성교량(聖敎量)[43]만 인정하는 것은 멍청한 일이다. 이는 순전히 식념이라는 한 차원에서의 공부일 뿐이다. 아름다운 말과 훌륭한 행위, 성교량이 각성 속에 녹아들어가서 그것이 진실임을 깨닫지 못한다면, 이 모든 것은 단지 잡념일 뿐이고, 생각에 의지하여 생각을 전환시키는 것일 뿐이다. 이는 실제로 생각으로 생각을 이끌어내는 것일 뿐이니, 영원히 깨달을 때가 없을 것이다. 이것은 한때 의타기(依他起)에 집착하지 않고 원성실(圓成實)을 증득하는 것이어서, 이 공의 이치를 이해하는 것에 불과할 뿐이다. 이것과 자기 생명의 맑음은 서로 관련이 없다. 만약 변계소집(遍計所執)을 공으로 하여 원성실을 증득하는 차원이라

---

42   상응하는 것.

43   역주 : 성교량은 종교 성전이나 과거로부터 전승되어온 학설, 위대한 사람의 말씀 등을 말한다. 고 인명학에서 말하는 세 가지 인식 수단인 삼량(三量)의 하나이다. 삼량은 현량(現量-감각지) · 비량(比量-추리지) · 성교량(聖敎量-성인의 가르침에 의한 지)이다.

면, 원성실을 증득하는 것은 '식을 전환시켜 지혜를 이루는 것'[轉識而成智]이다. 원성실의 증득은 단지 공의 이치에 지나지 않는 것이 아니라 참으로 자기 생명 속으로 침투해 들어가서 자기의 식념을 맑게 하여 지혜를 이루는 것이다. 따라서 나의 식념 중에는 확실히 각성이 있다. 이것이 단지 식념이라는 한 차원이 아님을 반드시 인정해야 한다. 나의 주체적인 측면에서 이 각성이 있어야만 원성실을 증득하는 차원에서 원성실 공여(空如)의 이치가 비로소 침투해 들어가서, 각성과 함께 물과 우유처럼 서로 녹아들어서 내 생명이 확실히 이 한 지혜(一智)의 생명이지 한식의 생명이 아니라는 것을 증득할 수 있는 것이다. 그러나 이 각성이 있음을 인정하지 않는다면, 증득한 원성실은 단지 한 공여(空如)의 이치를 증득한 것에 불과할 뿐이다. 또한 자기 생명과도 서로 관련이 없을 것이다. 가령 관련이 있다 해도 식념의 차원에서 융합하는 것이어서 진정으로 지혜를 증득할 수 없다. 이것은 지혜(원성실)가 빈 것이 되어버리고 영원히 실질적인 것이 될 수 없다는 것이다. 따라서 각성 내지 본래적 깨달음을 인정하는 것은 필연적일 뿐 아니라 필요한 일이다. 이것이 수증 공부가 가능한 초월적 근거이므로,[44] 유식종이 이 점을 인정하지 않는다면 이론적인 설명이 명확하고 합당하다고 할 수 없다.

불경(佛經)의 측면에서 말하면, 후기에 불성을 말하고 여래장을 말하는 진상심 계열의 경전들이 출현한 뒤 불학 방면의 대논사들은 대체로 유전 환멸(流轉還滅)이 의거하는 문제에서 연구를 시작하였지만, 일시에 그것을 분명하게 이해하지는 못하였다. 무착의 『섭대승론』에서 유식학이 시작되었지만, 이 논에서는 아라야식과 삼성설만을 말할 뿐 여래장을 말하지는 않았다. 따라서 아라야식 측면의 식심과 불성·여래장 측면의 진심을 초월적으로 관통하지 못하였다. 이러한 방향으로의 진행은 '유전'(流轉)의 측면은 적극적으로 설명하지만 '환멸'(還滅)의 측면을 적극적으

---

44   따라서 실제 효과가 있다.

로 설명하지 못하고, 성불의 초월적 근거로서의 불성(佛性)의 적극적인 작용도 드러내지 못한다. 무착이 이러한 방향으로 길을 열었고 세친은 이를 계승하였으며, 그 뒤로 호법과 현장에 이르러서 마침내 우리가 일반적으로 알고 있는 허망유식의 점교(漸敎)인 유식종을 완성하게 되었다. 이러한 전통이 인도 불교의 주된 종파라고 불리운다. 그러나 진제가 중국에 온 뒤로 사고 방식이 비교적 활발히 전환되어, 여래장과 아라야식을 관통하려는 사상이 시작되었다. 『기신론』의 저자는 이러한 경향을 더욱 분명히 보여준다. 여기에는 지론종 논사인 북도파가 관련되는데, 섭론종 논사인 진제와 사상적 입장이 더욱 가깝다. 이 논서가 진제 번역으로 표기된 것도 우연이 아니다. 그러나 여기에서 무명의 저자가 확실히 알고 바로 여래장을 중심으로 삼아 일심으로 두 문을 열고[一心開二門] 여래장과 아라야식을 초월적으로 관통하였으며, 불성을 성불의 초월적 근거로 삼는 적극적인 작용을 전체적으로 분명히 드러냈는지는 알 수 없다. 실제로 오늘날 문헌에서 알려진 진제와 비교해보면, 더욱 분명하다. 이러한 의미는 불성 관념이 출현한 뒤 매우 쉽게 볼 수 있는 것이다. 그러나 보면 쉽지만, 보지 못하면 한 칸을 도달하지 못하여 영원히 떨어져 있게 되는 법이다. 이러한 체계 역시 대단히 바뀌기 어렵다. 유학의 주회를 아는가? 주회는 송명 유학의 정통파라고 불리우지만, 본심의 파악에는 한 칸이 미치지 못하였다. 이것은 유식종의 형태와 지극히 비슷하다. 그렇다면 중국의 화상(和尙)이 『기신론』을 지은 것이 당연하지 않은가?

이상에서 식 자신에 나아가 깨달음과 깨닫지 못함을 설명하였다. 생멸하지 않는 심진여와 생멸하는 식심을 나누어 설명해보면, 분명히 판에 박은 듯하여 "이 식에는 두 가지 뜻이 있다"는 구절의 의미와 부합하지 않게 될 것이다. 당연히 식 자신에 나아가 깨달음을 말하는 것은 심진여를 식이 의지하는 대상, 즉 식에 숨어 있으면서 식에 수반되는 것을 식의 '각성'으로 보는 것이다. 각성은 깨달음을 본성으로 하니, 진제가 "이해[解]가 본성이다"고 한 말이 이러한 의미이다. 이를 통하여 당연히 여래장을 미루어 증득할 수 있고, 불생불멸하는 심진여체가 본래적 깨달음이 되는 것을 미루어 분별할 수 있다. 그러나 "이 식에는 두 가지 뜻이 있다"라는 구절의 '깨달음'의 뜻으로 말하자면, 이 숨어 있으면서 식에 수반되는 '각성'의 의미를 강조하는 것이지 '심진여' 자신을 바로 본각이라고 말하는 것이 아니다.

3-2. 식념(識念) 중에 이 각성이 있고, 이 각성을 통해서 식념을 떠난 본각, 즉 심체 자신을 인정하게 된다. 오직 식념의 카테고리 안에서만 사람은 항상 이 식념에 주의를 기울여가게 되니, 이것이 바로 깨닫지 못함, 즉 '불각(不覺)이다. 식념 자신은 깨닫지 못함이고, 깨달음에는 식념이 없다. 이것은 비록 여래장청정심의 밝은 빛의 측면이 있어서 그 체가 되더라도, 모두에게 한 어두운 그림자가 있어서 이 밝은 빛의 체를 침식함을 사람들에게 보여주는 것이다.(589) 만약 무명의 식념 속에서 이 속의 각성을 되돌아볼 수 있다면, 각성은 점차 식에 숨어 있고 수반되던 상태에서부터 밖으로 분명히 나타나게 된다. 이것이 바로 처음 얻은 깨달음, 즉 '시각(始覺)이다. 이는 물결이 이는 중에 항상 이 물결 속에 수반되고 숨어 있는 물의 체를 돌아보고, 물결은 바람이 불어 생긴 가상일 뿐이라고만 보고서 물결의 실체가 있음을 보지 못하는 것과 같다. 실제로는 단지 물의 체일 뿐으로, 물의 체는 숨어 있다가 밖으로 나타나고 물에 수반되어 있다가 주가 된다. '시각'은 식념 중 나타나는 것에 차례가 있고 제한이 있다고 보는데, 이것은 『기신론』에서 말하는 '각멸(覺滅)·'각이'(覺異)·'각주'(覺住)·'각생'(覺生) 등과 같다. 그러나 그 본질적 의미는 본래의 깨달음인 본각과 같다. 단지 원만함과 원만하지 않음, 궁극의 것과 궁극의 것이 아닌 것의 차이만 있을 뿐이다. 그 궁극적인 원만함은 완전히 생각을 떠나 있고, 바로 마음의 근원에 도달해서 '생성'(生)이 생성함이 없는 것(無生)임을 깨닫는다. 따라서 본각 전체가 분명히 나타나는 것이 바로 심진여체 전체가 확실하게 드러나는 것이다. 그러므로 다음과 같이 말한다.

깨달음의 뜻은 마음의 체(심체)가 번뇌 망념에서 벗어난 것을 말한다. 번뇌 망념에서 벗어난 모습은 허공계와 같아서 지혜의 광명이 법계에 두루 미치지 않는 곳이 없다. 이는 평등하여 둘이 없는 하나의 모습, 바로 여래의 평등한 법신이다. 이 법신에 의거하여 본래의 깨달음(본각)이라고 말하는 것이다. 어째서 인가? 본래의 깨달음이란 뜻은 처음 얻은 깨달음(시각)의 뜻에 대비하여 말한 것이니, 처음 얻은 깨달음이란 바로 본래의 깨달음과 같기 때문이다. 처음 얻은 깨달음이란 뜻은 본래의 깨달음(본각)에 의거한 것이므로 깨닫지 못함이 있고, 깨닫지 못함에 의거하므로 처음 얻은 깨달음이 있다고 말하는 것이다.

所言覺義者, 謂心體離念. 離念相者, 等虛空界, 無所不遍, 法界一相, 卽是如來 平等法身. 依此法身, 說名本覺. 何以故? 本覺義者, 對始覺義顯. 以始覺者卽同 本覺. 始覺義者, 依本覺故, 而有不覺, 依不覺故, 說有始覺.

『大乘起信論』 권2

이 문단은 "이 식에는 두 가지 뜻이 있다"고 한 구절의 '깨달음'의 의미를 설명하고 있다. 여기에서 말하는 깨달음은 깨닫지 못함[不覺]·처음 얻은 깨달음[始覺]·본래의 깨달음[本覺]의 관계에서 설명하고 있다. 실제로는 먼저 식 중의 각성을 인정하였다. '시각(始覺)'을 '불각(不覺)'에 대비하여 설명한 것이다. '불각'이 있기 때문에 비로소 처음 얻는 깨달음인 '시각'이 있게 되는 것이다. 시각은 각체(覺體)가 드러난 작용이다. 각체가 드러난 작용은 바로 각체가 식에 숨어 있고 수반되어 있던 중에서 밖으로 자기를 드러낸 것이다. 그것이 자기를 드러내면, 식념이 생멸 유전하여 자체(自體)도 없고 실성(實性)도 없음을 꿰뚫어 알게 되고, 그것을 제거하고 멀리 벗어나게 작용한다. 이것이 총설이다. 나누어 설명하면, 각멸·각이·각주·각생을 말하는 것과 같다. 상세한 내용은 『기신론』에 나오니, 여기에서는 자세히 서술하지 않겠다. '시각의 깨달음 작용·마음의 근원에 바로 도달하는 것·심성을 파악하는 것·마음이 상주하는 것이 궁극의 깨달음, 즉 구경각(究竟覺)이다. 시각에서 구경각까지 본각과 같다. 시각의 깨달음에는 깨달음의 대상이 있으니, 생(生)・주(住)・이(異)・멸(滅) 등이 깨달음의 대상이자 깨달음의 대상을 깨닫는 중에 자기를 나타낸 것이다. 구경각은 본각과 같으므로, 주체와 객체의 상이 없고 오직 하나의 본체, 각체가 분명하게 드러나는 것일 뿐이다. 이것이 바로 심체가 망념을 떠난 것이고, '여래의 평등한 법신'이라고 말한 것이다. 그러므로 본래의 깨달음을 말하는 사람은 중생이 수행을 빌리지 않고 본래 이미 깨닫고 있다고 말한다. 이는 중생에게 본래 이러한 밝게 빛나는 각체(覺體)가 있음을 말한 것이다. '시각에 대비해서 말하면, 이 각체가 바로 '본각이다.

3-3. '시각 과정을 통하여 본각을 깨닫는 중에 다음과 같은 내용이 있다.

본래의 깨달음이 더러움을 따라 분별하여 두 가지 모습을 내지만, 저 본래의 깨달음과 서로 떨어지지 않는다. 어떤 것이 두 가지인가? 첫째는 '지혜의 깨끗한 모습'[智淨相]이고, 둘째는 '사유하거나 논의할 수 없는 업의 모습'[不思議業相]이다.

本覺隨染分別, 生二種相. 與彼本覺不相捨離. 云何爲二? 一者智淨相, 二者不思議業相.

『大乘起信論』권3

'지혜의 깨끗한 모습'[智淨相]은 진여법의 훈습하는 힘에 의해 여실하게 수행하여 방편을 완전히 구족하게 되었을 때, 진망화합식 내의 생멸상을 깨뜨리고 그것의 불생불멸이라는 본성을 나타낼 수 있다. 이때 화합식 내의 생멸하는 마음인 상속심 가운데 업상・전상을 없애서 법신을 나타내어 지혜가 맑고 깨끗하게 됨을 말한다.

智淨相者, 謂依法力熏習, 如實修行, 滿足方便故, 破和合識相, 滅相續心相, 顯現法身, 智淳淨故.

『大乘起信論』권3

'사유하거나 논의할 수 없는 업의 모습'[不思議業相]은 지혜가 맑아짐에 따라 모든 뛰어난 대상 세계를 만드는 것이다. 무한한 공덕의 모습이라고 하는 것이 항상 서로 이어져서 끊어지지 않으며, 중생의 근기에 따라 자연히 상응하여 여러 가지로 나타나서 이익을 얻게 하기 때문이다.

不思議業相者, 以依智淨, 能作一切勝妙境界, 所謂無量功德之相, 常無斷絶, 隨衆生根, 自然相應, 種種而見, 得利益故.

『大乘起信論』 권3

'지혜의 깨끗한 모습'은 공(空)하고, '사유하거나 논의할 수 없는 업의 모습'은 '공'하지 않다. 각체(覺體) 자신은 말할 만한 상(相)이 없다. 이 두 종류의 상은 더러운 법에 의거하거나 관련되어 나누어진 것이다. 더러운 법에 의거하거나 관련되어 나누어진 것이라는 말은 더러운 법을 치유하는 것에 의거해 드러난 것이라는 의미이다. "화합한 식의 모습을 깨뜨리고 계속 이어지는 마음의 상을 없애는" 것이 바로 치유하는 것이다. 더러운 법을 치유하는 것은 망념을 떠난 무념이고 법신(法身)을 그대로 나타내는 것이다. 이때의 지혜가 순정한 지혜이고, 무분별지(無分別智)이다. 즉 이 순정한 지혜에 의거해서 각체 본각의 '지혜의 깨끗한 모습'을 말한 것이 무분별한 '맑고 깨끗한 상'이고, 이것이 바로 '순정한 모습'[淳正相]이다. 그러나 맑고 깨끗하지만 중생 근기의 감응에 따라 자연스럽게 나타나는 무량한 공덕의 업의 모습에 의거하여 중생을 이롭게 한다. 이것이 각체 본각의 '사유하거나 논의할 수 없는 업의 모습'이다. 이 두 종류의 상과 각체의 여여한 모습은 상응하여 '서로 분리되지 않는다'. 상응하지 않고 분리되는 것은 망념이다. 망념을 '공'으로 한 것이 바로 각체이다. 각체가 드러나는 것에 스스로 두 가지 상이 있는 것이다.

'지혜의 깨끗한 모습'은 공이고, 체이다. '사유하거나 논의할 수 없는 업의 모습'은 공하지 않으며, 본각 지체(本覺智體)의 작용이다. 나는 여기에서 한번 멈추어서 이때 말하는 체용의 의미를 자세히 생각해보고자 한다. 이곳이 바로 체용을 설명할 수 있는 지점이기 때문이다.

'법력의 훈습에 의해'라고 할 때의 법력에는 두 가지가 있다. 첫째는 여래장 심의 내부의 힘이고, 둘째는 불보살의 인연과 설법 교화가 일으키는 외부의 힘이다. 이 두 종류의 법력은 모두 중생을 훈습하여 '여실하게 수행하게' 한다. 여래장 심의 내부 힘의 훈습이 바로 아래 글에 나오는 '원인의 훈습의 거울' 즉 '인훈습경'(因熏習鏡)이다. 불보살의 인연의 외부 힘으로 훈습하는 것은 아래 글에 나오는 '인연의 훈습의 거울' 즉 '연훈습경'(緣熏習鏡)이다.

3-4. 그리고 다음과 같이 계속된다.

> 다음에 '마음의 본래적 깨달음이 지니는 모습'[覺體相]에는 네 가지 큰 뜻이 있으니, 허공 등과 같고 맑은 거울과 같다.
> 復次覺體相者有四種大義, 與虛空等, 猶如淨鏡.

> 무엇이 네 가지인가?
> 云何爲四?

> 첫째는 '여실한 공의 거울'[如實空鏡]이다. 모든 마음의 대상 세계를 멀리 벗어나 나타낼 만한 현상이 없으므로, 깨달아 비추는[覺照] 뜻이 아니다.
> 一者, 如實空鏡, 遠離一切心境界相, 無法可現, 非覺照義故.

> 둘째는 '원인의 훈습의 거울'[因熏習鏡]으로 여실불공(如實不空)을 말한다. 모든 세속의 대상 세계가 그 가운데 나타나므로 벗어나 있지 않고 (더럽힐 수 없으므로) 들어가지도 않는다. (삼세의 모든 때에 생각을) 잃지도 않고 깨뜨리지도 않아서 한 마음에 항상 머문다. 모든 법이 곧 진실한 성질이기 때문이다. 또 모든 더러운 법이 깨끗한 마음을 더럽힐 수 없으니, 지혜의 체는 활동하지 않고 무루(無漏) 공덕을 다 갖추어서 중생을 훈습하기 때문이다.

二者, 因熏習鏡, 謂如實不空, 一切世間境界悉於中現, 不出不入, 不失不壞, 常住一心, 以一切法即眞實性故. 又一切染法所不能染, 智體不動, 具足無漏, 熏衆生故.

셋째는 '법이 벗어난 거울'[法出離鏡]이다. 불공법이 번뇌의 장애와 지식의 장애를 벗어나고, 화합한 모습을 떠나 깨끗하고 맑고 밝게 되는 것이다.
三者, 法出離鏡, 謂不空法出煩惱礙智礙, 離和合相, 淳淨明故.

넷째는 '연의 훈습의 거울'[緣熏習鏡]이다. 법이 벗어남에 의거하므로 중생의 마음을 두루 비추어서 선한 근기를 닦도록 하여 중생의 생각에 따라 온갖 교화를 나타내는 것이다.
四者, 緣熏習鏡, 謂依法出離故, 遍照衆生之心, 令修善根, 隨念示現故.

『大乘起信論』권3

이 네 가지 큰 뜻에서는 허공과 맑은 거울을 비유로 들고 있다. 허공으로는 깨달음의 체(각체)가 둘도 아니고 다르지도 않으며 평등하고 모든 곳에 두루 존재하고 있음을 밝혔다. 맑은 거울로는 깨달음의 체가 밝게 비추면서도 비추는 공적이 없음을 밝혔다.

'여실한 공의 거울'[如實空鏡][45]은 깨달음의 체가 그 자신에게 있고, 모든 식념에서 멀리 벗어나 있으며, 하나의 법도 나타내는 일이 없어서, "깨달아 비추는 뜻이 아니다"라고 하였다. 이는 깨달음의 체는 분명히 밖으로 드러나고 깊이 맑아서 주체·객체의 관계와 상관이 없다는 뜻이다. 나타내는 법이 없다는 것은 대상 세계의 상이 없다는 것이다. 대상 세계가 없으니 '비추는 대상'도 없고, 비추는 대상이 없으면 저절로 '비추는 주체'도 없게 된다.

---

[45] 역주 : Yoshito S.Hakeda의 영역에 따르면, 여실공경(如實空鏡)은 'a mirror which is really empty'이다.

'원인의 훈습의 거울'[因熏習鏡]⁴⁶은 심진여체가 무루성공덕(無漏性功德)으로 중생을 훈습하여 깨달음 차원의 작용을 행할 수 있다는 것이다. 그 깨달음 차원에서는 생사의 고통을 싫어하여 즐겁게 열반을 구한다. 인훈습경은 원인[因]의 훈습력으로 이 거울의 체를 설명한 것이다. '불공'(不空)에는 두 가지 뜻이 있다. 첫째는 심진여체는 상주하고 실재하므로 공일 수 없다는 뜻이다. 둘째는 지(智)의 체는 활동하지 않고 무루공덕을 모두 갖추고 있다는 뜻이다. 상주하고 실재하므로 공일 수 없다는 측면에서 말하면, 그것은 모든 식념에서 멀리 떠나고, 모든 식념(세간경계)이 그것에 의지하여 현현한다는 의미이다. 이는 모든 영상이 밝은 거울에 의지하여 현현하는 것과 같다. 밝은 거울은 영상의 '생성 원인'은 아니지만, 영상은 반드시 그 거울에 의거해야 나타난다. 밝은 거울은 밝은 거울일 뿐 영상으로 변할 수는 없다. 밝은 거울과 영상은 둘 다 서로 접촉하지도 않고 서로 장애가 되지도 않는다. 밝은 거울은 밝은 거울일 뿐이고 영상은 영상일 뿐이라는 것이 둘 다 서로 접촉하지 않는다는 의미이다. 『승만경』에서 "번뇌는 마음을 건드리지 않고, 마음은 번뇌를 건드리지 않는다"⁴⁷고 한 말이 바로 이 뜻이다. 이것은 상응하지 않는다는 것으로, 모든 식념은 깨달음의 체와 상응하지 않는다는 뜻이다. 서로 접촉하지 않더라도 상응하지 않으니, 밝은 거울은 영상을 생겨나게 하지는 않지만 영상이 밝은 거울에 의거하여 나타나는 데 장애가 되지 않으니, 이것이 바로 서로 장애가 되지 않는다는 뜻이다. 서로 상응하지 않고 서로 장애가 되지 않는다는 두 가지 뜻을 종합하면, "모든 세속의 대상 세계가 모두 그 가운데 나타나되, 나오지도 않고[깨달음의 체를 통해 생겨나지 않는다], 들어가지도 않으며[깨달음의 체 속으로 진입해 들어가지 않는다], 잃지도 않고

---

46   역주 : Yoshito S.Hakeda의 영역에 따르면, 인훈습경(因熏習鏡)은 'a mirror, influencing (all men to advance toward enlightenment), serving as the primary cause'이다.

47   역주 : 『勝鬘師子吼一乘大方便方廣經』自性淸淨章13(T12, 222b), "煩惱不觸心, 心不觸煩惱."

[깨달음의 체에 의거하여 잃지 않는다], 깨지지도 않는다[깨달음의 체에 의거하여 파괴되지 않는다]." 이곳에서는 "모든 세속의 대상 세계가 모두 그 가운데 나타난다"고 하였지만, 이 '세속의 대상 세계'로 인하여 '불공'을 말한 것은 아니다. 이 '세속의 대상 세계'가 결코 깨달음의 체, 즉 각체의 작용은 아니다. "나오지도 않고 들어가지도 않으며, 잃지도 않고 깨지지도 않는다"고 말하지만, 나가지도 않고 들어가지도 않으므로 자체가 없고, 또한 자체가 없으므로 잃지도 않고 깨지지도 않지만 당체가 여여하니, 오직 한 마음, 즉 일심(一心)일 뿐이다. 따라서 "한 마음에 항상 머문다. 모든 법이 곧 진실한 성질이기 때문이다"라고 한 것이다. 이 곳의 목적은 "한 마음에 항상 머문다"고 말하는 데 있고, 이것이 불공에 대한 설명이다. 세속의 대상 세계에 의거하여 불공이라고 말한 것이 아니다. 그러나 각체는 추상적으로 허공에 매달린 것이 아니고, 모든 법의 당체가 진여이므로 하나의 색, 하나의 향기도 진실이 아닌 것이 없으며,[48] 진실이 구체적으로 나타난 것이다. 이것이 하나가 일체이고 일체가 하나이며, 한 마음이 상주하고, 하나의 법마다 각체인 진여가 아닌 것이 없다는 의미이다. 따라서 "모든 법이 곧 진실한 성질이기 때문이다"라고 한 것이다. 진실한 성질은 각체가 가진 진여의 성질이다. 이것은 모든 법을 진상심으로 통합하여 말한 것이므로, 진실한 성질은 각체의 진여성이다. 연기성공이라는 일반적인 진술로 말하자면, 모든 법의 당체가 바로 진여이고, 진여는 공성의 진여이므로 각체의 진여라고 말할 수 없다. 그러나 공성의 진여만 말하거나 혹은 각체의 진여를 말하건, '당체가 진여이다'는 형태는 동일하다. 즉 여기에서 '당체가 진여이다'는 원융한 형태 하에서는 "잃지도 않고 깨지지도 않는다"는 설이 있게 된다.[비록 나가지도 않고 들어가지도 않으며 잃지도 않고 깨지지도 않는다고 하더라도, 반드시 잃고 깨져야만 해탈할 수 있는 것은 아니다. 이것이 세간을 훼손하지 않고 보리를 증득한다는 의

---

48   역주 : "一色一香, 無非眞實"은 천태 불교의 표어와 같은 것으로서, 진심종의 전형적인 입장에 속한다.

미이다.] 분석적으로 말하면, 이 세속의 대상 세계는 망념이 나타난 것에 의거하므로, 그 나가지도 않고 들어가지도 않는 무체(無體)·무성(無性)에 인하여 잃고 깨지고 분리하고 단절될 수 있다.

"지혜의 체는 활동하지 않고, 무루 공덕을 다 갖추고 있다"는 말은 이른바 '진여훈습'을 말한 것이다. 유식종에서는 이 학설에 반대하여 진여는 훈습할 수 없고 훈습을 받을 수도 없으므로 진여훈습은 통하지 않고, 이는 '진여연기'가 통하지 않는 것과 같다고 주장한다. 그러나 유식종의 진여는 '단지 이치'일 뿐이어서 스스로 훈습하지 못하고 생기하지 못한다. 여래장은 마음과 이치가 하나이고 지혜와 진여가 하나이기 때문에 진여가 곧 심진여이고, 진여심임을 말한 것이다. 따라서 스스로 속박되어 매여 있는 상태[在纏]라고 하더라도 무루 공덕을 모두 갖추고 있고 중생을 훈습할 수 있으며, 묶인 데서 벗어나서는 스스로 부사의업용을 일으켜서 연훈습을 행하게 된다. 여래장심이 내 생명 중에서 어찌 깨달음을 촉진하는 작용을 하지 못하겠는가? 어찌 외부 훈습을 기다려야만 밖으로 드러나겠는가?

'법이 벗어난 거울'[法出離鏡]⁴⁹에서 법은 여래장심이고, 벗어난다는 것은 매인 데서 벗어난다는 것이다. 그 의미는 여실불공의 여래장심이 번뇌의 장애[煩惱礙]⁵⁰와 지혜의 장애[智礙]⁵¹를 벗어나서 화합상을 떠나 깨달음의 체가 가진 깨끗하고 밝은 모습을 나타낸다는 것이다. 이 때문에 마침내 '법이 벗어난 거울'이라고 불렀다. 이것이 앞 글에서 나온 본래적 깨달음의 '지혜의 깨끗한 모습'이다.

---

49   역주 : Yoshito S. Hakeda의 영역에 따르면, 법출리경(法出離鏡)은 'a mirror which is free from objects (reflected in it)'이다.
50   번뇌는 장애이니, 진여의 근본 지혜를 막을 수 있다. 역주 : 번뇌애(煩惱礙)는 지애의 반대어이다. 번뇌는 몸과 마음을 번거럽고 어지럽혀서 진여 평등한 이치를 증득할 근본 지혜에 장애가 되어 일어나지 못하게 하므로, 번뇌애라고 부른다.
51   무명은 지혜를 증득하는 장애가 될 수 있고, 세간의 자연스러운 業智, 後得智, 方便智를 막을 수 있다. 역주 : 지애(智礙)는 근본 무명이다. 그 체가 무지하고 혼미하여 세간의 自然業智에 장애가 되어 일어나지 못하게 하므로, 지애라고 부른다.

'연의 훈습의 거울'[緣熏習鏡][52]은 앞 글에서 나온 '사유하거나 논의할 수 없는 업의 모습'인 부사의업상(不思議業相)이다.

4. 이상은 '깨달음'의 측면에서 전개하였다. 다음에서는 아라야식의 '깨닫지 못함'[不覺]의 뜻과 생멸심의 인연 그리고 생멸상과 염정훈습(染淨 熏習) 등을 언급하겠다. 그 외는 명상(名相)이 번다하므로, 생략하고 논의 하지 않겠다.

'진여훈습'(眞如熏習)을 논의한 뒤에는 종합하여 다음과 같이 말한다.

> 또한 더러운 법은 태초부터 훈습하여 끊어지지 않다가, 부처가 된 뒤에는 바로 끊어진다. 깨끗한 법의 훈습은 단절됨이 없이 미래까지 다한다. 이것은 무슨 뜻인가? 진여법이 항상 훈습하므로 허망한 마음이 바로 소멸하고 법신[53]이 밝게 나타나서 작용의 훈습을 일으키므로, 단절되지 않는 것이다.
>
> 復次, 染法從無始已來, 熏習不斷, 乃至得佛後則無有斷. 淨法熏習則無有斷, 盡 於未來. 此義云何? 以眞如法常熏習故, 妄心則滅, 法身顯現, 起用熏習, 故無有 斷.
>
> 『大乘起信論』 권4

'더러운 법의 훈습[染法熏習]'은 근본적으로 말하면, 무명이 진여를 훈 습하는 것이다. 훈습하면 할수록 진여는 숨고 그 힘이 더 미약해지며, 중 생은 마침내 긴 밤 내내 생사를 거치며 서로를 세상으로 이끈다. 더러운 법이 서로 이끄는 것도 훈습이다. 이렇게 훈습하면 무시(無始) 이래 영원

---

52   역주 : Yoshito S. Hakeda의 영역에 따르면, 연훈습경(緣熏習鏡)은 'a mirror influencing, serving as a coordinating cause'이다.

53   역주 : 법신(法身, dharma-kāya)은 부처가 설법한 정법, 부처가 증득한 무루법 및 부 처의 자성진여 여래장을 말한다. 法佛·理佛·法身佛·自性身·法性身·如如佛· 實佛·第一身이라고도 한다. 소승 불교에서는 부처가 말한 교법 및 보리법, 무루공 덕법 등을 법신이라고 부른다. 대승 불교는 이 외에 부처의 自性眞如 淨法界를 법 신이라고 한다.

히 단절되지 않는다. 그러나 무명은 결국 뿌리가 없고, 진여심에는 모두 깨달음의 작용이 있다. 그것이 일단 밖으로 드러나서 성불하기만 하면, 더러운 법의 훈습은 단절된다. 더러운 법의 훈습이 단절되지 않는 것은 깨닫지 못한 이래로 서로 아래로 이끄는 것이어서 본질적인 측면에서 단절될 수 없는 것이 결코 아니다. 만약 본질적인 측면에서 단절되지 않는다면, 성불도 불가능하다.

'깨끗한 법의 훈습'[淨法熏習]은 근본적으로 말하면 진여가 무명을 훈습하는 것이다. 진여심이 비록 겹겹이 쌓인 장애 속에 갇혀 있지만, 무명을 안으로 훈습하는 깨달음의 작용이 있고 의식하지 못하는 사이에 점점 무명을 훈습하여 텅 비게 만든다. 이 상태가 오래 지속되면 무명의 힘은 점차 미약해진다. 일단 자각적으로 작의(作意)하면 진여의 힘이 더욱 드러나고 무명의 힘은 더욱 미약해진다. 다시 훈습하는 외부 힘을 더하여 안팎이 서로 드러나면, 무명 식념은 단절되고 법신(法身)이 나타난다. 진여심이 매여 있는 상태에서의 훈습력과 매인 데서 벗어난 뒤 법신이 작용을 일으키는 훈습[54]은 모두 본질적인 측면에서 영원히 단절되지 않는다. 즉 모든 중생은 이미 성불하였다고 말한 만한 업의 상이 없으므로, 법신이 상주하고 모든 중생이 법신의 중생이 되며 중생이 없으므로 부처도 없다. 일반적으로 말하는 "중생이 없으면 부처도 없다"는 말은 법신이 모든 곳에 두루 존재한다는 원설(圓說)의 의미일 뿐이다. 불법신은 모든 중생을 구제하는 것을 내용으로 삼기 때문에, 중생을 떠나면 부처도 없다. 중생이 구제되면, 중생은 부처가 되고 중생이 아니게 된다. 만약 이때 "중생이 없으면 부처도 없다"고 하면 잘못이다. 부처와 중생은 연기법이 아니고 서로 상대하여 존재하는 것이다. 부처는 영원히 부처이고, 중생이 성불해도 영원히 부처이다. 법신은 평등하며 영원히 항상 상주한다. 부처도 열반하거나 열반하지 않음이란 것이 없다. 적멸 법신은

---

[54]   부사의업용을 일으켜 중생의 연훈습으로 작용한다.

영원히 상주한다. 보통 '열반이 있다거나 열반하지 않는 경우가 있다'고 말하는 것은 유한한 색신(色身)에 대하여 하는 말이다. 불법신은 영원한 생명이다. 만약 이것이 형상과 마음이 둘이 아니라는 것[色心不二]이라면, 영원하며 무한한 '형상과 마음이 둘이 아닌' 법신의 영원한 생명이 된다. 이것이 바로 열반하거나 열반하지 않는 것도 없다는 말이다.

여기에서 말하는 법신은 아래 글에서 말한 '진여의 자체 모습'[眞如自體相]이다.

41. 또한 진여의 자체 모습은 모든 평범한 사람·성문·연각·보살·부처들에게 더한 것이 없고 이전에 생겨나는 것도 아니고 이후에 소멸하는 것도 아니어서, 결국 늘 변화가 없다. 본래부터 성품이 스스로 모든 공덕을 가득 채운 것[相大]이다. 자체에 큰 지혜의 광명의 뜻이 있기 때문이고, 법계를 두루 비치는 뜻이 있기 때문이며, 진실하게 아는 뜻이 있기 때문이고, 자성이 깨끗한 마음의 뜻이 있기 때문이다. 항상되고[常] 즐겁고[樂] 나이며[我] 깨끗한[淨] 뜻이 있기 때문이고, 청량하고 변하지 않으며, 자유로운 뜻이 있기 때문이다. 이와 같이 갠지즈강의 모래보다 많은 불가사의한 불법(佛法)과는 떠날 수도, 단절될 수도, 달라질 수도 없으며 조금도 남김없이 충족되고 부족한 것이 없다는 뜻이므로, '여래장[55]이라고 하고 '여래의 법신'이라고 부른다."

復次, 眞如自體相者, 一切凡夫聲聞緣覺菩薩諸佛無有增減, 非前際生, 非後際滅, 畢竟常恒, 從本已來, 性自滿足一切功德. 所謂自體有大智慧光明義故, 遍照法界義故, 眞實識知義故, 自性淸淨心義故, 常樂我淨義故, 淸涼不變自在義故,

---

55 역주 : 여래장(如來藏, tathāgata-garbha)은 일체 중생의 煩惱身 중에 저장되어 있는 본래 청정한 여래법신을 말한다. 여래장은 번뇌에 덮여 있더라도 번뇌로 인해 더럽혀지지 않으며, 본래 절대적으로 청정하고 영원불변한 본성을 충족하게 구유하고 있다고 본다. 일체의 오염되고 청정한 현상들이 모두 여래장에 연해서 일어난다고 보는 역설을 여래장연기라고 한다. 여래장 사상은 인도 유식학설보다 일찍 성립했으나, 후대에는 따로이 여래장을 세우지 않고 유식학설 속에서 여래장을 논술하였다. 중국 지론종에서는 여래장을 궁극의 경지로 보아서 淨識緣起說을 주장하였다.

具足如是過於恒沙不離不斷不異不思議佛法, 乃至滿足無有所少義故, 名爲如來藏, 亦名如來法身.

『大乘起信論』 권5

물었다. "앞에서 진여는 그 체가 평등하여 모든 모습[相]에서 벗어났다고 말하였는데, 어떻게 다시 진여의 체에 이같은 여러 가지 공덕이 있다고 하는가?"

問曰 : "上說眞如, 其體平等, 離一切相. 云何復說體有如是種種功德?"

『大乘起信論』 권5

대답하였다. "실로 이러한 모든 공덕의 뜻이 있지만, 차별의 모습이 없어서 똑같이 한 맛[一味]이고 오직 하나의 진여이다. 이것은 무슨 뜻인가? 무분별로 분별의 모습을 벗어나니, 둘이 없는 것이다. 또한 무슨 뜻으로 차별을 말할 수 있는가? 업식의 생멸하는 모습에 의해 나타나는 것이다. 이것이 어떻게 나타나는가? 모든 법이 본래 오직 마음뿐이므로 실제로 망념이 없지만, 허망한 마음이 있어서 깨닫지 못하고 망념을 일으켜서 모든 대상 세계를 보기 때문에 무명이라고 부르는 것이다. 심성에 허망한 생각이 일어나지 않는 것이 바로 위대한 지혜의 광명의 뜻이기 때문이다. 만약 마음이 어떤 견해[見]를 일으키면 보지 못하는 모습이 있는 것이니, 심성이 견해를 벗어나면 이것이 바로 법계를 두루 비추는 뜻이기 때문이다. 만약 마음에 움직임이 있으면 참으로 아는 것이 아니고, 자성이 없게 되며, 항상됨도 아니고 즐거움도 아니며 나도 아니고 깨끗하지도 않게 된다. 따라서 고뇌하고 쇠락하며, 변이하면 자유롭지 못하며, 이에 갠지즈 강의 모래알들보다 많은 허망한 더러움[妄染]의 뜻을 갖게 된다. 이러한 뜻에 의거하여 심성에 움직임이 없으면 갠지즈 강의 모래들보다 많은 온갖 깨끗한 공덕의 모습이 있음을 나타내보이게 된다. 만약 마음에 일어나는 것이 있어 다시 앞의 법에서 생각할 만한 것을 본다면 모자라는 부분이 있겠지만, 이러한 깨끗한 법[淨法]의 무량한 공덕은 바로 '한 마음'[一心]이어서 다시 생각할 것이 없기 때문에 만족하게 된다. 이것을 법신, 여래장이라고 부른다."

答曰: "雖實有此諸功德義, 而無差別之相, 等同一味, 唯一眞如. 此義云何? 以無分別, 離分別相, 是故無二. 復以何義得說差別? 以依業識生滅相示. 此云何示? 以一切法本來唯心, 實無於念, 而有妄心不覺起念, 見諸境界, 故說無明. 心性不起, 卽是大智慧光明義故. 若心起見, 則有不見之相. 心性離見, 卽是遍照法界義故. 若心有動, 非眞識知, 無有自性. 非常非樂非我非淨, 熱惱衰變, 則不自在. 乃至具有過恒沙等妄染之義. 對此義故, 心性無動, 則有過恒沙等諸淨功德相義示現. 若心有起, 更見前法可念者, 則有所少. 如是淨法無量功德, 卽是一心, 更無所念, 是故滿足, 名爲法身如來之藏."

『大乘起信論』 권5

4-2. 또한 진여의 작용은 모든 부처와 여래가 본래 원인의 자리[因地]에서 큰 자비를 일으켜 모든 바라밀을 닦아서 중생을 받아들이고 교화하며, 큰 서원을 세워서 중생계를 제도하여 해탈시키고자 세월의 길이에 한정하지 않고 미래에까지 다하는 것이다. 모든 중생을 자기 몸과 같이 돌보기 때문이지만, 그러면서도 중생의 모습[相]을 받아들이지 않는다. 이것은 무슨 뜻인가? 모든 중생과 자기의 몸이 진여로서 평등하여 다름이 없음을 여실히 앎을 의미한다.

復次, 眞如用者, 所謂諸佛如來, 本在因地, 發大慈悲, 修諸波羅蜜, 攝化衆生, 立大誓願, 盡欲度脫等衆生界, 亦不限劫數, 盡於未來. 以取一切衆生如己身故, 而亦不取衆生相. 此以何義? 謂如實知一切衆生及與己身, 眞如平等無別異故.

이와 같은 위대한 방편의 지혜가 있으므로, 무명을 없애고 본래의 법신을 보아서 자연히 불가사의한 업의 여러 가지 작용을 갖게 된다. 진여와 똑같이 모든 곳에 두루 미치고, 그러면서도 모양 지을 만한 작용도 없다. 어째서인가? 모든 부처와 여래는 오직 법신·지혜의 모습[智相]의 몸이고, 제일의 진리로서 세속 지혜의 경지가 없는 것이어서 베풀거나 짓는 일을 떠난 것이다. 다만 중생이 보고 듣는 데 따라서 이익되게 하기 때문에 이것을 작용[用]이라고 말한다.

以有如是大方便智, 除滅無明, 見本法身, 自然而有不思議業種種之用, 卽與眞如等, 遍一切處. 又亦無有用相可得. 何以故? 謂諸佛如來, 唯是法身智相之身. 第一義諦, 無有世諦境界, 離於施作, 但隨衆生見聞得益, 故說爲用.

이 작용에는 두 가지가 있다. 무엇이 두 가지인가?

此用有二種. 云何爲二?

첫째는 분별사식(分別事識)에 의한 것으로, 평범한 사람(범부)과 이승(二乘-소승불교)이[56] 마음으로 보는 것을 응신(應身-부처의 변형된 몸)이라고 한다. 이것은 전식(轉識)이 나타낸 것임을 모르고 밖에서 온 것이라고 생각하는 것이다. 그가 보는 차별상은 원래 한계가 없는데 차별이 있는 뜻만 취하고 그 차별이 한계가 없음을 아직 모른다.

一者, 依分別事識, 凡夫二乘心所見者, 名爲應身. 以不知轉識現故, 見從外來, 取色分齊, 不能盡知故.

둘째는 업식(業識)에 의한 것으로, 모든 보살이 처음 발심한 데[初發意]부터 보살의 깨달은 경지[菩薩究竟地]에 이르기까지[57] 마음으로 보는 것을 보신(報身-결과물로 구체화된 몸, 즐거움의 몸)이라고 말한다. 그 몸에 무한한 형상이 있고, 형상에 무수한 모습이 있으며, 모습에 무한한 용모[相好]가 있다. 머무는 장소에도 무수히 여러 가지 장엄(꾸미는 것)이 있어서 끝이 없다. 차별상을 벗어났지만 그 응하는 곳에 따라서 항상 머물러 있어서 훼손되지도 않고 잃지도 않는다. 이러한 공덕은 모든 육바라밀 등 번뇌가 없는 행위의 훈습 및 진여의 불가사의한 훈습에 의하여 성취된다. 이러한 한량없는 낙상(樂相)[58]을 모두 갖추

---

56   역주 : 범부와 이승은 오직 식일 뿐임을 알지 못하고 바깥의 경계가 있다고 여긴다. 이것이 바로 분별사식의 뜻이다.
57   역주 : 십주(十住) 이상의 보살은 오직 마음일 뿐 바깥의 경계가 없는 것임을 잘 알아서 업식으로 佛身을 보기 때문에 업식에 의해 본다고 한다. 十住는 보살이 수행해야 하는 52단계 중 제11위인 發心住에서 제20위까지를 가리킨다.
58   역주 : 낙상(樂相)은 순수한 선 수행의 결과 얻어지는 순정한 出世相을 말한다.

고 있으므로, 보신이라고 하는 것이다.

二者, 依於業識, 謂諸菩薩從初發意, 乃至菩薩究竟地心所見者, 名爲報身. 身有無量色, 色有無量相, 相有無量好. 所住依報, 亦有無量種種莊嚴, 隨所示現, 卽無有邊, 不可窮盡, 離分齊相. 隨其所應, 常能住持, 不毁不失. 如是功德, 皆因諸波羅蜜等無漏行熏, 及不思議熏之所成就, 具足無量樂相故, 說爲報身.

또한 평범한 사람에게 보여지는 것은 그 거친 형상[麤色][59]이니, 육도(六道-중생이 윤회하는 여섯 세계)에 따라서 각각 보는 것이 같지 않고 여러 가지 다른 모습[異類][60]으로 나타난다. 이것은 낙상을 받는 것이 아니기 때문에 응신이라고 한다.

又爲凡夫所見者是其麤色, 隨於六道, 各見不同. 種種異類, 非受樂相, 故說爲應身.

다음에 처음 발심한 보살 등이 보는 것은 진여법을 깊이 믿기 때문에 적은 부분으로나마 보신을 보아서 저 보신의 형상과 장엄 등의 일이 오는 것도 없고 가는 것도 없어 차별상을 떠났으며, 오직 마음에 의하여 나타날 뿐 진여를 떠나지 않은 것임을 아는 것이다. 그러나 이 보살은 아직 스스로 분별을 하고 있기 때문에, 아직 법신의 지위에는 들어가지 못하였다. 십지 이상에서 깨끗한 마음[淨心]을 얻는다면, 보는 것이 미묘하여 그 작용이 점점 훌륭하게 된다. 그리하여 보살의 위치에 이르러 결국 보신을 온전히 보게 된다. 만약 업식을 벗어나면 보는 모습[相]이 없어지는데, 이는 모든 부처의 법신은 피차의 형상을 서로 보는 일이 없기 때문이다.

復次, 初發意菩薩等所見者, 以深信眞如法故, 少分而見, 知彼色相莊嚴等事,

---

59 역주 : 추색(麤色)은 細色의 상대되는 말이다. 극히 미소한 것들에 의해 만들어진 거친 색법, 원자의 집합에 의해 만들어진 물질을 말한다.
60 역주 . 이류(異類)는 서로 다른 생류를 말한다. 인간에서 보면 축생, 아귀, 그 밖의 모든 다른 것이다. 삼악도에서는 흑싱과 같은 삼척의 용을 佛身으로 보는 따위에 해당한다.

無來無去, 離於分齊, 唯依心現, 不離眞如. 然此菩薩猶自分別, 以未入法身位故. 若得淨心, 所見微妙, 其用轉勝, 乃至菩薩地盡, 見之究竟. 若離業識, 則無見相. 以諸佛法身, 無有彼此色相迭相見故.

물었다. "만약 모든 부처의 법신이 형상에서 벗어났다면 어떻게 형상을 나타낼 수 있는가?"

問曰 : "若諸佛法身離於色相者, 云何能現色相?"

대답하였다. "이 법신은 형상의 체이기 때문이다. 본래부터 형상과 마음이 둘이 아니다[色心不二]. 왜냐하면 형상의 본성은 지혜이기 때문이다. 형상의 체에 형체가 없는 것을 지혜의 몸[智身]이라고 부르고, 지혜의 성질은 곧 형상인 까닭에 법신이 모든 곳에 두루 나타난다고 말하는 것이다. 나타난 형상에 차별상이 없으니, 중생의 마음에 따라 시방 세계에 무한한 보살과 무수한 보신과 무량한 장엄을 나타낸다. 여기에는 각각 차별은 있지만 본래 차별상이 없어서 서로 방해되지 않는다. 이것은 심식의 분별로 알 수 있는 것이 아니다. 진여의 자유로운 작용(用)의 뜻이기 때문이다."

答曰 : "卽此法身是色體故, 能現於色. 所謂從本已來, 色心不二. 以色性卽智故, 無體無形, 說名智身. 以智性卽色故, 說名法身遍一切處. 所現之色無有分齊, 隨心能示十方世界無量菩薩, 無量報身, 無量莊嚴, 各各差別, 皆無分齊, 而不相妨. 此非心識分別能知, 以眞如自在用義故."

『大乘起信論』권5

5. 마지막으로 인아견(人我見)의 삿된 집착을 치유하는 것에 대해서는 다음과 같이 말한다.

내가 있다는 견해는 모든 평범한 사람에 의해 말해지는 것으로, 다섯 가지가 있다. 다섯 가지는 무엇인가?

人我見者, 依諸凡夫, 說有五種. 云何爲五?

첫째는 경에서 '여래 법신이 결국 적막하여 허공과 같다'(『대집경』)라고 한 말을 듣고, 이것이 집착을 깨뜨리기 위한 것임을 모르고 허공이 여래의 본성이라고 여기는 것이다. 이것을 어떻게 치유하는가? 허공의 모습은 실제가 아닌 임시적인 존재[妄法]이므로 체가 없어 여실하지 못하다. 그러나 형상에 상대하기 때문에 볼 만한 상이 있는 것이어서 마음으로 생멸하게 한다. 그런데 모든 형상은 본래 마음이어서 실제로 밖의 형상이 없다. 만약 밖의 형상이 없다면, 허공의 상도 없게 된다. 모든 대상 세계는 오직 마음에서 허망하게 일어나기 때문에 존재하는 것이니, 만약 마음이 잘못된 움직임에서 벗어나면 모든 대상 세계가 소멸하고 오직 하나의 참된 마음(진심)으로서 두루 미치지 않는 곳이 없을 것이다. 이것은 여래의 광대한 본성의 지혜[性智]가 가진 궁극의 뜻을 말한 것이지, 허공의 모습과 같다는 것은 아니다."

一者, 聞修多羅說, 如來法身畢竟寂寞, 猶如虛空, (『大集經』), 以不知爲破著故, 謂虛空是如來性. 云何對治? 明虛空相是其妄法, 體無不實, 以對色故有, 是可見相, 令心生滅. 以一切色法本來是心, 實無外色. 若無色者, 則無虛空之相. 所謂一初境界, 唯心妄起故有. 若心離於妄動, 則一切境界滅. 唯一眞心, 無所不遍. 此謂如來廣大性智究竟之義, 非如虛空相故.

『大乘起信論』 권5

해설 여기에서 말하는 허공의 모습은 텅 빈[空] 공간과 같다. 텅 빈 공간은 현상[色]에 상대해서 존재하므로, 실제가 아닌 임시적인 존재[妄法]이다. 경에서 "허공과 같다"고 한 것은 본래 하나의 비유이고, 깨달음의 체가 광대하여 차별상(분제상)이 없다는 것을 비유한 것이다. 이것이 바로 집착을 논파하여 드러내는 것인데, 이를 이해하지 못하는 사람들은 도리어 이 '허공'의 비유를 하나의 '허공의 모습'으로 집착하고서 마침내 '허공의 모습'을 여래성으로 인식하였다. 이것이 인아견(人我見)의 잘못된 집착이다. 이 책에서 말하는 인아견은 보통의 의미와 다르고 대단히 특별하다. 이 인아견이 허공의 비유에 대한 오해이다.

두 번째는 경에서 '세간의 모든 존재 현상이 결국 체가 텅 비어 공하며, 열반과 진여의 법도 필경 공하다. 본래부터 저절로 공하여 모든 모습에서 벗어나 있다(『대열반경』)라고 하는 말을 듣고서, 이것이 집착을 깨뜨리기 위한 것인 줄 모르고 진여와 열반의 본성이 오직 공이라고 여기는 것이다. 이것을 어떻게 치유하는가? 진여 법신은 자체가 공하지 않고 무수한 본성의 공덕을 갖추고 있음을 밝히기 때문이다.

二者, 聞修多羅說, 世間諸法, 畢竟體空, 乃至涅槃眞如之法亦畢竟空, 從本已來自空, 離一切相, (『大』), 以不知爲破著故, 卽謂眞如涅槃之性唯是其眞空. 云何對治? 明眞如法身自體不空, 具足無量, 性功德故.

『大乘起信論』권5

해설 이 인아견은 상을 논파하는 공을 진여 법신의 자체에 잘못 활용한 것이다. 진여 법신 내지 열반[61]은 연기의 상이 아니므로, 상을 논파하는 공을 가지고 바라볼 수 없다. 만약 어떤 사람이 진여 열반을 집착을 일으키는 상으로 대한다면, 이처럼 논파할 수 있다. 논파는 사람의 집착

---

61 역주 : 열반(涅槃, nirvāṇa)은 원래의 이은 불어서 꺼진 상태를 가리키는데, 뒤에 번뇌의 불이 꺼져 다 사라지고 깨달음을 완성한 경지를 가리키는 것으로 그 의미가 확대되었다. 열반은 생사를 초월한 경지이고, 불교의 궁극의 실천 목표이다. ① 부파불교에서 열반은 번뇌가 소멸된 상태를 가리키며, 有餘涅槃과 無餘涅槃의 구분이 있다. 전자는 번뇌는 단멸되었지만 육체는 잔존해 있는 상황이고, 후자는 신체와 지혜, 즉 일체가 모두 소멸된 상태를 가리킨다. ②『中論』등에서는 실상(實相)을 열반이라고 보고, 또 因緣所生法에서의 空性이라고 보았다. 따라서 생사와 세간에 구별이 없다. 유식종에서는 열반에 本來自性淸淨涅槃, 有餘依涅槃, 無餘依涅槃, 無住處涅槃의 4가지 종류가 있다고 보았다. 그 중 本來自性淸淨涅槃은 일체 사물의 본래 상이 진여적멸의 리체(理體)라는 것으로, 眞如를 가리킨다. 無住處涅槃은 지혜에 의거하여 煩惱·所知의 二障을 멀리 벗어남으로써, 생사의 어지러운 세계에 머물지도 않고 열반의 경지에 머물지도 않는 것이다.

[情執]을 논파하는 것이고, 공은 사람의 집착을 비우는 것이지, 진여 법신 내지 열반의 자체를 비우는 것이 아니다. 이 자체는 참되고 항상되므로, 공하지 않다. 무수한 본성의 공덕을 갖추고 있기 때문에, 공하지 않다. 이와 같은 것도 공하다면, 공견(空見)이 된다.

세 번째는 경에서 '여래장은 늘거나 줄지 않고 그 체가 모든 공덕의 법을 갖추었다'(『여래장경』)라고 한 말을 듣고 이해하지 못하고서 여래장은 형상, 마음의 자기 모습과 차별이 있다고 여기는 것이다. 이것을 어떻게 치유하는가? 오직 진여의 뜻으로 말하는 것이고, 생멸의 더러움(즉 업식의 생멸상)의 뜻에 의해 차별된 상을 나타내는 것을 차별이라고 말하기 때문이다.

三者, 聞修多羅說, 如來之藏無有增減, 體備一切功德之性, (『如來藏經』), 以不解故, 卽謂如來之藏有色心法自相差別. 云何對治? 以唯依眞如義說故, 因生滅染義示現說差別故.

『大乘起信論』권5

해설 여래장이 공이 아니라는 것이 진공묘유(眞空妙有)[62]이다. 지금 불공이라고 듣고는 "여래장은 형상, 마음의 자기 모습과 차별이 있다"고 말하는 것은 분별사식의 식념에 떨어지는 것으로서 그것이 바로 더러운 법이지, 여래장이 공하지 않다는 의미가 아니다. 이러한 인아견은 '불공'(不空)에 대한 오해이다. 혜사(惠思)가 지은 『대승지관법문(大乘止觀法門)』의 서명에서는 또한 여래장심이 더러운 성질, 더러운 일들을 갖추고 있어서 불공이라고 말한다. 바로 이것이 절대적인 오해이다.

네 번째는 경에서 '모든 세간의 생겨났다 죽는 더러운 법이 다 여래장에 의거하여 있으므로, 모든 존재 현상이 다 진여에서 벗어나지 않는다'(『승만경』·『능

---

62 역주 : 일체를 공이라고 부정하였을 때, 갖가지 사물을 그대로 긍정하는 것을 '眞空妙有'라고 부른다.

가경』 등)고 한 말을 듣고 이해하지 못하여, 여래장 자체에 모든 세간의 생사 등의 법이 갖추어져 있다고 생각한다. 이것을 어떻게 치유하는가? 여래장에는 본래부터 갠지즈강의 모래알들보다 많은 깨끗한 공덕[淨功德]이 있어서 진여의 뜻을 벗어나지도 않고 끊지도 않아서 진여와 다르지 않기 때문이다. 갠지즈강 의 모래알들보다 많은 번뇌의 더러운 법이 오직 헛되이 있을 뿐이고, 그 자성은 본래부터 없는 것이다. 태초부터 일찍이 여래장과 상응한 적이 없다. 만약 여래 장의 체에 허망한 법이 있다면, 깨달아서 영원히 허망한 법을 없앤다는 것은 있 을 수 없다.

四者, 聞修多羅說, 一切世間生死染法皆依如來藏而有, 一切諸法不離眞如, (『勝鬘經』·『楞伽經』 等), 以不解故, 謂如來藏自體具有一切世間生死等法. 云 何對治? 以如來藏從本已來, 唯有過恒沙等諸淨功德, 不離不斷不異眞如義故. 以 過恒沙等煩惱染法唯是妄有, 性自本無, 從無始世來, 未曾與如來藏相應故. 若如 來藏體有妄法, 而使證會永息妄者, 則無是處故.

『大乘起信論』 권5

해설 이러한 방식으로 일반적인 '여래장연기'에 대한 오해를 치유할 수 있다. 여래장 자체는 실제로 연기하지 않고 생성 소멸을 겪지 않는 존재이다. 이것들은 무명의 식념이 여래장에 의거해서 연기한 것이다. 또한 천태종은 지자(智者-智顗)의 『마하지관』의 학설에 의거하여 '일념삼 천'(一念三千)만을 말할 뿐, 여래장이 생사의 더러운 법을 갖추고 있다고 는 결코 말하지 않는다. 『마하지관』은 결코 여래장 아라야식의 초월적으 로 관통하는 체계 중에 일체법을 통일하는 것과 관련이 없다. 후대의 '성구'(性具) 또는 '리구'(理具)의 학설[63]은 여전히 지자의 '일념삼천'설[64] 에 근본한 것일 뿐 아니라, '리구'(理具)와 '사조'(事造)를 상대적으로 놓고

---

63 역주 : 성구(性具)는 體具, 또를 理具라고도 한다. 천태종 교의에서 어떠한 유정도 그 본각의 성에 十界三千의 선악의 존재가 갖추어져 있다는 것이다.

64 잠깐의 생각에 삼천 세간이 갖추어져 있다.

말한 것이다. 이 리구나 성구의 '리'(理) 자나 '성'(性) 자는 결코 여래장 진심을 가리켜서 말한 것이 아니다. 혜사가 지은 『대승지관법문』의 서명은 언급할 필요도 없다. 만약 참으로 혜사가 지은 것이라면, 그 체계는 조리가 정연하고 사리가 엄밀한 논저일 것인데, 지자가 어찌 그것을 규범으로 삼지 않았을 것이며 결국 한 마디도 언급하지 않았겠는가? 지자의 원교(圓敎)는 용수의 『중론』을 직접 접하고 지관(止觀)의 측면에서 완성한 것으로, 여래장 체계와는 전혀 관련이 없다. 화엄종이 도리어 여래장 체계에 근본을 두고 형성되었다.

다섯 번째는 경에서 '여래장에 의하기 때문에 삶과 죽음(生死)이 있고, 여래장에 의하기 때문에 열반을 얻을 수 있다'(『승만경』・『능가경』 등)라고 한 말을 듣고 이해하지 못하여, 중생은 처음 시작이 있다고 하고 처음이 있기 때문에 여래가 얻은 열반이 마침이 있어서 다시 중생이 된다고 생각한다. 이것을 어떻게 치유하는가? 여래장은 과거의 시초가 없기 때문에 무명의 상도 시작이 없으니, 만약 삼계 밖에서 다시 중생이 처음 일어나는 경우가 있다고 한다면, 이것은 외도의 학설이다. 또 여래장은 미래의 끝이 없으니, 모든 부처가 얻은 열반이 그것과 상응하여 마지막이 없게 된다.

五者, 聞修多羅說, 依如來藏, 故有生死, 依如來藏, 故得涅槃, (『勝鬘經』・『楞伽經』 等), 以不解故, 謂衆生有始. 以見始故, 復謂如來所得涅槃有其終盡, 還作衆生. 云何對治? 以如來藏無前際故, 無明之相亦無有始. 若說三界外更有衆生始起者, 卽是外道經說. 又如來藏無有後際, 諸佛所得涅槃與之相應, 則無後際故.

『大乘起信論』 권5

해설 이것은 진여 법신은 영원히 항상 상재하고 부처에게도 열반이나 열반이 아닌 것이 없다고 앞에서 말한 것이다. 중생은 태초부터 무명이며 근원이 없는 존재이기 때문이다.

이상의 다섯 가지 삿된 집착과 오해를 '인아견'이라고 부른다. '법아견'(法我見)은 이승(二乘)과 둔한 근기[鈍根]를 위한 학설인데, 이는 "오음으로 이루어진 생성 소멸하는 법이 있음을 보고 생사가 두려워서 허망하게 열반을 취한다"[65]고 보기 때문이다.

3. 체용 개념의 검토

1. 이상에서 처음 얻은 깨달음인 시각(始覺)은 본래의 깨달음인 본각(本覺)과 같고, 각의 체에는 지혜의 깨끗한 모습인 지정상(智淨相)과 사유하거나 논의할 수 없는 업의 모습인 부사의업상(不思議業相)이 있다고 말하였다. 또한 각의 깨달음의 모습에 네 가지 광대한 의미가 있으며, 그에 따라 진여 훈습은 단절되지 않고 진여의 자체상도 단절되지 않는다고 하고서 삼신(三身)까지 연관해 말하였다. 이들은 모두 여래장심의 진여체에 체용의 의미가 있음을 나타낸다.

① 지정상에서부터 법신이 나타나는데, 이때 법신은 모든 공덕법이 모인 것으로서 진여 공성일 뿐 아니라 무량한 무루공덕(無漏功德)[66]을 모두 갖추고 있다. 이것은 법신이 일종의 체용을 갖추고 있다는 의미로서, 깨달음의 체, 즉 심진여체 자신의 내재적인 체용이라고 할 수 있다. 체용은 하나의 전체이면서, 하나의 법신이 된다.

② "지혜가 맑아짐에 따라 모든 뛰어난 대상 세계를 만든다"[67]에서의 부사의업상은 각체의 중생에 대한 체용이자 외재적인 체용이고, 연관된 체용이라고도 할 수 있다.

---

65 역주 : 『大乘起信論』 卷5(T32, 579c), "見有五陰生滅之法, 怖畏生死, 妄取涅槃."
66 '性功德'이라고도 부른다.
67 역주 : 『大乘起信論』 卷3(T32, 576c), "以依智淨, 能作一切勝妙境界."

③ 각체의 모습이 가지는 네 가지 대의 중 '인훈습경'(진여훈습)은 각체 자신이 다른 것(무명)에 대해 가지는 내재적 훈습의 체용이다.

④ '연훈습경'은 각체가 다른 것(중생)에 대하여 매인 데서 벗어나는 외재적이고 연관된 훈습의 체용이다.

⑤ 진여 훈습(淨熏習)은 단절되지 않고, 진여의 체는 항상 영향 작용을 일으켜서 깨닫지 못한 사람을 점차 깨달음으로 향하게 한다.

⑥ 진여의 자체상은 단절되지 않으므로, 여래 법신은 상주하고 영원히 단절되지 않는다.

⑦ 진여의 작용은 단절되지 않으므로, 응신(應身)·보신(報身)도 단절되지 않는다. 응신·보신은 모두 그것에 상대하여 나타나고 외재적인 체용에 포섭된다.

이상 일곱 가지 점에서 체용의 의미를 갖추고 있는데, 실제로는 진여 훈습의 체용과 삼신(三身)의 체용, 두 가지 종류일 뿐이다. 진여 훈습 중의 '연훈습'은 그대로 삼신의 체용에 속한다. 오직 '인훈습', 즉 진여의 내재적 훈습(內熏)에 얽힌 것만이 조금 특별하고 독립된 의의를 지닌다. 그러나 불교 사상에 따르면, 체용의 궁극의 의미를 논구하는 것은 그대로 삼신 개념과 관련되고, 체용의 합당한 의미 역시 삼신 개념과 연관된다.

이상에서 표시된 체용의 다양한 의미를 화엄종에서는 모두 '성기'(性起)[68]라고 부른다.

2. 법장현수(法藏賢首)는 『화엄경[69]탐현기』[70]의 제삼십이장 「보왕여래

---

68 역주: 성기(性起)는 체성현기(體性現起)라는 뜻으로, 연기(緣起)의 궁극적 사태를 가리키는 화엄종의 용어이다. 사물의 체성이 만물에 그대로 드러나 있다는 것, 법성 그대로의 나타남이라는 의미이다. 불변하는 진여의 체성 그 자체가 그대로 현기하고 있는 것을 말한다.

69 역주: 『화엄경』은 원이름이 『大方廣佛華嚴經』인데, 60권은 佛陀跋陀羅(Buddhahadra, 359-429)가 418-420년에 번역하였고(大9), 80권은 實叉難陀(Śikṣānanda, 652-710)가 695-699년에 번역하였고,(大10) 40권은 般若(Prajñā, 8-9세기)가 795-798년에 번역하였다.(大10) 한역에서는 60권이나 80권 화엄경이 완경인데, 처음부터 이와 같이 정돈된

성기품」에서 다음과 같이 총괄하여 서술하고 있다.

『불성론』의 「여래장품」에서 '자성주(自性住)로부터 지득과(至得果)까지를 여래라고 부른다'[71]고 하였다. 고치지 않는 것을 성(性)이라고 부르고, 작용을 나타내는 것을 기(起)라고 일컫는다. 따라서 여래의 성품을 일으키는 것이다. 또한 진리를 여(如)라고 부르고 성(性)이라고 부르며, 작용을 나타내는 것을 기(起)라고 하고, 래(來)라고 한다. 따라서 여래가 성기(性起)가 된다. 이들은 사람과 법을 좇아서 품의 제목으로 붙인 것이다. 또한 다른 판본은 『여래비밀장』이라고 부르고, 또 다른 판본은 『여래흥현경』이라고도 부른다. 또한 이 아래의 글에서는 열 가지 명칭이 갖추어져 있으니, 모두 알 수 있을 것이다.

「佛性論如來藏品」云: '從自性住來至得果, 故名如來.' 不改名性, 顯用稱起, 卽如來之性起. 又眞理名如名性, 顯用名起名來, 卽如爲性起. 此等從人及法, 用題品目. 又別翻一本, 名『如來祕密藏』. 又一本名『如來興顯經』. 又此下文具有十名, 並可知.

『華嚴經探玄記』 권32

이상은 명칭을 해석한 것이다. 또 다음과 같이 말한다.

셋째는 주제이니, 성기의 법문을 밝히는 것을 중심으로 삼는다. 이러한 뜻을 분별하는 데 대략 열 가지 범주를 잡는다. 첫째는 분상문(分相門)이고, 둘째는 의지문(依持門)이며, 셋째는 융섭문(融攝門)이고, 넷째는 성덕문(性德門)이며, 다섯째는 정의문(定義門)이다. 여섯째는 염정문(染淨門)이고, 일곱째는 인과문(因果門)이며, 여덟째는 통국문(通局門)이고, 아홉째는 분제문(分齊門)이며, 열째는 건립문(建立門)이다.

三, 宗趣者, 明性起法門, 卽以爲宗. 分別此義, 略作十門. 一, 分相門. 二, 依持門. 三, 融攝門. 四, 性德門. 五, 定義門. 六, 染淨門. 七, 因果門. 八, 通局. 九, 分齊. 十, 建立.

『華嚴經探玄記』 권32

첫째 분상문은 성품에 세 가지 종류가 있으니, 리[理性]·행[行性]·과[果性]라고 하는 것이다. 일어남에도 세 가지가 있다. 첫째는 이성(理性)이 요인(了因)을 얻어서 나타나는 것을 일어남이라고 부른다. 둘째는 행성(行性)이 들어서 훈습하여[聞熏] 결과가 발생하도록 돕는 것을 일어남이라고 부른다. 셋째는 과성(果性)이 일어나는 것이다. 이 과성은 또한 다른 체가 없으므로, 저 이성과 행성이 수생(修生)까지 겸하여 갖추어서 과위(果位)에 이를 때 합하여 과성이 되는 것이다. 근기에 응하여 변화 작용하므로 일어남이라고 부른다. 따라서 세 가지 지위에 각각의 성품이 있고 각각 일어나므로, 성기(性起)라고 부르는 것이다. 지금 이 글에서는 바로 뒤의 한 가지만을 분별하였는데, 겸하여 앞의 둘을 분별하고자 한 것이다.

初, 分相者, 性有三種. 謂理行果. 起亦有三 : 初, 謂理性得了因, 顯現名起. 二, 行性由待聞熏資發, 生果名起. 三, 果性起者, 謂此果性更無別體, 卽彼理行兼具修生, 至果位時, 合爲果性. 應機化用, 名之爲起. 是故三位各性各起, 故云性起. 今此文中, 正辨後一, 兼辨前二也.

『華嚴經探玄記』 권32

둘째는 의지문이다. 첫째는 행이 리(理)를 깨달아서 이루는 것이니, 리가 성이고 행이 이루어지는 것이 일어남이 된다. 이것은 보살 위치의 입장이다. 범부의 위치는 성은 있지만 일어남이 없기 때문이다. 둘째는 원만히 깨달아서 결과를 이루는 것이니, 리의 행위가 성이 되고 결과를 이루는 것이 일어남이 된다. 이것은 부처 자신의 덕의 입장이다. 셋째는 리와 행이 원만히 이루어진 결과가 성이 되고, 감(感)에 나아가고 근기에 응하는 작용이 일어남이 된다. 이것은 리와 행이 서로 사무쳐서 결과의 작용에 이르므로 일어난다. 따라서 오직 '성기'(性起)일 뿐이다.

二, 依持門者, 一, 行證理成, 則以理爲性, 行成爲起. 此約菩薩位, 以凡位有性而無起故. 二, 證圓成果, 則理行爲性, 果成爲起. 此約佛自德. 三, 理行圓成之果爲性, 赴感應機之用爲起. 是則理行徹至果用, 故起唯性起也.

『華嚴經探玄記』 권32

셋째는 융섭문이다. 이미 행이 리에 의거하여 일어났으므로, 행은 비어 있고 성이 실질이다. 비어 있는 것이 다하고 실질이 나타나면, 일어나더라도 오직 성이 일어난 것[性起] 뿐이다. 나아가 결과의 작용은 오직 참된 성의 작용일 뿐이다. 마치 금으로 가락지 등을 만들면 가락지는 비어 있고 금이 실질이어서, 오직 금이 일어날 뿐인 것과 같다. 생각하면 알 수 있을 것이다.

三, 融攝門者, 旣行依理起, 則行虛性實. 虛盡實現, 起唯性起. 乃至果用唯是眞性之用. 如金作鐶等, 鐶虛金實, 唯是金起. 思之可見.

『華嚴經探玄記』 권32

넷째, 성덕문이다. 이성이 바로 행성이므로, 일어나더라도 오직 이성이 일어나는 것이다. 이것과 앞의 문은 무엇이 다른가? 앞에서는 리(理)를 가지고 행(行)을 빼앗는 입장에서 말하였지만, 지금은 리가 본래 행을 갖추고 있다는 입장에서 말한 것이다. 물었다. "리는 무위이고 행은 유위이다. 리가 나타난 것은 법신이고, 행이 가득찬 것은 보신이다. 법신과 보신은 같지 않고 유위와 무위는 다르다. 어떻게 이성이 바로 행성이라고 하는가?" 대답하였다. "여래장 중에 갠지즈강 모래알들만큼 많은 성공덕(性功德)을 갖추고 있기 때문이다. 『기신론』에서는 '불공진여는 대지혜 광명의 뜻이 있어서 법계를 두루 비추는 뜻이 있다'라고 하였다. 『열반경』[72]에서는 '불성은 제일의공(第一義空)이라고 부르고, 제일의공은 지혜라고 부른다'고 하였다. 해석하면, 이것은 무위의 성 중에 유위의 공덕의 법을 갖추고 있기 때문이다. 『여래장경』의 진흙으로 만든 틀 속의 형상 등과 『보성론』에서 진여를 종성으로 삼는 것 등은 모두 이러한 의미이다. 따라서 수행에 따라서 과위(果位)에 이르는 것은 과성(果性)이라고 부른다. 과성이 감응에 나아가는 것을 '성기'라고 부른다."

　四, 性德門者, 以理性卽行性, 是故起唯理性起. 此與前門何別者, 前約以理奪行說, 今約理本具行說. 問:"理是無爲, 行是有爲. 理顯爲法身, 行滿爲報身. 法報不同, 爲無爲異. 云何理性卽行耶?" 答:"以如來藏中具足恒沙性功德故. 『起信論』中, 不空眞如有大智慧光明義, 遍照法界義等. 『涅槃』云:'佛性者名第一義空, 第一義空名爲智.' 解云:此則無爲性中, 具有有爲功德法故. 『如來藏經』模中像等, 及『寶性論』眞如爲種性等, 皆是此義. 是故藉修引至果位, 名爲果性. 果性赴感, 名爲性起."

『華嚴經探玄記』 권32

　다섯째, 정의문이다. 물었다. "아래 글에서 '적은 인연으로 등정각(等正覺)을 이루는 것이 아니다'라고 말한 것은 바로 연기이다. 무엇 때문에 오직 성기라고만 하는가?" 대답하였다. "네 가지 뜻이 있다. 첫째는 결과의 바다[果海] 자체가

72　역주: 『涅槃經』(Mahāparinibbānasuttanta)은 원래의 명칭은 『大般涅槃經』으로서 팔리어로 씌어진 남방 상좌부의 경장인 長部의 제16경이다. 漢譯으로는 장아함의 제2경인 『游行經』 및 독립된 『佛般泥洹經』 2권, 『반니환경』 2권, 『大般涅槃經』이 이에 해당한다. 붓다가 만년에 왕사성을 출발하여 열반의 장소가 되는 쿠시나라에 이르기까지의 도정과 사적을 기록한 것이다. 붓다 입멸 전후의 사적을 명확하게 알 수 있게 하는 가장 중요한 자료이다. 붓다 입멸 직전의 마지막 설교의 형식을 통하여 佛身의 상주, 열반의 常·樂·我·淨, 일체 중생의 實有佛性이라는 세 가지 사상을 밝히고 있다.

말할 수 없고 말할 수 없는 성품의 것이다. 근기가 감응하는 데 연(緣)을 갖추고 있어서 연의 입장에서 일어남을 밝히는 것이다. 일어나서는 연에 어긋나고 자성을 그대로 따른다. 따라서 연을 폐하고 '성기'라고 부른 것이다. 둘째는 성체는 말할 수 없는 것이니, 만약 말한다면 일어남이라고 부를 것이다. 지금 연의 입장에서 일어남을 말하지만, 일어나도 달리 일어나는 것이 없고 도리어 성이 일어남이 되므로, '성기'라고 부르고 연기라고 부르지 않은 것이다. 셋째는 일어남은 비록 연에 의지하지만, 연은 반드시 성이 없다[無性]. 성이 없는 이치가 연이 있는 곳에 나타나므로, 나타난 입장에서 성기라고 부른 것이다. 이것은 무주(無住)의 근본에 따라서 모든 법을 세우는 것 등과 같다. 넷째는 만약 이 일어나는 것이 저 연의 모습과 유사하다면, 연기에 속할 것이다. 지금 일어나는 것을 밝혀보면 오직 깨끗한 작용에 의거하고 참된 성을 그대로 따르므로, '성기'에 속한다."

五, 定義門者, 問云: "下文云, '非少因緣成等正覺.' 此乃是緣起, 何故唯言性起耶?" 釋云: "有四義. 一, 以果海自體當不可說不可說性. 機感具緣, 約緣明起. 起已違緣, 而順自性. 是故廢緣, 但名性起. 二, 性體不可說, 若說卽名起. 今就緣說起, 起無餘起, 還以性爲起, 故名性起, 不名緣起. 三, 起雖攬緣, 緣必無性. 無性之理, 顯於緣處. 是故就顯, 但名性起. 如從無住本立一切法等. 四, 若此所起, 似彼緣相, 卽屬緣起. 今明所起, 唯據淨用, 順于眞性, 故屬性起."

『華嚴經探玄記』 권32

여섯째, 염정문이다. 물었다. "모든 법이 다 성에 의지하여 세워진다면, 무슨 까닭에 아래 글에서 성기의 법이 오직 깨끗한 법에 의거하며 더러운 것을 취하지 않는다고 말하는가?" 대답하였다. "더러운 것과 깨끗한 것 등의 법은 똑같이 진여에 의거하지만, 거스르는가(違), 그대로 따르는가(順)가 다르기 때문에, 더러운 것은 무명에 속하고 깨끗한 것은 성기로 귀결된다." 물었다. "더러운 것이 성기가 아니라면, 마땅히 진여에서 떠나야 한다." 대답하였다. "진여에 거스르기 때문에 진여에서 떠날 수 없고, 진여를 거스르기 때문에 진여의 작용에 속하지 않는다. 마치 어떤 사람이 거꾸로 넘어져서 신발을 모자로 쓰고 있는 것과 같다. 거꾸로 된 것은 신발이기 때문에, 신발에서 벗어날 수 없다. 머리에 쓰는 것은 모자이므로, 신발이 쓰일 데가 아니다. 이러한 도리 역시 이와 같음을 알아야 한다. 더러운 것이 깨끗한 체를 떠나지 않으므로, '중생이 바로 진여이다' 등으로 말하는 것이다. 진여의 작용을 그대로 따르지 않으므로, 이 성기에 포함되지 않는다. 만약 번뇌가 있으면서도 깨끗한 작용이 있다면, 역시 성기에 거두어 들어갈 수 있다." 물었다. "중생과 번뇌가 모두 성기인가?" 대답하였다. "모두 그렇다. 무슨 까닭인가? 이는 구하는 대상이기 때문이고, 단절하는 대상이기 때문이며, 인식하는 대상이기 때문이다. 그러므로 모든 것은 성기가 아닌 경우가 없다."

六, 染淨門者, 問:"一切諸法皆依性立, 何故下文性起之法, 唯約淨法, 不取染耶?" 答:"染淨等法, 雖同依眞, 但違順異故, 染屬無明, 淨歸性起." 問:"染非性起, 應離於眞." 答:"以違眞故, 不得離眞. 以違眞故, 不屬眞用. 如人顚倒, 帶靴爲帽. 倒卽是靴, 故不離靴. 首帶爲帽, 非靴所用. 當知此中, 道理亦爾. 以染不離眞體, 故說衆生卽如等也. 以不順眞用, 故非此性起攝. 若約留惑有淨用, 亦入性起收. 問:衆生及煩惱, 皆是性起不? 答:皆是. 何以故? 是所救故, 是所斷故, 所知故. 是故一切無非性起."

『華嚴經探玄記』권32

"일곱째, 인과문이다. 물었다. "보살의 선한 근기도 성을 그대로 따라서 일어나는데, 무슨 까닭에 아래 글에서는 오직 불과(佛果)만을 분별하는가?" 대답하였다. "아직 원만하지 않기 때문에 분별하지 않는 것뿐이다. 만약 성기의 원인이 되는 뜻과 권속의 뜻이라면, 모두 성기에 포함될 수 있다. 예를 들면 아래 글에서 '약왕수 나무가 싹을 틔울 때 모든 나무들이 같이 살아난다' 등과 말한 것과 같다. 이러한 뜻을 따르면, 처음에 보리심을 낸 이후 모든 것들이 성기에 포함된다. 오직 범부와 소승은 제외될 것이니, 이 둘은 싹을 내지 않기 때문이다. 만약 연으로 삼아서 선을 내게 하는 것에 의거한다면, 이 또한 성기에 포함될 것이다. 이는 마치 해가 태어날 때부터 장님인 사람을 비추는 것과 같다."

七, 因果門者, 問: "菩薩善根亦順性而起, 何故下文唯辨佛果?" 答: "以未圓, 故
不辨耳. 若約爲性起因義及眷屬義, 皆性起攝. 如下文藥樹王生牙時, 一切樹同生
等. 若從此義, 初發菩提心已去, 皆性起攝. 唯除凡小, 以二處不生牙故. 若據爲
緣, 令彼生善, 亦性起攝. 如日照生盲等."

『華嚴經探玄記』 권32

여덟째, 통국문이다. 물었다. "이 성기는 오직 불과에만 의지하는데, 무엇 때
문에 아래 글에서는 '보살이 자신의 몸 가운데 성기의 보리가 있음을 안다'고
하였고, 모든 중생의 마음 중에도 역시 그렇다고 하였는가?' 대답하였다. "삼승
의 가르침이라면, 중생의 마음 속에는 인성(因性)만 있을 뿐이고 결과의 작용
[果用]의 상은 없다. 이 원교 중 노사나불의 결과[果法]는 중생계를 모두 망라하
므로, 중생의 몸 중에도 과상이 있다. 만약 그렇지 않다면 단지 성만 있을 뿐
일어나는 뜻은 없을 것이다. 이것은 이 품에서 주장하는 내용이 아니다. 본문의
뜻은 그렇지 않아서, 성기가 오직 결과일 뿐임을 밝혔다. 단지 결과 중에 삼세
간을 갖추고 있으므로, 중생도 여기에 포함되는 것이다." 물었다. "이미 불과에
국한된다면, 무슨 까닭에 아래 글에서 '모든 법에 통한다'고 하였는가?" 대답하
였다. "삼승의 가르침에서는 진여의 본성이 유정[情]과 무정[非情]에 통하지만,
불성을 깨닫는 것은 오직 유정에만 국한된다. 따라서 『열반경』에서 '불성이 아
닌 것은 풀과 나무 등을 말한다'고 하였던 것이다. 원교의 경우에는 불성과 성
기가 모두 의보와 정보에 다 통하니, 아래 글에서 분별한 것과 같다. 그러므로
부처를 이루어서 삼세간을 갖추는 것이니, 국토신(國土身) 등이 모두 부처의 몸
이다. 따라서 국한되는 것은 오직 불과일 뿐이지만, 회통하면 무정에까지 두루
통한다."

八, 通局門者, 問: "此性起唯據佛果, 何故下文菩薩自知身中有性起菩提, 一切
衆生心中亦爾?" 答: "若三乘教, 衆生心中但有因性, 無果用相. 此圓教中, 盧舍那
果法, 該衆生界. 是故衆生身中亦有果相. 若不爾者, 則但是性, 而無起義, 非此品

說. 文意不爾, 以明性起唯果法故. 但以果中, 具三世間, 是故衆生亦此所攝." 問 :
"旣局佛果, 何故下文通一切法?" 答 : "若三乘教, 眞如之性通情非情. 開覺佛性,
唯局有情. 故『涅槃』云 : '非佛性者謂草木等.' 若圓教中, 佛性及性起, 皆通依正,
如下文辨. 是故成佛具三世間, 國土身等皆是佛身. 是故局唯佛果, 通遍非情."

『華嚴經探玄記』 권32

아홉째, 분제문이다. 이미 이러한 참된 성이 모든 것에 두루 융섭되어 있으므
로, 그것이 일어나는 대상 역시 모든 것을 갖추고 있어서 분원(分圓)이 끝이 없
다. 따라서 나누어진 곳이 모두 원만하니, 모두 무진법계를 갖추고 있지 않은
경우가 없다. 그러므로 모든 시간, 모든 장소, 모든 존재는 인드라 망과 같이 모
든 것을 다 갖추고 있다.

　九, 分齊門者, 旣此眞性融遍一切, 故彼所起亦具一切. 分圓無際, 是故分處皆
悉圓滿, 無不皆具無盡法身. 是故遍一切時, 一切處, 一切法等. 如因陀羅網, 無不
具足.

『華嚴經探玄記』 권32

　열 번째, 건립문이다. 물었다. "법문은 끝이 없는데, 무엇 때문에 아래 글에서
는 오직 10가지 종류로만 분별하는가?" 대답하였다. "끝이 없음을 나타내기 때
문이다. 어떤 것들이 10가지인가? 첫째는 전체적으로 많은 연을 분별하여 정각
을 이루는 것이고, 둘째는 정각신(正覺身)이며, 셋째는 어업(語業)이다. 넷째는
지혜이고, 다섯째는 대상 세계이고, 여섯째는 행위이다. 일곱째는 보리이고, 여
덟째는 법의 수레바퀴를 굴리는 것이며, 아홉째는 열반에 드는 것이다. 열째는
보고 듣고 공경하며 공양하여 이익을 얻는 것이다. 이러한 열 가지는 대략 불과
의 업용에 거두어지므로, 늘어나거나 줄어드는 일이 없다. 이 열 가지 뜻은 앞
의 아홉 가지 지위에 통한다. 모두 갖추고 있으니, 이에 준한다."

　十, 建立門者, 問 : "法門無涯, 何故下文唯辨十種?" 答 : "顯無盡故. 何等爲十?
一, 總辨多緣以成正覺. 二, 正覺身. 三, 語業. 四, 智. 五, 境. 六, 行. 七, 菩提.

八, 轉法輪. 九, 入涅槃. 十, 見聞恭敬, 供養得益. 此十略收佛果業用, 故不增減.
此十義通前九位, 皆具准之."

『華嚴經探玄記』 권32

법장 현수는 열 가지 범주로 성기의 뜻을 분별하였고, 마지막에는 다
시 불과(佛果)의 측면에서 성기를 말하였다. 즉 모든 것이 원교 성기(圓敎
性起)의 과법에 포함되고, 오직 성기라고만 말할 뿐 연기라고 하지 않았
다. 성기가 바로 체용의 의미이다. 여(如)가 성(性)이고, 래(來)가 일어남[起]
이어서, 여래가 바로 성기가 된다. 사람의 측면에서 '여래의 성기'라고
부르고, 법의 측면에서는 '여래에 즉(卽)하는 것이 성기이다고 하였다.
이 열 가지 범주로 설명한 모든 것은 『기신론』의 의리의 규모에서 벗어
나지 않는다.

이에 위에서 열거한 『기신론』의 일곱 가지 설에 의거하여 '성기'의 체
용의 의미를 상세히 검토하고자 한다.

3. 위에서 열거한 일곱 가지 설로 체용의 의미를 표시하는 것은 엄밀
히 말해서 단지 응신과 보신이 나타난 곳이 바로 체용의 의미라는 말이
다. '부사의업상'의 체용은 응신·보신과 같다. '인훈습경'은 원인의 위
치[因地]에서 묶여 있는 진여가 무명을 훈습하여 깨닫지 못한 자를 점차
깨닫게 하는 것이니, 이는 '환멸'(還滅)을 이끌어내는 수행 공부의 측면에
서 말하는 체용이다. '연훈습경'은 부사의업상이 중생에 대하여 보조연
이 되어 깨달음을 촉진하는 것이니, 이 또한 환멸 공부의 체용이다. 환멸
후에 법신이 현현하여 응신·보신의 작용이 있게 되는 것이 바로 긍정
적이고 진정한 체용의 의미이다. 법장 현수가 "이미 행(行)이 리에 의거
하여 일어났으므로, 행은 비어 있고 성이 실질이다. 비어 있는 것이 다하
고 실질이 나타나면, 일어나더라도 오직 성이 일어난 것[性起] 뿐이다. 나
아가 결과의 작용은 오직 참된 성의 작용일 뿐이다"라고 한 말이 바로
여기에 해당한다.

『기신론』에서는 더러운 법과 깨끗한 법이 서로 훈습하고, 서로 영향을 미치는 작용을 한다. 더러운 법의 근본은 무명인데, 무명에도 훈습력이 있어서 진여가 드러나지 못하도록 한다. 이것이 '무명훈습'이라는 것이다. 깨끗한 법의 근본은 진여인데, 진여에도 훈습력이 있어서 무명이 소멸되도록 한다. 이것이 '진여훈습'이라는 것이다.

'무명훈습'에 관해서는 다음과 같이 말한다.

> 어떻게 훈습하여 더러운 법을 일으켜 끊어지지 않는가? 소위 진여법에 의거하기 때문에 무명이 있고, 이 무명의 더러운 법의 원인에 의하여 진여를 훈습한다. 무명이 진여를 훈습하기 때문에 망심(妄心)이 있게 된다. 이 망심이 도리어 무명을 훈습하여 진여법을 분명히 이해하지 못하게 하므로, 깨닫지 못하고 망념(전식)이 더욱 일어나 허망한 대상 세계(현식)를 나타낸다. 허망한 대상 세계의 더러운 법의 연이 있으므로 망심을 훈습하고 그 마음을 집착하게 하여 여러 가지 업을 지어서 몸과 마음의 모든 괴로움을 받게 된다.
>
> 云何熏習起染法不斷? 所謂以依眞如法故, 有於無明. 以有無明染法因故, 卽熏習眞如. 以熏習故, 則有妄心. 以有妄心, 卽熏習無明. 不了眞如法故, 不覺起念, 現妄境界. 以有妄境界染法緣故, 卽熏習妄心. 令其念著, 造種種業, 受於一切身心等苦."

『大乘起信論』권4

이는 무명에서부터 일어나 훈습을 전전하여 중생이 완전히 생사 유전에 빠지게 되는 과정이다.

'진여훈습'에 관해서는 이렇게 말한다.

> 어떻게 훈습하여 깨끗한 법을 일으켜 끊어지지 않는가? 이른바 진여법이 있기 때문에, 이 진여가 무명을 훈습하는 것이다. 이 훈습하는 인연의 힘에 의하여 망심이 생사의 괴로움을 싫어하고 열반을 즐겨 구하는 것이다. 이 망심에 생

사의 고통을 싫어하고 열반을 구하기 좋아하는 인연이 있기 때문에, 망심이 진여를 훈습하여 스스로 자기의 본성을 믿는다. 마음이 허망하게 움직일 뿐 앞의 대상 세계가 없음을 알아서 이 대상 세계를 멀리 벗어나는 법을 닦는다. 그리하여 앞의 대상 세계가 없음을 여실히 알므로, 여러 가지 방편으로 수순행을 일으켜 집착하지도 않고 잘못 생각하지도 않는다. 이렇게 오래도록 훈습한 힘 때문에 무명이 소멸하게 된다. 무명이 소멸하므로 마음에 일어나는 것이 없고, 일어나는 것이 없으므로 대상 세계가 따라서 소멸한다. 인과 연이 다 소멸하기 때문에 심상(心相)이 또한 다 사라진다. 이것이 열반을 증득하여 자연업(自然業)[73]을 성취한 것이라고 한다.

> 云何熏習起淨法不斷? 所謂以有眞如法故, 能熏習無明. 以熏習因緣力故, 則令妄心厭生死苦, 樂求涅槃. 以此妄心有厭, 求因緣故, 卽熏習眞如, 自信己性, 知心妄動, 無前境界, 修遠離法. 以如實知無前境界故, 種種方便, 起隨順行, 不取不念, 乃至久遠熏習力故, 無明則滅. 以無明滅故, 心無有起. 以無起故, 境界隨滅. 以因緣俱滅故, 心相皆盡, 名得涅槃, 成自然業.

『大乘起信論』 권4

이는 진여로부터 일어나 훈습을 전전하여 중생이 해탈 환멸하여 법신을 나타내게 하는 과정이다.

진여 훈습의 뜻에는 두 가지가 있다. 무엇이 두 가지인가? 첫째는 본체의 모습을 통한 훈습인 자체상훈습(自體相熏習)이고, 둘째는 작용의 훈습인 용훈습(用熏習)이다. '자체상훈습'이란 태초의 때부터 번뇌가 없는 무루법을 갖추고 부사의업을 갖추어 여실한 공의 경지를 짓는 것이다. 이 두 가지 뜻에 의거하여 항상 훈습한다. 이 훈습의 힘에 의해 중생은 생사의 괴로움을 싫어하고 열반을 즐겨 구하게 되며, 스스로 자신에게 진여법이 있음을 믿고 발심 수행하게 된다.

---

73 역주 : 자연업(自然業)은 부사의업, 즉 후득지(後得智)의 작용을 가리킨다.

眞如熏習義有二種. 云何爲二? 一者自體相熏習, 二者用熏習. 自體相熏習者, 從無始世來, 具無漏法. 備有不思議業, 作境界之性. 依此二義, 恒常熏習. 以有 力故, 能令衆生厭生死苦, 樂求涅槃. 自信己身有眞如法, 發心修行.

『大乘起信論』 권4

이것이 바로 '인훈습경'이다.

 '용훈습'은 바로 중생이 가지는 외부 연의 힘이다. 이러한 외부 인연에는 무수한 뜻이 있지만, 대략 두 가지가 있다고 할 수 있다. 무엇이 두 가지인가? 첫째는 차별의 연이고, 둘째는 평등의 연이다.

用熏習者, 卽是衆生外緣之力. 如是外緣有無量義, 略說二種. 云何爲二? 一者 差別緣, 二者平等緣.

『大乘起信論』 권4

이것이 바로 '연훈습경'이고, '부사의업용'이다.
따라서 진여훈습은 바로 중생이 환멸 수행을 불러일으키게 하는 체용이다. 환멸이란 유전(流轉)을 돌이켜 소멸시킴으로써 법신을 나타내는 것이다. 법신이 체이고, 응신·보신이 용이다. 진여의 용훈습은 부처의 입장에서 말하면, 응신·보신의 부사의업상이 중생의 외적 인연이다. 진여의 자체상훈습은 매여 있는 진여가 고요히 있는 중에서도 일종의 영향력이 있어서 중생이 "생사의 괴로움을 싫어하고, 열반을 즐겨 구하게" 한다. 스스로 깨닫지 못하는 중에서 다시 나아가 이 진여가 성임을 자각하고 긍정하는 것이다. 진여의 용훈습은 매인 데서 벗어나 밖으로 나타난 진여가 부처가 되거나 보살이 되거나 선지식이 되어서 중생에 대해 연이 되고, 궁극으로는 불법신의 부사의업용이 되는 것이다. 그러므로 긍정적이고 진정한 체용은 바로 삼신(三身)이고, 법신과 응신·법신의 관계에 있다. 법신이 체이고, 응신·법신이 용인 것이다.

4. 엄밀히 말하면, 법신 자신은 체용으로 파악할 수 없고 단지 성과 상의 합일[性相合一]로 말할 수 있을 뿐이다. 법신은 진여 공성의 리일 뿐 아니라 청정한 마음이기 때문이다. 심과 리는 합일하고, 무량하고 끝이 없는 무루공덕상(無漏功德相)을 모두 갖추고 있다. 따라서 법신은 일대 공덕이 모인 것이지만, 실은 모인 상이 없이 평등하며 한 맛[一味]이어서 차별의 모습이 없다. 모습은 "업식에 의거하여 생멸의 상을 보이고", "갠지즈 강의 모래알보다 많은 허망한 더러움의 뜻"을 통하여 나타나지만 도리어 실제로 상 없는 상임을 나타낸다. 업식(業識-전식·말나식)의 생멸하는 상은 상이 있는 상이고 참으로 차별이 있지만, 이러한 무루의 공덕상은 업식의 생멸하는 상을 없애고 나타나서 드러나므로, 그 자체는 실은 상 없는 상이다. 그 상이 '많다'는 뜻은 업식의 실질이 뒤집어져 허설에서 '많다는 것이 된 것이므로, 실제로는 많다는 것이 없다. 그러므로 "동등하게 한 맛이고, 오직 하나의 진여이다"고 하였다. 많다는 것이 없으므로, 상이라고 할 것이 없다. 상도 허설이므로, 상없는 상이 된다.

예를 들어 진여 자체(自體)에는 다음과 같은 것이 있다.[74]

① 큰 지혜의 광명의 뜻.

② 법계를 두루 비추는 뜻.

③ 진실하게 아는 뜻.

④ 자성이 깨끗한 마음(자성청정심)의 뜻.

⑤ 항상되고[常]·즐겁고[樂]·나이고[我]·깨끗한[淨] 뜻.

⑥ 청량하고 불변하며 자유로운 뜻.

⑦ 이와 같이 "갠지즈강의 모래보다 많은 불가사의한 불법과는 떠날 수도, 단절될 수도, 달라질 수도 없으며, 조금도 남김없이 충족되고 부족한 것이 없다"

---

74 역주:『大乘起信論』卷5(T32, 579a), "所謂自體有大智慧光明義故. 遍照法界義故. 眞實識知義故. 自性淸淨心義故. 常樂我淨義故. 淸涼不變自在義故. 具足如是過於恒沙不離不斷不異不思議佛法."

는 뜻.

이 모든 것의 실질은 단지 하나의 상이면서 상이 없는 것이다. 상은 다음과 같다.[75]

① 망념을 일으키는 것에 대하여 "심성에 허망한 생각이 일어나지 않는 것을 위대한 지혜의 광명의 뜻이다"라고 한다.

② 견해를 일으키는 것에 대하여 "심성이 견해를 벗어나는 것을 법계를 두루 비춘다는 뜻이다"라고 한다.

③ 마음에 움직임이 있는 것에 대하여 "참으로 아는 것이 아니다"라고 말한다. 심성에 움직임이 없는 것을 "진실하게 아는 뜻이다"고 한다.

④ 마음에 움직임이 있으면, "자성이 없게 된다". 심성에 움직임이 없으면, "자성이 깨끗한 마음의 뜻이다"고 한다.

⑤ 마음에 움직임이 있으면, "항상되지 않고, 즐거움도 아니며, 나도 아니고, 깨끗하지도 않게 된다". 마음에 움직임이 없으면, "항상되고, 즐겁고, 나이고, 깨끗하다"고 한다.

⑥ 마음에 움직임이 있으면, "고뇌하고 쇠락하며 변이하므로 자유롭지 못하다". 마음에 움직임이 없으면, "청량하고 불변하며 자유로운 뜻이다"고 한다.

⑦ 식념에 "갠지즈강의 모래들보다 많은 허망한 더러움의 뜻이 있다"고 하는데, 그 말을 뒤집으면 "갠지즈강의 모래들보다 많은 깨끗한 공덕의 모습들의 뜻을 나타낸다"고 한다.

"갠지즈강의 모래들보다 많은 허망한 더러움의 뜻"은 차별이 실로 많지만, "갠지즈강의 모래들보다 많은 깨끗한 공덕의 모습의 뜻을 나타내

---

75   역주 : 『大乘起信論』卷5(T32, 579a), "心性不起, 卽是大智慧光明義故. 心性離見, 卽是遍照法界義故. 若心有動, 非眞識知, 無有自性. 非常非樂非我非淨, 熱惱衰變, 則不自在, 乃至具有過恒沙等妄染之義, 對此義故. 心性無動, 則有過恒沙等諸淨功德相義示現."

는 것을 통해" 무차별의 허설로서의 많음이 된다. 무차별은 상이 있으면서도 없는 것으로서, 상이 없는 상이다. 허설이 많다는 것은 많으면서도 많지 않다는 것으로서, 동등하게 한 맛이라는 것이다. 이것이 여래 법신의 자체상이다. 따라서 이 체의 상을 체용이라고 해서는 안 된다.

진정한 체용은 법신이 응신과 보신으로 나타나는 것과 관련된다. 나는 이러한 체용이 어떤 의미의 체용인가를 살펴보고자 한다.

5. 법신의 '부사의업상' 또는 업용(業用)은 평범한 사람인 범부와 이승(二乘)이 보는 입장에서 말하면 응신이고, 보살이 보는 입장에서 말하면 보신이다. 그리고 이들 보신과 응신의 부사의업상 또한 모두 중생의 식념에 의거하여 나타나는 것이다. 예를 들면 범부와 이승이 보는 응신은 분별사식(分別事識-제6식인 의식)에 의거하여 나타나고, 보살이 보는 보신은 업식(業識)이나 전식(轉識-제7식인 말나식)에 의거하여 나타난다.

응신은 화신(化身)이라고도 하고, 혹 모아서 응화신(應化身)이라고도 부른다. 즉 중생의 근기가 감응하는 데 따라서 감응하고 변화하는 것이다. 중생의 측면에서 말하면 근기가 감응하는 것이고, 부처의 측면에서 말하면 감응하여 변화하는 것이다. 근기가 감응하는 데 연(緣)이 있으므로, 부처가 응하는 데도 연이 있다. 이것이 바로 축도생(竺道生)의 「응유연론(應有緣論)」이다. 그리고 연이 있는 근기가 감응하는 중에 중생이 이처럼 보고 부처가 이와 같이 나타나는 까닭은 중생의 분별사식에 의거하여 보고 나타나는 것이다. 보고 나타나는 대상이 예컨대 삼십이상(三十二相)·팔십종호(八十種好)[76]와 같은 경우가 바로 정보(正報)이고, 정토와 같은 경우가 의보(依報)이다. 부처가 변화하여 나타나는 것에서 말하자면, 이는 부처가 "지혜가 맑아짐에 따라 모든 뛰어난 대상 세계를 만드는 것

---

[76] 역주: 삼십이상(三十二相)은 위대한 인간이 가진 32가지 상서로운 신체적 특징, 부처님의 신체에 갖춰진 32가지 표상을 말한다. 팔십종호(八十種好)는 부처님의 신체에 갖춰진 80가지의 부차적 특징, 80가지 吉相을 말한다. 인간과 다른 상호의 미를 80가지로 개별화하여 표현한 것이다.

이다."[77] 뛰어난 대상 세계라는 것은 부처가 일으키고 나타내는 육근(六根)[78] 경지이므로, 신업(身業)·어업(語業)·의업(意業)의 삼업 대용(大用)이다.[79] 부처가 나타내는 형상을 중생은 뛰어난 형상으로 보고, 부처가 나타내는 소리, 냄새, 맛, 촉감을 중생은 듣고 감촉하여 모두 훌륭하다고 본다. 부처가 의지하고 머무르는 국토를 정토로 본다. 부처가 나타내는 것은 무심하지만, 중생이 보는 것에는 의도가 있다. 의도가 있으면, 분별 사식에 의거해 "밖에서 온 것이라고 생각하고, 형태를 취하고 한계를 갖는다."[80] 이들 뛰어난 대상 세계는 모두 외재하는 것이고 객관적이지만, 실제로 부처의 몸에서 온 것일 뿐 아니라 차별적인 분제(分齊)의 상을 가지고 있다고 여겨진다. 즉 상(相)은 상이고, 호(好)는 호이며, 국토는 공간 상의 국토이다. 분제의 뜻은 제한적이고 한계가 있다는 것으로서, 나누어진 한도라는 뜻이다. 분(分)은 부분이고 분리이며, 제(齊)는 정연하고 가지런하다는 뜻이다. 분이 있고 제가 있다는 것은 한도와 제한이 있을 뿐 아니라, 각 부류의 중생들 근기의 감응이 같지 않고 견해도 다르다는 뜻이다. 예컨대 보통 사람이 보는 부처는 키가 6척인 노비구의 모습으로, 삼십이상과 팔십종호가 있다. 제천(諸天)이 부처를 보는 것은 더 뛰어나서 상호도 많고 몸집도 더 크다. 예를 들어 보리장 중에서 부처를 보면, 천의 경우에는 뭇보물들로 장엄한 것으로 보이고, 사람의 경우에는 풀·나무·기와·돌로 보인다. 또한 이승(二乘)이 보는 것은 차별적인 한계가 있지만 오히려 뛰어나고 신묘한 즐거움이다. 그리하여 "평범한 사람에게

---

77 역주: 『大乘起信論』 卷3(T32, 576c), "以依智淨, 能作一切勝妙境界."

78 역주: 육근(六根)은 여섯 가지 감각 기관, 또는 여섯 가지 인식능력을 말한다. 眼, 耳, 鼻, 舌, 身, 意가 그 대상에 대하여 감각하고 인식작용을 하는 경우에 그 의지처가 되는 작용을 하는 것. 즉 시각기관과 그에 의한 시각능력부터 사유기관과 그에 의한 사유능력 등이 합하여 육근이 된다.

79 역주: 삼업(三業)은 身·口·意의 작용이다. 어떤 것을 하려고 의지하는 것이 意業이고, 그것이 신체적 행동으로 나타나는 것이 身業, 언어표현으로 나타나는 것이 口業이다.

80 역주: 『大乘起信論』 卷5(T32, 579b), "見從外來, 取色分齊."

보여지는 것은 그 거친 형상이니, 육도(六道)[81]에 따라서 각각 보는 것이 같지 않다. 여러 다른 부류는 낙상(樂相)을 받는 것이 아니기 때문에, 응신(應身)[82]이라고 한다"[83]라고 한 것이다. 이것은 부처가 부류에 따라 나타난 것이니, 육도 중생의 각각의 부류에 따라 나타내 보인 것이다. 이것은 단지 분별사식에 의해 부처의 형상을 보는 것일 뿐 아니라, 근본적으로는 육도 중생이 그 자신이 빠져 있는 업과(業果)의 감각에 정체되어 있는 상태를 부처가 구제하고 변화시켜 그 부류에 따라서 나타내 보인 것이다. 천은 그것을 천으로 보고, 사람은 그것을 사람으로 보며, 축생은 그것을 사자, 코끼리, 지렁이 등으로 보고, 아귀는 그것을 아귀의 형태로 보며, 지옥은 그것을 지옥의 몸으로 본다. 부처는 이처럼 그 부류를 따라서 자신을 나타내보이니, 스스로도 "낙상(樂相)을 받는 것이 아니다." 사람의 입장에서 말하면, 부처가 걸식하지만 빈 바리때로 돌아오는 것을 보는 때도 있고 부처가 허리가 아픈 고통을 당하는 것을 보는 때도 있다. 이것은 모두 부처가 나타내 보인 것이지, 부처 자신이 이와 같았던 것은 아니다. '나타내 보인 것'이란 예컨대 유마힐이 병을 보이지만 진짜 아픈 것이 아닌 것과 같다. 이것을 진정한 화신(化身)[84]이라고 한다. 범부와 이승이 보는 뛰어난 경지이거나, 혹 단지 범부가 보는 대상이 그 부류에 따라 나타난 괴로움의 '거친 형상을 받는 것은 모두 "밖에서 온 것이라고 생각하고 형태를 취하고 한계를 갖는" 것이다. 범부가 보는 거친

---

81 중생이 윤회하는 여섯 세계를 말한다.
82 역주 : 응신(應身)은 응현한 신체라는 뜻으로, 三身 중의 하나이다. 부처님이 중생을 교화하기 위하여 교화 대상에 맞추어 변화하여 나타낸 몸. 사람들의 능력과 소질에 맞추어 교화해야만 하는 육신을 취하여 나타난 부처님을 말한다.
83 역주 : 『大乘起信論』 卷5(T32, 579b), "又爲凡夫所見者, 是其麤色. 隨於六道, 各見不同. 種種異類, 非受樂相. 故說爲應身."
84 역주 : 화신(化身) 역시 부처님이 화현한 모습으로, 변화된 신체라는 뜻을 가진다. 중생을 교화 구제하려고 부처님이 중생의 모습으로 변신하여 나타난 것이다. 응신과 구별할 경우에는, 應身은 수행이 높은 자 앞에 나타난 모습이고, 化身은 수행이 낮은 자, 또는 인간 이외의 것 앞에 나타난 것으로 구별한다.

형상, 괴로움의 모습은 범부와 중생이 그가 빠져 있는 업과의 감각에 정체되어 있는 상태이고, 또한 근본적으로 부처가 나타내 보인 것임을 모르는 것이다. 즉 범부와 이승이 보는 부처의 모습과 정토는 분별사식에 의거해 "밖에서 온 것이라고 생각하고 형태를 취하고 한계를 갖는" 것이니, 부처가 실제로 이처럼 차별적이고 제한된 형상이 있음을 인정하는 것이다. 생각건대 제6의식은 분별적인 사상(事象)의 경험을 그대로 따르는 것을 그 본성으로 한다. 범부와 이승은 아라야식도 모르고, 여래장 장식은 더더욱 모른다. 그러므로 『해심밀경』에서는 "아타나식(아라야식의 다른 이름이다)은 매우 깊고 섬세하며, 모든 종자는 폭포수와 같다. 나는 범인과 어리석은 이들에게 설법하지 않으니, 그들이 분별하여 나라고 집착할까 걱정된다"[85]라고 하였다. 범부와 이승은 그가 보는 부처님의 모습과 정토 그리고 연기한 모든 현상들에 이르기까지 모두 그 자신 아라야식이거나 여래장 장식[86]이고, 제7 말나식(업식, 전식)을 통해 나타난 것이라고 보고, 이처럼 차별적이고 제한된 형상의 존재가 실유한다고 집착한다. 실제로 이처럼 차별적이고 제한적인 현상 내지 대상 세계는 모두 범부·이승이 그 자신의 분별사식에 의거하여 이와 같다고 허망하게 집착한 것이다. 이들 신묘한 대상 세계는 실은 업식이 나타낸 것에 불과하고, 실제로는 말할 만한 자체나 자기 상이 결코 없다.

보신(報身)[87] 또한 부처의 자수용신(自受用身)이라고 부르는데, 이것은 보살이 업식[轉識]에 의거하여 나타낸 것이다. 이는 분별사식에서부터 업식으로 들어간 것으로, 범부·이승보다 뛰어나다. 생각건대 대승 보살은 모든 법이 오직 일심이며, 아라야식이나 여래장 장식이 제7말나식을 통

---

85 역주 :『解深密經』卷1「心意識相品第三」(T16, 692a), "阿陀那識甚深細, 一切種子如瀑流. 我于凡愚不開演, 恐彼分別執爲我."

86 『능가경』의 설을 따른 것이다.

87 역주 : 보신(報身)은 과거의 수행에 의해 공덕을 쌓은 보답을 즐기고 있는 부처님의 완전한 모습을 말한다. 그것은 모든 미덕을 구비한 이상적인 완성된 인격으로서의 부처님의 모습이다.

하여 나타난 것임을 안다. 즉 모든 법은 오직 하나의 식이고 하나의 식도 모든 것을 포함하므로, 분별사식의 차별적이고 제한적인 범위를 떠나 그 무궁무진함을 본 것이다. 그러나 볼 상이 있더라도 여전히 식념 중에 있으므로 "업식에 의거한다"고 말하고서 부처의 보신으로 본다. 따라서 "둘째는 업식에 의한 것으로, 모든 보살이 처음 발심한 데부터 보살의 깨달은 경지에 이르기까지 마음으로 본 것은 보신이라고 말한다. 그 몸에 무한한 형상이 있고, 형상에 무수한 모습이 있으며, 모습에 무한한 용모가 있다. 머무는 장소에도 무수히 여러 가지 장엄이 있어서 끝이 없다. 차별적이고 제한적인 상을 벗어났지만 그 응하는 곳에 따라 항상 머물러 있어서 훼손되지도 않고 잃지도 않는다. 이러한 공덕은 모든 바라밀 등 번뇌가 없는 행위의 훈습 및 생각할 수 없는 훈습에 의하여 성취된다. 이러한 한량없는 즐거운 모습을 모두 갖추고 있으므로, 보신이라고 한다"[88]라고 하였던 것이다.

그러나 이 한량없는 즐거운 모습도 보살이 업식에 의거해서 본 것이니, 여전히 부처와 여래 법신의 여여한 무상(無相)이자 오직 평등한 한 맛에까지 철저하게 이르렀다고는 볼 수 없다. 그러므로 "처음 발심한 보살 등이 보는 것은 진여법을 깊이 믿기 때문에 적은 부분으로나마 보신을 보아서 저 보신의 형상과 장엄 등의 일이 오는 것도 없고 가는 것도 없어 부분을 떠났으며, 오직 마음에 의하여 나타날 뿐 진여를 떠나지 않은 것임을 아는 것이다.[89] 그러나 이 보살은 아직 스스로 분별을 하고 있기 때문에, 아직 법신의 지위에는 들어가지 않았다. 깨끗한 마음을 얻는다면, 보는 것이 미묘하여 그 작용이 점점 훌륭하게 되고 그리하여 보살의 위치에 이르러 결국 궁극의 경지를 보게 된다.[90] 업식을 벗어난다면 보

---

88 역주 : 『大乘起信論』 卷5(T32, 579b), "二者依於業識, 謂諸菩薩從初發意, 乃至菩薩究竟地心所見者, 名爲報身. 身有無量色, 色有無量相, 相有無量好. 所住依果亦有無量種種莊嚴, 隨所示現, 卽無有邊, 不可窮盡, 離分齊相, 隨其所應, 常能住持, 不毀不失. 如是功德皆因諸波羅蜜等無漏行熏, 及不思議熏之所成就, 具足無量樂相故, 說爲報身."

89 이 地前 초발심보살이 이 단계까지 이르렀으니, 이미 범부·이승과는 다르다.

는 모습이 없어지는 것이니, 모든 부처의 법신은 피차의 모습을 서로 보는 일이 없기 때문이다"[91]라고 하였다. 이 마지막 단계에서 보신이 법신에 융합된다. 법신은 상이 없는 오직 한 청정심일 뿐이다. 따라서 그가 보는 보신이 어떻게 완전히 다할 것인가를 막론하고 여전히 식념 중에 있음을 안다. 만약 제십지(第十地)[92] 금강후심(金剛後心)에서부터 무명을 단절시켜 없애고 망념의 업식을 벗어난다면, 볼 상이 없게 될 것이고 오직 법신만 나타나게 된다. 상이 있음을 보지 않고 불법신(佛法身)과 상응한다면 부처는 법신일 뿐이고, 내가 업식을 떠난다면 나도 법신일 뿐이다. 법신과 법신은 평등하여 일여(一如)이고, 부처도 법신으로서 일여이며, 나도 법신으로서 일여이다. 한 진여는 두 진여가 없고, 이 부처가 저 부처를 보는 일도 없으며, 이 진여가 저 진여와 다르지도 않다.

앞에서 말한 내용에 의하면, 부처의 응신·화신과 보신의 작용은 단

---

90 이것이 지상보살에서부터 바로 십지보살까지 비로소 부처의 보신을 모두 보고, 보신의 전체 온축된 내용을 철저히 다하게 된다. 그러므로 이는 보신과 같지만, 여전히 상이 존재한다.

91 역주:『大乘起信論』卷5(T32, 579a), "初發意菩薩等所見者, 以深信眞如法故, 少分而見, 知彼色相莊嚴等事, 無來無去, 離於分齊, 唯依心現, 不離眞如. 然此菩薩猶自分別, 以未入法身位故. 若得淨心, 所見微妙, 其用轉勝, 乃至菩薩地盡, 見之究竟. 若離業識, 則無見相. 以諸佛法身無有彼此色相迭相見故."

92 역주: 십지(十地)는 보살이 수행해야 하는 52단계 중에서 특히 제41위에서 제50위까지를 十地라고 한다. 이 10위는 佛智를 생성하고 주지하여 움직이지 않으며 온갖 중생을 짊어지고 교화하는 것이 마치 대지가 만물을 싣고 이익을 주는 것과 같으므로 地라고 부른다. ① 歡喜地 : 처음 中道智를 내어 불성의 이치를 보고, 見惑을 끊으며 자리이타하여 진실한 기쁨에 가득한 단계, ② 離垢地 : 修惑을 끊고 계를 범하는 더러움을 제거하여 자신을 깨끗이 하는 단계, ③ 發光地 : 수혹을 끊어 지혜의 광명이 나타나는 단계, ④ 焰慧地 : 수혹을 끊어 지혜가 더욱 치열해지는 단계, ⑤ 難勝地 : 수혹을 끊고 眞智, 俗智를 조화시키는 단계, ⑥ 現前地 : 수혹을 끊고 最勝智를 내어 무위진여의 모양이 나타나는 단계, ⑦ 遠行地 : 수혹을 끊고 대비심을 일으켜서 2승의 깨달음을 초월하고 광대무변한 진리 세계에 다다르는 단계, ⑧ 不動地 : 수혹을 끊고 이미 全眞如를 얻었으므로, 다시 동요되지 않는 단계, ⑨ 善慧地 : 수혹을 끊어 부처님의 10力을 얻고, 機類에 대하여 교화의 가부를 알아 공교하게 설법하는 단계, ⑩ 法雲地 : 수혹을 끊고 끝없는 공덕을 구비하고서 사람에게 이익이 되는 일을 행하여 大慈雲이 되는 단계이다.

지 환상(幻相)에 지나지 않는다. 응신·화신이 환상이 나타난 것이므로 부처의 정보(正報)·의보(依報-自受用身)도 환상일 뿐 아니라, 식에 의거하여 나타난 모든 것들이 환상이다. 이것이 축도생이 법신에 형상(色)이 없고, 부처는 정토가 없으며, 보신의 여러 뜻을 잘 받아들일 수 없다고 말한 까닭이다. 환상이므로, 떠날 수 있고 소멸시킬 수 있다. 업식을 떠나면 그 자리에서 바로 적막해지고 볼 수 있는 상이 없게 된다. 이치에 따라 나누어서 말하면, 작용이 환상이므로 작용도 그칠 수 있다. 작용을 녹여서 체로 들어가면, 말할 만한 작용이 없다. 이것이 체와 용이 분리될 수 없으면서 분리될 수 있다는 것이다. 불교는 '유전환멸'을 핵심으로 한다. 유전은 식에 의거해서 나타나고, 식을 변화시켜 심으로 돌아가면 환멸한다. 환멸하여 아무 상이 없으면, 저절로 식도 없게 된다. 이것이 "연기 성공하고 유전환멸하면, 더러운 것과 깨끗한 것이 뒤바뀌고[染淨對飜] 생멸하는 것과 생멸하지 않는 것이 뒤바뀐다[生滅不生滅對飜]"[93]는 강령 하에 체용이 분리되지 않으면서도 분리된다는 의미를 가지게 되는 까닭이다.

6. 그러나 체용이 분리되지 않으면서도 분리된다는 이 조항은 직선 코스로 높은 단계로 올라가는 학설인 동시에 분석하여 이치에 따라서 말한 내용이기도 하다. 이것은 화엄종의 교판 이론에 의한다면 종교(終敎)의 견해이다.[94] 천태종의 교판 이론에 의하면,[95] 이것은 '연리단구'(緣理斷

---

93   역주 : 湛然, 『法華文句記』 卷5(T34, 251c), "次生滅不生滅相對, 卽不生滅不可言宣. 此小衍相對也."

94   역주 : 화엄종의 五敎의 하나로서, 대승종교의 가르침의 의미이다. 화엄종 교판 이론인 五敎는 ① 소승교(小乘敎) : 십이인연 등을 설하는 『아함경』 등의 가르침, ② 대승시교(大乘始敎) : 모든 것은 실체가 없는 공이라고 설하는 『반야경』 『해심밀경』 등의 가르침, ③ 대승종교(大乘終敎) : 진여연기를 설명하고, 모든 중생의 성불을 논하는 『대승기신론』 등의 가르침, ④ 돈교(頓敎) : 곧바로 깨달음에 들어가는 것을 말하는 『유마경』 등의 가르침, ⑤ 원교(圓敎) : 一乘을 설하는 완전한 가르침으로, 『화엄경』 『법화경』 등이 있지만, 여기에 同別二乘의 차이가 있다. 화엄종에서는 제교를 초월한 무진의 불법을 설하는 『화엄경』을 別敎一乘이라고 하여 특히 원교라고 부른다.

95   역주 : 천태종의 교상판석은 천태 사교(四敎)로 불리운다. 중생을 인도하는 부처님의 설법을 장(藏)·통(通)·별(別)·원(圓)의 네 가지 가르침으로 나누고, 그 설법을 중

九)[96]의 별교(別教) 입장이다. 이는 오히려 원융적인 학설이 아니다. 그러나 이 삼신의 체용이 분리되면서도 분리될 수 없다는 주장은 삼신을 오히려 하나로 보는 것이고, 나타난다·나타나지 않는다거나 본다·보지 않는다는 것이 없는 원융적인 학설이므로, 항상 이같이 원융적으로 설명한 것이다. 이것은 분석을 원융으로 여기고 직선을 전환시켜 곡선으로 삼는 지혜이다. 이것이 원교(圓教)가 성립하는 이유이다.

물었다. "만약 모든 부처의 법신이 현상적인 모습에서 벗어났다면 어떻게 모습을 나타내는가?" 대답하였다. "본래부터 형상과 마음은 둘이 아니다[色心不二]. 왜냐하면 형상의 본성이 지혜이기 때문이다. 형상의 체에 형체가 없는 것을 지혜의 몸(智身)이라고 부르고, 지혜의 성질은 곧 형상인 까닭에 법신이 모든 곳에 두루 나타난다고 말하는 것이다. 나타난 형상에 차별상이 없으므로, 중생의 마음에 따라 시방 세계에 무한한 보살과 무수한 보신과 무량한 장엄을 나타낸다. 여기에는 각각 차별은 있지만 본래 차별상이 없어서 서로 방해되지 않는다. 이것은 심식의 분별로 알 수 있는 것이 아니다. 진여의 자유로운 작용의 뜻이기 때문이다."

問曰 : "若諸佛法身離於色相者, 云何能現色相." 答曰 : "卽此法身是色體故, 能現於色. 所謂從本已來色心不二. 以色性卽智故, 色體無形, 說名智身. 以智性卽色故, 說名法身遍一切處. 所現之色無有分齊, 隨心能示十方世界無量菩薩, 無量報身, 無量莊嚴, 各各差別, 皆無分齊, 而不相妨. 此非心識分別能知, 以眞如自在用義故."

『大乘起信論』 권5

생에게 나타내는 형태를 돈(頓)·점(漸)·비밀(秘密)·부정(不定)의 네 가지로 나누었다. 이 化法 四教와 化義 四教를 합쳐 八教라고도 부른다.

96   역주 : '연리단구(緣理斷九)'는 十界 중 정상의 부처님 경지의 진리를 관념하고, 다른 아홉 가지 세계의 잘못된 모습을 끊는 것이다. 천태종의 별교(別教), 화엄종의 원교(圓教)의 교별이다. 사명 지례가 공격하는 山外派의 입장이다.

『기신론』의 이 문단은 그 의미를 원융적으로 설명한 측면이고, 원교 (圓敎)를 열고 세운 것이다. 나는 다시 이 문단에 나온 '형상과 마음이 둘이 아니다[色心不二]는 '진여의 자유로운 작용'의 뜻'을 살펴보고자 한다.

본래 부처는 정각을 이루고 열반을 증득하며 법신을 얻는다. 만약 법신이 진여 공성의 '단지 이치'일 뿐 아니라 청정한 마음이라면, 또한 열반이 신체를 재로 만들고 지혜를 소멸하는 것일 뿐 아니라 부처에게 열반이나 열반이 아닌 것이 없고 열반이나 열반이 아닌 것이 단지 나타난 상일 뿐이고 그 자신은 한 각체로서 법신이 상주하며 두루 존재하는 것일 뿐이라면, 최상의 정등정각의 법신 생명은 저절로 말할 만한 기상(氣象)을 이루게 될 것이다. '기상'은 유학의 용어로서, 성현의 기상이라고 말할 때가 바로 이 경우이다. 맹자는 "그 환한 빛이 윤택한 모양으로 얼굴에 나타나고 등에 넘쳐흐른다"고 하였다.[97] 덕성이 몸을 윤택하게 하면[98] 저절로 볼만한 기상이 있게 된다. 이러한 기상은 심식 분별로 측정해서 알 수 있는 것이 아니다. 그러므로 맹자는 "충실한 것을 아름답다고 한다. 충실하면서도 광휘가 있는 것을 위대하다고 한다. 위대하면서 변화시키는 것을 성스럽다고 한다. 성스럽지만 알지 못하는 것을 신묘하다고 한다"[99]라고 하였다. 성스럽고 신묘하며 변화시키는 경지, 천지의 기상, 신명(神明)의 용모, 천지의 아름다움은 심식 분별로 측정하여 알 수 있는 것이 아니다. 부처의 '한량없는 보신, 한량없는 장엄'도 심식 분별로 알 수 있는 것이 아니며, 이는 '진여의 자유로운 작용'의 뜻이다. 총괄하여 말하면, 성인이 되고 부처가 되는 것은 형태가 하나이다. 그러나 여기에는 본질적인 차별이 있으니, 그 교의의 강령과 규범을 비교해 보아야 한다. 이제 "연기 성공하고 유전환멸하면, 더러운 것과 깨끗한 것

---

97   역주:『孟子』卷6, "其生色也, 睟然見於面, 盎於背."
98   『大學』에서는 "덕이 몸을 윤택하게 한다"(德潤身)고 하였다.
99   역주:『孟子』卷7, "充實之謂美, 充實而有光輝之謂大, 大而化之之謂聖, 聖而不可知之謂神."

이 뒤바뀌고 생멸하는 것과 생멸하지 않는 것이 뒤바뀐다"는 의리와 규범에 의거하여 이를 원융적으로 설명한 '형상과 마음이 둘이 아닌' '진여의 자유로운 작용'의 뜻을 헤아려 보기로 한다.

『기신론』에서는 "본래 형상과 마음이 둘이 아니다", 즉 '색심불이'(色心不二)라는 존재론적 진술을 "법신은 상을 떠나지만 상으로 나타날 수 있다"는 원융적인 학설로 객관적인 기초를 세운다. 이것은 법신의 형상이 비록 이승과 보살의 경우에 식에 의해 나타난 것이지만, 또한 순전히 주관적으로 식에 의해 나타난 것일 뿐 아니라 객관적으로 부처의 입장에서 불법신의 자연스러운 나타남이자 진여의 자유로운 작용이기도 하다. 이러한 객관적 기초가 있으므로 불법신은 비로소 객관적인 진실의 원만한 법신일 수 있고, 추상적으로 말해서 "단지 법신이기만 하다"는 분위기에 그치지 않게 된다. 그러나 이러한 의미는 지극히 미묘하고 복잡하므로, 나는 이를 단계적으로 검토해보려고 한다. 나는 다음과 같이 묻는다. 이 '색심불이'라는 존재론적 진술은 어떠한 상황에서 비로소 '객관적 진실의 원만한 법신'이라는 객관적 기초를 갖게 되는가?

6-1. 먼저 식념의 생멸 유전은 결코 '심진여체'의 작용이 아니다. 식념이 일어나는 것은 생멸하지 않는 심진여체에 의거하여 일어나지만, 심진여체는 그것이 의지하는 원인일 뿐이지 생성 원인은 아니다. 그뿐만이 아니라 식념은 여전히 허망하고 실질을 갖지 않으며 상대적이고 단멸한다. 유학의 입장에서 말하면, 그것은 실제의 것[實事]이 아니라 환상[幻事]일 뿐이다. 환상의 직접적인 생성 원인은 엄밀히 말해서 무명(無明)에 해당하지 여래장이 아니다. 무명은 뿌리가 없고, 마찬가지로 환상도 뿌리가 없다. 무명은 본래 없는 것이며, 환상도 본래 없는 것이다. 이것은 환상이 여래장의 작용이 될 수 없다는 의미이다. 일반적으로 말하는 여래장연기는 오해하기 쉽다. 자세히 말하면, 무명식념이 여래장에 의거해서 연기한다는 것은 여래장 자신이 생멸법을 진정으로 연기할 수 있다는 의미가 결코 아니다. 여래장이 생멸법의 체가 아니고, 생멸법도 여래장의

작용이 아니므로, 양자는 실로 서로 의지하지 않고 서로 상대하는 것도 아니라고 할 수 있다. 만약 서로 의지하고 상대하는 것이라면, 허망한 것이 참된 것에서 나오게 되므로 그 참된 것도 필연적으로 참된 것은 아닐 것이다. 이 단계를 분석적으로 말하면, 중생이 태초 이래 실제로 그렇다고 말할 수 있다.『승만경』의 "더럽지 않으면서도 더럽고, 더러우면서도 더럽지 않다"고 한 말이 이와 같은 말이다. 여기에서부터 마침내 법장 현수가 말한 진여의 두 가지 의미가 도출되어 나온다. 그 의미는 첫째는 변화하지 않는 것[不變]이고, 둘째는 연을 따르는 것[隨緣]이다. 이것을 근거로 "변화하지 않으면서도 연을 따르고, 연을 따르면서도 변화하지 않는다"는 학설이 있게 된다. 이 "변화하지 않으면서도 연을 따르고, 연을 따르면서도 변화하지 않는다"는 것 역시 중생이 태초 이래 실제로 이와 같았다는 말이다. 만약 여기에서 '형상과 마음이 둘이 아니다'고 말할 수 있다면, '형상과 마음이 둘이 아니라'는 진술은 사실적으로 말한 경험적 명제이다. 설사 존재론적 진술이라고 할 수 있을지라고 이는 현상적인 진술이고, 사실적인 존재론의 진술이다. 이러한 의미에서 형상과 마음은 둘이 아니지만, 실제로는 둘이다. 이는 변화하지 않는 것과 연을 따르는 것이 체용이 아니기 때문이다. 또한 연을 따르는 깨끗한 법은 단절되지 않고 더러운 법은 단절되어야 하기 때문이다. 이것이 둘이 아니라고 하지만 실제로는 둘이라는 의미이다. 사실적으로 말한 '색심불이'(色心不二)는 객관적인 진실하고 원만한 법신의 객관적 기초가 될 수 없다. 그렇다면 어떠한 상황에서 '색심불이'는 비로소 진실로 성립될 수 있고, 하나의 필연적 명제가 될 수 있으며, 객관적으로 진실하고 원만한 법신의 객관적 기초가 될 수 있는가?

6-2. 일반적으로 종합명제[100]가 하나의 필연적 명제로 성립되려면 하나의 초월적 근거가 있어야 한다. 그러나 여기에서 나는 여래장심을 초

---

100 色心不二는 일종의 종합 명제이다.

월적 근거로 볼 수 없고, 또한 무명 식념의 생멸 유전하는 것이 모두 여래장에 의거한 것이라고 해서 사실층에 속한 색심불이가 여래장을 초월적 근거로 삼기 때문에 필연적인 것이라고 말할 수 없다. 왜냐하면 그것이 비록 여래장에 의거하여 일어난다고 하더라도, 여래장은 그에 대해 결코 책임이 없기 때문이다. 즉 둘은 상응하지 않기 때문이며, 생멸유전은 환멸을 기다려야 하기 때문이다. 이 때문에 불교에서의 '색심불이'는 종합명제인 것이다. 필연적으로 이루어진다고 생각하려면 별도의 설명 방법이 있어야 하는데, 이것은 직선적인 사고로 해결할 수 있는 문제가 아니다. 환상적인 것은 비록 여래장에 의거한다고 하더라도 여래장이 그것을 일으켜 나타내는 체라고 할 수 없다. 따라서 환멸도 여래장의 작용이라고 할 수 없다. 그러나 여래장 진심이 나타나서 법신이 된 것은 자유로운 작용이 있어야 형상으로 나타날 수 있다. 그렇지 않다면 법신은 진여 공성의 '단지 이치일 뿐' 법신이 될 수는 없다. '단지 이치'(但理)는 자성신(自性身)이 될 수 있을 뿐이고, 법신과 함께 의지(依止)가 되지만, 그것을 곧 법신 자체라고는 할 수 없다. 그렇다면 법신의 자유로운 작용이 나타내는 형상은 어디로부터 오는가? 어떻게 생멸 유전하는 형상 외에 별도로 생멸하지 않는 형상이 있을 수 있는가? 만약 별도의 다른 방식이 있다면 서로 분리될 것이고, 별도의 방식이 없다면 '단지 이치'로 될 뿐이다. 이것은 진퇴양난이다. 이러한 진퇴양난의 상황은 이렇게 말할 수 있을 것도 같다. 생멸유전의 형상이 반드시 환멸해야 한다면 법신은 곧 '단지 이치'로 되어 법신이 될 수 없다. 만약 법신이 '단지 이치'가 아니라 법신이고, 또 별도 방식의 형상이 있을 수 없다면 환멸하는 생멸유전의 현상은 환멸할 수 없어야 한다. 이것이 진퇴양난의 모순이다. 이 모순을 격파해야만 비로소 '색심불이'가 필연이 될 수 있고, 객관적으로 진실하고 원만한 법신이 비로소 그 객관적 기초를 얻어 궁극으로 완성될 수 있을 것이다. 그러나 우리는 어떻게 이 모순을 격파할 수 있을까? 불교에서는 아마 변증법적 궤변과 곡선의 지혜를 통해야만 답을 할 수 있을 것이다. 결코 초월적인 분석으로는 해답을 얻을 수 없다.

6-3. '색심불이'라는 관념이 제기되고 또 그것의 필연성 문제가 나오게 된 원초적인 내력은 단지 보살도에서 중생을 버리지 않는다는 것일 뿐이다. 보살이 성불하는 데 반드시 모든 중생을 구원한다는 것이 조건이고 내용이다. 따라서 부처의 열반 법신은 소승 불교 열반의 궁핍과 가련함은 아닌 것 같다. 부처의 열반 법신은 소승과 달리 실로 충실하고 포만하여 모든 것과 관련되고 모든 것을 구원하는 것을 내용으로 한다. 따라서 『기신론』에서는 이렇게 말한다. "진여의 작용은 모든 부처와 여래가 본래 원인의 자리[因地]에서 위대한 자비[101]를 일으켜 모든 바라밀을 닦아서 중생을 교화시키며, 큰 서원을 세워서 모든 중생계를 해탈시키고자 세월의 길이에 한정하지 않고 미래에까지 다하는 것이다. 모든 중생을 자기 몸과 같이 돌보기 때문이지만, 그러면서도 중생의 모습을 받아들이지 않는다. 이것은 무슨 뜻인가? 모든 중생과 자기의 몸이 진여로서 평등하여 다름이 없음을 여실히 앎을 의미한다."[102] 이것은 평등하여 둘도 아니고 다르지도 않는 진여의 절대 보편성(평등성)을 가지고 미래의 시기가 다하도록 모든 중생을 자기 자신에게 통합하는 것이니, 자기 자신이 바로 중생의 몸이고, 중생의 몸이 바로 자기 자신의 몸이며, 중생의 모습을 취하지도 않는다. 이것이 바로 아상(我相)이 없고, 인상(人相)도 없으며, 중생상(衆生相)이 없고, 수자상(壽者相)도 없는 것이다.[103] 모든 중생은 상에 집착하지 않는 중에 진여 평등의 한 맛[一味]에 모두 통합된다.

---

101 역주 : 자비(悲, karuṇā)는 고통을 뽑아 없앤다는 의미이다. 불보살들은 중생의 고통을 불쌍히 여기고 그것을 뽑아없애서 구제하고자 하는데, 그 마음을 자비라고 한다. 일반적으로는 四無量心의 하나이다. 『華嚴經』에서 말하는 十種大悲心이나 『寶雨經』에 나오는 佛 三十二種大悲心이 그 예이다.

102 역주 : 『大乘起信論』 卷5(T32, 579b), "眞如用者, 所謂諸佛如來, 本在因地, 發大慈悲. 修諸波羅蜜, 攝化衆生, 立大誓願, 盡欲度脫等衆生界, 亦不限劫數, 盡於未來. 以取一切衆生如己身故, 而亦不取衆生相. 此以何義. 謂如實知一切衆生及與己身眞如平等無別異故."

103 역주 : 『金剛般若波羅蜜經』(T08, 749a), "若菩薩有我相人相衆生相壽者相, 卽非菩薩."

이렇게 되어야만 비로소 하나도 남김없이 원만하게 된다. 이것을 유학의 입장에서 말하면 "사물을 이루면서 하나라도 빠뜨리지 않는다"는 체물불유(體物不遺)이고, '대인은 가(家)·국(國)·천하(天下)를 나와 한 몸으로 삼는다'는 것이며, '인자(仁者)는 만물과 혼연히 동체를 이룬다'는 것이고, '우주 안의 일이 바로 나의 일이다' 등과 같은 것으로, 모두 동일한 '원만하다'의 의미이다. 그러나 형태는 동일하지만, 본질은 다르다. 진여 평등은 여래장심이고, 중생은 모든 형상[色相]이다. 성불은 고립적으로 성불할 수 없고, 중생의 형상과 관련하여 성불한다. 이와 같이 그 법신은 추상적인 '단지 이치일 뿐'인 것이 아니라 진실하고 구체적인 원만 법신이다. 즉 이 법신은 반드시 중생의 형상 중에 나타나야만 비로소 실천적이고 초월적으로 중생의 형상이 갖는 필연성을 긍정하게 된다. 긍정이라는 것은 사실적 차원에서 무명 식념이 유전하고 환망함을 긍정하는 것이 아니라,[104] 법신이 나타나는 것이 반드시 중생의 형상 및 유전하는 환망(幻妄)으로 나타난다는 것을 긍정하는 것이다. 따라서 이 유전하는 환망을 필연적으로 정주(定住)하게 하지만, 공을 벗어나지는 못한다.[105] 이 첫걸음은 소극적인 의미의 긍정이므로, 머무르고 정체하지만 그것에 정주한다. 더 나아가면 머무르고 정주하는 데서부터 적멸하여 구제하고, 그것을 진여심에 융화시켜 막히지 않게 한다. 따라서 저 생멸 유전은 참되고 항상되다는 진상(眞常)의 의미를 가지게 되지만 다시는 환망이 아니고 무명도 아니다. 이것은 '식을 전환하여 지혜를 이루는 것'[轉識成智]이고, '식념을 변화시켜 심으로 귀결하는 것'[化念歸心]이므로, 식념이라는 것이 없게 된다. 소위 적멸하여 구제하는 것은 단지 상에 집착하지 않고 계교에 집착하지 않는다는 것이다. 저 허망한 분별을 적멸하게 하는 것이지, 그 연기의 일[依他起]을 없애는 것이 아니다. 이처럼 연기하면서도 연기하지 않고, 생멸하면서도 생멸하지 않으며, 유전하면서도 유전하지 않는다.

---

104 이 유전[流轉]과 환망[幻妄]은 반드시 환멸하여야 한다. 이것은 실천적으로 필연적이다.
105 공(空)을 답습한다.

이것은 바로 당체(當體)가 곧 참되고 항상된 것[眞常]이기 때문에 그것을 없애고 그 밖에서 따로 또 하나의 참되고 항상된 것을 찾으려고 해서는 안 된다. 이것은 연기의 일이 본질적인 변화를 일으켜서 무상을 버리고 항상이라는 의미를 얻으며, 환망을 버리고 진실의 의미를 얻은 것이다. 이 두 번째 걸음이 적극적인 의미의 긍정이고, 실천적이고 초월적인 긍정이다. 이것으로 말미암아 실천적으로 초월적인 필연성을 얻을 수 있다. 이것이 '허물어지지 않고 무너지지도 않는다는 것이다. 이것은 초월적인 필연으로 말미암아 허물어지지 않고 무너지지 않는 것이다. 이는 초월적인 의미의 '무너지지 않음'이다. 일반적으로 "병을 없애지 법을 없애지 않는다"는 말이 바로 이 뜻이다. 초월적인 긍정과 초월적인 필연성, 초월적인 의미의 무너지지 않음은 실은 "병을 없애지 법을 없애지 않는다"는 말에 지나지 않는다. 이것이 비로소 진정한 '색심불이'이다. 이것을 통하여 '색심불이'는 비로소 참으로 필연적인 명제가 되고, 이로 인하여 객관적으로 진실하고 원만한 법신의 객관적 기초가 될 수 있다. 또 '색심불이'는 하나의 초월적인 존재론적 진술이 되고, 연기하는 형상에 대한 초월적인 긍정이 되어 필연적으로 무너지지 않으며, 그 자신을 하나의 초월적이고 존재론적인 진술로 드러낸다. 이곳에서는 "변화하지 않으면서도 연을 따르고, 연을 따르면서도 변화하지 않는다"고 말할 것이 없다. 이러한 차원을 이미 뛰어넘어서 변화하지 않음과 연기의 모습이 여여하게 나타나서 객관적인 진실이자 원만한 법신이 되는 것이다. 법신과 보신 및 응신에 의거한 변화가 구분되지 않고, 부처의 현현이나 중생이 식에 의거해 나타나는 일이 없다. 이것이 바로 '진여의 자유로운 작용'으로서 형상을 떠났으면서도 형상으로 나타날 수 있는 것이다.

6-4. 무명의 식념이 비록 여래장에 의거하여 일어나지만 원래는 근원이 없는 것이다. 이렇게 말하고서 끝났다고 하면 끝났다고 할 수 있다. 그러나 "변화하지 않으면서도 연을 따르고, 연을 따르면서도 변화하지 않는다"는 것은 원래 근원이 없는 무명 식념을 따른 것이므로 경험적이

고 사실적인 진술이다. 그것에는 결코 필연성이 없다. 이것들은 모두 중생이 태초 이래 실제로 이렇다는 설을 따른 것이다. 그러나 "나아가서 멸도하고, 다시 이것으로 인하여 초월적으로 긍정한다"는 곡선적인 지혜와 변증적인 궤설을 통할 때 그 자신은 질적으로 변화를 일으켜 마침내 여래장심과 여여하게 상응하여 참되고 항상됨[眞常]과 필연적인 의미를 획득할 뿐 아니라 무궁무진한 의미를 얻게 된다. 법신은 항상되고 두루 편재하며, 자유로운 작용의 중생 형상 역시 항상되고 두루 편재하며 무궁무진하기 때문이다. 이러한 초월적인 긍정과 필연, 무너지지 않는 중에서 진상(眞常)의 의미와 필연의 의미 및 무궁무진의 의미를 얻어 법신의 자유로운 작용의 형상이 된다. 엄격하게 말하면, 법신의 자유로운 작용의 형상은 여래장심의 진여체 자신이 창생하여 일으킨 것이 아니고, 단지 그 중생이 태초 이래 원래 가지고 있는 연기의 형상을 융화하여 그것을 자기의 상과 상응시켜 자기의 자유로운 작용을 이룬 것에 불과하다. 이러한 연기의 형상은 무명의 식념을 그대로 따른 것으로 원래 여래장심과 상응한 것이 아니다. 그러나 비록 상응하지는 않지만 서로 장애가 되지 않는다[無碍]. 이른바 "변화하지 않으면서도 연을 따르고, 연을 따르면서도 변화하지 않는다"는 것이 바로 이것이다. 그러나 현재 초월적인 긍정을 통하면, 여래장심과 여여하게 상응하여 마침내 자기의 자유로운 작용이 된다. 그러나 그 바탕은 역시 무애이다. 단지 원래는 상응하지 않는 무애이지만 현재는 도리어 상응하는 무애이다. 상응하지 않는다면 비록 무애라고 할지라도 여래장심의 작용이 될 수 없다. 상응한다면 비록 무애라고 할지라도 자유로운 작용이라고 할 수 있다. 그러나 정인(正因)은 막힘없는 자유로운 작용이므로, 작용이면서도 작용이 아니다. 그 결과는 법신의 상주일 뿐이다. 따라서 '성기'(性起)라고 하지만, 실제로는 일어나지 않는다. 자유로운 작용은 단지 연기의 형상이 초월적인 긍정을 통하여 그것을 전환시켜 진여심 자신과 상응하게 하는 것뿐이다. 여기에는 실로 가탁의 의미가 있다. 원래 존재하는 것에 가탁하여 그 막힘없는 것과 자기를 상응하게 함으로써 마침내 자기의 자유로운 작용을 이루는 것이다. 이것이 불교의 멸도(滅度) 교의에서의 특별한 형태의 체용 개념이다. 그러므로 '색심불이'이어서 형상을 나타낼 수는 있지만, 실제로는 상이면서도 상이 아니고, 상이 없는 상이다. 작용이면서도 작용이 아니고, 작용이 없는 작용이다. 한량없는 공덕이라는 것도 실은 한 공덕의 상도 없는 것이다. 이것과 중생이 연기한 형상에서 실유하는 차별의 상에 집착하는 것은 다르다. 이것은 중생이 연기한 형상에서 실유에 집착하지 않으며, 당체는 그것을 적멸하고 그로 인하여 또한 무너지지 않는 것이다.[106] 이것이 바로 보여지고 반영해주는 허(虛)의 의미이다. 이 의미의 상은 재질의 상이 아니고, 이 의미의 작용은 재질의 작용이 아니며, 이 의미의 공덕의 상은 재질의 공덕의 상이 아니다. 하나의 상, 하나의 작용, 하나의 공덕마다 모든 것이 하나의 '의미'이지만, 실제로 상은 아니다. '상'은 연기한 곳의 재질의 상이 나타내 보여주는 허설(虛說)이고, 그로 인하여 소위 '하나마다'라는 다양성이 없고 단지 동등한 한 맛[一味]만이 있을 뿐이므로, '다양성'[多] 또한 보여주는 것에서의 허설일 뿐이다. 앞글에서 "갠지즈강 모래보다 많은 허망한 더러움의 뜻"이라고 한 것은 바로 이것을 말한다. 바꾸어 말하면 "갠지즈강 모래보다 많은 공덕의 상의 뜻을 나타내 보인다"는 것이다. 이것은 실제로 법신의 풍부한 의미이자 내용에 불과하고, 이러한 의미와 내용이 융합하여 하나의 의미가 되고 하나의 내용이 된다. 이러한 의미와 내용의 다양함과 상의 뜻은 연기하는 곳의 재질의 상에서부터 나타내 보여주는 허설이므로, 중생이 모두 성불하지 못할 때는 중생의 근기에 따라서 감응하여 반영된다. 이것이 범부와 이승 보살이 식에 의거해서 나타내는 응신·보신이다. 이때 삼신의 분별설이 존재한다. 그러나 부처 자신에게는 실제로 이와 같은 분별이 없다. 그것이 나타내 보여주어 들어오는 것과 반영해주어 되돌아

---

[106] 이것이 바로 '초월적 긍정'이라는 것이다.

가는 것들은 모두 환멸 수행을 통한 뒤에 특별히 노력하지 않아도 그렇게 되는 것들이다. 이것이 바로 '자유로운 작용'이다.

따라서 '색심불이' 하에서의 진여의 자유로운 작용의 실질적인 의미는 이러한 것에 불과하다. 무명의 식념이 소멸된다고 하더라도 법신은 '단지 이치에 불과한 것'이 아니다. 법신이 형상을 나타낸다고 하더라도, 별도로 재질의 상이 존재하는 것은 아니다. 이 곡선적인 지혜와 변증법적 궤변을 통하여 분석적으로 말한 직선적 사고의 모순을 논파하여 원융적 경지에 도달할 수 있다. 원융하면 구체적이면서도 진실하게 되고, 분석하면 추상적이면서 치우치고 막히게 된다. 따라서 분석은 반드시 원융에 도달해야 한다. 이것이 원교(圓敎)가 성립할 수 있는 까닭이다.

4. 원교 하에서 궁극적인 '체용' 의미의 확정

1. 중국에서 원교의 발전에는 두 가지 계통이 있다. 먼저 천태종이 있었고, 그 후에 화엄종이 있었다. 이 글에서 중심으로 삼은 것은 『기신론』에서 일어난 학설이므로, 이 절에서도 먼저 화엄종에서 시작하여 천태종의 학설과 비교하여 보겠다.

화엄종은 『기신론』이 초월적으로 분석한 것을 이론적 근거로 삼고, 여기에서부터 '대연기 다라니법'을 밝혔다. 대연기법계를 궁극의 결과로서의 깨달음(究竟果證)과 십불(十佛)[107]의 경지 측면에서 말하면, 여래장심

---

107 역주 : 『화엄경』에 나오는 것으로 해경(解境)의 10불, 행경(行境)의 10불이 있다. 해경 10불은 보살이 진지(眞智)로 관할 때 모두 부처인 것이니, 중생신·국토신·업보신·성문신·벽지불신·보살신·여래신·지신·법신·허공신이다. 행경 10불은 수행이 완성된 뒤 얻은 부처님 경지를 10가지로 나눈 것으로, 정각불·원불·업보불·주지불·화불·법계불·심불·삼매불·성(性)불·여의불이다.

과 연기의 업용(業用)이 여여하게 하나가 된 것이다. 그리하여 하나(一)가 모든 것(一切)이고, 모든 것이 하나이며, 사유하거나 논의하지 않고, 언어로 표현할 수 없으며, 형상이 없고, 제한된 한계도 없는, 원융한 오직 하나의 일진법계(一眞法界)[108]이자 비로자나불의 원만한 법신이다. 단지 '연(緣)에 따르고 인(因)에 의거하면' 상을 보여줄 수 있고, 무궁하게 자신을 나타낸다.

언어로 표현하는 측면에서 보면, 이 연기법계의 초월적 근거는 여래장심이다. 여래장심은 변화하지 않고, 변화하지 않는 것은 연에 따라 더럽고 깨끗한 법의 원인이 된다. 깨끗한 법은 성공덕(性功德)이라고 부르고, 본래의 깨달음(本覺)과 상응하며 서로 따른다. 반면에 더러운 법은 상응하지 않고 서로 어긋난다. 서로 어긋나는 일도 여래장심에 의거하여 연기하는데, 그 관건은 무명 식념이 줄지어 계속 일어나는 것에 있다. 이것들은 모두 먼저 예정되어 있어야 하고, 위배할 수 없는 것이다.

이것에 의하면, 더럽고 깨끗한 법의 연기는 모두 여래장에 통합되는데, 이것을 '초월적 통합'이라고 할 수 있다. 깨끗한 법으로 말하면, 이미 통합되고 또 모든 것을 갖추고 있지만, 더러운 법의 경우에는 통합되지만 모든 것을 갖추고 있지는 못하다. 혜사가 지은 『대승지관법문(大乘止觀法門)』에서는 진심이 더럽고 깨끗한 두 가지 성질을 본래 갖추고 있으며, 아울러 더러운 성질과 더러운 일도 불공여래장(不空如來藏)[109]으로 설명하였다. 그러나 이 견해는 모두 옳지 않다. 위경(『승만경』)이나 위론(『기신론』)은 '통합'에 대한 오해에서 일어난 것이다.[110]

---

108 역주 : 일진법계(一眞法界)는 유일 절대의 궁극의 진리를 말한다. 제불의 평등법신은 종래 不生不滅, 非空非有, 離名離相, 無內無外, 惟一眞實, 不可思議한 것으로 보므로, 일진법계라고 한다.

109 역주 : 불공여래장(不空如來藏)은 불공진여(不空眞如)라고도 부른다. 진여가 온갖 덕을 다 갖추고 모자란 덕이 없으며, 어떤 법이나 나타낼 수 없는 것이 없음을 말한다. 공여래장(空如來藏)과 반대 의미이다.

110 이 책은 여래장 계통에 속하고 대체로 『기신론』을 근거로 삼았지만, 천태종의 작품이 아니고 분명히 위탁에 속한다.

천태종 지자(지의) 대사의 본의와 형계(荊溪-담연) · 지례(知禮)의 해석은 모두 '일념삼천'(一念三千)의 측면에서 '성구'(性具), '리구'(理具) 또는 '체구'(體具)를 말한 것이다. 이 일념은 식념이지 진심이 아니다. 지자의 『마하지관(摩訶止觀)』은 『기신론』을 이론적 근거로 삼지 않고 있다. 그는 『중론(中論)』의 공(空) · 가(假) · 중(中) 개념으로 '지관(止觀)[111]을 수용한 위에서 원교를 전개한다. 따라서 '마음의 사유하거나 논의할 수 없는 경지'(心不思議境)로 체를 본다(觀體). 이 '마음의 사유하거나 논의할 수 없는 경지'는 진심이 아니고, '개이심'(介爾心)이고 찰나심이다. 식념으로 말하면 번뇌식념이 이것이다. 한 찰나의(介爾) 일념이 바로 삼천세간을 갖추고 있으므로, 사유하거나 논의할 수 없다. 이 사유하거나 논의할 수 없다는 측면에서 체를 보는 것으로부터 '공(空)이 곧 가(假)이고, 곧 중(中)이다'라는 원교를 전개한다. '갖추고 있다'(具)는 것은 더욱 내재적으로 갖춘 것으로 되고, 심리학적으로 갖춘 것이 되며, 또한 내용도 있고 강도도 있는 것으로 된다. 이것은 진정으로 본래 갖추고 있는 것이다. 더럽고 깨끗한 관건은 지관(止觀) 중의 미혹과 깨달음에 달려 있다. 미혹하면 전체가 중

---

111 역주 : 지관(止觀)은 불교의 중요한 수행법문의 하나이다. 천태종의 실천법문에서 止(śaṇatha, 奢摩他), 觀(vipaśyanā, 毘婆舍那)의 번역어이다. 지(止)는 일체의 외부 대상과 망념을 그치고 특정한 대상에 정신을 집중하는 것이고, 관(觀)은 바른 지혜를 가지고 이 대상을 관찰하는 것이다. 지관은 定 · 慧 또는 寂照 · 明靜이라고도 하는데, 止와 觀 두 가지는 상보상성하여 불도를 완성하므로 서로 떨어질 수 없는 관계이다. 천태종의 실천법을 체계화한 인물은 지의(智顗)인데, 그는 저작인 『摩訶止觀』에서 지관의 의미로 체계를 구성하고 空 · 假 · 中 三觀의 실천으로 그 체계를 완성하였다. 『摩訶止觀』에서는 지관의 3가지 뜻을 설명하며 三止三觀이라고 부른다. 止의 3가지 의미는 ㉠ 그친다(止息), ㉡ 정지한다(停止), ㉢ 不止을 가지고 止를 밝힌다(對不止止)이다. 觀의 3가지 의미는 ㉠ 꿰뚫는다(貫穿), ㉡ 잘 살펴서 통달한다, ㉢ 不觀을 가지고 觀을 밝힌다이다. 智顗는 止觀의 종류에 또한 3가지가 있다고 보았다. ① 점차지관(漸次止觀) : 선정을 수행하여 점차 實相을 깨달아가는 지관. ② 부정지관(不定止觀) : 중생의 성격, 능력에 따라 실천의 순서가 정해져 있지 않은 지관. ③ 원돈지관(圓頓止觀) : 처음부터 실상을 대상으로 하여 원만함이 결여되는 일 없이 즉시 깨닫는 지관. 그 중에서 일심삼관(一心三觀) · 일념삼천(一念三千)을 실천 이론으로 하는 원돈지관이 가장 뛰어나다.

생이고, 깨달으면 전체가 '실상'(實相)이다. 진심·참된 지혜[眞智]·참된 해탈·참된 법신도 여기에서 나타나는 것이지, 여래장심을 초월의 체로 먼저 세운 것이 결코 아니다. 엄밀히 말해서, 천태종은『중론』계열에 속하지『기신론』계열에 속하지 않는다.

1-1. 이 두 체계에서 '갖추고 있다'는 구(具)의 뜻이 다르다면, 리구(理具)·성구(性具)·체구(體具) 중의 리·성·체 자의 뜻도 구별이 있다. 현수 법장은 여래장 진심을 가리켜 말하였고, 천태 지자는 갖추고 있지만 밖으로 나타나지 않는다고 말하였다. 그러므로 한 사람은 실질을 말하였고, 한 사람은 허설을 말하였다. 허설의 '리'·'성'·'체' 자는 "한 찰나의 마음[介爾有心]이 삼천 세계를 갖추고 있다"라고 할 때의 '갖추고 있다'는 뜻에서 직접 논리적으로 분석해서 나온 것이다. 이는 말뜻에 속한 글자[語意字]이지 실질을 가리키는 글자[實字]가 아니다. '리구'는 한 찰나의 마음[介爾有心]을 말하는데, 이 찰나의 마음은 근원에서 삼천 세간을 갖추고 있다.[112] '성구'는 이 찰나 마음의 본질적인 측면에서 삼천 세간을 갖추고 있다는 것이다. '체구'는 '리' 자·'성' 자의 다른 명칭이고, 뜻을 서술하는 말이지, 실질이나 실체를 가리키는 말이 아니다. 화엄종에서 여래장심의 측면에서 더럽고 깨끗한 법을 말한다면, 진심이 깨끗한 법을 갖추고 있다고 말할 수 있을 뿐 더러운 법을 갖추고 있다고는 말할 수 없다. 이것은 원교가 아닌 별교이다. 그러나 수행을 통하여 '원인으로서의 수행이 갖추어져서 결과로서의 깨달음의 덕이 만족되는 경지'[因圓果滿]에 이르면, 성기(性起)가 바로 성구(性具)가 된다. 그러나 이 성기·성구는 십불(十佛), 즉 십신불(十身佛) 자신을 말하는 것이다. 원인의 원(圓)은 결과가 만족스러운 것을 거슬러 올라가 말한 것이므로, 모두 성기에 속하고 연기에 속하지 않는다.[113] 이것은 오직 삼신(三身)[114]의 깨끗한 법이

---

112 理의 측면에서 갖추고 있다.

113 앞 절 현수 법장의「性起品探玄」의 글을 참조할 것.

114 화엄종에서는 '十身'이라고 한다.

다. 일어나는 것[起]도 이것이고, 갖추고 있는 것[具]도 이것이므로, 일어나는 것이 바로 갖추고 있는 것이며, 일어나는 것과 갖추고 있는 것은 하나이다. 이러한 측면에서는 진여도 '연기'라고 말하므로, 궁극의 결과로서의 깨달음의 측면에서 원융하고 무궁무진한 '법계연기'가 된다. 이것이 '해인삼매'[115]의 연기이다. 허망함이 사라지고 마음이 깨끗해지면, 온갖 형상이 나란히 나타난다. 이는 일어나면서도 일어나지 않는 것이므로, '성기'라고 부르지 연기라고 부르지 않는다. 그러나 천태종의 성구·리구의 원융은 시작부터 '한 찰나의 마음[介爾心]'의 측면에서 말한 것이지, 궁극의 결과로서의 깨달음 측면에서 말한 것이 아니다. 이제 궁극의 결과로서 깨달음의 원교를 말하지 않고 천태종의 '성구'를 여래장 계통에서 분석적으로 말한 여래장심이 모든 법을 통합한다는 측면에서 말하면, 천태종의 성구는 원교이지만 화엄종의 여래장심이 모든 것을 통합하는 통합은 원교라고 할 수 없다. 생각건대 이 체제는 중생이 태초 이래 사실적으로 그와 같다고 말한 분석적인 학설에 따라 중간에 반드시 아라야식의 한 구비를 거쳐야 하고, 이 구비가 의존 관계를 세워 여래장에 통합되어야만 한다. 이것을 '갖추고 있다'라고 하고 '곡구'(曲具)라고 한다면, 천태종의 '직구'(直具)와는 다르다. '곡구'는 깨끗한 진여만을 가리킨 것으로, 잘못된 아홉 세계(九界)[116]를 깨뜨려야만 비로소 나타난다. 따라서 천태종 계열에는 '연리단구'(緣理斷九)의 이치가 있는 것이다. 아홉 세계를 깨뜨리고 단절시켜야 비로소 나타나므로, 이것을 '성구'(性具), 즉 직구라고 할 수 없다.

1-2. '성구'가 다르다면 "변화하지 않으면서도 연에 따르고, 연에 따르면서도 변화하지 않는다"[不變隨緣, 隨緣不變]는 구절의 해석도 다르다. 이

---

115 역주 : 해인삼매(海印三昧)는 부처님이 『화엄경』을 설할 때 들었던 삼매로서, 과거·현재·미래의 모든 것들이 마음 속에 나타나 있다는 의미이다. 큰 바다의 모든 사물이 깊게 배어나오는 듯한 마음의 고요함을 뜻한다.
116 九界는 육도 중생에 이승·보살을 더한 것이다.

두 말은 지자의 『마하지관』에는 보이지 않고, 현수 법장이 먼저 제기한 것이다. 「일승교의분제장(一乘敎議分齊章)」에서는 진여에 불변(不變)과 수연(隨緣) 두 가지 의미가 있다고 하였다. 따라서 "변화하지 않으면서도 연에 따르고, 연에 따르면서도 변화하지 않는다"는 학설이 있게 된 것이다. 그러나 이 두 말은 사실적인 측면에서 분석하여 말한 것으로, 궁극적인 결과로서의 깨달음이 원융 한 측면에서 말한 것이 아님을 알아야 한다. "변화하지 않으면서도 연에 따르다"는 말에서 연에 따른다는 '수연'은 연기이지 성기가 아니므로, 이것도 성구라고 할 수 없다. 설사 연에 의거하여 일어난 깨끗한 법, 예를 들어 여러 가지 수행 방편이 진여심에 의거해 일어났을지라도, 인에 의거하고 연에 의탁하여 일어났다면 과정상에서 여전히 연기에 속하지 직접적으로 성기라고 할 수는 없다.[117] 연기가 일으키는 생멸 유전하는 더러운 법의 경우에는 더욱 성기가 아니라 연기이고, 비록 성(性)에 의지한 것이라고 해도 성기가 아니며, 또 성구라고 할 수도 없다. 후대에 규봉 종밀 등 화엄종의 후학들은 현수 법장을 종지로 하여 형계의 '십불이문(十不二門)'[118]을 해석하였기 때문에 지례의 반박이 나오게 된 것이다. 지례의 반박은 매우 합당하고, 천태종의 '성구'가 가진 원교의 의미를 충분히 드러내고 있다. 천태에 의하면, 일념삼천의 성구(性具)는 이치의 불변이고, '일로 짓는 것'[事造]은 수연이다. 짓는 것[造]은 갖추고 있는 것[具]으로 말미암아 드러나게 된다. '짓는 것'은 '갖추고 있는 것'과 얽혀서 말한 것이지, 일반적인 의미의 말이 아니다. 이것은 천태종의 후학들이 화엄종이 일어난 뒤 '불변수연'의 용어를 빌린 것이지만, 해석은 다르다.

---

117 윗 절 현수 법장의 『탐현기』 문장 중 融攝門과 定義門을 참조할 것.
118 역주 : 십불이문(十不二門)은 중국 천태종의 중흥조인 형계 담연이 『법화현의(法華玄義)』에서 설한 十妙를 주석한 것이다. 色心·內外·修性·因果·染淨·依正·自他·三業·權實·受潤의 10가지 不二門을 설치하고, 이것을 일념의 마음으로 돌아가게 해 관법의 대강을 나타낸 것이다. 이러한 不二는 一乘圓敎에서는 묘법의 이치에 의해 범부의 마음의 일념으로 갖추어져서 하게 나타난다고 본다.

2. 이상은 대의를 총괄적으로 말하였고, 이하는 인용문으로 이를 증명한다. 형계 담연은 『금강비(金剛錍)』에서 다음과 같이 말하였다.

마음이 짓고 마음이 변화하는 것은 모두 대종(大宗)에서 나온다. 소승에도 이러한 말은 있지만, 그 이치는 없다. 따라서 대승·소승에서는 그 명칭이 동일하지만, 뜻은 조금 다르다.

言心造心變, 咸出大宗. 小乘有言, 而無其理. 然諸乘中, 其名雖同, 義亦少別.

(전체적으로는) 의보는 함께 짓고, 정보는 개별적으로 각각 짓는다. (유정계에서는) 정보를 함께 짓고, 의보를 개별적으로 각각 짓는다. 중생은 미혹하므로, 어떤 사람은 자연히 범천 등이 짓는다고 말하기도 한다. 짓고 나면 어떤 경우에는 정(情)과 무정(無情)을 말하므로,[119] 짓는 것은 연관성을 갖고 통한다고 하고[120] 마음의 변화라고 말해야 한다.[121] 마음의 변화 또한 통하므로, 체에 갖추어져 있어서(體具)[122] 태초 이래 마음의 체는 본래 두루 존재한다고 해야 한다.[123] 따라서 부처의 체도 두루 존재하는데, 생겨난 성질에 따라 두루 존재하는 것이다.[124]

有共造依報, 各造正報. 有共造正報, 各造依報. 衆生迷故, 或謂自然梵天等造. 造已, 或謂情與無情. 故造名猶通, 應云心變. 心變復通, 應云體具. 以無始來, 心體本遍. 故佛體遍, 由生性遍.

두루 존재하는 것[遍]에는 두 종류가 있다. 첫째는 관대하고 넓은 의미이고,

---

119 情은 유정 중생이고, 無情은 풀·나무·기와·돌이다.
120 불교 대소승과 외도를 통틀어 말한다.
121 심식이 변화하여 나타난 것을 말한다.
122 이것이 천태의 理具·性具이다.
123 이 마음의 체는 여래장 진심을 가리켜 말한 것이 아니다.
124 부처의 체가 두루 모든 것을 포함하는 것은 중생의 번뇌 심성이 모든 것을 두루 가득 채우기 때문이다.

둘째는 바로 일치하며(即) 협소한 의미이다.[125] 따라서 짓고 통하는 것에는 네 가지가 있고,[126] 변화의 의미는 오직 두 가지뿐이다.[127] 즉 오직 원교(圓敎)와 별교(別敎)의 후위만 갖추고 있으므로,[128] 장교(藏敎)·통교(通敎)는 6 가지만을 짓고[129] 별교·원교는 10 가지를 짓는다.[130] 이 6 가지와 10 가지는 대소승 교법을 포괄해서 다 없어진 것이다. 이해 방식이 다르므로 10 가지와 6 가지는 각각 두 가지로 구분된다.[131]

遍有二種, 一, 寬廣遍. 二, 即狹遍. 所以造通於四, 變義唯二. 即具唯圓, 及別後位. 故藏通造六, 別圓造十. 此六及十, 括大小乘敎法罄盡. 由觀解異, 故十與六, 各分二別.

장교(藏敎)는 육도가 실유하다고 보고,[132] 통교(通敎)는 생명에 자성이 없다고 본다.[133] 별교는 전후 생멸을 보고,[134] 원교는 일념에 사리가 모두 갖추어져 있다고 본다.[135] 생명을 논하는 데는 두 교가 같다.[136] 갖추고 있음[具]을 밝히는 데 별교는 제대로 설명하지 못한다.[137] 종자 등의 의미는 여기에서 서술한

---

125 짓는 것[造]이 관대하고 넓은 의미의 遍이고, 갖추고 있는 것(具)이 바로 즉하여 협소한 의미의 遍이다.
126 藏·通·別·圓 사 교에 통한다는 말이다.
127 단지 별·원 두 교에만 제한된다는 말이다.
128 '性具'는 단지 원교와 별교의 후위에만 제한된다는 말이다.
129 장교·통교는 단지 六道 중생 법계만을 짓는다는 말이다.
130 별교·원교 두 교는 십법계를 짓는다는 말이고, 六道에 이승, 보살과 부처를 더한 것을 '十法界'라고 한다.
131 육도를 짓는 중에 장교, 통교가 구별되고, 십법계를 짓는 중에 별교, 원교가 구별된다. 이 두 종류의 분별은 이해 방식이 서로 다르므로 이루어진다.
132 장교에서는 육도 중생이 실유하다고 본다는 말이다. 즉 아직 법집을 제거하지 못하였다.
133 대승 통교는 '無生', 즉 생명에 자성이 없다고 본다는 말이다.
134 별교는 전후 생멸이 오직 식의 현현임을 본다는 말이다.
135 자신들 원교에서는 일념삼천(一念三千)을 보아서 한 생각이 사리가 모두 갖추어져 있다고 본다는 말이다.
136 生이 바로 無生임을 논하여 말한 것이다. 별교와 원교 두 교는 분별이 없는 듯하다.
137 언설이 '理具'에 이르면 단독으로 원교에만 속할 뿐, 별교는 여기에 미치지 못한다.

것이 아니다.[138]

藏見六實, 通見無生, 別見前後生滅, 圓見事理一念具足. 論生, 兩教似等. 明具, 別教不詮. 種具等義, 非此可述.

그러므로 별교의 불성은 구계를 소멸시켜야 나타난다.[139] 원융한 사람들은 구계·삼도에 통하고 원만하며,[140] 삼덕의 체가 두루 존재함을 본다.[141]

故別佛性, 滅九方見. 圓人卽達九界三道, 卽見圓伊, 三德體遍.

한 학파가 세운 사유하거나 논의할 수 없는 경지는 일념 중에 삼천 세계를 이치로서 두루 갖추고 있다[理具]. 따라서 일념 중에 원인과 결과, 평범한 사람과 성인, 크고 작음, 의보와 정보, 자신과 다른 사람을 두루 갖추고 있다. 따라서 변화하는 곳은 삼천 세계가 아닌 것이 없다. 이 삼천 세계도 성품 중의 이치이다.[142] 유와 무에 해당하지 않고, 유와 무는 저절로 존재한다. 무슨 까닭인가? 모두 실상이기 때문이다.[143] 실상은 본래 제법을 모두 갖추고 있다. 제법은 본래 성품에 생성이 없다. 따라서 삼천 세계라고 하더라도 존재하면서도 존재하지 않는다. 함께 하면서도 섞이지 않고, 분리되어 있으면서도 구분되지 않는다. 비록 하나하나가 두루 존재하지만, 존재하는 곳이 없다.

一家所立不思議境, 於一念中, 理具三千. 故曰念中具有因果凡聖大小依正自他. 所變處, 無非三千. 而此三千, 性是中理. 不當有無, 有無自爾. 何以故? 俱實

---

138 종자식이 갖추고 있는 것과 여기의 '理具'는 다르다.
139 별교의 불성은 청정한 진여심을 두루 가리켜서 말한 것으로, 九界를 제거하지 않으면 현현할 수 없다.
140 원교의 학자들은 일념에서 삼천세간을 두루 갖추고 있으므로, 부처의 세계 바로 그 자리에서 육도·이승·보살의 九界가 간격이 없어지고 그 자리에서 바로 苦道·業道·惑道의 세 도를 통달하지만 두루 존재하지는 않는다고 본다.
141 '일념삼천'에서부터 바로 그 자리에서 반야·해탈·열반의 三德이 두루 모든 것에 통하는 것을 볼 뿐 아니라, 삼덕이 바로 하나이면서 셋이고 셋이면서 하나인 원이(圓伊)임을 본다.
142 空이자 假이자 中인 이치이다.
143 그 자리에서가 바로 空이 곧 假이고 곧 中인 실상이다.

相故. 實相法爾具足諸法. 諸法法爾性本無生. 故雖三千, 有而不有. 共而不雜,

離亦不分. 雖一一遍, 亦無所在.

『金剛錍』唐湛然述(T36, 785b)

'체에 모두 갖추고 있다'[體具]는 것에서부터 '연으로 나타나는 것'[事造]
까지 모두 "삼천 세계가 아닌 것이 없다." 따라서 형상과 마음이 둘이
아니라는 '색심불이'(色心不二) · 원인과 결과가 둘이 아니라는 '인과불
이'(因果不二) · 본성과 수행이 둘이 아니라는 '성수불이'(性修不二) · 더러
운 것과 깨끗한 것이 둘이 아니라는 '염정불이'(染淨不二) · 안과 밖이 둘
이 아니라는 '내외불이'(內外不二)가 참된 불이(不二)이다. 형계는 「십불이
문」에서 그 예로 이 다섯 가지 가장 중요한 내용을 열거하였다.
　지례는 다음과 같이 말한다.

　　다른 종파에서는 한 리[一理]가 연에 따라 차별법을 만든다고 밝히고 있다.
　　차별적인 것은 무명의 상이고, 순일한 것은 진여의 상이다. 연을 따를 때에 차
　　별이 있고, 연에 따르지 않을 때 차별이 없다. 따라서 한 성품과 무명이 합하여
　　야 비로소 차별이 있음을 안다. 이것이 바로 합한다는 뜻으로, 체가 둘이 아니
　　라는[不二] 뜻이 아니다. 무명을 제거하면 차별이 없어지기 때문이다.[144] 지금
　　의 학자는 삼천 개의 체가 연에 따라 삼천 개의 작용을 일으킨다고 설명한다.
　　연을 따르지 않을 때에도 삼천은 완연히 그대로이다. 따라서 차별의 법과 체는
　　둘이 아니다. 무명을 제거하여도 차별이 있기 때문이다.[145] 다른 종파에서 '즉'
　　(卽)의 의미를 밝힌 것을 징험해보면, '즉'의 의미가 성립되지 않는다. '즉'은 바
　　로 "체와 용이 일치한다"라고 할 때의 '즉'이다. 저 불과(佛果)가 유일한 진여이
　　다. 아홉 세계의 차별을 깨뜨려서 부처 세계(佛界)의 한 성품으로 되돌아가야

144　살펴보면, 여기에서 그가 종지로 삼은 것은 화엄종의 학설을 가리킨다.
145　삼천의 체에서 이 '體' 자는 의미가 빈 자이다. 理具가 아직 드러나지 않으면 체이고,
　　드러나면 용이기 때문이다. 이 체는 분석하지 않고 세운 심 진여체의 체이다.

하기 때문이다.[146] 지금 학자는 '즉'(卽)과 '리'(離)를 가지고 원교·별교를 구분하지만, 자세히 규명하기가 쉽지 않다. '리구'(理具)를 말하지 않고 단지 진여의 수연만 말하는 것이 그대로 리(離)의 뜻임을 알아야 한다. 그러므로 제1의 기(記)[147]에서는 "별교 중에 아홉 가지의 성덕(性德)이 없으므로, 자타가 모두 아홉을 끊는다"고 하였다. 만약 삼천 세간이 성덕이라면 깨뜨려야 할 아홉 세계도 없이 바로 불법이기 때문에, '즉'의 뜻이 바야흐로 성립되고 원만[圓]의 이치가 비로소 나타난다. 따라서 『금강비』에서는 "변화의 뜻은 오직 두 가지이니, 본래 계합된 것을 갖추고 있는 것[卽具]이 오직 원만하다[唯圓]는 뜻이다"라고 하였다. 그러므로 갖추고 있다는 것[具]과 변화한다[變]는 양쪽을 둘 다 밝히는 것을 일치된 상태인 즉시(卽是)라고 한다. 만약 둘 중 하나라도 부족하면 모두 궁극의 원만함이 아니다.

他宗明一理隨緣作差別法. 差別是無明之相, 淳一是眞如之相. 隨緣時, 則有差別. 不隨緣時, 則無差別. 故知一性與無明合, 方有差別. 正是合義, 非體不二. 以除無明, 無差別故. 今家明三千之體隨緣起三千之用. 不隨緣時, 三千宛爾. 故差別法與體不二. 以除無明, 有差別故. 驗他宗明卽, 卽義不成. 以彼佛果, 唯一眞如. 須破九界差別, 歸佛界一性故. 今家以卽離分於圓別, 不易硏詳. 應知不談理具, 單說眞如隨緣, 仍是離義. 故第一記云, 以別敎中, 無性德九故, 自他俱斷九也. 若三千世間是性德者, 九界無所破, 卽佛法故, 卽義方成, 圓理始顯. 故『金錍』云: "變義唯二, 卽是唯圓." 故知具變雙明, 方名卽是. 若隨闕一, 皆非圓極.

『十不二門指要鈔』 권하 「因果不二門」[148]

그러므로 화엄종의 '불변수연'은 여래장심의 불변수연이지, 리가 수연

---

146 살펴보건대 화엄종에서 말하는 '별교일승'(別敎一乘)은 오직 十佛의 自境界이다. 화엄종에서는 천태종의 一乘圓敎가 동교일승(同敎一乘)이라고 말하고, 자신이 세운 것은 별교일승(別敎一乘)이라고 한다. 그러나 천태종에서는 이를 '緣理斷九'라고 부른다.

147 형계 담연의 『法華文句記』卷1下.

148 역주: 『十不二門指要鈔』卷下 「因果不二門」(T46, 713a).

을 갖추고 있다는 이 '리구수연'(理具隨緣)은 아니다. 리가 수연을 갖추고 있다는 것은 체용상즉(體用相卽)이다.[149] 여래장심은 "연에 따르지만 아직 하나로 일치하지 않은 것은 '리구수연'이 아니기 때문이다."[150] 지례는 또한 "다른 종파에서는 궁극의 원만함에 대하여 단지 성기라고만 할 뿐 성구라고 말하지 않는다는 사실을 깊이 생각해볼 만하다"고 하였다.[151] 어떤 경우는 미리 예정하고, 어떤 경우는 초월적으로 분석하는 것은 어느 하나가 미리 예정하지 않기 때문이다.

2-1. 화엄종의 '불변수연'은 단지 진여심이 불변한 것이지만 다음과 같은 성격을 가진다.

> 연에 따라 더러운 것과 깨끗한 것을 이룰 때, 항상 더러운 것과 깨끗한 것을 지으면서도 자체를 잃지 않는다. 이것은 무상의 항상됨과 다르지 않아 사유하거나 논의할 수 없는 항상됨이라고 부른다.
>
> 隨緣成染淨時, 恒作染淨, 而不失自體. 是卽不異無常之常, 名不思議常.
>
> 『華嚴一乘敎義分齊章』권4

참된 것을 거치는 중에 불변하고, 의타기성은 성(性)이 없으며, 집착하는 대상은 리가 없다. 이 세 가지 의미에 의거하므로, 삼성은 하나의 진리이고, 동일하며 다르지 않다. 이것이 말엽을 무너뜨리지 않고도 항상 근본적이라는 의미이다. 경에서는 '중생이 바로 열반이다'고 하였으니, 또다시 소멸하지 않는다. 또한 진여수연에 의거하고, 의타는 존재하는 듯하고, 집착하는 대상인 유정은 존재한다. 이 세 가지 의미에서 보면 다를 바가 없다. 이것이 근본을 요동하지 않고도 항상 말엽적이라는 의미이다. 경에서는 '법신이 오도(五道)에 유전하는

---

149 '因果不二'로부터 '性修不二'가 드러난다.
150 지례의 말이다. 역주 : 『十不二門指要鈔』卷下(T46, 713a), "隨緣, 仍未卽者, 爲非理具隨緣故也."
151 모두 「因果不二門」을 해석한 데서 보인다. 역주 : 『十不二門指要鈔』卷下(T46, 713a), "他宗極圓, 只云性起, 不云性具, 深可思量."

것을 중생이라고 부른다고 하였다. 따라서 참된 것은 허망한 말엽을 포함하고, 허망한 것은 참된 근원을 꿰뚫는다. 성(性)과 상(相)은 융통하여 장애도 없고 막히지도 않는다.

由眞中不變. 依他無性. 所執理無, 由此三義, 故三性一際, 同無異也. 此則不壞末而常本也. 經云, 衆生卽涅槃, 不復更減也. 又約眞如隨緣. 依他似有. 所執情有, 由此三義, 亦無異也. 此則不動本而常末也. 經云, 法身流轉五道, 名曰衆生也. 是故眞該妄末, 妄徹眞源, 性相通融, 無障無礙.

『華嚴一乘敎義分齊章』권4[152]

불변과 수연의 두 가지 의미는 서로 어긋나지 않는다.

또한 원성실성과 같이 다시 연에 따라 더러운 것과 깨끗한 것을 이루더라도, 항상 자성청정을 잃지 않는다. 단지 자성청정을 잃지 않으므로, 연에 따라 더러운 것과 깨끗한 것을 이룰 수 있다. 이는 맑은 거울에 더러운 것과 깨끗한 것이 나타나는 것과 같아서, 더러운 것과 깨끗한 것이 나타나더라도 항상 거울의 맑고 깨끗함을 잃지 않는다. 단지 거울의 맑고 깨끗함을 잃지 않으므로, 더럽고 깨끗한 상이 나타날 수 있는 것이다. 더럽고 깨끗한 것이 나타나므로, 거울의 맑고 깨끗함을 알 수 있다. 거울이 맑고 깨끗하므로, 더럽고 깨끗한 것이 나타남을 안다. 따라서 두 가지 의미는 오직 한 성품이다. 비록 깨끗한 대상이 나타나더라도 거울의 맑음에 더하는 것이 없다. 비록 더러운 대상이 나타나더라도 거울의 깨끗함을 더럽히지 않는다. 단지 더럽히지 않을 뿐 아니라 이를 통해 도리어 거울의 맑고 깨끗함을 드러내게 된다. 진여의 이치가 이와 같음을 알아야 한다. 단지 본성의 깨끗함을 요동시키지 않고 더럽고 깨끗한 것을 이룰 뿐 아니라, 더럽고 깨끗한 것을 이루는 것을 통하여 본성의 깨끗함을 드러낸다. 단지 더럽고 깨끗한 것을 무너뜨리지 않고 본성이 깨끗함을 밝힐 뿐 아니라, 본성이

---

[152]   역주 : 『華嚴一乘敎義分齊章』 卷4(T45, 499c).

깨끗하기 때문에 더럽고 깨끗한 것을 이룰 수 있다. 따라서 두 가지 의미는 전체가 서로를 받아들인다. 한 가지 성품으로 둘이 아니니, 어찌 서로 어긋나겠는가?

且如圓成, 雖復隨緣成于染淨, 而恒不失自性淸淨. 秖由不失自性淸淨, 故能隨緣成染淨也. 猶如明鏡, 現于染淨. 雖現染淨, 而恒不失鏡之明淨. 秖由不失鏡明淨故, 方能現染淨之相. 以現染淨, 知鏡明淨. 以鏡明淨, 知現染淨. 是故二義唯是一性. 雖現淨法, 不增鏡明. 雖現染法, 不汚鏡淨. 非直不汚, 亦乃由此反顯鏡之明淨. 當知眞如, 道理亦爾. 非直不動性淨成於染淨, 亦乃由成染淨方顯性淨. 非直不壞染淨明於性淨, 亦乃由性淨故方成染淨. 是故二義, 全體相收, 一性無二, 豈相違耶?

『華嚴一乘敎義分齊章』권4

결론적으로 말하면 다음과 같다.[153]

참된 것은 허망한 말엽을 포함하지만, 참되다고 부르지 않는 경우가 없다. 허망한 것은 참된 근원을 꿰뚫어서, 체가 적막하지 않은 경우가 없다. 참된 것과 허망한 것은 서로를 꿰뚫고 두 가지 구분은 쌍으로 융섭하며 무애하고 전체를 포섭한다. 생각해보면 알 수 있을 것이다.

眞該妄末, 無不稱眞. 妄澈眞源, 體無不寂. 眞妄交澈, 二分雙融, 無碍全攝, 思之可見.

『華嚴一乘敎義分齊章』권4[154]

"무상의 항상됨과 다르지 않다"는 구절에서 이 '다르지 않다'는 것은 벗어나지 않는다는 뜻일 뿐 리구(理具)의 '즉(卽)'의 의미는 아니다. "성(性)과 상(相)은 융통하여 장애도 없고 막히지도 않는다"는 구절에서 융통

---

153 이 인용문들은 법장 현수의 『華嚴一乘敎義分齊章』「義理分齊」第十, 三性同異門에 나온다.
154 역주: 『華嚴一乘敎義分齊章』 卷4(T45, 499a).

하여 장애가 없다는 것도 리구(理具)의 '즉' 의미가 아니다. 이렇게 여래장에 나아가 '불변수연'을 말하는 것은 단지 『승만경』에서 더럽지 않으면서도 더럽고 더러우면서도 더럽지 않다고 한 '이해하기 어려운' 뜻일 뿐이다. 실제로는 진리를 이해하기 어려운 것이 아니라 성문·소승 불교도가 알기 어려운 것일 뿐이고, 대승 보살들은 듣고 받아들일 수 있다. 아라야식이라는 한 구비를 거쳐야 알 수 있게 된다. 이 점은 결코 속임이 없다. 『대승기신론』·『능가경』·『승만경』 등 진상심 계열의 경론들은 화엄종의 사상 범주에 속한다. 그러나 여기에서 "불변하면서도 수연하고, 수연하면서도 불변한다"고 한 것은 앞에서 지적한 것과 같이 중생이 태초 이래부터 사실적으로 이와 같다는 데 따른 말이다. 불변과 수연은 체용의 의미가 아니다. 또한 『화엄경탐현기』에서 나오는 융섭문(融攝門)과 정의문(定義門)에 의거하면, 여기에서의 말은 '성기'라고 할 수 없다. 단지 수연이 더러운 것과 깨끗한 것을 이룬다고 말하는 것일 뿐, 성(性)이 더러운 것과 깨끗한 것을 일으킨다고 말할 수 없다. 가령 깨끗한 대상은 성이 일으킨 것이고, 더러운 대상은 성이 일으킨 것이 될 수 없다면, 더러운 대상은 아라야식의 한 구비를 통과해서 나타난 것이므로 엄격히 말해서 무명의 식념이 성에 의거해서 일어난 것이다. 따라서 식이 일어난 것이지 성이 일어난 것이 아니다. 지례는 화엄종에서는 "단지 성기만 말할 뿐 성구는 말하지 않았다"고 하였다. 이러한 성기는 '불변수연'이라는 점에서 말한 것이므로, 이 '성기'가 진리를 다 나타내지는 못한다.[155] 현수에 의하면, 엄밀하고 합당한 의미의 성기는 오직 '부처 자신의 경지'에서만 말할 수 있을 뿐이다. 즉 삼신(三身) 또는 십신불(十身佛) 자체에서 말한 것이고, 해인삼매의 실덕연기(實德緣起)에서 말한 것이며, 인원과만(因圓果滿)에서 말한 것이다. 따라서 오직 깨끗한 법일 뿐 결코 더러운 법은 없다. 이것이 '대연기 다라니법'이고, '은밀한 것과 반영된

---

155 그러나 만약 넓게 보아 통합한다는 점에 의거해 말한다면, 중생과 번뇌가 모두 性起에 포섭된다. 앞에서 나온 『화엄경탐현기』 중 染淨門을 참고할 수 있다.

것이 서로를 나타내는' 인다라법이며, 또한 '한 때에 빛나는' 미세한 법이다. 이 점이 바로 진정한 성기의 의미이고, 진정한 체용의 의미이다. 이곳에서 말한 "원인이 결과의 바다를 포함하고, 결과가 원인의 근원을 꿰뚫는다"는 것이 성기의 의미이자 체용의 의미이다. 여기에서 성기는 바로 성구이다. 오직 천태종의 '일념삼천'의 '성구'와는 다를 뿐이다. 이 것과 '불변수연'하는 곳의 "원인이 결과의 바다를 포함하고, 결과가 원인의 근원을 꿰뚫는다"는 말은 같은 차원의 말이 아니고 동일한 의미를 가리키는 것이 아니다. 불변수연하는 곳은 연기이고 변화이다.

    이것은 결코 실질의 뜻이 아니고 변화하여 형성된 것이 아니다. 이것은 여리지(如理智)[156] 중 여량경(如量境)[157]이다. 그 나머지 변화 등은 이 예에 들어가지 않는다. 무슨 까닭인가? 이것은 모두 법성가의 실덕이며 이같이 본래적인 것이지, 분별정식의 경지를 말한 것이 아니다. 이 점은 정식을 제거하고 생각할 수 있다.[158]

    此等並是實義, 非變化成. 此是如理智中如量境也. 其餘變化等者不入此例. 何以故? 此亚是法性家實德, 法爾如是也. 非謂分別情識境界. 此可去情思之.

『華嚴一乘教義分齊章』 권4[159]

    이것은 본래 『기신론』에 의거해 이루어진 별교일승(別教一乘)의 원교 중 성기·성구의 의미이고, 체용의 의미이다. 따라서 화엄종에서 말하는 성기의 의미는 체용의 의미이고 인원과만(因圓果滿)의 측면에서 말한 것

---

156 역주 : 여리지(如理智)는 이치에 맞는 절대의 지혜로서 근본지, 근본무분별지라고도 하며, 如量智의 반대이다.

157 역주 : 여량지(如量智)는 모든 事象의 작용에 응한 지혜로, 경험적인 지혜를 말한다. 따라서 여량경(如量境)은 여량지로 파악되는 대상 세계이다.

158 『一乘教議分齊章』「義理分齊10」 十玄緣起 無碍法을 '인다라망경계문'으로 말한 곳이다.

159 역주 : 『華嚴一乘教義分齊章』 卷4(T45, 499a).

이지, 불변수연의 측면에서 말한 것이라고 할 수 없다. 지례가 분별한 것은 자기 종파의 일념삼천의 '리구(理具)'의 측면에서 말한 것으로, 화엄종의 '불변수연'과 구분하였다. 천태종에는 화엄학자들과 같은 두 층[사실적 차원과 이상적 차원 또는 불변수연의 차원과 인해과해(人該果海)의 차원]으로 말하는 경우가 없다. 따라서 동교일승(同敎一乘)인 것이다.

화엄가들은 사실적인 차원에서 다음과 같이 말한 것이다.

① "불변하면서도 연에 따르고, 연에 따르면서도 불변이다."
② "말엽을 무너뜨리지 않고도 항상 근본적이고, 근본을 요동시키지 않고도 항상 말엽적이다."
③ "진여는 허망한 말엽을 포함하고, 허망한 것은 참된 근원을 꿰뚫는다. 성(性)과 상(相)은 융통하여 장애도 없고 막히지도 않는다."
④ "연에 따라 더러운 것과 깨끗한 것을 이루더라도, 항상 자성청정을 잃지 않는다. 단지 자성청정을 잃지 않으므로, 연에 따라 더러운 것과 깨끗한 것을 이룰 수 있다."
⑤ "단지 본성의 깨끗함을 요동시키지 않고 더럽고 깨끗한 것을 이룰 뿐 아니라, 더럽고 깨끗한 것을 이루는 것을 통하여 본성의 깨끗함을 드러낸다. 단지 더럽고 깨끗한 것을 무너뜨리지 않고 본성이 깨끗함을 밝힐 뿐 아니라, 본성이 깨끗하기 때문에 더럽고 깨끗한 것을 이룰 수 있다."
⑥ 삼성(三性)에는 각각 두 가지 뜻이 있으니, 모두 "전체가 서로를 받아들이고, 한 가지 성품으로서 둘이 아니다."
⑦ "삼성은 하나의 진리(一際)이고 동일하며 다르지 않다."

이렇게 아름답고 신묘하며 원융한 말들은 모두 최면성과 마취성을 가지고 있다. 실제로 이것들은 삼성을 연관시켜 그 뜻을 서술한 말일 뿐이지, 색관적이고 진솔하게 쓴 적극적인 의미의 체용에 대한 설명이 아니다. 만약 그 원융무애함을 보고 객관적이고 진술한 서술이라고 생각하여 적극적으로 긍정한다면, 큰 혼란이 일어나서 참으로 잘못될 것이다. 이 것과 과해(果海)의 자체는 다르다. 여기에서 말한 본래적인 것과 말엽적인 것[本末]이 체용은 아니고, 참된 것과 허망한 것[眞妄]도 체용이 아니며, 진여의 불변수연도 체용이 아니다. 그것에 의거한 유무의 성품이 체용도 아니고, 변계소집에서 정(情)이 있고 리가 없는 것도 체용이 아니다. 이 것들은 모두 무명식념이 한번 변화한 것일 뿐이고, 실제로는 허설로서 사실적인 무애(無碍)함을 말한 것에 불과하다.

2-2. 지례는 다음과 같이 말하였다.

또한 『법화문구기(法華文句記)』에 아야교진여 비구를 해석한 글 가운데 말한 것처럼, '별교도 무주(無住)의 바탕 위에서 모든 법을 성립시킨다'고 할 수 있다. 무명이 리를 덮는데, 덮는 것[能覆]과 덮혀지는 것[所覆]을 모두 무주라고 부른 다. 단지 상즉하고 상즉하지 않는 것이 다르므로, 별교·원교라는 다른 교로 나 누어진다. 덮어지는 것이 무주임을 인정하였다면, 진여가 어찌 연을 따르지 않 겠는가? 연을 따르지만 아직 상즉하지 않는 것은 리구(理具)가 연을 따르는 것 이 아니기 때문이다.

且如記文釋阿若文中云: '別教亦得云從無住本立一切法.' 無明覆理, 能覆所覆, 俱名無住. 但卽不卽異, 而分教殊. 旣許所覆無住, 眞如安不隨緣? 隨緣仍未卽者, 爲非理具隨緣故也.

또 말하였다. "'진여가 미혹한 상태에 있어도 구계를 생성할 수 있다.' 만약 연 을 따르지 않는다면, 어떻게 구계를 생성할 수 있는가?"

又云: "眞如在迷, 能生九界. 若不隨緣, 何能生九?"

또 『보행』에서는 별교의 육근·육진이 상대하여 생성된 일념이 미혹한 이해 의 근본이라고 하고, 『능가경』에서 '여래장이 선·불선의 원인이 된다'고 한 것 을 인용하고 이를 스스로 해석하여 '바로 이성(理性)이 여래이다'라고 하였다.

『능가경』의 이 구절은 다른 종파의 '진여수연설'의 근거가 된다. 『보행』에서는 이러한 뜻을 해석하기 위하여 『대론』을 인용하여 다음과 같이 말한다. '큰 연못 물에 코끼리가 들어가면 물이 흐려지고, 진주가 들어가면 맑아진다. 물이 맑고 흐려짐의 근본이고, 진주와 코끼리는 맑고 흐려짐의 연임을 알아야 한다.' 이러한 글에 의거해보면, 별교의 리가 어찌 연을 따르지 않겠는가?

又『輔行』釋別教根塵一念爲迷解本, 引『楞伽』云 : '如來爲善不善因', 自釋云 : '卽理性如來也.'『楞伽』此句乃他宗隨緣之所據也.『輔行』爲釋此義, 引『大論』云 : 如大池水, 象入則濁, 珠入則淸. 當知水爲淸濁本, 珠象爲淸濁之緣. 據此諸文, 別理豈不隨緣邪?

따라서 '이체가 본래 구계의 법을 갖추고 있다'라고 말하지 않는다면, 수연하거나 수연하지 않거나 모두 별교에 속한다는 것을 알겠다. 무슨 까닭인가? 아라야식이 모든 법을 생성한다고 하거나 법성이 모든 법을 생성한다고 하니, 아마도 별교에 두 가지 뜻이 있는 것이 아니겠는가?

故知若不談體具者, 隨緣與不隨緣, 皆屬別教. 何者? 如云 : 梨邪生一切法, 或云 : 法性生一切法. 豈非別教有二義邪?

물었다. "『정명소』(천태 지자의 『유마경[160]현소』)에서는 무명무주를 해석하여 '자주(自住)를 말한 것은 별교의 뜻이고, 의타주(依他住)는 원교의 뜻이다'고 하였다. 또한 연을 따른다는 의미는 참된 것과 허망한 것이 화합하여 제법을 만

---

160 역주 : 『維摩經(Vimalakīrti-nirdeśa-sūtra)』은 『반야경』 다음에 나타난 초기 대승경전 중에서도 그 성립이 오래된 것 중의 하나인데, 현재 산스크리트본은 전하지 않는다. 漢譯으로는 鳩摩羅什, 支謙, 玄奘 번역의 3본이 있으나, 구마라십(344-413)이 번역한 『維摩詰所說經』이 가장 널리 이용된다. 『반야경』에서 말하는 空의 사상에 기초한 윤회와 열반, 번뇌와 보리, 穢土와 淨土 등의 구별을 떠나, 일상생활 속에서 해탈의 경지를 체득하여야 함을 유마힐이라는 주인공을 내세워서 설화식으로 말하였다. 般若皆空의 사상에 의해 대승 보살의 실천도를 앙양하고, 다른 한편으로 淨土敎의 이론에 의한 재각 신자의 종교적 덕목을 천명하고 있는 점이 두드러진 특색으로 주목된다.

드는 것이니, 바로 의타이다. 어떻게 별교에 속한다고 판별하는가?"

問 : "『淨名疏』(智者『維摩經玄疎』)釋無明無住云 : '說自住是別教意, 依他住是圓教意.' 且隨緣義, 眞妄和合, 方造諸法, 正是依他, 那判屬別?"

　　대답하였다. "『정명소』의 말은 간략하지만 뜻이 깊어서 반드시 『기』의 해석에 의거해야 취지가 드러날 것이다. 따라서 『기』에서는 '자주(自住)를 해석할 때 법성과 번뇌는 서로 마주보고 둘 다 자·타를 세운다'고 하였다. 결론적으로 말하면 자·타는 결코 원교의 의미가 아니다. 그것의 미혹한 성품은 반드시 장애가 될 수 있다. 장애를 깨뜨려야 반드시 리를 나타낼 수 있다. 의타를 해석하여 '법성과 번뇌는 서로 의지하고 상즉한다. 그 체가 같기 때문에 서로 의지하고 또한 상즉한다'고 하였다. 결론적으로 말하면 별교와 원교는 두 교가 다 자·타를 말하지만, 체가 같은가 다른가에 따라 두 교를 판별하는 것이다. 이제 나는 다음과 같이 해석한다. 성체(性體)에 아홉 세계가 갖추어져 있고, 수용(修用)을 일으켜서 구계(九界)의 작용을 이룬다. 작용은 또한 체에 의거한 것이므로, 동체의(同體依)라고 부른다. 이 체에 의거하므로 상즉하게 되는 것이다. 만약 그렇지 않다면, 지금 말하는 의타의 뜻이 아니다. 그러므로 『묘락』에서는 '별교에는 성덕(性德)의 구계가 없다. 따라서 자·타가 모두 구계(의 차별의 상)를 끊어야 한다'고 말하였다. 여기에서 별교의 단리수연(但理隨緣)이 구계를 짓는 것은 전적으로 무명의 공적임을 알게 된다. 구계를 짓지 않는 경우가 없으므로, 반드시 장애가 될 수 있다. 따라서 이 구계를 깨뜨려야 리를 드러낼 수 있게 된다. 만약 성을 온전히 하여 수행을 일으키면[全性起修] 사(事)가 바로 리(理)가 되니, 어찌 장애가 되고 깨뜨릴 대상이 되겠는가? 만약 단리수연이 구계를 짓는 것이 원교의 뜻이라고 집착한다면, 무슨 까닭에 『묘락』에서 진여가 미혹한 상태에서 구계를 생성하는 것을 별교라고 판단하였겠는가? 따라서 참된 것과 허망한 것이 화합한 것은 아직 상즉의 의미가 이루어지지 않아서 오히려 자주라고 부른 것이다…… 이 종파에서 형계의 글이 정밀하고 간결하지 않았으면, 원교의 의미가 영원히 사라져버렸을 것이다."

答:『疏』中語簡意高. 須憑『記』釋, 方彰的旨. 故釋自住, 法性煩惱更互相望, 俱立自他. 結云:故二自他並非圓義. 以其惑性, 定能爲障. 破障方乃定能顯理. 釋依他云:更互相依, 更互相卽, 以體同故, 依而復卽. 結云:故別圓敎, 俱云自他. 由體同異, 而判二敎. 今釋曰:性體具九, 起修九用. 用還依體, 名同體依. 此依方卽. 若不爾者, 非今依義. 故『妙樂』云:別敎無性德九, 故自他俱須斷九. 是知但理隨緣作九, 全無明功. 旣非無作, 定能爲障. 故破此九, 方能顯理. 若全性起修, 乃事卽理. 豈定爲障, 而定可破? 若執但理隨緣作九爲圓義者, 何故『妙樂』中, 眞如在迷, 能生九界, 判爲別邪? 故眞妄合, 卽義未成, 猶名自住…… 此宗, 若非荊谿精簡, 圓義永沈也."

『十不二門指要鈔』 권하[161]

지례는 이 글에서 법성과 번뇌라는 두 가지의 무주착(無住着, 無住本)으로부터 화엄종의 '불변수연'(不變隨緣)과 천태의 '리구수연'(理具隨緣)의 차이를 구분해서 판별하였다. 전자는 수연하지만 상즉하지 않으므로, '오히려 자주라고 부른다'고 하였다. 후자는 수연이 리구(理具)에 근거하고 있으므로, '서로 의지하고 서로 상즉한다. 그 체가 같기 때문에 서로 의지하고 또한 상즉한다'라고 하였다. 여기에서 '체가 같다'는 말은 동일한 심의 진여체를 말하는 것이 아니라, 리구가 아직 드러나지 않은 체와 일이 이루어져서 이미 드러난 작용이 동일한 '일념삼천'의 사체(事體)의 체를 가리켜 말한 것이다. 이 '체' 자에는 실질적인 뜻이 없다.

또한 지례는 '불변수연'의 측면에서 화엄이 별교이지 원교가 아니라고 판단하였다. 여기에서 '별교'라고 말한 것은 천태의 장(藏)·통(通)·별(別)·원(圓) 중의 '별교'이고 소승의 별교와는 다르며, 화엄종이 교판한 종교(終敎)에 해당한다. 그러므로 이 '별교'는 화엄종에서 스스로 세운 '별교일승'(別敎一乘)의 별교는 아니다. 별교일승은 바로 원교를 가리키는

---

[161] 역주:『十不二門指要鈔』 卷下(134, /13a).

말이다. 그러나 '불변수연'의 별교가 그 일승원교를 드러내면 별교일승이 되는 것이지 동교일승(同教一乘)은 아니다. 화엄종의 학설에 의거한다면, '불변수연, 수연불변'은 본래 원교가 아니다. 그것은 여기에서 말하는 원교가 아니다.

2-3. 이상에서 지례는 두 종파의 '수연'의 의미가 다른 것은 지극히 합당하다고 판별하였다. 따라서 형계는 다음과 같이 말하고 있다.

『열반경』 중 많은 곳에서 불성을 말할 때, 부처는 과인(果人)이니 모든 중생이 과인의 성품을 가지고 있으므로, 두루 존재한다고 말한다.[162] 세상 사람들은 미혹하므로 과(果)를 좇지 않는다. 중생이 존재한다고 말하므로, 체를 잃는 곳이 두루 존재한다.[163] 또 두루 존재한다고 말하는 것은 번뇌의 심성 체가 두루 존재하기 때문에 불성이 두루 존재한다고 말한 것이다. 따라서 불성이 두루 존재한다는 것을 알지 못하는 사람은 참으로 번뇌의 성품이 두루 존재함을 알지 못하기 때문이다. 오직 마음이라는 말이 어찌 오직 진심뿐이겠는가? 그대는 오히려 번뇌의 마음이 두루 존재하고 있음을 모르는데, 어떻게 생사의 형상이 두루 존재함을 알겠는가? 형상이 어떻게 두루 존재하는가? 형상이 바로 마음이기 때문이다. 왜인가? 의보는 함께 지어진 것이고 정보는 별도로 지어진 것인데, 어떻게 함께 존재함을 믿고 별도로 존재함을 믿지 않는가? 짓는 주체와 짓는 대상이 오직 마음일 뿐이고 심체는 한 장소에 국한될 수 없으므로, 시방의 부처 국토가 모두 중생의 이성(理性)의 마음 종자를 가진다.

『涅槃經』中多云佛性者, 佛是果人, 言一切衆生皆有果人之性, 故偏言之. 世人迷故, 而不從果. 云衆生有, 故失體遍. 又, 云遍者, 以由煩惱心性體遍, 云佛性遍. 故知不識佛性遍者, 良由不知煩惱性遍故. 唯心之言, 豈唯眞心? 子尙不知煩惱心遍, 安能了知生死色遍? 色何以遍? 色卽心故. 何者? 依報共造, 正報別造, 豈信共遍, 不信別遍耶? 能造所造, 旣是唯心, 心體不可局方所故, 所以十方佛土皆有衆

---

162 유정(有情) 중생이 두루 존재한다고 말한 것이다.
163 실제로는 무정(無情)도 존재하므로, 유독 중생만은 아니다.

生理性心種.

'오직 마음'이라는 말이 어찌 오직 진심뿐이겠는가는 말에서 천태종의 '성구'가 청정한 진여심을 두루 가리키는 것이 아님을 알 수 있다. 이는 '한 찰나의[介爾] 마음이 있으면 바로 삼천 세계가 갖추어져 있다는 것이다. 개이심·찰나심이 바로 번뇌심이다. 번뇌심의 성은 모든 것에 두루 통하므로, 불성도 모든 것에 두루 통한다. 이것은 불성이 단지 청정 진여심만 분석하여 말한 것이 아니고, 번뇌심이 두루 편재한 것을 통하여 변증적으로, 즉 곡선적으로 번뇌로부터 불성을 말한 것이다. 이것이 '번뇌가 바로 보리이다'는 말의 확실한 의미이다. 미혹하면 전체가 번뇌이고, 깨달으면 전체가 불성이다. 마음이 번뇌심이라면, '심체는 한 장소에 국한되지 않는다'고 할 때의 '심체'는 심 진여체도 아니고 진여 심체도 아니라 번뇌심의 '자기 당체'의 체이다. 이 번뇌심이 바로 '생사의 형상[生死色]'이고, 형계가 「색심불이문」에서 말한 '마음의 색심(色心)'이다. 이 불이(不二)가 참된 불이이다. '시방의 부처 국토가 모두 중생의 이성의 마음 종자를 가진다'는 말은 모두 번뇌의 불성이 존재한다는 말이다. 여기에서 말하는 '이성의 마음 종자'의 의미는 번뇌심의 종자가 이성이라는 것으로서, 이 '이성'도 분석적으로 단순히 진여의 리를 가리키는 것은 아니다.

천태 지자는 『마하지관』에서 다음과 같이 말한다.

저 일심이 열 가지 법계를 갖추고 하나의 법계 또한 열 가지 법계를 갖추니, 백 가지 법계이다. 하나의 법계에 삼십 가지 세간(열 가지 중생세간·열 가지 국토세간·열 가지 오음세간)을 갖추니, 백 법계는 바로 삼천 가지 세간을 갖춘

---

[164] 역주 : 『金剛錍』(T46, 783a).

다. 무심이면 그 뿐이지만, 한 찰나의 마음은 바로 삼천 세계를 갖추고 있다. 이는 시간적으로 일심이 앞에 있고 모든 법이 뒤에 있다는 말이 아니고, 모든 법이 앞에 있고 일심이 뒤에 있다는 말도 아니다. 예컨대 팔상(八相)¹⁶⁵이 중생을 천이(遷移-교화)하는 것과 같다. 중생이 팔상보다 앞에 있었다면 중생은 천이되지 않고, 팔상이 중생보다 먼저 있었다면 역시 천이되지 않는다. 앞에 있다는 것도 옳지 않고, 뒤에 있다는 것도 옳지 않다. 다만 중생을 팔상의 천이로 논하는 것 뿐이다. 지금 마음도 이와 같다. 일심에서 모든 법이 생겨난다면, 이것은 세로이다. 마음이 일시에 모든 법을 함축한다면, 이것은 가로이다. 세로도 옳지 않고, 가로도 옳지 않다. 단지 마음이 모든 법이고 모든 법이 마음이기 때문이다. 세로도 아니고 가로도 아니며, 하나도 아니고 다르지도 않다. 현묘하여 그 깊이가 절대적이므로, 식이 인식할 수 있는 것이 아니고 말로 표현할 수 있는 것이 아니다. 그러므로 불가사의한 경지라고 부른다. 의미가 이러하다.¹⁶⁶

夫一心具十法界, 一法界又具十法界百法界. 一界具三十種世間, (十種衆生世間, 十種國土世間, 十種五陰世間), 百法界卽具三千種世間. 此三千在一念心. 若無心而已, 介爾有心, 卽具三千. 亦不言一心在前, 一切法在後. 亦不言一切法在前, 一心在後. 例如八相遷物, 物在相前, 物不被遷. 相在物前, 亦不被遷. 前亦不可, 後亦不可. 祇物, 論相遷. 祇相遷, 論物. 今心亦如是. 若從一心生一切法者, 此則是縱. 若心一時含一切法者, 此卽是橫. 縱亦不可, 橫亦不可, 祇心是一切法, 一切法是心故. 非縱非橫, 非一非異. 玄妙深絶, 非識所識, 非言所言. 所以稱爲不可思議境, 意在于斯.

『摩訶止觀』권5

---

165 역주 : 팔상(八相)은 부처님의 생애에서 중요한 8가지 사항을 말한다. ① 석존이 도솔천에서 이 세상에 내려옴, ② 마야부인의 오른쪽 옆구리로 들어와 잉태됨, ③ 마야부인의 오른쪽 옆구리에서 태어나 일곱 걸음을 걷고 "천상천하 유아독존"을 선언함, ④ 무상을 깊이 생각하고 출가함, ⑤ 6년의 고행 후 악마가 석존의 정각을 방해하는 것에 대항함, ⑥ 깨달음을 얻어 불타의 지위에 이름, ⑦ 녹야원에서 5명의 비구에게 설법하였음, ⑧ 최후의 설법을 마치고 입멸함.

166 역주 :『摩訶止觀』「第七章・正觀」, 觀十境中第一觀陰界入境.(T46, 052b)

이상의 내용이 형계와 지례가 말하는 '리구'(理具)로서, 화엄종의 핵심 내용을 분별한 것이다. 소위 불가사의한 경지를 본 사람은 무엇보다 이 불가사의한 찰나심을 본 것이다.

2-4. 지자 대사는 제일 먼저 일념에서부터 삼천 종의 세간이 열린다고 보았고, 또한 다음과 같은 십 종의 세계로 전개하였다. "첫째, 음계입경(陰界入境). 둘째, 번뇌경(煩惱境). 셋째, 병환경(病患境). 넷째, 업상경(業相境). 다섯째, 마사경(魔事境). 여섯째, 선정경(禪定境). 일곱째, 제견경(諸見境). 여덟째, 증상만경(增上慢境). 아홉째, 이승경(二乘境). 열째, 보살경(菩薩境)이다." 그리고 이를 체를 관찰하는(觀體), 즉 지관이 의거하는 대상으로 삼았다. 또한 "첫째, 불가사의한 경지를 관찰하는 것[觀不思議境]. 둘째, 자비심을 일으키는 것[起慈悲心]. 셋째, 지관에 마음을 교묘히 안주하는 것[巧安止觀]. 넷째, 법을 두루 깨뜨리는 것[破法遍]. 다섯째, 통하는 것과 막힌 것을 아는 것[識通塞]. 여섯째, 도품으로 조절하는 것[修道品]. 일곱째, 보조행을 열어 다스리는 것[對治助開]. 여덟째, 계위를 아는 것[知次位]. 아홉째, 안온히 참는 것[能安忍]. 열째, 법에 대한 애착을 버리는 것[無法愛]"으로 십승관법[167]을 설명하였다. 이것이 『마하지관』의 대략의 내용이다.

현수는 뒤에 화엄종 일승불공(一乘不共)의 원교를 세웠고, "첫째, 교의(敎義). 둘째, 리사(理事). 셋째, 해행(解行). 넷째, 인과(因果). 다섯째, 인법(人法). 여섯째, 분제경위(分齊境位). 일곱째, 사제법지(師弟法智). 여덟째, 주반의정(主伴依正). 아홉째, 수기근욕시현(隨其根欲示現). 열째, 역순체용(逆順體用自在)"를 열 가지 뜻으로 삼았다. 또한 다음과 같이 십현문(十玄門)을 나열하여 열 가지 뜻으로 삼았다.

1. 동시구족상응문(同時具足相應門)

---

[167] 역주 : 십승관법(十乘觀法)은 해탈의 경지에 이르기 위한 열 가지 관법을 말한다. 이 열 가지는 관행을 완성시키고, 행자를 궁극의 경지에 이르게 하기 때문에 승(乘)이라고 하였나.

2. 일다상용부동문(一多相容不同門)

3. 제법상즉문(諸法相卽自在門)

4. 인다라망경계문(因陀羅網境界門)

5. 미세상용안립문(微細相容安立門)

6. 비밀은현구성문(秘密隱現俱成門)

7. 제장순잡구덕문(諸藏純雜具德門)

8. 십세격법이성문(十世隔法異成門)

9. 유심회전선성문(唯心廻轉善成門)

10. 탁사현법생해문(託事顯法生解門)

이 십현문과 열 가지 뜻은 "모두 동시에 융합하여 일법계연기구덕문(一法界緣起具德門)의 널리 보는 경지를 이루는 것"이고, 또한 '별교일승 연기의 뜻'이다.

천태종의 일념삼천은 '열 가지 문'으로 '열 가지 대상'을 보는데, 지관 공부가 특히 중요하다. '별교일승 연기의 뜻'은 단지 십신불(十身佛)의 자경계에 대한 현묘한 사고일 뿐, 그 자세한 경책은 천태에 많이 미치지 못한다.

3. 이상의 논의를 통하여 나는 화엄종의 '불변수연' 및 인원과만(因圓果滿)의 '성기'를 여래장 진상심 계통이라고 부르고, 천태종의 '리구수연'은 『중론』 계통이라고 칭하고자 한다.

화엄종은 원래 지론종 논사인 혜광(慧光) 계열에서 전래되어 온 것으로, 지론·섭론종과 관련이 있다. 원래는 초기의 진제 유식학을 계승하여 전개된 것이다. 진제 뒤의 현장은 세친 만년과 호법의 유식학을 근본으로 하였는데, 이것이 후기 유식학이다. 현수는 처음에 현장의 번역 장에 참여하였지만 뒤에 서로 견해가 맞지 않자 그곳에서 벗어나 화엄종을 일으키고『기신론』을 중심 논서로 삼았다. 근대에 구양경무·여추일 등은 현장의 유식학을 근본으로 삼았고, 『기신론』을 허망한 것이라고 생각하고서 배척하였다. 현재의 이 논쟁은 과거의 차이와 같다. 따라서 화엄종과 『기신론』은 관계가 특히 밀접하며, 유식학과 시종 서로 세력을 견주고 있다. 그 곳에 들어가는 문은 하나인데, 하나는 아라야식 계통이고 다른 하나는 여래장 계통이라는 차이만 있을 뿐이다.[여추일은 『기신론』이 위(魏)나라 역의 『능가경』의 오역에 근거하여 이루어진 오해라고 본다. 그는 『능가경』의 원의는 여래장과 장식(아라야식)이 체는 같은데 명칭이 다른 것뿐이고, 하나의 아라야식을 여래장이라고 부를 뿐이라고 한다. 그러나 이러한 논거는 신뢰하기 어렵다.]

그러나 천태종은 여래장 및 아라야식 계통과 큰 관계가 없다. 그것은 『중론』의 공(空)·가(假)·중(中)을 근거로 하고서[168] 다시 그것을 지관에 놓고서 강설한 것이다. 장안 관정(章安灌頂)은 『마하지관(摩訶止觀)』의 연기에 대한 기(記)에서 "천태 지자는 『관심론』에서 용수 논사에게 귀의한다고 말하였다"라고 하였다. 천태 지자가 용수를 추숭하였음을 알 수 있다. 또한 이렇게도 말하였다. "천태는 남악에게 세 종류의 지관을 전하였다. 그것은 첫째, 점차(漸次) 지관이고, 둘째, 부정(不定) 지관이며, 셋째, 원돈(圓頓) 지관이다. 이들은 모두 대승이고, 실상(實相)에 의거하며, 모두 지관이라고 부른다." 천태 지자가 그 스승인 남악 혜사에게 이어받은 것은 지관 전통이다. 『마하지관』 중에서 혜사에 대해 언급할 때 모두 그 법문은 "자의에 따라서 안락하게 행한다"[隨自意安樂行]고 말한다. 혜사의 이름으로 된 『대승지관법문』에서 말한 체계에 대해서는 언급하지 않았다. 지자 대사가 그 선배인 지론종이나 섭론종 논사들의 논쟁에 대해서는 감흥을 일으키지 않았음을 알 수 있고, 또한 『대승지관법문』이라는 책이 위론이며 결코 천태가들의 사상이 아님도 알 수 있다.

3-1. 『마하지관』 제7장 「정관」에서는 관부사의경(觀不思議境)에 대해 다음과 같이 말한다.

---

168 인연에서 생성된 법을 나는 공(空)이라고 말하는데, 이는 또한 임시의 명칭(假)이며 중도(中道)의 뜻이다.

물었다. "마음이 일어나면 반드시 연에 의탁하는데, 마음이 삼천 법을 갖추게 된다. 이 법은 연(緣)이 갖추고 있는가? 마음과 연이 둘 다 갖추고 있는가? 따로 분리하여 각각 갖추고 있는가? 만약 마음이 삼천 법을 갖추고 있다면, 마음이 일어나는 데 연을 쓰지 않는다. 만약 연이 갖추고 있다면, 연이 갖추고 있는 것이 마음과 관계없다. 만약 둘 다 갖추고 있다면 함께 하지 않을 때에는 각각 없을 터인데, 함께 할 때 어찌 있겠는가? 만약 분리하여 각각 따로 갖춘다면, 이미 마음에서 벗어나고 연에서 벗어난 것이니, 어떻게 갑자기 마음에 갖추게 되겠는가? 이 네 구절도 이해되지 않는데, 어떻게 삼천 법을 갖추고 있다고 하겠는가?"

問 : "心起必託緣, 爲心具三千法, 爲緣具, 爲共具, 爲離具? 若心具者, 心起不用緣, 若緣具者, 緣具不關心. 若共具者, 未共各無, 共時安有? 若離具者, 旣離心離緣, 那忽心具? 四句尙不可得, 云何具三千法耶?"

대답하였다. "지론종 사람들은 이렇게 말한다. '모든 해탈이나 미혹, 참됨과 허망함은 법성에 의지한다. 법성은 참됨과 허망함을 지니고, 참됨과 허망함은 법성에 의거한다.' 『섭대승론』에서는 이렇게 말한다. '법성은 미혹에 의해 오염되지 않고, 참됨으로 깨끗해지지 않는다. 따라서 법성은 의지하지 않는다. 의지한다는 것은 아라야식을 말한다. 소멸되지 않는 무명이 모든 종자를 성대히 지닌다.' 만약 지론종 논사들을 따른다면, 마음이 모든 법을 갖추고 있는 것이다. 만약 섭론종 논사들을 따른다면, 연이 모든 법을 갖추고 있는 것이다. 이 두 논사들은 각각 한 측면에 의거하고 있다. 법성이 모든 법을 생성한다면, 법성은 마음도 아니고 연도 아니다. 마음이 아니기 때문에 마음이 모든 법을 생성하고, 연이 아니기 때문에 또한 연이 모든 법을 생성해야 한다. 어떻게 유독 법성만이 참됨과 허망함의 의지라고 말할 수 있겠는가? 만약 법성이 의지가 아니고 아라야식이 의지라고 말한다면, 법성을 떠난 외에 별도로 아라야식이 있어 의지가 되는 것이니 법성과는 관련이 없다. 만약 법성이 아라야식에서 분리되지 않는다면, 아라야식에 의지한다는 것은 바로 법성에 의지한다는 것인데, 어찌 유독 아라야식만이 의지라고 말할 수 있겠는가? 이러한 논의는 또한 경전에도 어긋난다. 『경』에서는 '안도 아니고 밖도 아니며, 중간도 아니다. 또한 항상 스스로 존재하는 것도 아니다'라고 하였다. 이러한 논의는 또한 용수와도 어긋난다. 용수는 '모든 법은 저절로 생기지도 않고, 다른 것에서부터 생기지도 않는다. 자기와 다른 것 모두에서 생기지도 않고, 원인이 없는 것도 아니다'라고 하였다 ……어떻게 법성이나 아라야식 한쪽에만 의거하여 모든 법을 생성한다고 말하는가? 네 구에서 마음을 구할 수 없었고, 삼천법도 구할 수 없었음을 알아야 한다. 어쨋든 네 구에서 삼천법을 낳을 수 없다면, 일념의 마음이 소멸하여 삼천법을 낳을 수 있겠는가? 마음의 소멸은 오히려 하나의 법도 낳을 수 없는데, 어떻게 삼천 법을 낳을 수 있다고 말하는가? 만약 마음이 소멸하고 소멸하지 않음에 따라서 삼천 법이 생겨난다면, 소멸하고 불멸함은 그 성질이 불과 물처럼 서로 달라서 두 가지가 함께 성립되지 않는데 어떻게 삼천 법을 낳을 수 있다고 말하는가? 또한 마음이 소멸하지 않는 것과 불멸하지 않는 것이 삼천 법을 낳는다고 한다면, 소멸하지 않고 불멸하지 않으니 주체도 아니고 객체도 아닌데 어떻게 삼천 법을 낳거나 낳아질 수 있다고 하겠는가? 세로이면서 가로인 것으로도 삼천법을 구할 수 없고, 세로도 아니고 가로도 아닌 것으로도 삼천법을 구할 수 없다. 언어의 길이 끊어지고 마음의 작용이 소멸되므로, 불가사의한 경지라고 부른 것이다……제일의(第一義)에서는 한 법도 얻을 수 없는데, 하물며 삼천 법을 얻을 수 있는가를 알아야 한다. 세속제에서는 일심도 무량한 법을 갖추고 있는데, 하물며 삼천 법이겠는가? 그것은 부처님이 다음과 같이 덕녀에게 알려준 것과 같다. '무명은 안에 있습니까?' '아니다.' '밖에 있습니까?' '아니다.' '안에 있으면서 동시에 밖에도 있습니까?' '아니다.' '안에도 없고 밖에도 없습니까?' '아니다.' 부처님은 '이와 같이 있다'라고 말하였다. 용수는 이렇게 말한다. '자기가 아니고 다른 것도 아니며, 둘 다 함께인 것도 아니고, 원인이 없는 것도 아니다.' 『대경』에서도 다음과 같이 말한다. '생성을 생성하는 것은 말로 할 수 없고, 생성을 생성하지 않는 것도 말로 할 수 없다. 불생을 생성하는 것도 말할 수 없고, 불생을 불생티는 것도 말할 수 없다. 인연이 있으므로 말할 수 있다.' 네 실단(悉檀)[169]의 인연이 바로 이를 말한다. 네 구가 적막하더라도 자비와 연민을 명상(名相)이 없는 중에 임시로 명상이라고 하였다."

答: "地人云, 一切解惑眞妄依持法性. 法性持眞妄, 眞妄依法性也. 『攝大乘』云, 法性不爲惑所染, 不爲眞所淨, 故法性非依持. 言依持者阿黎耶是也. 無沒無明盛持一切種子. 若從地師, 則心具一切法. 若從攝師, 則緣具一切法. 此兩師各據一邊. 若法性生一切法者, 法性非心非緣. 非心故而心生一切法者, 非緣故亦應緣生一切法. 何得獨言法性是眞妄依持耶? 若言法性非依持, 黎耶是依持, 離法性外, 別有黎耶依持, 則不關法性. 若法性不離黎耶, 黎耶依持卽是法性依持, 何得獨言黎耶是依持? 又違『經』. 『經』言, 非內非外, 亦非中間. 亦不常自有. 又違龍樹. 龍樹云, 諸法不自生, 亦不從他生, 不共不無因 …… 云何偏據法性, 黎耶生一切法? 當知四句求心不可得, 求三千法亦不可得. 旣橫從四句生三千法不可得, 應從一念心滅生三千法耶? 心滅尙不能生一法, 云何能生三千法耶? 若從心亦滅亦不滅生三千法者, 亦滅亦不滅其性相違, 猶如水火, 二俱不立, 云何能生三千法耶? 若謂心非滅非不滅生三千法者, 非滅非不滅, 非能非所, 云何能所生三千法耶? 亦縱亦橫求三千法不可得, 非縱非橫求三千法亦不可得. 言語道斷, 心行處滅, 故名不可思議境 …… 當知第一義中, 一法不可得, 況三千法? 世諦中, 一心尙具無量法, 況三千耶? 如佛告德女, 無明內有不? 不也. 外有不? 不也. 內外有不? 不也. 非內非外有不? 不也. 佛言, 如是有. 龍樹云: '不自不他, 不共, 不無因.' 『大經』云: '生生不可說, 生不生不可說, 不生生不可說, 不生不生不可說. 有因緣故, 亦可得說.' 謂四悉檀因緣也. 雖四句冥寂, 慈悲憐愍, 于無名相中, 假名相說.

『摩訶止觀』[170]

---

169 역주: 사실단(四悉檀)은 부처님의 설법을 4가지로 나눈 것이다. 悉檀은 가르침을 세운다는 의미이다. ① 세계실단(世界悉檀): 부처님이 중생의 소망에 따라 세계의 법을 말하는 것. ② 각각위인실단(各各爲人悉檀): 부처님이 중생의 소질이 깊고 얕음에 따라 각각의 사람에게 알맞은 법을 설하여 선을 행하게 하는 것. ③ 대치실단(對治悉檀): 부처님이 탐욕이 많은 자에게는 자비의 마음을 가르치고, 어리석음이 많은 사람에게는 인연관을 가르쳐서 중생의 악병을 없애는 것. ④ 제일의실단(第一義悉檀): 중생의 능력이 성숙했을 때 부처님이 제법실상을 설하여 진실의 깨달음에 들어가는 것.

위의 내용에 의하면, 『마하지관』은 실제로 『중론』의 네 구에서 생성을 구할 수 없다고 한 것에 의거하여 모든 치우친 집착을 논파하고, 단지 명상을 빌어서 일념삼천을 설명하였음을 알 수 있다. 그 사유 방식은 일념삼천의 측면에서 원돈(圓頓) 지관(止觀)을 짓고, '공이면서 곧 가이고 중인' 실상을 나타내는 것이다. 스스로 초월적으로 분석하여 원교를 설명한 것이 아니다. 이러한 종류의 '리구수연'하는 원교는 사유 방식이 대단히 활발하고 지극히 신통하고 조심스러우며 또한 지극히 '작용적'이어서, 화엄종의 진상심 계열의 '실체적'인 성격과 다르다.

화엄종의 여래장 계열은 유식종이 초월적인 측면을 향하여 발전해간 것이고, 천태종의 '리구' 계열은 공종이 안으로 거두는 측면을 향하여 전환해 간 것이다. 인도에서는 공종과 유종이 나란히 발전하였다. 중국에서는 천태와 화엄이 나란히 나아갔다. 선종의 경우는 천태·화엄종이 간략화된 것이고, 특히 작용의 측면으로 변화한 것이다. 육조 혜능은 두 언어를 다 표현하였다. "마음이 바로 부처이고, 무심이 도이다"[171]는 말이 바로 그것이다.

3-2. 천태 지자가 '일념삼천'이라고 한 말을 살펴보면, 후대의 형계와 지례가 말한 리구(理具)·성구(性具)·체구(體具)나 원구(圓具)가 본래 이러한 사유 방식에 따라 형성된 것임을 알 수 있다.

① 『마하지관』 제4장 「섭법(攝法)」편에서는 다음과 같이 말하였다.

여섯 번째는 모든 교법을 섭수한다는 것이다. 『비바사론』에서는 '마음은 모든 법 때문에 명칭을 만들 수 있다. 만일 마음이 없으면, 일체의 명칭이 없다'고 하였다. 세간이나 출세간의 명칭은 모두 마음에서 일어나는 것임을 알아야 한다.

六, 攝一切敎者, 『毘婆沙』云 : 心能爲一切法作名字. 若無心, 則無一切名字. 當知世出世名字悉從心起.

『摩訶止觀』[172]

---

170   역주 : 『摩訶止觀』(T46, 052b).
171   역주 : 『黃檗斷際禪師宛陵錄』(T48, 384b), "卽心是佛, 無心爲道."

②『마하지관』제7장「정관」의 제일 관음계입경(觀陰界入境)의 첫머리는 다음과 같다.

음입계(陰入界)의 경지를 보는 것은 오음·십이입·십팔계를 말한다. 음(陰)은 선법(善法)을 어둡게 덮는 것이니, 원인의 측면에서 그렇게 부른 것이다. 또한 음은 쌓고 모인 것으로, 생사를 거듭하여 겹치게 한다. 이것은 결과의 측면에서 그렇게 부른 것이다. 입(入)은 걸어 들어간다는 것으로, 수문(輸門)이라고부른다. 계(界)는 경계의 구별을 부르는 말이고, 성분이라고도 부른다……『화엄경』에 의하면, '마음은 화가와 같아서 여러 가지 오음을 그린다.' 삼계의 안이나 밖, 모든 세간 중 마음을 좇아 만들어지지 않는 경우는 없다. 세간의 색심(色心)도 오히려 다 궁구해내기가 어려운데, 하물며 출세간의 경우에는 어떻게 평범한 사람의 마음이 알 수 있겠는가? …… 그러므로 삼계의 안팎의 모든 오음과십이입은 모두 마음에서 일어나는 것이다. 부처가 비구에게 '하나의 법이 모든법을 포함한다'고 알린 것은 바로 마음을 가리킨다.『논』에서 '모든 세간 중에는 명(名)과 색(色)이 있을 뿐이다. 만약 여실하게 보려면 당연히 명색을 보아야 한다'고 하였다. 마음은 미혹의 근본이라는 뜻이 이와 같다. 만약 관찰하려면 그 뿌리부터 쳐야 한다. 예를 들면 병자를 뜸뜰 때 경혈을 얻는 것과 같다.

觀陰入界境者, 謂五陰十二入十八界也. 陰者陰蓋善法, 此就因得名. 又陰是積聚, 生死重沓, 此就果得名. 入者涉入, 亦名輪門. 界名界別, 亦名性分 …… 若依華嚴云: 心如工畫師, 造種種五陰. 界內界外, 一切世間中, 莫不從心造. 世間色心, 尙回窮盡, 況復出世, 寧可凡心知? …… 然界內外一切陰入皆由心起. 佛告比丘, 一法攝一切法, 所謂心是.『論』云: 一切世間中, 但有名與色. 若欲如實觀, 但當觀名色. 心是惑本, 其義如是. 若欲觀察, 須伐其根. 如炙病得穴.

『摩訶止觀』[173]

---

172   역주 :『摩訶止觀』(T46, 031b).
173   역주 :『摩訶止觀』(T46, 051c).

③ 또한 제4장 「섭법」에는 다음과 같은 내용이 있다.

마음으로 모든 교법을 섭수하는 것에는 대략 두 가지 뜻이 있다. 첫째는 일체
중생이 마음속에 모든 법문을 두루 갖추고 있다는 것이다. 여래는 밝게 아시고
그 마음의 법을 비추셔서 그 마음을 살피고 말씀하셨다. 무량한 교법은 마음에
서 나온다. 둘째는 여래는 과거에 점(漸)·돈(頓)의 관심(觀心)을 이루고, 편
(偏)·원(圓)을 다 갖추셨다는 것이다. 이 마음을 보고 중생을 위하여 교설하셨
다. 제자들을 교화하고 여래를 배우게 하셨다. 세속을 깨뜨리고 불경의 경권을
내셨고, 그를 우러러 공을 말하는 경전을 베끼게 하셨다. 따라서 일체의 불경
경권들이 모두 삼지삼관(三止三觀)에 섭수되었다.

復次, 心攝諸敎略有兩意. 一者, 一切衆生心中具足一切法門. 如來明審, 照其
心法, 按彼心說. 無量敎法, 從心而出. 二者, 如來往昔曾作漸頓觀心, 偏圓具足.
依此心觀, 爲衆生說. 敎化弟子, 令學如來. 破塵出卷, 仰寫空經, 故有一切經卷.
悉爲三止三觀所攝也.

『摩訶止觀』[174]

④ 또한 제1장 대의의 논육에서는 다음과 같이 말한다.

리에 접근한다(理卽)는 것은 일념의 마음, 즉 여래장의 리이다. 진여이므로
공이고, 저장하므로 가(假)이고, 리이므로 중(中)이다. 하나의 색, 하나의 향기,
모든 법, 모든 마음도 이와 같다. 이것을 리, 즉 보리심이라고 부르는데, 리가
바로 지관이다. 적멸에 접근하면 지(止)라고 부르고, 비추는 데[照] 접근하면 관
(觀)이라고 부른다.

理卽者, 一念心卽如來藏理. 如故卽空, 藏故卽假, 理故卽中. 三智一心中, 具不
可思議. 如上說, 三諦一諦, 非三非一. 一色一香, 一切法, 一切心, 亦復如是. 是

174 역주 : 『摩訶止觀』(T46, 031b).

名理即是菩提心, 亦是理即止觀. 即寂名止, 即照名觀.

『摩訶止觀』[175]

이상의 네 가지 점을 근거로 하여 보면, 천태 지의의 '일념삼천' 중에서 '일념'은 찰나심·음입심을 가리키고, 또한 '무명의 한 생각'[無明一念心]을 말한 것임을 알 수 있다. 『마하지관』 제7장 「정관」 제4 법을 논파하는 편 중 세 번째 횡수일심(橫竪一心)에서는 분명히 지관에 대해 다음과 같이 밝히고 있다.

> 무생문(無生門)과 같은 것이 천만 번 중첩해도 단지 무명의 한 생각이 인연으로 생성하는 법일 뿐이다. 또한 공이자 가이고 중인 불가사의한 세 가지 진리(삼제)의 '일심삼관(一心三觀)이라는 모든 종지와 부처의 눈 등의 법일 뿐이다. 무생문은 이미 이와 같고, 나머지 가로의 문들도 이와 같다. 아무리 여러 가지로 말한다고 해도 일심삼관일 뿐이다. 따라서 가로도 없고 세로도 없다.
>
> 若無生門千萬重疊, 只是無明一念, 因緣所生法. 即空即假即中不思議三諦, 一心三觀, 一切種智, 佛眼等法耳. 無生門旣爾, 諸餘橫門亦復如是. 雖種種說, 只一心三觀, 故無橫無竪.

『摩訶止觀』[176]

'한 찰나의 마음이 바로 삼천 세간을 갖추고 있다'는 것이다. 이 마음은 무명의 한 생각이지 청정한 진여심만을 가리키는 것이 아니다. 원돈지관의 공부를 통과하면 이 무명의 한 생각은 바로 청정한 진여심이다. 그러나 분석하여 나타낸 것이 아니라, 일념삼천 중에 작용적으로 나타낸 것이다. 이 원돈 지관과 불가사의한 세 가지 진리인 삼제(三諦), 세 가지 지혜인 삼지(三智)는 바로 반야와 해탈 및 법신이다. 반야의 작용이 여기

---

175 역주:『摩訶止觀』(T46, 010b).
176 역주:『摩訶止觀』(T46, 084b).

에서 나타나고, 청정 진여심의 본체가 여기에서 증득된다. 본체이자 작용이고 진여심이자 반야이다. 작용이자 본체라는 것은 모두 "무명의 한 생각이고, 이 마음이 세 가지 진리를 다 갖추고 있다. 일관(一觀)을 체득하여 통달하면, 이 관은 삼관(三觀)을 다 갖추고 있다"[177]는 내용과 관련된다. 이것은 작용적으로 나타내는 것이지, 분석적으로 여래장 진여심을 예정한 것이 아니다.

이 삼제삼관을 달성하는 방법은 대체로 다음과 같은 근거를 가진다.

① 『중론』

　　모든 법은 스스로 생기지 않고, 다른 것에서부터 생기지도 않는다. 스스로와 다른 것이 함께 있어서 생기는 것도 아니고, 원인이 없는 것도 아니다. 그러므로 생겨나지 않는 것임을 안다.
　　諸法不自生, 亦不從他生, 不共不無因, 是故知無生.

『中論』「觀因緣品第一」[178]

② 『열반경』

　　생성을 생성한다고 말할 수 없고, 불생성을 생성한다고 말할 수 없다. 생성을 불생성한다고 말할 수 없고, 불생성을 불생성한다고 말할 수 없다.
　　生生不可說, 生不生不可說, 不生生不可說, 不生不生亦不可說.

『大般』 권20[179]

177　제4법을 논파하는 편 중 세 번째 횡수일심(橫竪一心)에서 지관을 밝히는 내용에 나온다. 역주 : 『摩訶止觀』(T46, 084b), "無明一念心, 此心具三諦. 體達一觀, 此觀具三觀."
178　역주 : 『中論』 「觀因緣品第一」(T30, 001c).
179　역주 : 『大般』 卷20(T12, 489c).

두 가지 방식으로 일체를 관찰하여 통달하는 것이고, 모든 것을 두루 논파하고 모든 것을 두루 세우는 것이다.

제7장 「정관」 중 파법편 중에서 제일 먼저 무생문으로 파법하는 것에 대해 다음과 같이 말한다.

『불장경』에서 이렇게 말하였다. '우주 종말의 대화재가 일어날 때, 보살이 한 번 침을 뱉으면 불은 곧 꺼지고 한번 입으로 불면 세계가 이루어진다. 먼저 소멸하고 뒤에 이루어지는 것이 아니라 단지 한번 침을 뱉으면 꺼지면서 이루어지는 것이다.' 그 경전은 외부에서 내부로 작용한 것을 밝힌 것이지만, 무생문과 합치된다. 두루 논파하는 것이 바로 두루 세우는 것이다. 논파하는 것과 세우는 것에 두 생각이 필요 없다. 만약 내면에 이 덕이 없다면, 외적으로 위대한 작용도 없을 것이다. 외부에 붙어서 내면을 나타내니, 그 모습이 이러하다. 관심(觀心)을 알아야 한다. 중생의 한 시기가 끝나려는 것이 바로 겁이 다하는 것이다. 탐·진·치 삼독(三毒)[180]이 물·불·바람의 재난인 삼재(三災)이고, 불이 첫 시작이라고 말한다. 지(止)로 그치게 하는 것은 침을 뱉어서 불을 끄는 것과 같다. 관(觀)으로 보는 것은 입으로 불어서 이루게 하는 것과 같다.

佛藏云: '劫火起時, 菩薩一唾火卽滅, 一吹世界卽成. 非是先滅後成, 只一唾中卽滅卽成.' 彼經明外用內, 合無生門, 卽破遍, 卽立遍, 破立不須二念. 若內無是德, 則外無大用. 寄外顯內, 其相如是. 須識觀心者, 衆生一期將訖, 卽是劫盡. 三毒三災火爲語端. 以止止之, 如唾滅. 以觀觀之, 如吹成.

『摩訶止觀』

이것에 의하면, 천태 지자의 『마하지관』은 모든 것을 분석적으로 교

---

[180] 역주 : 삼독(三毒)은 탐욕(貪欲, rāgra)·분노(瞋恚, dveṣa)·어리석음(愚癡, moha)의 3가지 煩惱를 말한다. 모든 번뇌를 독이라고 부르지만, 이 삼독은 삼계의 모든 번뇌를 포섭하고 중생들의 착한 마음을 가장 해치는 것이므로 특히 삼독이라고 부른다. 이 삼독은 身·口·意 등 삼악행(三惡行)의 근원이므로 삼불선근(三不善根)이라고도 하며, 근본 번뇌의 첫 번째에 해당한다.

설한 경론이자 교의로서 원돈지관에서부터 작용적으로 교묘하게 융합하고, 또한 작용적이고 교묘하고 차전(遮詮)의 방식으로 원교(圓敎)를 밝힌 것임을 알 수 있다. 이는 화엄종에서 여래장 계통을 따라 분석적으로 원교를 설명한 것과 다르다. 분석적으로 원교를 밝힌 것은 별교일승이고, 작용적으로 원교를 설명한 것은 동교일승이다. 별교일승에서는 연리단구(緣理斷九)하므로, 그 원명함은 오직 부처에게 있다. 동교일승에서는 일념삼천이므로 바로 그 자리에서 구계에 통달하고, 단구(斷九)를 기다릴 필요 없이 원명할 수 있다. 따라서 천태종은 『중론』의 반야 계열이고, 화엄종은 『기신론』의 진상심 계열이다.

3-3. 천태 지자는 『법화현의(法華玄義)』 권2상 「정해법자(正解法字)」 중에서 다음과 같이 말한다.

> 남악사는 세 가지, 즉 중생법 · 불법 · 심법을 거론하였다.
> 南岳師舉三種, 謂衆生法 · 法 · 心法.

심법의 신묘함에 대하여 『안락해』 중에서 다음과 같이 말하였다. "그 마음을 수행하여 거두어들이고, 일체법이 움직이지도 물러나지도 않음을 관찰한다."[181] 또한 일념이 기쁨 등을 따른다.[형계 담연은 『석첨』에서 이렇게 말한다. 또한 일념이 기쁨 등을 따른다는 것은 행위를 관찰하는 자리의 처음이 단지 탐욕 · 성냄의 생각이 일어나는 것에 대한 것이라는 것이다. 체는 임시방편으로 실재하니, 여러 가지 경우가 모두 예와 같다. 삼제(三諦)를 그대로 따르므로 기쁨을 따른다고 말한다. 따라서 기쁨을 따르는 것을 심법의 신묘함이라고 한다.] 보현은 관찰하여 다음과 같이 말하였다. "나의 마음은 저절로 공하므로, 죄와 복은 무주(無主)이다.[『석첨』에서 이렇게 말한다. 보현이 뜻을 관찰한 내용은 심체가 바로 리(理)라는 것이므로, 저절로 공하다고 하였다. 누가 죄와 복에 집착하는

---

181 이것은 『法花安樂行品』을 간략하게 인용한 것이다.

가? 그러므로 무주(無主)라고 하였다. 두루 십계에 죄와 복이 한 생각에 있음을 밝히니, 이를 통하여 신묘한 관찰[妙觀]을 이룬다.] 마음이 무심함을 관찰하고 법이 법에 머무르지 않는다. 또한 마음이 순정한 것이 법이다.[『석첨』에서 이렇게 말한다. 심·무심 등을 관찰할 때, 능연의 마음이 이미 없는데 소연의 법이 어디에 있겠는가? 주관[能]과 객관[所]이 둘이 아니므로, 순정하다고 말한 것이다.] 마음의 미세한 티끌을 깨뜨려서 큰 천 권의 경전을 내놓는다. 이것을 심법의 신묘함이라고 부른다.”

心法妙者, 如『安樂行』中：“修攝其心, 觀一切法不動不退.” 又一念隨喜等. (荊溪湛然釋籤云, 又一念心隨喜等者, 卽觀行位初, 只于貪瞋一念心起, 體卽權實, 諸皆例然. 隨順三諦, 故云隨喜. 是故隨喜名心法妙.) 普賢觀云：“我心自空, 罪福無主. (釋籤云, 普賢觀意者, 心體卽理, 故云自空. 誰執罪福. 故云無主. 應遍十界以明罪福在一念心, 方成妙觀.) 觀心無心, 法不住法. 又心純是法. (釋籤云, 觀心無心等者, 能緣之心旣無, 所緣之法安在. 能所不二, 故云純是.) 破心微塵, 出大千經卷. 是名心法妙也.

『妙法蓮華經玄義』 권2상[182]

만약 넓은 중생법을 한결같이 여러 인과(因果)와 일체법을 통틀어 논하는 경우에 불법을 넓힌다면, 이것은 결과에 의거하는 것이다. 만약 심법을 넓힌다면, 이것은 원인에 의거하는 것이다.

若廣衆生法, 一往通論諸因果及一切法. 若廣佛法, 此則據果. 若廣心法, 此則據因.

세 번째로 심법을 넓게 해석하는 자는 앞에서 밝힌 법에서 어찌 다른 마음을 얻겠는가? 단지 중생법이 매우 광대하고 불법이 대단히 높으므로, 초학자에게는 어렵다. 그러나 마음과 부처 그리고 중생이라는 세 가지에는 차별이 없으니,

---

[182] 역주 :『妙法蓮華經玄義』 卷2上(T33, 692c).

단지 자기 마음을 관찰하면 쉽게 파악할 수 있을 것이다.

　三, 廣釋心法者, 前所明法, 豈得異心? 但衆生法太廣, 佛法太高, 於初學爲難. 然心佛及衆生, 是三無差別者, 但自觀已心, 則爲易.

　『열반경』에서는 다음과 같이 말한다. "일체 중생은 삼정(三定)[183]을 모두 갖추고 있다. 상정(上定)은 불성을 말한다. 심성을 잘 관찰하는 것을 상정이라고 부른다.[『석첨』에서는 이렇게 말한다. 이 성(性)이 불법과 중생법을 모두 갖추고 있음을 알아야 한다. 또 모두 갖추고 있다고 하지만, 심성은 신묘하여 하나도 아니고 많은 것도 아니다. 심성으로 관찰해보면 거의 알 수 있다. 만약 중생과 부처로 관찰한다면, 거의 미치지 못한다. 만약 심성으로 그 세계와 그 여시(如是)를 관찰하면, 세계와 여시(如是)도 모두 공하고 제법을 항상 갖추고 있다. 공도 아니고, 갖춘 것도 아니며, 공이면서도 갖추고 있는 것이다. 둘 다 막히고, 둘 다 비추며, 막힌 것도 아니고 비추는 것도 아니다. 단지 한 생각의 심성일 뿐이다. 이와 같은 선정에 더할 것이 있겠는가? 상정은 하정을 겸할 수 있으므로, 중생법을 포함한다."

　『涅槃』云 : 一切衆生, 具足三定. 上定者, 謂佛性也. 能觀心性, 名爲上定. (釋籤云, 應了此性具足佛法及衆生法. 雖復具足, 心性冥妙, 不一不多. 以心性觀, 則似可見. 若以衆生及佛而爲觀者, 則似如不逮. 若以心性觀彼界如, 界如皆空, 常具諸法. 非空非具, 而空而具. 雙遮雙照, 非遮非照, 亦只是一念心性而已. 如是之定豈不尙也.) 上能兼下, 卽攝得衆生法也.

　『화엄경』에서는 다음과 같이 말한다. '심법계에 노니는 것은 허공과 같으니,

183　역주 : 삼정(三定)은 삼등지(三等持, 三等至)라고도 한. 세 가지 종류의 선정, 유심유사삼마지(有尋有伺三摩地), 무심유사삼마지(無尋有伺三摩地), 무심무사삼마지(無尋無伺三摩地)를 말한다. 같은 의미로 삼해탈문은 깨달음에 이르는 세 가지 도, 또는 선정의 세 가지 목표를 말한다. ① 공해탈문(空解脫門)은 존재의 공을 관하는 것, ② 무상해탈문(無相解脫門)은 공이므로 차별의 모습이 없다는 것을 관하는 것, ③ 무원해탈문(無願解脫門)은 무상이므로 인하고 구해야할 것이 없다는 것을 관하는 것.

여러 부처의 경지임을 안다. 법계는 중(中)이고, 허공은 공(空)이며, 마음과 부처는 임시적 존재인 가(假)이다. 세 가지가 갖추어진 것이 부처의 경지이다. 이 것이 마음을 관찰하면 불법을 갖추게 된다는 의미이다.'

『華嚴』云:'遊心法界如虛空, 則知諸佛之境界. 法界卽中也, 虛空卽空也, 心佛卽假也. 三種具, 卽佛境界也. 是爲觀心仍具佛法.'

또한 심법계에서 노니는 사람은 근진(根塵)과 상대하는 하나의 생각이 일어나는 것을 관찰할 때, 십계 중에서 반드시 한 세계에 속한다. 만약 한 세계에 속한다면, 백 계와 천 법[백 개의 세계와 천 개의 여시(如是)[184]]을 모두 갖춘다는 것이다. 한 생각 중에 모두 충분히 갖추게 된다. 이 마음은 마술사와 같이 하루 밤에 항상 여러 중생들·다양한 오음·다양한 국토들을 지어낸다. 소위 지옥의 가(假)·실(實), 국토에서 부처 세계의 가·실·국토까지 [석첨에서는 이렇게 말한다. 거짓으로는 중생이고 실제로는 오음과 국토이니, 즉 삼세간이다. 천 가지 법이 모두 세 가지이므로, 삼천세계가 있게 된다.] 수행자는 어떤 길을 갈 것인가를 스스로 선택하는 것이다.

又, 遊心法界者, 觀根塵相對一念心起, 于十界中必屬一界. 若屬一界. 卽具百界千法.(百界千如) 於一念中, 悉皆備足. 此心幻師, 于一日夜, 常造種種衆生, 種種五陰, 種種國土, 所謂地獄假·實·國土, 乃至佛界假·實·國土. (釋籤云, 假卽衆生, 實卽五陰及以國土, 卽三世間也. 千法皆三, 故有三千.) 行人當自選擇何道可從.

또한 허공과 같다는 것은 마음이 저절로 마음을 낳아서 연(緣)을 빌릴 필요가 없음을 관찰하는 것이다. 마음에는 생성의 힘이 없다. 마음에 생성의 힘이 없으

---

[184] 역주 : 천여시(千如是)는 천태종의 용어로서, 천여(千如)라고도 한다. 위로는 부처 세계부터 아래로는 지옥에 이르기까지 십 계이고, 하나의 세계마다 십 계를 다 갖추고 있으므로 곱하면 백 계가 된다. 그 백 계의 하나하나에 10 여시(如是)를 갖추고 있으므로, 이를 곱하면 千如是가 된다.

니, 연도 생성되지 않는다. 마음의 연이 각각 없는데, 이 없는 것을 합한다고 어떻게 존재한다고 말할 수 있겠는가? 합하여도 오히려 얻어지지 않는데, 분리하면 생성하지 않는다. 하나의 생성도 없는데, 어떻게 백 계와 천 법이 있겠는가? 마음이 공하므로 마음이 생성하는 일체의 것들이 모두 공하다. 이 공도 공하다. 만약 공이 공이 아니고 공을 점검하여 임시 존재[假]를 가설한다면, 임시 존재도 임시 존재가 아니게 될 것이다. 임시 존재도 없고 공도 없으니, 결국 청정하다.

又, 如虛空者, 觀心自生心, 不須藉緣. 藉緣有心, 心無生力. 心無生力, 緣亦無生. 心緣各無, 合云何有? 合尙叵得, 離則不生. 尙無一生, 況有百界千法耶? 以心空故, 從心所生一切皆空. 此空亦空. 若空非空, 點空設假, 假亦非假. 無假無空, 畢竟淸淨.

해설 이는 작용적으로・궤변적으로 청정진여심을 가리는 것이다.

또한 다시 부처의 경지는 위로는 불법과 같고 아래로는 중생법과 같다.
又復佛境界者, 上等佛法, 下等衆生法.

또한 심법은 마음과 부처 및 중생 이 세 가지에 차별이 없는 것을 심법이라고 부른다.
又, 心法者, 心佛及衆生, 是三無差別. 是名心法也.

『妙法蓮華經玄義』 권2상[185]

이곳에서 말한 일심은 『마하지관』과 같은 것으로, 모두 청정한 진여심을 가리키는 것이 아니다.

3-4. 그러나 공불공여래장(空不空如來藏)을 인정하지 않는 것은 아니고, 그것이 오직 별교 사문(別敎四門)임을 인정하는 것뿐이다.

『마하지관』제7장「정시(正視)」제4 파법편 중 '종가입공'(從假入空)의 끝 부분에서 사문(四門)의 핵심에 대해 다음과 같이 말하고 있다.

다음 별교의 사문(四門)은 별교의 이치를 보고 별교의 미혹을 끊는 것인데, 앞의 것과 다르다. 차례대로 수행하고 차례대로 증득하는 것은 뒤의 것과 다르다. 『대경』에서는 이렇게 말한다. '『대열반경』의 최상의 도를 들으면, 대중들이 바르게 행동하고 발심하여 출가한다. 계를 지키고 선정을 수행하며 사제(四諦)의 지혜[186]를 깨달아서 이십오 삼매[187]를 얻는다.' 작용하는 모습의 순서는 세 장교와 다르지 않다. 그러나 『대열반경』의 마음으로 제법을 인도하니, 이 때문에 앞의 것(장교 및 통교)과 다르다. 점차적으로 오행(五行)[188]을 수행하니, 이 때문에 뒤의 것(원교)과 다르다. 따라서 별교라고 부른다.

次別敎四門者, 卽是觀別理, 斷別惑, 不與前同. 次第修, 次第證, 不與後同. 『大經』云: 聞大涅槃有無上道, 大衆正行, 發心出家, 持戒修定, 觀四諦慧, 得二十五三昧. 事相次第, 不殊三藏, 但以大涅槃心導於諸法, 以此異前. 漸修五行, 以此異後. 故稱爲別.

사문이라는 것은 환상의 변화물로서 견혹(見惑) · 사혹(思惑)을 관찰하고, 허

---

186 역주 : 四諦는 四聖諦라고도 하며, 苦諦, 集諦, 滅諦, 道諦에 해당한다. 苦諦는 현실의 인생이 괴로움이라고 관하는 것, 集諦는 괴로움의 원인인 번뇌를 아는 것, 滅諦는 깨달음, 목표를 가리키고, 道諦는 열반에 이르는 방법, 실천하는 수단을 나타낸다.

187 역주 : 이십오 삼매는 25有를 깨뜨리는 25종의 삼매를 의미한다. 무구(無垢), 불퇴(不退), 심락(心樂), 환희(歡喜), 일광(日光), 월광(月光), 열염(熱焰), 여환(如幻), 부동(不動), 난복(難伏), 열의(悅意), 청색(靑色), 황색(黃色), 적색(赤色), 백색(白色), 종종(種種), 쌍(雙), 뇌음(雷音), 주우(注雨), 여허공(如虛空), 조경(照鏡), 무애(無礙), 상(常), 낙(樂), 아삼매(我三昧).

188 역주 : 五行은 『열반경』에서 보살이 수행하는 다섯 종류의 행법을 설한 것을 가리킨다. ① 성행(聖行) : 계, 정, 혜에 의해 수행하는 보살의 정행, ② 범행(梵行) : 깨끗한 마음으로 사람들의 고통을 없애고 즐거움을 주는 행위, ③ 천행(天行) : 하늘의 도리에 의한 묘행, ④ 영아행(嬰兒行) : 어린 아기에게 하듯이 자비의 마음으로 작은 선을 행하는 것, ⑤ 병행(病行) : 괴로워하는 인간과 같이 고통이나 병을 보여주는 행위.

망한 현상을 다 없애고 별도로 오묘한 현상이 있음을 보는 것이다. 이를 불성이라고 부른다. 『대경』에서는 이렇게 말한다. '공을 공으로 하는 것이 바로 외도이다. 해탈이 바로 불공(不空)이다. 이것이 참되고 선한 오묘한 현상이다. 여래의 비밀의 장(藏)은 유(有)가 아닐 수 없다. 또한 나라는 것이 바로 여래장이고, 여래장은 바로 불성이다.' 『여래장경』에서는 '폐백의 보자기 속의 금, 흙으로 만든 틀 속의 형상' 등 모두 열 가지 비유를 말하는데, 이것이 바로 유문(有門)이다.

言四門者, 觀幻化見思, 虛妄色盡, 別有妙色, 名爲佛性. 『大經』云, 空空者, 卽是外道. 解脫者, 卽是不空, 卽是眞善妙色. 如來祕藏, 不得不有. 又, 我者, 卽如來藏, 如來藏者卽是佛性. 『如來藏經』云 : 幣帛裹金, 土摸內像. 凡有十譬等, 卽是有門也.

해설 이것이 바로 불공여래장(不空如來藏)이다.

공문(空門)은 『대경』에서 '가비라성도 공하고, 여래장도 공하고, 대열반도 공하다고 하였다. 또 이렇게도 말한다. '모든 중생이 다 무색계의 대반열반을 얻게 한다. 열반은 유가 아니지만, 세속에 따라 열반이 있다고 말하는 것이다. 열반은 형상도 아니고 소리도 아닌데, 어떻게 보고 들을 수 있다고 말하는가?' 이것이 바로 공문(空門)이다.

空門者, 『大經』云 : 迦毘城空, 如來藏空, 大涅槃空. 又云 : 令諸衆生悉得無色大般涅槃. 涅槃非有, 因世俗故, 名涅槃有. 涅槃非色非聲, 云何而言可得見聞? 卽是空門.

해설 이것이 바로 공여래장(空如來藏)이다.

공이기도 하고 유이기도 한 문(亦空亦有門)에서 지혜로운 사람은 공과 공이 아닌 것을 본다. 만약 공이라고 말한다면, 항상됨[常] · 즐거움[樂] · 나[我] · 깨끗함[淨]이 없을 것이다. 만약 공하지 않다고 말한다면, 누가 상락아정을 받을 것인가? 물과 술, 타락의 병은 공이라고도 할 수 없고 공이 아니라고도 할 수 없다. 이것을 공이기도 하고 유이기도 한 문이라고 부른다.

亦空亦有門者, 智者見空及與不空. 若言空者, 則無常樂我淨. 若言不空, 誰復受是常樂我淨? 如水酒酪瓶, 不可說空及以不空. 是名亦空亦有門.

유도 아니고 무도 아닌 문[非有非無門]은 사문(四門)[189]을 끊고 백비(百非)[190]를 떠나며, 언어의 길이 단절되어 말로 보여줄 수 없다. 『열반경』에서는 '상견도 아니고 단견도 아닌 것을 중도라고 부른다'고 하였다. 바로 그 문이다.

非有非無門者, 絶四離百, 言語道斷, 不可說示. 『涅槃』云:'非常非斷, 名爲中道.' 卽是其門也.

이와 같이 네 개의 문[四門]의 뜻을 얻으면 실상에 통하여 들어간다. 만약 뜻을 얻지 못하면, 미혹을 항복시키는 방편으로 순서대로 갈 수밖에 없다. 『열반경』에서 '보살의 거룩한 수행'이라고 부른 것이나 『대품반야경』에서 '불공반야라고 부른 것들은 모두 별교 사문의 뜻이지만, 지금 여기에서 쓰인 의미는 아니다.

如此四門得意, 通入實相. 若不得意, 伏惑方便, 次第意耳. 涅槃名爲菩薩聖行. 『大品』名爲不共般若. 此皆是別教四門意, 非今所用也.

원교의 네 개의 문[四門]은 오묘한 이치를 한 순간에 말하는 것으로, 이전의 두 가지인 장교·통교와는 다르다. 원만히 융합하여 막힌 곳이 없어서[圓融無礙], 순차적으로 거리를 두어 나아가는 것[歷別]과는 다르다. 무엇을 네 개의 문이라고 하는가?

圓教四門, 妙理頓說, 異前二種(藏通). 圓融無礙, 異於歷別. 云何四門?

---

189 역주 : 四門은 중생을 미혹하는 네 가지 형태. 즉 有·無·亦有亦無·非有非無라고 하는 네 가지 견해이다.
190 역주 : 百非는 많은 부정으로, 4구를 근본으로 하여 세우는 '非'의 범주. 고정된 견해를 타파하기 위해 부정을 계속해가는 것을 가리킨다.

견혹과 사혹의 가(假)가 바로 법계이고, 불법을 두루 갖추고 있음을 보는 것이다. 또한 모든 현상이 법성의 인연이고, 나아가 제일의제 역시 인연임을 보는 것이다. 『대경』에서는 '무명을 소멸시키는 것으로 인하여 치열하게 불타는 삼막삼보리의 등불을 얻는다'고 하였다. 이것을 유문(有門)이라고 한다.

觀見思假, 卽是法界, 具足佛法. 又諸法卽是法性因緣, 乃至第一義亦是因緣. 『大經』云：因滅無明, 卽得熾然三菩提燈. 是名有門.

공문(空門)은 환상의 변화물로서의 견혹·사혹과 모든 법이 인(因)과도 관계없고 연(緣)에 속하지도 않음을 보는 것이다. 나와 열반, 두 가지 모두 공이다. 오직 공의 병[空病]이 있지만, 공의 병 역시 공이다. 이것이 바로 삼제가 모두 공이라는 것이다.

空門者, 觀幻化見思及一切法, 不在因, 不屬緣. 我及涅槃, 是二皆空. 唯有空病. 空病亦空. 此卽三諦皆空也.

무엇을 공이면서 유인 문[亦空亦有門]이라고 하는가? 환상의 변화물로서의 견혹·사혹은 비록 진실이 없더라도 임시로 존재하는 가명으로 분별되므로, 다 없앨 수는 없다. 예컨대 하나의 먼지 속에 삼천대천 세계의 경권이 들어 있는 것과 같다. 제일의제에 의거하여 동요하지 않고 모든 법상들을 잘 분별할 수 있는 것은 대지가 하나이지만 온갖 싹들을 낼 수 있는 것과 같은 것이다. 개념과 형상이 없는 중에 개념과 형상을 빌려서 말하는 것이고, 나아가 부처도 단지 명칭만 있을 뿐이다. 이것이 있기도 하고 없기도 한 문[亦有亦無門]이다.

云何亦空亦有門? 幻化見思, 雖無眞實, 分別假名, 則不可盡. 如一微塵中, 有大千經卷. 于第一義而不動, 善能分別諸法相. 亦如大地一, 能生種種芽. 無名相中, 假名相說. 乃至佛亦但有名字, 是爲亦有亦無門.

무엇을 있지도 않고 없지도 않은 문[非有非無門]이라고 하는가? 환상의 변화물로서의 선혹·사혹이 바로 법성이다. 법성은 불가사의하다. 세속이 아니므로 유가 아니고, 세속을 떠난 것이 아니므로 무가 아니다. 하나의 색, 하나의 향기도 중도가 아닌 것이 없다. 하나의 중도가 모든 것의 중도이다. 비로자나불이 모든 곳에 두루 존재하는데, 어찌 견혹·사혹이면서 실제의 법이 아닌 경우가 있겠는가? 이것을 있지도 않고 없지도 않은 문이라고 부른다.

> 云何非有非無門? 觀幻化見思卽是法性. 法性不可思議. 非世, 故非有. 非出世, 故非無. 一色一香, 無非中道. 一中一切中. 毘盧遮那遍一切處, 豈有見思而非實法? 是名非有非無門.

『摩訶止觀』¹⁹¹

이 네 개의 문인 사문의 교판에 의하면, 천태 지자가 공불공여래장의 학설을 결코 인정하지 않았음을 알 수 있다. 한편으로는 오직 별교만을 보고, 다른 한편으로는 무엇을 만들고자 하는 마음이 홀로 움직이지만 이 길을 그대로 따르지 않는 것으로 원교를 밝혔다. 이 길을 그대로 따르는 것이 바로 『화엄경』에서 밝힌 원교로서 화엄종이다. 두순(杜順)·지엄(智儼)·현수(賢首) 계열이 여기에 속한다. 『기신론』과 그에 의거하는 진상종 계열의 경전에서 말하는 공불공여래장을 현수는 스스로 별교일승 원교라고 판별하였고,[192] 천태종의 원교를 동교일승 원교라고 판별하였다.[193] 동교의 동(同)은 임시 수단으로 열어서 실질을 드러내는 것으로, "일승이 삼승에 드리워지고, 삼승은 일승에 들어간다"[194]고 하여 일승이 삼승과 같고 일승과 삼승이 화합한다고 보았다. 별교의 별(別)은 오직 비

---

191 역주 : 『摩訶止觀』(T46, 078b).
192 역주 : 별교일승(別教一乘)은 삼승교와 다른 오직 일승의 가르침이라는 뜻으로, 『화엄경』의 가르침을 말한다. 『화엄경』에서 사사물물의 원융상즉함을 말한 법문은 삼승교에서 밝히지 못한 것으로 삼승교와는 현격한 차이를 가진 것이므로, 이를 별교일승이라고 부른다.
193 역주 : 동교일승(同教一乘)은 화엄종에서 삼승(三乘)과 같이 설한 일승(一乘)을 말한다. 이 입장에서는 모든 가르침이나 존재방식이 일승에 포함되어 있다고 보며, 『법화경』을 이에 배속시킨다.
194 역주 : 『華嚴一乘教義分齊章』 卷1(T45, 477a), "一乘垂於三乘, 三乘參于一乘."

로자나불의 원만 법신의 측면에서만 말한 것으로, 근기의 임시 방편과 떨어져서 오직 스스로 체득하고 스스로 깨닫는 하나의 실질이다. 소위 '법에 의거한 본래의 교법'[稱法本敎]이라는 것이지 '근기에 따르는 말단의 교법'[逐機末敎]이 아닌 것이다.

천태, 화엄에서는 모두 『화엄경』이 부처가 도를 이룬 뒤 첫 번째 설법한 것임을 인정한다. '법에 의거한 본래의 교법'이라는 말은 별교일승을 말하는 것으로, 그 내용은 다음과 같다.

> 곧 부처님이 처음 도를 이루고 제2·7일 째 보리수 밑에 있으면서, 마치 해가 떠오를 때 높은 산을 먼저 비추는 것과 같이 해인의 선정 중에 때를 같이 하여 십십법문(十十法門)[195]을 말씀하셨다. 이 법문은 주인과 손님을 모두 갖추고,[196] 두루 원만히 통하여 자유롭고, 구세와 십세를 아우르며, 인드라망과 미세한 것이 서로를 받아들이는 경지를 다 나타낸다. 바로 이때 모든 원인과 결과, 리와 사 등과 전후의 모든 법문, 그리고 말세에 사리, 견문 등을 유통시키는 일까지 모두 동시에 나타났다. 무슨 까닭인가? 거두어들임과 펼침이 자유롭기 때문이다. 펼치면 구세(九世)를 아우르고, 거두어들이면 한 때에 관련된다. 이 거두어들이는 것이 바로 펼치는 것이고, 펼치는 것이 또 거두어들이는 것이다. 왜인가? 동일한 연기이기 때문이고, 두 가지 모습이 없기 때문이다……따라서 이 넓은 법에 의지하면, 모든 불법은 제2·7일 날 한 때에 전후로 말씀하시고, 전후로 한 때에 말씀하신 것이다. 이것은 세간의 인쇄하는 법에서 글을 읽을 때는 구절과 뜻이 앞뒤가 있지만, 인쇄하면 동시에 나타나는 것과 같다. 때를 같

---

195 역주 : 十十法門은 別敎一乘으로 『화엄경』의 가르침이다.
196 역주 : '주인과 손님[主伴]'은 화엄종에서 법계연기를 말할 때, 이것이 주인이 되면 저것이 종속이 되고 저것이 주인이 되면 이것이 종속이 된다고 말하는 것이다. 주인과 종속이 具足되어 있고 온갖 덕이 포섭되어 있으므로, 주인과 종속이 모두 구족되어 있다고 말한다. 만물은 각각 주인이면서도 각각 종속이 되므로, 相卽相入하며 重重無盡한다. 이를 '主伴無盡'이라고 한다. 華嚴宗에서 말하는 十玄門 중의 '主伴圓明具德門'이 바로 이러한 의미이다.

이 하면서도 앞뒤가 있다는 것이 이치에 어긋나지 않는다.

卽佛初成道, 第二七日, 在菩提樹下, 猶如日出, 先照高山, 于海印定中, 同時演說十十法門. 主伴具足, 圓通自在. 該于九世十世, 盡因陀羅‧微細境界. 卽于此時, 一切因果理事等, 一切前後法門, 乃至末代流通舍利‧見聞等事, 並同時顯現. 何以故? 卷舒自在故. 舒則該于九世, 卷則在于一時. 此卷卽舒, 舒又卽卷. 何以故? 同一緣起故, 無二相故 …… 是故依此普法, 一切佛法並于第二七日, 一時前後說, 前後一時說. 如世間印法, 讀文則句義前後, 印之則同時顯現. 同時前後, 理不相違.

『華嚴一乘敎義分齊章』권6¹⁹⁷

천태종은 '마치 해가 떠오를 때 높은 산을 먼저 비추는 것과 같이' 제일시(第一時)에 교법을 처음 교설한 것으로 분별하였고, 이를 '화엄시'(華嚴時)라고 하였다. 그리고 '비유하면 소가 우유를 내는 것과 같다'¹⁹⁸고 하여 '우유의 맛으로 분별하였다.

이것에 의거하면 한 가지 의미를 말할 수 있을 것 같다. 즉 이러한 원교는 '형식적 원교'이고 '형식적 일승'이라는 것이다. 별교의 그 '별'은 이 '법에 맞는 본래의 교설'[稱法本敎]이 독특하고 뛰어나며 최고임을 나타내지만, 추상적인 격별(隔別)의 뜻도 있다. 비록 법의 측면에서 말하였지만, 모든 불법이 모두 그 안에 있으며 떨어져 있지도[隔] 않고, 별다른 것도[別] 없다. 그러나 이는 단지 부처가 "본성에 맞는 궁극적인 교설[稱性極談]은 있는 그대로 말한 것과 같다"는 것에 불과하다. 부처는 최초로 정각을 이루고서 자신이 말한 법성의 이치에 의거해서 교설하였다. 따라서 떨어져 있지도 않고 별다른 것도 없다는 것은 스스로 증득한 것이다. 스스로 다양한 근기들을 돌아보지 않고 말한 것이 실로 '격별'이다. 격별은 추상이다. 격별은 단순히 부처 자신의 원만함을 나타내며, 추상적으

---

197 역주 : 『華嚴一乘敎義分齊章』 卷6(T45, 482b).
198 역주 : 『大般』 卷14(T12, 448c), "譬如從牛出乳."

로 원만한 진리의 본뜻을 나타낼 뿐이다. 이것은 단순히 진리의 표준을 나타내는 것뿐이고, 이 표준의 자기가 바로 추상이다. 격별하지 않고 추상적이지 않으면, 이 표준을 나타낼 수 없다. 부처 자신이 증득한 말씀이라는 측면에서 보아도 구체적이고 추상적이지 않다. 즉 그 자신이 참으로 깨달은 것이고 추상적으로 본 것만은 아니지만, 여러 근기들에 널리 접하여 객관적으로 깨달은 것을 나타낸 말이므로, 여전히 격별이며 추상이다. 이러한 의미로 형식적 원교라고 말하고, 형식적 일승이라고 말한 것이다. 이러한 원교를 객관적으로 말하면 원교가 그 자신에게 있다는 것이고, 주관적으로 말하면 부처의 원만한 법신이 그 자신에게 있다는 것이다. 그 자신에게 있다는 것은 원교의 모형이고 표준이므로, 형식적 원교인 것이다. 그러나 모형·표준·그 자신에게 있다는 것은 반드시 '그 자신을 대한다'는 것을 통하여 "그 자신에게 있으면서 그 자신을 대한다"는 것[그 자신에게 있는 것과 그 자신을 대하는 것의 진실한 통일]으로 되어야만 비로소 객관적으로 진실하고 구체적인 원교라고 말할 수 있다. 이것은 여러 근기들을 격별하여 돌아보지 않을 수 없고, 또 오로지 '본성에 의거해 궁극으로 말하는' 것으로만 높음을 드러낼 수 없으며, 반드시 근기에 입각하여 널리 드러내야함을 말한 것이다. 성인은 반드시 구부리고 나아가서 굽어진 것들에 막힘없이 두루 응하여야 그 도가 구체적으로 되고, 그 원교 역시 구체적이면서도 진실하게 된다. 이것이야말로 구체적이면서도 진실한 '원이신'(圓而神)[199]이다. 이 측면에서 말하면, 화엄종의 제일시 그리고 우유맛과 같은 『화엄경』에서 말하는 원교는 실제로 천태종의 제오시(第五時)인 법화 열반시에 미치지 못하고, 또 제호의 최고의 맛에서 말한 진실하면서도 구체적인 진정한 원교에 미치지 못한다고 할 수 있다.

의리의 발전이라는 측면에서 말하면,[200] 천태종의 판교는 실제로 비교

---

199 역주 : 원만하면서도 신묘하다는 의미.
200 모든 판교는 의리의 질서라는 측면에서 말한 것이지, 역시적 순서에 따라 말한 것이

적 이치와 실질에 맞을 뿐만 아니라 정밀하면서도 전체에 확 트여 있다. 화엄종의 판교 그리고 화엄종에서 말한 원교는 초월적으로 분석하는 사고방식에서의 판교와 원교이다. 반면 천태종의 판교와 천태종에서 말한 원교는 변증법적으로 원융적인 사고방식에서의 판교와 원교이고, 그러한 분석을 통하여 변증적이고 곡선적이며 작용적이고 차전(遮詮)적으로 소화하여 융해한 원교이다. 천태종의 오시판교(五時判教)는 다음과 같다.

① 화엄시(華嚴時) : 해가 떠오를 때 높은 산을 비추다. 우유맛. 리(理)에 의거해 형식적인 원교를 나타내다.
② 녹원시(鹿苑時) : 해가 깊은 계곡을 비추다. 진한 유즙의 맛. 네 가지 『아함경』의 소승교를 설법하다.
③ 방등시(方等時) : 식사할 때. 생 연유 맛. 『유마경』·『사익경(思益經)』·『능가경』·『금광명경』·『승만경』 등을 설법하다.
④ 반야시(般若時) : 정오에 가까울 때. 잘 익은 연유 맛. 『반야경』을 설법하다.
⑤ 법화열반시(法華涅槃時) : 해가 오후가 되다. 제호 맛. 『반야경』에서 나와 『법화경』·『열반경』을 설법하다.

앞의 사시를 경과하여 마지막의 제오시에서 원교를 설하였는데, 바로 이것이 진실하면서도 구체적인 원교이다. 이러한 판교는 『기신론』에서처럼 초월적인 분석 방식을 취한 것이 아니다. 오히려 『중론』에서처럼 변증법적으로 소화하고 융해하면서 '일념삼천'을 작용적·곡선적·차전(遮詮)적으로 설명한 원교라고 해야만 마땅할 것이다.

4. 그러나 천태종의 '일념삼천'은 물론 형계 담연이 전개해 나아간 「십불이문(十不二門)」,[201] 또한 화엄종의 여래장심의 '불변하면서도 연에

아니다.
201 「十不二門」은 형계 담연이 천태 지의가 『法華玄義』에서 '妙' 자를 바로 해석하는 중 '十妙'를 종합하는 곳에서 만든 '釋籤'이다. 형계의 '釋籤'에서는 '十不二門'으로 十妙

따르고, 연에 따르면서도 불변하다는 것에서 원인으로서의 수행이 갖추어져서 결과로서의 깨달음의 덕이 만족되는 경지인 '인원과만(因圓果滿)의 성기(性起)로 완성된 대연기 법계, 그리고 "삼성(三性)의 공통점과 차이점은 연기인문(緣起因門)의 여섯 가지 의미[202]이고, 막힘없는 십현연기(十玄緣起)이며, 육상원융(六相圓融)[203]이다"[204]는 사문(四門)의 학설까지 모두가 "연기성공이고, 유전환멸이며, 더러운 것과 깨끗한 것이 되바뀌고, 생멸과 불생멸이 되바뀐다"는 교의 아래에서 원융적으로 말한 것이다.

천태종의 학설에서는 일념삼천의 불가사의한 경지는 하나의 '체'가 존재하는 것에 인한 것이 아니라 그것을 적극적으로 긍정하려는 것이다. 단지 번뇌심의 편재에 따라 사실적으로 이렇게 말할 뿐이다. 당연하면서도 필연적으로, 즉 이상적으로 말한 것은 불가사의한 경지 그곳에서 바로 적멸하는 것에 있다. 적멸하였다는 것은 바로 원돈지관(圓頓止觀) 중에 '공이면서 곧 가이고 곧 중인' 여실지(如實知)로써 실상을 증득한 것이다. 실상은 공에 매달린 것이 아니라 삼천 세계 중에 존재한다. 실상은 구체적이어야 삼천 세계가 비로소 그 필연성을 획득한다. 따라서 지례는 "하물며 마음을 관찰하는 것[觀心]이 유식관과 실상관, 두 종류를 스스로 갖추고 있음에랴…… 실상관은 심식의 체가 공적한 데에서 삼천 세계가 완연한 것이니, 이것이 공·가·중에 일치하는 것이다. 유식관은 마음을 일으켜서 십계(十界)를 변환하고 짓는 것을 비추니, 이것이 공·가·중에

를 포함하였다.

202 역주 : 연기인문육의(緣起因門六義)는 연기의 사실이 어떻게 성립하는가를 설명한 화엄의 교설이다. 성립하게 하는 것(因)에 공과 유가 있다고 보며, 각각의 힘의 유·무, 연의 대(待)·부대(不待)를 조합하여 그 이유를 기술하였다. 연기의 긍정적, 적극적인 표출이라고 평가받는 이론이다.

203 역주 : 육상원융(六相圓融)은 화엄교학에 있어서 일체의 모든 사물이 서로 원융무애한 상태를 설명하는 6종의 방식이다. 또는 육상(六相)이 서로 원융하고 있는 것. 본문의 4-2장에서 다루고 있다.

204 역주 : 『華嚴一乘敎義分齊章』 卷4(T45, 499a), "三性同異義, 二緣起因門六義法, 三十玄緣起無礙法. 四六相圓融義."

일치하는 것이다"205라고 하였다.206 오직 '공·가·중'의 실상 중에서만 삼천 세간이 두루 가득차서 파괴되지 않는 필연성을 획득할 수 있다. 삼천 세계는 불가하지만 반드시 분리되는 것은 아니고, 불가하지만 반드시 무너지지 않는 것도 아니다. 단지 그에 접근할 수 있고[卽] 적멸할 수 있을 뿐이다. 이것은 여전히 '유전환멸' 하에서의 체용이다. 실제로는 체용이랄 것이 없다. 체용은 모두 빈말이다. 나는 실상이 체이고 삼천 세계가 용이라고 말할 수 없다. 삼천 세계는 공(空)이면서 가(假)이고 중(中)이므로, 나는 여기에서 공이나 중이 체이고 가는 용이라고 말할 수 없다. 이것은 여전히 반야·해탈·열반 삼덕의 체가 갖춘 출세간적이고 정태적인 실상관이다. 공이면서 가이고 중인 실상을 쪼개보면, 공·가를 체용이라고 말할 수 없다. 그러므로 공과 가의 관계는 여전히 무애(無碍)의 관계에 불과하다. 무애의 관계에서 공이면서 가이고 중임을 증득하는 것이 바로 실상이다. 실상은 뜻을 나타내는 글자이지 실체를 나타내는 문자가 아니다. 하나의 색·하나의 향기도 중도가 아닌 것이 없다는 것은 꼭 색을 소멸시키고 향기를 소멸시키는 것은 아니다. 오직 당체가 바로 여여하여 공이면서 가이자 중이 되므로, 색이지만 색이 아니고 향기이지만 향기가 아니라고 해도 색과 향기는 완연(宛然)하다. 이것이 소위 소멸이라는 말이다. 이는 원융적인 소멸이지, 분석적이고 격리적인 소멸이 아니다. 원융적인 소멸은 소멸하지만 소멸하지 않고 병을 없애지만 법을 없애지는 않으므로, 환상이자 거짓으로서 막힘이 없어서 영원히 다하는 일이 없다. 이것이 바로 번뇌의 마음이 두루 존재하기[遍] 때문에 부처의 체가 두루 존재한다는 말이다. 두루 존재한다는 것[遍]은 원만하여 다함이 없다는 것이다. 그러나 이것은 일종의 적극적인 창생의 실체가 원인

---

205 역주:『十不二門指要鈔』卷上(T46, 708b), "況復觀心自具二種: 卽唯識觀及實相觀…… 實相觀者, 卽于識心體其空寂, 三千宛然, 卽空假中. 唯識觀者, 照於起心變造十界, 卽空假中."

206 『十不二門指要鈔』에서는 色心不二門을 해석한다. 살펴보건대, 여기에서 唯識을 파악할 수 있다. 천태종에서는 이에 대하여 다툼이 없다.

이 되어 그것을 환상인 거짓이 되게 하고, 그것으로 하여금 적극적으로 다함이 없도록(無窮盡) 하는 것은 결코 아니다. 불교는 환상이고 거짓인 일[幻假事]에 대하여 이처럼 철저하지 못한 무애의 상태에서 원융적으로 모든 것을 다하려고 하는데, 이 때문에 객관적이고 적극적으로 실질적인 일에 안착할 수 없는 것이다.

4-1. 화엄종에서 "불변하면서도 연에 따르고, 연에 따르면서도 불변하다"고 말한 것은 사실적인 측면에서 말한 것이다. 이렇게 사실적인 말에서는 여래장심이 체이고 연에 따라 유전한 것이 용이라고 말할 수 없다. 십신(十信)에서 종심(終心)을 이미 제거하였다면 한 순간에 바로 부처가 될 수 있다. "일념이 바로 모든 교의·이사(理事)·인과 등을 구족하고, 모든 중생들과 함께 동시에 부처가 될 수 있다."[207] 그리고 "원인은 결과의 바다를 모두 포함하고, 결과는 원인의 근원을 꿰뚫어서" 인원과만(因圓果滿)의 성기(性起)·십신불의 자경계(自境界)가 여리지(如理智) 중에서 여량경(如量境) 법성가들의 실덕(實德)[208] 연기를 이룬다. 그러나 연기는 연기의 측면에서 말한 것으로, 여전히 무애의 원융이다. 설사 유일한 진심이 유전하여 성기는 덕을 갖추고 일시에 타오르고 숨거나 반영하는 일이 번갈아 나타난다고 할지라도, 나는 여전히 이 진심이 창생하는 실체로서 이 연기의 일이라는 위대한 작용을 창생할 수 있다고 말할 수는 없다. 이 체용은 여전히 "연기 성공하고 유전환멸하면, 더러운 것과 깨끗한 것이 뒤바뀌고 생멸과 불생멸이 뒤바뀐다"는 교의에서의 정태적인 무애의 체용일 뿐이다. 그 뿐 아니라 이 심불의 자경계 중의 해인삼매의 대연기 중에서는 일어난다고 말하지만 실제로는 일어남이 없는 것이라고 할 수 있다. 비록 '일시에 타오른다'고 하였지만 이 역시 즉시 고요하다고 말할 수 있고, 비록 '숨거나 반영하는 일이 번갈아 나타난다'고 하

---

[207]　역주:『華嚴一乘敎義分齊章』卷4(T45, 499a), "一念卽得具足一切敎義理事因果等, 及與一切衆生皆悉同時作佛."

[208]　억주: 실덕(實德)은 진실의 특질, 또는 사람들이 본래 갖추고 있는 불성을 가리킨다.

였지만 실제로는 '나타난다고 말할 것이 없고, 더욱이 '번갈아 나타난다'라고 말할 것도 없다. 이 진심이 회전한 대연기법은 사실적으로 말한 '불변하면서도 연에 따르고, 연에 따르면서도 불변한다'는 모든 것에 순응하면서 이를 뒤집어서 원융무애하게 적멸한 것이다. 그리고 그것을 실덕으로 나타내서 그대로 완성한 것이다. 비록 대연기법계라고 부르고서 그렇게 풍부하고 열렬하게 말하지만 실제로는 하나도 존재하지 않는다고 할 수 있고, 하나의 덕도 나타낼만한 것이 없다고도 말할 수 있다. 그러나 '일시에 타오른다'고 할 수 있고, '숨거나 반영하는 일이 번갈아 나타난다'고 말할 수는 있다. 이처럼 무애의 원융 상태에서는 실제로 체용이라고 말할 것이 없다. 체용은 모두 과정 중의 용어일 뿐이고, 빈말일 뿐이다. 이 여래 진심은 실제로 연기법을 창생하는 실체가 아니다. 연기는 모두 연기일 뿐이고, 불가사의에 대해서 임시 명칭으로 말한 것뿐이다. 제일의제(第一義諦) 중에서는 한 법도 얻을 수 없는데, 어떻게 대연기법이라고 부를 수 있다는 말인가? 연기법은 모두 자성이 없는 무성(無性)인 것 같다. 십신불의 자경계도 마찬가지이다. 불과(佛果)를 원인으로 하여 자성을 가진 실사(實事)로 변화하는 것이 아니다.

4-2. 현수(賢首)는 '모으는 모습(總)·나뉘는 모습(別)·같이하는 모습(同)·달리하는 모습(異)·이루는 모습(成)·무너뜨리는 모습(壞)'이라는 여섯 가지 모습(六相) 중에서 '무너뜨리는 모습'에 대해 다음과 같이 말하였다.

여섯 번째 무너뜨리는 모습(壞相)은 서까래와 같은 여러 연들이 각기 자기 법에 머무르고 본래 집을 짓지 않기 때문이다.
第六壞相者, 椽等諸緣, 各住自法, 本不作故.

물었다. "서까래와 같은 연들을 보면 집을 지어서 이루었는데, 무슨 까닭에 본래 짓지 않는다고 말하는가?"
問 : "現見椽等諸緣, 作舍成就, 何故乃說本不作耶?"

대답하였다. "다만 짓지 않으므로, 집이라는 법이 이루어질 수 있다. 만약 집을 지어버리고 자기의 법에 머물지 않는다면, 집의 뜻도 이루어지지 않는다. 무슨 까닭인가? 집을 지어버리고 본래의 법을 잃는다면 집도 이루어지지 않기 때문이다. 이제 집이 이루어졌으므로, 짓지 않는다는 것을 분명히 알 것이다."

答 : "祇由不作, 故舍法得成. 若作舍去, 不住自法者, 舍義卽不成. 何以故? 作去, 失本法, 舍不成故. 今旣舍成, 明知不作也."

물었다. "만약 지어버린다면 무슨 잘못이 있는가?"

問 : "作去有何失?"

대답하였다. "단절됨과 항상됨의 두 가지 잘못이 있게 된다. 만약 서까래가 집을 지어버린다고 말한다면, 서까래의 법을 잃게 된다. 서까래의 법을 잃게 되므로 집에서는 서까래가 없게 되고, 집도 있을 수 없기 때문이니, 이것이 단절됨이다. 만약 서까래의 법을 잃고도 집이 있다는 것은 서까래없이 집이 있는 것이니, 이것이 항상됨이다."

答 : "有斷常二失. 若言椽作舍去, 卽失椽法. 失椽法故, 舍卽無椽, 不得有故, 是斷也. 若失椽法而有舍者, 無椽有舍, 是常也."

『華嚴一乘敎義分齊章』권4[209]

각자 자기의 법에 머무르고, 짓지 않으면서도 짓는다. 서까래는 서까래가 아니고, 서까래가 아니면서도 서까래이다. 단절되지도 않고 항상되지도 않는 것은 이렇게 불가사의하고 무애한 기이한 연기이다. 여실하게 알 수 있고 사식(事識)에 의지하지 않는 것이 여래의 진심이다. 이 여래의 진심과 기이한 연기는 실제로 체용 관계가 아니다. 법성가의 실덕연기 역시 체용 관계가 아니다. 원초적으로 긍정되는 초월적인 진심은 중생이

---

[209] 역주. 『華嚴 乘敎義分齊章』 卷4(T45, 499a).

태초 이래 분석적·실제적으로 이와 같다는 것을 그대로 따른 말이다. 이처럼 말한 까닭은 초월적 진심에 의지하면 유전환멸을 설명하기 편리하기 때문이다. 초월적인 진심을 기준으로 삼아 일으키는 수행 공부가 환멸의 과정이다. 초월적 진심은 생각을 떠나고 상을 떠나며 한 맛[一味]으로 평등하니, 이를 '공여래장'(空如來藏)이라고 한다. 여기에 의지해서 일어난 환멸의 과정은 점차적인 것이든 갑자기 일어나는 것이든, 모두 허다한 사상(事相)·의미·내용으로 구분된다. 이렇게 구분된 것들은 모두 환멸 과정에서 나타난다. 그리고 환멸하여 마음의 근원에 이르면, 이렇게 구분된 것들은 한꺼번에 초월적 진심에 거두어져 저장되고 남김없이 녹아들어 무상(無相)으로 귀결된다. 그와 동시에 또한 원인으로 거두어져 저장된 것들은 비록 상이 없더라도 분명하게 무량한 공덕을 쏟아내고 무한한 결과의 바다를 형성한다. 이것 역시 "원인의 수행 과정이 사무쳐서 가득한 사람[因位究滿]은 세 번째의 생에서 저 궁극의 경지로 자유롭고 원융한 깨달음의 결과를 얻게 된다는 것이다. 이 원인의 체가 결과에 의지해 이루어지므로, 원인의 수행이 가득해진 사람은 깨달음이라는 결과의 바다에 들어간다. 이것은 깨달음의 경지이므로 말로 표현할 수 없다."[210] 그러므로 진심이라는 결과의 바다는 환멸 공부의 '원인의 수행 과정'[因位]를 거쳐서 이루어지는 것이다. 진심에 의거하여 환멸행을 일으키는 것이 체용이고, 이 체용은 되돌아오는 흐름이며 건너가는 일이다. 그 전체가 결과의 바다에 가라앉으면, 진심이 밖으로 드러나고 적멸하며, 상이 없어지게 되어 체용의 의미도 존재하지 않는다. 설사해인삼매라는 결과의 바다가 말로 표현할 수 없는 중에서 방편으로 대연기법을 가설하였고, 또 그처럼 풍부하고 열렬하게 말들을 하였을지라도 그것은 단지 원인의 수행 과정의 내용이 반영된 것에 불과하다. 실제로는 진

---

[210] 역주 : 『華嚴一乘敎義分齊章』 卷4(T45, 499a), "因位窮滿者, 于第三生, 卽得彼究竟自在圓融果矣. 由此因體, 依果成故, 但因位滿者, 卽沒于果海中也. 爲是證境界故, 不可說也."

실한 연기가 없다. 그리고 진심과 이 허망하게 반영된 대연기법[이른바 실덕연기라고 하는 것]의 관계도 체용 관계가 아니다. 이는 아마 대연기법이라는 것이 본래 허망한 반영이자 빈 말이기 때문일 것이다. 실질적인 것은 환멸의 수행에 있다. 결과의 바다에 가라앉으면 전체가 '의미'가 되고 적멸의 '실덕'이 되지만 실제로는 가리킬 일이 없고 말할 상도 없는데, 어떻게 체용의 실체와 실사(實事)가 있을 수 있겠는가? 실질에 집착하여 대연기법이라고 말하는 것과 진심의 관계는 여전히 무애의 관계일 뿐이지 결코 창생의 체용 관계가 아니고 인과의 관계도 아니다.

5. 두 원교는 길은 다르지만 실제 귀착점은 같다. 모두 불교 적멸의 교의를 잃지 않고 있다.

천태의 '공·가·중' 측면에서 말하면, 이곳에는 근본적으로 체용의 의미가 없다. '공'은 체가 아니고, '가' 역시 용이 아니다. 여기에서는 비록 "만상은 태허 중에 나타나는 사물이다"라는 말은 없지만, "사물과 허(虛)는 서로 힘을 빌리지 않고, 형체는 스스로 형체이고 본성은 스스로 본성이며 형체와 본성, 천(天)과 인(人)은 서로 상대하지 않는다"라고 여전히 말할 수 있다. 비록 원융적이어서 막힘이 없지만, 생성할 수 있는[能生] 하나의 실체로 인하여 그것이 참되다고 할 수는 없고, 단지 "공이 바로 가이고 중이다"라고 말할 수 있을 뿐이다. 비록 원융적이어서 막힘없이 서로 힘을 빌리고 서로 상대한다고 말할 수 있지만, 존재론적으로는 서로 힘을 빌리지 않고 서로 상대하지 않는다고도 말할 수 있다. 따라서 서로 힘을 빌리고 서로 상대하는 것도 "원인은 연기이므로, 공이라고 말한다. 원인은 공이므로, 연기라고 말한다"와 같은 것이다. 따라서 공은 객관적·존재론적으로 연기를 생성시켜 일으키는 체가 결코 아니고, 연기의 일도 공성의 작용이 아니다. "여기에 있는 까닭에" 서로 힘을 빌리고 상대하는 관계는 표면적으로만 뜻을 나타내는 관계일 뿐이지, 객관적이고 실유(實有)하는 인과 관계가 아니고, 체용 관계도 아니다. "공이면서 곧 가이고 중인" 인융적으로 서로 힘을 빌리고 상대하는 관계는 단지 표면상에서 뜻을 나타내는 관계이지 '실상'을 증득하는 관계가 아니며, 결코 객관적이고 실유하는 인과 관계가 아니고 체용의 관계도 아니다. 그러므로 막힘없이 원용하여 서로 힘을 빌리고 상대한다는 것은 단지 객관적이고 존재론적으로 서로 힘을 빌리지 않고 서로 상대하지 않는다는 뜻을 표면상에서 무애(無碍)적으로 말한 것에 불과하다.[211]

5-1. 화엄종의 해인삼매와 실덕연기설(實德緣起說)의 측면에서는 허망함이 다하면 마음이 깨끗해지고 온갖 형상들이 모두 나타난다. 따라서 "만상은 태허 중에 나타난 사물이다"라고 말할 수 있고, 또한 "허(虛)와 사물은 서로 힘을 빌리지 않고, 형체는 스스로 형체이고, 본성은 스스로 본성이다. 형체와 본성, 천(天)과 인(人)은 서로 상대하지 않는다"라고도 말할 수 있다. 십신불의 자경계와 대연기 다라니법 중에는 실제로 체용의 의미가 없고, 단지 비로나자불 법신이 두루 존재하고[遍] 가득차며[滿] 원만하고[圓] 항상되다[常]는 의미만 있을 뿐이다. 그 풍부한 의미와 내용들은 모두 환멸공부의 원인의 위치에서 반영되어 이루어진다. 즉 방편이자 임시로 말해진 것으로, 대연기법으로 펼쳐서 보여진다. 그것과 여래 진심의 관계는 결코 체용이나 인과 관계가 아니고, 여래 진심이 창생한 것도 아니다. 이는 인위궁만(因位窮滿)이 반영된 것이어서 유라고 말하면 유이고 무라고 말하면 무인 것이다. 여기에서 억지로 체용을 말한다면, 이는 무애(無碍)의 체용일 뿐이지, 실체가 창생하고 실제의 이치가 꿰뚫는 체용이 아니다. 이것은 사물과 허(虛)가 서로 힘을 빌리지 않고 서로 상대하지 않는 것이라고 할 수 있다. 원용무애하게 서로 힘을 빌리고 상대

---

211 理가 갖추어져 있지만 아직 드러나지 않은 것이 체이고, 일이 만들어져 이미 드러난 것이 용이다. 이것은 미혹하거나 깨달은 성품과 수행의 관계라는 측면에서 체용과 인과를 설명한 것이다. 즉 환멸을 수행한 측면에서의 체용이자 인과이지, 객관적이고 존재론적인 체용이 아니고 인과도 아니다. 장재는 '서로 힘을 빌리지 않고 서로 상대하지 않는 것'이라고 말하였는데, 이는 객관적이고 존재론적인 실제 체용 혹은 인과 측면에서 말한 것이다. 그렇기 때문에 단지 공·가의 측면에서만 말할 수 있을 뿐이다.

하는 것은 실제로 객관적·존재론적으로 서로 힘을 빌리지 않고 상대하지 않는 무애(無碍)의 측면에서 말한 것이다. 즉 유일한 진심의 회전으로 인하여 바로 실제로 체용 혹은 인과의 실상(實相)이 서로 힘을 빌리고 상대하게 되는 것이 아니다. "불변하면서도 연에 따르고 연에 따르면서도 불변하는" 곳에서 사물과 허(虛)가 서로 힘을 빌리지 않고 서로 상대하지 않는다는 의미가 더욱 잘 나타난다.[212]

5-2. 그러므로 불교의 공가(空假) 관계·이사(理事) 관계·진여심과 연기법의 관계는 그 자체로 모두 체용 관계가 아니다. 체용의 도식으로 논할 수 있다면, 모두 "연기성공하고 유전환멸하면 더러운 것과 깨끗한 것이 뒤바뀌고 생멸과 불생멸이 뒤바뀐다"는 교의와 강령 하의 무애(無碍)의 체용이고, "사물과 허는 서로 힘을 빌리지 않고, 형체와 본성·천과 인은 서로 상대하지 않는다"는 체용이다. 이것이 공종을 관통하는 중관이고, 유식종의 삼성(三性)이며, 천태종의 공·가·중이고, 화엄종의 여래장 진여심인데, 이것들 모두 이러할 뿐이고 이것을 위배할 수 없다. 따라서 체용의 도식으로 말하면, 장재가 "사물과 허는 서로 힘을 빌리지 않고 형체와 본성, 천과 인은 서로 상대하지 않는다"고 말한 것은 비록 두리 뭉실하게 말한 것이지만, 틀린 것은 아니다. 그리고 정호는 한 단계 더 나아가 체용의 총론적 측면에서 내용을 깊이 성찰하고 연구하면서 "경(敬)을 가지고 안을 곧게 할 수 있지만 의(義)를 가지고 바깥을 바르게 하는 것은 없다. 그 안을 곧게 한다는 것도 근본을 살펴보면 옳지 않다"[213]고 하였다. '안을 곧게 한다'는 것은 단지 더러운 것과 깨끗한 것을 뒤집는 것이고, 생멸과 불생멸을 뒤집는 것이다. 그 '곧게 된 안'은 심진여체(心眞如體)일 뿐이다. 후에 육구연은 다시 더 나아가 정의와 이

---

212 환멸공부의 측면에서 인원과만(因圓果滿)의 체용·인과는 수행상의 체용·인과이지, 객관적이고 존재론적인 실제의 체용과 실제의 인과가 아니고 장재가 의도해 가리킨 내용도 아니다.

213 『二程遺書』 卷2 「二先生語 二」, "可以敬以直內矣, 然無義以方外. 其直內者, 要之其本亦不是"

익·공(公)과 사(私)로써 유학과 불교를 분별하였다. 그리고서 육구연은 "오로지 의롭고 오로지 공하기 때문에 세상을 다스리고, 오로지 이익만을 추구하고 사적인 것이기 때문에 출세(出世)하려고 한다. 유학자는 아무 소리도 없고 냄새도 없으며, 어느 한 곳에 집착하지도 않고, 어느 하나에 고정적이지 않는데, 이는 모두 경세(經世)를 주로 하는 것이다. 석가는 비록 미래까지 다하도록 널리 구제하더라도 모두 출세를 주로 한다"[214]고 하였다. 이것은 "연기성공하고 유전환멸하면, 더러운 것과 깨끗한 것이 뒤바뀌고 생멸과 불생멸이 뒤바뀐다"는 교의에서는 나올 수밖에 없는 필연적 결과이다. 비록 지극히 원융적이고 심지어 벗어날 세상이 없고 제도할 생사가 없으며 얻을 열반이 없더라도 이같이 원융과 궤변의 교묘한 논의는 여전히 원융적인 소멸이고, 원융적인 출세간일 뿐이다. 결코 교묘한 수식으로 변호할 수 없다.

5-3. 장재·정호·육구연의 논평은 표면적으로는 지극히 애매모호하고 거친 것 같다. 그러나 실질을 살펴보면 모두 그 핵심을 잘 지적한 것이다. 그들의 이러한 말들은 도덕 창조성의 체용의 실상이 실제로 서로 힘을 빌리고 상대하는 것을 드러낼 뿐만 아니라, 내재적 도덕성의 성리(性理)·실리(實理)·천리(天理)를 분명히 보여주고 있다. 또한 근본적으로 도덕의식의 표출이며, 도덕의식이 체를 조명하여 정립한 것이다. 이는 분명 하나의 본질적인 차이로서, 불교의 고업(苦業) 의식은 이러한 곳에 마음을 쓰지 않았다. 보통 사람들은 진정한 도덕의식을 갖고 있지 않고, 또 도덕의식이 무엇인지도 모른다. 또한 유학과 불교가 체현하는 진리의 형태가 비슷하고[215] 수많은 형용이 비슷한 것만을 보고, 또 인간이 본래 수많은 공통점이 있음을 보고는 이를 혼동하고 황홀한 불분명한 경지에

---

214 『象山全集』卷2, "惟義惟公故經世, 惟利惟私故出世. 儒者雖至於無聲無臭, 無方無體, 皆主於經世. 釋氏雖盡未來際普渡之, 皆主於出世."

215 유학과 불교 둘 다 주체성을 중시하고, 모두 聖人이 될 수 있고 모두 부처가 될 수 있다는 등이다.

빠진다. 장재 등은 이 본질적 차이를 파악하였다. 이것은 좋은 일이 아닐 수 없지만, 그렇다고 해서 그들이 이것 때문에 불교의 가치를 결코 무시하거나 낮추지는 않았다.

5. 도덕의식의 각성, 그리고 내재적 도덕성의 성리(性理) · 실리(實理) · 천리(天理)의 정립

1. 만일 무애(無碍)의 체용과 같은 체용이 아닌 체용에서 한 걸음 더 나아가 실체에 의한 생성, 그리고 실리(實理)의 관통에 의하여 이루어진 실리실사(實理實事)의 성체인과(性體因果-意志因果)의 실제적 체용으로 전환하고, 또한 원융무애하게 서로 힘을 의지하고 상대하면서도 서로 힘을 빌리지 않고 서로 상대하지 않는 것에서 객관적이고 존재론적인 실제 창생, 그리고 그것과 관통하여 하나로 되어 실질적으로 힘을 빌리고 상대하는 것으로 전환하려면, 반드시 이 진실한 마음이 "자율적으로 보편법칙을 자급(自給)하고, 자급한 보편법칙이 나의 행위를 지도하며, 또 나의 행위를 보편법칙으로 관통되도록 하는" 내재적인 도덕성을 올바르게 직시해야만 비로소 가능할 것이다. 이것이 유학의 착안점이다. 이와 같은 착안점에서 보면, 진실한 마음[216]은 '연기성공(緣起性空) · 유전환멸(流轉還滅) · 무분별지(無分別智) 등'으로써 규정되지 않고 도덕적 자율 · 내재적 도덕성인 심성으로 규정된다. 이러한 착안점에서 보면, "연기성공하고 유전환멸하면, 더러운 것과 깨끗한 것이 뒤바뀌고 생멸과 불생멸이 뒤바

---

[216] 역주 : 송명이학자들이 긍정한 심성, 그중에서도 정호와 육구연 등이 긍정한 心卽理의 心이다.

뀐다"는 것은 단지 외부의 표피적인 말일 뿐이다. 내면으로 들어가 실질을 연구하고 진실한 인생에서 절실하고, 여의주와 같은 본질을 올바르게 파악하여 이상적인 사명을 완성하는 것은 유학이지 불교가 아니다.

1-1. 만일 이러한 여의주[217]와 같은 본질을 장악하고 있으면 경험적이거나 초월적인 것을 막론하고 일반적인 연기는 모두 설명할 수 있다. 그러나 '연기성공'이라는 특수화된 연기는 설명할 수 없다. 현실의 사실은 모두 인연으로 생기한 것이고, "제법은 저절로 생겨나지 않고 다른 것에서 생겨나지도 않으며 두 가지 모두에서 생겨나지도 않고 원인이 없는 것도 아니다. 따라서 모두 생성이 없다." 그러나 생성된 상(生相)은 완연한데, 이러한 완연한 '생성의 상'을 해설할 수 없는 연기론은 특수화된 연기이다. '유(有)인 듯하지만 성(性)이 없는' 연기가 특수화된 연기이고, "서까래와 같은 여러 연들은 각기 자기 법에 머무르고 본래 집을 짓지 않기 때문이다"는 연기[현수가 말한 무너뜨리는 모습-壞相]가 바로 특수화된 연기이다. 이 특수화된 연기를 나는 '궤변의 연기'[Paradoxical theory of Occasion]라고 부른다. 그것이 이처럼 궤변적인 이유는 공·무성(無性)·환망(幻妄)·가명(假名)을 말하기 위함이다. 변계소집은 "정(情)은 있지만 이치는 없는 것"[情有理無]이고, 의타기(依他起) 역시 "유(有)인듯하지만 성(性)이 없는 것"[似有無性]이다. 승조는 『부진공론(不眞空論)』에서 "환상으로 나타난 사람이 없는 것이 아니라, 환상으로 나타난 사람이 참 인간이 아닐 뿐이다"[218]라고 하였다. 연생(緣生)이 바로 환상으로 나타난 것이고, 연(緣)의 의미는 해설할 수 없으며, 생(生)의 의미도 해설할 수 없지만 '연'과 '생'은 완연히 존재한다. 이 궤변적인 연기 역시 이론화된 연기 [Theorized Occasion]이다. 왜냐하면 단지 연생에 국한되어 나타나는 연들만을 냉정하게 살펴본다면, 나는 일종의 궤변적인 이론을 근거로 '해설할 수 없음'을 말할 수 있기 때문이다. 데이비드 흄이 영하의 감각에 죄인

---

217 역주 : 모종삼이 사용한 여의주는 유가철학의 도덕심성을 지칭한다.
218 역주 : 『肇論』 卷2(T45, 152a), "非無幻化人, 幻化人非眞人也."

을 묶어놓고는 인과관계가 불가능하다고 말한 것이 이것과 같다. 흄은 인과가 불가능하다고 직선적으로 말하였을 뿐이지만, 이 궤변적인 연기는 연과 생이 모두 해설할 수 없지만 완연히 존재하기도 하므로 인과 관계 역시 완연히 존재하는 것이다. 이렇게 궤변화된 기괴한 연기를 또한 '폐쇄된 연기'[Occasion in a closed sense]라고도 부른다. 이것은 일정한 방향으로 향하는 연기이고, 색채를 더한 연기이다. 여실지(如實知)라고도 하지만, 실제로 꼭 여실지인 것은 아니다. 만약 연기가 연기임을 그대로 따르고, 일정한 방향으로의 연기에 집착하지만 않는다면 그것은 '개방된 연기'[Occasion in an open sense]일 것이다. 이는 반드시 기괴한 연기인 것은 아니다. 경험적으로 관찰해보면, 연기는 환상으로 나타나는 연기가 본래 있으니, 예컨대 신기루나 환상이 바로 이같은 것이다. 환상으로 나타나는 거짓의 일이 세간에는 본래 존재한다. 또한 허망한 연기도 본래 있다. 예를 들어 개인적인 의도, 개인적인 욕망에 집착하거나 뒤집히고 미혹한 편집증 같은 허망한 일이 세간에는 본래 존재한다. 그러나 실제는 모두 실제인데, 어떻게 일률적으로 '궤변의 연기'로써 환상적이고 허망하다고 할 수 있는가? 가령 신기루의 환상·개인적인 의도나 욕망·뒤집히고 미혹한 헛된 망상은 여러 가지 물리적인 조건으로 인해 형성되는 것이다. 그 허망함은 개인적인 의도나 욕망·전도된 미혹 때문에 형성되는 것이지, 궤변의 연기로 인하여 형성되는 것이 아니다. 궤변의 연기는 모든 것을 허망하게 할 수 있다. 이것은 세간을 파괴하고 경험에 어긋나는 것이어서, 사리에 밝지 못한 폐쇄된 연기론을 형성한다. 초월적인 실체에 의거해서 보면, 도덕적 성리(性理)·실리(實理)·천리에 의해 관통된 것은 인간의 도리상 마땅히 해야 하는 것이다. 따라서 그 일에서 말하면, 아무리 연기라고 하더라도 실제의 일이지 환상이고 허망하다고 할 수 없다. 이렇게 하면 '연기성공'의 기괴한 연기론과 궤변같은 이론화된 연기론 및 사리에 밝지 못한 폐쇄된 연기론은 순리적인 연기론·여실한 연기론·개방된 연기론으로 전환된다. 이러한 연기론 중에서 도덕실리에 의해 관통된 것은 모두 생성 변화하는 실제의 일이고, 도덕창조에 의한 실제의 일이다. 개인적인 의도·사적인 욕망·전도되고 미혹한 데서 오는 것들은 모두 환상이고 허망이다. 유즙산(劉蕺山)은 주렴계의 『통서』「성학(聖學)」의 "무욕하면 고요하고 비며 움직임이 곧게 된다"[219]는 구절을 다음과 같이 해석하였다. "욕망은 원래 인간이 본래 지니고 있지 않은 것이다. 무욕하면 성인인 것이고, 무욕함이 바로 학문이다. 그것이 어떻게 가능한가? 대답은 오직 배울 뿐이라는 것이다. 어떻게 배우는 것인가? (욕망은) 본래 없는 것인데, 홀연히 있게 되니, 그 있는 것을 제거하는 것일 뿐이다. 무엇이 있는[有] 곳인가? 물이 있으면 얼음이 된다. 무엇이 없는[無] 곳인가? 얼음이 없어지면 물이 된다. 욕망과 천리는 텅 비고 곧은 곳에서는 하나일 뿐이다. 응집한 곳에서 보는 것은 욕망이고, 변화한 곳에서 보는 것은 이치이다."[220]

1-2. 이러한 여의주같은 본질을 장악하고 있으면 유전환멸은 어떤 의미에서 말로 표현할 수 없는 적이 없었던 것 같다. 개인적인 의도·개인적인 생각·사적인 욕망·잘못된 것에 편집하는 것·이치가 없는 유전은 모두 소멸되어야 한다. 그러나 도덕적인 실리에 의하여 관통되어 나온 실사(實事)는 비록 행한 적이 있고 완성한 적이 있으며 지나가서 머물지 않더라도 영원히 하고 또 해야 하는 것이기 때문에, 끊어야할 환상과 허망이랄 것이 없다. 이것은 생멸·유전·연기·환망으로 나타난 것과 동등하게 보아서는 안 됨을 보여주고 있다. 실제적인 일의 생멸·유전·연기가 있고, 환망의 생멸·유전·연기도 있다. 환상과 허망은 단절되고 소멸될 수 있지만, 실제적인 일은 단절될 수도 없고 소멸될 수도 없다.

1-3. 여의주같은 본질을 장악하고 있으면, 더러운 것과 깨끗한 것이

---

219 『通書』「聖學」, "無欲則靜虛動直."
220 『宋元學案』「朱濂溪學案上」, "欲原是人本無的物. 無欲是聖, 無欲便是學. 其有焉奈之何. 曰, 學焉而已矣. 其學焉何如. 曰, 本無而忽有, 去其有而已矣. 孰爲有處. 有水卽爲氷. 孰爲無處. 無氷卽爲水. 欲與天理, 虛直處只是一介. 從凝處看是欲, 從化處看是理."

상대하여 뒤집어지고 생멸과 불생멸이 상대하여 뒤집어져서 심진여(心眞如)·자성청정심(自性淸淨心)·한 맛[一味]의 평등한 법성체·밝고 두루 존재하며 항상되고 하나인 본래의 깨달음[本覺]을 분명히 밝히게 되니, 말로 표현할 수 없은 적이 없었다. 그러나 이는 더러운 것과 깨끗한 것이 상대하여 뒤집어지고 생멸과 불생멸이 상대하여 뒤집어져서 하나의 청정한 불생멸의 진여체가 그 곳에 정지해 있으면서 환상적인 거짓(즉 생멸)이 무애(無碍)의 원용과 함께 하는 것일 뿐만 아니라,[221] 여의주같은 주체가 드러나 자주자율적으로 보편법칙을 자급하여 실제적인 일을 허망하지 않게 하는 것이다. 이것은 불교의 심진여설을 그대로 따른 것이다. 유학에서 말하는 도덕적 본심, 예컨대 심체(心體)·성체(性體)·성체(誠體)·신체(神體)·적감진기(寂感眞機)·무극이태극(無極而太極) 등과 같은 것들도 지극히 적연(寂然)하고 고요한 것이다. 또한 공하여 망념이 없고, 모든 식념이 상응하지 않는 것이며, 자성청정한 것이고, 사유도 행위도 없고 소리도 냄새도 없으며, 두루 존재하며 항상 하나이고, 한 맛으로 평등한 것이다. 여래장 자성청정심을 형용하는 모든 형용사들이 활용될 수 있다. 그러나 한 가지 다른 점이 있는데, 그것은 단지 형용에만 그치지 않는다는 것이다. 즉 이처럼 형용되는 본심의 단서를 갖추어야만 비로소 무조건적으로 감성적인 이해관계를 초월하여 도덕적인 보편법칙을 자급하고, 이것으로써 나의 행위를 지도하고 도덕행위의 실제 일로 성취할 수 있음을 밝혔다는 점이다. 이것이 육구연이 말한 "유학자는 아무 소리도 없고 냄새도 없으며, 어느 한 곳에 집착하지도 않고, 어느 하나에 고정적이지 않는데, 이는 모두 경세를 주로 하는 것이다"는 말의 의미이다. 이것이 유학과 불교의 본질적 차이이고, 도덕의식과 고업(苦業) 의식의 차이이기도 하다. 도덕본심을 형용할 수 있는 표현들은 여래장 자성청정심의 형용과 전적으로 일치하므로, 여래장심을 그대로 따라서 바로 이

---

221 불변하면서도 연에 따르고, 연에 따르면서도 불변하다는 말이다.

여의주와 같은 것을 장악하고서 내재적인 도덕성의 성체·심체를 밝히는 것은 결코 불가능하지 않다. 여의주 자체에 대해서 말하면, 그것을 형용하는 말들은 모두 외적인 말이다. 여래장심이 내재적인 도덕성과 반드시 일치하는 것은 결코 아니다. 단지 이러한 도덕의식의 유무에서 결정될 뿐이다. 이러한 여의주가 있으면 유학이고, 그것이 없으면 불교이다. 만약 이 여래장심이 단순히 연기성공이 가리키는 방향에서만 결정된다면, 이 내재적인 도덕성의 의미가 있을 수 없다. 따라서 여래장심은 특수한 교의에 한정되는 청정심이 되고, 아무리 청정하여 상이 없더라도 특수한 교의의 한정으로 말미암아 상이 있게 된다. 이것이 진심(眞心)의 한계가 된다. 나는 진심은 진심이어서 어떠한 제한도 받지 않을 수 있고, 이 제한을 풀 수도 있다고 생각한다. 연기성공은 뒤집혀서 청정심까지 이르지만 하루아침에 뒤집혀서 청정심으로 나타나기 때문에, 특수한 교의의 제한을 받지 않는다. 청정심은 왜 반드시 자주적·자율적이고 스스로 보편법칙을 자급하여 나의 행위를 결정하고, 그것으로 도덕행위라는 실제적 일을 성취해서는 안 된다고 하는가? 어떻게 반드시 유전을 거슬러서 환멸하는 수행을 일으켜 '공이자 가이고 중이다'라는 무애의 경지에 머물러야 한다고 하는가? 또 '대연기다라니법'이라는 무애의 경지에 머물러야 한다고 하는가? 그리고 또 어떻게 도덕 창생을 일으켜 도덕행위라는 실제적 일을 이루는 것을 허락하지 않는다는 말인가? 나는 이러한 제한에는 이유가 없다고 본다. 초월적인 진심에 대해 말하면, 이는 일종의 질곡이고 학대이므로 반드시 이 질곡을 풀어서 해방시켜야 한다. 해방된 후에는 청정하면서도 창조하게 되니, 이것이 바로 위대한 개방이자 대자재[222]이며 대원융이다. 밝은 태양이 공중에 있는 것과 같이 위대

---

222 역주 : 자재(自在, Īśvara, vaśitā)는 무애(無礙)라고도 하는데, 자유자재로 마음먹은 대로 어떠한 일도 장애가 없이 하는 것을 말한다. 이것은 여러 부처와 상위보살이 갖추고 있는 공덕이므로, 부처도 自在人이라고 한다. 보살이 갖추고 있는 自在力은 2종 自在, 4종 自在, 5종 自在, 8종 自在, 10종 自在 등 여러 종류로 나뉜다.

한 작용은 쉼이 없다.

1-4. 이 여의주를 갖고 있으면, 여래장 자성청정심을 끌고 와서 올바르게 정립하고 그것으로써 의리의 골간을 굳건하게 하여 입체적인 직관을 이루고 다시 돌아가 도덕행위를 실제적인 일로 성취한다면, 그것이 바로 '경세'(經世)가 되는 까닭이다. 이 여의주가 없으면 여래장 자성청정심은 단지 그러한 상태에 머물면서 환상적인 거짓과 함께 무애의 원융을 이루면서 이리저리 왔다갔다하면서 기묘하게 드러날 것이다. 그러나 실제적인 뼈대는 여전히 "연기성공하고 유전환멸하면, 더러운 것과 깨끗한 것이 되바뀌고 생멸과 불생멸이 되바뀐다"는 출세(出世)일 뿐이다. 이것이 바로 육구연이 말한 "석가는 비록 미래까지 다하도록 널리 구제하더라도 모두 출세를 주로 한다"고 한 말의 의미이다. 나 역시 아무리 "공이면서 가이고 중이다"라고 하더라도 원융의 극치를 다한다고 할 수 있다. 아무리 벗어날 세계가 없고 넘어야할 생사가 없으며 얻을 열반이 없더라도 상에 집착하지 않는 극치를 다하고, 또한 원융적으로 멸도하고 원융적으로 출세한다고 할 수는 있지만, 결국 상에 집착하고 나약한 상태에 머물러서 결국 인생의 극치를 다하지 못할 것이다. 이것에 관하여 왕수인은 다음과 같이 말하였다.

> 부처는 상에 집착하지 않은 것 같지만 사실은 상에 집착한 것이다. 우리 유학에서는 상에 집착한 것 같지만 실제로는 상에 집착하지 않는다. 부처는 부모와 자식이 연루되는 것을 두려워하여 부모 자식 관계에서 도피하였다. 임금과 신하가 연루되는 것을 두려워하여 임금 신하 관계에서 도피하였다. 부부가 연루되는 것을 두려워하여 부부 관계에서 도피하였다. 모두 상에 집착하면, 도피해야 한다. 우리 유학에서는 부모와 자식이 있지만, 그것을 인(仁)으로써 살핀다. 임금과 신하가 있지만, 그것을 의(義)로써 살핀다. 부부가 있지만, 그것을 별(別)로써 살핀다. 이것이 어찌 부모와 자식, 임금과 신하, 부부의 상에 집착한 것이겠는가?

佛氏不著相, 其實著相. 吾儒著相, 其實不著相. 佛怕父子累, 却逃了父子. 怕君臣累, 却逃了君臣. 怕夫婦累, 却逃了夫婦. 都是著相, 便須逃避. 吾儒有介父子, 還他以仁, 有介君臣, 還他以義. 有介夫婦, 還他以別, 何曾著父子君臣夫婦的相?

『傳習錄』「下」

설령 도피할 필요가 없다고 할지라도 공이자 가이고 중이다. 그러나 어떻게 보더라도 부모 자식과 임금과 신하, 부부 관계는 결국 공이나 가로 논할 수 없다. 이제 이 여의주를 드러내어서 이 연약한 점을 올바르게 세우고, 그들이 말한 것들을 대중지정(大中至正)의 영원한 도에 끌고 들어와야 한다. 이것이 바로 유학과 불교의 위대한 회통이다. 이 여의주가 없으면 결국 치우치고 잘 소통되지 않을 것이다. 그러므로 육구연은 "유학은 위대한 중도이고, 불교는 크게 치우친 것이다"[223]라고 한 것이다. 쟁점은 이 여의주를 갖고 있는가에 달려 있을 뿐이다. 유학과 불교의 합일과 회통은 이 여의주를 각성하는 일에서만 가능하다. 만일 이러한 핵심 관건을 알지 못하면 단지 비슷한 형용사와 주체성을 중시하는 것, 그리고 모두 성인이 될 수 있고 부처가 될 수 있다고 하는 형태의 유사함만 보고서 이를 회통이라고 여기게 된다. 이것은 아무 의미도 없다. 이것은 "세간을 무너뜨리지 않고 보리를 증득한다"는 말로 수식할 수 없다. 만약 어떤 사람이 "나는 이 여의주를 깨우치지 않을 것이다. 나는 오직 이렇게만 말할 것이다"고 한다면, 이것은 그 사람의 기질이 결정하는 것이니 어찌할 도리가 없다. 그 말에도 나름의 일리가 있다. 왜냐하면 세상에는 동일한 말만 있는 것이 아니기 때문이다.

2. 이 여의주를 장악하고 있으면, 도덕행위라는 실제적인 일을 성취할 뿐 아니라, 이를 빌어서 모든 개인적인 욕망·사적인 의도·기질적 차이의 부도덕·반도덕적인 허망한 일을 없앨 수도 있다. 이것을 유학에서는

---

[223]   역주 : 『陸象山全集』, "儒爲大中, 釋爲大偏."

'기질의 변화'라고 부른다. '극기복례'(克己復禮)도 이러한 의미의 환멸이다.

불교학설에 따라서 말하면, 모든 아라야식과 무명의 식념이 계속 일으키는 심리학적 환망(幻妄)에 얽힌 것들은 모두 이 내재적 도덕성의 성체(性體-본심천리)가 드러나는 과정에서 점차 소멸되거나 전환되어 마침내 깨끗이 사라진다. 왕수인은 "기에 의하여 움직인다"[224]거나 "의념에 의하여 움직인다"[225]고 말하였는데, 이것이 바로 심리학적 환망의 얽힘이다. 정호가 즐겨 말한 "만물은 하나의 천리(天理)일 뿐이니, 내가 어떻게 관여할 수 있겠는가?"[226]라는 말이나 "관여하게 되면 바로 사적인 의념이다"[227]는 말도 바로 이것을 표현한 것이다. 왕수인이 말한 "기에 의하여 움직인다"[動於氣]는 것과 "기의 움직임"[氣之動]은 다른 의미이다. 기의 움직임에는 선도 있고 악도 있지만, 기에 의하여 움직이는 것은 선한 것도 악이다. 의념에는 선도 있고 악도 있지만, 의념에 의하여 움직이면 선악이 모두 파괴된다. 그러므로 개인적인 의도의 관여·기에서 움직이는 것·의도에서 움직이는 것은 모두 천리를 그대로 따르지 못한 사적인 것이고 모두 심리의 얽매임이다. 양간(楊簡·敬仲)이 말한 "의념을 일으키지 않는다"[228]는 말이 바로 '의(意)·필(必)·고(固)·아(我)'[229]에서의 의념이다. 그러므로 이 의념 역시 개인적인 것이다. 한번 의념이 일어나면 좋은 것도 있고 나쁜 것도 있더라도, 이것은 지극히 선하고 지극히 공정하며 지극히 일상적이고 지극한 하나인 본심 천리가 아니다. 이러한 의념은 유즙산이 말한 "두 곳에 있는 서로 다른 정"[兩在而異情][230]에서의 '식념'(識念)이다. 즉 본심이 간직하고 있는 [본존하고 있는 것을 주로 삼는대] '하

224　역주:『傳習錄』上, "動于氣."
225　역주:『傳習錄』上, "動于意."
226　역주:『河南程氏遺書』卷2上, "萬物皆只是一介天理, 己何與焉."
227　역주:『河南程氏遺書』卷2上, "與則便是私意."
228　역주: 楊簡, "不起意."
229　역주:『論語』「子罕」, "子絶四, 無意, 無必, 無固, 無我."
230　역주: 주돈이 장 제2절『태극도설』'제4단'. 주희의 '理氣爲二'說을 비판한 학자들 주장에 대한 평가' 부분을 참고하기 바란다.

나의 기틀의 두 가지 쓰임'[一機二用]이 아니다. 식념을 전환하여 심으로 돌아가고, 참된 의념이 드러나야만 비로소 참된 도덕을 말할 수 있다. 종합적으로 말하면, 기의 활동·의념의 활동·양간이 말한 의념[意]·유즙산이 말한 의념[念]·기에 의하여 움직이는 것·의념에 의하여 움직이는 것·개인적인 의도로서의 관여 등은 모두 천리의 본심이 아니다. 이러한 곳에서는 진정한 도덕 행위를 정립할 수 없다. 모두가 심리학의 귀결 중에 통합되며, 불교의 아라야식과 무명식념이 일으키는 허망하고 더러운 생멸유전에 통합된다. 이 모든 것들은 내재적인 도덕성의 본심과 본심이 스스로 부여하는 보편 법칙, 즉 천리를 빌어서 소멸시키거나 전환시킬 수 있다. 이것은 도덕의식 하에서 내재적 도덕성의 정(定)·상(常)·편(遍)을 가지고서 제거하고 깨끗이 전환시키는 것이지, 고업(苦業)의 의식 하에서 생멸과 불생멸을 상대하여 뒤집고 진여공성과 무분별지를 빌어서 적멸시키는 것이 아니다. 이것은 뒤로 되돌아가는 멸도나 당체·진여의 멸도의 정화가 아니라, 앞을 향하는 도덕 창생의 정화이다.

2-1. 이것들을 제거하여 모두 깨끗이 사라지게 하면, 기에 의하여 움직이거나 의도에 의하여 움직이거나 아니면 개인의 사적인 의도에 의해 참여된 것들이 전화(轉化)되어 사적인 것들은 무사(無私)하게 되고, 기의 움직임 역시 순전히 리에 따르는 기가 되고, 의념의 움직임이나 식념이 일어나는 것 역시 순전히 리를 따르는 의념이 되고 식념이 된다. 이처럼 비록 기(氣)라고 해도 본심 천리가 그것을 관통하면 비록 의념과 식념이라고 해도 본심 천리로 그것을 항상 올바르게 잡을 수 있다. 본심 천리가 그것들을 관통하면 기의 움직임은 바로 천리의 유행이 된다. 본심 천리가 항상 올바르게 잡고 있으면, 의념에는 사적인 의념이 없고 식념에도 사적인 식념이 없게 되어 모든 것들이 본심 천리의 드러남이 된다. 도덕적 본심 천리는 허공에 매달려 있을 수 없고, 또 추상적인 상태에 정지할 수 없다. 반드시 기의 활동 중에서 다양하게 분화된 표현[分殊]이 있어야 한다. 또한 의념이 있지만 사적인 의념이 없고, 식념이 있지만 사

적인 식념이 없는 곳에서 구체적으로 드러나야 한다. 다양하게 분화된 표현을 만들어 구체적으로 드러나야만 비로소 진실한 도덕 행위라고 말할 수 있다. 그렇지 않으면 본심 천리는 단지 추상적인 '체'일 뿐, 도덕 행위의 '용'을 이룰 수 없다.

3. 기의 움직임에는 다양한 분화[分殊]가 있고, 갈래[分際]의 다름도 있다. 이것이 차별상이다. 본심 천리를 그대로 따라서 일어나는 의념에는 사적인 의념이 없지만, 이 무념(無念)에도 다양한 분화가 있고 갈래가 있다. 예를 들면 왕수인은 "의념이 부모를 섬기는 데 있고, 의념이 독서에 있다"[231]고 말하였는데, 바로 이것을 말한 것이다. 본심 천리를 그대로 따라서 일어나는 것은 의념이지만 사적인 의념이 없다. 사적인 의념이 없음[無私念]은 실은 본심 천리가 구체적인 갈래로 나눠지는 흐름이다. 그러므로 의념에는 반드시 사적인 의념이 없어야 한다. 이때에는 근본적으로 의념이라고 말할 수 없다. 단지 본심 천리가 구체적인 갈래로 나눠져 흐른다고만 말할 수 있을 뿐이다. 만약 흐름이 부모에게 흘러가면 효가 되고, 자녀에게 흘러가면 자애가 되며, 형제에게 흘러가면 우애가 되고, 부부에게 흘러가면 서로 손님처럼 공경하는 애정이 되며, 국가 정치에 흘러가면 충의와 법률이 되고, 모든 인문 사회 활동에 흘러가면 정의로 이익을 조화하고 예로 일을 제어하는 사공(事功)이 된다. 이것들은 모두 구체적인 갈래에서의 구체적인 흐름이며, 구체적인 드러남이다. 기의 활동에는 다양한 분화가 있고, 갈래의 차별상이 있다. 본심 천리는 이러한 기의 구체적인 갈래에서 구체적으로 흐르고 드러나기 때문에 차별적인 표현이 있게 되는 것이다.

3-1. 이러한 차별상들을 유학자들은 '분'(分)·'분위'(分位)·'분제'(分際)라고 부른다. 이것들은 환상의 거짓이 아니고, 식에 의거해 나타난 것도 아니다. 이들 '분제상'(分際相)은 분리할 수 없다. 부모와 백성, 그리고 만

---

231 역주: 『傳習錄』「上」, "心之所發便是意, 意之本體便是知, 意之所在便是物. 如意在于事親, 卽事親便是一物."

물을 사랑하는 친친(親親)·인민(仁民)·애물(愛物), 그리고 자애(慈)·효 (孝)·우애(弟)·충(忠) 등의 차별적인 분제 형상은 서로 떨어져 있는 것이 아니다. 이는 갈래의 다름일 뿐이고, '분제'와 '분위'의 다름일 뿐이다. 서로 동일하지 않는 '분위'가 있으므로 본심 천리도 차별적인 표현이 있 고, 동일하지 않는 분위에서 동일하지 않은 표현이 있는 것이다. 동일하 지 않은 표현이 있기 때문에 동일하지 않는 도덕 행위를 이룰 수 있고, 이를 통하여 비로소 진실한 도덕 행위를 말할 수 있게 된다. 이것은 보 편이 구체 중에서 표현된 것으로서, 구체 중의 보편이라고 할 수 있고 또 구체적 보편이라고도 부른다. 이것은 추상적인 보편이 아니다. 보편 이더라도 구체적인 내용을 가지고 있다. 이것은 아무 것도 없는 매끄러 운 판이 아니다. 그리고 동시에 구체적인 차별·분제·분위도 보편적인 본심 천리가 그 속에 관통되어 있으므로, 보편적이고 영원하며 필연적인 의미를 갖게 된다. 다양한 것이지만 보편이고, 변화하는 것이지만 영원 하며, 사실적인 것이지만 필연이다.[232] 이곳에서 말한 보편적인 특수는 영원한 의미를 가지는 변화이자 필연적인 사실이다. 또한 진실·구체· 필연의 다양성과 변화는 본심 천리에서 보편성을 뽑아낸 무체(無體)의 다 양성이나 무체의 변화가 아니다. 무체의 다양성과 무체의 변화는 필연적 인 이유가 없는 우연적인 것이다. 이는 구체적이면서도 진실된 것이 아 니다. 이것은 무명 식념이 연기한 것일 수도 있고, 허망한 환상이라고 해 도 괜찮다. 그러나 본심 천리가 꿰뚫고 있는 분위의 다양성과 변화는 무 명이 연기한 것이 아니고 허망한 환상으로도 논할 수 없다. 이것이 바로 유학자가 '실제 일', 즉 실사(實事)라고 부르는 것이다. 일이 실질적이므 로, 분위의 다양성을 거짓으로 논할 수 없고 실질로서 논할 수밖에 없다. 이렇게 실제 있는 분위 차별은 반드시 긍정되어야 한다. 그것에는 본심 천리가 꿰뚫고 있어서 스스로 '체'를 갖추고 있고, 또 본심 천리의 '꿰뚫

---

232 그렇게 결정되어 바뀔 수 없고, 그렇게 되지 않으면 안 된다.

음'을 통해 자성(自性)을 갖추고 있기 때문에 실질적인 것이다. 그렇지 않으면 진실한 도덕 행위라고 말할 만한 것이 없게 되고, 본심 천리도 진실한 도덕 행위라는 구체적인 표현을 성취할 수 없다. 도덕 행위는 모두 구체적이고, 독특하며, 존재적이고, 바로 그 자리에서 일어나며, 남에게 책임을 미룰 수 없고, 아무리 부모 형제라도 서로 대신할 수 없다.[233] 그 근본은 본심 천리의 보편성이다.[遍·常·一] 그러므로 도덕적 본심 천리가 진실한 도덕 행위를 성취하려면, 다양한 분화의 진실성을 필연적으로 긍정해야 한다. 또 다양한 분화의 측면에서 진실한 도덕 행위가 실제 일임을 필연적으로 긍정할 수밖에 없다. 이것은 "연기 성공하고 유전환멸하면, 더러운 것과 깨끗한 것이 뒤바뀌고 생멸하는 것과 생멸하지 않는 것이 뒤바뀐다"는 교의 하에서 나타나는 여래장심으로 성취할 수 있는 것이 아니다. 이것이 주희가 말하는 '리일분수(理一分殊)의 참된 의미이고, 왕수인이 즐겨 칭찬하고 인용하였던 『곤문언(坤文言)』에서의 "경(敬)을 가지고 안을 곧게 하고, 의(義)를 가지고 밖을 바르게 한다"고 한 말의 진실한 의미이다.

4. "연기 성공하고 유전환멸하면, 더러운 것과 깨끗한 것이 뒤바뀌고 생멸하는 것과 생멸하지 않는 것이 뒤바뀐다"는 말에서 서로 힘을 빌리지 않고 서로 상대하지 않는 과정 중 하나의 입체적 골간을 세우고, 또 한 내재적인 도덕성의 본성과 이치인 경(敬)·의(義)라는 골간을 정립하면, 실사(實事)·실리(實理)가 서로 힘을 빌리고 상대하는 유기적인 체용을 드러낼 수 있고 또 도덕성의 창생 실체[성체(性體)·심체(心體)·신체(神體)·성체(誠體)·적감진기(寂感眞機)]의 창생적 체용을 드러낼 수 있다. 이것이 바로 내가 연기에 대하여 나누어 살펴보아야 함을 강조한 이유이다. 가령 연기를 말하고 의타기성을 말하더라도 이에 대하여 나누어 살펴보아야 한다. 허망한 거짓의 환상의 연기유전이 있고, 실사(實事)의 연기유

---

233 이것이 오늘날 헤겔(Hegel) 존재윤리학의 학설이다.

전도 있다. 개인적인 의도·사적인 욕망·개인적인 생각·기질의 치우침과 섞임에 의하여 어그러진 연기는 거짓된 환상이고, 본심 천리에 의하여 이루어진 실사는 허망한 것이 아니고 거짓된 환상도 아니다. 하나의 도덕 행위를 그 행위[Action] 자체의 측면에서 말하면, 일[事]이다. 이 일의 '실제적 완성'[Material accoplishment]이라는 측면에서 말하면, 반드시 연, 즉 각종 조건들이 도와주어야 그 일이 이루어진다. 이것을 연기라고 한다. 예를 들어 부모를 섬기는 효행에서 순전히 본심 천리에 의거해 잡스러운 것이 섞이지 않게[234] 정성스럽게 이 일을 한다면, 이것이 이 일(행위)의 '형식적 완성'[Formal accoplishment, performed by categorical imperative-천리(天理)]이다. 그러나 부모를 섬긴다는 구체적인 효행은 봉양할 때 따뜻함과 시원함의 절도, 그리고 효성스러운 목소리·웃는 얼굴·행동 등의 모습에서 완성된다. 이것이 그 실제의 완성(재질의 완성)이다. 이것을 가리켜 '연생'(緣生), 또는 '연성'(緣成)이라고 할 수 있다. 이러한 연들의 도움이 없다면, 부모를 섬기는 효행은 표현될 수 없다. 그 형식적 완성은 천리에 의거하는데, 천리는 연기의 일이라고 말할 수 없다. 효행의 일은 연기의 일이지만, 본심 천리는 연기의 일이 아니다. 그 실제적 완성 중에서 여러 가지 연들의 도움이 연기의 일이다. 하나의 연기의 일은 당연히 그 일을 하면 완성되고, 생성이 있고 소멸도 있다. 이것이 바로 정호가 "요 임금과 순 임금의 사업이더라도 허공 중 한 점 뜬구름과 같이 지나간다"[235]고 한 말뜻이다. 정호의 이 말은 천리 덕성의 존엄성을 나타내는 말이다. 그러나 천리 덕성은 일 중에서 구체적으로 갈래의 표현이 있지 않으면 안 된다. 이것이 사업의 불용이(不容已)[236]이다. 그러므로 비록 생성과 소멸이 있고, 그 일을 하면 완성되며, 지나가면서도 머물지 않더라도, 본심

---

234 효행이라는 측면에서 '잡스러운 것이 섞이지 않아야 한다'고 말하는 것은 쓸데없는 말이다.

235 역주 : 『二程遺書』卷3, "雖堯舜之事, 亦只是如太虛中一點浮雲過目."

236 역주 : 부록 2 참고.

천리의 '불용이'에 의거하여 하고 또 하며 영원히 해 나가야 한다. 하루 스물네 시간, 일생 백 년 동안 계속 일어나는 무궁한 생명은 모두 부단히 일을 하는 연속이어야 한다. 이것이 바로 공자가 말한 "밥 먹는 짧은 시간도 이것(仁)에 의지하고, 넘어지고 엎어지는 짧은 시간에도 반드시 이것(仁)에 의거한다"[237]는 말뜻이고, 맹자가 말한 "위대한 효는 평생 부모를 사모하는 것이다"[238]는 말뜻이며, 『중용』에서 말한 "문왕의 덕의 순수함이여, 순수함이 그치지 않는구나!"[239]라고 한 말의 의미이다. 종합적으로 말하면, 도덕 창생의 불용이일 뿐이고, 항구적이며 단절됨이 없음을 말한 것이다. 이로부터 확대해서 말하면, 천지의 도 역시 단지 창조의 불용이일 뿐이고, 항구적이며 멈추지 않음일 뿐이다. 이것이 "오, 하늘의 명령은 심원하고도 중단이 없구나!"[240]라고 한 『시경』의 귀절이 나타내는 의미이다. 따라서 도덕 행위는 아무리 생성과 소멸이 있고 연기 유전한다고 해도, 허망한 거짓으로서 무명에 뿌리박고 있는 것이 아니고 무명의 식념이 연기한 것이 아니다. 이것은 천리의 실사(實事)이고, 멈춤이 없는 하늘의 명령이다. 이것은 본심 천리가 꿰뚫고 있는 연기의 일이고, 본심 천리의 도덕적 창조의 불용이가 필연적으로 요청한 일들이다.

4-1. 불교에서는 심리적 감정의 얽힘[241]이라는 폭넓은 관점에 의거하여 모든 연생(緣生)을 바라본다. 연생·무생·생멸·유전·허망·환상·무명·식념·차별·더러움 등 모든 것이 동일한 충차에 속한 동의어이다. 이것은 연기를 일률적으로 본다는 것이다. 즉 무명이라는 하나의 차원에서 본다는 것이다. 이것이야말로 세간을 밝게 보지 못한 것이라고 할 수 있다. 이를 유학자는 인정하지 않는다. 이 일면은 흐리멍텅하고 혼란스럽지만, 환멸을 뒤집으면 청정무상(淸淨無相)·무분별지(無分別智)·불

---

237 역주 :『論語』「里仁」, "造次必於事, 顚沛必於事."
238 역주 :『孟子』「萬章上」, "大孝終身慕父母."
239 역주 :『中庸』33章, "於乎不顯, 文王之德之純, 蓋曰文王之所以爲文也, 純亦不已."
240 역주 :『詩經』「周頌・維天之命」, "維天之命, 於穆不已."
241 이곳에서 말한 것은 '번뇌의 장애'와 '지혜의 장애'이다.

생불멸·공여평등(空如平等)이 된다. 모든 '자재한 용'(自在用-不思議業用)은 단지 중생이 자기의 식념에 의해 나타낸 것이지만, 법신 자신은 실제로 말할 상도 없고 이용할 업도 없다. 마지막의 원교에 이르면 색심불이(色心不二)는 단지 당체가 여여한 것에 불과하고, '공이자 가이고 중인' 무애한 원융으로 된다. 연생은 자성이 없으니, 임시 가설(假)은 여전히 임시 가설이다. 이것은 당체가 바로 멸도(滅度)라는 뜻이다. 이는 고업(苦業)의 의식에서 더러운 것과 깨끗한 것이 상대하여 뒤집어지면 반드시 도달할 수밖에 없는 결론이다. 이곳에서는 이처럼 말할 수 있을 뿐 덜 것도 더할 것도 없다. 이것을 판교의 측면에서 말하면, 천태종의 장교·통교·별교·원교이건, 화엄종의 소교·시교·종교·돈교·원교이건, 결국 불교가 하나의 완정한 체계임을 표시한다. 즉 아무런 흔적이나 결함이 없는 완전한 체계이다. 그러나 이 완전한 형식은 도리어 도덕 행위라는 실제적인 일을 성취할 수 없다. 이것은 "의(義)를 가지고 밖을 바르게 한다"는 '의이방외'(義以方外)의 방법이 없기 때문이다.[이것은 "뭇선을 받들어 행하고, 악을 짓지 말라"는 말로 변호할 수 없다.] 당연히 인간의 심리 감정과 얽힌 그물망은 위로는 하늘에서 아래로는 땅까지 모든 것을 더럽힐 수 있다. 이곳에서 들어가 인생의 깊은 번뇌와 고난 및 여러 가지 곤란하고 괴상한 잘못과 황당함을 깨닫고, 그것들을 직접 환멸하여 청량하고 자유로운 경지에 도달할 수 있다. 이것이 바로 생명의 길이다. 그러므로 심리 감정에 얽힌 그물망이 모든 것을 더럽힌다고 할지라도, 그것을 다 없앨 필요는 없다. 논리학의 밝은 지혜는 논리적 세계를 열었고, 도덕 의식의 존엄은 도덕 세계를 열었다. 이러한 것들은 심리 감정에 뒤얽힌 그물망을 찢어버리고 이성(理性)을 열기에 충분하다. 전자는 비록 형식적인 것이어서 존재 세계와 관계되지 않아 생명에 접촉하지는 않지만, 그렇게 열린 논리적 이성은 과학 지식을 구성하기에 충분하고 이를 통해 과학 지식이 객관적이고 독립적인 의미를 갖게 된다. 심리 감정에 뒤얽힌 그물망은 다 없앨 수 있는 것이 아니라는 점에는 의심의 여지가 없다. 이 차원에서도 우리로 하여금 심리주의의 감정에 얽힌 그물망을 돌파하고 잠시 형식적이고 고정적인 영역[242]을 얻게 할 수 있다. 서양 고대 희랍의 플라톤은 이 길을 통해서 맑고 깨끗한 영혼을 얻어 진실한 생명의 길에 접근할 수 있었다. 이것이 반드시 참되고 절실한 궁극의 경지는 아닐지라도, 감정에 뒤얽힌 그물망을 찢고 객관적이고 영원한 도를 드러낸다는 의미는 상실하지 않고 있다. 도덕의식은 도덕 세계를 여는데, 이것은 존재라는 진실과 관계될 뿐 아니라 생명에도 절실하다. 논리 이성 위에서 도덕 이성, 즉 실천 이성을 드러낸다. 이는 논리 이성에 하나의 궁극적인 귀속처를 주는 것이고, 또 거꾸로 논리 이성을 열고 그와 함께 유기적인 통일을 이룰 수도 있다. 이것이 도덕과 지식의 결합 관계이다. 도덕 이성을 충실히 발휘하면 이르게 되는 필연적인 결과이다. 한편으로 존재라는 진실과 관련지어 생명의 참되고 절실함을 말하자면, 이것은 자신 본분 안의 일이다. 부정적인 측면에서는 모든 심리 감정에 얽매인 그물망을 이미 없앴고, 다시 긍정적인 측면에서는 도덕 행위라는 실질적 일을 성취하였다. 그리하여 "연못에 비치는 해를 취하고 못에서 빛을 씻는"[取日虞淵. 洗光咸池][243] 과정을 통해 심리주의의 '연기 성공하면 더러운 것과 깨끗한 것이 되바뀌는' 적멸에 떨어지지는 않게 된다. 이것이 바로 세간과 출세간의 진실한 통일이고, 원만한 교를 크게 완성한 것이다. 단지 한 사람의 도덕 의식이 각성되기만 하면, 바로 그 자리에서 이러한 경지에 발 디디고 다른 길로 나아가지 않게 된다. 그렇게 되면 서 있는 바로 그 자리가 필연적이고 옮길 수 없는 곳임을 알게 될 것이다.[244]

---

242 이 또한 소위 '본질의 영역'을 함축한다.
243 육구연의 말이다.
244 고업(苦業) 의식과 죄악 의식은 모두 도덕의식 중에 통합되어, 그 진실한 의미를 얻게 된다.